JN315388

名将言行録　現代語訳

岡谷繁実　原著
北小路 健・中澤惠子　訳

講談社学術文庫

目次

名将言行録

『名将言行録』の世界……19
『名将言行録』引用書目……30
北条長氏（早雲）……43
目指すは関八州　今川家中の争い　興国寺城に移る　伊豆平定　民心をつかむ　小田原城乗っ取り　お守りの搗栗　三浦軍を急襲　妻田八郎を攻む　馬盗人を免す　盲人追放　国を維持する要諦　三略　陰の勤め　二十一ヵ条の教訓　家康の評
太田資長（道灌）……59
不羈の才　山吹の花　古歌の心　歌を詠む　静勝軒　湯島天神　怪とは　猿　練兵　成氏、両上杉と和す　臼井一揆　軍法の師範　上杉定正、資長を暗殺
山中幸盛（鹿之助）……70
三日月に立願　毛利勢を一人で斬る　幸盛の母　流浪の旅　野々口丹波　尼子氏の再挙　己に勝るを忌まず　神西元通を降す　尼子十勇士の第一　山名豊国との仲　尼子勝久と上月に拠る　毛利氏に暗殺さる

毛利元就……85
寛容　裁断の妙　大志　桂元澄を諭す　青屋友梅を降す　尼子晴久の敗走　大内義隆を諫む　陶晴賢を討つ　新宮党の滅亡　尼子晴久病気の噂　即位の料を献ず　白鹿城を抜く　尼子氏の刺客　大力の士　尼子氏の滅亡　家来の傷口をみずから吸う　石見平定　浦宗勝の武勇　仕置き　子元春・隆景　元旦の祝い方　諛臣　雪打　遺言　清水宗治の死

武田晴信（信玄）……114
少時七書の理に徹す　少年慧敏の才　信虎、次男信繁を愛す　海口城攻略　韮崎の役　海尻の一戦　信濃勢を撃破　勝って驕らず負けて阻喪せず　乱取りを許す　山本晴幸を召し抱える　敗将をけなさず　小笠原長時を降す　輝虎の策を見破る　輝虎を評す　輝虎をおそれず　松山の役　峰の城攻略　河中島はいずれの手に　氏康との対陣　今川氏真、小田原を退去　北条綱重を討つ　味方ケ原の役　気をみる法に通ず　吉兆　内通せし氏真の旧臣を誅す　輝虎の名馬　影武者　よく地形を知る　諸国の状況を探らしむ　合戦と城取りは車の両輪　軍法　勝頼を戒む　諸侍の出仕　孫子の旗　攻略せし土地　軽業の名人　武

田の鬼武右衛門　若者の取り立て　足軽大将の心得　大敵と戦うとき　無法の賞　甲州忍びの者そむく　家臣の口論　鹿島伝左衛門を招く　弓矢取り様　北地の屠腹　身を持つこと　遠慮　学　人は童子のときに知る　人は生い立ちによる　掟　五分の勝ち　果報次第　釣り合い　臆病者　人の使い様　遺言　家康、信玄家法に則る

上杉輝虎（謙信）……………………………………164

父、出家させんとす　仇敵夷滅を誓う　長尾政景を追撃　越中に攻め入らんとす　越中に入る　諸将、輝虎に従う　晴信の用兵　晴信の謀に乗らず　小田氏治を破る　椽木城救援　関東管領就任　将軍義輝弑せらる　猛勇　当意即妙の智　謀によって私市城を陥る　穴山信良の使者　晴信、氏康の兵を走らす　武田氏に塩を送る　使番　晴信の死を悼む　晴信の死後、その領国に出兵せず　信玄に及ばざるところ　中沢信長を誅す　越中を服す　返り感状　浮橋　刺客を赦す　わが心を証とす　諸国探訪　陣列　弓矢の威徳　義経に学ぶ　詩歌　大蛇を討つ　毘沙門天を信仰す　家訓　辞世　賢人　斥候

直江兼続……………………………………198

代官の下司より立身　謙信の死を予知す　梶城攻略　賤しきもの金銭

小田原攻めについての意見　閻魔王への高札　藤原惺窩に会う　会津の役　景勝に出馬をすすむ　最上へ出陣　長谷堂を引き払う　関ガ原の役後　大坂の役後　文事に長ず

織田信長……215
印陣打を好む　小蛇　異様な姿形　平手政秀の諫死　斎藤秀竜と会す　秀竜の君臣を離間せんとす　斎藤義竜、父秀竜を弑す　明察　今川義元とその老臣を離間さす　今川義元を討つ　斎藤義竜、信長を狙わしむ　家康と和す　晴信の女を子信忠に請う　京都に入る　浅井長政勢との争闘　人を用うる道　皇居修理　八相の退き口　姉川の役　叡山焼き打ち　宇治川渡り　大緩山　足半　蒲生氏郷を戒む　道路修築　越前の治政　長篠の役　練雲雀　美濃の者　豪姓を継がしむ　上杉への反間　松永久秀を攻め落とす　功名者を賞す　尾藤甚左衛門　倹素　冑の向き　下馬　根来法師　大剛の者　武田氏の総軍　大将の胸臆　輝虎への返書　京都に入る　一銭斬り　公正　信長の仁慈　僧無辺を誅す　国持大将の作法　平手政秀を偲ぶ

柴田勝家……254
先鋒の大将　瓶割り柴田　武勇の忠臣　武具に代えるに農具をもって

す　妻女を誘拐する姥　三人のうつけ者　賤ガ岳の役　北庄落城

池田輝政……262
焼き栗　老臣の遺言　財を武備に散ず　刀脇差を盗まれたる臣を許す
武道の理　年貢軽減　武将の三つの重宝　城の要害　奇声を発す

蒲生氏郷……270
信長の目にとまる　初陣　名馬を得て一番駆けの誉れ　本能寺の変
勧賞の地を返上　近隣押領の木造長正を降す　長湫の役の後払　西海の役　小田原の役　天下に望みありき　会津の知行配当　秀吉、氏郷を恐る　家康の餞別　伊達政宗は一揆の黒幕　政宗、氏郷暗殺の陰謀
黒塚の所領争い　秀吉、氏郷を忌む　早すぎた取り立て　卑怯者を召し抱う　信玄の遺臣を召し抱う　帰参者との試し相撲　心柄を知りて知行を減ず　畳の上の奉公　〝智者〟を退く　氏郷のはやりすぎ　不偏の家風を作るべし　氏郷の日常　知行と情は車の両輪　佐々木の鐙
旧主の子に陪従す　氏郷の遊芸　三成、氏郷を殺さんとす

島津義久……294
大友義鎮の乱暴　連歌法師と宇土行興　出陣前の加封　竜造寺の首

義久と和歌　家康と義久　悪行無道の戒め　粗末な城門

伊達政宗……………………………………301

幼時　神速の工夫　敵将の年齢を見分く　人は堀、人は石垣、人は城　茶の湯　秀吉に降る　金銀箔の磔柱　家康の計によって国替えを免る　秀吉の猿と政宗の先まわり　秀吉の饅頭　相馬義胤の義に報ゆ　香合わせの景物　大坂夏の陣　支倉常長を呂宋に派遣す　歌舞伎興行　家康・政宗たがいに盗み狩り　江戸邸の火災　嘉明、会津に封じらる　家光を招く　酒井忠勝と政宗　名物の茶碗を砕く　顔見せ　兼松又四郎との一件　政宗の養生　飛ぶ鳥跡を濁さず　徳川頼宣異心との噂　政宗の日常　家光を諫む　老臣を叱る　浪人質入れの巻物を返す　政宗、生涯の大事三つ　政宗の大脇差　政宗の漢詩　政宗の和歌

戸次鑑連……………………………………334

生い立ち　雷切　大友義鎮を諫む　鑑連の武勇と士卒への愛　筑後の戦　戦陣を離れし者を成敗す　鑑連の仁愛　秋月種実の歌舞伎見物　立花宗茂を養子とす　宗茂の幼時

高橋鎮種……343
高橋家を継ぐ　許嫁の約を違えず　夜討ちの後の握り飯　謀叛人の子を使って秋月を攻略　米山合戦　子宗茂への教訓　秀吉の家人となる　島津義久との戦　自害

立花宗茂……360
幼時　十一歳の弓射　犬と太刀　出陣せざるの思慮　戸次鑑連の養子となる　秋月種実を夜討ち　秀吉に賞せらる　和戦の義を重んず　山鹿の兵糧入り　四位に叙せらる　東の本多・西の宗茂　征韓の役　碧蹄館の役の先陣　蔚山の役　独特の城攻め　寡兵の島津義弘をあえて討たず　島津より宗茂への申し入れ　百姓、別れを惜しみ号泣す　清正の申し出を断る　前田利長の申し出も受けず　大津役の後日譚　家康、宗茂を招く　秀忠に召さる　新居の渡し　柳川の旧領に復す　島原征討に策を献ず　城攻めの習い　小功を言い立てず　立花宗盤の働き　松平信綱の不評をかばう　家康の至言　島津家久への助言　軍法の根本　家中の仕置き　兵の和　宗茂と『太閤記』　宗茂の人柄

豊臣秀吉……398
幼時　松下之綱に仕う　信長の草履取りとなる　藤吉郎の奇才三話

暁の藤吉郎　騎士となる　清洲城の石垣普請　堪忍　薪奉行　免しを
得ぬ旗竿　朋友との夜話　美濃征伐の将　君命にそむいて降参人を逃
がす　朝倉攻めの殿軍　足利義昭を殺さず　中国征伐の大将　逃げ道
を塞がず　秀吉と荒木村重　三木の役　人の使いよう　秀吉と光秀
勝頼を惜しむ　毛利との和平　一夜の陣城　備中より引き返す　仙石
秀久への教え　秀吉の信長評　柴田勝家との不和　賤ガ岳の役　前田
利家、秀吉の股肱となる　柴田勝家の敗死　自由な軍陣　信雄を攻伐
するの策　信雄・家康との和睦　秀吉、よく家康を知る　佐々成政を
降す　家康との会見、諸将への示威　陣羽織　所領安堵の高札　楢柴
の茶入れ　島津義久降る　新納忠元の謁見　九州の地理を諳んず　小
田原征伐　竜宮への書状　下馬の作法　豁達、大剛の士を助命す　政
宗、小田原陣に遅参　討ち取りし首の量と質　氏直降る　坂部岡江雪
斎　尾藤知定を斬る　宇都宮の夜話　頼朝の木像　家康を関東に封ず
蒲生氏郷　華押、鶺鴒の瞳　京師歴覧　以テレ夷ヲ制スレ夷ヲ　妖怪を除く
秀次のうつけ　明の大王手打ちの真似　秀吉の作り髭　明国への執念
朝鮮の色絵図　演能中の兵糧計算　厳島社の投げ銭　大志と兵員の不
足　朝鮮への兵糧送り　広大な胸懐　無腰の秀吉　醍醐の花見　陣小
屋を見回る　淀川の洪水　前田利家への信頼　高野山の浪人　大坂城
元日の賀　立花宗茂の謁見　信玄・謙信と秀吉の比較　代官の勘定
秀吉の大様　頼朝の百倍の功　五腰の刀に人柄を明察　松茸の二話

割粥と越前綿　豪邁の気魄　国政の要諦　近臣への教訓　将たる者の心得　遺言

黒田孝高（如水）……470

信長に一味す　良平　信長、本能寺の変報　秀吉、姫路素通りで直行　楠木正成の再誕　長宗我部元親の策を見抜く　阿波岩倉を攻略　豊前六郡に封ぜらる　子長政に戦の道を諭す　厳然たる肥後の仕置き　大軍を引きまわす才　忠と孝と　朝鮮の役　朝鮮の仕置き　鯛の中落の吸い物　秀次との対話　殺生関白　秀次を諫む　秀吉の孝高観　家康の天下たるを予言す　中津城の普請中止　浪人を招く　安岐・富来を攻む　凶相の馬　薩摩攻め　自適の余生を望む　天下を取ること　城下を散歩　文武両道　威とは　相口・不相口　堪忍　犬死に　よく人を用う　将器　先鋒　分限相応　倹約　変わった折檻　博奕の禁　盗み　昼盗人　材木がなければ　高松城地見分　分別者　茶の湯　連歌　子の傅　臣下百姓の罰　死前三十日の間　殉死を禁ず　長政に語る　死期を予知す　長政の遺言

福島正則……523

明・韓の兵にねらわる　大凶の日に出陣　三成の挙兵を予知す　関東

の味方　先手　岐阜攻略　織田秀信を落とす　木造長正　敵に後をみせず　家臣の恥　武将の心得　秀頼の処置　甚目寺の老尼　平家納経　秀頼への起請文　江戸城修築　秀頼、家康と対面　前田利長への書状　大坂よりの使者　関東に味方す　大坂城　物前　馬と槍　人の心　松田左近　八丈島の宇喜多秀家　老臣の諫め　報恩の茶坊主　江戸へ訴えの百姓たち　可児才蔵の槍　安芸・備後を没収さる　平和の時の弓その家臣たち

加藤清正……………………………………547

伏兵　功を譲る　肥後国を望む　清正を狙った豪の者　朝鮮陣における明察　印章によって危難を脱す　国妃を去らしむ　器にしたがって家臣を使う　虎退治　花押の遅速　清正、孤高の豪気　敵の虚実を精察　朝鮮よりの帰路　物の大事は油断より　虎を睨みすえる　石田三成らに讒せらる　地震加藤　豊臣朝臣を僭称す　朝鮮再渡　蔚山救援偽策を見破る　胆智　反りのある刀　朝鮮両王子の書　小西行長との仲　朝鮮陣武功の一つ　清正を呪詛す　鬼上官　家康への進言　家康に味方す　宇土攻め　関ガ原の敗兵　立花宗茂降る　天下の治乱と人ごころ　前田利家を惜しむ　猿真似　豊臣への精忠　長雪隠　刀を離さず　とぼけぶり　足軽　主人の命　家人の無礼　武道の本意　泰勝院を創立　母の追善　奉公を望む浪人　金の熨斗付きの刀　武功の順

位　武備の心配り　本多正信の忠告　家中に申し渡す七ヵ条　老農夫を戒む　天下の仕置き　偃武　飯田覚兵衛　木村又蔵　清正の遺命　良材を隠す　築城作事に精通す

真田幸村……593

兄は東軍、弟は西軍　焼き打ち退却　九度山脱出　山伏の名刀　冬の陣軍議　家康要撃成らず　家康の誘いを拒絶　旧友との酒宴　夜討ちの争論　伊達の騎馬鉄砲　陣頭の大号令　金瓢の馬印　首実検　くじさだめ　その家臣観

徳川家康……615

幼少時代　元服　大高城兵糧入れ　籠城覚悟　一ノ宮の後詰　味方ガ原の戦　少年刺客　籠城は橋々　信玄の死　長篠の戦　武田氏の滅亡　織田信雄を支援す　長湫の戦　たがいに敵将を誉む　長湫合戦の回顧　蟹江の戦　信玄流軍法を採用　上洛　小田原攻め　十文字の持ち槍　手綱さばきの極意　江戸入城　出陣の順序　秀秋の本領安堵　ときのこえ　城攻め問答　関東出陣の真意　鷹のへおいじり　関ガ原の戦　平塚越中守　小幡信世　車善七郎　西軍武将の処置　天下一統　大坂冬の陣　三通の偽書　淀君を動かす　堀埋めの謀略　大坂には停泊地

なし　橋は焼かせよ　帰陣の道　城攻めの愚案　寛大の処置　信長の書状　家臣を労わる　領民のためを計る　矢の根は堅くせよ　飢民なし　諫言を入れる　一番槍以上　家臣は至極の宝　人を用いる道　妓楼の対策　世継ぎは竹千代　国を治める道　蔵米の貯蔵　善政を継ぐ　臣下の道　初穂の礼儀　太平に武を嗜む　部下思い　食事の大事　頼朝の心事　川中島両雄批判　平家汁　法は峻急なるをよしとす　新田談義　大黒の極意　小僧三ヵ条　主を捨てる不届き者　豊年のしるし　大将の心得　縄つき代官　二条のお屋敷　飢饉の年の普請　人参と奉書紙　冬の桃　夏の麦飯　奢侈を戒む　経済政策　『貞観政要』　儒学奨励　古記録の整備　外寇に備える　廟所は質素に　実戦の勇者　秀吉の名将論　作り馬鹿　みずからを責む

学術文庫版刊行にあたって……………………………………722

名将言行録

『名将言行録』の世界

『名将言行録』の内容

本書は岡谷繁実《おかのやしげざね》が、主として戦国の名将百九十二人を選んで、その言行を諸書に徴し、適宜取捨してこれを全七十巻とし、さらに付巻一を加えて編述したものである。その意図するところは、彼自身の漢文の序によって明らかだ。現代文に書き直して、その要点をあげてみると、

「近代の史書を読むと、名将の言行は多方面にわたって細大となく明記されており、その片言隻句にいたるまで世人を裨益《ひえき》すること多大なるものがある。しかし、残念ながら、その書籍の数はあまりにも多く、事績はそれら尨大《ぼうだい》な書のなかに断片的に散見する場合が多い。一人の人物について知ろうとしても、数書から拾いださなければならない。また同じようなことを伝えてあっても、本によって多少ずつ、異伝があり、また表現も異なる。さらによく検討してみると、明らかに誤伝誤記である場合もある。それでは、手軽に、名将の人物の真骨頂に触れることが困難になる。そこで、私なりに諸書の要点を抜抄して〝名将言行録〟と称

する一書にまとめ、心ある人びとの閲読に便しようと思いたったのである。かくのごとく志をたててからは、さまざまな書をみるごとに、ここぞと思う個所をかならず抄録した。自分の蔵書だけではもちろん事足りないので、他よりも借覧し、しだいにその範囲はひろがって、意外の労苦をかさねることになった」

いちいちその出典を示してはいないが、「引用書目」としてあげられている書名は千二百五十二部にのぼる。彼の労苦の跡を偲び、あわせて本書成立の原拠を知る意味で、それを列記しておく必要があろう（30頁参照）。

これらのおびただしい資料のなかから博捜した百九十二人に関する記事を、わずか一冊の小冊子のなかに盛りこむことは、もとより無理な話である。したがって、そのうちの二十二人を選んで収めえたにすぎないのである。ただし、選出した人物については、記事の一部を省略するというようなことはしなかった。左に、原本が採用した全員を目次通りに紹介し、その全貌を推察される資料としたい。右肩に＊印をつけたのは、この訳本が選出したものである。

＊北条長氏・北条氏康・北条氏規・北条綱成・＊太田資長・太田資正・長野業正・尼子経久・＊山中幸盛・今川義元・三好長慶・竜造寺隆信・荒木村重・＊毛利元就・毛利秀元・吉川元春・吉川元長・吉川広家・小早川隆景・＊武田晴信・武田信繁・板垣信形・原虎胤・山本晴幸・甘利晴吉・馬場信房・山県昌景・高坂昌信・内藤昌豊・真田幸隆・真田昌幸・真田信

幸・*上杉輝虎・上杉景勝・宇佐美定行・本荘繁長・甘糟景持・甘糟清長・杉原親憲・*直江兼続・藤田信吉・*織田信長・*柴田勝家・佐々成政・滝川一益・丹羽長秀・丹羽長重・佐久間信盛・佐久間盛政・明智光秀・明智光春・細川藤孝・細川忠興・前田利家・前田利長・前田利常・堀秀政・堀直政・堀直寄・稲葉貞通・中川清秀・前田玄以・森長康・山内一豊・*池田輝政・*蒲生氏郷・竹中重治・長曾我部元親・長曾我部盛親・宇喜田直家・宇喜田秀家・*島津義久・島津義弘・島津家久・*伊達政宗・*戸次鑑連・*高橋鎮種・*立花宗茂・*豊臣秀吉・*黒田孝高・黒田長政・蜂須賀家政・富田知信・佐野了伯・鍋島直茂・加藤嘉明・中村一氏・田中吉政・加藤光泰・浅野長政・浅野幸長・堀尾吉晴・増田長盛・渡辺了・大谷吉隆・長束正家・*福島正則・可児吉長・福島治重・大崎長行・吉村宣充・*加藤清正・石田三成・島友之・小西行長・藤堂高虎・京極高次・寺沢広高・松倉重政・仙石秀久・脇坂安治・片桐貞盛・木村重成・後藤基次・*真田幸村・真田幸昌・*徳川家康・徳川秀忠・徳川家光・徳川秀康・徳川忠吉・徳川義直・徳川頼宣・徳川頼房・徳川光圀・池田光政・松平正之・鳥居忠吉・酒井忠次・大須賀康高・内藤正成・本多重次・大久保忠世・天野康景・鳥居元忠・本多正信・平岩親吉・板倉勝重・本多忠勝・榊原康政・大久保忠隣・井伊直政・酒井忠世・本多正純・板倉重宗・安藤直次・成瀬正成・中山信吉・酒井忠利・安藤重信・永井直勝・青山忠俊・水野勝成・阿部正次・久世広宣・井伊直孝・土井利勝・酒井忠勝・松平信綱・阿部忠秋・板倉重昌・堀田正盛・秋元泰朝・久世広之・土屋数直・板倉重矩・阿部重次・安藤重長・柳生宗矩・大久保忠教・石谷貞清・北条氏長・伊丹康勝・井上正

利・青山幸利・戸田忠昌・堀田正俊・土屋政直・北条氏綱・斎藤利政・野中止・津軽為信・佐竹義宣・東政義・大石良雄・伊達忠宗・松平忠昌・熊沢伯継・本多忠朝・松平定綱・松平忠次・水野忠善

『名将言行録』編纂の主旨として、「言行ヲ知ルヲ主トシ、履歴ヲ叙スルヲ主トセズ」と編者は前置きしている。いかなる時にその言が発せられ、いかなる場合にその行動があったのかという点に重きを置いているので、きわめて印象的に言行を浮き彫りにしているという鮮明さがある。それぞれの話は比較的短く、歯切れのよい筆が手際よく事を運んで行く。贅言《ぜいげん》がないし、弛緩《しかん》がない。簡潔にして、しかもいいえて妙である。編者の文才をみるべきであろう。

　本書の編述は安政元年（一八五四）にはじめられ、明治二年（一八六九）にいたって脱稿したという。実に、数えの二十歳より十六年間を費やしたものであった。本書中まま漢文をもって短評を加えたところがある。評者は編纂者岡谷繁実のほか、古賀煜《いく》と田口文之の両名——田口文之は安政六年（一八五九）の年記をもつ漢文の序を送っているから、編者に請われてその頃、草稿を一見におよんだものであろう。

　繁実もとより漢文に長じていた。はじめは漢文体で本書を成そうと考えたこともあったようだが、わが国のことを記述して、多くの人に知らしめようとするには、仮名まじり文とするのが得策だと聞かされ、自分もなるほどと納得したので、あえて漢文体を採《と》らなかったといっている。「雅俗大抵原文に依り、敢えて妄《みだ》りに改更する所あらず」といい、事実を伝えるのが眼目であるから、文飾を意とすることをしなかったとものべている。だがその達意の文は一種の快い諧調さえ伴っている。

本書は明治二年にいたり、前記の田口文之と編者自身の二つの序を付し、三十巻本としてはじめて刊行された。ついで明治二十八年には、増訂七十巻本として刊行され、さらに明治四十二年には伯爵大隈重信・子爵秋元興朝・法学博士梅謙次郎の序を追加して再版された。

秋元子爵は、館林藩士岡谷繁実にとっては旧主である。その序によれば、明治二十八年増訂版刊行に際して、これを伊藤博文をはじめ知名各氏に贈って旧臣の偉功を推賞したという。特に伊藤のごときは熟読玩味したようである。ところが「爾後年を経ること久しきも、唯一部人士の愛蔵するところに止まり、汎《ひろ》く一般の眼に触るゝに到らず、今や殆ど絶版の姿となり、夜光の璧《たま》空しく地中に埋れ、名著徒らに世に絶つの不遇、本書の不幸とや謂《い》はん、将《は》た同胞の不幸とや謂はん」という状態になり、十余年を経て再版の運びとなったという。「古来の名将等が心血を披瀝せる言行には、又当《まさ》に不朽の真理を含蓄し教訓を抱蔵《(ママ)》するなくんばあらず、されば時世の如何を問はず、能く其真髄を咀嚼し以て事に応用せば、得るところ必ずや大なる可し」というのが、本書再版に寄せる喜びの声であり、本書の価値を端的にいい表したことばでもあった。

大隈伯は、日露戦争後の明治四十二年という時点を睨みつつ「物質的文明の弊に流るゝの傾向を生じ、嘗て封建時代に於て、祖先が死生の巷に出入して益〻練磨砥礪した所の、我が国民の特性たる至誠忠愛、克己忍耐、犠牲献身、名誉廉恥といふが如き精神的美徳は、次第に銷沈せんとするの趨勢がある」と説き、本書の再版はまことに「時弊に適中した」ものであり、「眠れる国民性を喚起し、国家の元気を鼓舞するに少からざる効果」があると推賞している。

近くは昭和五十三年に、新人物往来社より『定本名将言行録』（三冊）としてまた刊行された。これには小話ごとに小見出しをつけて、いっそう読みやすく工夫されている。本書の初版は、前述のごとく明治四年である。江戸時代およびそれ以前の古書が、多くの場合に校《きょう》合《ごう》を要する性質のものであるのとはちがい、誤植等のほかはほとんど訂正の必要はない。新人物往来社版は、検討したところ、信頼するに足る善本であるから、この訳本はそれを底本とした。ただし、それほどの善本でありながら、なお句読点の打ち方や振り仮名に多少の誤りがみられる。特に句読点の打ち方は重要で、文意を正確に汲みとるには忽《ゆるがせ》にできない。それらは訳にあたって正に戻した。

編者・岡谷繁実の人物

「著者岡谷氏は余が旧藩に於ける老功の士にして、夙《つと》に国事に奔走し誠忠極めて勤む、屢次《るじ》幕府の嫌忌を受けて流離年あり、而も始終一貫大義を唱導して屈せず、終に主張建策の遂ぐるに遭ふ、而して王政復古の大業全く成るや、公共の事業に従ひて偉績復尠少ならず、誠に得難きの士と謂ふ可し」

これは前記の秋元子爵の序文の一節である。しかし、これではあまりに概略すぎて十分でない。少し補ってみよう。

館林藩士岡谷繁実は、天保六年（一八三五）三月、岡谷繁正《しげまさ》を父として山形城下に生まれた。藩主秋元家は、のちに山形から館林へ転封となるわけである。

実は、『名将言行録』の末尾に「附」として「岡谷氏略譜」なる一文が加えられていて、それは「岡谷氏は、鎮守府将軍源経基《つねもと》七代の孫左衛門義康《よしやす》より出づ。……」というような書き出しではじまるが、古いところはともかくとして、繁実の曾祖父繁寿《しげよし》あたりからみてみると、「繁寿、毎《つね》に子孫を誡めて曰く、臣の君に事《つか》ふるや、毎に死の一字を忘るべからず。又曰く、豹死して留レ皮人死留レ名と云語あり、汝等須《すべから》く心を爰《ここ》に留むべしと。性倹素痛く奢《しゃ》侈《し》を禁ぜり。然れども人を救ふのことに至りては少しも吝惜せず。大にしては公賜、小にしては一菓微羹の細なるも、悉く家族に分与して、少しも甲乙なし。人其公平に服せり。繁寿、並《ならび》なき多芸の人にて、弓馬のことより、諸の小技に至るまで、其蘊奥を究めざることなし、世伝て法と為すに至れり。茶・花・香・鼓・謡・画・陶冶・鍛鉄・細工・裁縫・鑑識の類なり。尤も誹諧を善くす。岡月楼松兮《こうげつろうしょうけい》、又独笑庵花松と号す。老の友、独り遊等の書数巻あり、弘化四年（一八四七）三月晦日卒す、年七十六。子なし。加納藩小島喜兵衛范勝《のりかつ》の子を養て、其女を以て室とせり。之を八右衛門繁英《しげひで》と曰ふ。繁英、父に先だち文政七年（一八二四）閏八月七日卒す。年三十一。子喜兵衛繁正、祖の後を継ぐ。繁寿没後、僅に六十余日を歴て六月六日卒す、年三十六。是を不肖繁実の父と為す」——曾祖父と父とが相次いで没したとき、繁実はまだ数えの十三歳であった。

繁寿は、秋元家の執政として一藩に重きをなすこと二十五年におよんだ人だ。秋元家が上州館林へ移ったのは、繁寿の執政時代であった。繁実は、この曾祖父から薫陶を受けることきわめて厚かったようだ。幼より文武を修め、特に漢学を好んで精進し、はやくより文才を顕わした。馬廻給人として出仕し、嘉永六年（一八五三）、十九歳で使番、安政四年（一八五七）二十三歳にして大目付。『名将言行録』編纂の手はじめは安政元年であるから、このときすでに着手していたことになる。万延元年（一八六〇）、二十五歳で取次役の重責にあった。

彼が使番となった嘉永六年はペリーの浦賀来航の年だ。翌安政元年は日米和親条約が調印され、安政五年には井伊直弼《なおすけ》の大老就任、すぐさま神奈川条約（日米修好通商条約）調印。この年の秋から安政の大獄がはじまり、翌六年には吉田松陰はじめ多くの刑死者を出した。その報復は、尊攘派水戸浪士らの手によって井伊大老の上に加えられた。いわゆる桜田門外の変だ。この年繁実は取次役に上ったのである。時勢は急潮のように動きつつあった。

ここで注意すべきことは、館林藩主秋元志朝《ゆきとも》は、毛利元徳《もとのり》の実兄だということだ。元徳は徳山藩主毛利広鎮《ひろしげ》の第十男だが、嘉永四年（一八五一）に萩藩主毛利敬親《たかちか》の養子となった人物。いっぽう志朝は天保十年（一八三九）に秋元久朝の養子として家督を嗣いでいる。つまり長州藩とは切っても切れぬ血のつながりがあるわけだ。

秋元志朝は夙《つと》に尊王の志があって、京の公卿衆とも交わりがあった。繁実は命《めい》によって上洛し、正親町《おおぎまち》三条実愛《さねなる》（のち、嵯峨姓となる）に謁して時事に関して種々進言することがあったが、実愛はその見識を賞して、彼の進言を孝明天皇に奏聞したと伝えられる。こえて文久三年（一八六三）、物頭取次に上り、世子礼朝《ひろとも》の侍講を兼ねた。十二月には中老に昇進し、藩主上洛にしたがってふたたび入京、藩主とともに公武の間の周旋にあたった。毛利元徳は、前年すでに上洛して、おなじく公武の間に尽力している。長州の意図するところは尊王攘夷である。うやむやな公武合体を排して、あくまでも尊王を旗印とするところ、必然的に反幕とならざるをえない。ところが、文久三年八月十八日――いわゆる〝八・一八〟政変によって攘夷派の公卿は宮廷から一掃され、公武合体派の天下となった。攘夷派の三条実美《さねとみ》等七卿は長州を指して都落ちした。

明けて元治元年（一八六四）、前年の政変において京都での地位を失った長州藩が、勢力挽回のために、藩主父子の無実を解くことと、尊攘派七卿の赦免を願ったが許されないのに業《ごう》を煮《に》やし、七月十八日三家老を先頭に上京、会津・薩摩の兵と蛤《はまぐり》御門付近に戦って、ついに〝禁門の変〟を引き起こしてしまう。

秋元志朝は、なんとか萩藩主毛利敬親（元徳の養父）と幕府の間を斡旋、調停役を買って出ようとしたが、たまたま長州征伐の勅命が幕府に下ろうとしたので、志朝は勤王十三藩とともにこれを阻止しようとし、繁実は主命をおびて、旧知の正親町三条実愛にふたたび謁して尽力方を懇請した。数日後、朝廷は、秋元志朝に勅して、幕府と長州藩の間を調停和解せしめようとされたが、徳川慶喜《よしのぶ》がこれに反対したため、断念せざるをえぬ事態となった。

幕議はすでに征長に決したと聞いた秋元志朝は、毛利父子を大坂城に呼び寄せ、実愛を糺問使に仕立ててなんとか事態の好転を策した。志朝は、このお膳立てを毛利父子の方へあらかじめ知らせておく必要があると考え、その密使として繁実を選んだ。繁実は急行して事の次第を告げ、十分打ち合わせをとげて帰京したのだが、朝議はガラリと変わっていた。もはや長州征伐は動かしがたいものとなっていたし、これまでの努力はまったく水泡に帰したのである。

こうなった時点で、藩主志朝は、長州藩連累の関係のみならず、このたびひそかに長州へ密使を送ったことなどが幕府に知られて嫌疑を受けることをおそれ、長州行きは繁実一個の発想に基づく行動なりとして、彼を捕らえて禁錮とし、まもなく追放処分にした。大名連がよく使う手である。まさに使い捨てだ。

志朝の子礼朝は、自分の侍講でもあり、すぐれた人物である繁実が、汚名を一身に負わされて放逐されたのに心を痛め、なんとか帰藩させようとしたが、すでに幕府の知るところとなって探索がきびしく、どうしようもない。そこで繁実は、また京都に潜入して近衛邸のなかにかくまってもらうことになった。そして明治維新となってはじめて朝廷は繁実を帰藩せしめられ、家禄を旧に復したのである。

右のような事情をよく知ったうえで、彼が『名将言行録』の序文中に「以二身世多故《ヲ》一、幽囚放逐、流離困頓、殆《ント》不レ能レ支《ユル》、曷《ソ》遑《アラン》二他事《ニ》一。然《レトモ》以二此書素心《ノ》所《ナル》レ注《ク》、幽憂危苦之際、尚ホ不レ廃二朱墨ヲ一」（身辺も時勢もともに多事多難にして、ついに幽囚の身となりさらに放逐せられ、あちこちと流浪の旅に身をまかせ疲労困憊《こんぱい》、ほとんど心身は耗弱《こうじゃく》の極に達した。逃げのび、生きのびることのほか、なにをする余裕もないありさまであった。しかし、この書だけはぜひとも完成したいという悲願に燃えていたので、どのように苦しいときでも危険なときでも、筆を執らぬことはなかった）と記した言辞を一読すると、岡谷繁実なる人物の飽くなき執念と、それを支えた異常なほどの努力とに、心から感服せざるをえない。あるいは、本書の完成という初一念を堅く持していたからこそ、憂悶の重圧に堪えられたのだといった方が、正鵠《せいこく》を射ているとさえ思うのである。

　彼は諸書を抄録しながら、かつて名将が死生の間に出入してえた尊い体験から生まれた珠玉のごときことばに胸打たれたであろう。——ある時は非運に甘んじ、またある時にみずからの手をもって打開した果敢な生涯に、わが行くべき道を探りあてたでもあろう。いわば『名将言行録』に筆執ることは、彼がこの世に生きた証《あかし》をつくることであったにちがいない。大正八年（一九一九）十二月九日、八十五歳で没した。

『名将言行録』引用書目

北条五代記
北条記
小田原記
小田原日記
豆相記
北条盛衰記
関東兵乱記
土肥清雲寺旧記
鎌倉九代記
鎌倉九代後記
実隆公記
大乗院寺社雑事記
鎌倉大日記
重編応仁記
足利季世記
関侍伝記
新編相摸国風土記
土気古城再興伝来記
宗長手記
長禄已来申次記
江亭記
永享記
太田三楽一代記
東国戦記
国府台軍記
潮田某筆記
簑輪軍記
長野家旧記
新編武蔵風土記
山中氏祖祠記
今川記
遠江風土記
三好家成立記
細川両家記
増補筒井家記
阿州将裔記
江濃記
平島記
久米田軍記
竜造寺記
九州治乱記
肥陽軍記
陰徳太平記
中国治乱記
備前軍記
大友記
毛利家日記
毛利家記
毛利伝記
元就軍記
毛利旧記
瑞光院記
清水長左衛門由来記
吉川家史臣略記
芸陽記
新裁軍記
武田三代記
甲乱記
信府記
信府統記
妙法寺記
高代寺日記
諏訪神社神使御頭之日記
甲陽合戦伝記
岩岡家記
甲越戦争記
牛窪密談記
等持院功運長老記
小田井駅原田氏旧記
教来石関吏某家記
参州長篠戦記
別本長篠軍記
理慶尼之記
蘆田駅某家記
贄川駅某家記
上野国赤坂庄和田記
羽尾土記
東乱記
真田軍功家伝記
木曾殿伝記
越後軍記
謙信記
謙信公勝事記
河中島五ケ度合戦記
甲越五戦記考正
北国軍記
北越軍記
北国太平記
厳助往年記

常陽四戦記
関東八ケ国幕下名将記
宇都宮記
春日山日記
藤田記
出羽風土略記
最上義光記
寒松日記
多賀谷七代記
東国太平記
永禄已来大事記
見聞私記
太田牛一信長記
信長記
増補信長記
信長記補遺
新撰信長記
総見記
織田真記
足利官位記
室町殿日記
言継記
尾張古戦場記
桶狭間合戦記
道家祖看記
美濃明細記
美濃守護記
土岐斎藤軍記
御湯殿上日記
後太平記
続太平記
晴右記
若狭守護代記
佐々軍記
朝倉記
多聞院日記
小松軍記
大正寺合戦記
越州軍記
佐久間軍記
菊池風土記
肥後宇土軍記
兼見卿記
京都町家旧事記
明智軍記
明智日記
本能寺始末記
細川家記
細川忠興軍功記
戴恩記
前田創業記
末森軍記
加越戦争記
三壺記
山口記
堀直寄伝記
山内世伝記
池田記
本光国師日記
蒲生軍記
蒲生文武記
氏郷記
勢陽雑記
貝塚天満移位記
歴代残闕日記
勢州軍記
伊勢兵乱記
南海治乱記
四国軍記
土佐軍記
長曾我部元親記
浦上宇喜多両家記
浮田秀家記
戸川記
妙善寺合戦記
嶋津記
惟新公自記
薩藩旧記
島津世禄記
大島忠泰自記
島原軍記
薩摩兵乱記
樺山紹劔日記
日向記
南浦軍記
三国擾乱記
豊州乱記
松浦家記
伊達成実記
伊達政宗記録事蹟考記
万年記
石尾筆記
蘆名記
永日記
立花記
立花事実略記
立斎旧聞記
立斎話記
立花家蔵感状記
立花家之記
両豊記
筑前古城記
筑前続風土記

高橋記
古今城主攻守記
参攷盛衰通記
中古日本治乱記
太閤記
川角太閤記
秀吉事記
賤箇嶽記
太閤諸国軍記
小牧御陣長湫合戦記
別所長治記
氏家記
九州御動座記
朝鮮太平記
朝鮮征討始末記
宗氏家記
対馬国記
西征日記
深江記
光豊公記
祐清私記
慶長年中記
三藐院記
立入宗継記
舜旧記
九州道之記
両国壬辰実記
皇明通記
梅北記
朝鮮征伐記
鹿苑日記
朝鮮御陣実記
朝鮮記
西遊雑記
小西一行記
川崎氏筆記
朝鮮通交大紀
是琢日記
慶長甲寅之記
小槻孝亮宿禰日次記
安養寺日々記
義演准后日記
池水記
豊太閤葬記
黒田如水記
能勢叢記
黒田廿四将伝記
黒田長政記
墨縄記
佐野宗綱記
中村一氏記
鍋島軍功記
大和軍記
福島正則遠流記
本邦続々史記
広島筆記
清正記
続撰清正記
石田軍記
藤堂記
高山公実記
後藤合戦記
国朝将軍載記
徳川記
参州実記
徳川伝記
徳川実紀
御庫三河記
戸田本三河記
参河記大全
官本当代記
別本当代記
御先祖記
徳川軍功記
東照宮御一代記
勝軍地蔵軍記
長久手記
長久手合戦始末記
天正記
天正日記
関ケ原軍記
関ケ原軍記大成
慶長軍記
関ケ原合戦誌記
武徳安民記
関ケ原始末記
魔釈記
魔釈記追考
梵舜記
治世元記
永井直清筆記
押小路日記
御堂之日記
秀頼事記
片襲記
槐記
長崎記
大坂冬陣日記
土屋知貞私記
前田家大坂冬陣日記
廓山上人大坂供奉私記

泰重卿記
駿府記
関難間記
慶元記
大坂記
大坂日記附録
御撰大坂記
難波戦記
創業記
創業記考異
家忠日記
家忠日記増補追加
武徳大成記
武徳日記
通村公記
天元実記
昭代記
三河本願寺一揆之記
三河土呂一揆濫觴記
岡崎古記
奥平家伝記
浜松御在城記
三河東禅寺記
御和談記
岡田竹右衛門記
御九族記
高坂半斎記
慶長記
慶長治乱記
関原日記
東日記
吉良日記
平尾氏劄記
大坂口実記
大坂籠城記
松原自休大坂軍記
山本日記
片桐記
貴言為孝記
中興源記
木俣土佐紀年自記
番場駅蓮華寺旧記
依田記
実澄記
元寛日記
寛永三年御上洛記
寛永日記
島原記
天草征伐記
島原一揆松倉記
大村勘介家記
耶蘇征伐記
島原合戦記
大内日記
天草騒動記
松平輝綱天草日記
信綱記
耶蘇天誅記
有徳院殿御実紀
紀伊記
井上玄桐筆記
鳥居彦右衛門記
板倉伝記
板倉政要記
井伊軍記
花莚記
酒井家記
深谷記
寛明日記
正慶承明記
元正間記
三王外記
武将感状記
続武将感状記
異本続砕玉話
温故私記
閑際筆記
老談記
茗話記
老談一言記
近代雑記
烏有秘記
雑話筆記
後編雑話筆記
武家事紀
武家高名記
武功雑記
故諺記
故諺記附録
兼山記
推察記
校合雑記
近代武勇記
謙亭筆記
人見筆記
中村亮直筆記
照沼吉賢筆記
資勝卿記
中興武名記
古老聞集記
武家諫忍記
武家勧懲記
治世略記

老人筆記　三河記脱漏　文英清韓長老記録　尾州編年録　盛衰隠秘録
文会雑記　関ケ原記大全　定慧円明国師虚白録　武家厳制録　幸展深秘録
成功記　小田原編年録　行賞録　武林隠見録
勇功記　関八州古戦録　国恩録　紀侯言行録　退私録
西遊記　蔭涼軒日録　黒田勲功録　有斐録　深秘筐底録
澹泊斎筆記　円福寺記録　渭水聞見録　土津霊神言行録　慎終日録
慶延略記　渋家私録　聿修録　本佐録　国史館日録
続史劄記　松窓漫録　伊勢秘録　仰景録　士林禁秘録
東寺執行日記　性山公治家記録　脇坂興系録　信綱言行録　好人録
本朝通紀　貞山公治家記録　恩栄録　仰高録　政家録
歴朝要記　仙台藩祖実録　元和先鋒録　青大録　献可録
垂統大記　奥陽軍秘録　摂戦実録　本朝名臣言行録　帰厚録
国朝大業広記　立花近代実録　慶長年録　君臣言行録　昭代実録
武家盛衰記　立花戦功録　紀年録　中興将士言行録　盍簪録
続武家盛衰記　新撰豊臣実録　家伝録　武辺録　盈筐録
改撰武家盛衰記　征韓録　若州観迹録　続南行雑録　三省録
仮名年代記　両朝平攘録　元和年録　陽湖叢録　三省録後編
年代略記　皇明従信録　神君言行録　武功実録　武林名誉録
享禄已来年代記　懲毖録　神君語録拾遺　諸家大秘録　近世人鏡録
如是院年代記　辰巳録　蓮成院録　諸家深秘録　近世名臣諫諍録
大久保家記別集　正気録　江城年録　凭几漫録　明徴録

静嘯亭雑録
譜牒余録
譜牒余録後編
板倉家臣秘蔵録
佐野氏編年録
毛利閥閲録
三松録
剣光録
足利系図
三浦系図
今川系図
長野系図
竜造寺系図
江系図
長尾系図
異本長尾系図
木造系図
長曾我部系図
秦家系図
豊後諸氏系図
百々系図

筑山系図
佐野系図
鳥居系図
深谷上椙系図
諸家系図
改撰諸家系図
諸家系図纂
系図纂要
諸家大系図
寛永系図
伊丹系図
富士見十三州図
国郡全図
山崎古戦場之図
新撰和漢合図
北条系譜
大道寺家譜
畠山家譜
太田家譜
柴山太田家譜
京都将軍家譜

三好家譜
藤竜家譜
毛利家系譜
江氏家譜
吉川家譜
山名家譜
外記家譜
真田家譜
上杉家譜
謙信家譜
上杉家譜附録
村上義清年譜
上杉景勝年譜
松村家譜
常陸名家譜
水谷家譜
信長譜
市橋家譜
臼杵稲葉家譜
織田家譜
丹羽長重年譜

佐久間家譜
細川家譜
藤孝年譜
松井家譜
加賀藩略譜
飯田堀家譜
村松堀家譜
中川家譜
池田家譜集成
竹中家譜
丸岡有馬家譜
秋月家譜
本願寺家譜
東本願寺家譜
伊達政宗家譜
伊達世臣家譜
会津家譜考
立花家譜
戸次家譜
薦野家譜
大村家譜

南部家譜
佐竹家譜
生駒家譜
一柳家譜
中山家譜
津田家譜
黒田年譜
黒田家譜
貝塚黒田家譜
菅家譜
蜂須賀家譜
鍋島家譜
森家譜
加藤光泰系譜
鍋島直茂公譜考補
加藤家譜備考
浅野家譜
浅野考譜
京極家譜
仙石家譜
問註所町野氏家譜

御年譜
御年譜附尾
御年譜徴考
植村正勝譜
高力清長譜
安藤定正譜
三草丹羽家譜
浅井道忠譜
形原松平家譜
長楽寺御系譜
本藩歴譜
本多広孝譜
横田家譜
伊丹家譜
鍋島勝茂譜
越前黄門年譜
津山松平家譜
南竜公年譜
威公年譜
鳥居忠興譜
鳥居家譜
内藤家譜
本多家譜
本多忠勝年譜
井伊家譜
井伊新譜
田辺安藤家譜
酒井忠勝年譜
秋元家譜
秋元世譜
戸田家譜
岡谷家譜
大河内家譜
羅山年譜
断家譜
城主譜
武家譜
列国譜
藩翰譜
続藩翰譜
牧伯系譜
古今茶人系譜
秀吉譜
山本系図
寛政重修諸家譜
池田正印覚書
今川仲秋文書
毛利家什書
小早川什書
甲陽合戦覚書
菅沼主水書上
甲州文書
上杉川中島口上書
乙骨太郎左衛門覚書
北越家書
山鹿籠城覚書
浅川聞書
沢村大学覚書
宮村出雲覚書
幽斎軍中心得覚書
前田氏所蔵文書
堀丹後守覚書
岩田氏覚書
伊賀者由緒書
帖佐宗辰覚書
木戸豊前覚書
筑紫古文書
余五庄合戦覚書
公程閑暇雑書
長久手合戦覚書
紀州根来由緒書
吉野覚書
朝鮮聞書
佐竹滝俊書
竹中覚書
梨羽紹幽覚書
朝鮮王子書
木村又蔵覚書
韓陳文書
豊臣太閤御事書
厳島文書
大曲覚書
高野山文書
本山豊前守覚書
北川遺書
戸田左門覚書
富田宗清覚書
草加文書
竹田永閑覚書
黒田文書
豊後御陣聞書
草隠聞書
渡辺勘兵衛覚書
藤堂家書
玉置覚書
西島留書
平尾留書
藤堂高虎古文書
木村重成書
御名誉聞書
慶長見聞書
神戸休五郎覚書
谷川七左衛門覚書
荻田主馬助覚書

坪内宗休覚書
黒河内重助所蔵文書
木部新左衛門覚書
甲賀組由緒書
甲賀廿一家先祖書
上林竹菴由緒書
小宅三右衛門先祖書
大重平六覚書
近衛家所蔵文書
小須賀氏覚書
福富覚書
草加五郎右衛門覚書
紀州家大坂陣覚書
大坂役榊原家中留書
大坂覚書
真田御陣覚書
天野伝右衛門書上
岡部内膳正書上
石川忠総留書
村井勘十郎覚書
内藤紀伊守書上
畔柳助九郎覚書
野中三五郎覚書
外松六太夫由緒書
松平義行文書
村越伝記覚書
今井彦右衛門覚書
本多藤四郎覚書
水野左近一代武功覚書
霜女覚書
村越道伴覚書
大坂一乱起之覚書
大坂御陣覚書
本多越前守書上
茶屋四郎二郎由緒書
寛元聞書
天野小左衛門口書
別当杢左衛門覚書
佐野弥七左衛門覚書
切支丹蜂起覚書
西村五兵衛覚書
志方半兵衛言上書
立花忠茂覚書
十時三弥介書上
岸半右衛門覚書
丸岡有馬古文書
並川太左衛門覚書
銭座鳴海書上
本多忠勝武功聞書
本多忠勝遺書
永井家書
道是覚書
井伊家覚書
中野円心書付
石谷土入書
岡谷泰繁功名書
岡谷信繁覚書
寛永聞書
寛文聞書
道斎聞書
日光東叡両山御由緒覚書
武辺咄聞書
古戦覚書
古戦抜書
或書抜書
古今武勇覚書
長沢聞書
古老覚書
白石伸書
前橋旧蔵聞書
尼崎家書
榎本氏覚書
安斎叢書
日下部景衡聞書
家訓或人叢書
或人叢書
集義和書
古文書
古文書類纂
諸国古文書抄
甲斐国寺社由緒書
越前家覚書
謙信贈岡谷清英書
永禄覚書
貞享書上
翰林胡蘆集
慕景集
玄旨法印家集
秦山集
盛香集
普聞集
命期集
翰林五鳳集
白沙集
西厓集
諫早家系事蹟集
参陽武編全集

尾張葉栗見聞集
武林珍談集
長崎拾芥集
神徳集
駿話本別集
往古令法集
本多忠勝武功吟味集
石川正西聞見集
勇士一言集
玉音集
本朝茗談集
別本詞林金玉集
玉埃集
玉話集
淡海集（一名玉滴隠見）
聞見集
落穂集
落穂集追加
落穂雑談一言集

語伝集
額波集
市井雑談集
智将名言集
名語集
武用智鏡集
茗飲夜話集
新著聞集
見聞集
聞書雑話集
節用集
羅山文集
常山文集
舜水文集
徂徠集
莽蒼園集
錦里文集
鵞峯集
鳳岡集
日用集
関邪論

吉野永観文集
古今感状集
武道初心集
土佐国蠹簡集残編
松隣夜話
利家語話
利常語話
川上久国雑話
石道夜話
奥相茶話
大坂御陣山口休庵咄
岩淵夜話
鶴頭夜話
古老雑話
太平雑話
越叟夜話
天野遺話
林英武話
桃渓雑話
掃聚雑話

兵家茶話
続兵家茶話
古老噺
武隠叢話
霊岸雑話
甲子夜話
老人雑話
秦武卿雑話
南越雑話
積翠雑話
玉露証話
兵用拾話
閑窓慎話
古士談話
古実話
逸話
鳩巣話草稿
駿台雑話
天野逸話
野藪談話
雑話

大人雑話
史簡旧話
昇平夜話
白河夜話
竜渓小説
艮斎間話
井伊直孝夜話
小牧戦話
沼田古老物語
室町殿物語
伊東法印物語
北畠物語
柏崎物語
十河物語
土佐物語
巌谷物語
朝日物語
祖父物語
朝鮮物語
梅北物語
夢幻物語

黒田故郷物語
景憲物語
大坂物語
大坂陣物語
改元物語
三河之物語
松平物語
武者物語
続武者物語
新武者物語
古老物語
一本古老物語
備人老人物語
翁物語
異本翁物語
小早川式部翁物語
紀伊国物語
古人物語
諸将物語
野翁物語
遺老物語
武老物語
老士物語
悲歎物語
越国内輪弓箭老師物語
島原物語
吉田物語
桑島若狭大坂物語
渡辺幸菴物語
近世叢語
永慶茗談
林鐘談
虎猴雑談
若狭軍談
常山紀談
常山紀談拾遺
武家閑談
続武家閑談
北窓瑣談
故老諸談
西山雑談
太平将士美談
太平夜談抄
志士清談
講余雑談
武辺雑談
松山叢談
落穂余談
武野燭談
古戦評談
諸士軍談
武功雑談
東武実談
雑話燭談
玉嶺談
百家閑談
政談
先哲叢談
菜根百事譚
近古武事談
近古史談
東武談叢
老将坐談
天草軍談
備陽武義雑談
萩原随筆
西山随筆
見聞随筆
恕斎随筆
二川随筆
尚斎随筆
梧窓漫筆
嵐庭館雑筆
藻塩草
嚶鳴館遺草
世免天話草
世免天話草続編
世免天話草拾遺
翁草
駿河草
武備神木抄
良将達徳鈔
良将達徳鈔補遺
落照露言抄
武野確言抄
明訓一斑抄
続史愚抄
武田分限帳
福島分限帳
原城乗吟味帳
天草一揆書上帳
諸寺過去帳
高野山過去帳
東寺過去帳
臨済寺過去帳
鳩巣小説
元和小説
寛永小説
可観小説
越杉小説
名賢秘説
芝峯類説
駿河俗説弁
武門諸説拾遺

甲州将士人名考
地理纂考
会津旧事雑考
白川故事考
四家合考
東国文献備考
肥後古城考
諸国廃城考
山中鹿介伝
毛利三将伝
小早川隆景伝
采幣伝
甲陽唯一的当列伝
丹羽家譜伝
丹羽氏家臣伝
山口家伝
松浦家世伝
高橋紹運伝
立花宗茂伝
立花道雪伝
堀尾家伝
加藤嘉明伝
和州諸将軍伝
加藤清正伝
仙石中興家伝
竹森家伝
後藤又兵衛政次伝
小栗家伝
小幡景憲家伝
榊原家伝
利勝略伝
武芸小伝
烈女伝
柳営婦女伝
中外経緯伝
簑笠之助伝
百将伝
百将伝一夕話
本朝武林伝
諸将士伝摘華抄
清正行状
黄門行状
羅山行状
毛利家古文状
清水宗治事蹟
小田事蹟
烈祖成績
敬公事蹟
敬公行実
義公行実
土津霊神事実
福島大夫殿御事
松栄紀事
神聖遺事
西山遺事
桃源遺事
義公遺事
芳烈公遺事
本多忠勝逸事
津島紀事
通信紀事
駿河雑誌
駿河国志
歴代鎮西志
甲斐国志
越登加三州志
新編常陸国誌
若狭郡県志
大和志
肥後国志略
山城志
雍州府志
摂津志
近江国輿地誌略
尾張志
南方海島志
福岡啓藩志
三国略誌
北肥戦誌
関ケ原一乱志
大三川志
大三川志附録
三河国古今城塁地理誌
先進繍像玉石雑誌
喜連川判鑑
播磨鑑
甲陽軍鑑
武道心鑑
管規武鑑
後鑑
天享吾妻鑑
伊達鑑
仙台武鑑
豊鑑
国朝宝鑑
藩鑑
浪華武鑑評判
秘鑑
続本朝通鑑
武鑑数種
米沢新史
編年小史
越後野史
西藩野史

島津国史
越藩史略
石卵余史
日本人物史
国史
逸史
日本外史
続皇朝史略
国史略
野史
西教史
明史
明史藁
明史紀事本末
三師戦略
鎮西要略
征韓偉略
家乗略
華頂要略
編年要略
水江事略
賤ケ岳紀聞
四戦紀聞
年山紀聞
黒田如水碑銘
黒田長政碑銘
渡辺了墓碑銘
鳥居元忠碑銘
大久保忠教碑銘
喜入忠慶表稿
朝野旧聞裒藁
仙巣稿
芝山会稿
士談会稿後編
地誌提要
武事提要
常陸誌料
石流山清心寺縁起
黒本尊縁起
花洛名所図会
江戸名所図会
豹竜虎之巻
老談之巻
紹巴評点連歌巻
澹泊史論
国史纂論
古談筆乗
桂館野乗
朝野雑載
甲越春秋
高野春秋
東照宮遺訓
東照宮遺訓附録
日新館童子訓
井伊直孝榊原へ遺訓
武蔵野紀行
丙辰紀行
明良洪範
続明良洪範
青社遺範
有吉家代々覚
遺言覚
義残後覚
武家七徳前編
武家七徳後編
事実文編
護国編
甲乙剰言
黒田長政遺言
公卿補任
武家補任
和漢合運
和光院和漢合運
和漢合符
武州江戸歌合
江戸砂子
梅花無尽蔵
永禄六年諸役人附
安西軍策
異説更科少将
千曲之真砂
山本勘介由来
越後名寄
南紀古戦十種
関岡家始末
勢陽五鈴遺響
文苑雑纂
葛藤別紙
秀吉出生記
東遷基業
進退秘訣
武徳編年集成
東国輿地勝覧
京之水
曳駒拾遺
小畑道牛事歴
山鹿語類
塩尻
憲教類典
牧斎初学集詩註
異説区々
源流綜貫
駿河土産
雨夜灯

修史為徴
打出杭
玉露叢
雨夜友
焼残反古
机の塵
智嚢
生捕山田右衛門佐
　申分
窓能須佐美
君則
備藩典刑
光政墓表
武学拾粋
阿部家事蹟書抜
鶴毛衣
武備目睫
千歳能松
川酊菴奏議
久保之取蛇尾
人見卜幽祭文

貞観政要該解跋
雑波津土
武家和諌
正説珍語鏡
大日本史序
歴名土代
武家雲箋
華押藪
淤裳比与流日
上杉家書上
慶長小説
駿河志料

北条長氏《ながうじ》（早雲）

伊勢新三郎行長《ゆきなが》の子。新九郎といい、備中の人。北条姓を称し、のち髪を剃り早雲庵宗瑞と号した。流離の身より起こって伊豆・相模を平らげ、韮山《にらやま》に住む。はじめは氏茂と名のり、のち長氏。永正十六年（一五一九）八月十六日没。年八十八。

目指すは関八州

応仁年間（一四六七―六九）、山名・細川氏はおのおの私党を組んで都で闘っていたが、将軍義政はこれを押さえることができなかった。長氏は聡明なうえに大志をもっており、さらに騎射もうまく武芸に通じていた。自分の財をばらまき、これはと思う豪傑たちとひそかに手を結んだ。ある日、衆を集めて「よくよく天下のことを考えてみると、功名を成しとげ富貴を取るにはいまがもっともよい機会だ。思うに関東八州の地勢は高爽で、士馬も精強である。昔から武士の地とされていた。そして永享《えいきょう》以来定まった主もない。もしこの地に割拠できれば、かならず天下を取れよう。わしは諸君とともに東国にくだり、機会をみて変を押さえ、功名をたてたいと思う。諸君はどうだ」といった。一同奮いたって彼にしたがった。

長氏の家は代々三百貫の地を領していたのだが、それを全部売り払って東下の旅費とし、荒木兵庫頭・山中才四郎・多目《ため》権兵衛・荒川又次郎・大道寺太郎・在竹《ありたけ》兵衛尉《じょう》の六人とともに東行の途についた。途中伊勢の大神宮の神前に詣でて、それぞれ神水を飲み、「たといどんなことがあっても、この七人のあいだに不和をおこしてはならぬ。たがいに援助しあって功名をたてよう。武士の習慣通り、この七人のうちの誰か一人が身を立て国をもつような場合には、残る六人はみな家人《けにん》となって尽力しなければならぬ。また君となった者は残る六人を取りたてねばならぬ」と誓いあった。かくして文明元年（一四六九）二月、駿河についた。駿河の守護今川治部大輔《じぶのたいふ》義忠《よしただ》の妻北川は、長氏の姉であり、その北川が産んだ竜王丸《たつおうまる》は甥《おい》にあたるので、ここをたよって腰をおちつけた。

今川家中の争い

文明八年（一四七六）正月、今川義忠が遠州潮見坂で一揆のために討ち死にした。このために、今川一門――瀬名・関口をはじめ老臣三浦・朝比奈の面々が二つに割れてたがいに対立するにいたった。これは、主君が幼少であるため、たがいに威権を争ってのことである。そうこうしているうちに、近習の者が、竜王丸と母の北川をともなって、山西というところに隠した。さいわい誰もこれに気づく者はなかった。どちらにしても、竜王丸を手に入れた方が、みずから義兵と称し、他方を賊として退治しようとしているので、そのことを心配して隠したのである。このようなことが関東の耳にはいり、伊豆御所の足利左兵衛督政知《さひょうえのかみまさとも》からは上杉治部少輔《じぶしょう》政憲《まさのり》を将とし、また上杉修理大夫《しゅりのだいぶ》定正《さだまさ》からは太田左衛門大夫《さえもんのだいぶ》資長《すけなが》を将として、それぞれ歩騎あわせて三百余を馳せ向かわせた。両軍は狐《きつね》ケ崎《さき》・八幡山に陣どり、駿河衆の両陣に使者を送り「今川殿御討ち死にののち、ご子息がご幼少であることに乗じ、上を軽んじておのおの私闘するとはなにごとであるか。われわれは、相手がどちらであろうとも、今川殿に逆心ある方に向かって一矢を放てよとの命を受けてやってきたのである。とにかくどちらか一方が敵であるにちがいない。ご返答しだいで一戦におよびますぞ」と申し送った。両陣とも返答もせずに、気まずくなって陣を引いてしまった。しかしそれでもなお和睦しないので、政憲・資長が今川の館にきて和睦させようとはかっているところに、長氏が両将に向かっていった。「このように家来が二つに割れて戦うということは、今川家の滅亡のもとであります。もっとも主人に対して意趣があるのではないから謀反人とはいえないまでも、主の家がこのために滅亡すれば、これにすぎる悪事はありません。おのおのご処置にしたがわず和解しないのであれば、京都（室町幕府）の御下知《げち》をうけたまわって伊豆御所と相談のうえ、どちらかを退治いたしましょう。もしご処置にしたがって和解がととのうようならば、竜王丸殿のご在所を知っておりますので、お迎えにまいり御館にお返しいたしましょう」といったので、両将はもっともなこととして、この旨を駿河衆の両陣に申し送った。駿河衆も、理由もない私闘をし、そのうえ主君のご在所も知らずに困っているとき、このような斡旋があったので、双方とも大いに喜び、早々に陣を引き、館に寄りあい、総社浅《せん》間《げん》神社の神前で神水を飲み、和睦がととのった。そこで長氏は母子を迎え、駿河の館に入れたのである。竜王丸はやがて元服し、新五郎氏親《うじちか》と名のった。長氏は、このたびの忠功は莫大であるとして、富士下方《しもかた》の庄を賜り、興国寺に入った。このときから右の六人は、長氏の臣となった。

興国寺城に移る

長氏は興国寺城に移り、政令を出して、民の疾苦の状態を調べ、賦税をかるくし、農業を奨励し、さらに兵士の訓練を強化した。そして蓄えてある金銭を低利子で遠近を問わず貸し与えた。士民は月の内一日と十五日にはかならず連れだって長氏に謁するためにやってきた。たびたび来謁する者にはその債務を免じた。そのため民はどんどん城下に集まり、集落ができた。士民は長氏の徳にいたく感激して、吉原池の前に祠《ほこら》を建てて祀《まつ》るようになった。ある年、旱魃《かんばつ》があった。長氏は金を大道寺重時ら六人に分け、右の旨をよく伝えて、困っている者に施し与えさせた。そして一方「長氏はいまは伊勢氏を名のっているが、実はもとをただせば北条氏なのだ」という噂を民間にひろめさせた。庶民はみな信服して、長氏に心を寄せる者が多くなった。

伊豆平定

延徳三年（一四九一）四月三日、足利政知が堀越《ほりごえ》の館でなくなり、長子の茶々丸が嗣《つ》いだ。七月一日茶々丸は継母を殺し、さらにその継母の産んだ幼弟まで殺した。長氏はかねてから伊豆を取る気があって、この事件を聞くやますますその野望をつよめた。相手のすきをうかがうために、新九郎という名を息子氏綱《うじつな》にゆずり、自分は「病者であるうえに、齢もすでに五十歳を越え、余命いくばくもない。弓矢を捨てて安楽にすごしたいと思う」といって髪を剃り、早雲庵宗瑞と改めて「療治のため弘法大師の霊跡を巡礼する」というふれ込みで、伊豆の修禅寺温泉に逗留した。その間、徒然《つれづれ》をなぐさめるために杣《そま》や山樵《きこり》を呼びこんでいろいろ話をさせ、ついには伊豆四郡の地形をはじめ、一郡に配置する十人、二十人の侍の身分まですっかり聞き出し、たいへん喜んで駿河に帰った。そして府に出仕して、伊豆を取る策略を語り、自分の兵二百と今川の援兵三百、計五百人をひきいて清水の港から船出して伊豆に押し渡り、堀越の館を囲んで火を放って攻めた。茶々丸はこの一戦に敗れ、願成就院《がんじょうじゅいん》で自殺して果てた。伊豆の人民はその兵威におそれをなし、逃げ隠れた。長氏は号令をきびしくし、いささかも手をゆるめない。まず在所ごとに三ヵ条の禁令を出した。「明家《あきや》に入って諸道具に手をつけること」「銭になるものを取ること」「国中の侍および士民にいたるまで、住居を捨てて立ち去ること」――この三ヵ条を固く禁じた。これにそむく者があれば、その耕作地をふみ荒らし、家を焼き払うと書き出した。このようにしておいて長氏が村落を巡見してみると、家ごとに病人がいる。ようすをたずねると、「このごろ疫病が流行し、十人に七、八人は死亡するため、働きざかりの者は、伝染をおそれて資材道具をかついで山奥へ入ってしまったのです。私どもは病で一歩も動けないまま、ここにいるしだいです」という。長氏はこれを聞いて哀れに思い、医者に命じて薬を与え、五百人の兵を彼らの看病にあたらせた。この療養によって、まもなく若干の病人が全快した。助けられた者たちはひじょうに喜び、山奥に行った親族を捜しあててこの顚末を聞かせたので、退避した連中はいそいで山谷から出てき、親や子の命が助かった礼をのべ、それぞれ自分の家に帰り生き返る思いをした。これを聞き伝えて、五里、十里四方から大勢やってきて、私は某庄の某所の侍です、私は在所の肝煎《きもいり》ですなどと名のって出てきたので、長氏は先に示したように、禁制はきびしく守れという印判状を出してやった。長氏は伊豆に入って七日間は病者のために滞留し、合計三十日ほどで、佐藤四郎兵衛尉をはじめとして国中の諸豪の大半が味方についた。

民心をつかむ

長氏はすでに伊豆を平らげた。堀越の知行付《ちぎようづき》だけを台所領に加えたが、他は地頭を改めずにそのままにした。そして長氏は父老豪傑を集め諭《さと》していった。「国主にとっては民はわが子であり、民からみれば国主は親である。これはなにも勝手な理屈を申しているのではなく、昔から定まっている道である。世が末世となるにしたがって、武家は欲が深くなり、百姓の耕作を年中検地し、四つもないものを五つあるといいくるめて奪い取る。その他夫銭《ぶせん》・棟別銭《むねわけ》（戸別税）・野山の使役など、あらゆるものを課税して無理やりに取った。自分はこのような民のありさまをはなはだ哀れに思う。自分はいま旅先の身でこの国にきて、地方官となったわけだから、自分はそなたたちからみれば君である。またそなたたちはわが民である。生まれて君となったり、民となったりするということは偶然だろうか。自分はそなたたちが裕福になることを願っている。これからは租税を五分の一減じ、その他の雑税ものぞこう」。またもし諸将や諸役人で、この令にそむいて民を虐待する者があるようなときは、その民が訴え出ることを許した。このために、衆は一同心から服し、われがちに長氏のお役にたとうと願った。

長氏はすでに伊豆を平らげ、北条の姓を名のり、いよいよ自分のかねてからの志をとげようとして、ある日老臣に語った。「昔は源平がならんで朝廷をお守りし、世を治め国を治めていた。ところが保元・平治のころから源氏が衰えて平氏が世を保ちさかんになった。治承・養和のころからまた源氏が起こり、寿永・元暦になって平氏がまったく滅んでしまい、源氏がこれに代わって世を保った。頼朝父子三代ののち、北条平氏がでてまた世を治め九代で滅んだ。足利源氏が次に世を保ち、京・鎌倉の公方《くぼう》となったが、持氏も滅び政知も滅んだ。つまり源氏が滅びるときがやってきたのだ。陰が尽きて陽がめぐってくるということは、道理上けっして珍しいことではない。いまの管領の両上杉は、源氏の家臣として公方の成氏と戦い、下剋上の罪を犯した咎《とが》がある。天はどうしてこれを憎まずにおこうか。非道の者を討ち滅ぼし、国を治め民を安ぜしめようと思うがどうだ」と。するると老臣はみな「その通りです」と心から同意した。その後、三島神社に大願成就を祈った。するとある日、彼は夢をみた。――広い野原があり、そこに大杉が二株あったのだが、一匹のねずみがきて根からしだいに嚙んでいってこの大杉を倒した。その後このねずみは虎に変身した。夢はそこで覚めた。長氏はみずから夢を占って、この二本の杉は両上杉で、自分は子《ね》の年の生まれだからねずみである。まさにこの両上杉に勝つ兆《きざし》であると思い、いよいよ上杉退治の謀《はかりごと》をめぐらしはじめた。

小田原城乗っ取り

大森式部少輔《しきぶのしょう》氏頼《うじより》という者が小田原にいた。彼は扇 谷《おうぎがやつ》の上杉に属し、武力はひじょうにつよい。長氏が老臣にいうには、「よくよく上杉家を観察してみると、両家の間には不和があり、自滅する合戦があるであろう。しかし、両家とも劣らぬ大身だから、滅びるまでには時間がかかるであろう。〝鷸蚌《いつぼう》相イ挟メバ則烏乗ズ二其弊ニ一〟（漁夫の利）ということがある。いまその弊に乗じて上杉家を滅ぼそうと思う。しかし氏頼が小田原にいるうちは自由に事が成功せぬ。だが、もし箱根山をとったなら、小田原を滅ぼす計略はいろいろとある。まず大森と和睦して交わりを深くし、そののち謀によって撃つのがよいと考えるがどうか」とたずねると、「その通りでございます」と同意した。やがて大森に使者を送って、和睦したい旨を伝えた。ところが氏頼は相当な兵者《つわもの》であるから、これを聞いて「理由もなく和睦をいい出すのは、かならずなにかの謀があってのことだ」といって、これに応じず、たがいに使者を取り交わすだけで一向に親密にはならなかった。明応三年（一四九四）八月二十六日、氏頼は没した。そのあとは次男の信濃守藤頼《ふじより》が嗣いだ。長氏は、こんどはこの藤頼に親交を結びたい旨を通じたので、のちにはようやく藤頼も打ちとけてきた。ときおりは逢うという仲になったので、長氏はますます親交を交わし「敵がもしわが館に寄せてきたら、後詰《ごづめ》を頼む。また逆に敵が貴館に寄せたなら、この長氏が後詰をしよう」などと親しく語った。やがて藤頼の油断をうかがい、小田原に使者を出して「当国の山で鹿狩りをしたので、他の山の鹿どもは箱根に集まると思われます。できれば、こちらの山の勢子《せこ》を貴国の方に入れて、鹿をこちらに追い返したいのだが、貴国の方へ人数をまわしては申しわけもなきしだい。もし曲げてお許しがあれば幸甚であります」といいやった。藤頼は謀とは気づかず、「わけもないことです」と承諾した。長氏は大いに喜び屈強《くっきょう》の者数百人を勢子にし、物なれた者数百人を犬引（猟犬を飼い馴らす者）に仕立て、竹槍をもたせて夜討ちの用意《ようい》をさせ、あくる四年二月十六日、熱海日金《ひがね》山を越えて、じわじわと石橋・湯本のあたりに隠しておき、合図を待つようにさせていた。ついに時がきた。数十頭の牛の角に松明《たいまつ》を結びつけ、夜に入って小田原の上の箱根山へ追いたて追いたて駆け上げさせ、石橋米嚙《こめかみ》のあたりから螺《ほら》貝を吹き鳴らし、ときの声を張りあげて板橋の町家を焼き払った。おりから小田原では、上杉の合戦への加勢に兵をさし向けていて軍兵が少なく、山やまの松明をみて「これはどうしたことか。敵はいったい何万騎いるのであろうか」とひどくおびえ狼狽した。長氏は真っ先に進んで攻め入ったので、城兵は防ぐ術《すべ》もなく、われ先にと落ちていったから、長氏は簡単に小田原城を乗っ取った。ここに松田太郎左衛門という者がいた。上杉の下知にしたがわずに、相模《さがみ》の西郡に住んでいた。長氏が小田原に入ったと聞くや大いに喜んで、一番に馳せ参じてきた。そのほか、近国の諸豪族たちで彼のもとに降ってくる者が多かった。

お守りの搗栗

この役のとき、長氏は道途《かどで》に出された搗栗《つきぐり》の半分を食ってしまい、その残りを鎧《よろい》の引き合わせ（鎧の右脇の部分で、胴の前と後とを合わせるところ）に納めて駆けだし、たった一戦《ひといくさ》で小田原を攻め取ってしまった。その後、この栗を錦の袋に納めて守神《まもりがみ》とし、子の氏綱から氏康、氏直と伝わり、小田原落城後、氏直が高野山に入るとき、これを夫人の徳川氏（徳川家康の次女督姫）に与えた。この夫人がまた池田輝政と再婚したとき、北条氏規《うじのり》に渡した。これを「高祖の守」といって、いまなお残っているという。

三浦軍を急襲

長氏はすでに小田原を奪取し、その威は遠近にひびいた。相模の豪族どもはみな彼のもとに来降した。だが三浦陸奥守義同《よしあつ》・同荒次郎義意《よしおき》らだけは彼にしたがわず、毎年戦いを挑み、容易に雌雄は決しなかった。毎年六、七月ごろに三浦が小田原に攻め入り、退くときはかならず馬生河《ばにゅうがわ》で泳ぎ、汗馬《かんば》に水をかけて帰るということが数回つづいた。長氏は表面は柔弱を装い、あまり争わなかったので、三浦の兵はしだいに油断していった。明年もまた三浦の兵が攻めてきて、民家に火を放ち、田んぼを荒らしたが、長氏はそれに対しても兵を出さずにいた。そのため、三浦方はますます長氏方を軽蔑し、その河辺で酒宴を開いた。長氏はその虚をつき、いっきょに三浦方を襲った。三浦の兵は驚きあわて、武器を捨てて四方に散りぢりになってやぶれ去った。以後三浦方はみだりに攻め入ることはなくなったという。

妻田八郎を攻む

長氏が妻田《めった》八郎を攻めたとき、追い崩されて引いたが、もう一度引き返さずにはおかぬと心を励まし、酒肴を諸兵に与えて彼らを激励し、引き返して八郎を討ち取った。ちょうど十二月の末のことだったので、八郎は「戦は勝った。一同在所へ帰って越年せよ」と暇を取らせていたそのすきをねらって攻めたのである。

馬盗人を免す

ある年、小田原で馬盗人を捕らえて長氏の前に突き出した。するとその賊は「私はたしかに馬を盗んだ。しかし、あの国を盗んだ人間はどうなんだ」と長氏を指さしていった。彼はこのようすをみて、「器量のある奴」といって免《ゆる》してやった。

盲人追放

長氏が「盲人は無用」といって、小田原領内の盲目の法師を搦《から》め捕って海に沈めようとしたので、盲人たちはみな四方に逃げ去った。そのうちの何人かを、こっそり間者として使ったということだ。

国を維持する要諦

長氏はかつていったことがある。「金銀は自分から三代までは大切にせよ。三代目にはかならず上杉が滅び、わが子孫が関東を統一することは疑いない。そうなれば、四代目には多くの領国からの上がりを財力として支配することになるから、金銀をそれほどまでに蓄えなくてもよい。だから自分以降二代目の間は、侍扶持は二十歳以前と七十歳以後は、大小とも蓄えてある金銀を切符にあてよ。老若ともに軽はずみに知行を与えて、隠居なり、死亡なりした際に、その知行を子に与えず取り上げるようなことをしては、表向きはともかくとして、心中には怨みを抱くものだ。また十分心中もわからぬ若者の場合は、のちにしれ者にならぬともかぎらない。それを考えずに知行をあてがい、あとであやまちがたび重なるにおよんで領地を取り上げたりしたら、その者だけではなく、一族親戚で役にたつ者まで怨みに思う者が出てくるものだ。だからといって虚気者《うつけもの》にまで知行をやって、そのまま家来として使っておれば、この家中はどんな馬鹿でも知行をもらえるものだと思い、若者どもの行儀などは乱れるものである。またわが家中の者を老若ともに他に移らせてはならない。老若には切符を与えて、それによって扶持せよ。よくよく上杉家をみていると、これからは家の良い作法（綱紀）も、一代につき五ヵ条十ヵ条という具合に失ってゆき、ついにはまったくなくなってしまうであろう。自分がこの相模へ進出してきたのは、両上杉の間の対立のあるのをみてとって、そのすきに乗じて小田原を乗っ取ったのである。その後数年この上杉家をみていると、しだいに作法が衰えていっている。だが作法が衰えるとはいっても、このような大家となると、すぐには破滅してしまわないものだ。たとえばはれものやかさのようなもので、二十年もしなければ表面化しないものである。そのように長年の潜伏期間をへてはっきりしてくるものであるから、いったん破れてしまえば、もとには戻りかねるものだ。こういうように、上杉家の良法がしだいに悪くなっていって、まったく崩壊してしまうのは、まず自分から三代目にあたる時分であろう。この両上杉の仲さえ悪ければ、わが子孫は居ながらにして栄えるにちがいない」といった。はたせるかなこの言葉通りになったのである。

三　略

長氏はかつて、人に『三略』（『六韜《りくとう》』と併称される兵書の名）を読ませた。「夫レ主将之法務メテ攬《と》ル二英雄之心ヲ一」という一句を聞き「ああ、もうわかったぞ。わしはもうこの書は読む必要がないわい」といって、もうそれから先は読ませなかった。

陰の勧め

長氏は「人は、人目にそれとあらわに知れぬ、隠れたところでの努力ということが大切なのだ」といった。

二十一ヵ条の教訓

長氏は若い人のためにといって二十一ヵ条の教えをのべた。

第一、神仏を信じること。

第二、早起きをすること。

第三、夕方は五つ（午後八時）前に寝、寅《とら》の刻（午前四時）に起きて行水をし、身じまいを整える。その日の用事を妻子や家来の者にいいつけておいて、六つ（午前六時）前に出仕すること。

第四、手水《ちょうず》を使う前に、厠《かわや》をはじめ厩《うまや》・庭・門外まで見まわり、まず掃除するところを適当な者にいいつけて、手水は早くすますこと。

第五、拝むことは自分自身の行《ぎょう》である。

第六、刀・衣裳などは、人のようによくしたいと思ってはならぬ。見苦しくさえなければそれでよいと心がけよ。

第七、出仕のときはもちろん、宿所にいようと思うときでも、髪は早く結《ゆ》うことだ。

第八、出仕のとき、やたらに御前に参るべきではない。

第九、なにか仰せ付けられるときは、遠くに伺候していても、まず早く「はい、かしこまりました」とご返事し、そして少しでも早く御前に参り、お側にはい寄って謹んでうけたまわること。

第十、通り道で話をしている人の近くにはいるべきではない。傍に寄ること。

第十一、〝多くの人と交わって、万事が無事に運ぶようにありたいものだ〟ということが昔からいわれている。なにごとも相手の好みにまかせて、あまり我《が》を張らぬこと。

第十二、少しの間でも、書物や文字の書かれているものを懐に入れておき、つねに人目を忍んで読むこと。

第十三、宿老のご縁に伺候するときは、腰を少し折り、手を突いて通ること。

第十四、上下万民に対して、一言半句たりとも嘘をいってはならない。

第十五、歌道を知らぬ者はひどく賤しい感じがする。大いに学べ。

第十六、ご奉公のあい間は、馬の乗り方を習うこと。基礎を達者な者に習い、それ以上のさまざまな手綱《たづな》さばきを自分で稽古せよ。

第十七、良友を求めよ。良友とは、手習い学問の友である。悪友を除け。悪友とは、碁・将棋・笛・尺八の友である。

第十八、家に帰れば、まず厩をはじめ、表から裏にまわり、四壁のいぬくぐりを塞いだりして、十分に点検せよ。

第十九、夕方は暮れ六つどき（午後六時）に門を閉じ、それ以後は人の出入りごとに開閉すること。

第二十、台所中居の火の見まわりは、毎日夕方みずから見まわるようにし、周囲の者へも、火の用心を堅く申しつけること。

第二十一、文武・弓馬のことはもちろん、文を左にし武を右にすることは古の法である。つねに備えておかなくてはならない。

家康の評

徳川家康が北条氏滅亡後、人びとに、「武田信玄は近代の良将であったが、自分の父信虎を追い出した余殃《よおう》（悪事の報いとしての災禍）が子にめぐってきて、勝頼は猛将であったが運がかたむいて、譜代の恩顧ある者まで離れてゆき、はかなくも滅びてしまった。これは、天道が親に対して当然もたねばならぬ恩愛の道に欠ける点を憎まれたためである。これに対して小田原は、百日ほどの長い包囲戦の際に、松田尾張のほかは、反逆した者は一人もいない。また氏直《うじなお》が高野に行ったときも、命を捨ててもお伴をしようと願い出た者が多かった。これは早雲以来、代々受け継がれてきた方針が正しく行われ、諸士もみな節義を守ったためである」とおっしゃったということだ。

太田資《すけ》長《なが》（道灌《どうかん》）

備中守資清《すけきよ》の子、正五位下、左衛門大夫、のち剃髪して道灌と号した。上杉定正《さだまさ》に仕え、江戸城に住む。初名は持資《もちすけ》、のち資長に改めた。文明十八年（一四八六）七月二十六日暗殺。年五十五。

不羈の才

資長ははじめ鶴千代と名のった。幼少のころから人にすぐれていた。父祖は彼を珍しいことだと注目した。九歳で学校に入り、十一歳にしてよく読み書きに熟達した。十五歳のとき父資清は、彼があまりにも人並みはずれの才能をもっていることを、むしろそら恐ろしいと心配して、ある日、鶴千代を呼んでいうには、「昔から知者は偽りが多く、偽りのある者は禍いにあわぬことはまれだ。だから人は正直でなければならぬ。たとえば障子《しょうじ》のようなもので、まっすぐだからこそ立ち、あれがもし曲がっていれば立たぬものだ」と教えた。鶴千代はこれを聞いていたが、すぐに立ち上がり、屛風をもってきて、「これはまっすぐならば立たず、曲がっていてはじめて立ちます。いったいどうしたことでしょう」とたずねた。資清は返す言葉もなく奥に入ってしまった。

また資清は「驕者不レ久」（驕《おご》る者久しからず）の四字を書いて床に掛けておき、鶴千代を招いて「この四字の意味がわかるか」とたずねたところ、「はい、わかっております。もしできれば、この四字の側に別に五字を書き加えたいのですが」といった。資清は思い通りにさせた。すると鶴千代はすぐに筆を取り、その側に「不レ驕又不レ久」（驕らざるもまた久しからず）の五字を大きく書いた。資清は大いに立腹し扇で鶴千代を打ったが、彼は逃げ去ってしまった。常規をもって律しがたい意表をつく彼の言動は、ほぼこんな調子であった。

山吹の花

資長はかつて鷹狩りに行って雨にあい、ある小さな家に入って蓑《みの》を借りようとすると、若い女がなにもいわずに山吹の花一枝を折ってさし出した。資長は「わしは花を求めているのではない」といって怒って帰った。ある人がこのことを聞いて「それは〝七重八重花は咲けども山吹のみの一つだになきぞ悲しき〟（実のを「蓑《みの》」にかけて、その娘は「貧しさゆえに、お貸し申す蓑ひとつさえもちあわせがありません」との気持ちをきかせたのである。資長にはその真意が理解できなかった）という古い歌の心を暗示したものでしょう」といった。彼はこれを聞いて大いに恥じ、それから発憤して和歌の勉強をしたので、ついにその道の大家となったのである。彼の作品に『砕玉類題《さいぎょくるいだい》』『江戸歌合《えどうたあわせ》』『慕京集《ぼけいしゅう》』『平安紀行《へいあんきこう》』などがある。

古歌の心

資長の臣下に、罪を犯したために誅罰しなければならぬ者が七人いた。その者たち七人は、一つ屋敷にたてこもり、その周囲を五、六百人で取りまいたが、なかなか討てずにいた。資長は侍を一人選んでそれにいうには、「屋敷にたてこもっている七人をその方一人で討ち取ってこい。それには方法がある。今すぐ屋敷を取りまいている者たちへ、こちらから使いを出す。その使いの口上には〝その屋敷にこもっている七人のなかに、一人だけ助けてやる者がいる。取りまきの者たちはこれをよく心得よ〟と高声にいわせるから、この口上が屋敷の七人に聞こえたと思われるころを見はからって、その方は内へ斬って入り、ことごとく七人を討ち取れ」と申し含めた。さていよいよ使いがきて、取りまく面々に「七人のうち一人だけはお助けになる者がいる。うっかりしてその者を討ち取るなよ」と高声でいうと、命じられた討ち手一人が屋敷に飛び入り、座敷にふみこんでみると、七人の者たちは手向かうとはいっても、さきの触れが聞こえているため、助かるのは自分か自分かと思う疑心が生じて、打ち込む太刀先も鈍る気持ちがあって、切っ先に凄さがない。かくしてついに、たった一人で七人を残らず討ち果たした。資長は「このたびの討ち手は、古歌の心によって容易に討たせたのである」といってその歌を吟じた。「世の中に独り止《とど》まるものならばもし我かはと身をや頼まん」（世の中に、ただ独り残るとすれば、その幸運をつかむのは、もしや自分ではあるまいか。いやきっとそうだと、身びいきに頼りにすることだろう）。

上杉定正が庁南へ攻め寄せるとき、兵を夜中に行軍させた。その道は山涯《やまぎし》と海端との二つの道がある。潮が満ちているときは山涯をゆく。しかしこちらの道は、山の上に石弩《いしゆみ》が仕掛けてあり、ややもすると、ここで兵を失ってしまうおそれがある。定正はこちらで兵に停止を命じておき、「干潮であれば、山涯を避けて遠干《とおひ》潟《がた》を進もう。潮が引いているかどうかをみてまいれ」と斥候《ものみ》をだしたが、見通しが悪くはっきりしなかった。そこで資長が「それでは私がみてまいりましょう」といって馬を乗り出したが、そこまで行かずすぐに戻ってきて「潮は引いておりますから、兵をお進めになるがよろしかろうと思います」という。定正は「おまえはそこまで行かずに潮が引いていると考えるというのはどういうわけか」とたずねた。すると資長は「〝遠くなり近くなるみの浜千鳥鳴く音に潮の満干をぞ知る〟という古歌があります。千鳥の声が遠く聞こえましたので、潮の引いているのを知ったのです」といったので、定正はいかにもと思って兵を進めたが、なにごともなく遠干潟をやすやすと押し通ることができた。

また、ある夜、軍を返して利根川を渡ろうとすると、真っ暗で浅瀬を探りあてられず、一同どうしたものかと迷っているとき、資長は「〝そこひなき淵やはさわぐ山川の浅き瀬にこそあだ波は立て〟（深い淵は満々と水をたたえているから、水面が波立ちさわぐことはない。それにひきかえ、山川の浅い瀬にこそ波が立つものだ）という古歌がある。波音の荒いところを渡れ」といって、無事に渡った。

また資長が小作《こづくえ》城を攻めたとき、敵は多く味方は少なかった。家臣が「小をもって大に勝つことはいかがでございましょう」といえば、資長は「十分に兵を使いこなす者にとっては、兵の多少は問題ではない。勢いに乗ずることが大切だ。わしが歌を朗唱するから、みなもそれにあわせて唱えながら進んで戦え」と命じた。兵たちは、その歌を唱えると同時に進軍して戦い、ついにその城を陥《おと》した。その歌は、

小作《こづくえ》（机）はまづ手習のはじめにていろはにほへとちりぢりになる

歌を詠む

康正元年（一四五五）藤沢の役で中村式部少輔重顕《しげあき》が敵を打ち取り、資長に向かって「私めの手にかかり、戦場にはなばなしく散りましたこの者の志のほどを賞《め》でて、手向《たむ》けとして御歌一首をお願いいたします」といえば、資長はその首に向かって、

かかる時さこそ命の惜しからめ兼ねてなき身と思ひ知らずば

（武士のつねとして、かねてよりいつ死ぬかわからぬ身と覚悟を決めていなければ、こうなる死の間際にはまことに命惜しきものであろうに、立派に戦場にはてたとは、つね日ごろの覚悟のほどがしのばれる）

と詠んだ。また寛正《かんしょう》六年（一四六五）、資長が京に上ったとき、当時の天皇から武蔵野の広野についておたずねがあった。彼は、

露置かぬ方もありけり夕立の空よりひろき武蔵野の原

と詠じて献上した。また武蔵野の風景をおたずねになられたので、

わが庵《いお》は松原つづき海近く富士の高根を軒端にぞ見る

と詠じて奉ったところ、叡感ことのほかで、御製を賜った。

武蔵野は高かやのみと思ひしにかかることばの花の咲くらん

その後文明年間（一四六九―八七）に京に上ったとき、また隅田川の都鳥のことをおたずねになった。資長は、

年ふれどわがまだ知らぬ都鳥隅田川原に宿はあれども

と。また細川右京大夫勝元が「短慮不レ成《サ》レ功《ヲ》」という意味をたずねたところ、彼は、

急がずばぬれざらましを旅人の跡より晴るる野路の村雨

と詠んだ。

静勝軒

資長は、書斎を静勝軒と名づけた。平日は書画や詩文に心をかたむけ、経史をはじめ医書・兵書・歌書など数万巻を集め、軍旅のあい間にはいつもこれらを講習した。また関東・関西の知名の者に漢詩をつくらせ、壁にかけて楽しんだ。僧集九《しゅうく》の詩に「山《ハ》仰《ギ》ニ士峰《ヲ》一（富士山）人《ハ》道灌一」というのがある。

湯島天神

文明年間に資長は夢で菅公（菅原道真）をみた。翌日、人がきて菅公自筆の画像を彼に贈った。資長は霊夢（神仏のお告げ）だと思い、すぐに城外に祠《ほこら》を建てて祀《まつ》った。湯島天神と

いうのがすなわちこれである。彼は数十頃《けい》（一頃は百畝《せ》）の田を寄付し、ここに梅を数十本植えた。

怪とは

資長の領内に山里というところがあった。そこに笠ぐらいの大きさのきのこが一夜で生え出た。諸人は「物怪《もののけ》だ」といって資長に告げたが、資長はこれを聞いて「けっして物怪ではない。湿気の多いところにはいくらでも大きなきのこができるだろう。もし逆《さか》さまに生えてきたなら不思議とでもいえようが」といった。その後十日ほどすぎてまた同様のきのこが、今度は逆さまに生えていた。諸人は驚いて資長に告げた。彼は「前に生えたとき、逆さまなら不思議であるが、こちらから智恵をつけられて逆さに生えたのでは、まことに笑いものだ」といった。その後、火炉のなかで鉄輪《ごとく》が踊りだしたのをみて「人間は二本の足でさえ自由に歩く。足が三本あるのだから歩くのも珍しくはない。そのようなことはみな狐狸のする業《わざ》である。その狐狸どもが、人間にだまされて惑っているのだとみすかしたぞ」といってあざ笑い、平然としていたので、その後はこのようなことは起こらなかった。

猿

資長が京に上ったとき、将軍義政が饗応するといった。資長は、義政が一匹の猿を飼っていて、その猿は見知らぬ人というと、かならず引っ掻いて傷をつけるということを伝え聞いたので、猿師《さるまわし》に銭を与えて猿を借りた。そして旅宿の庭に猿をつなぎ、出仕の装束で側を通ると、猿は飛びかかってくる。資長は思いきり鞭《むち》で打ち伏せた。こうしてやがて猿は、首を垂れておそれ入ってしまった。資長は猿師に厚く謝礼をして猿を返した。さていよいよ饗応の日がきた。義政は例のごとく猿を通路につないでおき、資長のようすをみようと待ちうけていたが、その猿は資長をみるや否や地にひれ伏してしまった。資長は悠然と衣紋をひき繕《つくろ》い、そしらぬ態《てい》で通りすぎたので、義政は「尋常の人ではない」といって大いに驚き入ったということだ。

練　兵

資長は弓場《ゆば》を築いて毎日部下の侍を数百人集めて弓術を試み、上中下の等級に分けた。なまける者にはいくらかの罰金を出させ、これを試射のおりのお茶菓子の費用にあてた。一ヵ月の内に戈《ほこ》をとり鉦《かね》をならして士卒を検閲すること二、三回、その指揮令はきわめてきびしかった。だからこそ彼の兵はみな精鋭だったという。

成氏、両上杉と和す

文明三年（一四七一）六月、上杉氏に二家があった。一方を山内《やまのうち》、一方を扇谷《おうぎがやつ》という。扇谷は相模《さがみ》の大場にあり、山内は上野《こうずけ》の平井にいた。この二氏は、代々関東管領《かんれい》となり両上杉という。山内の民部大輔《みんぶのたいふ》顕定《あきさだ》が扇谷の修理大夫定正と勢力争いをし、いまにも一戦がはじまろうとしていた。これよりさき足利成氏《しげうじ》は上杉の兵威に押されて、あってなきがごときみるかげもないありさまであったが、この両上杉の不和に乗じて七千余騎をひきい、下総葛西《かさい》郡《ごおり》へ押し出した。ここで両上杉が思うには、いやこれは一大事、われわれ両家の間の争いは後日に解決することとしようと、心をあわせて軍勢をひとつにし、打ち向かったところ、武蔵の七党（武蔵国に本拠をおく七つの同族的武士団。横山党・猪俣党・野与党・村山党・西党・児玉党・丹党。また一説には私市《きさい》・丹治・児玉・猪俣・西野・横山・村山の七党を指すともいう）はこれまでみな上杉の下知にしたがうようにみえていたが、両陣の戦がまだはじまらぬうちから、敵方と内通したという事情があったらしく、おのおの旗をまいて退去してしまったので、両上杉はびっくり仰天、引き返そうとしたところ、資長と父資清は別に驚くようすもなく「敵が頼りにしているのはどういう点かと考えてみると、敵はかならず要害に拠《よ》って待ちうけて戦おうとしています。こちらは不意に出て敵の頼りとするところを一気に攻め落とし、まず敵の出鼻をくじいておけば、誠心誠意敵方につきしたがっている連中は別として、そうでもない者どもは、かならず勝つ方についてくるものと思われます」といって、当面の敵には目もくれず、まず江戸城と岩槻《いわつき》城の二ヵ所の要害に両上杉を入れ、資長は父とともに真っ先かけて、成氏の頼みとする古河《こが》の城を昼夜二日間で攻め落とし、敵三百余人を討ち取ったので、敵はこれをみて、とてもかなわぬとでも思ったのか、成氏は葛西の陣を引き払い千葉に敗走した。案の定、はじめのうち敵にまわった者たちはついに一度も戦わずに、太田父子がいるかぎりは、上杉に敵対することはとうていできないとあきらめて降参し、みな味方になった。こういうありさまなので、成氏も本意を達しがたいと観念し、十年正月両上杉と和平を結んだのである。ここで資長は功ある者を賞し、罪ある者を罰し、温情と冷厳二つながら実行されたので、東国はことごとく資長のもとになびいた。さらに関西の諸将からも誼《よしみ》を通じてくる者が少なくなかった。

臼井一揆

文明年間に下総の臼井城に一揆が起こり、定正にそむいた。資長は三千余をひきいて押し寄せたが、城は堅くなかなか落ちそうになかったので、鴻《こう》の台《だい》に向かってあらたに城をかまえ、間諜を放って「城中に裏切り者がいる」といわせた。そのため城の兵たちはたがいに疑心をもち、不安を抱きはじめて結束を欠き、ばらばらと城から姿を消していったのをみすましたうえで、いっきょにその城を落とした。

軍法の師範

資長は勇猛で才略に富み、武事に通じていた。そのなかでもっとも長じているのは築城である。江戸・河越・岩槻《いわつき》・鉢形《はちがた》などの九城はみな彼が築いたのだという。世に「軍法の師範」といわれる。その後この流派をくむ者を持資流とも道灌流ともいう。資長はよく計略をめぐらし、よく戦った。そのためにみな彼をおそれはばかった。家臣たちは主の資長を「諸葛武侯の再生だ」といって誇りとした。

資長が松山城を築いたとき、「この城になにか欠点ありとして文句をつける者があれば、重賞を与えて感謝する」という一書を東門にかけた。このとき城壁の四面に松を植えてあった。一人の旅人がこの松を仰ぎみて「松は始終風をふくみ、松籟《しょうらい》といって颯々《さっさつ》たる響きがあるから、忍び込むのに便利だ。四面に松を植えるべきではない」といって去った。資長はこれを聞いて驚き、この旅人を追わせたが、もうすでに姿がなかった。世にこれは神人だといい伝えられている。

上杉定正、資長を暗殺

はじめ定正は封地が狭かったので、山内の民部大輔顕定の属下にいた。その後資長が政《まつりごと》を執るようになると、内は国政を修め、外は軍旅を統帥し、民を撫育し物を愛したので、しだいに将兵は資長におそれ服するようになり、兵威は日に日につよくなったのである。顕定は資長を忌みきらい、彼を除こうとして人を使って定正と資長の間を不和に導いた。定正はこの顕定の謀を信じ、資長を糟谷《かすや》に招き、そこで暗殺したのである。資長は死に臨んで和歌を詠んだ。

　昨日までまくめうしわを入れ置きしへむなし袋いま破りけむ
　（昨日まで分別などという迷い心を内に蔵していた無用無益のこの五尺の糞袋《ふんたい》も、ついにいま破れてしまったわい）

これを聞く者は資長に哀惜の情をそそられ、これ以後、扇谷の勢いは大いに衰えた。

山中幸盛《ゆきもり》（鹿之助）

鹿之助と名のる。尼子《あまご》氏譜代の臣、天正六年（一五七八）七月二日暗殺。年三十四。

幸盛は幼名を甚次郎という。生後数ヵ月にして、四、五歳の小児のようで、また二、三歳のころには勇智が人よりすぐれ、遊戯も普通の子とは違っていた。八歳のとき、すでに人を討った。十歳ごろから弓馬の道を学び、十三歳のとき目を見張るような斬り合いをし、名のある相手を斃《たお》して首を取った。成長するにしたがい、器量は世人を超え、心は剛健にして思慮深く、人に対しては恩をもってあたった。

三日月に立願

十六歳の春、冑《かぶと》の立物《たてもの》（兜の上、前後左右につけて飾る金物）に半月をつけていたが、三日月に向かって、今日から三十日以内に武勇の誉《ほま》れを取りますようにとの願いを立てた。尼子右衛門督義久《うえもんのかみよしひさ》が伯耆小高《ほうきおだか》の山名《やまな》と戦ったとき、彼は山中甚次郎と名のりをあげながら、菊池音八を討った。この菊池は、因伯二州で名の通った勇士であった。このとき以後、この三日月を一生涯信仰したという。

幸盛の兄は甚太郎という。いつも長さ六尺もある鹿の双角を冑額につけていた。のちにこれを幸盛に与えた。幸盛は体ががっちりとして大きく、冑をつけて陣に臨むと、その高大さに圧倒されて、みな彼におそれしたがった。それで鹿之助と称した。

毛利勢を一人で斬る

永禄五年（一五六二）七月、毛利元就《もとなり》が六万余人を引率して富田《とだ》に迫ってきた。まず島根の三郡を伐《き》りしたがえ、本陣をそこに定めて、夏は麦を刈り、秋は稲を刈るなどして、諸方に乱入した。はじめのうち、尼子義久はそれに立ち向かっていたが、元就はいっこうに取りあわないため、義久は富田の城に引き返した。幸盛がただ一人民家に入って、死人の山を築いてくれようと考えながら休息しているところに、毛利勢三、四十騎が追いかけてきた。幸盛は民家から斬って出て、先頭の騎馬武者を斬って落としたので、次にくる兵は馬を下りたって打ち向かってくるのを、幸盛はまた打つと、微塵となって谷底にころんでいった。つづいてくる兵三十余人も馬より下りたち、幸盛を目指して斬りかかってくるのを、彼は縦横に奮撃して十六、七人まで斬り伏せてしまったので、残りの毛利勢も幸盛一人に斬りたてられて退いてしまった。幸盛も小家に立ち入って「飯はないか」と問うたところ、老尼が色のついた飯を椎の葉に盛って出してくれたので、「まことに心こもるおもてなしよ」と感激し、食べ終えると、山づたいに富田に帰っていった。

益田越中守《えっちゅうのかみ》藤包《ふじかね》の臣に品川大膳亮《だいぜんのすけ》という者があった。彼はみずから勇猛を自負し、幸盛がたびたび勇功をあげてきたことは、すでに世間周知のことであるから、彼を討って武名をあげようと思いたち、鹿をしたがえるものは狼であるとして狼之助勝盛《かつもり》と改めて、ある日、幸盛と一騎討ちの勝負を挑んだところ、幸盛のために討たれてしまった。世人は大いに称揚したが、幸盛は笑って「たった一人の敵にすぎない。称美するには足らぬ」といった。

幸盛の母

幸盛は幼いころに父を失い、母に育てられた。家はひじょうに貧しかったため、母は麻を植え、それを布に織り、茜《あかね》の裏をつけて袷《あわせ》を数多くつくって彼に与え、自分はつぎはぎだらけの垢《あか》にまみれたものを着ていた。尼子の近習の者は三百人ほどいたが、みな二男坊三男坊で、いずれも貧しい者であったから、いつも付き合うとき、幸盛はその布子を、くれてやるとはいわずに、彼らに自然に着替えさせたり、あるときは朋友を五人十人と招いて家に泊めて、また朝夕の饗応もするというふうだったので、人はみな彼の志を感じ、いつとはなく幸盛の手につき、こちらでは山中の手のなにがしと名のり、あちらでは鹿之助の手のなにがしと名のっているうちに、その名が敵陣にまでとどき、武威は諸人を超えるようになった。母はつねに「あなたにしたがってくるものを、夜戦などで捨て殺しにするようなことはせぬように。また勝戦《かちいくさ》のときにもおなじようにしなされよ。楽しいことも人びとともに楽しみなされ」といって教えたので、幸盛はそのことばを忘れず、深く身を慎んだので、朋友たちも頼もしい人物と思い、彼になつきしたがった。

流浪の旅

永禄九年十一月、尼子氏が滅んだとき、幸盛も落ちぶれてしまったが、主家の再興を念じ、順礼姿となって東国に行き、武田・上杉・北条などの弓矢の風格をみ、北国にいっては朝倉の家風をみて、時節の到来を待っていた。あるとき、近江の番場宿《ばんばじゅく》に着いた。ところが、日は暮れかかるし、雨は降り出すし、おまけに宿を貸す者もなく、どうしたものかと樹のかげにたたずむと、一足早く老法師と小沙弥《こさみ》（まだ正式な僧になっていない者）二人がやはり雨を避けて休んでいた。幸盛はこのとき順礼の服装だったので、老法師は「修行者とお見受けしますが、一人旅ですか。雨は降り出しましたし、先をおいそぎでなければ、今宵は拙僧の庵室に泊まり、旅の疲れをお休めになられてはいかがですか」という。幸盛はひじょうに喜び「おことばにしたがいましょう」といって、老法師にしたがって庵室に着いた。なかには所化《しょけ》（弟子の僧）や召し使いが二、三人いた。やがて幸盛を招き「御身はどこからきて、どこへ行かれるのですか。本国はどこですか」と問われると、幸盛は「私めは、人の数にも入らぬ取るに足らぬ人間ですから、たとい名のったところでご存じであろうとも思われませんので、あえて申し上げません。国は出雲《いずも》で、適当な家に奉公しようと思い立って、こうして諸国をまわっておるしだいです」といった。老法師はうなずいて「どうも尋常の人とはお見受けしなかったのだが、そういうわけなら、ここにしばらく逗留して、美濃・尾張の諸大将について縁を求められてはいかがですか」とねんごろな心配りに、幸盛は渡りに舟をえた思いがして、一日、二日とすごしているうち、見知らぬ武装した武士十余人が庵室の門をたたき「ご主人に話したいことがある」というので、所化が一人立って行って「なにごとですか」ときいた。するとその武者は「こちらは尾張のなにがしの手の者であるが、戦で働き、疲れ切ったうえに飯ほしさにおじゃまするわけだ。どこでもよい、しばし休息させてもらい、粥でも飯でもふるまってほしい」といいながら入りこんできた。庵室の者はみなふるえあがって声も出ない。そこで幸盛が「汝《なんじ》らは戦場より逃げた者か、さもなくんば盗人にちがいなかろう。この庵室はお坊様の隠れ家で、軍勢の誰彼が立ち入るべきところでないことは、美濃・尾張の武者ならよく知っていることだ。立ち入ることさえ許されぬ者に、粥なり飯なりふるまうわけがありえようか。さっさと出て行け。出て行かずばこちらにも考えがある」といいざま、五、六尺もある庭の立石を引き起こして尻うちかけ、はったとにらみつけた。武者どもは最初の勢いとはどこへやら「お許し下され。あまりの疲れに庵室を見違えてしまいました。さらば」といってみな雲を霞と走り去った。老法師をはじめ一同たいそう喜んだ。

ところがその夜、武者どもは、庵室の前後より二手に分かれて押し入ってきた。幸盛はこうもあろうかと予想して寝ずにいたので、法師らを一部屋に集めて忍ばせ、自分は戸口の内側の床板をはがし、もし押し入ってくれば、落ちるように工作して待っていたところ、表から寄せてきた者は、思いもかけず陥穴《おとしあな》に落とされ、手足をもがいているのをみてみぬふりで、その上に床板を敷きならべて押さえていた。

　いっぽう裏へまわった者をみると、窓の戸をはずし、そこから入ろうとしていた。幸盛は窓のかげにぴったりと身をかくし、ようすをうかがっていた。寄手《よせて》はそうとは知らず、少し高くなっている窓に手をかけて飛び下りてくるところへわなをしかけておいてからめ捕《と》り、傍の柱に縛りつけ、六人まで生け捕った。さてふたたび表へ行き、床板に押されているのを、裏手へまわった者たちが援《たす》けにきたかのようにみせかけて、床の下からのこのことはい出るのを「こちらにこい」とわなを首にかけ、八人ともからめ捕って、一人一人を問い詰めると、この辺の野武士で、引剝《ひきはぎ》や強盗をして世を渡っている者であるから、本来なら一人一人首を刎《は》ねるところであるが、庵室の仏もごらんになっているので、情容赦もなく命を断つべきでないと思い返し、主《あるじ》の老法師にどうすべきかをたずねると、「許してやりなされ」と手を摺《す》りながらいう。幸盛は「それならば許しましょう」とわなを解いてやり「どこへなりとも立ち去れ」というときに、首領らしい男が彼に向かい「それがしは生まれつきの盗人ではありません。ただその日その日をすごすために、このようなあさましい業《なりわい》をしているのです。盗みに入ったことは、これまでに百余度あり、そのうち大小の闘いになったのが七十余回です。しかし、いまだかつて今夜のようなつらい目にあったことはありません。そもそもあなた様はどなたですか。お名前をお聞きしたいのですが、いまそれがしなどに名のってはトさらぬでしょう。あっぱれあなた様が、どこかで大望を思い立たれることがありましょうなら、そのときにはかならず馳せ参じてまいりますので、そのときのために、せめて手がかりとなることだけでもお知らせ下さい」という。幸盛は「こやつ、なにをいうか。この庵室の食客としてすごしているわしが、なにを思い立つことがあろうか。早く行け」といったので、名残り惜しそうにふり返りながらでて行った。このことがあってからというもの、老法師らも幸盛をますます頼もしく思い、誠意をもって交わったのだが、このことが、四方に伝わり、出雲の浪人であるということから、山中鹿之助ということがわかると事めんどうなりとでも思ったのであろうか、この庵室を立ち去ってしまった。

野々口丹波

明智光秀の臣で野々口丹波という者が幸盛に会い「私は不肖の身ではありますが、かつて戦で戦功をたてたことが三度ありました。しかし敵を突きとめ、首を取ったとき、忽然として夢がさめたようでした。その場で目に映るものはすべてもうろうとして、なにがなにやらさっぱりはっきりしませんでした。しかしたった一度戦功をたてた者でも、敵のようすや自分の働きぶりをつぶさに語る者がおります。あれは生まれついての大勇というのでありましょうか」と問うた。すると幸盛はたいへん感心し「貴殿はまことに正直者である。ことばを飾って虚名を取る者は、実はそんなにちゃんとしているわけではない。拙者も首の供養をしたことすでに二度ある。はじめ槍をあわせて首を取った四、五度までは、貴殿のいわれる通りであり、七、八度と重ねると夜が明けたようになり、十度を越えると、別にいつもと変わりなく落ちついていて、敵の内冑がよくみえるようになり、そうなれば、まるで小児の戯れのように、杖で打ち倒すこともできる。貴殿はまだ壮年だ。首の数が重なれば拙者が申したことに思いあたられることがかならずあるであろう」といった。

野々口丹波が幸盛の旅宿にやってきて「陪臣の身（主君に仕える身）で申しあげるのは身のほど知らずでおそれ多いことですが、万が一それがしの破屋《あばらや》においで下さらば、このうえなきしあわせと存じます」といった。すると幸盛は「過分なことです。では参上いたしましょう」と約束した。そこへ光秀から「今日は風呂を焚《た》いたからいらっしゃい」といってきたので、幸盛は「実はご家来の野々口様と先約があります」といって明るく笑った。光秀もともに笑い、鷹一羽、鮭一尾を野々口に与えて「これで山中を饗応せよ」といった。

尼子氏の再挙

永禄十二年四月、毛利元就が吉川《きっかわ》と小早川《こばやかわ》とに、大友氏の属将である立花親続《ちかつぐ》を立花城に攻めさせた。幸盛はこれを知って、よい機会とばかり、立原《たちはら》源太兵衛久綱《ひさつな》らと計って、故尼子大輔誠久《まさひさ》の子でいま東福寺の僧となっている者を捜し出し、これを尼子の当主に押したてて尼子勝四郎勝久《かつひさ》と名のらせた。まずれっきとした侍を六十三人、それに雑兵あわせて二百人をひきい、五月に隠岐《おき》の国に押し渡った。隠岐では隠岐守為清《ためきよ》一族とか、旧好のあった者とかが真っ先に馳せ参じ、宮田の城に一行を招き入れ、費用を出して軍装など万事をととのえた。六月下旬、勝久は出雲に出て十余日のうち、新山《にいやま》の城をはじめ十五城を攻め落とし、末次を居城として、しだいに富田に迫った。出雲からは三沢左京亮《さきょうのすけ》・三刀屋《みとや》弾正忠・高瀬備前守・米原平内兵衛《よねはらへいないびようえ》方へ「いそいで帰陣せよ。山中鹿之助の狼藉はもってのほかである」との急報が櫛の歯を挽《ひ》くように出雲にいる妻子らから告げられた。このことを元就が聞き「いそいで四人は出雲へ帰陣し、かの賊徒をことごとく討て」と使者を出した。このことは前から望んでいたことでもあり「そういうことであるなら、今夜の出潮に船出して、明日は安芸《あき》に着岸し、夜を日に継いでいそごう」と声々に叫んだ。このことは早くも出雲に伝わり、幸盛方から右の四人へあてて「ご帰陣おめでとうございます。昔を思い出しなさると、豊前ご在陣中にもお腹立たしいことばかりありましたろう。ご心中お察しいたします」などと、ことば巧みに親しげな書面を送ったので、受け取った方は、この手紙を開いてみて「心のこもった書面だ。文武に通じている鹿之助のことだ。いまの世には珍しい忠臣にちがいない」と感心し、この書面をみるやたちまちに、「いそいで尼子に帰参しよう」と思いはじめた。高瀬・米原は帰城したその夜、勝久に対して、「ご帰国おめでとうございます」とのあいさつに添えて、幸盛を介して進物などを贈ったので、特別の馳走をさせ、くわしい返書を与えた。この両人から尼子氏への帰服の正式なあいさつがあったので、これで国中は平静になった。これによって三刀屋・三沢も帰降しようと申し出てきた。幸盛の智略は、ほぼこのようなものである。

己に勝るを忌まず

隠岐為清が勝久にそむいた。幸盛は立原・横道・松田らとこの為清を攻めた。幸盛は立原と第一回目の戦でさんざんに打ち負かされてしまったが、横道・松田は二度目の戦に打ち勝って為清を破った。勝久は戦の顛末を聞いて横道・松田の働きに大いに感じたのだが、彼らに感状を出さなかった。それというのも、幸盛・久綱の面目を考え、心中をおもんぱかってのことである。幸盛はこのことを聞いて勝久の前に出、「こうこうの理由で横道・松田に感状をお出しにならないのだとうけたまわりました。これは殿のお計らいとも思われません。〝賞罰不レバ明ナラ則チ兵不レ勇マ 兵不レバ勇マ則チ軍無レ利シ 軍無レケレバ利則チ国亡ブ〟と申すではありませんか。早々に彼らに感状をお出し下さい。また立原とそれがしらがはじめの戦に打ち負け、やっと命からがら山中にのがれましたことは、少しも恥とは思っておりません。勝つも負けるも戦の習いでございます」といって、みずから感状をもってきて横道・松田に与えた。これを聞いた者は、幸盛が、自分より勝っている者をそねむことなき公明正大な心根を讃美した。

この役で幸盛は「梨打烏帽子《なしうちえぼし》に赤熊を植えた冑《かぶと》をつけている兵を討ってはならぬ」と下知したところ、やがて生け捕りにしてきた。姓名を聞くと中畑忠兵衛という。幸盛は「敵ながら比類なき働き、群を抜いている」といって、感状を添えて隠岐へ送り返してやった。

神西元通を降す

神西《じんざい》三郎左衛門元通《もとみち》は、永禄七年の籠城のとき降参したが、その後毛利家に対して忠勤を励んだので、元就は伯耆末《す》石《いし》の城に彼を置いた。幸盛は久綱と相談して、「神西は誰よりも先に味方になりそうなものなのに、いままでなんともいってこないのは不審である。この辺で気をひいてみよう」といって、ある僧にこのようすを伝えてつかわした。その僧はやがて末石に行き元通に対面し、時候のあいさつや世間話をしたのち、もっともうつくしい扇を取り出して「ここに一筆お書き下さい」と所望した。元通は「それはどういう意味の所望であるか」とたずねると、「さて、そのことでございます。山中様・立原様のおっしゃるには、尼子家に人多しといっても、神西殿とは特別の朋友の契りがあったので、いま敵味方となって顔をあわせねばならぬというのは、まことにつらい。昔のよしみは少しも忘れはしない。朝暮なつかしく思っている人の形見としては、その人の筆跡がいちばんだ。なんでもよいから一筆お書き願って、いただいてこい。目の前に対面していると思って、それをみようとおっしゃったのです」と答えた。元通は「ああ、山中・立原両人は、このようにまで懇意に思ってくれているのか。ほんとうに昔のよしみは深いから、拙者もどうして忘れることができよう。しからば一筆書きましょう」と硯《すずり》を引き寄せたが、ちょうどいい機会ゆえ、わが内心を書き表そうと思い、〝古柄《ふるから》小野の本柏《もとがしわ》〟とだけ書いて、その僧にもたせた。僧はいそいで帰り両人にみせると、幸盛と久綱は「さては神西は味方になりたい気持ちは十分にあったのだ。これは〝石上《いそのかみ》古柄小野の本柏本の心は忘られなくに〟(『古今集』巻十七、雑上)という歌だから、旧好を忘れていないという意味を書き示したものだ。そういうことなら誘いをかけてみよう」と、また僧をつかわした。もとより望むところであったからすぐさま尼子方に降った。

尼子十勇士の第一

幸盛は、勇力が群を抜いており、そのうえさらに才智をかね備えていた。晴久は部下四万余人のなかから勇力のもの十人を選びだし、これを尼子十勇士といった。そのなかで幸盛を第一としたのである。当時の人は幸盛を「楠木正成よりも勝る」などといった。そういうわけだからであろうか、七重八重に取り囲んだ敵も、幸盛の印を出しさえすれば、みなことごとく退去したものだ。幸盛さえ城内にいてくれれば、和談が成立し無事にことが済んだという。

幸盛はつねに神に祈り「七難八苦をあわせてお与え下さい」といった。ある人がそのわけをたずねると、幸盛は「自分の心でありながら、なにか事に出会って試してみないと、自分の器量のほどがわからないので、事に会って自分の心を試したいと思っているからだ」と答えた。

山名豊国との仲

天正二年（一五七四）、尼子はすでに滅び、幸盛は尼子義久にしたがって芸州（安芸）にいた。そして心ひそかに主家の復興を図《はか》り、事に寄せては丹波に出かけた。これよりさき因州（因幡）の山名豊国《とよくに》は、自分の臣武田豊前《ぶぜん》のために国を追われて丹後にいた。幸盛は豊国に会い、酒をくみかわしてたがいに歓を尽くした。幸盛はひそかに思ったのである。「因州と雲州（出雲）とは境を接している。もしこの人を助けて因州に帰らせてやれば、主家復興という悲願のためには、のちのち意外の利をえることともなるであろう」と。酒がたけなわとなったところを見計らって、豊国に問うていった。「いまあなたが兵を挙げようとすると、味方となる人数はどれほどおりますか」と。豊国は「百七十余人はあるだろう」と。幸盛は「十分です。願わくは私が先導役を務めましょう。そして、亡国の衆でいまは四方にちりぢりになっている者は、まだ八百余人はあります。私が一声かければみなしたがってきます。思い切って立ち上がりなされ」と。豊国はひじょうに喜んだ。そしてひそかに心ある士を招いて謀をめぐらし、日を決め、幸盛とともに因幡に入った。幸盛は進みながら唱えていった。「旧君が着いた。いやしくも恩義を知っているならば、来り属せぬはずはなかろう。勝利をえれば重く賞せられる」と。こうして若干の人を味方に引き入れた。そこで衆をはげましていった。「戦の勝敗は兵数の多少にかかわらぬぞ。ただ死を決意するかどうかが勝負の分かれ目だ」と。士気はますますふるいたった。こうして衆をねぎらい、心をあわせて一番鶏の鳴くころ、いっせいに進み、火を民家に放った。武田方は変を聞きつけ、兵をひきいて出てきた。幸盛はまた衆に固くいい渡した。「敵を斬り首を挙げることはならぬ。目先の小利に目を奪われるな」と。すでに武田勢は集まり、それを囲んだ。幸盛は衆をはげまし、縦横無尽に奮戦し、一騎当千の勢いをもってついに勝った。かくして武田父子を斬り、鳥取城を取って、そこに豊国を入れた。豊国は大いに喜び、幸盛のために席を内城に設け、ここに臨席させて一同の祝賀を受けさせ、このとき自分は外城に宿った。二人は、それほどの仲になったわけだが、のち豊国とあわず、幸盛は丹後へ去った。

尼子勝久と上月に拠る

天正六年四月、毛利氏は幸盛と勝久らが上月《こうづき》に拠ったことを聞いて、吉川元春《きっかわもとはる》と小早川隆《こばやかわたか》景《かげ》に命じて、兵をひきいて彼らを囲ませた。数重《かずしげ》と幸盛は救いを秀吉に求めた。秀吉は軍をひきいて高倉山に宿った。織田信忠《のぶただ》は、神吉《かんき》城に攻め入り、軍を書写山にめぐらして、しばしば秀吉にくるようにと命じた。秀吉は孤城すでに守りがたしと思い、亀井茲矩《これのり》をつかわしていわせた。「後援はすでに去ってしまい、城堡《じょうほう》の救いもない。私は、貴殿がこのまま死に身を投ずるのを心から惜しみます。ぜひとも明日の明け方を期して、囲みを突きぬけて脱出されたい。私も機をみてたすけに赴くつもり」と。茲矩は城に入ってこれを告げた。すると幸盛は天を仰いで歎息していった。「これは天が尼子氏を見放したということだ。私がよくよく西軍をみると、大将は剛であり、陣はととのっている。わが方が少ない兵数で、それに突きあたってみたところで、虜《とりこ》にされるのは目にみえている。秀吉が強いてわれらを救おうとすれば、死傷者はさらにふえるはずです。またいま城中の士卒のようすをみるに、全員主家の復興を念願している。考えてみると私は、生きんがためにこれらの衆を死に追いやっているわけで、これは武将たる者の恥じるところです。いま私が敵の手にかかって死に、代わりに衆を救おうと思います。これが私の望みです。私のためにも、それはおやめ下さい」といった。茲矩は翻意するようにとすすめたが、きかなかった。秀吉は幸盛を憐れみ惜しみ、竹中重治を餝磨《しかま》の陣につかわし、幸盛の助命を信忠に願った。しかし果たされなかった。六月、ついにここを去った。

毛利氏に暗殺さる

幸盛は勝久と相談して吉川・小早川両陣に投降を願い出たが許されなかった。勝久は自殺し、幸盛はいろいろに辞をかまえて、いつわって強いて投降を願った。元春は、はじめ周防《すおう》の地三千石を与えると約束したのである。しかし、そこへ行く途中、阿部川で彼は殺された。幸盛は諸方を流浪して、いまにもかたむき倒れそうになりながら、そのなかから兵を起こし、主家を復興することをもっておのれの義務と考え、あらゆる困難を克服して、ただ一途に突進した。とうとう自分の志を果たしえずして死んだとしても、一時は彼の義勇の聞こえは天下に響き渡ったのである。幸盛は、あごひげ、ほほひげが濃かったので、彼を殺した者は、それを珍しいと思って剃って所蔵し、つぎつぎと伝えてそれをみた。そして、現にそれをみた多くの人びとは、「彼のひげで障子を突きさしてみると、まるで針で突いたようであった」ともいい、また阿部川の畔の者が彼の墓に瘧《おこり》をなおして下さいとお願いすると、いままでもかならず効験《ききめ》があるといい伝えている。

毛利元《もと》就《なり》

治部《じぶ》少輔《しょう》弘元《ひろもと》の子。従四位、陸奥守。山陰・山陽・西海で十三州を平定し、吉田城に住む。元亀二年（一五七一）六月十四日没。年七十五。従三位を贈られる。

寛　容

元就は幼名を少輔次郎《しょうじろう》という。彼のお守り役が、あるとき元就を抱いて水の中を渡ったとき、あやまってつまずいて溺《おぼ》れた。お守り役はおそれ入って謝った。すると元就は、「道を歩いてつまずくのはありがちなことだ。少しも気にすることはない」といった。

裁断の妙

元就が七歳のとき、白鶏をかわいがって飼ったが、ある夜、突然いなくなってしまった。翌日、元就がほうぼうを捜しまわると、築山《つきやま》のあたりに鶏の羽があった。その築山には狐の穴があるので、間違いなく狐の仕業である。「それっ、狐をいぶし殺せ」といって、松の葉をたくさん集めてきたのを母が聞いて、使いを出してしきりに止めさせようとした。しかし元就は「家臣がけんかをして、一方を殺したような場合、殺した方の者をお助けになりますか。この鶏は、まさか狐に対して不埒《ふらち》なこともいたしますまい。それなのに殺して食うということは、その罪はけっして軽くはありません。鶏も私の家来、狐もまたこの邸地にいるのです。いわば家来も同然。したがって狐を殺すのは道にはずれてはおりますまい」といって、母の使いを返してしまった。

大志

元就が十二歳のとき、厳島《いつくしま》神社に詣で、帰ってきてから従者に向かって「今日、汝らはなにを祈ったか」とたずねた。人びとはみな少年の元就の気持ちにあわせて、それぞれが答えた。そのなかでお守り役の者が「私めは、殿が中国を全部もたれますようにと祈りました」といった。すると元就は「中国の全部とは愚かなことだ。日本全部もつようにと祈ればよいものを」といった。お守り役は「まずこのあたりをことごとく平らげることから始めて」と申すと、「日本国中を取ろうとすれば、だんだん中国は取れる。中国だけを取ろうと思えば、どうして中国を取ったらよいのか」という。聞いている者は、その抱負の大きいのを珍しく思った。

永正十年（一五一三）六月に明《みん》の使いがやってきた。よく人相をみる者で朱《しゅ》の良範《りようはん》という者をしたがえてやってきた。元就は良範に会った。良範は元就をみて「公は漢高祖《かんこうそ》と唐太宗《とうのたいそう》の相を兼ねておられる。かならず威を四方にふるわれることでしょう」といった。元就はそれを聞いて心中ひそかに自負した。元就は、眼光に威光があり、顔は長く、鼻も高い。そして鬚髯《しゆぜん》は神のようである。また声もひじょうに大きく、兵たちに号令するときなどは諸隊にまで聞こえたということだ。

桂元澄を諭す

元就は、はじめ丹治の姓を名のった。兄の備中守興元《おきもと》が没し、子の幸松丸が継いだ。大永三年（一五二三）七月十五日、この幸松丸もまた没して、嗣《あとつぎ》がなかった。家臣たちが相談して、元就を嗣とすることに決した。元就の弟は相合四郎元綱という。元綱の家臣坂《ばん》・渡辺らは元就を殺して元綱に毛利を継がせようとした。元就はこの一件を知って、勝一《しょういち》という盲人を元綱方へつかわし、平家琵琶を語らせるなどして酒宴を催し、油断をみすまして、かねて兵を伏せておいて、元綱と坂・渡辺らを殺させた。坂は桂広澄《かつらひろずみ》の兄志道《しどう》上野介広好《ひろよし》の弟である。元就はすぐに井上河内守をつかわして、この広澄・広好の両人を諭《さと》させ、「坂の縁故があるからといっても、汝らを疑いはせぬ」といったところ、広好はありがたくお受けしたが、広澄は元就の言を疑って信じず、ついに自殺してしまった。そのため、広澄の子左衛門佐元澄《もとずみ》らは、一族を集めて城にたてこもった。元就は児玉三郎右衛門就忠《なりただ》をつかわして諭させたが、それも信じなかった。そこでついに元就は、自分一人で出かけていって諭していうには、「わしにはまったく他意はない。もし疑うのであれば、いまはこうしてわし一人であるから討ち殺すがいい」と。元澄らはたちまち先非を悔いて罪を謝した。元就はますます温言をもって諭したので、ついに毛利家開国の臣となったのである。

青屋友梅を降す

大永年中（一五二一―二八）に、元就は三千五百余人の兵をひきいて、石見《いわみ》の青屋出羽守入道友梅《ゆうばい》を囲んで攻めたが、城兵は防戦して屈しなかった。そのために寄手は死者を多く出した。ただこの城の欠点として水が乏しい。もし水が尽きてしまえば落城するであろう。激戦をくり返して、人命を失ってはならないということで、周囲に長い堤を築き、対陣して日をすごした。それによって、城兵はすっかり意気消沈してしまった。友梅は毎日まっ白な精米で馬を洗った。遠くからそれをみると、水のようにみえるため、寄手は「予想に反してこの城中には水があるのだ。いたずらに日を送っていてはならない」という者が出てきたが、元就はそれには耳を貸さず、なおこのようにして日を送っていたが、そのうちこちらから井上甚右衛門光親《みつちか》という者が城に入って、友梅を訪ねた。友梅は大いに喜んで光親を饗応した。宴果ててのち友梅がいった。「私には変わった馬癖がありましてな。ひとつお慰みにお目にかけましょうか」と。光親は「望むところです」と答えた。そこで六、七匹の馬を引き出し、大きなたらいに水を張り、光親の前で馬の頭を冷やしたり、口を洗わせたりした。このようすをみて光親は、ひそかに城中に水が乏しいというのは虚言だと思った。やがて暇を告げて帰り、元就にこのようすを語り、さらに「塀の裏には米俵が積んでありましたから、兵糧も十分にあると見受けました」というと、元就はこれを聞いて、「それならばなおのこと、水は乏しく、米糧もすでに尽きてきたという証拠だ。もしこれから三十日も攻めれば、城は落ちるにちがいない」といって、仕寄り（包囲・攻撃にあたって臨時に設ける塀柵）をつけ、櫓《やぐら》を組み上げて攻め近づいた。すると二十余日で、友梅は耐えきれず降人《こうにん》となって城を出てきた。元就の考えたことと少しも違わなかった。元就は特に間者を放って、城中の模様を逐一承知していたのである。

尼子晴久の敗走

天文九年（一五四〇）九月、尼子《あまご》民部大輔《みんぶのたいふ》晴久《はるひさ》が吉田城を囲んで元就を攻めることとしきりであった。元就はこの変事を大内義隆に告げた。十二月に義隆は、陶尾張守晴賢《すえはるかた》・深野平左衛門尉興房《おきふさ》ら一万余人をそれに向かわせた。翌十年正月七日、大内勢は尼子と戦い、両軍たがいに退いた。十一日夜、元就は謀によって安北・高田・賀茂の諸郡など所々の高峰に数千の狼火《のろし》をあげさせた。尼子勢はこれをみて動揺をきたし、「東にみえるのは土佐の一条か、それとも伊予の河野《こうの》か、安北山のは肥前の竜造寺か、または豊後《ぶんご》の大友であろう」とあわて騒ぎ、夜が明けてみると、丹比《たちひ》山には一面に旗がひらめいており、多くの人影がみえるので、それが人形であるとも知らずに、早々にこの陣を引きあげよといいも果てず、総軍ことごとく騒ぎ立ったので、晴久もなす術《すべ》なく、十二日朝吉田の青光《せいこう》山を去り、富田《とだ》を目ざして敗走した。

この役に際して元就は、これよりさき家臣の次男・三男を尼子に奉公させて、つねに内通させていた。尼子もまた二、三年前から、内別作《うちわさ》助四郎という近臣を、怒って暇を出したようにみせかけて、毛利家に潜入させていた。元就はこれを知って召し置いていたのだが、晴久が吉田へ出陣の沙汰を出したとき、元就は家の子供に「晴久が青山に陣を取ってくれたらいいがな。もし三猪口《みえくち》に陣を取って周防《すおう》の通路を断たれたら、味方はどうしようもない。そうなったら、ひとまず山口に落ち、大内家を頼って防戦するほかあるまい」と、わざと悔やんでいるふりをして、内別作にはだいたい聞こえるようにいったところが、案の定内別作は尼子に出奔した。元就は大いに喜んで、「しめた。これで戦はすでにわが勝利と決まった。青山から眼下に城を見下ろされたら、どうすることもできぬ。三猪口は平場だ。兵を動かすのにまことにたやすい」とおっしゃった。晴久は、果たしてこの年九月に三猪口に出陣したが、打ち負けて引き返してしまった。

二十三年五月、陶晴賢《すえはるかた》が、山口から宮川甲斐守を将として、二万におよぶ大軍をもって芸州山里から河内倉重というところに陣を取った。またもう一手は、芸州と防州の国境にあたる小方・大野に打って出て陣を取った。元就はわずか三千四、五百騎でこれに対陣したのである。桜尾《さくらお》を本陣として、いろいろ計略をめぐらしたが、敵方につけてある間者どもから、「敵は、今夜折敷畑《おしきばた》あたりへこっそり軍兵を差しつかわして、川岸に身を隠させておき、明朝未明に合戦を始め、こちらの不意をつく企てである」由を告げてきた。そこで元就は、宍戸《ししど》・福原をしたがえて、その折敷畑の川岸へいそいで押し寄せ、敵の伏兵に逆襲をかけて討ち取れと下知した。命《めい》をうけた両将はいち早く打ち出たが、元就も、そこらの地の利などにつき心もとなく思って、ひそかにあとから出馬して、そこより目指すところ四、五町手前の高い所に馬を立ててみると、おりから空は曇って物はみえず、ましてや双方ともに伏兵であるからなおのこと人馬とも静まり返っており、物音一つしないところへ、元就は突然下知して「伏兵の者ども早々に引き返せ」と使をつかわした。そこで宍戸・福原の両勢は間もなく本陣に帰参し、おのおの元就の前に出て、「どうして急に御勢を引かれたのですか」といぶかしげに問うた。元就は「敵陣の方をみていると、闇夜で一寸先もさだかではない。だが川の面には何万という蛍火が飛び交っていた。すると急に川下の方の蛍火が散乱して、みるみるうちに一つ残らず散ってしまったから、さては敵兵がこちらの不意を討とうとして、川下の方をこっそり渡ってくるのだなと気づき、早々に軍を引きまとめたのだ」といったので、諸人は元就の明智に感じ入ったということである。

大内義隆を諫む

大内義隆は周防・長門《ながと》・豊前《ぶぜん》の全州を領しており、安芸《あき》・石見の士はみな彼に属した。さらに大宰大弐《だざいのだいに》を兼ねていたために、筑前も彼の支配下に入っていた。周防と山口に居城して、その威を西国にふるっていたのである。最近は大内家にならぶ大家がなく、おそれるものはなにもなかったので、しだいに武備に怠りを生じ、しきりに遊宴にふけって茶の湯や和歌の会などで日々を送っていた。このように文事を好んで弓馬を疎《うと》み、軍事はすべて陶晴賢に任せていたから、晴賢はだんだん異心をもつようになった。元就はこれに気づき、あるとき間諜を義隆の前に出して「昔から国を奪う者は、みなその家の重臣であります。小身者は、望んでもかなわぬと思うために、明君賢主は、みずからよく将士をひきいて、重臣に権威をもたせるようなことはしません。もし重臣が権威を握るときは、それぞれ任務を授け禄を与えましても、これは主君から出たとは思わないで、重臣のとり成しによってそうなったと思うために、その重臣だけが目だって、君はまるでないも同然になります。かくして重臣の権勢は、日に日につよくなるものです。したがって国中の士は、恩顧のために、重臣に志を通ずる者が多くなり、のちには動かしがたき勢いとなります。重臣も、はじめから私心があれば、諸人から信じられもしません。ですから、はじめのうちは公平に処置していても、君が暗君であって、政治向きいっさいを自分に任せられるようになってくると、いつの間にか政治の是非や諸士に対する賞罰も、みな私意に任せるようになり、君を憚《はばか》らなくなるものです。最近の情勢をみますに、ひじょうに危険な気がしますから、どうぞお気をつけて下さり、下々のようすを、十分に知られ、こまごました政治の末端までみなご自分でお決めになり、遠大の謀をお定め下さい」と諫めたが、義隆は一向に聞き入れず、ついに晴賢に殺されてしまった。

陶晴賢を討つ

元就は、義隆のために陶晴賢を討とうと思ったが、江良《えら》丹後守信俊《のぶとし》がいるかぎりは、成功しないと思い、謀をめぐらし、信俊が、晴賢が主君の義隆を殺したことは大逆無道であるとはげしく誹謗し、晴賢の行動万事について、すっかり疎ましく思い、いまとなっては元就と心をあわせて晴賢を除くべき謀をめぐらしているように噂させた。晴賢はこのことを伝え聞いてひじょうに不審に思ったが、信俊はこのことを知らず、しばしば晴賢を諫めた。晴賢は元来人から諫められることを嫌う性癖があったので、諫められれば諫められるほど、信俊の心底を疑う気持ちになった。そこで元就は、信俊が自分と内通していることを書いた書面を偽造して、山口の傍に落としておいた。晴賢はこれをみて大いに怒り、前後の分別もなく、信俊一族をことごとく滅ぼし、防（周防）・長（長門）・筑（筑前・筑後）の兵をひきいて東下しようとした。

　元就はこれを知り、諸士を集めてひそかに謀るには「晴賢は近い内に当国にかならず攻めてくる。おそらくその兵は二万五千か三万であろう。かならずはじめは桜尾・草津を攻めるはずだ。わが手の兵を尽くしてこれを救うとしても、せいぜい五千もあるまい。勢力の差ははなはだしい。彼らと平地で戦っても勝つことはむずかしかろう。いまその対策を考えてみるに、厳島に城を築いて敵をおびき出し、ただ一戦によって、彼らを打ち破るのが上策だと思う」とひそかに相談して、弘治元年（一五五五）厳島の有浦《ありうら》に城を築いた。諸宿将らはみなこれを諫めたが、元就はそれを聞き入れなかった。そこで諸将は「殿は、いつも諫めを拒まれることがなかったのに、このたびこれを拒まれるのには、なにかわけがおありなのか」と不審に思った。六月に城ができあがり已斐《いい》（己斐《こい》の誤りか）豊後守・新里掃部助《にいざとかもんのすけ》に命じて兵数百でこの城を守らせ、草津・桜尾・仁保《にほ》島などの諸城もたがいに応援させた。こうしておいたうえで、元就は次のようにいった。「わが宿将たちの諫めを用いずに厳島に城を築いたことは、わが一代の過《あやま》ちであった。いまさらこれを取りこわしたりするのも、自分の過ちをひろく世間に知らせるようなもので、敵味方の者がいかが思うかと、まことに恥ずかしい。だが、そうかといってそのままにしておけば、晴賢に攻めとられるであろう。わずか一里の海上であるとしても、敵船は五、六百艘《そう》、味方は百艘前後、どうして後援ができよう。いったいどうしたらよかろう」などと語ったので、家中一同口をそろえて「この島に城を築かれたことは、なんとしても殿御一代の失策。陶が大軍をもってこちらの小城を攻めれば、たやすく陥落してしまうであろう。そうなれば、他の諸城もつぎつぎ陥るにちがいない。さすれば、殿がいかに名将だとはいっても、後援が成功するはずはない。吉田城を目ざして退くよりほかはあるまい」といった。実は、家中の者たちに、わざとそういうことをいわせたのである。陶の忍びの者がこれを聞いて、毎日のように告げ知らせるので、晴賢はそれをまさしく真実なりと信じた。

九月、晴賢は歩騎二万七千をひきいて岩国に着き、今後のことを詮議した。大和守興武《おきたけ》がいうには、「まず桜尾を攻め抜けば、他の諸城は戦わずに陥るでしょう」と。また弘中《ひろなか》三河守隆包《たかかね》がいうには、「二万の軍勢を二つに分け、一つは桜尾を攻め、一方は元就の後援を押さえれば、元就がいかにあせりにあせってみても、三、四千の兵では、どうして後詰《ごづめ》ができましょう。もし後詰をしたとしても、それに対して、その間に身軽な兵をつかわして吉田城を衝《つ》けば、彼らは進退に窮するでありましょう。そうなれば、刃を血ぬらさずして取ることができるはずです」と。晴賢がいうには、「まず厳島を攻め取ろう。城はもろく将も弱いからだ。またとくに後詰もしにくい。この点はことに元就がひどく悔やんでいると聞いている。いまこれを奪取して、こちらの根拠とし、兵を分けて諸城を攻めよう。これが万全の策だ」と。隆包がまたいうには、「元就がほんとうに悔やんでいるのなら、宣言はしません。それをいうところをみると、われわれをおびき寄せるための好餌《こうじ》にしようとしているのでは……」と。晴賢はこれを聞くと疑心を生じ、ためらって容易に決めることができなかった。

以前、桜尾の城主であった者が、いま陶の軍中に投降してきている。その者は、已（己）斐・新里とよく知りあっている人物であった。そこで元就は、この二人に書を送らせ、順逆の道を陳《の》べさせ、晴賢の罪悪を暴露してはなはだしくそしらせた。晴賢はこれをみてひじょうに怒った。元就はまた桂元澄《かつらもとずみ》に文書を送って、元就が海を渡るのを待って、城をあげてわが方に内通すると約束させた。晴賢はたちまち意を決して厳島を攻めた。本営を塔岡《とうのおか》に建て、民家を焼き払って、そこに陣を置いた。軍船は隙間もなくならび、ときの声は海に響き渡った。城兵は壁について堅く守った。寄手には鉄砲が六、七挺ある。櫓も楯も支えきれぬありさまゆえ、土嚢《どのう》を積み上げて防戦した。

晴賢は使者を元就につかわしていった。「公はまず大弐（大内義隆）のために、この入道を討つとのこと、もっとも神妙のいたりである。したがってわれもまた、あえて逃げ隠れせず水陸の軍三万をしたがえて厳島に陣を置いた次第。その地で勝敗を決する一戦をいたそう」と。元就は将士を集めて、これを披露した。将士の顔にはみな懼《おそ》れるようすがありありとみえる。元就が笑っていうには「彼がいってきたことが真実ならば、自分はかならず勝つ」と。将士がそのわけをたずねると、元就は「あそこの地は狭くけわしく、彼らは肩を狭め足をやっと押しつけることのできるようなありさまで、進退にも不便なところだ。兵数が多ければ多いほど、その鋒先《ほこさき》はますます鈍る。そこを、こちらは兵数千で衝けば、勝つことは間違いない」と。そこで宍戸《ししど》安芸守隆家《たかいえ》を留守居役とし、みずから精兵三千余人をひきいて南行、草津にいたり、晴賢とは海をへだてて陣をかまえた。国内の諸豪たちは、彼がかならず敗けることをおそれて、多くの者は虚病《けびょう》を使ってしたがわなかった。

はじめ伊予に能島《のしま》・来島《くるしま》の二族があった。彼らは海戦に習熟している。晴賢と元就はそれぞれ彼らを招いた。すると二族は、三百艘をひきいて元就の陣に参加した。元就は彼らをねぎらい、行って城中の消息をたずねさせた。敵は四方に道を掘り、櫓《やぐら》などはほとんどいまにも倒れそうになっているのを大縄でやっと維持していた。元就は大立山《おおたてやま》に陣を移し、晦日《みそか》に多くの老弱の者や、輜重《しちょう》の者（物資を運ぶ者）を草津に返し、その後もつぎつぎと返した。敵はこのようすをみて、元就の兵が引きあげるのだと思った。そこで元就は、諸士に相印《あいじるし》（戦場での味方を見分ける印）に二つ巻の〆襷《しめだすき》をかけ、三日分の食糧をもたせ、合い言葉を約し、日が暮れるころ船に乗ったが、たまたま大風雨となった。兵たちは震えあがって、風のやむのを待ちましょうという。元就は「これこそ天がわれを助けたものだ」といって、みなに篝火《かがりび》を消させ、ただ一灯を本船にかかげた。諸軍はこれを目印にして、荒波を越えて渡った。やがて裏浦《つつみうら》に着いたが、雨はまだしきりに降っているので、児玉周防守が傍らより元就に傘をさしかけた。すると元就は拳《こぶし》で傘の柄をしたたかに打った。傘はたちまちすっとんでしまった。渡り終わると、舟は北岸に返してしまい、決死の意気を示した。そしてついに博奕尾《ばくちお》にのぼり、地名をたずねた。「博奕尾です」と答えると、元就は喜んで「道途《かどで》にあたって博奕尾にのぼるということは、早くも打ち勝つ前兆である」といって、すぐに塔岡の背後に出た。小早川隆景は、別に伊予の船兵をひきいてその正面に出た。敵は風雨を頼みとして心を許し、見まわりをする者もない。敵船をくぐって入ると敵がそれをとがめた。浦兵部丞《うらひょうぶのじょう》宗勝《むねかつ》が大声で、「われら筑前の兵、徴《めし》によってまいりました」というと、船を開いて通した。いよいよ岸にのぼって両隊ことごとく陣についた。ときあたかも空まさに明けようとする頃である。元就は命じて螺《ほら》を吹かせ太鼓を打ち鳴らさせて、高所を利用して攻め下した。諸隊はびっくり仰天、われ勝ちにと本営に集まったために、本営は押しあい、もみあいの状態となり、味方同士撃ったり刺したりのありさま。元就は大声に叫んでいった。「者ども、進め」と。みずから柵を破って躍り入った。敵兵はついに大敗を喫した。晴賢は走り去る者を呼び止めてみたが、止めることもできず、敵は舟を争って逃げた。溺死する者数千人。晴賢は肥満していて歩行も思うに任せない。従者が助けて海岸に着き、舟を求めたが一隻もない。ついに彼は自害した。元就はその首を実検して洞雲寺に葬り、厳島に逗留すること十一日にして凱旋した。

この戦で、晴賢と元就はともに伊予の河野に使いを出して船を借りた。晴賢は別に条件をつけずに借りた。これに反して元就は、「一日だけ貸して下され。宮島に渡ったらすぐお返し申す。戦に勝ちさえすれば、もちろん船はいらなくなるわけですから。ただ宮島に渡る間だけお借りしたい」といったので、来島通康《くるしまみちやす》はこのひと言を聞いて「元就は、ふかく心に期していることろがある。毛利方はかならず勝つこと疑いなし」といって三百艘を貸したのである。

この戦の軍議のとき、出羽《いずは》三郎隆綱《たかつな》・宍戸安芸守隆家・吉見《よしみ》大蔵大輔正頼《まさより》・熊谷《くまがい》伊豆守らが先陣を争い、いまにも同士討ちになろうとしていた。元就はこれを知って「戦に魁《さきがけ》を争うことは、軍の吉兆である。功をはげんで忠を立てようという志は、武人としての義烈であり、忠節である。出羽は佐々木高綱の後胤、熊谷は次郎直実の末裔だから、この両家は源氏義兵の先例にならって、このたび朝敵追討の際に先鋒となれ。吉見は源範頼《のりより》の子孫であり、宍戸はその弟知家《ともいえ》の末裔である。ともに頼朝の弟だから、副将軍に任じられ、範頼は追討の大将軍であった。このたびの戦は、平家攻めの元暦の例によって、吉見は追っ手の大将になれ。小早川隆景は土肥実平《どひさねひら》の後裔だから、追っ手の副将軍に加えよう。思えば不思議なことよ。おのおの素姓をただせば、同じ系図から分かれた身、いわば一心一和の軍であるから、早く魁の争論をやめ、朝敵追討の謀をめぐらせよ。かくいうわれも、大江広元（頼朝の招きで鎌倉へ下り政所《まんどころ》別当となった人物）の末孫であるから、われも宍戸も隆元も、義兵の副将軍となって搦手《からめて》に進もう」といったので、争論はたちまちやんでしまった。

元就は尼子氏を滅ぼそうとして、日夜心を労していたが、尼子紀伊守国久《くにひさ》が強猛であることを心配して、彼を除こうと謀った。尼子経久は吉川《きつかわ》駿河守経基《つねもと》の聟《むこ》である。元就はまた経基の子伊豆守国経《くにつね》の聟であり、国久とは遠い仲ではないので、姻戚関係にことよせて、しばしば消息を通じていた。尼子下野守義勝が没すると、その子の孫四郎経貞《つねさだ》がまだ幼少なため、国久がその領土をあずかっていたが、成長してもその領土を返さず、経貞はこれをたいそう口惜しがって、国久を嫐し、いつかはそれを取り返そうと思い、元就と手を組んで陰謀を企てるという旨を、もれ聞こえるように謀をめぐらしたところが、晴久はひじょうにこれを疑った。これを元就が聞いて「策略図にあたったぞ」と思い、罪人を順礼に仕立てて出発させ、その膚《はだえ》に書を一通入れた袋を隠しもたせた。富田近くの山狭《やまさ》というところに、飛脚が山賊に斬り殺されたようにみせかけて、殺して死体を捨てておいた。通行人が集まってみていたが、やがて膚につけていた文袋《ふぶくろ》をみつけて開いてみると、元就が国久と内応を約束する文である。晴久はその書面を手に入れて大いに驚き、その後経貞を召して「新宮党（富田城の北麓、新宮谷に館を構える尼子国久）は安芸（毛利氏）と通じていると聞いていたが、まことのことか」と問うと「その通りです。つねに消息は通じており、とくに最近は元就の飛脚の者というのが、たびたび往復しているようです」とおひれをつけていうと、晴久はすっかり鵜呑《うの》みにして、「手おくれになっては、後悔してもはじまらぬ」といって兵を伏せさせ、国久父子を捜し出して殺し、またその党を皆殺しにした。尼子勢はこのときから衰えていった。

尼子晴久病気の噂

元就の老臣たちが、あるとき尼子晴久が病気だと聞いて喜び、元就もまた喜ぶにちがいないと思ってこの旨を告げた。すると元就は、意外にも顔色を変えて、「お前たちはそのようなことを、遠慮もせずに申し出るものではない。なぜかといえば、われわれがこれから出雲に向かうということは誰もが知っていることだ。そんなときに、大将が病気だなどといいふらすこともあろう、そうした敵の計略とも察せずに、こちらにとってもっけのさいわいのように、われわれ父子の前にいい出すとは、あるまじきことである」といってたいそう腹を立てたので、このことがあってのち晴久の噂はぱたりと止まったということだ。しかしほんとうに病気であったため、まもなく晴久は死んだ。

即位の料を献ず

永禄三年（一五六〇）正月二十七日、正親町《おおぎまち》天皇が即位の礼を執《と》り行われた。これよりさき弘治三年（一五五七）に践祚《せんそ》（天皇の崩御と同時に、皇太子が皇位を継承する）されたが、五畿七道全体が乱れて、三年をすぎても即位の礼を行われるような状態でなかったが、元就がこれを伝え聞いて、その費用を調進した。かくして大礼が無事に行われ、二月十五日には、その褒賞として元就を陸奥守に、また隆元を大膳大夫《だいぜんのだいぶ》に任じられ、菊桐の章《しるし》を賜った。これは大江広元の先例を追ってのご沙汰だということだ。将軍義輝はこのことを聞いてひじょうに感激し、錦の鎧《よろい》、直垂《ひたたれ》を彼にさずけ、鎮西の守護職に任命された。

白鹿城を抜く

弘治四年八月四日、元就の嫡子大膳大夫隆元が頓死した。家臣の者たちは、元就がこれを聞けば、ひどく悲しむことだろうと心配していたところ、意外に哀惜《あいせき》のようすもなく、元春・隆景・隆家らに「隆元の頓死はしかたのないことだ。考えてみるに、これはひとえに尼子家滅亡の基である。わしやお前たちはいうまでもないが、家中のしもじもにいたるまで、隆元の弔《とむら》いとして、尼子退治の心がけは、尋常一様のものであってはなるまい。堅き決心をもってすれば、この軍勢で尼子を滅ぼすことはなんの苦もないことだ」とこころよげにいったので、上下の者ともに安心して、一同勇みあった。そこで元就は、みずから将となって白《しら》鹿《が》の城を攻め、ついにこれを奪取した。元就は、戦の大事なきっかけが、隆元の死によってさまたげられるのを心配し、かえって志気高揚の具として活用したのである。

尼子氏の刺客

元就は洗合《あらわい》に陣を取って富田城を包囲攻撃した。尼子の家臣で熊谷《くまたに》新右衛門・原宗兵衛という二人がいた。この二人が主君義久の前に出て「元就の洗合の陣に降って出れば、元就はかならず対面するでしょう。そのときすきをねらって、二人が同時にとびかかって元就を刺殺してしまえば、なんということはありません。そのときには、われわれ二人の子供たちには、所領を賜りたく存じます」と申し出た。義久はひじょうに喜び、すぐに二人の子に若干の知行をあてがった。熊谷・原の両人は「どんな猛《たけ》き元就でも、二人が左右より捕らえれば、よもやのがすことはあるまい」と大言を吐いて出かけていった。洗合に着き、降参する旨を申し入れると、元就はすぐに対面した。その日降人が三十余人もあり、熊谷・原はそのなかに混じって元就の前に出た。しかし予想に反して、上段の間に元就父子三人が着座しており、次に福原・桂・児玉以下の侍が二十余人もならんでいたから、二人はなすこともなく、ただお辞儀をするだけで退出した。元就は「今日の降人のなかの五、六人目に出てきた者は疑わしい。きびしく番人をつけておけ」ということで、警固の者を数人置いた。二人は警固のすきをうかがって富田城に逃げ帰った。義久がようすをたずねると、両人は「元就は人間とは思われません。どうも神の化身ででもございましょう」と、いきさつを語ったということだ。

大力の士

尼子が和睦の使として、大杉抜右衛門《ぬきうえもん》という者を元就のもとにつかわした。この人物は、かつて周囲二尺もある杉を根こそぎ引き抜いたので、経久が大杉抜右衛門と呼んだ大力の士である。元就は大杉に対してその大力を賞め「では庭前の杉は大木ではないが、抜いてみせて下され。力量のほどをみたい」としきりに望んだが大杉は固辞した。元就は「それでは、貴殿ほどの強力《ごうりき》でもないが、この杉を引き抜くぐらいの力持ちがわが方にもいるから、抜かせてごらんに入れよう」と廻神《かいしん》藤十郎元豊《もととよ》という大力の士を呼び出して「庭前の杉を抜いて、大杉氏におみせするがよい」と命じた。元豊は「うけたまわりました」といって立ち上がり、ひとかかえほどもある大杉をたやすく抜いて庭中に倒した。大杉は恐れをなしたようすで退出した。これは、元就が敵の気を奪おうとして、前日から根を切っておいたのだというのである。

尼子氏の滅亡

元就が尼子氏を攻めるにあたっては、城を洗合山に築いた。これは富田から七里の距離であるが、そこを新たに本営とし、つぎつぎと出先の砦《とりで》をつらねて、詩歌・蹴鞠《けまり》の会などを催し、攻戦をやめて持久戦のかたちをとり、その間に多くの間諜を放って、相手方の君臣間にたがいに疑心をかきたてるように運び、さらにその妻子に手を伸ばして降参させるように諭し、また所々に関所を設けて守備兵を置き、城中から逃亡する者を捕らえて罪に処した。城下には高札を立てて、「逃げる者や降る者は、男女老幼を問わずかならず殺す」と書き出した。城中はおそれをなし、一人も逃亡する者がなかった。これは早く食糧を食い尽くさせようとする方法である。そして城中が飢えるころあいをうかがって、すぐに関所を廃し、守備兵を引きあげさせて、高札を書き改めた。「逃げる者は追わぬ。降ってくる者は拒まぬ。みな寛大な処置をする」と。そうなると城兵はわれがちに乱れたった。旧家宿将以下降参する者がぞくぞくと出て、城中は数百人にすぎなくなった。このとき、たまたま元就が病にかかり、なかなか平癒しなかった。吉川・小早川の両家は、元就が高齢であるところから急変をおそれ、尼子方に降参を勧めた。義久はそうとは知らずに降参し、尼子氏はついに滅んだ。

家来の傷口をみずから吸う

元亀元年（一五七〇）、出雲島根の陣で、元就の臣岩木源太郎道忠が左の膝口を射られ、鏃《やのね》骨が体に残って容易になおらずにいた。元就が医者にみせると、「足を切らなければなりません」という。元就は叱りつけて彼をしりぞけ、みずから口で膿《うみ》を吸ってやると、残っていたやじりが口中に入った。そのために無事平癒することができた。道忠は感動して、死んでこの恩に報いようと思う堅い決意が顔にありありとあらわれた。元就はこれをみて「そなたがわれらの挙動に感激して、厚義と思うようなら大勇ではないぞ。部下の一命をとりとめるために、これしきのことをするのは当たり前のことだ」と深くいましめた。

石見平定

元就はすでに九ヵ国を平らげたのち、石見《いわみ》を数年にわたって攻めたが、なかなか平定することができない。石見は山国であるから、要害の地には小塁を構え、塁を攻めれば引きこもり、軍を返すと、その後から働くというぐあいで、服従しなかった。赤松家の参謀であった安積宗沢《あさかそうたく》が、年老いて明石に隠退していた。宍戸隆家はこれを聞いて彼を招いたが「私は生まれついて愚昧でありますうえに、おいぼれとなりましたので、召しに応じてもお役にはたちがたいと存じます」といって応じなかった。隆家は名聞栄達にあくせくしない宗沢の心を奥ゆかしく思い、みずから出向いて慇懃《いんぎん》に出馬を請うたところ、「これ以上辞退申しては、いかにも思いあがった非礼でありましょうから」といって応じた。元就はひじょうに喜び、彼を厚く遇した。ある日、夜話のとき、元就が「石見は小国であるが、地の利によって人心は剛健である。そのために、わが士卒はむなしく死傷者を多くだすだけでいっこうに降参してこない。どのような策で攻め取ったらよかろう」と問うた。宗沢は「攻め取れというご命令ならば、十の軍勢をもって一を攻めてみても容易に勝つことはできません。兵法に〝治《ハ》慮《リ》レ乱《ヲ》 乱《ハ》慮《ル》レ治《ヲ》〟と申しますが、ご存じありませんか」と申しあげたところ、元就は手をうって喜び「石見は早くもわが手に入ったも同然」といって隆家と謀り、石見の巨頭星合《ほしあい》を姪《めい》の婿《むこ》にして、和親を結んだ。するとまもなく星合は服従してきた。星合の所領は五万石余もある。その星合が服従してきたので、半年もせぬうちに星合にならってぞくぞくと味方につき、石見はことごとく服従した。

浦宗勝の武勇

元就は門司の城を攻めた。大友左衛門督義鎮《さえもんのかみよししげ》は、このことを聞いて大軍をひきい、後援に駆けつけた。そこで元就は、囲みを解いて船でただちに沖へ引き返した。大友の家老滝田民部が、ただ一騎、波打ち際にきた。浦宗勝は一人で船を戻して槍をあわせ、民部を突き伏せ、手柄をたててまた船に戻った。このとき味方の者が、いったい誰が陸にあがって槍をあわせたのかと口々にいったが、元就はこのようすを聞いて「ただ一人でやったのなら、浦兵部にちがいあるまい」といった。はたしてそのとおりであった。宗勝は小早川隆景の臣である。

仕置き

元就が中国を平らげたとき、諸将を集めていった。「お前たちはみなわしの手足であるから、わが本心を告げておこう。このたびだんだんと服従してきた国々に、それぞれお前たちを派遣任命するについて申すのだが、侮ル二其人ヲ一者不レ君タラ二其土ニ一（その土地の人々を軽くみるようでは、けっしてその土地を十分に支配することはできぬ。親しみ重んぜよ）という語を忘れぬように心がけよ」と教え諭した。のち真田幸村がこれを聞いて、讃歎した。

元就は敵国を切りしたがえ、千貫、二千貫も取っている先方の衆を召しかかえても、その者は譜代の五十貫、三十貫取りの士を上座に上げ、名の聞こえた譜代の人びとに対しては「方々で忠功をおたてになったにもかかわらずお取りにならぬ知行なのに、新参のわれわれ風情にたくさん下し賜ったことは、お腹立ち重々ごもっとも千万のことと存じます」などという。また別に名が聞こえているわけでもなくつまらぬ者でも、譜代であるからといって敬い、かつ心中に、あのような人でも、元就公という名将に仕えているからこそ人に立てられもする。ぜひ自分たちも忠節を尽くし、これから先支配しなければならぬ先方の衆から崇められるようにと堅く心に期するようになったので、元就の威光はしだいに増していったということだ。

子元春・隆景

元就の子の元春と隆景が、幼いころ雪合戦をしているようすを元就がものかげからみていると、二人の子供は幼年の者四人ずつを引き連れ、五人ずつ左右に分かれて、雪玉を投げあっている。元春はしきりに投げかけるので、隆景はついに負けてしまった。しばらくして隆景が「もう一度しよう」といって投げかけるのをみると、同勢三人である。元春は勝った勢いに乗って、無二無三に五人で投げかける。隆景は少し退くようにして、徐々に退きはじめ、元春がかさにかかって急に押しかけてくるのを待って、あらかじめ二人を伏せておき、横より新手でしきりに投げさせたので、元春はついに打ち負けて退いた。元就はこのようすをみて「双方とも勝った。そこでやめろ」といって制止した。そうしておいて、元就は、「この子供たちが成人したとき、弓矢を取る身になろうと思うなら、嫡子隆元を旗本とし、元春と隆景を先鋒としよう。伝え聞くところによると、北国の人は剛強だけをむねとして計策が少ない。それに反し、南国は人の往来がさかんで、舟の通行も多いため、交際も上手で、また計策を好む。右の雪合戦のようすから考えると、いまからもう北国は元春、南国は隆景と決めておこう」と。のちにその通り元春は北国、隆景は南国を攻伐して、ついに父元就を十余州の太守に押しあげたのである。

元就の領国は、ある年大旱魃《かんばつ》で水がなかった。百姓たちは集まって雨乞いの祈願をした。

元就はこれを聞いて百姓どもの雨乞いを制止し、みずから潔斎《けっさい》して天に祈り、戦死者の供養をし、忠節の臣に加禄し、軍功のある家は下され物をし、三日間つづけた。すると、それから二日後に大雨が降り、五穀もよく実った。民は大いに喜び、隣国までも元就の徳を慕ったので、まもなく中国を服従せしめたのである。

元旦の祝い方

元就は、毎年正月の早天に手と口を清め、東に向かって永いこと黙坐した。ある年、近臣の粟屋弥次郎が「元旦のお祝いの膳をお召し上がり下さい」といったが、なんとも返事がない。重ねて二度ほどいうと、元就はその座をたち、弥次郎を呼び出して、「お前は元旦を祝うという意味を知っているか」とたずねた。弥次郎は知らないので、ただ畏《おそ》れ伏していた。元就は「世の愚者どもは恵方《えほう》（正月の神の来臨する方角）を拝して、昆布、勝栗などで屠蘇《とそ》を汲んで、寿命長久、子孫繁昌などを祝って、いっこうに分別遠慮というものがない。元旦は年のはじめ、月のはじめで、日のはじめである。寅《とら》の一（午前四時ごろ）に起きて、この一年間のことを思いめぐらすべきである。たとえば、去年のことを参考にして今年のことを思い計ると、東国は五穀豊饒だから、民もおのおの生活に満足し、思いがけず戦争が起こったとしても糧に乏しくはないなと考え、西国は日照りの心配があるため、民に飢えの色がありありとあって、安堵の思いがない。たとい戦争の危機に出あわなくとも、たいへんな状態なのだから、凶歳を救う術を考える。また家中へ布告する事項など、すべて国事に関係することをいろいろと思い計り、事にあたっては上下ともに適切な措置がとれるように、遠くを思いめぐらすことが、すなわち元旦の祝いというものだ。そういうわけだから、一年の計は春にあり、一月の計は朔《ついたち》にあり、一日の計は鶏鳴（朝）にあり、一年の計は勤めにあるのだ」と諭した。

元就は、技芸がある者と聞くと、かならずその人を召して試みたが、みずからそれに耽《ふけ》るということはなく、つねに左右の者にいっていたことには、「小技を好んではならない」と。また自書して「技芸を嗜《たしな》んではならぬ。傲《おご》り楽しんではならぬ。遊楽するな。みだりに事をなしてはならぬ。ただ武略を積み、慎んで忘れることのないように」と。

諛臣

元就が話をするとき、儒臣法橋恵斎《ほうぎょうけいさい》がそばにいて、「いまや殿のすぐれた武力のほどが中国にまで輝き、万民は殷《いん》の湯王か周の武王の世に会ったようだと喜んでおります」と申しあげると、元就は「湯・武の世には、お前のような諛臣《ゆしん》（ゴマすり家臣）はいなかった。そう考えると、このわしが湯武には遠くおよばぬことを知るのだ」といった。その後、おべっかを使い、うまく調子をあわせるような軽薄な者はいなくなった。その後元就がいうには、「儒者は頼りにならぬ。恵斎のような人間は、ただ本を博《ひろ》く読むだけで、心を戒め慎むということを知らない。わしの美点をもちあげて、わしに油断させるということは、聖賢の世にはあるまじきことだ。かえって儒者でありながら真の道を知らぬはおそれるべきだ。禄を与えればその君を賢君のように思って、おべっかを吐き、また暗愚の君の言行を書いて、その恥を後世に残す者も少なくない。聖賢の書を読んだ者だからといって、一概に信ずべきではない」と。

元就はかつて酒を飲みながら柱に寄りかかり、慨然と歎いていうには「智が万人よりすぐれており、天下の治乱興亡に気を配る者には、心から許しあえる真の友人は一人もいないものだ。過去千年、未来千年のあいだにこそ真の友がある。もしその人が、同世代に生まれあわせていれば、その人を殺すか、その人に殺されるかのどちらかだ。もし二人が志を同じくして世を治めるようなら、万民の安堵、四海の太平は、いともたやすいことだ」と。

元就はつねにいっていた。「主将たる者が人を登用するときには、十分注意しなければならぬことがある。性質の善柔な者は人にさからわない。だから朋輩よりひいきされることも多い。主将があやまってこの人を登用すれば、国を治めることはむずかしい。なぜかというと、勧善懲悪を実行することができない。だから家中が一応無事だとはいっても、乱の端緒となる。主将はみずから心して眼を開かねばならぬ」と。

雪打

ある年の冬、雪が降った。元就は雪が好きだったが、すでに高齢のことでもあり、普通の人間ならこたつにあたってばかりいるはずのところ、彼はそうではなく、「ああ、雪が降った、雪が降った。とても心地がよいわい。わしはもはや年老いて歩くにも不自由だから、せめて座敷で雪合戦をしよう。いそいで雪をたくさん取ってこい」というので、近習の者どもは「さては、殿はもうろくされたか」と思ったが、強いていうので、大きな器に雪を盛ってきた。すると元就は寒がるようすもなく、みずから雪を取ってもてあそび若い侍たちに「雪合戦をせよ」と、その場で雪合戦をさせて楽しんだ。こういうことは、あまりにも子供じみているようだが、実はそうではない。元就の心のなかでは「最近は弓矢の道が衰え、若い者までが寒さにまけてこたつにばかり入っていて、自堕落になっている。これは若い者のすることではない。自分はもう七十にもなっていてさえ、雪合戦をしていると、家中の若い者たちが聞けば、外に出て雪合戦をするだろう。そうすれば、寒さに身を馴れさせることができ、したがって息も切れず手足も痛まぬことを知るであろう」ということであった。

元就は弓矢の道に暗くなかったのみならず、ひじょうに多くの書を読み、和歌を好んで秀逸の作も多かった。三条西公条《きんえだ》を判者として詠草一巻を撰したが、これは『大江朝臣元就詠草』と題して世に知られている。

遺言

元就は臨終に際して子供たちを集めていった。「お前たち二代の衰えた武勇によって、天下を望もうとしてもそれは無理である。わしの武威を鑑《かがみ》とせよ。当家は中国、吉川は山陰、小早川は筑前・筑後・豊前をよく治めて、三家は鼎《かなえ》の足のように親しく交われよ」と。そして子供の数だけ矢を取り寄せて、「この矢一本ではたやすく折れる。だが、これをひとつに束ねると折れにくい。お前たちはよくこのことを考えて、仲よくしなければならぬ。けっして仲違《なかたが》いをするではないぞ」と。隆景が進み出て「なにごとも欲から生ずることです。欲を捨てて義を守れば、兄弟親族に不和ということはありません」といったので、元就はたいへん喜び「隆景のいったことを忘れるなよ」と戒めた。輝元（元就の長男隆元の遺児）は、さらに参考となるべき教えを請うた。元就は、「お前は二人の叔父（隆元の弟吉川元春と小早川隆景）に対しては、祖父のわしに対するのとおなじようにせよ。かならずそれを守れば、わしの業を守り続けることができるであろう」といって息をひきとった。

大内左京大夫義興《さきょうのだいぶよしおき》が、かつて元就を褒めていうには、「彼は楠木正成級のすぐれた武将である。きっと正成の生まれ代わりであろう」と。また山本勘助晴幸は「上古のことはさておき、近き代では、足利尊氏、新田義貞より以後では、ただ元就だけである」と称賛した。

清水宗治の死

天正年間（一五七三―九一）に、輝元が清水長左衛門宗治《むねはる》に領地を加増してやった。宗治はそのことを聞くと「いままでは特別お目をかけて下さっていることとばかり思っておりましたが、いまこのように増地を下さるということは、きっとそれがしを二心ある者と思し召されてのことと思います。なぜかと申せば、ひとかどの地を賜りますのは、なにかの勲功がなくては叶わぬこと、わけもなく賜ることではありません。いまこうしてなんの理由もなく賜るのは、どういうしだいかと考えてみますと、最近、羽柴筑前守秀吉が隣国の播磨に発向したということですから、おそらく私めに対してもなにか申してきましょうから、ひょっとすると秀吉方に寝返りしはすまいかと思し召しになっての増地だと思います。私めを二心あるかもしれぬ者と思し召されましたことは、私の本心とはまったく相異なります。元就公の御代ならば、けっしてこのようなことはあるはずもありませんのに」と、涙を流して増地を辞退し、備中国高松に立ち帰ってしまった。やがて秀吉の大軍を引き受けて、潔く腹を切って死んだのである。

武田晴信（信玄）

陸奥守信虎の長子。大膳大夫。後剃髪して、法性院信玄と号した。東海・東山・北陸の三道において十州を平らげ甲府に住む。元亀四年（＝天正元年。一五七三）四月十二日没。年五十三。

少時七書の理に徹す

晴信は幼名を勝千代といった。八歳から長禅寺に住みこんで手習学問をはじめた。勝千代は生まれつき敏捷で、一字を学んで十字を知るほどであった。ある日師僧が一巻の書を出して「これは玄恵《げんえ》法師のつくられた『庭訓往来《ていきんおうらい》』です。よく勉強しなされ」といわれたので、勝千代は二、三日のうちに、早くもその内容を読み取り、「これはそれほど武将たる者が読まねばならぬものとは思えません。ほかになにか軍術に熟達できる書をお教え下さい」といった。師僧はこれを聞いてひじょうに感心し、「それでは」といって中国の七部――すなわち『孫子』『呉子』『司馬法』『尉繚子《うつりようし》』『三略』『六韜《りくとう》』『李衛公問対《りえいこうもんたい》』を出して読ませると、勝千代は喜び「これこそわが望むものです」といって、昼夜を通して学び、その理を徹底的に悟った。

少年慧敏の才

晴信が十二歳の秋の終わりに、厠《かわや》へ行くために広縁に出ると、そこにいつも立てておく木馬があるが、それが急に身震いをして「勝千代」と名を呼んだ。聞こえぬふりをしたが、あまりの不思議さにそこにたたずんでいると、またその木馬が「勝千代、軍術と剣術とではどちらが是《ぜ》と思うか」ときいた。晴信は「軍術も剣術もどちらも是である。これこそ剣術の妙である」というやいなや、ただ一打《ひとう》ちで切ってしまうと、手応《てごた》えがあって、木馬は縁から下へどすんと落ちた。そこで小姓の今井市郎を呼んで「広縁の下になにがあるかみてこい」と命じた。まもなく火をもっていってみると、そこには大きな狸が血に染まって死んでいた。

晴信が十三歳の春のこと、野に出て遊んでいると、四十ぐらいの男が草に平伏してものをうかがっているようすだから、「なにをしている」とたずねさせると「夕雲雀《ゆうひばり》を取ろうとして、今朝からここにきているのです」といった。晴信はこれを聞いて「蟹は甲に似せて穴を掘るという諺《ことわざ》がある。なるほどなあ。あの男には、ああして雲雀をうかがっているのが分相応でふさわしかろうが、そんなら自分は自分らしいやり方で取ってみせよう」といって、少し高いところに登り、麦畑や芝の生い茂っているなかに雲雀がおり立つところを見定めておいて、大勢の者に命じて取らせると、たちまちのうちに数十巣を取った。

今川義元の妻は晴信の姉である。ある日姉の方から母の方へ、貝合わせのためにといって蛤《はまぐり》をたくさん贈ってきた。母は晴信方に人をやって、この蛤の大小を小姓たちに選《え》り分けさせるようにといってきた。そこで大きいのをお選び申し、残りの小さい蛤は畳二畳分ほどに、ほぼふさがるぐらいで、高さは一尺もあったろうか。これを小姓たちに数えさせると三千七百余であった。そのとき諸将士が参候してきたので、「この蛤はどのくらいあると思うか」と聞くと、みな戦功のあった者たちではあるが、二万とか一万五千とか答えた。これを晴信が聞いて、「人の数ならば、それほど多いとは思わないであろうに。だが五千の人数がいれば、なにごとも、しようと思えば思いのままだ」といったので、聞く人は舌をふるわぬ者はなかった。このとき晴信は、わずか十三歳であった。

信虎、次男信繁を愛す

信虎は次男の次郎信繁を愛して晴信を廃嫡しようという気持ちがあった。家臣はこれを察してみな信繁を尊敬し、晴信を軽侮していた。晴信はこのことを感じ取り、いつもうつけ（おろか者）のようにして、馬に乗っては落ちて土をつけ、そのまま父の前に出たり、書を書いてはわざと下手に書き、泳いでは深みにはまっておぼれかけ人に助けられたり、据え物斬りをしては胆をつぶして斬り損じたりで、万事弟の信繁に劣っていたため、父はいうまでもなく、家臣一同「弟に劣るうつけ者だ」といって笑っていた。しかし荻原《おぎわら》常陸介昌勝《まさかつ》はこのようすをみて、「この人は大丈夫《だいじょうぶ》たるの器量がある」といって、甘利《あまり》備前守虎泰《とらやす》、板垣駿河守信形《のぶかた》と語らって、ひそかに晴信を補翼した。

海口城攻略

天文五年（一五三六）十一月、信虎は兵八千をひきいて信濃に出、海口城《うみのくち》を攻めた。城主平賀成頼《なりより》入道源心はよく戦った。城は堅くて容易に抜けない。そのうちに大雪が降ってきたので、ますます城は落ちるようすもなかった。諸将が議して「城兵が三千もいれば、こちらの攻めが成功することはまずむずかしい。とくに今日は早くも十二月の二十六日。年の瀬も迫っております。ひとまずご帰陣になって、来春のことになさるがよろしかろうと思われます。敵も大雪といい、年末という時点といい、後を追ってくることは、ゆめゆめありますまい。」と申し出ると、信虎も「その通りだ」といって、すっかり引きあげるに決まった。そのとき晴信が進み出て、「それでは殿軍《しんがり》を私に仰せつけて下さい」と望んだ。信虎はこれを聞いて大いに笑い「さてさて、武田の名折れにもなるようなことを申す者だわい。敵が追ってくるまいと戦い馴れた者たちが申した以上は、たといわしが殿軍を申しつけても、それは次郎に仰せつけ下されなどと申してこそ総領といえる。次郎ならば、とうていこのようなことは望むまい」といって叱られたが、晴信は押して望んだので、「それならば後尾につけ」ということになり、信虎は二十七日の暁に打ち立った。晴信は東へ三十里下って残り、やっと三百ほどの兵で殿軍を務めた。その夜一人に三人分の食糧を与え、武装を解かせず、馬に十分餌をやり、鞍《くら》をおろさせなかった。寒天だから明日打ち立つころは、上戸下戸《じょうごげこ》にかかわらず酒を飲ませ「七つ時分（午前四時）に打ち立つよう心得よ」と自分で触れまわったので、兵はみなひそかに笑って「父の殿（信虎）があのお子を誹《そし》られるのももっともなことだ。この風雪に、どうして敵が追いすがってくるはずがあろう」といった。さて七つ時分に打ち立って、甲府の方へは行かず、引き返して海口の方に向かい、三百騎とともに雪のなかを突っ走って二十八日の夜明け前に城に着いた。源心はすでに兵をそれぞれのところに帰してしまって、わずかに五、六十人で留守居をしていた。晴信は、兵を三隊に分け、みずから一隊をひきいて城に入った。二隊は幟《はた》を城外にあげてこれに応じた。城兵はこちらの兵の数を数えることもできない。戦わぬうちに滅びてしまった。源心を斬り、その首をもって帰り、父信虎に献じた。全軍あげてひじょうに驚いた。しかし信虎は褒めもせず、「その城にそのまま腰をすえ、かくかくの次第ですと使いをよこそうともせず、城を捨ててくるとは臆病千万だ」といった。諸将は、晴信の行動に対し、内心感服はしたけれど、あえてその戦功を讃えるということはしなかった。晴信はますます愚者のふうをよそおっていた。ときに十六歳であった。

韮崎の役

天文七年七月、韮崎《にらさき》の役で晴信は諏訪刑部大輔頼茂《ぎようぶのだいふよりしげ》・小笠原信濃守長時《ながとき》に縁のある原加賀守昌俊《まさとし》をはじめ、多くの者を甲府に残した。昌俊は人びとに向かって「今日の合戦に、おのおのたちは功名をとげるべきところ、こうして止めおかれたのは、さだめし二心があるのではと疑われたからである。今日敵に向かわなければ、長く弓矢をとる身の恥となるであろう。どうだ」というと、一同は、「二心がないのに無実の疑いをこうむるよりは、敵に向かって討ち死にすることこそ勇士の志である」といって、われ先にと韮崎へ馳せ向かった。このとき晴信は、戦をすでに三度しており、すっかり疲れきっていたところへ、頼茂・長時が一手になって進んできた。実は、戦局もはや危うくみえたのだが、昌俊がくると力をえて、勇んで進んだ。そこで晴信は昌俊を呼んでその志を褒め、日向《ひなた》・今井らを後にひかえさせ、競いかかってくる敵にあたって打ち破られた。これは、晴信が部下を激励し、活を入れるための策で、わざと昌俊を甲府に残したのである。

海尻の一戦

天文九年、村上勢が海尻《うみじり》城を攻めた。そのとき本城には小山田備中昌辰《まさとき》、二の郭《くるわ》、三の郭には日向大和《ひなたやまと》・長坂左衛門尉《さえもんのじょう》頼弘《よりひろ》（後に釣閑《ちょうかん》と号す）が信州の降参の衆とともに守っていたが、信州の衆が村上と内通して、楽岩寺《らくがんじ》光氏《みつうじ》が攻めてきた。夜中に内から火をかけて、敵を引き入れたので、日向・長坂は不意をつかれて防戦の術《すべ》を失い、城を捨ててちりぢりに落ちてしまったところ、はからずも晴信が援軍として出てきたのに行き合った。大和は馬から飛びおりて、路の傍らに平伏した。晴信は早くもそれをみつけ、「そこにいるのは大和か」ときくと、大和はあわせる顔もなく、「このような姿でお目見えいたしましたること、まことに恥ずかしく存じます」と申しあげた。晴信は「こういうときは誰だってしかたがない。しかし、よくここまで無事にのがれてきたな。余も満足だ。しかし、さぞ残念であったろう。疲れてはいるだろうが、ここからただちに引き返して、今日の先陣を頼む。また大馬印をあずけるから、それを先頭にして一《ひと》功名をたててみよ」といったので、大和は感涙にむせび、「面目身に余りまする。かしこまりました」というやいなや、馬に打ちまたがり、大音声に、「南無弓矢八幡大菩薩、本城の小山田が生きているうちに、なんとか駆けつけさせて下さりませ」と勇気凛然として、日ごろに十倍する勇ましさ。晴信はまた近臣を使いに出して「大和の勇勢はいつもよりまさっている。勝利は疑いなしだ」といってやらせた。大和は君命をありがたく謝し、すぐに海尻に乗りつけて大功を立てた。晴信の一言で、日向大和は決死のほぞを固めたのである。

信濃勢を撃破

天文十一年三月九日、晴信は村上・諏訪・小笠原の三家の兵を瀬沢《せざわ》で破って大いに勝利をえた。はじめ晴信は諸将に令を下して、「信濃の諸将は、もともと自分が年若なために、国の宿老を指揮するだけの力はないと思っている。だから三家はみな戦う気はない。自分がこれを急に襲えば、彼らはかならずたがいに先を争い、備えを乱して駆けあうだろう。こちらは隊伍を堅くして一団となり、鋒矢《ほこや》の陣をもって、ただいっきょに撃ち破ることができよう。みな兵糧は三日分だけにして、その他は無用であるぞ」と触れた。諸将はいずれも「晴信は血気だから無茶なことをいわれる」と取り沙汰して、いつものように小荷駄を引かせた。ところが、敵に向かって鬨《とき》の声をあげると同時に、斬りこんだ。信濃の勢は案の定、先を論じて決まらず、先頭にたつ旗《はた》や太鼓《たいこ》を誰にするかもまだ決まらずにいるところを、こちらの先鋒が潮の湧くように押しかけて、息もつかせずに攻めたてたので、敵はたちまち大崩れになってしまった。

　このとき信濃勢は多くの兵糧を棄てて逃げたので、甲州方が小荷駄を分捕ったことを晴信が聞き、「全部瀬沢口に小荷駄を積んでおけ。少しも貪《むさぼ》ることはならぬ」といった。諸将は「せっかく勝利をえておられながら、軍士をさらに疲れさせるにはおよばぬものを。分捕った兵糧をかえされるとは、なんとしても解《げ》せません」と口々に申し出たのを聞いた晴信は、「おのおの方は壮年の昔から老功のいまにいたるまで、武辺の覚え高き面々なので、年若く経験浅き自分が気づかぬところを、参考となる意見をしてくれるよう頼んでおいたのに、そんなことを申すようでは、なんともはや頼みにならぬ浅はかな心根だわい。そもそも兵を起こし、苦心惨憺《さんたん》するのも、敵の兵糧を分捕って、それをわが兵たちに与えようとしての仕業とでも思っておるのか。弓矢の道は、そのようなさもしいものではない。第一に百姓の耕作を妨げてはならぬ。ましてやその蓄えを奪ってよかろうはずがない。また放火をし、竹木を伐りとるようなことは思いもよらぬことだ。第二に商人たちは、国のあるなしにかかわらず、日用を助けるものである。彼らは店にならべて客の求めを待っているものだ。たとい、たった一銭の値《あたい》のものであっても、これを奪って、みだりに商売の妨《さまた》げをなすべきではない。第三に神は郡村の鎮守であり、貴賤上下を問わず生活の基盤としているものだ。だから、神社の祭礼とか恒例の神事などは、日時や形式、内容すべて違乱すべきではない。仏は三界（欲界・色界・無色界、または過去・現在・未来の意）の教主であり、万民の慈母である。仏閣の構えや法会《ほうえ》のやり方などは、とくにおろそかにしてはならない。これらのことを執り行うにあたって、私心をもたずにやることこそ、一国の守護たる者の勤めである。ところが、信濃の諸大将は、百姓をこき使って疲労に追いこみ、きびしく年貢を取りたて、また商人の財宝を貪り、それぞれの運上（租税）をかすめ取り、または神社仏閣を没収して、幣《へい》帛初穂《はくはつほ》を抑留するようなことが長くつづいた。だから国民は守護を疎み、守護は国民をあわれまず、こうして上下たがいに怨みあっているから、誰でもいい、自分たちの守護を討って、いままでの永い怨みをはらすことができたなら、どんなに嬉しかろうと思っているところへ、われわれが押し寄せたわけだから、ただ一戦で勝利をえたのだ。いま分捕った兵糧をかえして、晴信の弓矢は欲のためではなく、ただ国民を安楽にするためだということを、一度信濃の民たちに知らせれば、またこの国の民たちも、早くわしがこの国に軍を進めて、非道な守護を成敗し、正しい沙汰をしてくれるようにと、日夜待ち望むようになるだろう。そうすれば、合戦は労少なくして、国を安泰に治めることは、かえってたやすくできるのではあるまいか」といわれた。

勝って驕らず負けて阻喪せず

同二十日、晴信は村上左衛門佐《すけ》義清と平沢で戦って勝った。老臣たちはこの勢いに乗じて、敵地に深く侵入されるようにと勧めたが、聞き入れなかった。二十二日には、はやばやと馬に鞭《むち》をあて、翌日にはもう甲府に着き、堺目《さかいめ》の処置をして、ことは穏便に進んだが、機嫌ははなはだよろしくない。人びとは、一月《ひとつき》のうちに二度も勝利をえたのだから、きっと機嫌はよいだろうと思っていたところが、案に相違していた。その後、戸石《といし》の戦で晴信は負け戦となったので、きっと機嫌が悪かろうとみなが思っていると、意外にも機嫌がよく、帰陣して三日すぎると、大蔵大夫《おおくらのだいぶ》に三日間ぶっつづけに能をさせて見物した。勝って驕《おご》らず、負けて意気を阻喪《そそう》しないこと、だいたいこのようなものである。

乱取りを許す

十月、晴信は兵を信濃に出した。今回は新しい家来衆を勇気づけるために、十九日・二十日と乱取り《らんど》（敵地に乱入して掠奪すること）を許した。二十一日暁、先鋒の甘利虎泰《とらやす》が板垣信形《のぶかた》の陣にきて「今宵夢で諏訪大明神の神使だといって大山伏がきて〝このたび下郎ども（諸卒）が乱妨狼藉をしているのは、あるまじき非道である。早く止めさせよ〟と怒って告げた。するとたちまち夢は覚めた」といった。信形はひじょうに驚き「それがしもそのような夢をみた。不思議なことだ」といっているところに、また飯富兵部少輔虎昌《おぶひょうぶのしょうとらまさ》がきて、「それがしも夢をみた。あまりに不思議だったのできた」という。そこで三人ともに驚き、さっそく命令を発して狼藉を禁じた。諸卒はこのことを聞いて、一人として禁を破る者はなかった。これは晴信が去る二十日に信形を召して、ひそかに「今度は新付《しんぷ》の諸衆をはげますために乱取りを許したが、下郎どもはもともと乱取りは大好きだから、夜も明けぬうちから走り出ていって、夢中になり、ようやく夕方になって帰ってくる。いまとなれば、もはや相応の得物を手に入れなかった者は、おそらく一人もいまい。また信濃勢からも、もうそろそろ打って出てこないはずもない。そのときになって、諸卒が陣をよそにして走り出ていて陣が空《から》っぽだということにでもなれば、どうやって敵にあたることができよう。わしが乱取り禁止の命を下したとしても、こっそり人目をかすめ、夜に紛れて出かけてしまうと、誅伐するほかはない。陣中で人を誅するということは、主将たる者のなすべきことではない。できれば、乱妨狼藉を諸卒みずから気づいて止めるようにするのがよい」といって、右のことをひそかにいい含め、「そちと飯富・甘利の三人の陣中をまず禁止せよ。さすれば、その他の隊は枝葉であるから、とくに禁令を出さずとも止むであろう」といったので、このように取り計らったのである。案の定乱暴はぴたりと止んだ。

山本晴幸を召し抱える

天文十二年三月、板垣信形が山本勘助晴幸を推薦した。晴信はすぐに晴幸を招き二百貫の領地を与えた。原昌俊は、これはよくないこととして諫めた。晴信はにっこり笑って「そちが不審に思うのはもっともだ。わしは幼少のときから、武家の棟梁《とうりょう》となって天下を平定しようと思い、小山田備中守と相談して、すでに十四歳のときにひそかに三河国牛窪に出かけていって、晴幸と主従の契約を結び、それから武者修行と称して諸国をまわらせ、諸国の風俗を探らせ、各地の要害を絵図に描かせたりしたために、まるでその地に行ってみているように詳しく知っている。わしが諸国の地利・風俗をよく知っているのは晴幸の功ではないか。

さてそれから、父信虎を廃したあとは、彼を目付として駿河に置いた。晴幸ほどの者は、もし今川家に仕えようと望んだとしたら、九ヵ年もの永い間、どうしてなすこともなく駿河に滞留しようか。かならず今川家へ仕官の道をみずから求めたはずだ。いまとなっては、わしの勇名は近隣にひびき、今川家などは少しもおそれはしない。信形の推挙をさいわいに、いま呼び寄せたわけだ。晴幸という人物は、当代弓矢をとっては随一であろうぞ。あの男は、今後は晴信の師範であるから、そちたちも水魚の交わりをして、ますます怠らず軍学に励め」といわれたので、昌俊は感歎して退いた。

長坂頼弘は、晴信が晴幸を側近に召し使うことをそねみ、「最近晴幸をお近づけになられますことは、今川家の思わくもどうかと思います」といった。晴信はこれを聞いて「謀のある者は近づけよということがある。今川がなんと思おうと、わしは晴幸のいうことに耳をかたむけるばかりだ」といわれた。

敗将をけなさず

天文十四年五月、信形が荻原某《なにがし》の諫めを用いずに、小笠原長時・木曾義高らと戦って大敗し、騎士二十余人、歩兵百五十余人を失った。軍中では「板垣が諫めを用いなかったために敗れたのだ。きっときびしいお咎めがあるであろう」といった。信形はひじょうに悔やんで、陣営に閉じこもって罰を待っていた。ところが晴信は、信形を召して「敵のいつわりの謀にひっかかって、しかも立ち直れぬほどの大敗を喫しなかったのは、さすが老兵の力による。だから、なにも気にすることはない」といって、いままで通り将を命じた。

晴信は、小笠原長時と桔梗原《ききょうがはら》において戦った。日が暮れてきたので、両陣ともに退いて、それぞれ陣営をつくった。翌日は先負すなわち陰陽家がいうところの公事《くじ》や急用を忌む凶日にあたっていた。晴信は、長時はきっと、晴信もこの日を忌み、戦をしかけてこないと思い、戦備を怠っているのであろうと推察し、不意を撃って大勝をえた。

小笠原長時を降す

晴信が長時の領地内に侵入したとき、長時の臣犬飼左衛門というのは智勇にたけた老将で、足軽に郷民《ごうみん》を加え、千人から二千人ほどをひきいて、塩尻の山中にかまえており、峰々谷々から鉄砲を撃ちかけてふせいだ。晴信が強引にあたっていくと、相手はその付近のことを十分知っているから、四方に分散してしまい、捕捉することができない。押し通ろうとすると、またまた峰々谷々から急に姿を現して撃ってくる。そのために、晴信は塩尻を越えることができなかった。そこで晴信がみずからその山中を探ってみると、陽のあたらぬ幽谷があり、冷たい水が石の間から湧き出ている。猪や鹿だけが通る〝けもの道〟に苔《こけ》を踏んだ足跡がある。晴信はこれをみて、下条九兵衛に命じ、歩兵百人ほどをひきいて、その幽谷に忍ばせた。「敵がもし、いつものように分散するときに、この幽谷から出てくる者があれば、前後から包囲して、その将らしい者を討ち取ってしまえ」と詳しく謀を示した。犬飼は、いままで同様に晴信を防いでいた。晴信がそれを打ち破って押し通ると、案の定六十歳ぐらいの老武者が従者二、三十人ほどを連れて、幽谷の小道に下っていく。下条は伏兵を起《た》たせて、透間《すきま》なく包囲し、みずから槍で、まずこの老武者を突き倒し、残りの者も大方討ち取ってしまった。老武者は、すなわち犬飼自身であった。その後犬飼に代わる者はなかった。そこで塩尻を越え、長駆して桔梗原に入り、戦うたびにかならず勝った。長時がついに降ったのは、険難要害のところを失って、守ることができなくなったためである。

輝虎の策を見破る

弘治二年（一五五六）八月、晴信が上杉輝虎（謙信）と対陣したとき、晴信の斥候《ものみ》が帰ってきて「このたびは輝虎は長陣のようです」という。晴信は「なんで長陣とみてとったのか」と問うと、「輝虎の陣にはたくさんの薪《たきぎ》が積んであります」と答えた。晴信はすぐに使番《つかいばん》に、「輝虎の陣に火事が起こるであろう。そのとき、こちらからは一人も出てはならない。もしそむく者があれば、その者の一族までも処分する」と触れさせた。さて二十四日の晩方になると、案の定輝虎の陣から火事が出た。晴信は櫓にのぼって遠見をしていると、火事も鎮まったので、越後勢が五、六千ほど草のなかから弓銃槍刀をもって出てきた。敵に長陣をさせず、早く決着をつけさせようとしたのである。人びとは晴信の明察に恐れ入った。

輝虎を評す

永禄元年（一五五八）五月、甲越和睦のとき、輝虎は晴信が馬から降りないことを憤って、犀川《さいがわ》の雪水がひどく出ているところへむりに馬を乗り入れて、多くのよき侍たちを水死させ、輝虎自身も馬を乗り放って、流れている大木に取りつき、ようやく陸に上がった。晴信はこのことを聞いて「輝虎は弓矢にかけては類のない人物であるが、分別がない。なぜなら、雪水が出ている大河に乗りこめば、死んでしまうのは当然だ。馬を乗り放って上がるぐらいならば、川の水が落ちるのを待って、渡ればいいことだ。輝虎は猛き武士であるから、自分の家来たちからも勇猛にみられようとして、そんなこともしたのであろう。無用の強がり、上にたって国をもつ者のすることではない」といわれた。

輝虎をおそれず

永禄四年、輝虎が大挙して小田原を攻めた。小田原城主北条氏康《うじやす》が晴信に援助を求めた。晴信は兵をひきいて軽井沢に陣をしいた。飯富虎昌が戦を勧めたが、晴信は「考えがある」といって、それを聞き入れなかった。輝虎は、「信玄すらも自分に怖《お》じ気をふるうようならば、いまは自分の右に出る者はいない」と自惚《うぬぼ》れたのでもあろうか、成田長泰《ながやす》を雪辱してからは、あらたに味方に加わった家臣の諸将は、みなばらばらになってしまい、輝虎はついに敗れて国許《くにもと》へ帰った。晴信はこのことを聞いて、「自分は謙信をおそれているのではない。わしが小田原の後巻《ごまき》に出るということになれば、輝虎は十万の兵のうち三万を、わしに対する押さえとして取っておき、二万で小田原を攻めたなら、小田原も落城し、わしの後巻もなんの役にもたつまい。だが、小田原は籠城し、わしもまた出ることができないと思えば、謙信は勝ちに乗じて自分の威を人に示すために、なにか大将らしからざることをしでかすであろう。そのときには、新付の諸将はみなばらばらになって、不慮のことが起こるにちがいない。かならずそうなるにきまっている。謙信の性格は、鏡に映してみるより明らかなことだ。だから飯富の諫めにしたがわないで、さきざきのことを思いめぐらしたのであって、まったくおそれてのことではないのだ。わしはこの時節を待っていたのだ」といわれたので、老臣をはじめ誰もが感じ入らぬ者はなかった。

松山の役

永禄五年二月、松山の戦で、北条氏康は、前年の上野国の農作物が不作で、晴信の諸軍が不自由をしているだろうと、三千駄の兵糧を送った。晴信は部下の者どもに「国に戻ったならば、倍の利息で返せよ」といった。やがて帰陣すると、米を借りた者たちを調べて、物頭や組頭に命じ、所領の悪いところはよいところと引き替え、それぞれ利のあるように取り計らったので、人びとはみなその恩に深く感謝した。

この戦で、晴信は氏康に、川越で両上杉の大軍を打ち破った戦略をたずね、馬場信房《のぶふさ》にいった。「自分は氏康の戦略をすっかり手に入れた」と。

峰の城攻略

永禄六年二月、晴信が上野国《こうずけのくに》の峰の城を攻めたとき、小幡信貞《おばたのぶさだ》を召して「その方と相聟《あいむこ》

（妻同士が姉妹）と聞く小幡図書助景純《ずしょのすけかげずみ》の性格はどうか」と聞いた。信貞は「図書助は武辺に関しては疎略はないのですが、ちょっとしたことにもすぐあわてるふうがあります」と答えた。晴信はこれを聞いて「それなら方法がある」といって、内藤昌豊《まさとよ》を召して、「小荷駄一疋《ぴき》に提灯《ちょうちん》二つずつ結びつけ、馬夫《まご》にも一人に一つずつ松明《たいまつ》をもたせて、旗本には棹《さお》の先に提灯をつけさせ、そちが受け取る小荷駄にも火をもたせて、高いところに追い上げさせよ」と命じ、総人数を松枝・蓑輪《みのわ》・安中の三方の担当として陣取らせ、旗本は脇備《わきぞなえ》だけをして景純の方に向かって陣取った。夜になって合図の火を旗本の方であげるのをみて、昌豊は受け取りの人馬に火をもたせて、高いところへ追いあげて鬨の声をあげると、景純はあわてて逃げ落ちた。かくしてついに峰の城を取り、信貞に元のごとく本領を与え、峰の城にふたたび住まわせた。

河中島はいずれの手に

晴信は、輝虎と十一年のあいだ合戦をしてやむことがなかった。それで永禄七年八月、両家から力士を一人ずつ出して、その勝負により、勝った方が河中島を領することと約束して、武田方からは安馬《やすば》彦六という者を出し、上杉方からは長谷川与五左衛門という者を出した。二人の力士が両陣営のあいだで組み打ちしたが、安馬は長谷川に負けてしまった。人びとは無念がり、千余騎の兵が馬の腹帯を締めなおして、いまにも討って出ようとすると、晴信は「鬼をもあざむくほどの彦六が、あんな小男に討たれたのは、武運が尽きたのだ。前から、組み打ちの勝負次第で決めると約束したのだから、河中島のことは約束通りにしなければならぬ。違約は士の恥とするところだ。君子に二言はない。河中島四郡は、今日から上杉家へ差しあげます」といって帰陣した。

氏康との対陣

永禄十二年、晴信は氏康と興津河原《おきつがわら》で対陣した。正月中旬のことで、浜風がひどく吹き、敵味方とも寒風に堪えがたかった。晴信は駿河の酒を買うように命じて、釜をいくつも集めて酒を温め、晴信も一つ飲み、家中上下の者にも飲ませた。晴信は「どうだ、酒を飲んで寒くはなくなったか」と問うと、誰もが「飲みましても寒うございます」と答えた。晴信は「こうして平地で酒を飲んでさえも、寒いのだ。まして山の上の北条勢はさぞかし寒かろう。高いところに陣をかまえてはいても、人びとはかならず山の麓におりてきて油断しているだろう。いま飲んだ酒が醒めぬうちに、敵の陣屋を打ち取ってしまえ」と命じ、先鋒を薩埵《さった》山へ攻めのぼらせると、案の定、敵陣には一人二人が残っているだけで、その他はみな麓におりていたため、やすやすと陣屋を破り、そのうえ武具や馬具を多く分捕って帰ってきた。

深沢で、晴信が氏康と戦ったとき、こちらの兵が北条常陸介氏勝《ひたちのすけうじかつ》（氏繁《うじしげ》の誤りか）の黄八幡《きはちまん》の旗指物《はたさしもの》をひろってきて「音に聞こえた常陸介も、こちらの勢いにおそれをなして、指物を捨てて逃げたのだ」といって、山県昌景《やまがたまさかげ》をはじめみな嘲笑《あざわら》った。しかし晴信は「そうではない。きっと指替《さしか》えの指物を下人《げにん》が落としたのだろう。そのことを調べもしないで、頭から卑怯者《ひきょうもの》とはいえないぞ。常陸介は立派な弓執《ゆみと》りだ。これにあやかって誉《ほま》れを取れ」といって、その指物を真田源次郎信尹《のぶただ》に賜った。卑怯者などといえば、敵は腹をたてて無理働きもするものである。さすれば、かえって敵の反撃に勢いをつけるようなものだ。とくに常陸介氏勝といえば、いっぽうの勇将である。なおさらそういうことになりかねない。晴信は、そのことをおもんぱかって右のようにいったわけだ。晴信のことばを聞いて、それまでは北条の落ち度だと嘲っていた武田の家中の者も、ぴたりと非難するのをやめた。氏勝がこのことを聞いて、喜びの涙を流したという。

今川氏真、小田原を退去

今川氏真《うじざね》が掛川《かけがわ》をのがれて小田原に着き、北条氏を頼って住みついていた。晴信は小田原に氏真をおいておくと、今後こちらに不利だと思い、彼を追い出そうと考え、その方法として、甲斐《かい》から小田原に用事のために使いを出すということにして、最初に原隼人佐昌勝《はやとのすけまさかつ》をつかわし、二度目には内藤修理亮昌豊《しゅりのすけ》をつかわすことに決め、晴信は、まず小田原城下の人びとに、「今度甲州から原隼人が使いとしてきて、氏真に腹を切らせるという内々の話をし、その次には内藤修理がきて腹を切らせる段取りになっているそうだ」と噂させた。氏真はこれを聞いておそれていたが、しばらくすると、町の人びとがいっていた通りに隼人がきた。そして不安な思いをしているところに、重ねて修理がやってきたので、噂は間違いではないと思いこみ、小田原を船で逃げていってしまった。

北条綱重を討つ

永禄十二年十二月、晴信は蒲原城《かんばら》へ押し寄せて、城内に使いを出し「このたびは朋輩のご連中と城を渡されるように」といわせた。北条新三郎綱重が返事に「いやしくも我らは幻庵（北条早雲の子）の倅《せがれ》であるから、他の者とはいささかちがう。もし攻められたならば一戦を辞さぬ」といった。そこで晴信は、城を攻めかねたというふりをして「明日はまず駿河の城に取りかかろう。この蒲原の城はまたのことにしよう」と触れさせ、去る十月北条家の者たちを三増《みませ》で討ち取ったことを聞いて、「城兵は打って出てこちらの兵を食いとめることはできまい。ただ新三郎だけは氏康・氏政より豪勇の士だから、きっと出てくるだろう。しかし老臣たちは出てこまい。もし城から出てこちらの兵を食いとめにかかっても、少しもかまわずにずんずん通ってしまおう。ここで人数を減らし、駿河の城を攻めるのに手間取っては、どうしようもない」と触れさせた。敵の忍びの者がこれを聞いて城に帰り、この旨を告げると、上下の者たちは競って「明日、信玄が通ったら、われらはでていって通さぬようにしよう」というものもあり、また「通してから後を追って行こう」というものもあった。綱重は「先手《さきて》と本隊とのあいだを切断してしまえば、信玄を打ち取ることはごく簡単だ」などと、いかにも手に取るように、いろいろと意見を吐露した。さて先鋒の者が五日の夜中に打ち出て、六日の朝は由井倉沢まで通った。しばらくあいだをおいて、小山田備中昌辰が本隊の少し先を行った。案の定綱重と狩野新八郎の両将が城を出払って、先鋒と本隊とのあいだに割って入り、綱重は昌辰と迫《せ》りあった。そのとき四郎勝頼は道場山から攻めこみ、その他本隊と後備《うしろぞなえ》・脇備がいっしょになって城を乗っ取ってしまった。これをみて、綱重が城に引き返すところを、小山田勢が追いかけて、ことごとく首を打ち取った。

味方ケ原の役

味方ケ原（三方原《みかたがはら》）の役で、先鋒から「戦は味方のご勝利と見受けましたから、もはや決戦にもちこみましてようございますか」と申してきた。晴信はそれを承諾しなかった。その後小山田弥三郎がきて「ご合戦はご勝利のようです。その理由は、私の手の者をつかわして、敵の備えの後をみるように申しつけましたところ、敵はただ一列だけ立てているようすをたしかに見定めて参りました。一戦をいそがれた方がよかろうと存じます」という。晴信はそれを聞いて、「小山田の申し分は、証拠をあげてのことでしごくもっともである。そこで、今日の戦初めを、褒美として小山田に申しつける」といって、決戦の火ぶたが切られ、ついに勝利をえた。晴信は、万事たしかな証拠がなければ承諾しなかったという。

この役で、晴信は大勝利をえた。諸将は、この勢いに乗じて浜松を襲おうとした。晴信は、「織田信長の謀がまだはっきりわからぬ」といって軍を返した。このとき信長は白須賀《しらすか》に毛利秀頼、山中に滝川一益《たきがわかずます》、吉田に稲葉貞通の三将計一万余人の兵を潜《ひそ》ませて形勢の変化を待たせていた。もし晴信が勝利に乗じて長駆していたら、信長みずから二万五千の兵で挟み撃ちしようとしていた。そのために、吉田から岐阜までのあいだに、間者を一里に一人ずつ置いて、急を報告させるようにしていた。晴信の配慮まことに深いと、織田・徳川の両家では誉めたということだ。

この戦で酒井忠次がいった。「今夜、武田の軍兵は疲れているにちがいない。夜討ちをかけよう」と忍びの者を出して晴信の陣屋のようすをみさせたところが、「ここにはこういう色の紋所のついた旗が立っています。またあそこにはこういう別の色の旗を立てています」という報告を聞いて、さては、疲れている兵を後陣に退け、元気な後陣を先に立てて入れ替えたなということがわかった。信玄は思慮深いといって、夜討ちはしなかった。

その役で、徳川家康はわが軍勢の引き上げるようすをみて、「予も多くの国々を攻め取って大軍を出すような場合、信玄のように兵を自由に動かすことができれば本望であろう。敵ながら毒を盛って殺す気にはならぬ」といって感歎した。

晴信が飛驒で戦ったとき敗け戦の軍兵を引きあげさせるにあたって、味方には憂えおそれるようすがありありとみえていた。晴信はそのようすを悟って「敵を打ち破ってから駆け抜け、ふり返って後ろからまたこれを撃てば、敵は破軍返《はぐんがえし》の戦法に陥るではないか。さあ、ここで一つふるいたて」といってはげまし、すぐさま進んで、ついに勝った。

気をみる法に通ず

晴信は気をみる方法を学んで、これに通暁していた。しかしあえてこれにこだわらなかった。ある日信濃の兵と戦っていたとき悪気があった。しかし晴信は少しもそれにかまわず、備えを固くし、列を整えて待ちかまえ、敵の虚をうかがって出撃し、ついに勝利をえた。帰陣してから馬場信房を召して「気をみる方法は信じるべきではない。今日はこうこうであった」と語った。信房は「その悪気は敵側のためのものか、あるいは味方のためのものか区別しがたいのではございませんか」と申すと、晴信は「師伝によると味方のためのものだ」といった。信房は「味方のための悪気とお思いになったからこそ、合戦はいつもよりも心を戒め慎重の度を加えられたわけです。そのために、危なげなく勝利をえられたのです。軍旅はただ心の締まりを第一とすると、日ごろお考えになっていたのはこのことでございます」と申しあげた。

吉兆

晴信が信濃に兵を出したとき、鳩が一羽庭前の樹上にきた。衆はこれをみて口々にささやいて喜んだ。晴信がそのわけを聞くと、「鳩が樹にくるときは、合戦に大勝しないことはありません。ご吉例です」と答えた。すると晴信は、猟銃ですぐさまその鳩を撃ち落としてみんなの迷信を打ち砕いてしまった。鳩がもしこないときは、衆におそれる心が出てきて、戦が危機に瀕《ひん》するようなことになるかもしれぬと心を配ってのことであった。

晴信が兵を信濃に出したとき、道が二つあった。よい方の道へ押し出したほうがよかろうと思われたが、こんもりとした茂みがある。このあたりは土着の村人が当然防戦にあたるべきところだ。あの村の茂みのなかに人がいるかどうかをみてこいといって使番をやった。使番はすっかりようすをみて帰り「人はおりません」という。晴信は「どんなようすだったか」とたずねると「大木の松があり、その下枝には白鷺《しらさぎ》がたくさん止まっておりました」と答えた。「白鷺が動いているかどうかをみたか」と重ねてたずねると、「まったく動いていませんでした」と申しあげた。そこで晴信は「動いていないのならば、それは作り物であろう」といって、鷹匠をやって、鷹を放させてみたが、それでもなお白鷺は動かない。鷹はすぐ鷹匠の手に戻ってきた。「さては村人が、あの林のなかに集まっていること歴然だ」ということになって、「別のこちらの道を押し通れ」と命を下し、一方の道を通らせると、案の定例の茂林のなかから村人が出てきた。

内通せし氏真の旧臣を誅す

今川氏真は嬖臣《へいしん》（主君の気に入りの臣・ゴマすり家臣）三浦左衛門義鎮《よししげ》に愚弄されて、おべっかを使う者には功がなくても禄を与え、忠直な者は罪がなくても罰した。そのために家臣は怨みを抱き、大半の者は甲州と内通し、武田勢と力をあわせて自国を滅ぼそうとしていた。このことを聞いて晴信は密書を送り、今後の合戦でもし氏真が亡びたなら、誰には何千何百石、誰には何万石を与えようと約束したので、われ先にと内通してきた。そこで晴信は兵を入れたので、氏真の兵は潰滅し、土岐の山家に逃げ散って、駿河はついに平定した。事態がこうなったので、今川方の諸士は約束の領地をいただきたいと申し出た。晴信は「譜代の主君を捨てる者どもが、わが方に移ってきたとしても、なんの役に立つものか。汝らに与える禄があるほどならば、甥にあたる氏真にこそ与えよう。汝ら不忠の大賊め。後世の人臣の戒めとしてやる」といって、ことごとく彼らを誅した。運よく生き残った者も、みな最期を全うした者はなかったという。

輝虎の名馬

河中島の役で、輝虎が名馬の放生月毛《ほうしょうつきげ》を乗り捨てたのを、長坂頼弘が取って乗り、「さすがの輝虎も馬をお捨てになられた」というと、晴信はひじょうに怒り、「馬がくたびれれば乗り替えるのは当然だ。ちょうど乗り替えたときに合戦が負けたことになったら、中間《ちゅうげん》どもが馬を捨てて逃げるであろう。それを輝虎が弱いときめつけるとは、まったく考えのない申しようだ」といわれた。

影武者

晴信は出陣のとき、いつも影武者三人を連れていた。そのために身の危険を三度ものがれた。輝虎は人をつかわしてうかがわせたが、いつも一定せずにわからなかったという。

よく地形を知る

晴信はあるとき攻撃ではじめて通る地があった。「明日は手拭《てのごい》を持参せよ」と兵たちに命じた。衆にはその意味はわからなかったが、命にしたがって持参した。翌日、行軍して進むと通路に大河があるところに行きあたった。そのとき、手拭を結びあわせて一本の綱状にし、それに取りついて川を越した。流れに押されて落伍する者が出ないようにとの計略であった。これはかねてから攻め込もうとする国々を図にして、地形をよく知っていたためである。

晴信は輝虎と対陣するとき、前陣には若者、後陣には老功の士を用い、川を前にして敵を待つ態勢をとった。輝虎はこのようすをみて戦わなかった。それは前陣の若者は、後陣の老功の士に恥じぬほどの働きをしようと、ひとしおはげしく奮戦するにちがいない。また後陣の老功の士は若い者に劣らぬようにと、たがいにはげみ勇みたつからだということである。

諸国の状況を探らしむ

晴信は商人を二十人ほどこしらえて国々につかわした。また外科医師や牛馬を売買する伯《ば》楽《ろう》などに扮して、手を替え品を替えして、だいたいいつも一国に二人ずついるようにした。それらの情報により、土地の険易・国の風俗・攻め込むことが可能かどうか、などまでことごとく知らぬことはなかった。また各地の人国記に記してある風俗と、実際にみた風俗との差を扇にあわせて書き、いつもみていたということである。

合戦と城取りは車の両輪

晴信は、生涯甲斐の国のどこにも城郭を築かなかった。そしてその居所の構えはというと、狭い堀を浅く掘って、しかもわずか一重の堀にすぎなかった。老臣はみな諫めていった。「お城は特別に小さく、そのうえ粗末です。これではいかがかと存じます」と。晴信は聞いて「ことの子細をよく考えてみよ。国持ちが城にこもっていて運を開いたというのは、めったにないことだ。ただし、主人をもっている侍で、後詰を頼りにしている者は、十分堅固な地に城を丈夫に築くことは肝要である。三ヵ国も支配する大将が、大きな城にぎっしりたてこもるほどの人数をもっているならば、敵味方の国境で一大決戦をして勝ちをえることは当然なことだ。人数が多いのに、合戦もできぬようならば、たとい籠城したとしても、弓鉄砲の狭間《はざま》（城壁にうがって矢、鉄砲などを放つ穴）を潜り、妻子を捨てて走り逃げるであろう。大将たる者は、士を崇敬して法度《はっと》・軍法を定め、戦をすることを朝夕の仕事と心得、心のなかで自分一人で、あれこれと思いをめぐらすのは、城を普請するよりも、はるかに大仕事だ。これは、大将一人で多人数の者を働かすということである。それだからこそ、大合戦は二万、三万の兵で勝っても、晴信の勝ちという。これは大将一人の覚悟で、諸人を勝たせるから、諸人の勝ちを大将の勝ちというのである。これは大将たる者の第一の願いである。一同、このことをよく理解すべきである」といった。また「本城から八、九日ほどもかかる遠隔の地にある城は、十分堅固な地を見立てて丈夫に普請し、もし敵が取りまいたならわしが後詰をして、敵と雌雄を争う決戦をしたいと考えている。しかし決戦にもち込もうとしても、まず城をよくもちこたえなければ、後詰をしようとしても叶《かな》わぬことだ。後詰ができなければ勝ちをおさめることはできぬ。だから合戦と城取りは車の両輪のようなものである」といった。

晴信は「まさか負けはすまいと思える戦に負けたり、滅びはしないだろうと思える家が滅びたりするのを、人びとは天命だという。だがわしは天命だとは思わぬ。それはみなやり方が悪いためだと思うのだ。つね日ごろのやり方さえよくすれば、負けるはずがなかろう。だからつねにわが家の作法は猥《みだ》りがましきことのないように、道理にそむかぬようにと気づかうのである」といった。

軍　法

また「軍法は小備《こそなえ》をよく工夫してすれば、大備《おおそなえ》もしやすく、戦場の備えも、その地形に見合って設けるのがよい。万事小さいことからつぎつぎに組み立て、のちには大きなことも成る。逆に大きいことから小さいことへおよぶというのはしにくいものだ。たとえば、小身の士がしだいしだいに仕上げて大身の士になるのは、万事にしやすい。ところが大身の者が小身になるのは、万事しにくいのと同じである。ただ大切なのは、まずわが身を正しく保ち、法度を立て、非義（道に叶わぬこと）を糺《ただ》し、善を行った者を取り立てることを専一に心がけるべきだ。家中に対しては法度を堅く申しつけ、非義を糺し、たとい善を挙げ用いても、大将自身がわがままなふるまいをすれば、法度を立てても、立てないのと同じである。きちんと法度を立てようと思えば、まずわが身をよく反省し、非義の点があれば改めるという態度を堅持し、しかる後に法度を立てればしっかりと立つものである。これは、自分の自慢のようだが、父信虎の代では甲州一国であった。自分の代になって、若年の悪事を反省し、人から非難されぬように覚悟して、行いを改め、士大将にも恥じる心をもって法度を立て、けっして非義を行わないようにしている。だから士大将たちもわしに心を寄せて、わが采配《さいはい》にしたがい、小備をどうしたらよいかといろいろ工夫をこらし、大備をも組み立て、戦場の備えも地形にあわせて構想を立て、よく兵を鍛錬して隣国四ヵ国を伐《き》り取り、一度も敵に押さえつけられることがないように、今まで仕置きできたことは、これまったく法度の立て方と備えの万全さによるものである。わしがたとい明日死んでも、わしのやりように少しもたがわず、わしが取り立てた士大将たちの諫言を竹王《たけおう》信勝（勝頼の子）がよく用い、また士大将の子供をしだいしだいに取り立て、わしのやりようをその親父どもが話し教えて、人を取り立てるように、弓矢に無理の働きをせず、備えをたがわずに、一度《ひとたび》天下に望みをかけた以上、武田の家名をあげることができるかどうかは、勝頼の分別しだいである」

勝頼を戒む

「信勝がまだ若年のあいだ、父勝頼が分別をまちがえ、悪人を取り立て、わしのやり方を改めて、士大将の諫言を用いなければ、君臣のあいだはへだたり、信勝の代を待つまでもなく、勝頼のうちに滅びるだろう。勝頼は心を静めてよく聞くべきだ。かならず物に片寄らず、戦のことはもちろんのこと、万事道理をいうにあたっても、六、七分までいえばそれでよい。八分までいおうと思うといいすぎる。わが家は勝頼には譲らず、信勝を武田家の大将に決め、勝頼を後見とするのは、勝頼が短慮でなくなったのを見届ければ、勝頼に譲りたいのだが、自分はまだ十分に見届けていないので信勝に譲る。親であれば、誰しもわが子のためによかれと思わぬ者はない。勝頼がたとい無分別であっても、実の子の信勝のためによきようにと思わぬはずはあるまい。それぞれに地位を与えてある士大将たちは、もし非義をいいかけるようなことがあれば、たがいに恥じあって自省するようなりっぱな者たちばかりだ。だから、勝頼は武田の家の士大将を朋輩と思うべきである。けっして部下などと一段低くみてはならぬ。このような訳合いを無視すると、武田が滅んでしまうことは眼にみえている」といった。勝頼はこのことばを用いず、そのため、ついに滅亡した。

諸侍の出仕

武田家では、今まで諸侍は毎朝かならず出仕していた。晴信は「奉公人に私用があっても、毎朝の出仕では私用を足《た》しにくいであろう。朝、用事のある者は昼か晩に出仕せよ。晩に用事のある者は朝出仕せよ。また朝夕に用事のある者は昼出仕せよ」といった。その後、誰もが出仕の状態を帳につけておかなければならぬことになって、それぞれ記帳させた。諸人はいよいよ励んで奉公したという。

晴信は出陣の前にかならず内々の練習訓練《リハーサル》をした。これは孫武《そんぶ》（中国春秋の呉の兵法家）

の七計廟算（七計——彼我両国の勝敗を推定すべき七つの理由。①両国のうち君主はいずれが有道か、②将帥はいずれが有能か、③天地の理法はいずれがえているか、④法令はいずれがよく行われているか、⑤兵の素質はいずれが強いか、⑥兵の訓練はいずれがよくできているか、⑦賞罰はいずれが明らかであるか。廟算——戦をはじめる前にまず廟堂で行われる作戦計画。こうした事前の準備を重視した孫子の説）の教えにしたがったものである。戦が終わってから諸将を召して、その日の勝負のことについて問うた。諸将は各人そのことについて発言する。晴信はこれを聞いていて、よいときはこれを褒め、悪いときはこれを戒めた。そのため戦毎に功者になって、弓矢の味が深まっていったということである。

孫子の旗

晴信は孫子の旗を四本つくった。それは「其疾《はやキコト》如《ク》レ風《ノ》、其徐《しずかナルコト》如《ク》レ林《ノ》、侵掠《おかしかすムルコト》如《ク》レ火《ノ》、不《ルコト》レ動《カ》如《シ》レ山《ノ》」という語である。その第一の旗「其疾《キコト》如《シ》レ風《ノ》」の四字を染めつけて、馬場・内藤・高坂らにみせると、馬場信房は「臣は文意がよくわかりません。したがって殿のご心中を十分拝察せずして申しますことはおそれ多いことですが、風の字を軍旅の道にたとえるのはどうかと思います。風の字はたいへん烈《はげ》しいけはいを感じるとは申せ、風はもともと徐々に弱くなるものです。朝気は鋭く、暮気は帰るという意味にはあわないと思います。風という文字を用いるのはいささか不安があります」というと、晴信は、「その通りだ。しかし、その旗は、先鋒隊にもたせるものだ。先鋒というのは疾《はや》いことをよしとする。

そして、わしがひきいる本隊にその風（疾）の心がけを継がせよう」といったので、信房は「殿は思慮深く、二段構えにして十分に敵を圧倒するという二の身の勝の戦法を会得されましたな」といったということである。

攻略せし土地

晴信は他国を切り取っては、その地を将士に知行として与えるということをしなかった。甲信において民も安心して土着し、地味も肥えているところを新地加増として与えて、新しくえた地は青地助兵衛・小堀伊勢の二人を郡代としてつかわし、賦税をゆるくして人心安定を第一とした。その理由の一つには、長い間戦場となっていた村里だから、耕耘《こううん》もゆきとどかず、五穀は実らない。まず田畑の仕事に励むことができるようにしてやり、生業《なりわい》の道を楽しめるようにしてやるためである。二つには、小身者は戦勝の手柄として、ほんのわずかの知行をいただくのをひたすら頼みにしているわけだが、そこへ攻略地のやせた地所を与えたのでは、妻子の養育や、武具の繕いもままならぬためである。三つには、人の情として、みな昔のことを恋しく思い、はじめの方を慕い求めるというのが習いだから、もし攻略の新地を知行として与えた場合、新しい政をもとの領主のそれと比べて、利害損益が同じであれば、いまの方が劣っていると思い、また勝っていることが五、六分で、やっといまの方がよいと思うからである。こういう心づかいのせいであろうか、他国では一揆を企てる者があったが、晴信の一代のあいだは、手に入った新地の人が二度そむいたということはついになかったということである。

軽業の名人

甲州へ軽業の名人がやってきた。門を閉じておくと上を飛び越してくるという手練者であった。晴信は彼に失策させてみようとして、門内に荊棘《けいきょく》（いばら）を敷いておいて外から飛ばせたところ、まさにいばらのところに飛び降りようとして気づき、そのまま外へ飛び戻った。諸人はみな絶妙の技《わざ》だといった。しかし晴信は、人に命じてこの者を殺させた。この異常の技は、やがて武田家を滅ぼすおそるべき武器になるかもしれぬと、未然に処理したわけである。

武田の鬼武右衛門

比田武右衛門《ひだぶえもん》という者が武田家奉公を望んでやってきた。どのような武功があったかを問うと、自分の悪いことばかりを数えたてて武者奉行に返答した。仲介の労をとった者は腹を立て、「どうしてそのようなことを申されるのか。普通なら自分の働きをのべたて、覚えのある誉れの条々を申すべきなのに、欠点ばかりを申したのでは、きっとお抱えにはなるまい」というと、武右衛門は「まこと信玄公ならば、私の申しのべたことをふかくお考え下さるはず」という。しかたなく武者奉行がそのまま伝えると、その者がいった通り、晴信は耳を傾け、「その男は尋常の者ではなかろう。りっぱな戦功は飾ってまでもいい立てるのが普通なのに、悪いことばかりいって、しかも仕官を望むからには、その人物のほどは察するに余りある」とのことで、目見《めみえ》を申しつけて召し抱えた。はたして晴信の目利《めき》きにたがわず、やがて「武田の鬼武右衛門」と異名をたてられた。

若者の取り立て

晴信は若者を取り立てる場合、その人物をよく見定めないうちは、金銀衣類を、事欠かぬように与えておき、そして相手の心底を見定めてからようやく所領を与えた。それは、途中で悪いからといって所領を取り返せば、その侍に疵《きず》がつき、同時にまた主人の目鏡《めがね》ちがいということにもなるからだといわれた。

足軽大将の心得

晴信は多田《ただ》久蔵に足軽大将を申しつけたとき戒めていった。「敵を切り崩す前に、自分一人の目立つ働きをしてはならぬ。自分の働きがかならずできるというようならば、そのときは陣前に足軽を差し出すべきである。そうせずに、自分の指揮にしたがう同心足軽をもっていながら、一人目立った働きをすると、その組下の者は、命令を下し指揮してくれる組頭がなくなって、勝負を決することもできず、味方の勝利を失うことになる。これは大将にとって謀反と同じことだ」と。

大敵と戦うとき

晴信は大敵と戦うときは、その前にまず諸将士の心を試してみようと、「合戦はしない」といって、逆に将士の戦気をそそり励ました。諸将士が「殿、ぜひとも一戦を」としきりに勧めても、なおもそれを押さえて、ますます戦気をあおりたてておいて、そのあとで戦った。そのために、士気はいつもよりも十倍も高まるのである。

無法の賞

晴信はわけがあって庵原《いおはら》某を放逐した。その友の関甚五兵衛は家財雑具などを片づけ、立ち退きの手伝いをしてやった。このようすを目付の者が見咎め、甚五兵衛に「あなたは新参衆であるからご家風をご存じないために見送ったり、助力などなさっているようにお見受けする。だがこれはあなたご自身のためにはなはだよくないことです。なさらぬがよい。ご存じなきこと故のことですから、上へは申しませんから早々にお帰り下さい」と教えると、甚五兵衛は「私は自分の友人ですから力添えをしているのです。自分のためによくないということであれば、それは少しもかまいません」といって、十分に世話をしてやり、そのうえ諏訪まで見送ってやった。晴信はこれを聞き、甚五兵衛を呼び出し「その方は、わが家の法度にそむき、懇意の親しみゆえに見送りをし助力したほどだから、さぞかしこの晴信のためにも忠節を尽くしてくれるだろう。新参者のそなたを頼もしく思うぞ。このうえともいよいよ忠節を励め」といって、百貫の加増で計二百貫を申しつけ、足軽をあずけた。さてその後

「このような場合に、見送りや助力などする者があれば、信繁（弟）・勝頼（長子）であろうとも罰する」と下知した。これは、主命による禁制は、勇気にまかせて逆らうようなことになると、今後も甚五兵衛のような者が出てくるからである。このように措置したので、今回に限りお見逃しになったというわけで、重ねてそのようなものは出なかった。

甲州忍びの者そむく

甲州の忍《しの》びの者数十人が晴信にそむくということがあって、山小屋にたてこもった。晴信は謀でたやすく討ち取ろうと思い、残っている忍びの者に「城中に忍び入る場合、どのような状態のときが入りにくいか」と問うと、「内の守りがきびしく、夜まわりの声もさかんで、厳重に警備しているようすが手に取るようにわかるという場合は、かえって油断をしている間をみて取るのも簡単でございます」と答えた。そこで晴信は「いま山小屋に忍び入るにはどうか」とまたたずねると、その者どもは、「あの連中はとっくにこの道理を知っておりまして、静まり返って、音もいたしませんから、いまのところようすがとんとわかりません」と答えた。晴信は、それから山小屋に向かって陣を張り、守りをひじょうにきびしくし、夜まわりも絶え間なく呼ばわらせて、こちらの警戒厳重なさまを敵方にわざと知らせるようにした。日数がたち、警戒にだんだん怠りが出たころ、山小屋から夜討ちに出てきたが、かねてから謀をめぐらしたうえでのことであったから、難なく伏兵をおいてこれを討ち取ってしまった。

米沢という者が奥州に馬を買い求めに出向いたとき、晴信は一首の和歌を書いて与えた。

上駻《かん》のなかの駻こそ大将の乗るべき馬と知れや武夫《もののふ》

（荒馬《あらうま》のなかのもっとも荒馬ともいうべきものこそ大将たる者の乗馬にふさわしいものだぞ。最高の荒馬を求めてこい）

家臣の口論

晴信の家臣が口論をして相手を取り押さえ、打ちたたいたのを傍輩の者が引き分けた。老臣が罪を論じて「打たれた者を罰しよう」というのを晴信が聞いて「勝ち負けは、問題ではない。武士道を忘れて刀を用いずなぐりあったとは、武士の風上にも置けぬ者どもだ。今後の家中のみせしめに」といって、二人ともに磔《はりつけ》にかけ、引き分けた者を追放に処した。

鹿島伝左衛門を招く

伊豆の人で鹿島伝左衛門という者がいた。若いころから武名をあげ、のちには剃髪して久閑《きゅうかん》と号して伊東に引きこもっていた。それを晴信が聞いて、辞を低くし、たくさんの贈り物をもってねんごろに招いた。しかし久閑は「私はすでに年老いております。こうなってしまった現在、どうしてご奉公できましょうや」といって応じなかった。晴信はなおも「たずねたいことがある」といって強いて呼び迎え、春から秋になるまで毎夜軍物語《いくさものがたり》をさせ、誠心誠意耳をかたむけ、またみずから筆をとってこれを書きとどめた。晴信が四方大敵に囲まれていながら、よく武名をふるったのも、このように細かく心を配ったからだということだ。

弓矢取り様

晴信は弓矢の取り方について「四十歳までは敵に勝つように。また四十歳をすぎたら、負けぬようにと心がけるべきだ。ただし二十歳前後の若年のときには、自分より小身の敵には負けぬようにして、勢いに乗って勝ちすぎぬように心がけるべきである。大敵に対しては次の通りにせよ。すなわち押し詰めておいて、そこで十分に工夫をこらし、敵に対して優位な体勢を整えてから詰め寄るようにし、先の先まで十分に心を配ってのちのちの勝ちを大事にするように」といった。

晴信はつねに「諸将の上に思いをいたすには、人間が喉《のど》がかわくときに飲み物をしきりに欲するように、もっとも的確な心配りが肝要である」といった。

北地の屠腹

山県昌景の同心北地《きたち》という者は、伊勢の浪人で十六貫取りの身分の者であった。「武田家というのは知行の悪いところだ」といって昌景に種々訴訟したが、山県の賄人《まかないにん》（秘書）大場民部左衛門という者は「北地は他国者だ」と侮って、昌景には北地の訴えを取り次がなかった。北地はそのことを傍輩に語り、書き置きをして切腹した。これは、他国から武田家に仕官を望んでくる者はあるが、出ていく者はいない。この家を出るほどならば、なにか武道のうえで悪いことがあるかと他所《よそ》からあやしまれるのが口惜しいと思ってのことである。傍輩の者はこれを止めたが、北地は「侍が腹を切ると一度申し出た以上、二度と思い止まることはない」といって自害した。晴信はこのことを聞いてひじょうに怒り、大場の一族を全部成敗した。そして北地を葬った甲州東郡清白寺に金子二十両を賜った。

身を持つこと

晴信は夜話のとき「人は大小によらず、わが身をもちこたえるうえに大事なことが一つある。誰かこれを知っているか」と問うた。誰も「わかりません」というと、晴信は「人はただ自分のしたいことをしないで、いやだと思うことをすれば、身をもつことができる」といった。

晴信は「渋柿を伐り取って甘柿を継ぐのは小身者のすることだ。中より上の侍、ことに国持ちの者は、渋柿でその用を達することが多い。ただし得が多いからといって、継いである甘柿を伐るというわけではない。万事のやり方がこの理に叶うようにするというわけだ。つまり目先だけの利得に目をつけぬということ」といった。

遠　慮

またいった。「人はただ遠慮（遠くのことを思い計る）の二字が大切だ。遠慮さえあれば、それは分別にもなる。事の子細はみずから遠慮して、自分の分別におよばぬところを、大身者は家臣にたずね、小身者は親族や朋友に相談して、物事をなせば失敗は少ない。だから分別の元は遠慮である」と。

学

またいった。「人に学があるのは、樹木に枝葉があるようなものだ。なんといっても、人は学問がなければならない。学というのは書を読むことだけをいうのではない。それぞれ道について学ぶことを学というのである。まず弓矢の家に生まれた者は、つねに武功ある人に近づいて、一日に一ヵ条、武功談を聞いたとしても一月には三十ヵ条になる。ましてや年中聞けば三百六十ヵ条のことを知るわけで、去年の自分より今年ははるかに勝るようになろう。だから人間たる者はおのれの成心を捨てて、人の長所を取れば、恥辱を受けることも少ないだろう。たとい文字を知らなくとも、この理に徹している者を自分は智者といってよいと思うし、こういう者を厚く遇するのである」と。

人は童子のときに知る

またいった。「人は子供のときから性格や将来のことがわかるものだ。まず武辺物語を聞くたびに、童子四人がいたとする。一人は口をぽかんと開いて、語っている者の顔ばかりをみながら聞いている。二人目は、耳を澄まして、少しうつむいて聞いており、三人目は、語っている人の顔をみて、少しずつ笑ったり、意味ありげな顔をしている。四人目は、その物語を聞き終わるや否やその席を立つ。このようにいろいろな型がある。まず最初の、うかうか聞いている子供は、のちのちまでもその心のように、どんなに戦の場数を踏んでも、後先《あとさき》の分別がなく、それ相当の家来ももたず、意見をしてくれるようなよい朋友ももてない者だ。二番目に、耳を澄まして聞いている子供は、のちには横田備中・原美濃・小幡山城・多田淡路・山本勘助などのようにひとかどの武将となる。三番目に、話を聞いてにっこり笑っておもしろがる子供は、のちにかならず武門の誉れをあげるとはいっても、あまりに武功を鼻にかけすぎて、人から憎まれる者である。四番目に、その座を立つ子供は、のちに十人中に八、九人は臆病者である。残りの一人二人は、たとい臆病者でなくても、いつも人のあとにつくばかりで陣頭には立てず、合戦のせりあいのとき、逃げる敵を後ろから討ってやっと首をえても、それを正面切って槍をあわせての高名のごとくいいふらしたり、またりっぱな武者の功名をうらやむような者である」と。

人は生い立ちによる

またいった。「人は育ちによって、善くも悪くもなるものだ。生まれついてよい性格に恵まれた者が、老功の者に頼って、弓矢のことはもちろん、なにごとにつけても善いことを聞いていれば、しだいに行儀がよくなり、万事功者となるであろう。人は大小によらず、七つ八つのころから、十二、三歳までは、大名の子ならば、よい大将の行儀作法を聞かせて育てるのがよい。小身の者は、大剛の者の武勇の働き——先陣をうけたまわったときのことや、殿《しんがり》を受けもったときのようすなどを聞かせるのがよい。人はみな十二、三歳のときに聞いて根づいたことが、一生のあいだ忘れられず、なかでも声変わりする時分が大切だ。声変わりの時分に、よい者と交わればよくなり、悪い者と交われば悪くなる。十四、五歳で商人と交わった者は、終身損得勘定の心が消えないものである」といった。

またいうには、「人は少し鈍い者を仕入れた方がよい」と。

またいうには、「およそ武士たる者、百人のうち九十九人に誉められる者はよい武士ではない。それは、軽薄者か、頭がききすぎる才覚者か、盗人か、こびへつらう佞人《ねいじん》か、この四つのうちのどれかだ」と。

武田家に仕官を望んでくる浪士があった。かなり家柄のよい者だとのことで、すんでのことに召し抱えが決定するところであった。晴信はその者を館に呼んで膳部を出して食わせ、自分は隠れて彼が物を食するようすをみ、「あの者はさすらいの者ではない」といって追い返した。はたしてそれは、京から下ってきた間者であった。

掟

晴信は文章で掟を定めていうには、「この文の心をよく会得《えとく》すると、死ぬまで弓矢に不義の名は取るまい。これはこの武田家だけではなく、弓矢に携わるほどの者は、心がけによって、それぞれこれを知っているはずだ。武人全般に必須の掟である」といった。

五分の勝ち

晴信はいつもいっていた。「戦に勝つということは、五分を上とし、七分を中とし、十分を下とする」と。ある人がその理由をたずねると、「五分は今後に対して励みが生じ、七分は怠り心が生じ、十分は驕《おご》りが生ずる」といわれた。だから晴信は、つねに六、七分の勝ちを越さなかった。上杉輝虎は、いつも自分が信玄におよばぬところは、実にここだといわれた。

晴信はつねに、陳孔璋《ちんこうしょう》が魏《ぎ》の文帝《ぶんてい》に対していった語を引いていうには、「逢《フ》レ人《ニ》唯説《キ》二三分《ノ》話《ヲ》一。未《ダ》レ可《カラ》三全《ク》抛《ツ》二一片《ノ》心《ヲ》一。人鎮《ニシテ》不二与レ我《レト》相《ヒ》好一《カラ》。芸鎮《ニシテ》無二与レ春盛開一《スル》。昨《ハ》友今日《ハ》冤讎。昨《ハ》花今日《ハ》塵埃」（他人にすっかり心のなかを打ち明けてはならぬ。人の心はつねに移り変わるもので、昨日と今日とでは手のひらを返すようなもの。油断はできぬ）と。

晴信はいった。「人は運が尽きればなにも入らない。しかし運が尽きたと気づけば、政によって三代まではもちこたえることもあろう。これは盲人が谷へ落ちるようなことは滅多にないのと同じだ。それは、落ちるだろうと覚悟しているから落ちないので、それに反して、目明きの者は自然に落ちることがある。これはまさか落ちまいと油断するからである」と。

果報次第

またいった。「多く国を取るということは、もって生まれた幸運のおかげである。とくに天下を統一した源頼朝、北条数代、足利尊氏などは、みな幸運がみのったもので、武家の大望はまさにこれ以上はない。だがこれも、よき果報がめぐってくる前は、大変な艱難《かんなん》にあったのだ。義経はわが身を苦しめて武人の誉れをえはしたが、わずかに伊予一国で終わってしまった。こういうことに照らしてみても、果報はえられるかえられないか見当のつかぬものだから、とにかく末代まで弓矢の汚れがないように慎まなければならぬ。道を守って弓矢を執り、永生きしさえすれば、やがては天下の権も自然に目の前にやってくるものだ。たとい時をいそいでも、春から秋に一足とびに越すことはできない。この理に暗いため、おのれの運命のほどもわからぬのに、大禄大国を望み、大恩ある君に謀反をおこし、不義をすることがある。たといいったん成功したとしても、時期がこなければ、非業の死をとげることは、古今にはなはだ例が多い。まことにおそろしいことだ」と。

釣り合い

晴信は諸士にかならず釣《つ》り合《あ》いということをした。馬場信房はことば数は少ないが、自負心が強い。だから気軽にものをいって事を解決していく内藤昌豊と組ませた。また山県昌景は性急で、敵とみればただ一人でも突っかかっていく者である。だから高坂昌信《こうさかまさのぶ》のような、まずじっくり考えてから行動する者と組ませて用いた。また猿渡丹下《さわたりたんげ》という者がいた。また何某《なにがし》という者がいた。晴信はこの両人を同役に申しつけていった。「何某は剛情者であり、丹下は柔和な質《たち》だ。だからおのおの欠点を恥とせずに、両人相和するように行動すれば、水と火とそれぞれの役によって物を煮るように、ぴったりいくであろう」と。やはり晴信の鑑識のごとく、相和して、よくその職務を勤めた。

臆病者

岩間大蔵左衛門という者は、生まれつき臆病者で、いつも合戦があるたびに、癪《しやく》を起こし、眼をまわし、最後まで血なまぐさいことに出逢ったことがなかった。家臣らはみな「この戦国の時代では、一人でも多く武功の者を抱えようと望むなかで、あの大蔵左衛門のような臆病者は、武人として扶持を与えるべきものではない。早く暇をお出しになればよいのに」といった。これを聞いて晴信は、「考えがある」といって、戸石《といし》の合戦のとき、勝れた逸物《いちもつ》の馬に、大蔵左衛門を鞍ごとくくりつけ、血気の若者が大勢寄って、いっせいに馬の尻をたたき敵中に追い込んだところが、馬は乗る人の心をよく知るものだから、大蔵左衛門の生まれついての臆病心にひかされて、途中で方向を変え、味方の陣に引き返してきた。こうまでしてみたが、その臆病はなおらぬので、晴信は考えて、彼に家中の隠目付《かくし》を申しつけて「すべて家中の悪事を内偵し、遠慮なくわしに報告せよ。もし隠しておき、それが露顕したときにはお前を死罪に処するぞ」と命じた。大蔵左衛門はもともと臆病者だから、死罪になることをおそれて、なにもかもすっかり聞き出して晴信の耳に入れたから、これはこれで立派に役立ったということである。

人の使い様

晴信は板垣弥次郎を殺した。その組下の曲淵《まがりぶち》庄左衛門は組頭弥次郎の仇を討とうと晴信を狙った。晴信はこれを聞いて曲淵を呼びだし、「甲斐の国の者はみなわしの譜代である。そのわしをさしおいて、板垣のためだけを思うとはおかしいことだ。そこのところをよく考えて、以後わしのためを思え」といって、十貫の加増を与えて少しも怒らなかった。徳川家康はこれを聞いて、「猫は座敷を汚すが、ねずみを取らせるためにこれを飼っておくのだ」といって晴信の人の使い方に感心した。

晴信はいった。「自分が人を使うのは、人そのものを使うのではなく、その人の特徴とする業《わざ》を使うのだ。また政治を行う場合にも、特徴を生かして行い、悪い業のないように人を使えば、心地がいいものだ」と。

またいった。「功のないときは、名を取る」と。

遺言

晴信は死にのぞんでいった。「わしが死んだ後、みだりに兵を動かしてはならない。ひたすら国内の政治に精を出し、もし敵が侵入してくれれば、それを防ぎ、敵が去れば国政に励め。賞罰が行われること三年もたてば、隣国は戦わずに自然に屈してくる。上杉謙信は義人だ。天下にこれと肩をならべる者はいない。いったん彼に国を託すれば、泰山よりも安心だ。お前がわしのこのことばにしたがえば、なにも心配することはない」といって死んだ。

ところが勝頼はこれにしたがわず、ついに国を滅ぼしてしまった。
またいった。「自分が死んだら、三年間は隠しておけ、そうすれば、わしの死は誰も知るまい。謙信も近く死ぬであろう。次の三年は、わしの威光でまずまずなにごともなかろう。次の三年は戦の和談などですぎていくであろう。その後は信長によって天下は統一されるであろう」と。

晴信の人となりは豪武でよく戦い、十六歳のころから弓矢を執り、三十八年間ついに一度も敵に押し負かされたことがなかった。また自分の持ち分の城郡を一つも敵に取られなかった。またすこぶる向学の志が厚かった。好んで書を読み和歌や詩をよく詠んだ。今ここにその一、二を挙げてみる。「題《ス》二便面雁図《ニ》一」として、

水緑《ニ》山青《ク》欲《スル》レ雨《フラント》初　数行《ノ》鴻雁度《わたル》二長虚《ニ》一
天涯高《キ》処要《ス》二通信《ヲ》一　定《メシ》可《シ》二蘇卿胡地《ノ》書《ナル》一

（水は緑に染まり、山は青々とながめられるが、やがてひと雨くる兆《きざし》もみえ、数列の雁《かり》がはるかに大空を渡っていくのが目に入る。遠くへだたった地へ便《たよ》りを送ろうとすれば、あの雁の力を借りるほかはないのだが、おそらくあの雁に託されたのは、西域からの蘇武《そぶ》の書信ででもあろうか。「蘇卿胡地《ノ》書」――漢《かん》の蘇武が匈奴《きょうど》の国に使して、かの地に抑留され、さんざん苦患《くげん》をなめた。そうした境遇を一報する術なきままに、帛《はく》に書いた手紙を雁の足にむすびつけて、漢帝に送ったという『前漢書』に記された故事に基づく。昭帝が匈奴と和親し、はじめて帰還することができた。その間実

に十九年の星霜を経たという）

また、「惜《シム》二落花《ヲ》一」と題した絵に、

檐《えん》外紅残《ル》三四峰　蜂狂《ヒ》蝶酔《ウテ》景猶濃《ナリ》
遊人亦借《リ》二漁翁《ノ》手《ヲ》一　網《シテ》二住飛花《ヲ》一至《ル》二晩鐘《ニ》一

（目をやると、軒端の向こうに、まだ紅《くれない》の色をとどめる峰々がみえる。蜂は音をたてて残花に群がり、蝶もまた蜜に酔うて花から花へと舞い飛び、目に入る景は、なおにぎわいを呈している。流れには、舟をうかべた遊客が漁夫とともに網を打ち、魚を求めて、いつしか晩方《くれがた》におよぶようだ）

と詠じた。かつて一蓮寺に遊んだとき、「松間《しょうかんの》花」と題して、

たちならぶ甲斐こそなけれ桜花松に千歳《ちとせ》の色はならわで

（一面に咲きさかる桜花だが、そのさかりはまことに短い。千歳《せんざい》に変わらぬ緑の色を誇る松とならびたっているのだから、その不変の色を真似ればいいのに、はやばやと散ってしまうのでは、せっかく肩をならべて生《お》いたっている甲斐がないではないか。惜しむべきは花の短命だ）

と詠んだ。

高坂昌景（昌信の誤りか）がいった。「世に知られた名将は誰も同じような人であるが、信玄公のようにすぐれて弓矢に強い者は、二代目になってみると、それとの比較でいっそうよく知られるものだ」と。

武田氏が滅びた後、家康は北条氏とせりあうことがあった。そのとき日向大和の相備《あいそなえ》七人までもが一度も戦場に駆け出さない。家康は「あの者どもは臆病者だ。改易せよ」といった。今井九兵衛は「臆病なるふるまいももっともなことです。信玄の麾下《きか》であった時代にも、あの者たちは一度も戦場の功をたてたことはありません」といった。家康は「それほどの者ならばなおのこと役には立つまい」という。九兵衛は「しかし信玄はことのほか厚い待遇をしておりました。そのわけは、臆病者は方々へ使いに出しておられました。勇猛な者は、使いにやられたあとに合戦にでもなれば、使いにやられたことを不満に思います。ところが臆病者は、喜んで使いに出かけます。使いにいった先の関所や舟渡しで、なにかいざこざが起こるときは、たとい頭をぶたれるような侮辱にあっても、がまんして使いの任務を一段とうまくやってのけるということで、厚く待遇しておられたのです」といった。家康は手を拍《う》って「なるほどもっともなことだ」といって、その臆病者を使者の役として召し使ったという。

家康、信玄家法に則る

家康は晩年におよんで酒井忠勝・土井利勝・安藤重信にいった。「自分は壮年より老年にいたるまで、領国を治める道に心を尽くし、努めてきたこと、まことに長い。昔、わしは今川氏に服してのち彼を敵にまわし、織田氏に敵してのち彼に服し、武田氏と和してのち彼を敵とし、北条氏に敵してのち彼と和し、豊臣氏に敵してのち彼に服した。これはわが領国を全うしようと願ったためである。あるときはしたがってよく見、またあるときは逆らってよく観察すると、武田信玄の家法のように、よく整っているものはない。そのため、昔は武田の家法に則《のっと》ってわが家の軍法を定め、井伊直政に命じて訓練させた。その法はいまになっても違わない。今後ますますその法を廃すべきではない」といったので、三人の家臣はいずれも感歎して退いた。

上杉輝《てる》虎《とら》（謙信）

長尾信濃守為景《ためかげ》の子。上杉憲政《のりまさ》の譲りを受けて従四位下弾正少弼《しょうひつ》。関東管領《かんれい》となる。後剃髪して不識菴謙信と号し、春日山城に住む。初名は景虎、さらに政虎、後に将軍足利義輝の字を賜って輝虎とした。天正六年（一五七八）三月十三日没。年四十九。

父、出家させんとす

輝虎は幼名を虎千代という。子供のころから遊びも尋常ではなかった。ほんのちょっとした遊びにも異様なものを好み、精悍で胆略があった。どうかすると父為景の気持ちにそむくようなこともあった。為景はこういう彼を愛さず、出家させようとして越後国橡尾《とちお》の浄安寺にやった。虎千代は僧になることを嫌って、僧事を学ばず、山の子供たちと戦争ごっこをしていた。時に八歳である。寺僧は、僧にはなれないと見定めると、ただちに為景のもとに帰らせた。

天文十四年（一五四五）四月、為景が越中の国栴檀野《せんだんの》で戦死した旨が府内に伝えられたので、為景の一族長尾平六俊景《としかげ》が兵を起こして、府内の城を襲ってきた。輝虎は味方が敗けるのをみて、みずから戦おうとしていたが、小島勘左衛門が走り寄って袖をつかみ「大将の子弟である者は御身を大切にして時を待ち、逆徒をことごとく打ち平らげられることこそご本意でございます。いまここで戦死なさったりすれば、かえって後に悔いが残ります」といって、人に気づかれぬよう誘導してこの場を去らせようとしたが、敵が大勢群がってくるため、どうすることもできなかった。どうしようかと前後のすきをうかがっていると、門番に立っていた山岸荘助という機転のきく足軽が、番所の板敷をずらしてその下に匿《かく》してくれた。まもなく夜になったので、板を開いて出そうと思い、のぞいてみると、輝虎はそこで熟睡していた。それを起こして林泉寺に落としてやった。寺僧は彼の身を案じて、その夜のうちに乳母の夫橡尾《とちお》の本荘《ほんじょう》美作守《みまさかのかみ》慶秀《よしひで》に託した。慶秀は自分の家に彼を匿し、宇佐美《うさみ》駿河守定行《さだゆき》とともに、心をこめて保護した。

仇敵夷滅を誓う

翌年正月、輝虎は賊がいまだに自分をしつこく捜していることを知って、出ていってみつからぬようにと思い、従士十四人とともに行脚《あんぎゃ》僧に姿をやつし、行縢《むかばき》をつけ、草鞋《わらじ》をはいて越後の米山《よねやま》に登り、府内一円を望見していうには、「自分がいつの日にか兵を起こしてふたたび領国を回復させるときがあれば、かならずここに陣を張ろう」と。そして栴檀野にいたり、泣きながら拝して「自分はかならず仇敵をことごとく滅ぼし、深き怨みを晴らします」と誓った。かくして北陸道、東山道の諸国を歴訪し、山川城地の形勢をあまねく調べ、それをことごとく図に写して帰った。そのうち、輝虎の居場所を賊方に密告する者があった。賊は人をつかわして捕らえようとした。しかし輝虎は、慶秀・定行と謀って兵を起こし、橡尾の城を改修してここにたてこもった。

長尾政景を追撃

天文十六年四月、長尾越前守政景《まさかげ》が七千余人を引き連れてやってき、橡尾城を攻めた。輝虎は櫓に登ってこの敵をみて「今宵、敵は引き返すであろうから、その退却の出鼻をねらって突いて出よう」といった。宇佐美定行は「はるばると遠方からきた敵でございます。どうしてそんなにはやばやと引き返すはずがありましょうや。一時も早く突いて出て打ち払ってしまいましょう」という。すると輝虎は「自分が昼からここで敵をみていると、軍兵ばかりで兵糧方の小荷駄がない。してみると長陣の敵とは思えぬ」といったので、定行は「しごくごもっともなことです」といった。それならば突いて出ようと、夜半に切って出た。敵の退却口へ切りかかったので、案の定敵は総敗軍となった。輝虎は勝ちに乗じて追撃した。定行と本荘慶秀らもつづいて討って出、柿崎の下浜《しもはま》で戦った。敵はついに負けて米山に逃げ登っていった。輝虎はこれを追撃したが、米山東坂本で「ひどく眠くなったので、しばらくここで休んでから打ち立とう」と小家に入って眠った。定行はこのようすをみて、「これはどうしたことでございましょう。いまこのまま敵を追い立てていくことは、いわば破竹の勢いと申すものでございますから、この勢いを駆って追撃なさいますように」とうながしたが、輝虎はただ眠いといって高鼾《たかいびき》で寝てしまった。定行はいろいろ意見してみたが、どうしても聞き入れない。そこで人びとは「わが軍も、もはやこれまでの運命だ」と口ぐちにいいあった。さて輝虎は、敵が米山越えを三分の二ほど行ったであろうと思うころ、早貝《はやがい》を吹かせ、打ち立って米山へ追い上っていったので、敵が下り坂にかかって行くところに追いつき、敵は亀破坂《かめわりざか》から追い落とされ、死者は数えきれぬほどであった。定行は人に向かって「今日、主公が米山坂で眠られたわけがわかったか」とたずねると、みなわからないという。そこで定行は「敵が米山に逃げ上っているとき、これを追って行けば、敵は山の高みにいるから、追い返されることは必定《ひつじょう》である。主公は刻限を見計らって、眠っているふりをして、上り坂を敵に登らせ、下りになったところを一気に追撃して勝利をえられたのである。わしは若いころから数十度戦に臨んだが、そのような見通しを立てたことは一度もないのに、主公はお年若なのに、臨機応変の処置に出られたことかくのごとくである。この智恵は軍神の化身としか思えぬことだ」といった。その後まもなく、政景は降人となって出てきた。輝虎は上杉定実《さだざね》に謁して事の顚末を申しのべた。定実は左右の者に語っていうのに、「あれはまさに蛟竜《こうりょう》だ。ひとたび風雲をえた暁には、狭い池中を脱して天空高く舞いあがる人物だ」と。

越中に攻め入らんとす

天文十七年八月二十一日、輝虎は越中に攻め入ろうとして武備を整えていた。越中の諸将はこの陣立てを聞いて、それぞれかたく盟約を結び、輝虎が越中に入ってしまえば、四方から同時に討って出て、引き包んで一人もらさず討ち取ろうと、おのおの居城にたてこもり、いまや遅しと待ち受けていた。越後の先陣は、越中の国境に入って後陣を待っているあいだに、敵の謀計を聞き、いそいで輝虎に注進した。輝虎はこれを聞いて、群臣を集めて軍議をすると、誰もみな「越中ではまず神保《じんぼう》安芸守、椎名肥前守が大敵です。この両人の城郭に押し詰めて攻め取るのがようございます。そうすれば敵は勢いにおそれて、他の小敵はみな戦わぬうちに降参するでありましょう」といった。輝虎はこれに対して「それはだめだ。たとい小敵であっても、四方から蜂起し、しめしあわせて襲ってくれば、こちらも兵を分けてそれに対抗しないわけにはいかぬ。そうなると、わが兵八千ありといっても、四方に分散するとわずか四、五千になってしまおう。これを兵法では〝大手の小手〟といって、もっとも嫌うのである。わしが思うには、今回はひとまず彼らに弱気をみせて、敵の心を驕らせておき、その驕怠《きょうたい》の機をねらって撃とうということだ」といって、九月三日、すみやかに陣払いをして帰国した。

十八年八月、上杉定実は諸将と議して輝虎を立てようと考え、使をつかわして彼を召した。輝虎はこれに対し「私は性質も愚かなうえにまだ若年で、国務にあたるには力足らずです」といって辞した。三度までも使者が派遣され、ついに府内の城にもきたけれども、命《めい》を聞いても、政治に関与することはなかった。

越中に入る

天文十九年、輝虎が越中に入ったところ、国中の諸将のうち二、三人の者が彼と内通していた。そこで敵方の同盟の諸将は相議して、輝虎に内通した者をまず撃つこととした。そこで、その内通している諸将が輝虎に後援を頼んできたが、それにはなんの返事もせず、さっそく堺川から退却した。退却と同時に、越中の諸将は、内通者の城に押し寄せ、そのうえさらに堺川防備の軍勢までも引きあげて、その城々を急襲した。輝虎はこのようすを聞くと同時に、一騎駈《がけ》で馳《は》せていったが、堺川には防備の兵もなく、たやすく渡ることができ、思うがままに後詰《ごづめ》をして、敵の寄手を追い散らし、勝利をえた。輝虎がなんの返事もせずに早々退却したのは、万一敵方へ後詰をするという返事が筒抜けになったなら、敵は路をふさいだり、伏兵などを置いたりするであろう。そうなれば後詰の妨げとなると思ったからである。

諸将、輝虎に従う

天文二十一年八月、越後はすでに平定した。そこで諸将が議して輝虎を立てて国主にしようとした。輝虎は、重臣がはびこって、主命が行われなくなることを気づかって、髪を剃り謙信と号し、「俗世を捨てて高野山に行こうと思う」といって関の山まで出た。宇佐美定行と長尾政景らが驚いて、輝虎でなければ越後を治めることはできまいといって、如香山《にょこうざん》まで追って行き、強いてこれを止めた。輝虎は「自分は諸将の気持ちをありがたく思う。水火もいとわずその志を受けるべきところだが、ただ自分は不才で、諸将の上に立って命令を下したとしても、それが行われなければ、どうして下々を治めることができよう」といった。諸将はみな「君の命を慎んでうけたまわらぬような場合には、誓書に書いた通りにいたしましょう」といって、各人が誓書を奉った。それを聞くと、輝虎は急に帰り、とくに権力をふるっていた諸将十六人を一括して、林泉寺で切腹させてしまった。このことがあってのち、国中は輝虎の峻厳なやり口に震えあがった。

晴信の用兵

天文二十二年八月、村上義清が武田晴信と上田原《うえだがはら》で戦い、敗《ま》けて越後で戦力を回復したいと輝虎に願い出た。輝虎はそれを承知して「さて信玄の兵の使い方はどんなものか」と聞いた。義清は「ここ十年間、信玄が勝利を取っているが、いまはのちのちのことを考えて大事に弓矢を締め取り、軽率なことは少しもなく、勝つとその後のことは戦前よりも用心深く、十里働くところ三里とか五里までにとどめておく」と答えた。輝虎はこれを聞いて「信玄の兵の使い方、後途の勝利を大切にするということは、国を多く取ろうという底意があるからだ。自分は国を取ることは考えず、後途の勝利を考えず、目の前に迫っている一戦を大切にするのだ」といって兵を出した。

晴信の謀に乗らず

弘治二年（一五五六）八月、輝虎が晴信と対陣したときの十五日の朝、晴信は馬三頭を放してこちらの陣の方に追ってきた。こちらの足軽どもはこれをみて「敵の陣から馬が放されてくる。さあそれを捕らえてこちらのものにしよう」という。輝虎はそのとき櫓《やぐら》に登って遠見していたが、馬が放されてくるのをみて、本荘平七を呼び「いま、敵方から馬が放されこちらにくるはずだが、かまわずそのままにしておくように、一同にいそぎ触れを出せ。もしこちらから一人でも出れば、その者をきっと処罰するぞ」と大声でいった。そうこうしているうちに、馬が野山を走りまわるのが目に入った。しかしこちらの陣からは足軽が一人も出なかった。晴信は夜のうちに騎馬五十騎、足軽三百人ほどを草に伏せておいて、こちらから馬捕りに出ていけば討ち取る手筈になっていたのだが、誰一人出る者がいないので伏兵はむなしく引きあげた。晴信は「輝虎は実に達者な弓執りだ。謀計などでは太刀打ちできぬ」といって、翌日昼すぎに陣払いをして帰った。

小田氏治を破る

小田讃岐守氏治《うじはる》は元来強大な武力を誇っていたので、結城政勝・佐竹義昭・宇都宮広綱をはじめ近辺の諸将は申しあわせて、諸方から攻めたが、やはり勝てなかった。永禄元年（一五五八）四月、輝虎が上野《こうずけ》に着いたのをさいわいに、諸将はそれぞれ使者をつかわして「もし小田氏を退治なさるようなら、幕下に馳せ参じます」といってきた。輝虎はすぐそれに同意し、返事として「八幡可レ令《シム》二出馬《セ》一」とだけ自筆で短冊のように書いて諸家の使者に授けた。真壁などの使者は、帰って主人右衛門尉氏幹《じょううじもと》へこの返事をみせるや否や、すぐに輝虎勢の尖兵がはや宇都宮氏家ケ原にみえるという注進が入った。諸将はその速さに驚いた。輝虎は八千人をひきいてまっしぐらに前進し、二十七日の夜には山王堂に着陣、翌二十八日には氏治と戦って大いにこれを破った。最初に輝虎に出馬を頼んだ諸将は、その迅速な出陣とその勇猛なる威武に驚いて、それぞれの城に引きこもって門をとざし、この戦には出なかった。輝虎が勝利をおさめた後にだんだん集まってきて謝辞をのべたのである。そこでこの諸将を先鋒として、ついに小田城を抜いた。

橡木城救援

二年二月、北条氏政が兵三万をひきいて橡木《とちぎ》城を囲み、佐野小太郎昌綱を攻めた。輝虎はこれを聞いて、八千人をひきいて後詰をした。城が危ういと聞くと、輝虎は「後詰は、自分に劣らぬ侍大将が多くいるので心配はない。肝腎《かんじん》の佐野の城が心配だ。まず自分は城に駈け入って力を貸そう」といって武装もせず、黒木綿の胴服を着、十文字の槍を横たえ、たった二十三騎をひきいて氏政の陣前を、馬をしずかに歩かせて佐野の城に入った。このようすを敵の軍兵がみて「夜叉羅刹《やしゃらせつ》とはこのことにちがいない」といって、近づく者もない。氏政は囲みを解いて引きあげた。輝虎はすぐに門を開いて追ったが、氏政は一戦も交えずに引き返した。

関東管領就任

輝虎が考えるには「最近は戦国の最中ではあるが、居ながらにして朝廷から官位を賜ることを望み、また弓矢の道に専念するからといって将軍家に見参しないということは、武門の恥辱である」として、隣国の敵方に使いを立ててこの旨を告げ、四月、雑兵を合わせてわずか二千八百人をひきい、敵の国々を通って都にのぼり、二十七日に将軍足利義輝に謁見した。義輝はその上京を賞《め》でてはなはだ喜び、関東管領を命じた。五月朔日には参内し、天皇から剱《つるぎ》を賜り、菊桐の紋章を用いることを許されたのである。

将軍義輝弑せらる

輝虎は三好長慶《ながよし》・松永久秀《ひさひで》が、みずからの権威をもっぱらにして将軍義輝をないがしろにしているようすを見、越後に帰るとき、ひそかに義輝に二人に異心があることを告げ、「もしいよいよ逆心の気配があらわれたなら、早々に御内書を賜りますように、そうすればすみやかに馳せのぼって誅伐しましょう」というと、義輝は感激してかたく約束した。しかしその約束を果たさず弑《しい》せられてしまわれたのである。

輝虎が翌年、小田原を攻めようとしたとき、客星（常にはみえず、たまたま姿をみせる星）が出た。輝虎は宇佐美定行を召してこの吉凶をたずねた。定行は「客星の場合は、それが出た方角によって吉凶を占うのでございます。今年の秋、星は越後の方に出て、それは相模の方角を指しております。これは北条家にとって凶です」という。輝虎は「たいていの占師はこちらが吉だといってくれるが、凶だとはいわぬものだ。だが〝天時ハ不レ如《しか》二地ノ利ニ一、地ノ利ハ不レ如カ二人ノ和一ニ〟ということばがある」といわれた。

猛　勇

永禄四年、輝虎は小田原蓮池《はすいけ》まで攻め入って、池の両端に馬をつなぎ、弁当を取り寄せて茶を飲んでいた。そこに城兵が出丸《でまる》から鉄砲十挺《ちょう》ほどならべて、三十間ぐらいの距離から、三度まで撃ちかけたが、左の袖、鎧《よろい》の鼻などにあたっただけで、毛筋一本ほどの差で体の方は無事であった。輝虎は少しも動ぜず、ゆるゆる茶を三服も飲んで、いかにも悠々閑々たるようすでいたので、左右にいた兵士も髪の毛に触れるほど近々と弾丸が飛んできたが、頭をさげて避ける者さえいなかった。城兵はこのようすをみて、上杉勢の猛勇を誉めぬ者はいなかった。

当意即妙の智

輝虎が鎌倉八幡宮に参詣したとき、関東の将士が前後の警護にあたった。千葉国胤《くにたね》・小山《おやま》政朝《まさとも》などは、門閥がもっとも高い。そこで彼らのあいだに着座の序列について争いが起こり、決めかねた末に輝虎に訴えてきた。輝虎は「千葉殿は関八州諸士の上である。また小山殿は、関八州諸士の下ではない」と裁判すると、事はおさまった。「これは輝虎の当意即妙の智である」といって、人びとは感歎した。

謀によって私市城を陥る

永禄五年二月、輝虎は松山の後援に出ていったが、城はすでに陥ってしまったことを知って怒り「この辺に敵城はないか」と聞いた。「私市《きさい》城に小田なにがしがこもっております」と答えた。この城は背後に大きな沼があって堅固なところがある。本丸を外からみえるように築いてある。輝虎はここをみてまわり、本丸から二の郭《くるわ》のあいだに廊下の橋があり、それは簀子《すのこ》でつくられている。そのあたり、白地の単衣《ひとえ》を着た人影が水に映っているのがみえた。輝虎はこれを三度もみたのである。そこで本丸に人質の女童《めわらわ》を閉じこめてあると察し、すぐに柿崎和泉守景家《かげいえ》に下知して大手を攻めさせた。城中では、「敵襲だぞ」というより早くわれ先にと防戦した。そのすきに、近くの民家をこわし、それで筏《いかだ》を組んで、背後の沼に打ち入れ、鬨の声をあげて叫びたてた。本丸にいた人質の女童は驚き騒いで、二の郭を指して逃げまどう。大手で防いでいる兵は「さては内通する者があって、本丸が打ち破られたのだ」と早合点し、ある者は自害し、ある者は降人《こうにん》となった。輝虎のこの謀によって、力を労せずして城はたちまち落ちてしまった。

この役で輝虎は、武田・北条の陣前を通って私市を落として帰るとき、武田の陣で押太鼓（進軍の合図の太鼓）を打って進んでくるようすである。こちらの兵はこれをみて、武装を堅めて馳せ向かおうとした。輝虎は「この敵は進んでくるのではない。退去するのであるから驚かなくてよい。甲冑を脱ぎ馬の鞍をおろし、人馬ともに安心して休め」と申しつけた。その通り五、六町ほど進んできて退去した。人びとはみな不思議の思いに打たれた。輝虎は

「これは別に怪しむにはあたらない。眼前で私市城が攻め落とされるのをみて、後巻することもできずにいた武田勢が、なんでいまさら進んでくるものか。これはすなわち退口《のきぐち》の懸色《かけいろ》、つまり退却の景気づけというのだ。お前たちにはこれがわからなかったのか」といった。

輝虎は私市を落として厩橋《うまやばし》に着いた。そこで長尾弾正謙忠《かねただ》に四ヵ条の罪があるとして彼を手討ちにした。謙忠は家中の妻子をかねてより城外に出しておいたので、それをことごとく聞き出して、それぞれに金銀米銭を賜った。そのなかに謙忠の児で十二、三歳のがいたが、母とともに近郷にいた。この子は謙忠の子であるから誅伐なさいますかという者がいたが、輝虎は「どうしてそのようなことをする必要があるのか。その子が成人して、予を狙って父の怨みを報じるも、報じぬも、それはその者とわしとのめぐりあわせである。十二、三歳の者であるから、父と心をあわせて謀反したわけではあるまい」といって、これもみなと同様に金子を賜り、飢えや寒さの心配のないようにしてやった。この恩に感激して、次代上杉景勝のとき、その兄弟は右馬助《うまのすけ》・右京亮《うきょうのすけ》と呼ばれて、加賀国市橋城で忠死した。

穴山信良の使者

甲州の将穴山信良《のぶよし》が僧空菴《くうあん》を使者としてつかわし「信玄は近来嫡子の義信《よしのぶ》を廃して、庶子四郎勝頼を立てようとしたことから、家中で対立の萌《きざし》が表面化してきました。ですから謙信公が義信を養子にして取り立てられるのなら、私（信良）が同道して越後に参ってもよろしく、信玄の家中にも義信に肩入れする者がおりますから、更科《さらしな》を手はじめとして、つぎつぎ手に入れられれば、信濃はほぼお手に入るはずです。これは多年のご願望のごとく、村上義清をふたたび本領に帰してやろうとしておられる謙信公の計策のひとつでありましょう」との由であった。そこで七組の者どもは「これは大吉事だ。甲州を謀る手がかりができた」と思って、輝虎にその旨を告げた。輝虎はこれを聞いてその僧を呼び出し「御坊はよく聞いて信良に伝えよ。義信を手がかりとして信濃を取れとのことには私は同意しない。信濃をぜひ取りたいと思えば、人の手は借りない。義信はまだ若年だから、そんな馬鹿げたことを考えもしようが、いい年をした信良がなんでまあこのような馬鹿げたことをいってきたのか。ほかに頼るところがないので頼んできたというのなら、なんとでも力になってやるつもりだ。御坊の黒衣に対して、今日は無事に返してやるのだ。早く立ち去れ」といってにらみつけると、使僧はあおざめて走り帰った。

晴信、氏康の兵を走らす

永禄十年十月、北条氏康は武田晴信とともに五万六千余騎で輝虎を厩橋に囲んだ。こちらの兵は打って出ようと勇んだが、輝虎はそれを制していった。「いまは敵のようすを察することはできぬ。もし伏兵など置いていれば、味方はかえって戦の利を失ってしまう。ただ城中一同鬨《とき》の声をあげ、貝を吹き、鐘を鳴らし、進軍の太鼓を打って、敵の後を追って出ていくふりをせよ。そうすると、大軍は驚き騒ぐ。そこで利根川の渡しまで追いつめれば、川に溺死する者がでるだろう。これこそ戦わずして敵を破る手立てである」と。はたせるかな寄《よせ》手《て》は驚き、てっきり敵が追ってくるものと思っていたところへ、塵土を混ぜた風がはげしく吹き、目も口も開けられず、ますます後ろをふり返ってみることもできない。案の定河中に溺死する者が多かった。

武田氏に塩を送る

今川氏真《うじざね》が北条氏康と結んで、武田の分国に塩を入れることを禁じた。そのために甲斐・信濃・上野の民はひじょうに困った。輝虎はこれを聞いて晴信に書を贈った。「近国の諸将はあなたの方に塩を入れるのを差しとめているとのことを聞きました。これはまことに卑怯千万な挙動だと思います。弓矢を執って争うことができぬからでしょう。私は幾度でも、運を天にまかせてあなたとの勝敗を一戦によって決しようと思っておりますので、塩のことは、どんなことをしてでも領国にお送りしましょう。そちらから手形で必要な分だけいくらでもお取り寄せ下さい。もし高値で送るようなことがありましたら、重ねておっしゃって下さい。厳重に処罰いたします」と。晴信をはじめ老臣たちは、輝虎の武道の正義に感動して「味方にほしい名将だ」といった。越後から信濃へは河中島の道筋、上野へは猿ガ京の道筋を通って塩を運送し、その量は莫大なものであったという。

使番

輝虎はかつて使番が不足だったため、神保主殿《じんぼうとのも》という十七歳の者を使番とした。しかし同役の者が一同に「お使番の件は、お吟味のうえ仰せつけられるものと思っておりましたところ、東西もわからぬ者を同役になさるということは思ってもみなかったことです」と申し出た。すると輝虎はこれを聞いて、その者たちを呼び出していった。「内々申し渡そうと思っていたところ、せんだってその方どもからの申し出を聞くと、わが家の武運がさかんであるため、人事にもふかい吟味を加えることの肝要を指摘してくれたことと思い、大悦に思っている。その方どもが申したように、使番の者は、わしの目とも片腕とも思えるほどの者でなければならぬ。したがってずいぶん吟味して前々から汝らに申しつけてあるわけだ。今度長尾甚左衛門の跡役《あとやく》を吟味するのに、武役を務めた者のなかからこそ選ぶべきであろう。汝らの同役にと思う者は、五度七度経験のある若者に申しつければ、同役には不似合いだと腹を立てるであろうと思って、まったく経験のない悴主殿《せがれとのも》をわしの眼力を頼りに申しつけたのだ。お前たちはこの者を使番仲間として養成することのちのちまで絶対に失敗をしないだろうと思って申しつけたのだ」というと「このようなふかい思し召しとは存じませんでした。かたじけなく存じます。心をこめて育て教えます」といった。輝虎のみる通り、翌十一年四月、加賀尾山の城攻めにあたって、比類なき働きをした。輝虎は感状を与えて彼を賞した。

　輝虎が戸隠山《とがくしやま》にのぼり、晴信が輝虎を呪詛《じゆそ》する自筆の書をみつけて笑い、「こんな神頼みをするとは、弓矢執る者の恥である。末代までの宝物にせよ」と神職にいった。

　北条氏康が考えるには「武田晴信・織田信長は裏表のある人間で、いつ寝返るかもわからぬ。信じられない連中だ。ただ輝虎だけは、引き受けた以上は骨になるまで義理を欠くことがないという人物だから、輝虎の肌着をわけて若い武将の守袋にさせたいと思う。わしが、もし明日にも死ぬようなことがあれば、後を頼むのは輝虎だ」といって、太田資正《すけまさ》に託して和睦し、末子の三郎を人質として春日山城に送った。そして「以後は、この氏政をもお引きまわしよろしくお頼みいたします」とのことであった。

元亀三年（一五七二）四月、輝虎は晴信が三河に出ると聞いて信濃に入り、火を長沼に放ち、遠くから三河の徳川の声援をした。このとき晴信の庶子勝頼が手持ちの兵八百でこれに対抗した。輝虎は「勝頼は小兵でわしに向かおうとしている。実に信玄の子として恥じない。わしはその勇をみのらせてやろう」といって兵を引いて帰った。世人は彼の心ばせを誉めたたえた。

晴信の死を悼む

元亀四年（一五七三）四月、晴信が没した。このことは、とくに外には隠密にされていたことだから、輝虎は知らずにいたが、北条氏政から山中兵部を使いとして伝えてきた。そのとき輝虎は春日山の水門にあって、気分よく湯漬《ゆづ》けを食していた。そこに信玄の死去を本庄清七が伝えた。すると輝虎はそのまま箸《はし》を捨て、口のなかにある湯漬けを吐き出して「ああ残念なことをした。名大将を死なせたものだ。英雄人傑とは、この信玄のような人物をこそいうのだ。関東の武人は柱を失ったも同様。まことに惜しいことだ」といって涙をはらはらと流した。そして三日間は音楽を禁じた。

晴信の死後、その領国に出兵せず

晴信の死去のことを知って老臣どもは「この虚を突いて信濃にご出陣になれば、全部お手に入ります」といって勧めたが、輝虎はこれに耳を貸さなかった。「若い勝頼が父の跡を継いだばかりの時機をねらって攻めるのは、大人気ないことだ」といって出陣しなかった。また長篠の役の後も勧めたが、「いまわしが出陣すれば、甲斐まで取れるであろう。しかし、人の落ち目をみて攻め取るのは本意ではない」といって、ついに勝頼の領国には出兵しなかった。

信玄に及ばざるところ

天正四年（一五七六）、輝虎は加賀松任《まっとう》を落とした。織田信長が後援したが、城が落ちるのをみて、ちりぢりになってしまった。そのとき越中神保の押さえに置いた者をはじめ、直江・新発田の諸将までが、この勢いに乗じて神保を撃つようにと勧めた。しかし輝虎は「それは、先のことを考えない浅い思慮だ。武田信玄は六分の勝ちをいつも完全な勝利として七、八分まではしないと聞いている。今度は信長の五万余人の目前で松任の要害を一日で取り、とくに城主は剛強であると聞いている長《ちょう》筑前守兄弟を打ち取り、そのうえ信長方に前方の案内方を申し入れて、こちらよりしかけて追い崩したのだ。これは十一分以上の大勝である。そのうえ神保を攻め、越中まで治めるとなると、十八分の勝ちといってもよい。天道は〝満ちるを欠く〟ということがある。まずまず今回は帰陣するがよい。信玄ならば、けっして松任の城を攻め落として大聖寺《だいしょうじ》の陣にしかけるというようなことをしない。こういう点が、わしが信玄におよばないところのひとつなのだ」といわれたので、みな感服し、翌日、帰陣した。

中沢信長を誅す

越前宮野の城主中沢長兵衛信長は、表面はいかにも輝虎に味方しているかのごとく装い、実は変心してしまったことを知った輝虎は、この年十二月、中沢信長が歳末の礼にきたところを誅罰し、その家臣五十余人を中条《なかじょう》五郎左衛門・苦桃伊織《なぐるみいおり》に命じて誅殺させた。そのとき中条半蔵は鉄砲で、槍の間の窓からおり、目当てにしていた八人を撃ち殺した。また苦桃の家来で浄真《きよざね》という者は、小太刀で七人まで斬り殺した。すると三郎景虎《かげとら》は「鉄砲は遠くからの攻め道具であるから、浄真の働きの方が抜群である」と賞した。すると輝虎は「いずれにしても、手にする武具は、おのれの得意とする業物《わざもの》でやればよい。たとい飛び道具を使ったとて、撃たれて死ねば、やはり死は死だ。小太刀で討っても、敵を討ったことには変わりはない。人の上に立つ大将となるべき人間の一言は、ふかき思慮をもってすべきだ。軽率なことはいってはならぬ」と景虎をにらみつけた。側にいた者はみな汗を流したという。

輝虎は中沢を誅罰した後、河田豊前守・長尾小四郎・上村甚右衛門以下五十余人に命じて中沢の城を攻めさせた。城には中沢の弟右衛門督《うえもんのかみ》と板持《いたもち》美濃守ら三百余人がこもっていたが、ついにささえきれず、城に火を放って自害するとき、美濃守は自分の女童《おんなわらべ》を手にかけ、長兵衛の妻と九歳の女子をはじめ、二十人ほどいる女を庭の植え込みのなかに忍ばせ「館の焼ける煙を避けさせ、事が鎮まったら、大和国多武峰《とうのみね》に行って、私の親しい行意僧都《ぎょういそうず》を頼って行かれますように。せめて殿のご血統をお遺《のこ》しになるのが大切なことです」といったので、一同いわれるままに隠れていた。そうしておいて「もはや思い残すことはない」といって腹を切るや、たちまち城は落ちてしまった。まもなく河田の手の者が、この女子供たちを生け捕り、春日山城に連れていって輝虎に事の次第を告げた。輝虎は「板持美濃が智勇兼備の士であることは、すでに汝らも知っていることだ。このたび宮野の落城にあたって、女童まで残らず始末したのに、なぜこの者たちだけを助けておいたかを考えると、長兵衛は清和の源氏の末流として、天下に志ある者であったから、由緒あるわが血統を絶やしてしまうのもいたしかたないと思ったことであろうが、この者どもを生かしておいたということは、妻女はきっと懐胎しているのであろう。もし男子を産めば、女子とはちがって、まさしく血統はつづくことになる。実に美濃のふるまいは義というべきだ。それなのに美濃の心を無にして、むごたらしくその血統を断つというのは、無道なやり口ということになる。とくに、かよわい女の身、なんの科《とが》があって誅罰しなければならないか。そんな必要はない。助けてやって、どこか寄《よ》り所になるところへ送るように」といわれたので、三将は特別にいたわって多武峰に送ってやった。

輝虎の臣廉将監《かどしょうげん》の嫡子甚次郎に不義があったので、死罪にして、父将監の方に使いを出して甚次郎の罪を伝え、父母にはなんのお咎めもなく憐れみを加えたところ、将監は、いったん君命をかしこまってお受けし、奥に入ったが、やがて長刀《なぎなた》をもち出して、使者に向かい「謙信公および使者にたったその方たちにはなんの怨みもない。ただ子を思う道に迷って正気を失ったのだ」といいも終わらぬうちに二人の使者を突き伏せた。そこで近くの者たちが馳せ集まってきて、将監とそのほか加勢した家来を全部殺した。このとき負傷者と死者は三十人にもおよんだが、輝虎は少しも怒らず「子を失って正気を逸したのも哀れなことだ」といって、妻と娘には厚く扶持を与えた。

輝虎が村田川で里見義弘と戦ったとき、奥州の衆は輝虎に加勢した。このとき輝虎が、加勢に馳せ参じた者に先鋒をさせることに、輝虎の部下たちでなにかと不平をいう者があった。輝虎はこれを聞いて「その方どもは、加勢の者たちに先鋒を頼むことを無念に思っているようにみえる。それはまことにもっともなことだ。だが加勢の者は、地元の人間ゆえ地理に明るいから、先鋒を頼んだのだ。しかし義弘は強敵だ。加勢の者が敗けることはまちがいない。そのとき二番手に出ていって手柄を立てさせてやる」と大声でいうのを加勢の人びとも聞いて「二番手の者などに高名させてなるものか」と働いたので、義弘を切り崩すことができた。二番手もまたよく働いた。義弘がすんでのことに討ち死にしそうになったところ、推木《おしき》小左衛門が「わしが義弘だ」と名のって出て討ち死にした。そのあいだに義弘は逃げた。

越中を服す

輝虎は、二の宮に越後・越中を守らせた。越中の神保が謀反を企て、二の宮はこれに内応しようとしていたが、輝虎はそれを知らずにいた。越中を攻め討つとき、神保・二の宮は腹をあわせて輝虎の一陣二陣をやりすごしておいて、強兵三千余人をもって輝虎の本陣に直接攻撃をさせた。相手がいきなり出てきたので、兵たちはびっくりしたが、輝虎は少しも騒がない。みずから采配《さいはい》を執って猛威をふるい、兵たちを励まして、神保・二の宮に手痛くあたり、無二無三に駆けまわって敵の軍列をかき乱したので、一陣は遊軍となり、二陣は後備《あとぞなえ》となるかたちとなった。神保・二の宮は要塞《とりで》に入ろうと引き返すところを、はげしく追って、そのまま敵の後尾にひたと付け入りのかたちで攻めこんだので、たちまち攻め落としてしまった。

輝虎が越中を攻めるとき、敵はこれを防ぐことができなかった。輝虎がふかく敵地に侵入した後、軍を引いて帰ろうとすると、敵は諸方から姿を現し撃ってきたので、輝虎勢は敗れた。輝虎は考えた。「北条氏康や武田信玄のごとき者の戦いぶりは、どちらかというと控え目で、一気に奥の奥まで破るという方法はとらない。いま自分も、この氏康・信玄流をならって、敵の中心部だけを狙って攻めたて、その結果敗れた。考えてみると、越中は分国の客将である。一気に強襲するのがいちばんよい」といって、ふたたび越中を攻めるにあたって六手七手にわけて、ひた押しに攻めて城を奪取してしまった。まさに向かうところ敵なしの勢いで、ついに越中に勝ってその国の人びとはことごとく服従した。

返り感状

輝虎が晴信と和平を結んだとき、使僧の長遠寺住職にたずねた。「甲斐の侍に向井与左衛門という者がいるか」と。「はい、おります」と答えると「その者には傷の痕《あと》があるか」と重ねてたずねた。「顔に刀の痕がありますというと、輝虎は「実は、河中島の合戦のおりに名のりをあげて、わしを後ろから突くところを、ふり返って一太刀斬りかけたのだ。よもや助かるまいと思ったが、いきながらえていたとは……」と萌黄《もえぎ》の胴・肩衣に槍の痕があるのを取り出し、それに書簡を添えて向井に贈られた。これを世に返り感状（敵から送られる感状）といった。その書中には河中島のことが書かれていたという。

ある年、極秘の軍議をするというので、輝虎は紙衣《かみこ》を着て小脇差一腰を身につけ、こっそりと山越しに越前の朝倉家に行ったことがあるということだ。

忍《おし》で輝虎が北条氏政と対陣したとき、太田資正に反心ありという噂があったので、輝虎はただ一騎で資正の陣に乗り込み、資正の三男安房守資氏《すけうじ》――このとき十二歳になっていたのだが、その手を堅く取って「ああ、なんとよい子じゃな。わしの子としてもらい受けたいものじゃ」といって連れ帰った。資正は氏政を引きこんで、輝虎から氏政方へ寝返ろうと思っていたところ、氏政の兵がまだ到着せぬうちに、輝虎が人質を取って帰ったので、なす術もなく反心を思いとどまったということである。人はみな輝虎が急にきたことにたがいに感心した。

浮橋

輝虎は、越中へ出陣のとき、堺川に浮橋をかけて先手と本陣の通路をつくった。田中太左衛門という者が先手から使者としてきたので、呼びとめ「浮橋について、なにか手配をするようなことはないか」と聞いた。田中は「長熊手のご用意がなければ危のうございます」と答えた。輝虎の側にいた連中は、誰もその意味がわからず「なんのことだろう」と不審に思った。輝虎はすぐに合点して、熊手を百ほどつくらせ、上流四、五町ほどのあいだに番所をつくり、番人を入れておいた。すると大雨が降りつづき、河水が増したのをうかがって、敵兵はその浮橋を突き切るために、上流から材木を流してきた。それを、両岸の番所から、例の熊手を出して材木を引きあげたので、浮橋の被害はまったくなかった。

輝虎は武蔵・上野《こうずけ》・下野《しもつけ》へ毎年五十日から七十日間ほど往復したが、敵の城はみな門を閉じて出合わなかった。まして戦う者などはまったくない。敵はいうまでもなく、味方の大小名も、往復のついでに取られてしまわぬかと心配で仕方がなかった。関東の敵味方が越後に帰陣して、上野猿ガ京を通りすぎたと聞くと、ほっとするのである。大夕立や大雷鳴がすぎ去った後、雨が晴れあがったときのように喜んだということである。

輝虎の臣岑沢《みねざわ》某《なにがし》という者は、罪を犯して追い出され、越中の椎名に奉公した。輝虎が越中に兵を出したとき、岑沢はくさむらに隠れていて、鉄砲をかまえてうかがっていたが、急に鉄砲をかたわらに投げ捨てて泣き出してしまった。輝虎は彼をみつけて「どうした岑沢。久しぶりだな」といわれたが、岑沢は「このような仁君智将の方を撃とうと思ったことが、われながら悔やまれてなりません。いまははるかにお姿を拝見いたし、かつて殿様のお心にそむいてお暇を賜り、いままたこのような企みをするなど、このうえもない大罪でございます。どうぞ首を刎《は》ねて下さい」といって泣き伏した。すると輝虎は笑って「わしに対して仁君智将などとは、ふさわしからざるほめことばだ。早く帰って椎名によく仕えよ」といったが、岑沢は越後に帰って農夫となり、そのまま生涯を送ったという。

輝虎の出頭人（君側で政務に参与する人）であった小森沢某が出奔してしまった。人はみな輝虎の人物をみる目がまちがったのだといった。輝虎は「小森沢が出奔してしまったのは、まことに不思議なことだ」といった。それから三年後、上野の新田辺へ輝虎が軍を動かした。いつもわずか二、三騎で、総人数から五里も七里も先に斥候《ものみ》に出かける。敵はこのことを知って鉄砲で撃とうとし、絶好の場所を見立てて、鉄砲三挺を用意して待っていた。そのとき小森沢が六、七町走ってきて、このことを輝虎に告げた。「日ごろ軽がるしく行動なさるので、このような大事もあろうかと思って、新田に参って奉公しておりましたが、〝輝虎をお前は見知っているか〟といって、ここまでつかわされて参りました」という。輝虎は涙を流し、その忠志に感激して、小森沢に恩賞を与えた。ここではじめて人びとは、輝虎の明察に服したのである。

輝虎は、日ごとに身なりを変えた。晴信は人を相手方に潜入させてようすをうかがわせたが、最後まで決まった服装というものはなかったという。

刺客を赦す

輝虎は、越中の神保と戦ってしばしば彼を破った。神保は勝てぬことを知って、高木左伝という十六歳の者を、激怒をよそおい、いかにも罪があったかのごとくみせかけて追い出し、輝虎に仕えさせて、すきをうかがって輝虎を刺殺させようとした。輝虎はこのような英敏な大将であるから、その者の才能については認めていたが、あえて身辺に近づけなかった。左伝は手も足も出ず、一年あまりがすぎた。輝虎は左伝を呼びだし「そちは神保の差しまわした刺客だ。わしはとうに知っていた。わしがそちを殺すことはたやすいことだが、臣というものは、それぞれ自分の主のためにするのであり、殊勝千万な心がけというべきであるから、そちの罪を赦してやる。さっさと帰り、そちの主に告げよ。輝虎は小細工には陥らぬと」というと、左伝は不首尾に終わることを感じ取って自害した。輝虎はそれを聞いて、彼の忠死を惜しみ、感涙を流された。

わが心を証とす

輝虎が落合彦助に語っていうには「武田勝頼の小姓阿部加賀が、十余年前に河中島でお前を討ったといったので、信玄は喜び、その加賀に褒美をやったと聞きおよぶ。しかしこれは加賀が、ないことをあったようにつくりごとをしていったのかとも思われ、武田家の弱みはこれ以上のものはない。すべての武人は、自分の心を証人とするほかに道はない。心を証《あかし》とせずに大げさにいいふらしたり、でっちあげたりしたことは、結局は人をうつ迫力に欠けるものだ。大きな働きをして、しかしその名が世に知られなくとも、みずからの心を証としていれば、誰も恨むこともない。だからこそ〝君子ハ慎ムレ独ヲ〟なのだ」といったという。

諸国探訪

輝虎は越後の特産蠟燭《ろうそく》・金引・鮭の塩引・黄蘗《おうばく》（きはだの皮からつくった染料・薬剤）などの商人に仕立てて諸国につかわし、その地の人情や地形をうかがわせ、詳しくことのありさまを聞き出し、みずから書きおいては、ときどきそれをみていたので、その地の主の長所、欠点、その将の能力のあるなし、その国の豊かなりや否や、またその地の険易のさま、その兵の多少など、百里、二百里の先までもつぶさに知らぬことはなかった。

陣列

輝虎はかつて村上義清をともなって広野に出て鷹狩りをした。そのとき義清が「この野にご人数を召し寄せて備えを立てられ、隊伍の整うようすをみたいものです」といった。輝虎は「それはたやすいご所望。ただいまお目にかけ申そう」といって、螺《ほら》を一声吹くと、四、五十騎ほどの鎧冑に身を固めた兵が二隊馬を駆って馳せ集まり、みるみるうちに、この野に陣をしいた。輝虎は義清に向かって「この次には、螺を吹けばすぐさま馳せくるかねての打ち合わせになっているが、とりあえずこの二隊をご覧下され」というと、義清はよくよくこれをみて「陣列の正しいこと、天下一品でござる」とあいさつした。輝虎は戦に臨んで、急に兵をわけようと思うときは、馬を部隊の中に乗り入れ、八字・十字とわける。するとその馬が行く通りにも左右にわかれて、おのずからそれぞれの部隊となる。槍持ちが別の区分けのなかにまぎれ入って目の前にいても、主人もこいとはいわれず、槍持ちも行こうとすることもできず、その軍法の厳粛なことは、ほぼこのようなものである。輝虎の陣中で、あるときちょっとした騒動がもちあがったことがある。輝虎は、それと感じると同時に、一同に「鬨《とき》をあげよ」と命じ、騒動の出鼻をくじいたことがあった。

弓矢の威徳

輝虎が二十歳ぐらいのとき、石坂検校《けんぎょう》に平家琵琶《びわ》を所望した。源三位《げんざんみ》頼政《よりまさ》の鵺《ぬえ》退治の段を語ると、輝虎はしきりに落涙した。近臣が不思議に思って聞くと、輝虎は「わが国の弓矢の威徳が衰えていくのが悲しいのだ。考えてもみよ。鳥羽院の御時《おんとき》に、内裏《だいり》に怪異があったとき、八幡太郎《はちまんたろう》義家《よしいえ》の弓をお側に置かれたところが、物怪《もののけ》はたちまち退散してしまった。またあるときは〝鎮守府将軍源義家、ここにある〟といって弓弦《ゆんづる》を引き鳴らしただけで妖怪は消え失せてしまったという。ところが、頼政は鵺を射たが、それでも死なず、猪早太《いのはやた》がこれを刺し殺したという。義家が鳴弦したのと、頼政が鵺を射たのとは、わずか四十余年しか差がないのに、弓矢の衰えはまことに雲泥の差だ。また、頼政といまとのあいだは四百年にもなる。してみると、頼政ほどの弓執りさえも珍しい時代といわねばならぬ。まして義家のような者は思いもよらぬことだ。そう考えてみると、わしの弓矢の威光も推察できるというものだ。さしたることはあるまい」といったという。

義経に学ぶ

輝虎はいつもいっていた。「わしは武略を義経に学んだ。他の人びとは、平家琵琶を昔物語として聞いているから、自分の役に立たないのだ。わしは義経の武略のところを自分の身にあてはめて聞き、自分とくらべているのだ」と。村上義清が身を寄せてきたおり、武田晴信の兵の使い方をたずねたときにも、輝虎は「わしは義経が軍兵をまわさないところを学んだ」といわれた。

詩歌

輝虎は学問を好み、和歌や漢詩をよくした。天正二年（一五七四）、能登七尾《ななお》の城を攻め落とし、九月十三日夜、詩歌の会が開かれた。輝虎は、

霜ハ満チテ二陣営一ニ秋気清シ　数行ノ過雁月三更
越山併セ得タリ能州ノ景　任レ他《さもあらばあれ》家郷ノ憶フ二遠征一ヲ

（霜は雪のごとくしろじろと軍営に満ちて、秋のけはいはまことにすがすがしい。みあげれば、十三夜の月の面《おもて》をかすめて数列の雁が飛びすぎて行く。月は中天にあり、刻《とき》はまさに深更。その月明かりの下に、越州の山々は能州へとつづくひろやかなながめ。故郷の者どもは、わが遠征の旅を、はるかに思いやって、胸中くさぐさの懐《おも》いが

あろう。だが、それはさておき、この景を前にして、いまわが心中に湧きおこるのは、遠征の武人としての、かぎりなく晴れやかな、しかも鬱勃《うつぼつ》たる雄心《おごころ》だ）

と詠じ、また、

月澄まばなほ静かなり秋の海

と詠み、さらに越中魚津の城で初雁を聞いて、

武士《もののふ》の鎧の袖をかたしきて枕に近き初雁の声

と詠んだ。

輝虎は酒を好んでつねに養子の景勝・直江《なおえ》兼続《かねつぐ》・石坂検校などを相手に飲んだ。肴《さかな》はなにもなく、いつも梅干しを肴にしていたという。

大蛇を討つ

輝虎はある日諏訪神社にお詣《まい》りして大蛇をみた。巫人《みこ》がいうには「これは神様であります。神がお姿を現されるとかならず願いがかないます。公の志のかないますこと明らかであります」と。すると輝虎は、鉄砲でそれを撃ってしまった。大蛇はひどく傷つき姿を消した。そのとき、あたりの材木がうち震えた。輝虎は笑って「神というものは、もともと形のないものだ。この長いばかりの蛇がなんで神であろうか。ただ人が祭りあげて神としているにすぎない。それが大きくなれば、のちにかならず害があろう。わしがいまこれと出会い、民の害を除いたことはさいわいであった」といって、手を洗い口をすすぎ、一拝して立ち帰

った。侍臣たちはそれのたたりをおそれたが、みなあえて口にする者はなかった。夜になって輝虎は熱を出した。侍臣は診察して「公の身体じゅう蛇《だ》が出た」といった。輝虎は左右の者に命じ、燭《しょく》でこれを照らしながら小蛇をことごとく取り除かせた。するとまもなく全快した。

毘沙門天を信仰す

輝虎はいつも毘沙門天《びしゃもんてん》を信仰し、家の旗印も毘沙門の毘の字を記した。盟約のときなども、毘沙門堂の前に集まり、輝虎がまず座を占め、老臣をはじめ一家じゅう順々にならぶことになっていた。あるとき隣国に一揆が起こり、急に間諜を入れなければならなくなった。出立にあたって、その者に誓いを立てさせようとするとき、輝虎は「いそがねばならぬ。毘沙門堂に連れていけば、そのぶんだけ遅くなる。すぐさまわしの前で誓わせよ」といわれたので、老臣たちは異例なことだとして命にしたがわない。輝虎は笑って「わしがいるからこそ毘沙門も用いられているのだ。わしがいなければ、毘沙門もなにもあったものではない。わしが毘沙門を百度拝めば、毘沙門だってわしを五十度か三十度は拝まれもしよう。この際わしを毘沙門と思って、わしの前で誓わせよ」といわれたので、老臣はそれに服し、彼に誓わせて出発させた。

輝虎は「戦場の働きは武士として当然のことだ。百姓の耕作とおなじことだ。武士は平生は作法をよく守り、義理を正しくすることを上とする。戦場の働きばかりで知行を多く与え、人の長としてはならない」といった。

輝虎は信義を重んじ、かりにもいつわることを恥として、他人を欺くことがなかったので、敵はその信義に服して、降参、和睦の際にも上杉家から人質を申し出ることはなかったという。

輝虎は士というに足るすぐれた人物を好み、他国の勇猛の士の肖像を描かせてこれをながめ、「壮観なり」といって楽しんだ。また春日山に寺を建てて不識庵《ふしきあん》と名づけ、戦場で命を落としたすべての家臣たちの位牌をならべて、みずからそれを弔い追慕した。

輝虎の体は、背が低く、左脛《すね》に腫物《はれもの》があって引きつっていた。いつも鎧を着ないで黒木綿の胴着を着て、鉄製の小さな半円形の笠《りゅう》をかぶり、死ぬまで麾《さい》や団扇《だんせん》を使うことはなかった。使ったのはわずか二、三回ぐらい。いつも三尺ほどの青竹を手にもって、これで指揮した。これは梁《りょう》の韋叡《いえい》の竹如意《ちくにょい》を真似たといわれている。

家訓

輝虎の家訓に「心の中になにかがないときは、広い心で体もゆたかである。心にわがままがないときは、相手に対する愛敬《あいきょう》を失わない。心に欲がないときは、義理を重んずる。心に私がないときは、疑うことをしない。心に驕りがないときは、人を敬う。心に誤りがないときは、人をおそれない。心に邪見がないときは、人を育てる。心に貪《むさぼ》りがないときは、人にへつらうこともない。心に怒りがないときは、ことばは和《やわ》らぐ。心に堪忍があるときは、物事を円満にととのえる。心に曇りがないときは、心静かである。心に勇があるときは、悔やむことはない。心が賤しくないときは、願い貪ることはない。心に親への孝行心があるときは、主に対する忠節の念が厚い。心に自慢がなければ、人の善がよくわかり、心に迷いがないときは、人を咎めない」とある。

辞世

輝虎は生年十四歳から弓矢を執り、三十六年間に北陸・東山・東海の諸道に威をふるって越後・越中・加賀・能登・佐渡・上野（半国余）・陸奥二郡・出羽五郡・常陸三郡の国々を討ちしたがえた。つねに織田信長が将軍をないがしろにしていると聞いてひじょうに憤り、それならば信長を退治して意見をしてやろうといって、天正六年（一五七八）三月、越後の雪が消えるのを待って、都に打ってのぼろうとし、すでに諸国に檄《げき》をとばして軍勢を出すようにとしていた。ところがこの年の二月の半ばからなんとなく体の調子が悪く、同年三月十三日、ついに死去した。辞世の歌は左のごときものであった。

極楽も地獄もさきは有明の月ぞ心にかかる雲なき

（死後の世界に極楽があろうと地獄があろうと、そしてまた、そのいずれに迎えとられようと、いまはなにも心にかかるものはない。幾山河《いくやまかわ》の武人の生涯を精いっぱいに歩んできて、命終《めいしゅう》のこのときにあたり、思い残すことなく、心ははればれとしている）

賢　人

太田資正が北条《きたじょう》丹後守長国《ながくに》に語っていった。「謙信公の御人となりを拝見すると、十に八つまでは大賢人で、あとの二つは大悪人というべき点がある。怒りに乗じてするときは、たいていよくないことである。そこが欠点。また一方猛勇で無欲、心が清浄で器量も大きく、廉直で隠すことなく、明敏でよく洞察し、慈悲の心があって下の者をよく育て、好んで忠臣の諫言を受け入れるなど、これらはすぐれた点である。今後は容易にえがたい名将である。それだからこそ、その八つは賢人だと人びとがいうのである」と。

斥候

細川忠興が玉虫対馬《つしま》に逢って、輝虎・晴信のことについてたずねた。玉虫がいうには「あるとき謙信方より斥候《ものみ》を出したところ、今日はよい斥候が出たと人びとは口々にいいました。のちになって聞いてみると、それははたせるかな謙信自身でした」と。忠興は不思議に思って「遠方で、はっきり人の見分けもつかぬほどのところで、よい斥候、悪い斥候とわかるというのはどうしてです」と聞くと、「そのことでございます。小姓をお使いになってご覧なされ。膳をもって出るか、茶をもって出てくるか、その立ち居ふるまいで、すっかり板についていて身のこなしができている者と、初心の者とではすぐわかりましょう。このようなわけで、斥候のようすも、功者か功者でないか、そのふるまいで見分けることができます」といったということである。

直江兼続

賤吏《(注)》某の子。はじめ樋口氏、後に直江氏を名のる。従四位下、山城守。元和五年（一六一九）十二月十九日没。年六十。

代官の下司より立身

武田晴信が上杉へ岡田堅桃斎《けんとうさい》を使者としてつかわしたことがある。上杉輝虎は、以前からこの堅桃斎が和歌に深い関心があることを聞いていたので、越後の名所である越の長浜をみせようと、みずから同道して浜見物に出かけた。春日山から出立して終日海辺を歩き、夜更けに城に帰った。堅桃斎はその往復で、召し連れている童に投輪《はま》を投げさせて戯れとし、浜に着いても、投輪を投げさせておもしろがっていたが、朝方になると燧袋《ひうちぶくろ》から豆のように小さい石を取り出して数えはじめ、また童に力いっぱい投輪を投げさせて、その投輪のところまでの長さをはかり、何丈と決めて、また石の数と比べて、城から浜まで何千何百丈、浜の長さはどれぐらいと調べて、また投輪を高く投げるのに糸をつけてあるのをみて高さをはかり、塀の長さをはじめ、堀の間数などまで詳細にはかって記し、これを晴信への土産《みやげ》にしたという。その後晴信から輝虎へ越の長浜の距離をたずねてきたとき、輝虎はその地の代官に検地させようとした。すると、その代官の下司が「それはなんのためにするのですか。もしや武田などからの所望ではありませんか。もしそうなら、検地をする必要はありません。先日きた歌詠みめが投輪を投げさせて、とっくにはかって知っておりましょう」といったので、輝虎も「なるほど岡田堅桃斎めの童の投げていたものが怪しかったのだな。そうとはまったく気づかなかった。残念至極のことよ」と苦笑した。そこで「浜は潮の満干によってようすが違うので、距離は決めにくい」と返答した。その後、その代官の下司を取り立てて、樋口与惣右衛門の養子とし、与六兼続と名のらせて小姓にされた（これがすなわち後の直江兼続である）。

謙信の死を予知す

兼続が河田・北条・甘糟《あまかす》・長尾らの諸将に語っていうには、「拙者はこのごろ寝食も快くとれぬほどに気にかかっていることがある。それはなにかと申すと、謙信公のお命があまり長くないように思われるからだ。最近不吉なことがいくつかあるのがその理由である。一つは、去年よりご病気でもないのに、日に日にお痩せになる。二つにはご自分で、お命は長くあるまいとお考えになっている。三つには、謙信公の長所短所をみてみると、勇気のあること・無欲な点・聡明・正直・義理・慈悲・智恵・明弁いずれも日本国はもちろん、唐・天竺《てんじく》までもこれにおよぶものはあるまい。短所を申せば、つねにお怒りが強く、とことんまで不仁を憎まれることは実に激しい。これは諸君とときおり御前で申したこともあった。しかしこの一両年は、お怒りが以前のようではなく、不出来な者に対してはさらにお愍《あわれ》みを加えられる。だから実に福徳円満の名将と申すべきで、これ以上のお方はあるまい。天道はもともと完全無欠なるものをこの世に存在せしめないものだ。完全たらんとすれば、かならず欠けるところが生じると昔からいわれていることからしても、とくに心にかかる。また信玄が死に臨んで〝信長・家康は果報者だ。かならず天下を取るであろう。そのわけは、信玄が死に、その後まもなく謙信が死ぬであろう。この二人がもし一人でも残って五年も生きていれば、信長・家康は滅びるだろうが、謙信も五年以内にかならず死ぬであろう〟と申されたことがある。これらのことが思いあわされて、心にかかる。諸君はどう思われるか。このような心配の必要はないという反証でもあれば、一言お聞かせねがいたい。それによって憂慮をはらしたいのだ」といったので、「いまこのように聞いてみると、同じ思いであった」という者もあり、また今更のように驚く者もいた。ともに心を痛めたが、兼続が心配した通り、その後まもなく輝虎は死んだ。

梶城攻略

天正十一年（一五八三）八月、謙信の養子上杉景勝《かげかつ》が新発田《しばた》を攻め、毎日刈り取った田に放火した。ちょうど兼続の当番にあたっていたので、九月五日の暗夜に、梶の砦《とりで》を攻め落とそうと、要害から西方に向かって新発田城の間に草を高く積みあげさせ、雑人《ぞうにん》を集めて、その方法を説明しておいて、自分は士卒をしたがえ、梶の砦の東方に身を隠し、南・北の二方にはわざと兵を置かなかった。これは、敵が南・北二方より落ちていくところを討ち取ろうとしての計略である。前々から打ち合わせておいた時刻になったので、西方の雑人ばらが草に火をつけ、鬨《とき》をつくって弓や鉄砲を撃ちかけた。城兵は思いがけぬことだったので、ひどくあわてふためいた。城の統領落合吉蔵・小岩村清介が走り出て「敵にここを破られるなよ。しっかり防げ」といって一人残らず西の虎口《こぐち》（城壁や陣営に枡形《ますがた》をつくり、曲がって出入りするようにした要所の出入り口）に集まった。兼続は東方に兵を伏せておいたが、城兵がことごとく西の虎口に集まり、三方が空いていることを察して「時はいまだ。高名手柄をせよ」と下知するや、はやりにはやった若者たちは鬨の声をあげ、すばやくわれ先にと塀を乗り越えて突っ込んだが、そこには敵は一人もおらず、簡単に本丸まで乗り移ることができた。城兵は西方を防いでいたが、思いがけず東方から寄手がどっと乗り入れてきたから、ただ茫然として戦う気力もなく「南・北の二方には敵はいないぞ」というや否や、統領の落合・小岩村をはじめ、みなみなわれ先にと逃げていった。実は南・北の二方にも五、六町離れたところに、かねてから隠しておいた直江の兵が姿を現し、行く手をさえぎってしきりに追いつめ追いつめ討ちかけたので、取った首数はおよそ三百余級にもおよび、城をたちまち焼き払ってしまった。

賤しきもの金銭

兼続の人となりは、背が高く容姿も美しく、ことばもはっきりしていた。かつて聚楽《じゅらく》城において諸大名がならんでいるなかで、伊達政宗が懐中から金銭を取り出してみなにみせていた。そのころは貨幣が出はじめたばかりで、珍しいものとしてもてはやされていた。兼続にも、「これをみられよ」とことばをかけられたときに、彼は扇の上にその金銭を置いて、打ち返し打ち返し女子供が羽根つきでもするようにしてみていたので、政宗が「気にせず手に取ってみられるがよい」といいも終わらぬうちに兼続は「わが主謙信のときから、先陣をうけたまわって下知し、麾《さい》を揮《ふる》ったこの手に、このように賤しいものを直接触れては汚《けが》れますゆえ、このように扇にのせたわけです」といって、金を政宗の方にぽいと投げて戻した。政宗はひどく赤面したという。

小田原攻めについての意見

小田原の役で、秀吉が城を攻めて数ヵ月にもなるが落ちなかった。そこで兼続を召して意見をたずねた。兼続が思うには、小田原の城を攻めあぐねていらっしゃるが、そうかといって、よもやここからご帰陣になるとは思えない。なぜなら、兵糧その他すべて長陣《ながじん》の用意がしてあるからだ。いま自分をここに召し出されておたずねになるということは、諸国の武士の気を励ますようなことを申しあげよとのことだと察したので、かしこまって申しあげるには、「北条は長年数ヵ国を掌中に納め、かくのごとく大軍をもって籠城しておりますから、五日や十日攻めたからとて落ちようとは思われませぬ。父氏康は、東国では名の通った武勇の将ですが、いまの氏政は、父にははるかにおよばず、生まれつきの愚将です。したがって、身のほど知らずに殿下の敵となって刃《は》向かう立場に立ったのです。小田原近隣の幾多の城の要害の構えも、別段変わった普請を施したものもありませんから、氏政がそれを打ち破るときは、やすやすと事が運んだことと存じます。してみると、氏政の一門、家の子郎党もたいした苦戦をしておりますまいから、とくにすぐれた武功の者もないように思われます。そのうえ、下として臣下のとるべき礼を失い、殿下をないがしろにしたる天罰は、のがれられませぬ。また氏政の兵が多いと申しましても、殿下のご軍勢に比べますと十分の一にもおよびませぬ。氏政の智謀と殿下のご武略とは、雲泥の差でございます。かかる次第にて、もうしばらく日を重ねてお攻めになれば、落城は遠からぬうちと存じます。不義にて富むは浮き雲のごとしと申します。これはまさに氏政のことをいったものだとつくづく思いあたりました」といったので、秀吉はたいへんに喜び、太刀と時服とを彼に授けた。

秀吉はかつて「陪臣のなかでも、直江山城・小早川左衛門・堀監物《けんもつ》らは、天下を治める立場に立っても、みごとにやってのける者だ」といって誉められた。

諸大名が集会して雑談したとき、家康が「いま小禄でこの大坂城を守っているところへ、西国の諸将が攻め登ってきたとすれば、ここで大軍を押さえて関東に告げてくる者は、中臣、小身また陪臣、いずれのなかにてもよい、どれくらいいるか。おのおのの考えを申しのべられよ」というと、福島正則が「率爾《そつじ》ながら申しあげます。拙者は上杉家の老臣直江山城守・蒲生《がもう》家の老臣蒲生源左衛門の両人のほかにはないと思います」というと、家康もこれを聞いて「余もこの両人だと思う」といわれた。

閻魔王への高札

上杉の家臣三宝寺勝蔵という者が下人を成敗したが、その罪は斬罪にあたるほどのこともなかったので、その下人の一族が大いに怒り、彼を生かして返して下されと申し出た。兼続はいろいろ仲に入って、白銀二十枚を与えて「これで堪忍し、この金で死者の跡を弔えよ」と諭したが納得しない。ぜひお返し下されという。兼続は「死んでしまった者をどのようにして呼び返すのか。この銀子であきらめよ」とくり返して諭したが、それでもなお承諾しなかった。兼続はやむをえず家臣の森山舎人《とねり》に命じ、高札一枚をつくらせて一筆書かせ、自分で玄関に出て訴人にいろいろ諭したが、ますます聞き入れぬので、兼続は「このうえは仕方がない。なんとしてでも呼び返してやろう。ただ残念ながら冥途《めいど》まで呼び返しにやる者がいない。大儀であるが、その者の兄と伯父《おじ》と甥《おい》との三人に閻魔《えんま》の庁へ行かせ、その者を受け取りにいくようにいたせ」といってかの三人を捕らえて往来橋で成敗し、高札を建てた。その文には、

未《ダ》レ得二御意《ヲ》一候得共、一筆令《メ》二啓上《セ》一候、三宝寺勝蔵家来何某、不慮の義に付相果候、親類共歎き候て、呼返しくれ候様に申候に付、則三人の者迎に遣はし候、死人御返し可《ク》レ被《ル》レ下候。恐々謹言。

慶長二年二月七日　直江山城守兼続判

閻魔王様

宜敷獄卒御披露

（いまだご面謁の機をえませんが一筆相認めます。実は上杉家の家臣三宝寺勝蔵の家来にて何某と申す者、思わぬことにて死去いたしました。親族ども歎き悲しみ、なんとしても冥界より呼び返してくれよと申しますゆえ、この三人を迎えにつかわします。なにとぞかの死人をお返し下されたく存じます。恐々謹言。

慶長二年二月七日　　直江山城守兼続〔花押〕

閻魔王様

獄卒の面々へもよろしく右の旨ご披露下さい）

と書いた。

藤原惺窩に会う

兼続は、当代随一の朱子学者藤原惺窩《せいか》に会おうと思って三度訪ねていったが、惺窩は居留守をつかって会わなかった。そして最後に「もう一度もしくれば、会うとしよう」といった。翌日またいってみると、そのときはほんとうに留守であった。兼続はがっかりして「余はしきりに先生にお会いしたいと願ったが、ついにかなわなかった。今日は会津に帰らねばならぬ。ついにお会いできぬのは、そうなる運命にちがいない」といって立ち去った。まもなく惺窩が帰ってこのことを聞き、まだ遠くまでは行くまいということなので、さっそく後を追って馳せ行き、大津の宿場まできて兼続に会った。兼続はひじょうに喜び、厚く礼を述べ「私は前々より有道の士（学問深く徳のそなわった人物）たる先生にお教えを請いたいと思い、たびたびお訪ねいたしましたが、折悪しくご不在で拝謁できませんでした。ところが、今日はからずもわざわざここまでお運び下され、まことにかたじけなく存じます」と礼をのべ、「さてあわただしき折ですので、いろいろとうかがっている時間もありません。ただ一事だけをお教え下さい。〝夫《レ》継《ギ》レ絶《ヲ》扶《ク》レ傾《ヲ》〟（まさに絶えんとするを継ぎ傾いたのを支えるの意）ということがありますが、現在でもなおこのように実行すべきでしょうか」と問うと、惺窩は「だが、事を急ぐと、かえって破れてしまう基です」と答えたという。

会津の役

会津の役（関ガ原の役の前哨戦でもあった）で、家康は「奥州の諸浪人は野蛮で、心がたけだけしく勇ましいことは他にたとえようがない。兼続は智勇がある男で、この連中を自由に使いこなしたから、譜代の者と同様、命令にしたがい忠誠をつくす人間になったのだ」といわれた。

景勝に出馬をすすむ

この役で東下した諸将が、上方でも兵を起こしたことを聞いて、小山《おやま》を発して馳せのぼった。井伊直政・本多忠勝をはじめ、上杉との合戦はなかなか手ごわいと思い、みな一世一代の大事と思いつめていたところに、上方への出陣が決まったので、上下の者はほっとして喜ぶ者が多かった。そのころ兼続は、歩兵・騎兵あわせて三万余で下野《しもつけ》塩原に陣取っていたが、家康が江戸へ引き返すと聞いて、ただ一騎で本陣の長沼へ駆けつけ、景勝に向かい「石田三成が旗を挙げて伏見城へ取りかかるので、畿内・中国はいうまでもなく、南海（四国）・西海（九州）の大小名がことごとく蜂起したことは、まさにこれ天の授けたもう好機です。昨日家康公は、小山で耐え切れず、江戸を目指して逃げ込みましたので、このたび家康の供をして小山まで下った大小名は、妻子を三成に人質として取られたことに驚き、みな家康を捨て、上方指してわれ先にと逃げました。いずれも長途の旅に疲れたうえ、上方の大乱を耳にし、東西に敵を引き受ける形勢となり、肝《きも》を失っております。家康公さえ小山から逃げ帰ったことは、まさに天運わが方にめぐりきたったのです。この機に乗じて御馬を進められ、追いかけられれば、江戸まで駆け込むことがおできになりましょう。佐竹右京大夫義宣《うきようのだいぶよしのぶ》・相馬長門守義胤《よしたね》の兵が東方から江戸へ取りかけ、三成は大軍をひきいて東海・東山の両道を攻め降り、真田《さなだ》安房守昌幸《まさゆき》・同左衛門佐幸村《すけゆきむら》は甲斐・信濃の兵をひきいて、八王子口から搦手《からめて》に押し寄せて、南北手をあわせて挟み撃ちにすれば、勝利はもはや目前であります。天下統一のきっかけは、まさにこのときにあります。少しも早くご出馬なさるべきです」といった。

景勝は頭を振り「太閤がご他界なさる前、御前に召し出されて、生涯けっして逆心いたしませんと起請文《きしようもん》を書き、家康公および前田利家・毛利輝元・宇喜多秀家もともに血判をした。その誓紙を太閤の御棺《おんひつぎ》のなかに納めたことは、天下ことごとく知っているところである。このたびのことは、堀直政の讒言《ざんげん》（中傷）で家康公の方からしかけてきたので、一合戦しようと準備をしたのである。しかし家康公は、われわれ方にはかまわずに江戸に引き返されたのであるから、こちらからもまた会津へ引き返すのは物の道理というものだ。もしいま奥州を打ち立って家康公を追いかければ、さきざき申してきたことはすべて偽《いつわ》りということになり、天下最大の悪人としての汚名を末代までこうむり、天下の信用を失うことは、上杉家にとって恥である。けっして家康公を追ってはならぬ」といった。兼続はまた「御意《ぎょい》のご趣旨はもっともではありますが、このたびしかけたのは上杉の方だと、天下ことごとく思っておりましょう。ですから、家康公はこの後当家の根を断ち、葉を枯らそうとなさることは、鏡に照らしてみるごとく明らかです。万一家康公が天道に叶って勝利をえるようなことになれば、上杉が滅びてしまうことはまちがいありません。これを考えると、戦っても滅び、また戦わなくても滅びてしまいましょう。戦わず滅びるのなら、戦って滅びた方がようございます。いまやすなわち騎虎の勢いと申すもので、虎の背から下りるわけにはまいりません」と勧めたが、景勝は大いに怒り「国家の存亡は、いずれにせよそうなるべき時節によって決まるのだ。わしが不信の汚名をきることは、末代までの恥辱なのだ」といって、少しも兼続の言を用いようとはしなかった。

最上へ出陣

九月七日、家康公父子が東海・東山の両道から上方に攻めのぼるということが会津まで伝わってきたので、兼続は、家康公父子がもしこちらに取りかかってくるのなら、白河で一戦し、天下の勝敗を決めようと思っていたところ、そうせずに上方に馳せのぼることは、かえって味方の大事となる。三成をはじめ上方衆の力では、家康公との合戦で上方勢が敗れるのはまちがいない。そうなると、こちらの大事となる。会津の城は守備範囲がひろくて、大敵を引き受けてもちこたえることはむずかしい。その理由は、白河口を防ぎ守るといっても、越後から搦手で堀・溝口・村上を先手とし、前田利長が大軍をもって津川口から攻め入れば、このうえなき危険に陥る。結局会津で功を成すことがむずかしければ、東軍が上方へ向かったすきに、山形へ取りかかり、上《かみ》の山《やま》・長谷堂《はせどう》・山辺《やまのべ》・東根《ひがしね》などの城を攻め落として、山形を取り、最上義光《もがみよしあき》を打ち滅ぼして、東根城へ会津の妻子や足弱《あしよわ》の者をおしこめておき、家康公が重ねて大軍をもって寄せてこられれば米沢まで退き、それから東根城にたてこもり、岩手沢を東南の境にして、北は羽黒・湯殿までを境とし、秋田山を背にして籠城すれば、家康公の軍兵は、難所を越えて東根城へ進撃するであろう。味方は天童・尾羽《おは》・根沢・小野・清水・新庄のあたりに出て城をかまえ、臨機応変に戦えば、戦線を伸ばして深入りした軍勢は、長期にわたる滞陣に退屈し、里心のついているところを、諸口《しょぐち》同時に切ってかかれば、かならず有利な一戦になるはずと協議一決して、その旨を景勝に申し出たところ、景勝は「大軍が最上へ攻め込むと聞いて、結城秀康《ゆうきひでやす》は白河口からしかけてき、佐竹義宣は多珂《たか》郡の方から南の関に打ち入り、北国勢は津川の城を攻め破り、かくして会津の右手にまわればどうするのか」という。

兼続は「白河口は安田順安《のりやす》・島津勝久が固めておりますから、秀康の力では容易に攻め破ることはできますまい。津川口はたいへんな難所ですから、五日や十日で人数を一万差し向けたとしても、押し入ってくることはむずかしいことです。先日奈良沢・上倉《かみくら》・小佐原《こさはら》らを差しつかわしましたから、それほど気づかう必要はありません。私が最上へ攻め入ったあとで、白河・津川へ敵が進出してきたと聞けば、山形には附城《つけじろ》をたくさんつくってそこに兵を残し、後日最上を攻め取りやすいように手配りして、さっそく会津へ帰ってまいりましょう。ともかく最上へ取りかかり、東根の城を陥れて、これを詰《つめ》の城とするように手配しておきましょう。当春、私が山伏姿に身をやつして出羽・陸奥の城々をみてまわりましたところ、要害のすぐれているのは、この東根城がいちばんでございました。この城を取って、上杉家中の諸侍の妻子を入れておき、ここに引きこもれば、家康公がみずから出馬してきたとしても、容易に寄りつくことはできますまい。少しも早くこの城を取りましょう」というと、景勝も同意して、最上への出陣が決まった。

長谷堂を引き払う

兼続は最上義光の属城畑屋《はたや》を陥れて、さらに長谷堂を攻めた。このとき景勝から関ガ原での敗戦を聞いた。兼続はそれを聞き「石田が滅亡しては、敵はきおいたち、味方は弱まることと明らかだ。しかし木村監物・上泉主水正俊《かみいずみもんどまさとし》が討ち死にしたとしても、敵と戦ってまだ利を失ってはいない。敵城を多く乗っ取って、近いうちに長谷堂をはじめ、山形まで攻め破る考えでいたが、この関ガ原敗北の注進を聞くや否や、何のなすこともなくすぐに引き返したのでは、いままでの働きが水の泡となってしまう。だからもう一度長谷堂に押し寄せて、手剛く戦ってこそ武夫《もののふ》の本意というものだ」といって、九月二十九日暁天に押し寄せて、曲輪《くるわ》（城のまわりに築いた土や石垣）二構《ふたかま》えをふみ破り、周囲を全部焼き払い、首百余級を打ち取って引きあげた。十月朔日《ついたち》に陣払いをして引きあげようとしていると、伊達政宗の援兵二百人とあわせて八百人があとを追った。兼続は引き返してただ一戦でふみ破り、門田《もんでん》まで追撃してもとのところに帰り、首実検をして勝鬨《かちどき》をあげた。諸将は「この勢いに乗って引きあげれば、敵は追ってはこまい」といったが、兼続は「今日中に引きあげては、いままでの勝利が水の泡となる。敵地でも、味方の地でも、討ち死にした人数の多少にかかわらず、いかにも勝戦《かちいくさ》だと思わせるような芝居を打った方が勝ちであることは昔より決まっている。まして、石田が滅んだというときに、われわれがここを引きあげたりすれば、兼続は気が動顚したなどと世間の噂もたとう。そうなれば、私がこうむる悪名は、すなわち殿（景勝）の名折れともなる」といって、その日はそこにとどまり、翌二日巳の刻（午前十時）に引きあげた。

兼続が長谷堂を引き払うとき、溝口左馬助勝路《かつみち》が兼続に向かって「夜になってから人数を引きあげると、大敗軍となりましょう。今夜は堅固な地に陣を取って、明朝お引きあげになって下さい」というと、兼続も「もっともだ」といって同意し、一里ほど引き返して、小高いところの野山で、左半里ばかりの地点――その先は大山というところ――に陣を取り、夜が明けるのを待った。上杉謙信のいわゆる〝懸り引き〟（攻勢をみせておいて退くこと）という戦術で引きあげたので、諸軍はなにごともなく凱旋《がいせん》した。このときの陣取りは兼続の下知で、山から半里前に陣取ったのである。山へかからなかったことを、家康公はのちのちまで誉めたたえられた。

関ガ原の役後

兼続は米沢三十二万石であったが、慶長五年の関ガ原戦後、景勝からわずかに六万石を賜ることになった。彼はこのうち五万石を諸傍輩に分配し、たった一万石となり、さらにそのうちの五千石を小身の輩に配分し、自分はわずか五千石となった。彼が部下を愛したこと、おおよそこのようなものであった。

関ガ原の役の後、兼続は景勝にしたがって登城した。そのとき執権本多上野介正純《こうずけのすけまさずみ》・酒井雅楽頭忠世《うたのかみただよ》・安藤帯刀直次《たてわきなおつぐ》・成瀬隼人正正成《はやとのしょうまさなり》らが兼続に会った。兼続は相手を帯刀・隼人などと呼んだが、直次・正成らは手を突いて「山城殿（直江山城守兼続）いかがなされましたか」などと、慇懃に尊敬した態度であったという。

大坂の役後

大坂の役後、兼続が須田・杉原・鉄《くろがね》の三人を引き連れて家康の前に出たので、家康は「直江兼続は、わしが請け取った備えのうちから、わずか三十四、五騎をさいて、川のなかの芦茂る島に和・戦両様の腹づもりで、まるで見物のように控えていた。みずから進んで争いを起こさぬ心のうち、少しも動ぜぬ沈着ぶり、いわゆる〃陰の備え〃をもって勝ちを守る者である」と感じ入って、書と刀を授けてその功を称せられた。

兼続がある日、安田順易方に行ったところが、ちょうど朝食のときだったので、すぐには顔を出さず、「食事中で」と弁解した。そこで兼続は「菜《さい》にはなにを召し上がったのか」と聞いた。順易は「蓼《たで》と塩で食しました」と答えると「塩だけで事足りようものに、蓼までは必要ない」といったということである。

文事に長ず

兼続は武事に練達しているばかりでなく、和歌詩文にも通じていた。「織女惜レ別」という題で、

二星何《ゾ》恨《ンデ》隔《テテ》レ年逢《フヤ》　今夜連牀散《ゼン》二鬱胸《ヲ》一

私語未《ダ》レ終《ラ》先《ズ》灑《グ》レ涙《ヲ》　合歓枕下五更《ノ》鐘

（牽牛《けんぎゅう》・織女《しょくじょ》の二星、あわれ、年に一度の逢瀬とか。今宵こそ、日頃悶々の鬱懐を晴らすべく床を共にしたのだが、二言、三言睦言《むつごと》のまだ終わらぬうちに、まず頬をつたう涙をいかにしよう。肌を接し、歓びをきわめる枕もとに、漂いきたるは、はや五更〔寅の刻、午前四時〕を告げる鐘の音)

また、こんな詩もある。

春雁似《タリ》レ吾《ニ》吾似《タリ》レ雁《ニ》　洛陽城裏背《キテ》レ花《ニ》帰《ル》

（春を見捨ててゆく雁《かり》は、あたかもわが身のごとし。いや、わが身があの雁に似ているといってもいい。春色ようやくこまやかなこの京洛の町――花まさに咲きいでんとするこの絶好の季節に、その町をあとにして、われはいま寒さ去りやらぬ陸奥《みちのく》へ旅立とうとしているのだ）

など、かずかずの詩作がある。また五臣注の『文選《もんぜん》』（『文選』は梁の昭明太子蕭統の撰。三十巻。『五臣注文選』は唐の呂延済・劉良・張銑・呂向・李周翰ら五人の注を呂延祚が集めて一書としたもの。開元六年〈七一八〉にできた。六十巻）は、兼続が板行したものである。征韓の役で兼続は朝鮮へ渡ったが「外国で戦功をあげてみてもなんの利益があるものか」といって、書籍を分捕って帰朝した。兼続と前田慶次郎利大《としひろ》の両人の評を加えた宋板の『史記』がいまでも上杉氏の学校に残っているという。また慶長五年（一六〇〇）、僧承兌《しょうたい》に報ずるの書は、家康の怒りに触れはしたが、その書はたっぷりと豊かで力強く、少しもせせこましい気分がなかった。文事に通じていることは、このことからもよくわかるであろう。

〈注〉

直江山城守兼続は、はじめ樋口与六と称した。樋口家は木曾義仲の四天王の一人、樋口次郎兼光の子孫といわれ、兼続の父惣右衛門兼豊は、謙信の一族で、越後魚沼郡上田の領主長尾政景の家臣。越後与板城主であったという。謙信の姉仙桃院が政景に嫁ぎ、その間に景勝誕生。兼続は少年時代から景勝に仕え、兄弟ともいうべき主従関係であった。謙信が没した天正六年（一五七八）には、景勝二十四歳、兼続十九歳。二年後の天正八年、景勝の斡旋によって、上杉家の名門直江家を継ぐことになった。

織田信長

備後守信秀の子。弾正忠から進んで右大臣。近畿二十四国を平らげ、安土城に住んだ。天正十年（一五八二）六月二日明智光秀に殺される。年四十九。従一位太政大臣を贈られた。

印陣打を好む

信長は幼名を吉法師《きっほうし》という。清洲《きょす》の寺に手習いにいったのであるが、そこには相弟子の子供たちが四、五十人いた。毎年五月五日には、子供たちが東西に分かれて、石つぶてを投げあって勝負を争った。これを印陣打《いんじうち》といった。信長はこの遊びをひじょうに好み、五月五日には、いつも母から筆墨紙などの類に、飯米三斗、永銭（永楽銭）一貫ずつを送ってきたが、信長はこの品々を子供たちに与えて、印陣打をさせるのだが、永銭を与えた者は抜群の働きだった者、そのほかその功名によって、褒美として例の永銭や品々を与え、自分は一銭も貯えずみな分け与えてしまった。心ある者は「この子は将来名将となるであろう」といって、舌を巻いて感心したということである。

小　蛇

信長が幼いとき庭に出て遊んでいるところに小蛇が出てきた。信長はそれをつかんで、近臣の者に向かい「このようなことを勇というのか」と聞くと、近臣は「小蛇などはおそれるに足らぬものです」と答えた。信長は「蛇の毒は形の大小にはよらぬ。蛇が小さいからといっておそれぬというのなら、もし主君が幼年ならば、お前たちはその主君を侮るのか」といわれたので、近臣は大いに赤面したということである。

異様な姿形

信長は才気がすぐれており、大志を抱いていた。小さいころから豪気あふれて実に無軌道ともいうべく、大きくなるにしたがって侠気を好み、有為の人物を養い、細かいことにかかわらず勇を尊び、決断することが多かった。いつも馬を調練し、弓や鉄砲の撃ち方を習い、さらに泳ぎを学んでいた。また近臣を集めて竹槍で闘わせ「槍は長い方が有利だ」といった。そして三間柄《え》、または三間半柄の槍をつくった。この時分は、信長の姿形はひじょうに堂々としていて目立っていた。濶袖《ひろそで》の衣を着、半袴《はんばかま》・燧袋《ひうちぶくろ》、その他さまざまなものを身につけて、頭は茶筅髪《ちゃせんがみ》（もとどりを組緒で巻き、先をほどけさせて茶筅《ちゃせん》の形にした結い方）に結び、朱鞘《しゅざや》の大刀を帯びて町なかを出歩くのに、あるときは人の肩にもたれ、またあるときは餅菓《べいか》を食いながら歩いており、そのようすはまったく傍若無人であった。このことが遠近を問わずひろく伝わり、みな「信長は無類の大戯気者《おおたわけ》だ」といった。

天文十八年（一五四九）、父信秀が死んだので、信秀の法会《ほうえ》が万松寺《ばんしょうじ》で行われた。そのとき信長は弟勘十郎信行《のぶゆき》とともに行った。その葬礼をみる者はひじょうに多かった。信長は長《なが》柄《え》の刀脇差を藁縄《わらなわ》で巻いたものを差して、袴も着けずに焼香に出た。髪は茶筅に結び、位牌の前に出て抹香《まっこう》をかっと摑《つか》み、仏前に投げかけて帰った。一方、信行は、折り目のきちんとした袴、肩衣《かたぎぬ》の装束である。そこにいた者はみな信行を誉めて信長のことは「例の虚気者《うつけもの》よ」といってとりどりに批判した。そのなかに筑紫の僧がいた。彼は信長をみて「この人こそかならず国郡をもつべき人だ」といって賞した。

平手政秀の諫死

こんなありさまだったので、信長の養育係であった平手中務大輔政秀《ひらてなかつかさのたいふまさひで》は深く心を痛め、しばしば諫めたけれども、それを聞き入れない。そのため、天文二十二年閏《うるう》正月十三日、ついに政秀は諫死してしまった。信長は驚き悲しみ自分を深く咎めて、一室にこもったまま出てこなかった。政秀のために、寺を政秀の領地志賀村に建て、政秀寺《せいしゅうじ》と名づけて、忌日にはかならず参詣した。政秀の死後、信長はみずから誓って「いまとなっていたずらに悔やんでみても、なんの益にもならぬ。過《あやま》ちを改め、心して善行を行うように努め、大功を天下に立てることによって、前の失敗を償うほかはない」といった。そこでますます武事に心を砕き、隣国への警備を強めた。

斎藤秀竜と会す

信長は斎藤山城守秀竜《ひでたつ》入道道三《どうさん》の娘を妻に迎えた。そのころ近国の噂では、信長は無類のたわけ者だといっていたので、秀竜はこれを聞き、聟入《むこいり》と唱えて、そのようすをみようと富田の正徳寺で会おうといい送った。信長はすぐにその会見を承諾し、日を決めて富田に行った。秀竜は将士七百余に折り目正しい袴・肩衣を着させ、慇懃に古風な装束で、正徳寺の御堂の縁に行列を正してならべさせ、その前を通る信長のようすをみようとした。いよいよ会見の日となったが、秀竜はひそかに富田の町はずれに小家を借り、隠れて信長のようすをうかがっていたが、信長のその日の服装は、いつもよりももっと異風である。まず茶筅髪に浴衣染《ゆかたぞめ》の明衣《あきごろも》を潤袖にして着、熨斗《のし》付の刀脇差、それをともに長柄のところを藁縄で巻き、太い苧縄《おなわ》を腕抜《うでぬき》（刀が手から離れないように柄頭《つかがしら》、鍔《つば》から垂れて手首に通す紐）をつけ、腰のまわりには例の燧袋、瓢箪《ひょうたん》など七つ八つほどつけ、虎豹の皮で四つ替わりに縫った半袴をはき、太くてたくましい馬に乗って歩かせ、先頭には弓銃の兵を五百人、三間柄の朱槍を五百押し立て、健脚の若党を七百人ほど歩かせている。通過する沿道の見物衆の耳目を驚かせた。

やがて正徳寺に着き屏風のうちに入るや、にわかに着替え、髪も結びなおし、いつのまに用意したのか、褐色の袴をはき、こっそり拵《こしら》えておいた小さ刀をいかにもきゃしゃに帯に差し、まったく古風貞実な身なりで出てきた。家人《けにん》たちはその姿をみて「さては、日ごろの姿はわざとたわけを装っておられたのだ。とんとお心のうちのわからぬ大将だなあ」といって驚いた。さて堂へ通り縁をしずしずとのぼるとき、斎藤家の老臣堀田道空《どうくう》・春日丹後が出迎え「早くいらして下さい」と会釈したが、知らぬふりをして諸将の居並ぶ縁の上を通り、柱に寄りかかって座った。

さて秀竜は町はずれから早く帰ってきていたとみえて、屏風のかげにいたが、その屏風を押し退《の》けて、秀竜が進み出た。信長は、それにもかまわず知らん顔をしていたが、道空が近寄って「この方が山城守殿でございます」といった。そこで信長は「ああ、そうであるか」といわれて、敷居からうちに入って挨拶をし、そのまま座敷に座りなおした。そのふるまいはことのほかおだやかで、思慮分別ありげなようすであった。やがて秀竜と盃が交わされた。そして万遺漏《ばんいろう》なく終わって退出したのである。秀竜も思いがけぬ信長の様態にいささか鼻白む思いで「またお会いいたそう」といって、二十町ほど見送り、たがいに挨拶を交わして帰っていったが、美濃衆（斎藤方）の槍は短く、尾張衆（織田方）の槍は長いので、たがいに槍を交える術もなく、そのうえ尾張衆に機先を制せられてなんとなく悪びれたようすで、すごすごと帰っていった。その帰路で猪子兵助《いのこひょうすけ》が秀竜に向かって「どうみましても信長はたわけ人でございます。いかがお思いになりましたか」といった。秀竜はこれを聞いて「そのことよ。いまにみているがいい。わしの子供は、やがてあのたわけ者の門前に馬をつなぐであろうよ。いまからそれがみてとれるとは、口惜しきかぎりだ」といって涙ぐんで答えたという。そのとき信長は二十歳であった。

秀竜の君臣を離間せんとす

はじめ信長は斎藤秀竜と領地を争って戦ったが、いつも勝てなかった。信長はそれを心配して、秀竜の君臣を離間《りかん》（仲たがい）させようと考え、まず両家老に対して使者をつかわして、「拙者は秀竜の敵ではない。秀竜殿の娘濃姫《のうひめ》を拙者の嫁として許してくれるのなら、結婚して旗下に属し、秀竜殿のために難に赴き、危うきを救う義務をはたしましょう」というと、秀竜はこれに同意した。こうして信長は濃姫を迎えてから一年ほどすぎたころ、濃姫がよく眠っているのをうかがって、ひそかに起きて外に出、明け方になると帰ってくるようなことが一ヵ月ほどつづいた。濃姫はこれを怪しんで「あなたが忍んで心を通わしておられる女があるなら、はっきりいって下さい。なんで一人で悩んで深く隠しておられるのですか。妾《わたくし》は妬《ねた》む心など少しもないのですよ。このごろのごようすはほんとうにおかしいと思っております」といかにも恨めしげにいうと、信長は「いや、女のことではない。実はわしに一つの秘計があるのだ。わしだけが知っていて、人に知らせるべきではないことなので、そなたに疑われるのも是非なきことだ」といって、また前のように一ヵ月ほどすごした。濃姫はさらに怪しみ、しつこく問いただしてやまない。信長は「夫婦の愛情は浅いものではないが、隠さねばならぬことは隠しておかなければ、ことがもれて謀は失敗する。こうしてわしが沈黙を守っていると、実際にそなたに心隔てがあるようにとられて心苦しい。女の問題などではけっしてないのだ」と詫びるようすなので、濃姫は「これほどまでに疎外されているとは、かねがね思いもかけませんでした。そうとは知らぬ妾は、女心の愚かさと申すのでございましょう。いまさら愚痴《ぐち》を申してもいたしかたなきこと。いまとなっては、いずれともあなたが深く心を寄せておられる方の女をここにお置き遊ばせ。妾はどこへでも出ておりましょう」といって涙を流して歎くので、信長は仕方ないようすで「そなたの父秀竜殿とわしとは深い仇敵の仲である。いったん和睦したのは、わしの本意ではない。秀竜殿の両家老はすでにわしと心をあわせ、秀竜殿を殺害して子丑《ねうし》の間（真夜中の二時前後）に火をあげるように堅く約束したが、それから早くも五、六十日たっているので、毎夜、星を戴き霜をふんで、この火があがるのを待っているが、まだあがらぬところをみると、その機会がえられぬのであろう。火があがると同時に軍兵をひきいて美濃に乱入し、その地を取ることにしている。この密事を口に出すことはけっしてあってはならぬ。また心のうちでも思うべきではない」といって、濃姫の方から父秀竜への使いも、手紙も出さぬよう番人をつけて厳重に見張らせられた。両家老には、しばしば使いをつかわしたり、書を送ったりして人の疑いを起こさせた。一方、部下の将士には、深夜に、にわかに軍を用意して下知を待つよう命じていた。秀竜が尾張に入れておいた間者からこの旨を告げられた秀竜が、なにごとだろうと思っているところに、五日か七日ほどすぎたころ番人が、わざとすきをみせると、濃姫がつぶさに右の旨を書いて告げてきたので、秀竜は怒って、この両家老を斬罪に処した。これより秀竜の鋒先《ほこさき》はすっかり衰えてしまった。

斎藤義竜、父秀竜を弑す

弘治二年（一五五六）四月、斎藤秀竜は長子右兵衛尉義竜《うひょうえのじょうよしたつ》を廃して、年若い子某《なにがし》を立てようとした。義竜はこのことを知って、その若子《わかご》をおびき出して殺し、父秀竜と戦って、ついに秀竜を殺してしまった。信長はこれを聞いて、兵をひきいて出ていき、秀竜を救おうとしたがおよばず帰ってきた。義竜はこの信長の軍を追ってきた。信長はみずから殿《しんがり》を務めて退いた。岩倉城主ははるか彼方から義竜をたすけて、兵三千をひきい、丹原野《たんばらの》に陣取った。そのとき、信長の兵はわずか八十三騎である。そこでさっそく、清洲の町の人びとを駆り立てて、竹を伐《き》って槍とし、軍の最後尾にならべさせた。敵はこのようすをみて、大軍がくると思い違いし、退いていった。

明　察

尾張海東《かいとう》郡大屋の村長甚兵衛は、織田造酒允《みきのすけ》の手下であった。一色《いしき》村左介と仲がよかった。たまたま歳末に甚兵衛が貢税を計算するために清洲に行っているとき、左介が夜になってひそかに甚兵衛の家に入った。甚兵衛の妻は左介を捕らえようとしたが、左介は逃げてしまった。妻はその刀の鞘《さや》を取ってこれを証拠とし、訴え出た。左介はその鞘を自分のものだと認めない。役人は火に焼いた斧を三王の社前で握らせた。そのとき信長は鷹狩りの帰りであり、神社の辺りで人が群がっているのをなにかと思ってたずねると、こういうわけですと語ったので、信長はようすをよくみて、火斧をさっきのようによく焼かせ、自分で手に受けて三歩進み、これを棚の上に置いていった。「火斧で無罪かどうかを判定しようとすることは滑稽千万なことだ。わかったろう。無実ならば三歩歩け、罪あれば火斧を握れぬというが、いまわしがやってみせたように、三歩歩くぐらいはたやすいことなのだ」といって左介を斬った。左介は池田信輝の手下であったため、役人が信輝に媚びて火斧を握らせるだけで免じようとしたのである。これを信長が察しての行動であった。彼の明察とはこのようなものである。

今川義元とその老臣を離間さす

信長は今川義元を滅ぼそうと謀り、まず押さえのために尾張笠寺《かさでら》の城にいる今川の老臣戸部新左衛門を離間させようとした。戸部は達筆である。その筆跡を手に入れ、自分の祐筆にその筆法を習わせ、そっくりに書けるようになったところで、戸部が信長へ内通しているような内容の書状を村井所之助あてに書かせ、森三左衛門可成《よしなり》を商人に仕立てて駿河につかわし、あちらこちら徘徊させた。あるとき朝比奈小三郎宅に行き、鍔《つば》などを商った。その鍔を包んだ反古《ほご》紙を小三郎がみると、戸部の筆跡にまちがいないのでびっくりし「この反古はどこから出たものか」と聞いた。森は「この春、清洲の村井所之助殿の小姓に鍔を売りましたとき、下取りの鍔をこれに包んで下されました」といった。小三郎はこの反古を取って義元に告げた。義元はひじょうに怒り、戸部を笠寺から呼んで糾明しようとしたが、「駿河までくるにはおよばぬ」といって、吉田で彼を殺した。信長は、これから駿河を狙う手懸かりをえたのであった。

今川義元を討つ

永禄三年（一五六〇）五月、義元は大兵をひきいて丸根《まるね》・鷲津《わしづ》を攻め落とし、桶狭間《おけはざま》に陣を取った。信長は鳴海に打って出て、防戦しようと考えていた。老臣たちは、大敵であるから清洲の城をお守りなさるようにと諫めたが聞き入れなかった。酒宴を開き、猿楽で羅生門の曲舞《くせまい》（白拍子などの舞った宴曲の雑芸から発達し、水干《すいかん》・大口・立烏帽子《えぼし》で鼓にあわせながら、派手に舞うもの。室町時代に大いに行われ、謡曲に取り入れられていった。雅正な舞に対して曲舞という）を舞わせていたとき、敵が攻めてきたと告げてきた。信長は少しも騒がず〝人間五十年間、外典《げてん》の内を競《くら》ぶれば、夢幻の如し〟という段をくり返して歌い、歌い終わるやたちまち螺《ほら》を吹かせ、武装させて主従わずか六騎、歩兵二百人ほどで駆け出し、熱田神宮に詣で、願文を神殿に納めているうちに軍兵がつづいて追ってきた。その願文を籠めて社頭から帰り、旗を進めているところに、白鷺《しらさぎ》が二羽旗の先を飛んでいくのをみて、「あれこそ当社大明神が擁護して下さる験《しるし》だぞ」といって諸勢を励まし励まし進んでいった。

源太夫の祠《やしろ》から東をみると、鷲津・丸根が攻め落とされたらしく黒煙が立ち上がっている。海岸の方は潮が満ちているので、笠原の東の道を、まっすぐに進んで、砦《とりでとりで》々の味方に使いを出し、その兵を軍勢のなかにくり入れて、中島の砦に着いた。「わしの計略は、今川の大軍がことごとく本道へくり出して、本隊は小勢であるにちがいない。そこへ山かげから切ってかかり、たちまち勝負を決してしまおうというのだ」と大音声《だいおんじょう》で下知すると、将兵たちはみな勢《きお》いたち勇みに勇んだ。旗を絞らせ身をひそめるようなかたちで、山かげから桶狭間に向かった。義元は駿河の先陣に勝ったと喜んで酒宴を開いていたところが、急に曇りだして夕立が滝のようにやってきた。そのうえ風と雷が烈しかったので、義元の兵は、信長勢が攻め込んでくる音を聞きわけることもできず、そこへ信長の兵は鬨をあげて切り入ったので、敵は不意の戦にあわてるばかりで出方を失ってしまった。毛利新助秀高が義元の首を取ったので、敵勢は総崩れの大敗北となってしまった。信長は追撃して首二千五百を取り、勝鬨をあげ、その日の申《さる》の刻（午後四時）に清洲に凱陣した。これを境にして信長の驍名《ぎょうめい》（強勇の評判）はますます高まった。

この役で林通勝《みちかつ》・柴田勝家・池田信輝らの諸将は、今川勢は大軍、わが方は小勢、衆寡敵せずといって諫めた。ところがただ一人簗田《やなだ》出羽守政綱だけが信長の計画に賛成し「敵は丸根・鷲津の両城を抜いて、まだその陣を変えずにいる。おそらく本隊がかならず後にいるでしょう。兵を潜行させて、これを襲えば義元はかならずお討ちになれましょう」といった。これにより勝利をえたのである。それでその場ですぐさま沓掛《くつかけ》村三千貫の地を賜った。一方、毛利秀高は義元の首を取ったが、その褒美は政綱より軽かった。

斎藤義竜、信長を狙わしむ

信長は長年思い立って上下八十余人でひそかに上京した。美濃は敵地であるから、熱田から船に乗り、伊勢の桑名から陸にあがった。それから忍んで奈良堺をはじめ畿内の地形や風俗まで一見し、その足で上京して将軍足利義輝に謁見した。このことを斎藤義竜が聞いて、屈強の士五、六人をつかわして信長を狙撃するよう命じた。信長は早くもこのことを知り、金森五郎八長近《ながちか》を使いとして、討手の者たちのひそんでいる蛸薬師《たこやくし》の旅宿につかわした。長近はすぐその討手の者と対面して、「あなた方の上京のことはもう信長はすでにご存じゆえ、私をこのように寄こされたわけである。だからおのおの方も、信長にお礼を申されて当然であろう」というと、五人の者たちは、ひどく驚いた。その翌日、五人の者は小川表へ上ったが、信長も立売《たちうり》の町を見物して小川へ出たところで、この五人の者とばったり出会った。信長はすぐに「汝らは美濃の国からはるばる上京して、信長を討とうと狙っていると聞いている。だが、これこそ蟷螂《とうろう》の斧というべきものだ。さりながら、その志たるやあっぱれだ。わしを狙い討つということがほんとうなら、いまここでやってみよ」といわれたので、五人の者は信長の威光におそれて「そのようなことは思いもよらぬことです」といって困り入ってしまった。それから四、五日すぎて、信長は森山まで下った。翌日、大雨が降ったが、夜明けに発《た》って八風峠《はっぷうとうげ》を越え、山伝いに十七里の道を一日で清洲まで帰り着いた。京でも田舎でも、みな一様に彼の武勇を褒めたたえた。

永禄四年、丹波の赤沢加賀守が信長に立派な鷹を二羽贈った。信長は喜んで「ご厚情身にしみる。しかし私は、いま四方にことがあって多忙であり、まだ遊猟をする暇がない。私が天下を平定してからお受けしても遅くはない」といって返した。はたして十年を経ぬうちに旗を京都に進めたのである。

家康と和す

信長は徳川家康と和睦した。家康が清洲にきて対面したとき、信長は「このたび和睦申しあげるのは、私が五畿内を打ちしたがえましょう。徳川殿は駿河を打ちしたがえられるがよろしい。強敵があればたがいに加勢をしましょうという趣旨からです。われら両人力を合わせて天下統一の業をなすは難事ではない。しかし、ここで一つ十分考えておかねばならぬことがある。すでにその昔、清盛・義朝は勅諚《ちょくじょう》によって天下泰平の世となったのに、両将が雌雄を争って、ついには両方ともに滅びた。その後義貞・尊氏も同様です。先車が顚覆《てんぷく》するをみて、後車がそれを戒めとするというのは、まさにこのことです。今後は両雄は威を争うことなく、織田が武将になれば徳川はその幕下に属しましょう。その件につき、一言の虚妄もありません」と起請文を取り交わし、たがいにたいそう悦《よろこ》んだということである。

晴信の女を子信忠に請う

永禄十年十一月、信長は織田掃部助《かもんのすけ》を使いとして、武田晴信の七歳になる娘を、子息城介信忠の妻にしようと請うた。武田の宿将はみな「信長の行動をみますのに、その志は実に遠大のように思われます。いま重ねて縁を求めてまいりました。なにを考えているのか見当もつきません。お許しにならぬ方がよいでしょう」というが、晴信は「信長が親しみをわしに請うのは偽りではない。それは、信長がわしのところに贈ってくる箱を削ってみると、特別に地が堅く蒔絵《まきえ》も念が入っている。勝頼を縁者にする（永禄八年〔一五六五〕信長は姪と勝頼の婚姻を申し出ている。この女は、妹婿にあたる美濃国苗木城主遠山勘太郎の女で、幼少のころから信長はこれを養女としていた）二年前からと少しも変わりがない」と毎年贈ってきた唐櫃《からびつ》を取りだしてみせると、晴信のことば通りであった。また晴信は「人の真実か不真実かは、音信で知れるものだ。一度や二度は念を入れても、三度もまた十分に念を入れるという気の配り様は、小身の者でさえもできぬことなのに、まして国持ちともなれば、わしだって信長だって多忙に追われて、年々このように気を配るということはできぬものだ。ところが信長は一年に七度ずつかならず使いを寄こす。それもこちらから使をつかわすのなら、その返報ということも考えられるが、二年に一度もこちらからは人をやっていないのに、親か主人にでもするようにきちんとやるからには、縁者になりたいという気持ちはいっそう真実だろう」といって、その縁談を許した。信長の気の使い方は、このようなものだった。

京都に入る

永禄十一年九月、信長は将軍義昭をたすけて兵を起こし、佐々木義賢《よしかた》入道承禎《しょうてい》の箕作《みつくり》観音寺の城を陥れ、諸軍を整えて京都に入った。京都の士民は前々より信長の威武を聞いていたので、その暴掠《ぼうりゃく》を恐れること鬼神を恐れるがごとくで、みな荷物を背負って逃げてしまった。いよいよ信長が京に着くと、命令はきわめてはっきりしていてきびしく、少しもこれにそむく者はいなかった。菅屋長頼に街なかを巡行させたが、たまたま歩兵が商人と価を争っていた。するとその者をすぐ捕らえて樹に縛り、京人の前で晒《さら》し者にした。こういうありさまだったので、人びとは安心して信長に心服した。

信長はすでに近畿を平らげた。朝廷は信長の功を賞し従四位下に叙し、左兵衛督《さひょうえのかみ》に任じられた。しかし信長は「私めは天の道をもって強賊に勝つことができたまでのこと。それなのに、どうして、これをみずからの功として、このような顕爵を頂戴することができましょうか」といって辞退したので、従五位下に叙せられ、弾正《だんじょうの》忠《じょう》に任じられた。義昭もまた将軍として信長を管領とし、副将軍の号を授けようとしたが、信長はこれも辞して受けなかった。

義昭は信長の近畿平定の業の成ったのを祝って、散楽十三曲を邸で催そうとしたが、信長は諫めていった。「最近凶賊がわずか服しただけで、四方はまだ平定しておりません。まだ悠々と遊び戯れなさるときではありません。また軍にしたがう者はみな、一日も早い帰郷をしきりに思っております。よろしく厳粛な儀式のようなものを催すことにして、散楽などはおやめ下さい」と。義昭は十三曲を省略して五曲として行った。信長はすぐに兵を解き、畿内の多くの関所を取り払い、行旅に便利なようにしたため、遠近の者はみな悦び服した。義昭は、信長に功があったにもかかわらず、なんの賞も授けられなかったことに心を痛め、褒状を賜り、信長を父と呼ぶといった。まもなく信長は岐阜に帰った。

十二年正月、三好長慶《ながよし》の一党が義昭を六条の邸に囲んだということが伝わったので、信長がいそいで兵を出した。信長が馬に乗るときに、馬に載せる荷物に軽重のかたよりがあるといって兵が喧嘩をしている。信長は馬から下り、すべて自分でその荷を手にして試してみて「軽重に差はない。早く走れ」というと、争いはぴたりとやんでしまった。

浅井長政勢との争闘

信長が浅井備前守長政《あざいびぜんのかみながまさ》と二条の御所を築いたとき、小さなことがきっかけで、信長勢と長政勢との間に闘争が起こり、信長勢五百六十人、長政勢三百五十人が死んだことがある。事が終わってから柴田勝家・森可成が信長の前に出て「浅井の者たちが、これこういう狼藉《ろうぜき》におよびましたので、きっとお咎め下さいますように」というと、信長は笑って「備前守もそのような狼藉はせぬであろう。わしがこの争いを推量してみるに、箕作の城攻めのとき、浅井が、ことのほか鈍かったのをわが家の者たちが侮って、なにやかや悪口をしたために浅井方も腹を立て、このようなふるまいとなったのであろう。浅井は代々弓矢の誉れ高き家である。今後浅井につまらぬことをいいかけて、恨みを買うようなことをするな」といわれたので、柴田・森は返すことばもなく退出した。やはり信長のことばの通りであった。

人を用うる道

すでに義昭は二条城に移った。そして信長にいった。「最近、戦争はまだやまぬ。よって身の危険もあるゆえ、勇猛なる武将を一人、わが護衛の任にあたらせよ」と。そのとき佐久間信盛《のぶもり》・柴田勝家・丹羽《にわ》長秀《ながひで》は老練な武将であるから、信長に厚く用いられていた。だから、人びとはみな「二条城の護衛はこの三人の将のなかから選ばれるにちがいない」と思っていた。しかし、信長は木下秀吉に命じたので、一同はみな驚き入った。群臣は秀吉が信長の寵遇を受けていることを嫉《ねた》んで、しばしば讒言したが、信長は彼をますます厚く遇した。そしてつねにいっていた。「人を用いる道は、その者の才能のあるなしによって選ぶべきものだ。奉公年数の多い少ないを論ずべきではない」と。信長が人の能力をよく知って、適材適所に用いることこのようなものであった。人びとはこういう点によってますます信長に心服したのである。

皇居修理

応仁以来、京都にはしばしば戦が起こり、皇居はひどく破損していた。信長は命じてこれを修理させた。村井道家にこの役を命じた。元亀元年（一五七〇）、皇居は完成し、宮門も殿舎もことごとく元のようになった。また金を京都の民に散じ、その利息を収納して御所の経費に供し、御所勤めの者の家筋、官の上下を明らかにして、昇進の滞っている者はこれを進めさせ、貴い家柄でありながら落ちぶれている者は、ほとんど元のように復させた。

八相の退き口

六月、信長は浅井長政の居城小谷《おだに》の城下に放火しようといって出発した。町口の押さえには柴田勝家、八島林には佐久間盛政《もりまさ》、雲雀《ひばり》山の上には森可成、虎御前《とらごぜ》山には信長の本陣をかまえ、二十九日に押し寄せて、ことごとく焼き払った。これよりさき二十一日に、長政は居城に取り詰められて「このようなやり方は勇猛の者のやることではない。打って出て一戦しよう」といったが、老臣らがこれを止めたので、越前からの援軍を待っていた。信長は思いのままに放火して、最前線の兵を森と替わらせて、みずからは足軽のなかにまぎれて八相山《はっそうざん》の近くまで斥候《ものみ》に行った。柴田・池田・森・佐久間らの諸将が集まって、明日の退き口《のぐち》は大事である旨を相談した。信長は「先ほどわしが斥候に出たあたりに、浅井はかならず出てくる模様だ。明日の退き口については、いっさいわしの下知にしたがえ。計画があるのだ」という。柴田勝家は「拙者の手の者二千人、また森・佐久間もそれぞれほぼ同数の兵を擁しているとゆえ、明日の殿役《しんがりやく》は、人多しといえども、あの二人か拙者にまわってくるであろうと思われます。浅井は昼の合戦をしませんから、退き口にはかならず出てまいりましょう。そのときのご策略は何となされます」と問うと、信長は「わしが思うところはいささか異なる。まず明日はわしをあとにおいて、おのおのは夜中三里ほど引き取って、そこで備えを立てておけ。明日の殿軍《しんがり》には手回りの小姓だった者に申しつける」というので、柴田は「これは大事なことです。若輩の小姓連中だけでは頼りないことです」といった。すると信長は「小勢だと、たとい敗軍ということになっても、一里の間では多くの者が討たれるということはない。このようなところで大勢が敗北しては、引き取ることができにくいものだ。小勢ならば険を要して引くことはたやすい。この謀は、この際きっと図にあたるぞ」といったので、これを聞いた柴田は、すぐさま篝《かがり》を焚《た》ききってしまうと、一里ほど引き下がった。

このように信長は簗田《やなだ》出羽守・佐々内蔵助《さっさくらのすけ》・中条将監《ちゅうじょうしょうげん》を呼びよせて、今日の殿軍を命じ、一番を簗田、二番を佐々、三番を中条と決めたのである。夜が明けて、兵を引き立てるのをみて、長政は打って出ることに決めていたのだが、父下野守久政《ひさまさ》はしきりにこれを諌め「朝倉義景《よしかげ》の援《たすけ》を待たずに出るとは、どうしてしまったのか」といって止めたので、長政も仕方なく踏みとどまった。しかし浅井新五・戸田半丞・毛屋《けや》七丞・浅井孫八・伊府《いぶ》藤七をはじめとして「敵が引いていくこの機を逸するという手はない」とののしって、六百ほどの人と申しあわせ、夜の明けるのを待っていた。夜が明けると簗田が二百ほどで殿軍を務めている。その次は佐々、次に中条と、それぞれ二百に足らぬ小勢を三段がまえに立ちならべ、落ち着いて退いて行くところへ、浅井衆が追いついた。簗田はこれを討ち払って退こうと目を配った。島弥左衛門・太田孫左衛門が真っ先に進んで打ち入り、手ごろの敵を討ち伏せ、次の殿役に渡そうとするところを、浅井衆がどっとかかってくる勢いに押し立てられて引きさがった。佐々がこれを受けて立ちとどまるところを、浅井衆は鉄砲を撃ちかけてき、佐々が少しひるんでいると、浅井衆がまたどっとかかり、ために佐々の備えは押し立てられたが、佐々一人が殿をして静々と退くところへ、信長の本陣の馬廻勢《うままわりぜい》織田金左衛門・生駒《いこま》八左衛門・平野甚右衛門らは、今度の殿は大事だとして佐々を見失うまいと走りつけ、とって返して戦ったので、毛屋七丞・浅井新六らは戦死したが、浅井衆は大勢なため、ひるまずにかかってくるので、佐々はまた引き目になり、みずから五、六度小返ししてから中条に渡した。

中条は受け取ったが、浅井方は勢《きお》いたち、ついに中条も浮き足立った。だが、一里ほど行くと三田村の向こうに、柴田が三千ほどで備えを立てて待っていたのに渡すや、柴田も受け取って殿をする。浅井衆と柴田とは巳《み》刻（午前十時）から申《さる》刻（午後四時）まで、二十町ほどあるところを引きかねてたがいにせりあった。信長は雑人にまぎれて竜《たつ》ガ鼻《はな》へ引き取り、森・佐久間・坂井・木下らにそれぞれ段層をつけて順に備えを立てさせた。戦はこのようにつづいたので、浅井勢もついに引き取った。これを八相《はっそう》の退き口という。

姉川の役

姉川の役で浅井久政と長政は援を朝倉に頼んだ。義景はすぐに朝倉孫三郎景健《かげたけ》に一万余人をつけて後詰《ごづめ》をさせた。二十七日、越前勢は大寄山《おおよりやま》に屯《たむろ》し、夜に入ってから浅井父子は朝倉景健と会って軍議をしたのである。そのとき長政は「この大寄山から信長の本陣までは五十余町ほど離れている。すぐに進んで戦えば、人馬ともに疲れて、こちらには利がない。今夜はここから野村・三田村へ陣を移し、二十八日早朝に出発して敵の不意をつこう」というと、浅井半助は「よくよく信長の兵の用い方をみると、その敏捷なことは猿が枝を伝わっていくようなもので、敵の機を早く察して、すぐに自分の手段を改めるような将であるから、こちらの謀を察して、容易には野村・三田村まで陣をお移しになることは叶いますまい」といっているところへ、遠藤喜右衛門直継《なおつぐ》が「殿の謀は、まさに図にあたっております」と勧めたので、ますます野村・三田村へ出張って、一戦におよぼうという気になり、その支度に取りかかった。しかし信長は明察な大将であるから、終夜敵陣の焚火《たきび》をみていて、「さては浅井・朝倉は、今夜のうちに大寄山の陣を引き払って、明朝合戦にかかってくるようすと見受けた。それこそこちらの望むところだ」といって、すぐに備えを決めて相手の出方を待っていた。はたせるかな、大いに敵を破ったのである。

叡山焼き打ち

永禄二年九月、信長は比叡山延暦寺《ひえいざんえんりやくじ》を滅ぼそうとして勢田《せた》に陣を取り、諸将に命じ火を放って叡山を焚《や》かせた。諸将は胆《きも》をつぶした。佐久間信盛らが諫めて「桓武帝がこの寺々を創建なさってよりこのかた、幾千年もの間、王城の鎮めでありました。それゆえに、古から今にいたるまで誰一人もこの寺を犯した者はありません。それをいま滅ぼしなされたら、どうなることでしょう」といった。信長は「わしはわが国の国賊を除こうといっているだけだ。汝らはなぜわしを止めだてしようとするのだ。わしは天下の乱を定め、王道が衰えているのを再興しようと思って、筋骨を労し、身命をかけてまだ一日も心安んじたことはない。去年、摂津を攻め、両城がまさに陥ろうとしているときに、浅井長政と朝倉義景が兵を挙げてわが方の後をうかがった。そのためわしは両城をそのままにして、この二賊を山上の城中に押し上げておいて、そこで滅ぼそうとして人をつかわして僧徒を諭し、どちらの道をとるのが叡山にとって利があるかと、懇々とのべさせたが、彼らはこれにも服さず、しきりに凶徒を助けて王師に立ちふさがって抵抗した。こういうことは国賊というほかないではないか。

いまこれを刈り取っておかなければ、患《うれ》いを天下に残すことになるだろう。また彼らは掟を犯して、僧侶として禁じられているものを食し（ねぎやにらのような臭いのある野菜）、妻をもち、誦呪《じゅじゅ》（修法で陀羅尼《だらに》などを誦すること）を無用のものとして行わないと聞いている。どうして、それで王城を鎮めることができようか。奴ばらを取り囲んでこれを焼き払い、一人《いちにん》たりとも生かしておくな」という。諸将はただちにこれに服し、翌日、叡山を囲んで、根本中堂《こんぽんちゅうどう》および二十一社を焼き、僧徒・婦女・老少の区別なくみな斬ってしまった。そのうえで志賀郡を明智光秀に与え、坂本に城を築いて、ここに住まわせた。

宇治川渡り

天正元年（一五七三）七月、義昭はふたたび兵を挙げ、槙島城《まきのしま》を足場として、宇治川を楯にとって警備を固めた。信長はこれを攻めたが、ちょうど雨がしきりに降り、河水が岸一面にあふれた。信長は馬を水際に立てて「寿永三年（一一八四）の昔、佐々木高綱・梶原景季《かげすえ》がここで先陣争いをしたというが、二人とも、まさか鬼神ではなかったろう」といっておられるときに、上流で、騎馬武者が一騎河へざんぶと乗り入れる者がいた。信長はそれをみて「これはおそらく梶川弥三郎高盛であろう。よもや他の者ではあるまい」といわれたが、やはりその通りであった。信長の軍はこれをみて「梶川を敵に討たせるな」と、われ勝ちに乗り入れて、大勝利をえた。この高盛は、四、五日前に信長から黒い馬を賜っていたということである。

大緩山

八月、信長が越前に攻め入ったとき、義景は兵三万で刀根山《とねやま》に陣を取った。信長の先鋒は、その麓に陣を取っていた。ある日信長が敵陣を偵察のために組み立てた櫓《やぐら》にのぼって、敵を見渡し「敵は今夜きっと退却するであろう。先陣の者どもは油断するな」とたびたび使者をやって下知した。これを聞いて「殿はどうしてそのようなことをおっしゃるのだろう。敵は大軍で山に拠っており、地の利をえているし、それに重大な戦機を孕《はら》んでいるわけだから、どうして退却するようなことがあろうか」とたがいに話しあった。夜に入っても、まだ信長は櫓にのぼったまま敵陣を睨みつけて目を放さずにいたが、丑《うし》の刻（午前二時）時分に、「さあ敵は退却するぞ」というや否や、螺貝《ほらがい》を吹き立てさせて馬に乗り、「先陣の大緩山《おおぬるやま》の奴ばらが油断しているすきに、旗本の者（信長の身辺の本陣の者）ども功名を立てろよ」と叫んで真一文字に進まれた。やはり先陣は遅れて、旗本によって勝利をえた。このことがあってからというもの、信長は油断している者を「大緩山」といって笑った。

足　半

信長は出陣するたびに、足半《あしなか》（草履の一種で短くて、かかとがなく普通の半分ほどの長さのもの）を太刀の鞘《さや》につけていた。刀根山の役で、兼松又四郎正儀《まさのり》（正吉《まさよし》の誤りか）が先登の功を樹《た》て、一番首をえて実検にもってきた。信長はひじょうに感心して賞め、又四郎正儀がはだしであるのをみるや、例の足半を与えて「わしは、長年汝のような勇士を心待ちにしていたのだ。今日はじめて期待たがわぬ勇者をえることができた。これこそ、わしの本懐だ」といって喜んだ。

蒲生氏郷を戒む

天正二年七月、信長が長島の一揆を伐《う》ったとき、蒲生氏郷《がもううじさと》は大剛の者と組み打ちして首を取り、実検にもってきた。信長は冷笑《あざわら》って褒めなかった。ややしばらくしていうには、「およそ勝負というものは、時の運によるのであるから、前もっては計れないことである。功名は武士の本意であるとはいいながら、それも内容次第のことだ。いまの汝の功名は、軽率な挙動である。ひとかどの武を志すほどの者なら、けっしてこのような功名を望んではならぬ。身の危険を顧みないのは、それほどの功とはいえないのだ。今後は、このことを忘れるな」と戒めた。

道路修築

天正三年正月、信長は篠岡《しのおか》八右衛門・坂井文助・高野藤蔵・山口太郎兵衛を領国の四境につかわして、東海・東山両道の道路の修築をさせた。幅三間を基準にして、両側に松と柳を植えさせた。そして、その経費として黄金百両・穀五百俵を与えた。四人はすぐさま四路を測量し、里程を定め、並木を植え、渡し場を設けたり、橋を架けたりし、関所で取りたてる税を撤廃した。二月には道路は全部完成したので、領民はたいへん便利になったといって喜んだ。

越前の治政

信長は加賀・越前の二国を平らげ、それに属する八郡を柴田勝家に与え北庄足羽《きたのしょうあすわ》（今の福井）に城を築いて、ここに住まわせた。しかも信長みずから築城のことを計画したのである。そして勝家にいった。「越前は北陸の要衝であり、とくに上杉氏に対する警衛の要《かなめ》である。そこをわしは、諸将のなかから選んで汝に命ずるわけだ。十分に努力してほしい。そもそも国を守る道というのは、いたずらに勇武を恃《たの》むべきではない。恩威ともに施して、民心をなつけなければならぬ」と。そして次のごとき禁戒の条々を与えた。すなわち「税を高くするな。関所と市場から税を取りたてるな。士民を侮るな。訴訟事や断罪にあたっては公平であれ。武備に手ぬかりあるな。游田（田を狩り楽しむこと）を好むことのないように。皇族の荘園で、乱賊が勝手に掠《かす》め取っているようなところがあれば、印券（土地の所有権を証明する券）によって正しく還付せよ。国内の閑地や、こちらの所有に帰するものがある場合は、功労の士を待ってそれらを与え、いたずらに費やすべきではない。わしが命令するところで、もし不都合なものがあれば、さっそくわしのところへやってきて、わしと論判せよ。汝の申し立てがもっともだとわかれば、わしは即座に改めよう」といった。そして不破・佐々・前田らに命じて、勝家と相談して国政にあたらせた。

長篠の役

長篠の役で、信長は牛久保《うしくぼ》から新城《しんしろ》まで三里の道を三日もかけて進んだ。これは敵をおそれてのことだといって上下ことごとくこれを誹《そし》った。しかし信長の腹の内は、敵に弱気をみせ、思いあがらせておいて勝ちを取ろうという策であった。武田勝頼は、そうとも知らず、信長勢を侮り、無謀な暴戦に出て大敗を喫した。

練雲雀

この役で信長は「武田の家中の者どもは、よく馬を乗りこなして敵陣を乗り破るということを聞いているので、備えの前に柵《さく》をつくれ」と命じた。そして「勝頼は徳川殿の年来の敵であるから、このたびこそは本意をとげようと思われて深入りし、討ち死にされることもあろう。もし討ち死になどされては、この戦は勝っても仕方のないこと。ともかく徳川殿は今日は仏になられて、諸事お構いにならぬよう。いっさい我らに任せておかれますよう。今日の戦では勝頼方の者どもを練雲雀《ねりひばり》（六月ごろ毛の抜けかわった衰えた雲雀）のようにしてみせます」といった。勝頼は川を渡ってきて戦をはじめた。信長方は前々から準備してあったので、足軽どもを差し出して鉄砲を撃たせた。敵方が強く押してくれば柵の内に退く。敵が柵を乗り崩そうと、五騎、十騎、三十騎と群れをなして一度に乗りかかると、柵の柱に行きあたるから、仕方なくとって返すところを鉄砲で撃ちつけ、五騎、十騎ずつ撃ち落とした。

こういうわけだから、しだいに勝頼方はくたびれて、信長のことば通り、練雲雀のようになったのをみて信長は「ちょうどよい時分だ。かかれ」と下知したので、旗本はいっせいにかかり、勝頼はついに総敗軍となってしまった。

美濃の者

この役で、赤地緞子《どんす》の下帯をした武者を生け捕りにした。その名を問うと答えない。徳川家康がこれをみて「腹を切らせるから名のれ」というと「多田久蔵」と答えた。信長はこれを聞いて「美濃の者だろう。わが軍に入れ」といった。久蔵は「一度縄にかけられましたうえは、どうしてご奉公できましょうか」という。信長は「むかし鈴木は縄にかけられて、今は誉れの名を残している。気にすることはない。おれ」といって縄を解かせた。しばらくして物かげでさわがしい音がする。「何事だ」と問うと、「ただ今の人の縄を解きましたところ、長柄を取って三人も突き殺しましたので、すぐに殺しました」という。信長は「一度縄をかけた辱《はずかし》めを雪《そそ》ごうとして、このようなことをしたのだろう。たとい徒若党《かち》などを突き殺しても、そのまま助けてやったものを」といって惜しんだ。

豪姓を継がしむ

信長は信忠を秋田城介《じょうすけ》として、また西海（九州）の豪姓（武勇に名のある家名）が絶えて後嗣ぎがないので、もろもろの功臣にこれを継がせようとし、その姓を名のらせた。明智光秀は惟任《これとう》氏を名のった。塙直正《ばん》は原田氏を、簗田政綱は別喜《べつぎ》氏を、丹羽長秀は惟住《これずみ》氏をそれぞれ名のった。このときにあたって織田氏の領国は天下のあちこちにあった。信長は東国の鷹や馬を西国に贈り、西国の虎や豹の皮を東国に贈った。その贈り物を受けた者はみな、信長はすでに、鷹・馬・虎・豹の棲む地を手に入れてしまったものだと思った（これは、実際以上に勢力圏の広さを錯覚させる一つの方策であったわけだ）。

上杉への反間

信長は、上杉輝虎が京を目ざして軍を進めるのをおそれて、日夜これを防ごうと謀った。そのとき輝虎の一の先手《さきて》柿崎景家が越中に在城しており、ある年北国生まれの馬を尾張につかわして売らせた。信長は、これはよい反間《はんかん》を仕組む材料ができたと喜んで、この馬を買い取り、黄金数百両と虎皮を景家に与えて礼を厚くした。そして「これからも駿馬があればかならず送ってよこせよ」との書を添えてやった。景家は利欲の誹《そし》りを恥じて、このことは誰にもいわなかった。ある人が輝虎にこれを讒言すると、輝虎はひじょうに怒り、糺明もせずに、景家を越中から呼んで責めると、景家は無礼の言を吐いたので、輝虎はこれを手討ちにした。信長の謀によって、輝虎は自分の一将を失ったのである。

松永久秀を攻め落とす

天正五年十月信長が松永久秀を志貴《しぎ》の城に攻めたとき、久秀は堺から城中に兵糧を入れていた。信長はこれを聞いて、足軽に兵糧を運ぶ人足に扮して城中に入らせ、火を放たせた。城兵はひじょうに驚き、狼狽するところを撃って城を取った。

松永久秀は、最期に臨んで、子右衛門佐久通《すけひさみち》を近づけ、「お前は城を逃げて命をまっとうし、時節をはかって父の仇《あだ》を取れ」といったが、久通はそれにしたがわず、「父上とともに死にとうございます」といった。久秀はひどく怒り「お前は不孝者だ。なんで父の命《めい》を拒むのか」と叱ると、久通も仕方なく父の命にしたがって逃げだしたが、寄手が搦め取って首を討った。人はみな「久通は父が死ぬのを見捨てて落ちた不孝者で、命に未練があって臆したのだ」といった。信長はこれを聞いて「きっと父の教えで落ちたのだろう。久通は臆病者ではない」といったが、やはりその通りであった。

功名者を賞す

天正十年三月信忠が信州高遠《たかとお》城を攻め落としたとき、山口小弁《こべん》・佐々清蔵《せいぞう》がともに十六歳で功名をあらわした。信長は小弁を呼んで「このたびの高遠での働きは類《たぐい》まれなことである。城介（信忠）が目をつけた通り、期待にそってくれたことは、ひとしお満足だ」と誉めた。そしてみずから国久の腰物《こしのもの》を手渡し、感状をそえてやった。つぎに清蔵を呼び「高遠の働きは、たいへんな骨折りだったとのこと。ただしお前は手柄を立てるはずだ。大剛の内蔵助《くらのすけ》の甥だから」といって、長光の腰物に感状をそえて賜った。小弁は伏見の賤人《せんじん》の子であるから、手柄をたて高名をあげるということはまことに希代のことである。清蔵は伯父内蔵助の名まであげた称美のことばであった。信長は、その一言すらもゆるがせにはしないこと、かくのごときものである。

尾藤甚左衛門

ある役で、信長の先手が敗北し、本陣の旗本も危うくみえたとき、信長は「尾藤《びとう》甚左衛門はいないか」とたずねられると、「三の備えにおります」と答えた。「それならば気にすることはない」といって騒ぐようすもなかった。案の定二の備えまで切り立てられたが、三の備えで受けとめて突き返したので、敵は敗れて引き取った。

倹素

信長が殺害された天正十年の正月、大小名の連枝《れんし》をはじめみな礼をのべにやってきたとき、誰もが献上の礼銭を十疋《ひき》ずつ自分で持参した。これは信長がかねてより触れていたからである。その礼儀を正し、倹素なことは右のようであった。また、伊勢の内宮・外宮の造営の年にあたっていたので、その費用として永楽銭三千貫文を調進した。そのため、今にいたっても、この例にしたがって、神宮造営のために三万石をあてがわれるのだということである。

冑の向き

ある戦のとき、一瀬《いちのせ》久三郎が信長の冑を直しているところに、老臣林佐渡守通勝がきて一瀬に向かい「御冑が北向きになっている。直せ」ときつくいった。まちがったと思い驚いて直そうとしていると、信長は「このたびの敵は一揆であるから、どちらからくるかわからぬ。そのままにしておけ」といわれた。一瀬は恥をかかずにすんだ。このようにしているうちに北の森のかげから敵がみえたというので、味方は進んで戦い、ついに大勝利をえた。一瀬は一番にかけ合って功名をしたのである。その晩信長は一瀬を召して「今朝のことはどうだ」というと「御意によって面目を雪ぎました」といった。信長は快く感状と褒美を与えた。また通勝へも相当の挨拶をした。

下　馬

信長は関東に下るとき、家康の城のある岡崎で下馬した。留守居の者たちは「これは、これは」といって痛み入った。信長は「いやいや、おのおの方への礼をつくすために立ち寄ったのではない。このような名城の前では下馬するものだ」といったという。

根来法師

信長がかつて根来《ねごろ》を通ったとき、法師たちは、信長は大きな器量の人と聞いているので、できるだけ大きな折りを進物にしようとして大きくこしらえ、それを三つ出した。信長は馬上でこれをみて「奇特な進物だ」といって折りの蓋《ふた》をあけ、笄《こうがい》でその餅を二つ三つ差して食し、その他の折りは「侍臣に食わせろ」といって地上にあけて馬糞の上に散乱させた。それをどの侍も戴いて食しているようすを法師がみて、「威厳のある大将だ」といって感心した。のちになって信長が根来に攻め入ったとき、彼らはおそれてすみやかに降服してきた。

大剛の者

美濃の陣に唐の頭《かしら》をかけた武者が逃げてきたのを池田信輝が追いかけて、打ち取ろうとすると、その武者は、なんとかかとか、ついに逃げきってしまった。信長は信輝を召して「その唐の頭は神子田長門《かみこだながと》であろう」といった。聞いてみるとやはり神子田である。信長は「そうであろう。先日のように烈しい退き口では、臆病者なら逃げられず、そのまま首を取られてしまうものだ。利発に逃げまわるのは大剛者にかぎると思う。やはり神子田だった」といって笑われた。

武田氏の総軍

武田晴信が秋山十郎兵衛を使として清洲につかわした。信長は彼を厚くもてなし「武田家の総勢はどれほどあるのか」と問うと、「六万です」と答えた。また「甲州から駿府への行程はどれぐらいか」と問うと、「三日路ほどです」と答える。「それは、岩殿通りでか、富士の根方を通ってか」と聞くと、「駿河の善徳寺・興国寺を通り富士の根方を行って三日路です」と答えるのを信長はしばらく目を塞いで、「それでは武田の兵は三万だ。三万の兵であれば、富士の根方・山路を三日で押すのは定法である。とくに去年の雪中のころであるので、小荷駄に五千の兵を副《そ》えての軍勢なら二万五千ぐらいだろう」と推《お》し量《はか》ったが、その目算は少しも違っていなかった。

大将の胸臆

天正三年（一五七五）八月、上杉輝虎が能登七尾《ななお》・加賀松任《まつとう》を攻め落としたとき、信長が後援したが一戦もせずに敗れて帰った。輝虎の没後、信長は侍臣に向かって松任後援のことを語って「淵に躍っている小魚が、どうして空を飛んでいる鳶《とび》の心を知っていようか、知るはずもあるまい」といって司馬仲達《しばちゅうたつ》が孔明におそれをなしたこと、楠木正成が宇都宮公綱《きんつな》を避けたことを語って「大将の胸のうちは、衆人のわからぬところだ」といわれた。

輝虎への返書

天正五年に、上杉輝虎がいった。「最近、敵とするに足る者は信長だけだ」と。信長を討って旗を京都にたてようとして、使いを安土城につかわし、来年三月十五日に越後を出発する予定だと伝えさせた。すると信長は「委細うけたまわった。最近諸国を信長の働きによって手に入れたうえは、他に望みはもうない。安土にご出馬になるなら、信長は髪を削って無刀でお迎えして、一礼を申し、そのうえ関東三十三ヵ国を進上いたす」と返事した。輝虎はこれを聞いて「なんと信長は抜群の将であろう」と、ことのほか感歎した。そしてついに出馬せずに死んでしまった。

京都に入る

信長は「天下の大計は、天子を擁して四海を支配するということが肝心だ。甲州・越後は強く、美濃・近江は弱い。強いところと結んで弱いところを攻めれば、その地は手に入り京都への道も開けるであろう」と考えて、ことばをていねいにし進物を厚くして、甲越と交わり、徳川と和睦し、家康を東方面にあたらせ、自分は西を攻めることをもっぱらにして美濃を取り、近江を平らげ、さらに京都に入った。晴信・輝虎がたがいにかみ合っている間に、信長の旗がすでに東山の上にたったわけである。

信長は尾張に起こり、つねに四方を平定することを志とし、虚美を喜ばず、廷臣が征夷大将軍になることを勧めた。信長は「自分はいそいで室町幕府の将軍職を継ぐ気はない」といった。しかし将士に功があればすぐにそれを賞し、公平で廉潔な行為はどんどん奨用し、政《まつりごと》に偏頗《へんぱ》なことがなかった。獄に入った者の罰金はみな、道や橋を修築する資金にあてた。

信長は、全国混乱の世に出て、物事の根本を正し、富国強兵を考え、その軍装のはなやかで整っていることは、他のどの国にもみられないほどである。そのため北国で戦うときは、敵軍はその兵威のさかんなようすをみて、まるで鬼神が天から下りてきたように思ったということである。

一銭斬り

信長は足利氏に代わって近畿二十四国を平定し、政を治め、法を立てることきわめてきびしいものであった。わずか一銭を盗んだ者でも死罪とした。これを一銭斬りという。盗賊はおそれをなして息をころしており、駅路の側に旅人が荷物を置いて午睡《ひるね》をしていても、それを盗む者は一人もいなかった。世人は、乱世のときにまことに珍しいことだと語りあった。

公正

堂上《とうしょう》の人（公家方《くげがた》）と北面（院の御所の警護）の武士の間に訴論がもちあがった。その理非曲直を、奉行所では決断しかねていたので、信長がすぐに双方を対決させてこれを聞き、堂上方に道理があると捌《さば》いた。北面の武士は不満に思い、信長の一族織田右馬助《うまのすけ》に頼んで、いろいろと申し立て、ひそかにふたたび訴えにおよんだ。信長はひどく腹を立て「政道は明白に決着している。なんで私情によってとかくの沙汰をすることがあろうか」といって、そのことを取りもった右馬助を逆に勘当した。

またある日、鷹狩りに出たとき、一人の老婆が泣き悲しんでいた。「どうしたのか」とたずねさせると「わたくしどもが先祖からもち伝えてきた田畑を、村の長《おさ》に押領され、飢寒が迫ってきてこのように困っております」と涙を流しながらいった。信長は不愍《ふびん》に思い、城に帰ってから丹羽長秀に命じて、まずこの老婆の件を究明させ、村長を呼び出して問いただしてみると、老婆のいっていることに間違いがなかったので、その地を早々に老婆の方に返すようにした。このことが周囲に伝わって、信長の公正さにみな感服した。

信長の仁慈

信長はしばしば鷹狩りに出かけ、村里を通って人民の愁苦を聞いた。美濃と近江の境の山中に障害をもつ者がおり、いつも通る者に食物を乞うている。その者については、こんな伝えがあった。「祖先がかつてここで、常盤御前《ときわごぜん》を殺した。それで子孫が代々そうなのだ」と。土地の人びとは彼のことを〝猿〟と呼んでいる。信長はこのようすをみて哀れに思い、直接木綿二十反を賜り、山中の人びとに彼を世話するように命じられた。山中の人はその恵みを称して、木綿の半分を売って金にし、それで家をかまえてやり、残りの半分は食にあててやった。

僧無辺を誅す

天正の初年諸国巡礼の僧で、無辺という者がいた。彼は「自分には、故郷もなければ父母もない。一所不住の者である。自分には不思議な秘法があって、これを伝え授かる者は、現世では無数の患難を遁《のが》れて、来世では無量の罪障消滅となる」といい触らしたので、在々所々の人びとはみな信仰して、われもわれもと散銭散米し、それがうずたかく席上を埋めつくすが、それには目もくれず、そのままにして一村一郷に一日二日ずつ滞在し、夕方にきては朝に去っていった。あるとき安土にきたのを信長が聞きつけ、いそいで呼ばせた。厩に出ていくとき、立ったまま「無辺というのは奴《やつ》のことか」といって睨《にら》みつけ「客僧よ、生国《しょうごく》はどこだ」と問うと、「無辺」と答えた。「無辺というところは唐土《もろこし》（中国）のうちか、天竺《てんじく》（印度）のうちか」と問うと、「天にもなく地にもなく、さらに空にもない」と答える。「天地のほかにどこに安心立命《あんじんりゅうみょう》するのか」と問うと、何もいわない。「有情無情あらゆるものは、天地を離れて存在することはない。さてはお前は化物《ばけもの》か。試してみよう」といって馬の灸《きゅう》をする鉄を焼いて顔面にあてさせようとすると、「わたくしは、出羽の羽黒山《はぐろさん》の者です」と震え上がっていった。「お前は最近、弘法大師の再誕などと称して、あちこちでたっぷりと奇特をみせたとのことだが、この信長にもみせてみろ」と責めると、一言の返答もできない。「このような売僧《まいす》（仏を売り仏法を商う俗僧）を自由に徘徊させると、諸人はみだりに仏神を祈って、道理のない福を願うようになる。たいへんな世の損失である。信長の手にかかって、しかるのちお前の神通力を活用して再生してみせよ」といって、たちまち誅してしまわれた。

国持大将の作法

信長は子息信忠の人柄を侍臣に聞いた。内藤某は「一段とご器用な方です。みんなもそう申しております」と申すと、信長は「それはどういうところか」と重ねて聞いた。内藤は「お客来のときなどは、この人へは馬、またあの人へは物具小袖などを与えられるであろうと思っておりますと、その通り仰せ出されます」というと、信長は「そんなことを、どうして器用などといえるか。それこそ不器用というものだ。とてもわしの後を継ぐことはできそうもないな。そのわけはこうだ。部下の者の予想を破って、刀をくれるだろうと思っているところに小袖をやったり、馬をやるだろうと思っているところに別の物を取らせる。この人へは重い物を賜るようなことはないと、取り沙汰しているとき、その者に金子をどっさり取らせるというようなことこそ、国持大将のなすべきことなのだ。たとえば敵を攻めるのに、この辺に加勢が出るだろうと相手が考えるようなところには少しも出さず、まさか出てはこまいと思っているところには、ひょっこり出て敵に骨を折らせてこそ利がえられるのである。敵が待ちかまえているようなところに、ぴたりぴたりと出たりしては、どうして勝利がえられようぞ。みた目にいかにも器用そうにふるまう者は、実は無分別の真っ盛りというべきなのだ。武士はありきたりの手段を取らずに、下から予想されぬのが本当の大将なのだぞ」といわれた。

信長はまたいった。「つねに心がけている武辺は、生まれついての武辺に勝る」と。

信長はいつも諸将を集めて謀を聞き、そのなかに善い謀があるときには「わしの思うところも、まったくその通りだ」といって取りあげられたという。

平手政秀を偲ぶ

信長はすでに畿内を平定し、その勢い日に日にさかんになったころ、近臣たちがへつらって、「このように強大になられたことを知らないで平手政秀が自害（諫死）したのは、短慮でございました」というと、信長は顔色を変えて怒り「わしがこのように弓矢を執れるのは、みな政秀が諫死したことによるのだ。おのれの恥を悔やんであやまちを改めたからこそだ。古今に比類ない政秀を、短慮だという汝らの気持ちがこのうえなく口惜しい」といわれた。信長は事に触れるたびに政秀を思い出し、鷹狩りや河狩りに出たときなどは、鷹が取った鳥を引き裂いては、その一片を、「政秀、これを食べろよ」といって空に向かって投げ、涙を浮かべたことがたびたびあったという。

柴田勝家

土佐守某の子。権六と称す。のち修理亮《しゅりのすけ》、越前五十万石。北庄《きたのしょう》城《じょう》に住む。天正十一年（一五八三）四月二十四日没。年五十四。

先鋒の大将

信長は勝家を先鋒の大将としようとした。しかし勝家はそれを固辞したが許されず、再三くり返したのち、「それでは仰せをうけたまわります」といって退出した。たまたま安土の城下で信長の麾下《きか》の士と出会い、体が行きあたったので、勝家はその者の無礼を責めて斬り捨ててしまった。信長はこのことを聞いてひじょうに怒った。勝家はつつしんで「そうであればこそ先陣を強くご辞退申したのです。理由もなくお断りしたわけではありません。先陣の大将たる者は、威権がなければ下知することはできませぬ。いかがでしょうか」といったので、信長は返すことばもなかった。

瓶割り柴田

元亀元年（一五七〇）六月、佐々木義賢《よしかた》が勝家を近江の長光寺《ちょうこうじ》に囲んで攻めた。ついに総《そう》構《がまえ》を打ち破ってしまった。勝家は本丸におり、渾身の勇をふるって防戦につとめた。あるとき郷民が義賢の陣に行き「この城は水を遠くから引いて取っています。それを取り切ってしまえば、城はもちこたえられません」と知らせた。それを聞いて義賢は喜び、水の手を取り切ってしまった。城中はこれによって苦しんだが、弱ったようすはみせずにいた。義賢は城中のようすをみるために、和平をよそおって平井甚介を使いとして送った。平井は勝家に対面し、四方山《よもやま》話を語ったのち、手水《ちょうず》を請うた。小姓はすぐ飯銅《はんどう》（洗いすすぎの水を入れる器）に水を入れ、それを二人でかついでき、甚介に十分に手水をつかわせ、残った水を庭に捨てた。平井は帰ってこのことを告げたので、伝え聞くことと違うので、どうしたことかと不思議がった。だが、そうこうしているうちに城中ではすでに水がなくなり、勝家は「明日は打ってでて切り死にしよう」と意を決し、諸士を集めて、最後の酒宴を催し「残る水はどれぐらいか」とたずねると、二石入りの水瓶《みずがめ》がやっと三つであった。勝家はこれをかつぎださせ「いままで長い間の渇きをこれでいやせよ」といって、人びとに汲み呑ませ、残った水の入っている瓶を長刀の石突《いしづき》で割ってしまった。さて明くれば六月四日、早天に門を開いて打ってでた。敵は思いがけぬことに大敗を喫した。勝家は追撃して首八百余級を取り、岐阜にある信長に献上し、みずからはそのまま長光寺にいた。信長は彼に感状を与えていたく賞せられた。これ以後、世人は勝家を〝瓶割《かめわ》り柴田〟というようになった。

武勇の忠臣

九月、信長が大坂野田・福島などを攻めようとしたところ、浅井・朝倉が攻め上り、大津・松本・醍醐・山科のあたりに放火し、近いうちに京都に乱入するとのことが伝わってきたので、信長は大いに驚き、将軍足利義昭を守護して、二十二日の暁天に中島《なかのしま》を引き払い、二十三日に凱陣した。義昭は細川藤孝だけを召し連れて、早々に京都に帰った。信長は同日大津へ押し通し、坂本へむかおうとした。勝家はそれを諫めていった。「近ごろ京では、信長は摂津で軍《いくさ》に負け討ち死にしたと、上下が騒いでいると聞いております。そして将軍家に対しては、誰一人お供する者がないと。できますれば、殿は今日のところはまず将軍家を守護なされ、しばらく京都に兵を入れられ、ご無事なお姿を京の人びとにおみせになり、そのあと坂本へご発向になればよかろうと思います」と。信長は勇気凜々として「汝《なんじ》は何と不調《ぶちよう》法《ほう》なことを申すか。戦場に赴く者は、一刻も早く敵を遁《のが》さぬよう立ちむかって行くべきが当然。しかるに、それにはむかわず、安全な京中を経巡《へめぐ》るようなたわけたことをしてなるものか。汝は老いぼれてしまったのか」といい捨てて通って行かれた。勝家もさすがの者、追いかけて信長の馬前に行き「父土佐守より某《それがし》まで二代の間、職場ではもうろくしたような不調法はいたしません。ただし、四畳半敷の数寄屋《すきや》に入って茶なども飲むときなどは不調法はいたしますが」といって帰ってしまった。信長も返答に困り、ことばなく通りすぎて行った。勝家はそれより引き返して「若い殿が勇みたたれるのに調子をあわせて、わしらのような年寄りがいっしょになって飛びまわれば、それこそ耄者《しれもの》だ。軍は始末が大事なもの」といって、手勢《てぜい》を引き連れ、義昭の供をして京に帰り、九条から一条まで勝家みずから高声で触れまわった。「信長公はご機嫌よく摂津よりご凱陣である。浅井・朝倉退治のため、まっすぐ坂本へむけてお発《た》ちになった。みなの者、安心せよ」といって聞かせた。これによって諸人は安堵し、騒動も止んだ。それから勝家は山中を越え近江へ押しだし、敵の陣所坪笠山・青山の麓を通って旗や馬印を押し立て「敵よ御参《ごさん》なれ。ひと合戦してくれん」とひそかに心に期し、しずしず押し通って、信長の本陣志賀の宇佐《うさ》山に着いた。人びとはみな「またとない武勇の忠臣だ」といって感心しない者はなかった。

武具に代えるに農具をもってす

朝倉氏滅亡後、越前ではたびたび一揆が起こり、強敵が蟠踞《ばんきょ》しているのを勝家は数年かかって攻め伏せ、やっと一国を平定した。そして村里に触れていった。「いろいろ掟を正しくし、撫育するから、今後は一揆を起こすようなことはないと、汝らがいうのは神妙の至りである。このことは信長公にたしかに申し上げておいた。したがって、汝らがもっている武具は、いまとなってはもはや、もっていても何の役にも立たぬことである。ひとつ残らず全部差しだすがよかろう。その代わり、農具をこしらえ、おのおの望み通りいくらでもお与えになるであろう。兵具の類を隠しておいて、とかく違背する輩《やから》は、心底に悪事をたくらむ者とみるべきであろう」といい渡した。郷民らはそれに承服して続々と届け、遅れてはいかんと気をもんで、弓銃はもちろん太刀・鞍《くら》・鐙《あぶみ》などまで村中を探しまわってわれ負けじと持参してきた。集まった兵具は幾千万と数えきれず、山のように積み上げられた。勝家は鍛冶屋《かじ》を呼び集めて、こうした武具を農具につくり変えさせ、それを彼らに与えたので、国中はますます静まり、一揆はなくなった。

妻女を誘拐する姥

ある年、北庄の城下に、年のころ六十くらいの姥《としより》で、見目形《みめかたち》の美しい女が、多くの人数をひきいて、人の妻女を強迫し、京へ上らせていた。勝家はこれを聞いて「珍しいことをするものだ。いそいでその者を連れてこい」といって呼び寄せ、その事情をたずねた。姥がいうには「修理殿はおそらくこのことをご存じないのでしょう。わたくしは信長公に召し使われる者です。殿のお気に入りそうな妻女がおれば、この国とはかぎらず、どこの国でもみつけしだい、連れてまいれとの仰せによってやっていることです。うそだと思われるのでしたら、人をつかわして信長公にお訴え下さい」という。勝家はこれを聞いて姥のいっていることは本当だと思った。しかし信長公が前代未聞の行動をしておられるのだから、この機会に直さねばと思って、姥にむかって「汝は横しま者である。信長公は世の政法を正しくしておられ、無道の者を罰せられることは珍しくない。しかし人の妻女をおびきだすことは、前々よりその罪科についての法が定まっている。信長公ほどの賢君を無道の者にするのは、その罪は重い」といって一行十余人を捕らえ、全員を海に沈めてしまった。その後信長にこのいきさつを伝え「御名を汚し、女捜しで諸国をまわっておりましたので、罰しました。しかしながら、このことはご自分でご吟味のうえお仕置きなさってしかるべきことでございます」と申すと、信長はすっかり毒気を抜かれて、「そちの仕置きは神妙であった。今後そのような者があれば、こちらに知らせよ」といってこと済みとなった。これより信長は、妻女狩りなどはすっぱりと思いとどまった。人びとはみな勝家の類まれな分別に感心し、日ごろ鬼柴田といって武勇の者としていたが、その証拠があったと褒めない者は誰もなかったという。

三人のうつけ者

上杉家の侍が織田家の城下にきて、直江方より柴田方へ謀の使いを出した。勝家はその使いを捕らえて拷問にかけると、その者は高らかに笑った。目付の者がそのわけを聞くとその者はいった。「日本国中に大《おお》うつけが三人いる。それで笑ったのだ」と。目付は「うつけとは誰のことだ」とたずねると「うつけている知り合いとも知らずに、このようなことを申してくるうつけが一人、またそのようなことをよく知らずに使者に頼まれたうつけが一人、そして味方になる者を敵にするうつけが一人、この三人の大馬鹿が寄りあい、そのいずれをもじっと観察することができる立場にあることが、なんとも大きな幸せよと思い、それを笑ったのだ」と答えた。勝家はこれを聞いて信長に話し、その者を許し、いろいろ馳走して褒美をやって助けた。

天正十年、勝家は上杉景勝《かげかつ》と越中で相対峙し、魚津城を攻め抜いた。六月、信長の本能寺の変を聞くや、兵をまとめて光秀を討とうとした。そのとき秀吉は出先の中国から光秀へ軍勢をむけるという噂がとんだ。勝家はこれを聞いて「上方で合戦になるなら山崎であろう。それならば山を早く取った方が勝つ」といった。するとその通りになった。

賤ガ岳の役

賤《しず》ガ岳《たけ》の役で、佐久間盛政が中川清秀を討ち取り、そのままそこに陣を置いた。勝家は引き返すようにたびたびいい送ったが、盛政の返事は「世上で鬼柴田といわれたのは、美濃・尾張・近江などでの小競合《こぜりあい》のときのことである。これは大合戦であるから、いままでとはちがう」といって退かない。勝家は「むちゃなことをいうものだわい。こうなっては、わしはしょせん敗戦《まけいくさ》となり切腹する羽目になるぞ」といわれたが、はたしてこのことば通りになってしまった。このとき秀吉は、盛政が引き返さないと知るや、こちらの必勝を予知したという。

北庄落城

この役ですでに敗れ、勝家はたそがれどきにようやく北庄の城に帰り、籠城の手配をした。その翌日、秀吉は城を十重二十重《とえはたえ》に取り囲み、愛宕山《あたごやま》に登って城中を見渡すと、いろいろの紋を画いた旗《はた》や馬標《うまじるし》を多く押し立てて、しずしずと控えている。秀吉はこのようすをみて感歎していった。「城中のことを察するに、柳ガ瀬の出陣にしたがわなかった老人や、また女童《めわらわ》たちのような役に立たぬ者どもがいるうえに、敗れて帰った者たちが加わったという人数であるはずだ。それなのに、このように城を飾っているようすは、さすが武勇を天下に顕《あら》わした柴田だけのことはあるわい」とくり返して称賛した。勝家は死に臨んでもようすを平常と少しも変えず、それぞれ功のある者を賞し、そのあとで悠然と腹をかき切って死んだ。

池田輝政

紀伊守信輝の子。三左衛門尉《じょう》。三位参議。播磨・備前・淡路に封ぜられ姫路城に住む。慶長十八年（一六一三）正月二十五日没。年五十。

焼き栗

輝政は幼名を古新《こしん》といった。ある日、父信輝がいろりで自分で栗を焼いて食べていたとき、古新は十歳ぐらいで側にいたが、信輝がためしに「この栗がほしいか」と聞くと「はい、ほしゅうございます」と答える。信輝はすぐに火箸で火のなかにある焼き栗を取りだして差しだした。古新はそれを手で受けて、何気ないそぶりで食べてしまった。

老臣の遺言

輝政の老臣伊木《いぎ》清兵衛が病に臥して死に臨み「われ今生《こんじょう》にひとつの望みあり、もう一度《ひとたび》殿にお目にかかりたい」という。輝政はこれを聞いて驚き、いそいでその家に行くや、枕元近くに進み「清兵衛、気がかりなことは何であるか。こんなにまで病状が悪化しているとも知らずにいたとは、われながらうっかりしていたものだ。思うことがあれば申し置けよ。その望みにしたがおう。跡目《あとめ》相続のことならば、なにも心配にはおよばぬぞ」とねんごろにいった。そのとき清兵衛は頭をあげ、わざわざ訪ねてきてくれた礼を述べ「跡目のことは、愚息の人物次第によってのこと、お目鏡に叶えば、なにとぞ仰せつけ下され。跡目のことは、とにもかくにも殿のお計らいによることゆえ、少しも心にかかってはおりませぬ。ただひとつ申し上げたいことがあり、これを申し上げずに死ぬことは残念に思いますので、おそれながら申し上げます。それは、殿にはつねに物ごとを深く掘りだすことをお好みになるお癖がありますす。そのなかでも特に、士の掘りだしをもっぱらとなさることはよくないお癖です。士はその分際より一段よくあてがってこそ、長く御家を去らずに忠節を尽くすものなのですから」と申し上げると、輝政はよく耳を傾けていて「いまの諫言は道理至極である。その志は山よりも高く、海よりも深い。生涯絶対に忘れはしない。安心せよ」といって、清兵衛の手を取り、涙を流し、名残り惜しそうに別れた。その後家風はますますよくなったという。

輝政の臣中村主殿《とのも》が高砂の城代で近郷の郡代をしていたので、老臣たちが経理のことについてたずねた。すると「われらの引負（自己負担）は高砂の城にありますので、そこにきてみて下さい」という。そこでみに行くと武具・馬具がきらびやかにならび、武勇の者を数多く扶持していた。また若原右京もこの郡代であるから経理をたずねると、主殿と同じであった。このことを輝政に伝えると喜んで「わがためになる者ども」といわれた。

財を武備に散ず

輝政は、人となりが沈毅寡欲《ちんきかよく》で、将来に描く大きな夢があった。若原右京と中村主殿に命じて諸国の名士を捜させ、金銀米穀を与えて扶助したもの数百人にもおよび、それについての出納に関しては任せきりであった。一人でも多く育てようという志であるため、婦女の愛器や玩物の出費を禁じ、その方面の出費といえば、せいぜい二、三万石の大名級しかなかった。そしてつねに「大国に封ぜられた者は、待遇が厚くとも、みずから手足を動かして働くことはできないから、多くの立派な士を育てて、天下の干城《かんじょう》（国を守る武士）となるほかはない。だから自分の娯楽を抑え、その財を武備にあてるのだ」といった。

輝政は奥向き、台所向きをはじめ、すべてに倹素である。老臣どもは、あまりに倹素であるため「近ごろ世の中もおだやかになりましたので、少しはお楽しみになってもしかるべきでありましょう」というと、輝政は「おのおのが申すように、自分は倹素すぎるかも知れぬが、このようにしなければ家来を多く召し抱えることはできぬのだ。今の世の中は静かではあるが、いつどのようなことが起こらぬともかぎらぬ。そのときのために、いま以上に欲しいものは武士である。無益の出費を省いて人を多く抱えることが、予の楽しみなのだ」といわれた。そして因州・備州の両国は、特に家士が多いといわれている。

輝政が姫路にいたとき、居間の水筒がしばしばこわれたので、役人が「いま世上では水筒を銅でつくるのが流行しております。一度つくればいつまでもこわれず、倹約にもなりましょう」というと「その方たちがいうように、一度銅作りにしておけば、のちのちのためにはなるが、いまいっぺんに多額の出費をするということは、大いに相違がある。何事も、時代につれて古いことを改めるということはよくないことだ」といってそのことは終わった。

刀脇差を盗まれたる臣を許す

輝政の臣某が寝入っている間に、刀脇差を盗まれてしまった。「心掛けが足らぬからだ」と家中一同が取り沙汰して嘲弄したので、その者は仕方なく暇を乞うた。輝政はこれを聞いて、その者を呼びだし「その方が、寝入っている間に刀脇差を盗まれたのは油断したからだと人びとが笑うので、職を辞するというのは一応もっとものことだ。しかし、気にすることはない。そのわけは、むかし佐藤忠信が日本では無双の勇士といわれて、義経が吉野山の法師どもに取り囲まれて逃げられずにいたとき、忠信に著背《きせなが》（大将着用の鎧の美称）を賜り、忠信は自分が義経と名乗って戦った。そのすきに義経は落ちのび、忠信は多くの敵を切り払い、運よく都に上った。そして、かつて相通じていた卑しい女を頼って休んでいたが、女がたばかって酒を進め、酔い臥しているすきに太刀を取り隠し、そのまま六波羅に訴えでた。そこで糟屋有季《かすやありすえ》が大勢で押し寄せてすぐに打ち取ってしまったのだ。忠信ほどの武士が用心しないわけはない。それでさえ、寝入ったすきに取られたということであれば、少しも恥にもならぬ。恥どころか、いまでも彼の武勇は天下に隠れなきものだ。その方も、まさか、ひょっとすると盗まれはしまいかと、平素から用心しているわけもなかろう。少しも気にする必要はない。類例を調べもせずに、やたらに嘲る者があれば、捜しだしてかならず処分するようにいたす。わしがこのように申す以上は、そのまま奉公して、何かことが起こったとき、その意趣を顕わし、目に物見せてやれ」といった。

武道の理

土肥周防《どひすおう》は、世に知られた武功の者である。輝政は禄五千石を彼に与えた。周防は、播磨の国印南野《いなみの》を夜になってから通ったことがある。馬の沓《くつ》を掛け直すとき、従者が遠くにいるのをうかがって、何者かが茂みの松のかげより走りいで、周防の左の股を斬って逃げ去った。馬は驚いて躍りあがったので、股の傷のために鐙《あぶみ》をふむ力もなく落馬してしまった。従者が、斬った者を追ったが、真っ暗だったために姿はわからなくなってしまった。周防は足も立たないから追うこともできず、駕籠《かご》で姫路に帰ってきた。家中の者は彼をそしった。輝政はこれを聞き、夜話のとき近臣に「こんど周防のことで家中はどのようにいっていたか」とたずねられた。しかし一同、答えられずにいた。輝政は「汝らはどんなことでも隠さず、わしが問うことになぜほんとうのことを答えないか」といわれたので、近臣は「首尾よろしからずとみなそしっております」といった。輝政は「さもあろう。わしがたずねたのは、そのことを心配してのことだ。周防が股を斬られたこのたびの一件によって、ますます彼の武勇が顕われ、わしはいままでの倍も重んずる気になったぞ。斬ろうとするほどの者は、きっと最初からそのつもりで構えていたのであろう。しかし、まともにやったのでは成功おぼつかなしと思って、暗夜人がいないのを見すまして一刀は斬ってでたが、二刀とは手をだせなかったというのは、周防の威に圧倒されて、計画したこともとげられずに逃げ去ったということで、周防に深くおそれを抱いたからにほかならぬ。周防が並の士ならば誰がこんなにおそれるであろうか。股に傷つき、馬が躍りあがれば落ちるのは当然で、それを卑怯というべきであろうかな。足早の者ならば、白昼であっても追いつけはせぬ。まして暗夜である。斬ってしまわなかったことを臆病というべきであろうか。このようなことは、武道を学ばぬ者がいうことである。これは聞き咎めるには足らぬことだ。汝らもわしの部下たる士である。巷説に惑って、道理を誤ることのないようにせよ」といわれたので、家中は静まり、一方、周防は骨身にしみてかたじけなく思ったということだ。

年貢軽減

輝政は、郡村の庄屋に命じて、年貢高を一石につき二升ずつ免じた。何年何月何日堀甚五兵衛殿と自筆で認めた文書《もんじょ》がいまに残っている。三国を領する大名にして、なおその心を農事にくだくこと、ほぼこのようなものであった。

輝政が大領国を手にしたのち、諸大名の宴会があった。そのときある人が、ひそかに輝政の背の低いことを嘲った。輝政は扇をあげて舞いながら「われ、身短小にして勇功あり。知る人ぞ知る。背の高きをもって尊しとせず」といった。

武将の三つの重宝

輝政がいった。「武将が重宝とすべきものは、領土の百姓と、譜代の士と、鶏の三つである」と。「それはどうしてですか」とたずねると、「百姓は田畑をつくって、わが上下の諸卒を養っている。これが第一の重宝である。譜代の士は、たとい気に入らぬことがあってみずから扶持を放れても、敵国ではその者をほんとうに扶持を放たれたとは思わず、間諜に入ったのだと疑われて、敵地に逗留することもできず、結局、元のわが国に帰ってわが兵となる。これが第二の重宝である。また目にみえる合図《あいず》や耳に聞こえる合図は、敵の耳目にかかるので、たやすく見破られてしまう。ところが鶏鳴《けいめい》は、誰も合図とは知らぬから、敵国の鶏鳴の一番鳥で一同を起こし、二番鳥で食事をし、三番鳥で打ち立つなどと合図を決めることができるが、敵はそれを合図とは気づかぬという徳があるのだ。それゆえに、この三つを重宝とするのである」と。

城の要害

池田家の老臣らが「姫路城の近くには山がありますから、要害とするにはたいへん条件が悪うございます。別のところに移されますように」と輝政にいうと、輝政は「小さいことをいうものだ。いざというときには、姫路城に籠城でもするというのか。合戦となれば、大地に打ってでて、大勝利を得べきものだ。だから、城の要害などは気にとめることはない」といわれたという。

奇声を発す

輝政があるとき奇妙な声をだした。近臣は驚いて馳せつけ、「何事ですか」とたずねると、輝政は上機嫌で笑いながら「わしはいつも軍旅のことばかりに工夫をこらしている。いまもいまとて、図にあたったぞと思うことがあったのだ。それで思わず大声をあげたまでだ。別に何でもない」といわれた。

輝政は幼いころからはきはきしていて自由闊達、それが成長するにしたがって雄偉となり、人となりは剛直で、部下に対しては寛容であった。そして多くの名士を招き、孝悌の行いある者を誉めたたえ、朝夕怠ることがなかった。輝政が死んだとき、驚き歎かぬ者はなかった。

蒲生氏郷《がもううじさと》

右衛門大夫賢秀の子。飛驒守。のち従三位、参議。会津百二十万石に封ぜられて、黒川城に住む。文禄四年（一五九五）二月七日没。年四十。

信長の目にとまる

永禄十一年（一五六八）九月、氏郷は父賢秀《かたひで》とともに信長のもとに降った。時に十三歳、鶴千代丸と名のっていた。信長は彼をみて「蒲生の子の瞳はずいぶんと変わっておる。さぞかし尋常の者ではあるまい。あっぱれなる若者よ」といった。信長は娘の婿《むこ》にと思い、氏郷を岐阜城に止め、弾正忠の一字をやって名を忠三郎とした。

信長の前で毎回武辺のはなしがあったが、氏郷は十三歳の若さでつねにその席に列した。深更におよんでも、最後まで飽きることはなく、一心不乱に、語る者の口もとをみつめている。稲葉貞通はこのようすをみて「蒲生の子は並の者ではない。彼がひとかど勝れた武勇者にならなければ、ほかになるものはあるまい」といわれた。

初陣

永禄十二年八月、信長が大河内《おおこうち》の城にむかった。氏郷は、十四歳にしてただ一人抜け駆けをして多勢のなかに斬って入り、名のある武将の首を取って帰ってきた。信長は大いに喜び、みずから打鮑《うちあわび》を取って授けた。これより以後、大小の戦功を数えるにいとまがない。

名馬を得て一番駆けの誉れ

織田金左衛門尉《きんざえもんのじょう》は音に聞こえた馬をもっていた。諸人がこれを所望すると、金左衛門はこれを聞いて、「馬は差し上げよう。ただし、戦のあるときには、一番に敵陣へ乗り込んで高名しようと思われるなら、差し上げよう」という。そういうわけで、誰も重ねて所望する者はなかった。氏郷、時に十六歳であったが、これを聞いてすぐに金左衛門のもとに行き、「次の戦には先陣を駆け、たしかに一番乗りの高名をいたす所存」と堅く約束してこの馬を手に入れた。十日ほどすぎて、武田晴信が東美濃に出兵し、次から次と村落を焼き払って猛威をふるっていたころ、氏郷はこの馬に乗り先陣に進み、武田方からの斥候《ものみ》と出会うや、組み討ちとなってどうと落ち、首を取って高名し、全身血にまみれて信長の前にでた。金左衛門にもお手柄の首をみせて、約束をたがえなかったことを語ったところ、信長をはじめ一同感激しあった。

氏郷は十七歳のころ、信長に「陪臣になってしまいますが、柴田勝家にお付け下さい。勝家は天下きっての武将中の武将でありますから、武士のありようを見習いたいと存じます」と望んだので信長ももっともなこととして、彼を柴田に付けられた。

本能寺の変

天正十年（一五八二）六月、信長父子が明智光秀のために都で殺されたとき、賢秀は安土城の留守居役をしていた。氏郷は日野城にいてこの変を聞き、手勢五百余騎、輿《こし》五十挺、鞍《くら》置き馬百匹、ほかに二百匹をしたがえて、その夜腰越まできて、まず案内の者にその旨をいうと、賢秀は大いに喜び、信長の御台所や姫君をはじめ女房たちにいたるまで、まとめて日野城に入れ、いそいで軍勢を引きつれて、逆徒誅伐の謀にかかった。光秀はこのことを聞き、使いをだして、「この光秀に荷担するならば、近江国の半分を与える」といってきたが、まったく無視して同心しなかった。使いを再三よこしたが、罵り返して対面すらもしなかった。光秀はそれならばと、まず日野城にむかおうとすると、そこに信孝[一]（信長の第三子）の軍勢が摂津から攻め上り、たちまち光秀は討たれてしまった。氏郷は北畠信雄《のぶかつ》の供として都に上ったが、秀吉は氏郷のこのたびのふるまいに深く感じ入り、明智に荷担した国人らから没収した土地を氏郷に与えた。

勧賞の地を返上

天正十一年、秀吉[二]は、信孝と不快のことが起こり、四月柴田勝家を滅ぼし、八月、滝川一《かず》益《ます》の亀山城を陥れた。氏郷は秀吉に属して功があったため、その賞として亀山を賜ったのである。氏郷が謹んでいうには、「亀山は関氏累代の伝領の地でありますから、取り上げるのは気の毒であります。ぜひとも関右衛門佐《うえもんのすけ》一政《かずまさ》にお返し下さるよう切望いたします」と。秀吉は「それならば汝の望み通りにせよ」ということで、一政に下し賜った。関氏は氏郷と縁ある者である。

秀吉が柴田勝家と対立したとき、伊勢・伊賀を気づかって、氏郷を両国押さえのために日野城に置いた。伊賀守がたびたびしかけてきたが、氏郷のために撃ち破られた。勝家が戦死したのち、伊賀守は比智山を一歩も出ずにたてこもった。氏郷は、これを攻めようとして老臣たちと詮議した。すると老臣らが「端城《はじろ》が六つありますから、まず端城を攻め落とし、そのうえで比智山を攻めるのがよろしいかと存じます」といった。氏郷は「いや、端城一つ二つを攻め落とせば、残る城の者たちはみな比智山に逃げこもるであろう。さて比智山を攻め落とせば、こんどは端城に逃げるであろう。だから、一気に比智山を攻めよ」といって攻めたてた。案の定、六つの端城は戦わずして潰散した。

近隣押領の木造長正を降す

氏郷はすでに松ガ島に入った。そのとき木造《こづくり》左衛門佐《さえもんのすけ》長正《ながまさ》は、日置《ひき》城にいて近隣を押領していた。そのうえ、氏郷の領分へも夜ごとにでてきては、稲刈りをした。氏郷は真っ先に進んでたびたびこれを撃ち破った。そこで長正は工夫をこらして、氏郷は真っ先に進む将だからというわけで、九月十五日の夜、氏郷の領分曾原《そはら》というところに伏兵を置き、氏郷がでてくれば討ち取ろうと支度し、いつものように稲刈りをした。氏郷の情報屋が、かねて打ち合わせた通りに鉄砲を撃って合図をしたので、氏郷はすぐさま兵二千をひきいて松ガ島を出立し、曾原から三十町ほど手前に千余人を備えて置き、みずからは五百余人をひきいて三、四町先に進み、備えをととのえた。千余の同勢に敵がかかってくるころ、氏郷直属の五百の備兵がかたまってひとつになる手筈である。このこと、前もって十分心得よと命じ、残兵を四百余人稲刈りの敵の方にかからせると、敵の伏兵が立ち上がって味方を追いかけた。氏郷は打ち合わせの通りに千余の同勢とかたまって、追ってくる敵を縦横に奮撃して、木造の兵を破り、日置城下まで追い詰め、物頭《ものがしら》の究竟《くっきょう》の士三十七人、そのほか冑付《かぶとつき》の者四十六人、雑兵多数を討ち取ってどっと勝鬨をあげ、日置城下から十町ほど引いて陣取ったとき、老臣が、この勢いに乗じてすぐに城に入り、木造を撃ち滅ぼされるようにといったが、氏郷は「汝らのいう通り、撃ち滅ぼすのは、いともたやすいことだ。しかし木造を滅ぼすとなれば、ほかの敵城どもも、われらとて、とうてい逃げられまいと思い、固く守るであろうから、それを平らげるのに手間を取るにちがいない。今夜の戦で物頭やそのほかの勇猛の士をほとんど討ち取ったから、おそらく木造は降参するであろう」といって、老臣たちのいうように、勢いに乗じてつけ入る戦法をとらなかった。はたせるかな、その翌日、木造は降参した。氏郷は、降ってきた者たちの命を助けただけでなく、伝馬《てんま》や人足などをつけて、ねんごろに自分たちの陣に送らせた。これを聞いてほかの敵城も、ある者は降参し、ある者は被官（主従の関係における従の立場）を望むなど、種々申し出る者が多かった。このように氏郷の考えた通りにことが進んだのである。

(三)長湫の役の後払

長湫《ながくて》の役で秀吉が軍を撤退して大垣に入ろうとしたとき、清洲《きよす》よりの追跡を気づかい氏郷に後払《あとばらい》を命じた。氏郷はその旨をうけたまわり、「ご心配なく、敵がくれば一捲《ひとまく》りに追い返しますので、ご安心のうえお退き下され」といわれたので、秀吉はたいそう喜ばれた。そのときは敵の追跡はなかったが、氏郷は「殿が大事と思われることを氏郷に仰せつけられ、実に面目のいたり、感激これにすぎることはない」と語った。

この役のとき、本多三弥正重が氏郷にしたがって、信雄方の城を巡視して帰ってきた。「どこそこの曲輪《くるわ》には堀があって、攻め入ることは大変むずかしいことです」というと、氏郷は「〝百聞不《ハ》レ如《しか》二一見《ニ》一〟という古い諺《ことわざ》があるから、実際に見回ってきた汝のいうことが正しいのかもしれぬが、汝のいうその地点には、堀などあるはずがなかろう。ひとつ汝と賭《かけ》をしてみよう。汝が負ければわしに佳魚一尾をよこせ。わしが負ければ汝の望むことは何にせよ授けよう」と大いに戯れた。城が陥てのちに曲輪のあたりをみてみると、やはり氏郷の察した通りであったので、正重が鮮魚を出してその賭の償いをしたということである。

西海の役

西海の役（島津攻め）で秀吉は「巌石《がんじゃく》城は嶮阻であるうえに、熊谷越中が多くの兵とともにたてこもっているので、なまじ攻めて失敗でもすれば、敵の強みとなる。押さえの兵を置いて、まず鹿児島に押し寄せよう」という。氏郷が再三この巌石城を攻め落とさせていただきたいとねがったので、やっと秀吉はこれを許した。そこで氏郷は前田利長らの兵とともに巌石城を攻めた。秀吉は本陣からその働きぶりをみて、薄浅黄《うすもえぎ(ママ)》に柳を縫った紅梅裏《こうばいうら》の羽織を彼に授け、これを着て城を攻め落とせよとのことであった。氏郷は感激して、ついにこの城を攻め落とした。秀吉はこれを喜び、鹿毛の太くたくましい馬に梨地の鞍《くら》を置き、これをまた彼に授け、早々に御前に参るようにとのことであった。氏郷はさっそくこの馬に乗って参上すると、秀吉の喜びはひと通りではなく、さらに軍忠を尽くせよとのことであった。巌石城が落ちたので、まもなく九州は平定した。これは巌石落城のせいだと噂された。

小田原の役

小田原の役（北条氏政攻め）で、城中から氏郷の陣に夜討ちをかけた。先手の者たちはよく働いた。氏郷はただ一人槍をささげて、敵にかまわず後にまわり、後より突き倒し突き倒してよく働いたので、敵は城中に引き上げようとしても、氏郷一人に突き立てられ、堀にとび込む者が多い。それをみて、あとから駆け合わせてきた氏郷方の侍たちも、われもわれもと首を討ち取った。秀吉はこれをみて「このたびの氏郷の働きは、いまに始まったことではないが、このたびの夜討ちにあたり敵の後へまわって、背面を一人で取り仕切り、あまたの首を討ち取ったということは、まことに当意即妙の機転であり、古今まれなる働きである」と誉めたたえられた。

天下に望みありき

この役が終了したのち、秀吉は諸将を集めて、「会津は関東の要地である。勝れた一将を選んで鎮圧にあたらせねばならぬ地だ。誰がよいか、汝ら遠慮なく意見を記して申し出よ」といわれた。細川越中守忠興がよいという者が十人のうち九人もあった。秀吉はこれをみて「汝らの愚もきわまれりというべきか。会津の地に置くのは、蒲生忠三郎（氏郷）のほかにはいない」といって、氏郷に会津九十万石を賜った。ときに天正十八年（一五九〇）八月のことである。氏郷は御前を退いて広場の柱に寄りかかり、涙ぐんでいた。そのようすを山崎右近がみて、九十万石という多分の所領を賜ったのでありがたく思い、感涙を流していると思いこみ、側に近よって「ありがたく思われるのはごもっともなことでございます」というと、氏郷は小声で「そうではない。小身ではあっても、都の近くにいれば、一度は天下に号令する望みもある。いくら大身の者でも、雲をへだて海山越えた遠国《おんごく》にいては、もはや天下人への望みもかなわぬ。わしはすでにすたり者になったかと思うと、不覚の涙がこぼれたのだ」といわれた。

会津の知行配当

氏郷が会津百二十万石を賜ったとき、老臣らが「家中の者に知行を配当しよう」といったので、氏郷はそれを耳にし「わしがみずから配当しよう」といって、一万石をと思う者には二万石、三万石と配り、こういう調子で順次配当をしたので、百二十万石の地では足りないことになってしまった。老臣らは「過分の知行を賜るのはありがたいことですが、平侍《ひらざむらい》どもへ配るのに足らなくなります。ましてや御蔵入《おくらい》りもすっかりなくなり、このようなありさまでは、いざ合戦というときにも、とうていできることではありませぬ」というと、氏郷は「こう配当したのでは不足になるか。それなら汝らが配当し直せよ」といわれた。家臣らはこれを聞いて、一万石と約束した者に二万石、三万石と配当する主人の志をありがたく思って、御蔵入りの米さえ十分ならば、かならず三万石をいただくものと思って、ありがたがったという。

秀吉、氏郷を恐る

氏郷が会津へ行くとき、秀吉は袴《はかま》を脱いで氏郷にこれを着せられ、また氏郷の袴をみずから着けられた。「さて氏郷は、奥州に行くことをどう思っていたのか」とおたずねになられると、近臣の者は「たいへん迷惑がっております」と答えた。秀吉はこれを聞き「いかにももっともなことだ。氏郷をこちらに置いておくと、恐ろしい奴なので、それで奥州につかわすのだ」といわれた。

家康の餞別

氏郷が会津へ行くとき、江戸城に立ち寄った。家康はかねてより懇意であるからことのほか喜び、例のごとく饗宴があった。そして「奥州を押さえるために会津の城をご拝領になったことはたいへんなお手柄でありますぞ。この関東は近国でありますから何ごとも相談していきましょう。われらはひとしお喜んでおります。ついては何かご餞別《せんべつ》をさせていただきたいのですが、どうか何なりとご所望下さい」といわれた。氏郷は「お志かたじけなく存じます。しかしながら、思いもかけぬ大名に仰せつけられ、にわかに富裕者となりまして、いろいろ支度をいたしたため、不足は何もございませぬが、せっかくおっしゃって下さるのですから、ひとつ所望申し上げますが、よろしいでしょうか」といえば、家康は「手前にできることなら何でも望み通りにいたしましょう」ということになった。氏郷「それでは申し上げましょう。ただいまお座敷にまいりますときにみましたら、色の真っ黒な老人が、朱鞘《しゆざや》の大脇差を横ざまに指《さ》しておりましたが、あれは何者ですか。近ごろ珍しい男ぶりですので、某《それがし》の家来にしてこのたびの会津入部に召し連れたいと思いますが、もしこの望みかなえられますなら、何を賜るよりかたじけなく思います」と。家康はこれを聞いて「いともたやすいことです。さっそく差し上げましょうと申したいところですが、あの老人は、若いころ武田信玄の家来の板垣信形《のぶかた》の草履《ぞうり》取りをしていた男で、何の筋目《すじめ》もない男です。信形の悴《せがれ》弥次郎が信玄に対して奉公人としてよからざる行跡があり、そのほかいろいろの悪事を働いたために、信玄から成敗されました。そのときあの老人は、曲淵《まがりぶち》庄左衛門と名のって侍になり、その弥次郎に奉公していたので、主人の弥次郎を殺されたうえは、その主人の仇であるから、ぜひとも信玄を切り殺そうとして忍びまわっていたほどの無分別者です。そのうえ、ご覧の通りの極老の身であり、召し使われても何のご用にも立ちますまい。したがってこのことは、かたくお断りいたします」といわれた。氏郷は「筋目も分別もいりません。もちろん年寄りであってもいっこうにかまいませぬ。しかし、ご貴殿におかれては、あの者を特別にご寵愛とお察ししましたから、このうえ押して所望いたすのもいかがと思います。曲淵という人物のことは、かねてから耳にしていたことでもあり、よい機会ですからご紹介いただいて、少々、昔物語などを聞きたいものですが」と望んだので、曲淵もその席にでて、晴信・勝頼二代のことをいろいろ物語り、時をすごしたということである。

伊達政宗は一揆の黒幕

木村伊勢守秀俊《ひでとし》の領内の葛西《かさい》・大崎に一揆が起こった。氏郷はこれを聞き、兵をひきいて雪中に出陣して佐沼まできた。噂によると、この一揆は伊達政宗がしかけたものであるとのことである。氏郷は少しも臆せずに所々の一揆を討った。そのとき、政宗に属する永沼城主新国上総《にいくにかずさ》が氏郷と対面し「このたびの国人蜂起の根元は政宗のそそのかしによるものでございます。雪中で道も不自由ですし、とくにご貴殿におかれては地理不案内ですので、いずれにしてもご勝利はおぼつかなきことと思われますから、ここよりご帰陣なさるよう」という。氏郷はこれを聞き「貴殿のいうことはもっともであるが、さきに殿下（秀吉）がこの地にいらして、当国の仕置きを仰せつけられたとき、秀俊とわれらを左右にならべ、かたじけなくも二人の肩を撫でて、秀俊は氏郷を兄と思い、氏郷は秀俊を弟と思い、この国のことはたがいに談合するようにとの重い命を受けている。われ、いまたとえば途中で死んだとしても、秀俊を見捨てては信義を欠くことになり申す。信義を失ってはなんの面目あって天下の人びとに顔を合わせられよう」といってどんどん進み、ついに一揆を討ち平らげた。

この役で政宗は一揆の賊と通じて、しばしば氏郷を撃とうとした。氏郷はこれを知って守備を厳重にした。ために政宗は手をだすこともできない。その後ようやく政宗の隠謀が露顕したので、政宗は、これは家の一大事と気づき、二心のない旨をいろいろいってきたが、それに対して氏郷は「どうであろうとも、拙者はいっこうにかまわぬ。ただ天下のためを専一にお考えなさるように」といいつかわした。

氏郷が九戸《くのへ》から帰陣するとき、衣川《ころもがわ》に着いた。賦役に狩り出されていた人夫が鮭魚《さけ》が上ってくるのをみて、

昨日たち今日きてみれば衣川裾の綻《ほころび》さけ上るらん

(たちは発ちと着物をたちとに掛け、きは来と着に掛け、さけは裂けと鮭に掛けた懸《かけ》詞《ことば》で、衣・裾・綻の縁語をなしている。衣川を経て北上し、九戸にいたってふたたび南下して衣川までくる間に、衣の裾が綻びたことを、巧みに表現したわけである)

と口ずさんだ。氏郷はこれを聞いて感じ入り、賦役を免じて家に帰してやられた。

政宗、氏郷暗殺の陰謀

政宗は、氏郷の威に押されるのを深く憤って、彼を殺そうと謀り、代々家に仕えている者

の子で清十郎という十六歳になる者、容貌すぐれて美男の相であったが、ひそかにこれに謀を語り聞かせて、田丸中務《なかつかさ》少輔《しょう》直政の小姓として奉公させた。直政は氏郷と親戚の間柄であるから、氏郷がきたときをうかがって刺殺せよというわけである。清十郎の父の方に出した手紙を関所で改めたことから事が起こり、その謀がもれた。そのため清十郎を召し捕らえて、獄に入れ、この顚末《てんまつ》を秀吉に告げたが、秀吉はいろいろ将来のことをおもんぱかって、しいて政宗と和平させた。氏郷は清十郎を呼びだし「わしは過《あやま》って罪のない義士を獄に入れて屈辱を与えた。自分の主君のために命を捨てて忠を尽くすということは、十分賞するに余りあることだ。早く伊達家に帰れ」といって、礼儀正しくもてなして帰らせられた。

古田兵部少輔重勝の臣で庄林《しょうりん》理助という者が、わけあって氏郷の臣西村佐助を斬り、徳川の臣久世《くぜ》三四郎広宣《ひろのぶ》方に駆け込んだ。氏郷は理助を渡すようにと再三いいつかわしたが、ついに渡さない。氏郷・広宣両者の間がいまにも爆発しそうになったが、中に立つ者があって無事に終わった。その後、理助は徳川家に仕えた。後年、氏郷が家康の招きを受けたとき、理助は広間にいたが、氏郷の通るのをみるや、両刀をとって二、三間後《うしろ》の方に投げだし、前にはいでて「庄林理助めにございます。はじめてお目見えいたします」といったので、氏郷は立ち止まり「さてさて感心な御仁《ごじん》だ。以前のことはまったく気にしておらぬぞ」と挨拶し、また家康に断ってその座に理助を呼び盃を賜った。一同、この氏郷の度量の広さに感服した。

黒塚の所領争い

陸奥安達《みちのくあだち》郡に川があり、そのむこうに黒塚がある。安達は氏郷の領地であるが、黒塚は政宗の領地だとして争論があった。氏郷はこれを聞いて「平兼盛の歌に『陸奥の安達ガ原の黒塚に鬼こもれりといふはまことか』と詠んでいるがどうだ」といった。これを聞いていた者は「黒塚は安達ガ原に属していることは分明だ。まこと、この歌が証明している」ということになって、政宗は争いを止められた。

秀吉、氏郷を忌む

秀吉は、名護屋《なごや》にいて、征韓のことに時日を費やしているのを心配し、諸将を集めて詮議した。その席上、氏郷は「ご心配にはおよびません。朝鮮を私に下さるのなら、見事切り取ってご覧に入れましょう。そうすれば上様のご心労も止みましょう。なにとぞ私に仰せつけ下さい」といった。秀吉はこのときから氏郷を忌み嫌うようになった。

早すぎた取り立て

筒井順慶《じゅんけい》の臣に松倉権助という者がいた。臆病者といわれているので、筒井家をでて蒲生家にきた。「臆病者も良将の下《もと》において用いられる道があれば、なにとぞご扶持下されたく……」と請うた。氏郷は「見どころがある」としてこれを召し抱えた。まもなく戦があり、松倉は槍をあわせて敵の首を取った。氏郷は「思った通りの働きをする者よ」と、禄二千石を与えて物頭《ものがしら》にした。その後戦があったとき、松倉の抜群の働きは敵味方を驚かせたが、あまりに深入りして討ち死にしてしまった。氏郷は近習の者に「松倉は剛にして大志があった。人の下に立つ者ではない。それゆえ早く取り立てたが、もう少し出世をのばしておけば、無理な討ち死にをしないですんだものを。自分の過ちによって、あのような武士を失ってしまった」といって、涙を流して悔やまれた。

卑怯者を召し抱う

松田金七秀宣《ひでのぶ》は大和の侍で、生得《しょうとく》剛強であったが、奈良で人と争論し、打擲《ちょうちゃく》を受けた。死を決意したが、人にとめられ、ようやく思い止まった者である。それ以来、鎧の背に金箔で「天下一の卑怯者」と書いた。秀宣は蒲生の家来河合公右衛門に頼み「私めは天下一の卑怯者でありますが、もしかするとご用に立つことがあるかもしれませぬ。もしお目鏡に叶えばご扶持をいただき、明君の下において私めの将来を占いたいと存じます」といってきた。河合は取り次いで氏郷にこれを告げた。氏郷は「かくすことなく正直な道を好むところに見どころがある。どうも尋常の者ではなかろう」といって禄を与え、鉄砲頭にしておいたが、はたせるかな戦ごとに功をあらわした。のちに長束正家《なつかまさいえ》に仕え、関ガ原のときに戦没した。

信玄の遺臣を召し抱う

氏郷は能を催して家中の者にみせた。自分が能を舞う番が目前に迫ったので装束をつけていたところ、蒲生四郎兵衛郷成《さとなり》がきて、「かつて武田信玄に仕えていた曾根内匠《たくみ》と申す者が、殿にお仕えしたいといって今日当地に参着しました。お召し抱えになられるか否かのおことばをうけたまわり、そのうえ返答いたしたいと存じますが」と申したところ、氏郷は「召し抱えるから、今すぐ対面させよ。ここに呼べ」と、装束を着たまま対面の式を終えられたということである。

帰参者との試し相撲

巌石の役のとき、氏郷の臣西村左馬之允《すけ》は抜けがけの功名をしたのであるが、軍令を犯したということで、氏郷は怒って勘当した。その後西村は、細川忠興に頼んで帰参を願い出たので、氏郷はその罪を赦し、元通りの禄を与えた。その翌日、氏郷が西村と相撲を取ろうといい出された。西村は考えた。「相手は殿だし、ことに帰参を許された翌日のことだ。これはおれを試してみようということであろう。もしおれが勝てば殿は機嫌を損ねるであろう。負ければおべっか使いの軽薄者といわれよう。どうしたものか、一生の浮沈がここにかかっているぞ」と思ったが、「しかし、人間は名こそ大切にしなければならぬ。軽薄者といわれて用いられるよりは、機嫌を損ねて用いられなくなってもよい」と覚悟して取り組んだところが、ついに勝った。すると氏郷は「残念千万。もう一番」と四股《しこ》をふんで立ちむかわれた。近習の士たちは、西村に気をつけろと目配《めくば》せし、息を呑んで手に汗握ってみていたが、「今度負けたら、へつらい者といわれよう。ええままよ。怒りに触れるなら触れるがいい」

と思い定め、少しも用捨なく立ちむかい、また勝った。氏郷は笑って「汝の力はわしに倍する」といわれ、翌日加禄を賜ったということである。

心柄を知りて知行を減ず

氏郷は橋本惣兵衛を一万石の約束で呼び寄せた。惣兵衛が雑談のときに「もし知行十万石の約束ならば、子供を多くもっていますので、一人川に捨ててもよろしゅうござる」といった。氏郷はこれを聞いて、惣兵衛にむかっていった。「その方は、知行に子供の命を替えてもよいと申したのか。それは頼もしいことでも何でもない。それでは、知行の高で誘われれば人質をも見殺しにするという考えなのか。内々その方には一万石つかわす約束で呼んではおいたが、汝の心底を聞いたうえからは、高い知行は与えられぬ。一万石を減じて千石とする」といわれたということである。

畳の上の奉公

佐久間久右衛門安次が氏郷にはじめて面謁したとき、畳の縁《へり》につまずいて倒れた。このようすを、伺候《しこう》している小姓らがたがいに目配せして笑った。氏郷はこれを怒り小姓らを呼んで「汝らはまだ分別をわきまえていないために、自分の奉公を彼にあてて量《はか》ろうとしている。彼は畳の上の奉公人ではない。使うところが違うのだ。汝らは畳の上の奉公を第一とする。これをもって彼を量るなら大間違いだ」とお叱りになった。

〝智者〟を退く

玉川左右馬《そうま》は、弁才学智があるとして世に知られた人物である。ある人が彼を氏郷に推薦した。氏郷は大いに喜んで迎え、賓客の礼をもって遇した。左右馬は氏郷に謁していろいろ語った。氏郷は十日ほどつづけて夜話に彼を迎えたが、その後どういうわけか金を与えて送り返してしまった。推薦した者はたいへん失望した。老臣もこれを不思議に思い夜話のとき「玉川は、才智に富む人物ですから、やがてご登庸《とうよう》になり、謀臣にでもなさるかと思っておりましたのに、思いのほかお暇を出されましたのには、何かお考えがあってのことでしょうか。このようなことは、いろいろお聞かせ下さるのに、玉川のことについてはご一言もないので、はなはだ不審に思っております」といった。すると氏郷は「汝らが不審に思うのはもっとものことだ。世の智者というのは、いかにも重厚にかまえていて見てくれも立派だし、ことばも巧みに、器量学才があって、人の目をたぶらかすものにすぎないのだ。当世は文字に暗い時代だから、人の見方を知らぬ。そのためこのような者を智者と思ってしまうのだ。わしが玉川をみてみるに、いま世にいうところの智者にすぎぬ。そのわけはこうだ。はじめわしに逢ったときは大いにわしを賞め、次に諸将をそしり、わしの気に入られようとしていろいろな手を使った。また自分のよいところを称揚されようとして、交友のよいことをあれやこれやと並べたてた。このような者は智者だとしても、身辺に置いておいてはよろしくない人物だ。だから暇をだしたのだ」といわれた。玉川は、その後、ある家に仕えたが、才智ある者だからいったんは家中の者も名士をえたと喜んでいたが、年月がたつとともに老臣を退け、忠直の者を妬《ねた》み、おのれの威をふるったので、家中の誰もがすっかり疎んじ、ついにはその主家も衰え、主人も過ちを悔やんで玉川を追い出した。そのときになってはじめて、氏郷の明察は神のごとしと、一同心から歎服した。

氏郷のはやりすぎ

氏郷はつねに諸隊将にむかっていった。「主将として衆人を戦場で使うには、ただ、かかれ、かかれという口先だけの指揮ではだめだ。かかれと思う場所に主将みずからまず行って、ここにこいといえば、主将を見捨てる者はない。自分は後にいて、ただ衆にだけかからせようとしてもうまくいかぬ」と。

氏郷は、初陣のときからずっと銀の鯰尾《なまずお》の冑をいただき、つねに先陣に立って進んだ。新たに仕える者があれば、彼らに逢って「わが旗本に銀の鯰尾の冑をいただき、先陣に進む者がいるから、この者に劣らぬ働きをせよ」といわれた。新進の士は、それはいったい誰だろうと思っているうちに出陣の命が下った。さて戦に臨んでみると、それはまさに氏郷自身であった。

秀吉の前で氏郷・家康・利家（前田）・秀家（宇喜多）・輝元（毛利）らが話しあっているとき、秀吉がいった。「たとえば織田上総介に兵五千、蒲生に兵一万をつけて合戦させたとしたら、どちらにつくか」と。誰も返答できかねていた。そのとき秀吉は「わしは上総介につく。なぜなら、蒲生方から冑付の首五つほど取れば、そのうちにはかならず氏郷の首があるはずだ。上総介は四千九百人まで討ち取られても、上総介自身は討ち死にすることはあるまい。だから大将が早く討ちとられた方が大負けである」といわれた。氏郷はやりすぎるところがあるために、このような物語をなされたということである。

氏郷は陣屋では、諸侍に博奕《ばくち》を許した。それは、陣屋での番を勤めるとき居眠りしやすいためであるという。

不偏の家風を作るべし

氏郷がいった。「いま、何の某《なにがし》の家風は、和を主とし恩を貴ぶ。そのため士の多くは柔弱である。儀礼を知る者は多いが勇猛の士は少ない。また何の某の家風は、凜々と締まっていて武道の心がけがよく、強い士が多いが、儀礼を知る者は少ない。この両家にはそれぞれ欠点がある。たとえば春夏は万物みな盛んに生長するが、病にかかる者も多く、物も腐りやすく、虫蛆《うじ》もわくというようなものだ。これは恩を尊ぶ前者の場合の欠点だ。また一方、秋冬は葉も木も枯れ衰えるときであるが、物が成熟することも多い。これは、家風を締めている後者の場合に似ている。春夏秋冬どれかひとつにかたよらず、家風を正すことが主将の器だというべきであろう」と。

氏郷の日常

氏郷は平生武職を守って少しも怠らなかった。日夜家臣を集めて武道を練磨し、明日の合戦では、ことばたがわずみごとな働きをすることを専一と心がけていた。家に財を蓄えることもなく、智者や勇者を諸方から招いて財禄を与え、ともに戦場に死のうとかねて思っていたから、天下の名士が多く帰属した。これによって、秀吉は奥州の鎮圧にあたらせられたのである。禄高はほぼ百万余石であったにもかかわらず、台所はときおり物資不足の状態で、家臣がかわるがわるだし合って補いをつけたこともあったという。

氏郷は「『雲はみな払いはてたる秋風を松に残して月をこそ見れ』『月澄みて雲みな空に消えはてて深山《みやま》隠れを行く嵐かな』この二首の歌は、軍法の心得である。大将たる者はよく味わえよ」といった。

氏郷は、夜話に怪談を好んだ。また武辺の話はいつまでつづいても退屈しないから、それでは切りがないというので、蠟燭《ろうそく》二挺をかぎって打ち切りとし、夜話の者は退出した。夏の夜は蠟燭を短く剪《き》って、風の通うところにとぼして置かれた。

知行と情は車の両輪

氏郷が伊藤平五郎に与えた書簡に、「第一家中には情を深くし、知行を授けるように。知行ばかりで情がなければ、万全とは申しがたい。情ばかりで知行がなくても、これまたむなしきことである。知行と情とは車の両輪、鳥の両翼のようなものである。商売などは利を追求するが、利など心にかける必要はない。今年の収穫は来年の六、七月までに使いきってしまえば、一万石はその秋にまた一万石として収穫でき、絶えることはない。ただ武勇のある者を多く抱え、武の誉《ほま》れさえあれば、身を立てることは疑いないことである」と申し送られた。

佐々木の鐙

蒲生の家に「佐々木の鐙《あぶみ》」という名高い鐙がある。これを細川忠興が所望した。亘理《わたり》八右衛門は「これは無双の名物ですので、ほかにはありません。別の似通った鐙を贈られてはどうでしょうか」といったが、氏郷は「『なき名ぞと人には言ひてやみなまし心の問はばなにと答へん』（四）という歌の心の恥ずかしさよ」といって、この鐙を忠興に贈った。その後忠興は返したが氏郷は受け取らず、彼の死後子の秀行に返した。

旧主の子に陪従す

蒲生家は元来、近江佐々木の臣であったが、佐々木が滅びたので、氏郷は信長・秀吉に仕え、のち会津百二十万石を領したのである。あるとき伏見で秀吉に謁したおり、旧主人佐々木義賢《よしかた》の子四郎が二百石を領して秀吉のお伽《とぎ》衆の一人になっていた。氏郷は彼をみて思わずあわれさに打たれ、昔を思い起こし、四郎のために刀を持して陪従《べいじゅう》した。

氏郷の遊芸

氏郷は儒仏両道を南化《なんか》和尚に学び、和歌を三条西家および宗養・紹巴《じょうは》に学ばれた。また茶事は人の師とも仰がれた。だがのちに、斎藤内蔵助利三《くらのすけとしみつ》の諫めにより、武士には遊芸はいらないと思い、これよりもっぱら武道を研究し、軍功たびたびにおよんだので、ついに奥州の鎮《しず》めとして会津に封《ほう》じられるにいたったのである。

三成、氏郷を殺さんとす

九戸《くのへ》の役後、石田三成が都に帰ってひそかに秀吉にいった。「このたびの氏郷の軍容をみますに、尋常の人とは思えません。彼の軍行は七日ほど引きも切らずつづきましたが、軍法を犯す者も一人もおりません。この人が殿下に対し二心を懐《いだ》かないとすれば、これほどのお固めはほかにありますまい。心得ておかれてしかるべき人物だと思います」と申したので、氏郷はひそかに毒を与えられた。このためにたちまち病にかかり、ついにむなしくなってしまった。氏郷は辞世に、

限りあれば吹かねど花は散るものを心短き春の山風

と詠んだ。おそらくこの暗殺の意をふくめたものであろうといわれる。

〈注〉

（一）信孝は天正十年五月、四国の讃岐攻略にむかい、摂津に滞陣中であった。本能寺の変に接し、六月、兵を返し、秀吉とともに、山崎において光秀を破ったのである。

（二）信孝は、本能寺の変後、兄信雄《のぶかつ》と争い、柴田勝家とむすんで父信長の後継者たらんことをねらったが、信長の長子信忠――本能寺の変のおりは、中国毛利征伐のため京都妙覚寺に滞陣中であったが、本能寺救援に赴こうとして果たせず、二条御所に入って自刃――の長男三法師（秀信）を立てるのが正統なりと主張する秀吉にはばまれ、信雄と秀吉を除こうと謀り、秀吉と勝家の仲が悪化するのをみて勝家に味方した。秀吉は岐阜城に信孝を攻めて和を請わしめたが、翌天正十一年四月、賤ガ岳《しずたけ》の合戦にふたたび秀吉に抗して挙兵。信雄に攻められて尾張知多半島にのがれて自刃。

（三）秀吉と家康との決戦。信長の死後、秀吉の勢力が急に伸びてきたため、家康が信長の子信雄を誘って秀吉を滅ぼそうとして起こした戦。天正十二年三月、家康はいちはやく小牧山の要衝に拠り、秀吉は尾張に入ってこれを攻めたが勝てなかった。別動隊の部将池田恒興の軍は長久手において敗北。対陣が長引く間に、秀吉は信雄と和してしまい、家康に交戦の名目を失わしめた。家康はいたし方なく秀吉と和するにいたった。〝小牧《こまき》・長久手《ながくて》の戦〟ともいう。

（四）これは『後撰集』巻十一にある歌だが、「人に偽りをいった場合、あるいはそれで通ることがあるかもしれぬが、もし、われとわが心が、それは誠かと問うたとき何と答えたらよかろう。嘘か誠かは自分がいちばんよく知っている」の意。

島津義久

陸奥守貴久《たかひさ》の子。従四位、修理大夫。のち髪を剃り竜伯と号す。三位《さんみ》法印。日向・大隅・薩摩を領し、富隈および新城に住む。慶長十六年（一六一一）正月二十一日新城で没。年七十九。

大友義鎮の乱暴

大友義鎮《よししげ》が愛している鷹が、ある日、行方がわからなくなった。ところが、日向宮崎の久保山治郎の在所にその鷹がきたので、これを取り、島津義久に贈った。義鎮はこれを知ってひじょうに怒り、久保山を捕らえた。義久はこれを伝え聞くと使者をつかわし、鷹を返して「大友お屋形のご秘蔵のものと知っていたなら、義久もとどめ置かなかったものを。また久保山ももし知っておりましたなら、お屋形にまいりましたでしょう。彼も知らなかったのです。彼の罪を義久に免じてお許し下さい」とねんごろにいいつかわした。すると義鎮はますます怒って、久保山を引きだし、使者の前で首を刎《は》ねた。使者は肝をつぶして帰って行った。このようなことがあって、人びとは大友を疎《うと》んじ、島津に服した。

連歌法師と宇土行興

天正八年（一五八〇）、肥後の宇土伯耆守行興《うとほうきのかみゆきおき》が義久に降った。そのころ宇土の方に、どこからともなく連歌法師がやってきた。どんなことでも知っており、弓矢の道も手馴れたようすに思えた。行興は近習として召し使い、ことのほか彼を愛した。これより前、島津と宇土の間に対立があり、宇土の方から種々の謀をしたが敵は一度もその術中に陥らず、逆に宇土を悩ましたので、宇土は手こずって、ついに臣下となった。こうして両家が和睦したのち、右の法師の身許《みもと》を探ってみると、島津譜代の士であり、宇土方の手段を逐一島津方に密告していたと、のちになって思い知らされた。そのうえその法師はつねに行興に語って「私がよくよく考えてみまするに、九州の諸士が大友に背をむけるのはもっとものことです。それは大友は政道が理にそむき、家の昔からのならわしも失い、弓矢の道にも違っております。家運はいよいよ尽きようとしているからです。また竜造寺隆信は身分賤しき者より身を興《おこ》し、弓矢も強く、謀をもって数度敵を倒しても、みだりに人を侮り、慈悲の心もなく、驕《おご》りばかり強いようにみえます。少しも末たのもしく思われません。そのほかの郡主、城主誰が九州の惣《そう》大将になっても目立ちそうな者はおりません。ただ島津は第一級の武家です。武門の家としてすでに長く、血統もさる大将の末裔だと聞いております。最近まで小身でしたがいつのまにかむかうところみな彼にしたがい、薩摩・大隅の二州、日向の諸県を治《おさ》め、さらに日向耳川においては大友の大軍を破って、その勇名を九州にとどろかせ、畿内の方にまで知られていると聞いております。去年は日向のうちも侵略し、いまでは肥後へも侵略の手を伸ばしているようです。余所ながらその家風をみますに、政法は正しく、軍法は厳重です。賞罰もきちんと当を得ていますから、その一挙手一投足すべて人の恨みを買うことなく、慈悲深いので、士は深く恩義を感じて命を投げだそうという気になっております。この島津こそ、筑紫の管領となる人物と思います。これに敵対しては、とてもかないますまい。島津に与力する者は末たのもしいことです」などと、ときどきいっていたが、はじめのうち行興は、思いもよらぬことと思っていたのに、たびたびの戦に敗れるにつれ、彼のことばがあたっていると思い、心服して、ついに降ったのである。

出陣前の加封

義久が兵を有馬にだす前に、まず軍兵を集めて三増倍の地を加封して、それぞれ書判を与え、さらにその子供たちを召しだして、生前にこれを全部譲り与えた。これによって、三千の将兵はますます必死の志を固めたという。

竜造寺の首

義久は竜造寺隆信を討ち取って、その首を、幕下の赤星の仇だからといって、彼の未亡人に送った。未亡人はたいへん喜んで、その首を熟視し、夫や子の敵だからと、木履でその首をふみつけた。義久はこれを聞いて「敵の首は、実検するのにそれ相当の礼儀がある。いかに女であろうとも、武将の首を足蹴の恥にあわせるとは許せぬ。礼もなく儀もない愚かな女だ」といって、その後、音信を絶った。この役は、赤星家の哀訴によって兵をだしたものである。

義久と和歌

天正十五年、義久は秀吉に降って、自分の愛娘《まなむすめ》を人質としてだした。義久が京に上り、秀吉に謁しての帰りに、娘と別れるのに忍びず、一首の和歌を詠んで細川藤孝（武将にして歌人・学者。藤原定家の再来とまでいわれた人物。幽斎と号す）に贈った。

二た世とは契らぬものを親と子の別れむ袖の哀れをも知れ

藤孝はこれを秀吉にみせた。秀吉はこれをみて、深く同情し、すぐにその人質を返したのである。義久は和歌をよく詠み、古今伝授《こきんでんじゅ》（二）まで受けた人であり、合戦の合間にはこの歌の道を怠らなかった。

家康と義久

家康は大坂で本多忠勝に命じて島津中務大輔豊久を召した。家康は簾《す》の内におり、そこから大友家が高城《たかじょう》に寄せてきたとき、義久が後詰をして合戦になったようすをたずねられた。豊久が退出したのち、忠勝が家康に「どのようにおたずねになりましたか」とただすと、家康は舌を出し、首をふって「義久は前々から聞いていたよりもすぐれた大将だ。それは大友は軍議が調《ととの》っていないようではあったが、なんといっても目にあまる大軍である。そして斎藤をはじめとして有名な武勇の者を義久方が討ち取り、それに引き換え味方はこれぞという名のある死者がでないうちに、頃合いをみてうまく兵を引きあげさせ、味方が損せぬように要害の地に引き入れ、いかにも負けて引きあげたように大友の諸将には思わせるなどは、おそろしいほど抜群の謀である。そのために大友の諸軍勢はうかうかと義久の陣に取りかかって、もろくも敗れた。これは昔、楠木正成が須田高橋をだまして天王寺に引きつけたのと少しも変わらない。義久は、どのようなことを心中ひそかに考えて、こんな謀をしたのであろうか。豊久は田舎武士で訛《なまり》が多く、ことばが聞きとれないことが多く、そこまで詳しくは聞きもらしてしまった」といわれた。

悪行無道の戒め

義久は居間に和漢の図画を書かせていた。みな悪行無道で、国を滅ぼし家を衰えさせた人びとの事跡である。そしていつもいっていた。「よいことの五つは真似しやすく、悪いことのひとつはなかなかやめられないものだ。昔の悪いことばかりが耳目に触れていて、しかも世の中を迂闊《うかつ》に思わなければ、自然とよいことができるものである。子息らへもこのことを心にとどめてみておくようにいえ」といわれた。

義久は晩年心を政道にくだいた。ある日弟の義弘がいった。「近ごろ兵乱が鎮まり、事が起こらぬので、若者たちは怠慢になり、作法にもそむくようになってきていますから、きびしく正して下さった方がよいと思います」というと、義久は「その通りだ。わしもそう思っていた。ただし目付《めつけ》がいないのではどうしようもない。誰か適当な人物がいないか」と問うた。義弘は「思いつきません。君のお目利きによってお決め下さい」というと、義久は「それならばわしがみずから目付を買ってでよう。お前は副使と心得よ。ただし、副使の心得をどのように思うか。家中の者たちから恐れられるようになろうとしては、かえって害が出てくるものだ。上よりまず礼儀を正し、臣下の者はその恩恵をかたじけなく感じてわが行いを恥じるようになりたいものだ」といわれたので、義弘は感涙にむせびながら退去した。

粗末な城門

薩摩の国分《こくぶ》の城門は茅葺《かやぶ》きであったが、破損したので、山田安利《やすとし》・伊集院抱善《いじゅういんほうぜん》が義久に申し上げるには「ご城門が破損いたしましたので、この際、ご修理のついでに小板葺きにいたしてはいかがでしょうか。他国から使者がきて、三ヵ国の太守がいらっしゃるご城門が茅葺きでは、あまりに粗末のように存じます」といったので、義久は「他国から使者としてよこされるほどの者は、きっと心ある者である。使者としてくるからには、当国の地を数里も通ってくるわけだから、それならば三ヵ国の太守の城門が茅葺きで粗末であっても、途中で目に入る国民の風俗をみれば、富み栄え、仁政がさだめし厚く行われているという大事なところにこそ気づくであろう。小板葺きにして立派になっても、百姓どもが疲れ切っているようでは、国主のやり方がよくないことを見抜くであろう。肝要のところに気を配り、どうでもよいところに気をつけるものではない。茅葺きであってもかまわぬ」といわれた。

〈注〉

（一）『古今集』に関する故実の秘事口伝を師から弟子に授けること。平安末期、藤原基俊・俊成・定家のころにはじまったといわれる。当流は三条西公条・実条から細川幽斎に伝えられた。

伊達政宗

左京大夫輝宗の子。陸奥守、のちに従三位権中納言。仙台に住む。六十四万石。寛永十三年（一六三六）五月二十四日没。年七十。

幼時

政宗は幼名を梵天丸《ぼんてんまる》という。五歳のとき城下の寺に参詣して、仏壇の不動をみて、近臣の者に「これは何か。実に猛々《たけだけ》しい姿だ」とたずねた。近臣は「これは不動明王と申しまして、面は猛々しくいらっしゃいますが、慈悲深く衆生をお救いになるものです」と答えた。政宗は「それでは武将としての心得とすべきものだ」といった。聞いていた者たちは不思議に思った。八、九歳で小学に入って礼楽を学び、詩を誦し、射御《しゃぎょ》（弓と馬）を習った。一を聞いて十を知るような才能で人よりも勝れていた。しかし性格は寛仁で、人に対しては羞《はず》かしがりやであった。近臣は、将の器ではないという者もあったが、ただ片倉景綱だけは彼の英姿凡《ぼん》ならざるに感心した。のちにみな景綱の鑑識にしたがった。

神速の工夫

天正十五年（一五八七）、長井の鮎貝《あゆがい》太郎が政宗にそむいた。政宗はこれを討とうとしたが、老臣たちはみな「最上からきっと援兵がくるでしょう。そのうえ、ご家中に鮎貝のほかに、最上と内通する者がいると聞いておりますので、ご探索をされ、ご人数のご手配をなさったうえでご出馬なさるのがよかろうと思います」といった。政宗は「おのおのの申すことはもっともなことだが、そのように延引することも時と場合による。いまは火急のときだ。戦というものは、不意を突くことによって勝利をえることが往々にしてある。また物事は決まっているようで決まっていないものだ。最上から加勢があること必定と思っても、場合によってその時期が遅れることもあろう。また加勢があるとしても小勢かもしれぬし、ともかくかかろうなどと評議している間に押し散らすことが第一である。引き延ばしていて、敵の謀が成就してからではむずかしかろう。また、家中に鮎貝のほかに敵と通ずる者があるだろうと、おのおのは推量しているようだが、わからぬ将来のことを心配しているよりも、まず目前のことをすることだ。目前の鮎貝をそのままにしておいて、事が大きくなり、やがてあちこちに謀反人が起これば、一挙に退治することはむずかしくなるであろう。時を移さずに行うのが、勇将の本望である。早く出立せよ」と命令をだしておいて出馬したため、家中はしだいに一騎駈《いっきが》けのような形で駈けつけて打ちよせて行ったが、最上からの加勢は一人もこず、鮎貝一人では敵対することもできず、取るものも取りあえず最上をさして引き返したので、長井を無事に治めて仕置きをしたうえで帰陣した。人びとはみなその神速な工夫に感心した。

敵将の年齢を見分く

天正十七年、須賀川《すかがわ》の役で敵将二人がよく戦った。相手はちりぢりになってしまった。政宗ははるか遠くよりこのようすをみて「なかなかの勇士だな。その一人は二十歳ぐらいで、もう一人は三十余歳であろう」といった。そして田村月斎《げっさい》・橋本刑部《ぎょうぶ》に命じて生け捕りにさせて、年齢を聞いてみた。すると、大浪《おおなみ》新四郎二十一歳、遠藤武蔵三十五歳で、はたして政宗のいった通りであった。人がその理由を聞くと「一人は、勇を恃《たの》みにして相手を選ばず戦う。弱冠の者のすることだ。もう一人は、強い相手を避け、弱い者を選んで戦い、進退のツボを心得ている。これは壮年にならなければできぬことだ」と答えた。

人は堀、人は石垣、人は城

政宗はすでに会津を滅ぼして領土も広大になったので、老臣や宿将らがたがいに話し合ったうえで政宗にむかい「昔と違い、いまは諸大将が参会され、他家からの使者も多くなりますが、お城が小さく、特に粗末で、そのうえご城下も狭くなりました。そこで、ご普請になり、ご城下を開かれたらよいでしょう。今のままでは、第一ご外聞もいかがかと思われます」といった。政宗は「いずれの意見も、もっともだが、わしは城普請に心を費やそうとは思わぬ。城などに念を入れるのは、小身の侍があちらこちらに申し合わせて、敵が押しよせてくれば助勢して下されなどと約束するような者は、なるほど堅固に普請をするがいいのだ。しかしわしの気持ちとしては、昔から近国の大将に頼って助けを求めて、国をもちこたえようなどとは思っていない。敵が押しよせてくれば、境界まで行ってそこで合戦して討果たすか、もし情勢が悪ければ、退いて敵を領内に引き入れて、家中の者たちと申し合わせ、精を入れて一か八かの合戦をし、敵を挫くか、さもなくば討ち死にして滅亡するかのいずれと、かねてから決めているのだ。籠城して敵に取り籠《こ》められて、数ヵ月を送っても、家中は騒ぎだし、助けてくれる隣国もなければ、むなしく城で餓死するだけのことだ。ましてやその方らがいうように、領土も手広くなり、軍勢も昔の十倍にもなった。近国はおそらくわしの領分へは手をだす者はあるまい。またこの城を後生大事に取り立てて、うかうかとここにいつまでも居住を定めていようとは思わない。来春になれば、諸軍をひきいて、むかってくる者を敵とし、したがってくる者を味方として関東に旗を立て、新しい土地を開こうと思っている。だから予の心にあるのは、軍旅の掟、軍用の費用、諸将の忠功を賞すること、不忠不義の誡《いまし》めをすべて道にあったようにしようと朝夕考えているわけだ。まず第一に諸士が愚痴《ぐち》をこぼしたり恨みに思うようなことのないようにと思うのである。古い家々が潰滅するのをみると、家中に恨みをもつ者がおり、主君にそむいて敵と内通し、それから家中が騒ぎだし、ついには身を滅ぼしてしまうという例が少なくない。禍《わざわい》は内から起こるもので、外からくるのではない。他家の者がきて、この城郭の粗末なのをみて謗《そし》り笑うのはわしとしても恥ずかしいことだが、しかし国のためには替えがたき恥である。わしの領国が広がるにしたがって、お前たちも少しずつ領地の加増を受けて妻子を育むことができるのは、お前たちが精をだしてわしに奉公しているおかげである。古歌に『人は堀人は石垣人は城情けは味方怨《あだ》は大敵』とある。これはまことのことだ」といって笑われた。諸臣いずれもこれに歎服して退出した。

茶の湯

小田原の役で政宗は間行《かんこう》（ひそかにかくれて行くこと）して小田原に行き、底倉《そこくら》に屏居《へいきょ》（籠居）した。秀吉は人をつかわして、遅参したことを詰問させた。政宗はそれに対して一々陳謝し、そのうえで秀吉の命《めい》を待っているときのこと、千利休が秀吉の供をして下ってきていたので、それについて茶の湯の稽古をした。秀吉はそれを聞いて「政宗は遠国の田舎にいるので、まるで夷狄《いてき》のようで、なんの趣味もない者だと聞きおよんでいたが、聞いていたこととはほど遠く、万事に気がついて、することなすこと〝鄙《ひな》の都人《みやこびと》〟とでも申そうかの」と褒められた。

秀吉に降る

この役が終わると、秀吉は会津へむけて出立されるので、先発として政宗は小田原表から出発した。諸大名が宇都宮に着陣すると同時に、政宗の領地に探索の者や目付らをつかわしたが、ひとしお物静かで軍勢をくりだしたり、籠城したりしそうなようすはまったくなく、諸陣はみな不審に思ったということである。そこに秀吉が宇都宮の城に着陣したので、政宗は家老の片倉小十郎景綱をたった一人召し連れて、手廻りの者もごく少なくして宇都宮に行き、城下をへだてた禅院に止宿して、大谷吉隆方へ景綱を使者として送り「先日ははじめて御意を得ていろいろとおもてなし下され、過分のことに存じます。そのおりに申し上げました通り、私めはお上《かみ》をないがしろにする気持ちは少しもございませんが、なにを申すにもまったくの田舎育ちですので、物事をわきまえず奥州の国風によっていささか兵を動かしましたことは、今更のごとくにおそれ入り、後悔いたしております。それゆえ、蘆名《あしな》領（会津）は申すまでもなく、本領米沢の城地ともに、このたびお上へ差し上げますので、よろしくご沙汰下され、伊達の名跡相続の件につきましては、ひたすらご貴殿のお取りもちにあずかりたいと存じます。このことについては、前もって御意をえておくべきことですが、道中から病気になり、そのためそのように手順をふむこともできず、まず小十郎をつかわして申し入れるしだいです」ということであった。景綱が口上をのべ終わったのち、封印した箱二つを差しだした。まずひとつの箱の封を切り「これは蘆名旧領の絵図目録帳面でございます」といって吉隆に渡し、「もうひとつの箱は、政宗の先祖より伝えている米沢領絵図目録でございます」といって封を切ろうとしたところ、吉隆はこれを押さえて「その箱はまず封印のままでわれらがお預かり申そう」といって留め置き、政宗へは「景綱を使いとしてお申し越しの趣は逐一うけたまわりました。病気ご保養は油断なきようになさって下さい」と返答した。このように、政宗が降人となって、宇都宮へ参陣したことが奥州の方々に伝わり、出羽・奥州のあらゆる大小の武士どもがひじょうに驚き、われもわれもと宇都宮にでむいて、ある者は名代をもって贈り物を送り、秀吉の機嫌をうかがうようになってきたので、秀吉はしばらく宇都宮城に逗留されたまま、奥羽両国をことごとく手に入れてしまわれたということである。その後、吉隆方より「秀吉公がご対面なさるということだから、片倉を召し連れて、明早朝に登城なさるように」といってきたので、翌日、政宗が出仕すると、秀吉の対面があった。そのうえ、岡江雪を相伴《しょうばん》として政宗・景綱に料理を賜り、ひと通りの茶席などもあった。その後また秀吉は、政宗を呼びだされ、吉隆が例の箱をもちだしてきて、政宗の前に置いた。秀吉がいわれるには「蘆名旧領の地は召し上げる。その方がもち伝えてきた本領米沢も、このたび召し上げるべきところであるが、そなたの心入れに感じ返し与えるゆえ、相変わらず領地とせよ。わしも近く帰京するので、そなたも早々に国元へ帰ってよろしい」とのことで、首尾よく暇を賜ったので、政宗はその箱を押しいただき、一礼をのべて帰ったということである。そのとき吉隆は景綱にむかって、「会津はいつごろお明け渡しになりますか」とたずねたので、景綱は「黒川（のちの会津若松）をはじめ、そのほかの城々もすでにことごとく明けてありまして、城番の侍足軽が少々居残っておりますばかりですから、明日にも差し上げることができましょう」と答えた。政宗はいうまでもなく景綱までも尋常の者ではないと、そのころいろいろ取り沙汰されたということである。

金銀箔の磔柱

天正十九年（一五九一）、葛西・大崎で一揆が起こり、蒲生氏郷がこれを討って平らげた。政宗がこの一揆の棟梁だとの噂があったので、秀吉は怒って、政宗が敵と内応した書面を基にして政宗を詰問したとき、政宗が陳弁していうには「もしやこのような無実な噂がたちはせぬかと考え、私の判形《はんぎょう》の鶺鴒《せきれい》に心印（心覚え）を付けておきましたが、その書面の判にはその心印がありません。その印と申しますのは、鶺鴒《せきれい》の眼を針で突いて瞳としたものです。最近人につかわした書面と比較してご覧下さい」とのことであった。しかし氏郷からはっきりした注進があったので、秀吉は政宗に上京を命じた。このとき政宗は、金銀の箔《はく》を張った磔柱《はりつけばしら》を行列の先頭に立てて上京した。これは、政宗ほどの者が磔にかかる場合は、なみなみの磔柱では無念千万と思っての用意であった。ちょうどそのとき、秀吉は伏見の城を築いていて、その賦役をみておられたのだが、政宗が上ってきたことを聞くと、ここへくるようにといいつけられた。政宗はすぐに秀吉の前にでると、秀吉は杖を取り直して政宗の頭に押しあて「その方がもし上京してこなければ、死を命じようと思っていたのだが、時を移さずすぐ馳せ上ってきたので許してとらす」といわれた。

家康の計によって国替えを免る

文禄四年（一五九五）、関白秀次の謀反の噂があったとき、政宗もこれに同調しているという説があった。秀吉は怒って、政宗の封地《ほうち》を伊予に移した。政宗は伊達《だて》上野《こうずけ》ほか一人をつかわして徳川家康へ「実は伊予国へ転封《てんぽう》の件を仰せつけられました。まさに伊達家の浮沈のときと思われます。貴殿のご賢慮を仰ぎ奉るほかありません。なにとぞよろしくお願い申し上げます」といわせた。家康は聞いて両使に茶飯を賜った。すると両使は暇を告げ「主人政宗がさぞ待ち遠しく思っているでございましょうから、早く帰ってご返事を申し聞かせたく思います」というと、家康は大声で「その方らの主の越前という男は、表面は強そうにみえるが、実は腰ぬけ男で、芯《しん》がしっかりしていないからそのようにうろたえるのだ。四国へ行って魚の餌になるのがましか、ここで死んでしまうのがましか、よくよく分別すべきところだ」といって、重ねて秀吉からの沙汰があったときの返事をこまごまと教えられて両使は帰って行った。そしてすぐ家康は秀吉のところへ行かれた。また秀吉から政宗へ使者がきて「昨日の返事はいかがか。早々に伊予へ下るように」とのことである。この使者が政宗の宿所へ行ってみると、門前に弓・鉄砲・槍・長刀をもった者たちが居ならんでいて、すぐにでも打ってでようとするありさまである。ご使者であると聞いて、政宗は無刀で出迎えて座に案内し、ご使者の旨を聞いて、涙をはらはらと流しながらいった。「上様のご威勢ほど世にありがたいものはありません。また人間の不幸のなかで、上のご勘気をこうむるほど不幸なことはありません。今日こそそう思いました。某《それがし》においては、たといご不審をこうむって首を刎《は》ねられようとも、異議におよぶところではありません。ましてや伊予という国郡を賜って、転封を仰せつけられるにおいては、なんの異存もありません。しかし譜代の家僕たちが訴え申しております。『なんで数十代のご領を離れて、他国に流浪することがあろうか。

すみやかにここで腹を切られ、われわれもまた、一人も生きてこの地を去り、他人に渡す考えはない』ときっぱりと申して、しきりに自害を勧めておりますので、いろいろ理を尽くして説明しても、家臣らは一向に同意をいたしません。おのおのご覧の通り、狼藉《ろうぜき》がましきようすです。それがしはお上《かみ》からすっかりご勘当の身となりましたいまとなっては、数十代の家人さえ私の下知に耳貸さぬありさまとなりましたことも、思えば仕方のないことです」とのべた。その使者が帰ってこの旨を申し上げると、ちょうどそこに家康がいて「いかにもその通りにうけたまわっております。政宗一人のことでございましたら、上意に違背して、旧領を去らぬというのであれば、それがしに仰せつけられれば、すぐに彼の旅宿に押し寄せて、ふみつぶしてしまうことはなんでもないことでございます。このたびこちらへ供をしてきた千にも足らぬ小勢でさえ、家臣らも、そのように思っているとすれば、旧国に残っている多勢の郎従らは、国を退去するとはとても思えません。その郎従ばらを追い払うご賢慮さえおありになれば、政宗についてはそれがしにお任せ下さい。しかしながら、累代の所領を没収なさるということは、その郎従どもが愁訴する気持ちもかわいそうに存じますゆえ、ここはひとつ、曲げてお許しなさるべきかと思いますが」といわれたので、秀吉も、「ともかく家康の考えにしたがうのがいちばんよかろう」ということになって、国替えのことはなかったことになり、転封の件は止み、その後、勘当も許された。

秀吉の猿と政宗の先まわり

秀吉は大きな猿を飼っていた。いつも諸大名の登城のときに、通るところにその猿をつないでおいた。その猿が歯をむきだし、飛びかかるときの諸人の狼狽ぶりを、秀吉が透見《すきみ》しておられたのである。政宗はこれを聞いて、病と称して登城せず、猿まわしを百方手に入れて、ひそかに猿を借り、玄関につないでおいた。政宗が通ると猿は歯をむき、飛びかかろうとする。そのとき政宗は、むちでしたたかに猿を打ちすえる。これを何回もくり返しているうちに、その猿は政宗をみるとすっかり恐れ入った。このように仕込んだうえで、猿を返した。さて政宗が登城したので、秀吉はそんな内幕があるとも知らず、政宗のようすを透見されたが、政宗が玄関を上がるとき、猿が飛びかかろうとしたところ、政宗がはったと睨みつけると、その猿は畏縮してすごすごと退いてしまった。このようすをみて秀吉は「政宗の曲《くせ》者《もの》めが、また先まわりをしおったな」といって笑われたということである。

秀吉の饅頭

秀吉はかつて舟遊びにでた。政宗も供をするようにとのことであったが、遅れてしまい舟のでたあとに着いた。そこで馬を引き寄せてうち乗り、ただ一騎で舟をめがけて住吉の方へ乗って行った。秀吉はそのようすをみて「おおかた政宗であろう」といわれた。舟は住吉にも着けられず、そのままま漕《こ》ぎ戻されたので、政宗もまた馬で乗り返し、着船するところに参ると、秀吉は「いまの馬は政宗であったか。その武者ぶりは見事であった。さぞかし疲れたことであろう」といって、饅頭《まんじゅう》の入った折りを賜った。政宗はそれを頂戴すると、折りを傾け、自分の着物の前を広げて饅頭をそのなかに入れて立ち退き、家臣の者を呼び寄せて「上様より拝領したぞ。汝らもありがたく頂戴いたせ」といって、残らず与えた。みなその厚志に感激した。

相馬義胤の義に報ゆ

会津の役（関ガ原の合戦の前哨戦としての会津上杉景勝との役）のとき、政宗は、いそいで本国に帰り、搦手《からめて》から攻め入るようにとの命を受けて、大坂を発《た》ち、昼夜兼行で馳せ下った。白河から白石《しろいし》にいたると、どこもかしこも敵のなかなので道は塞がれてしまった。常陸《ひたち》をまわって岩城《いわき》・相馬を経て国に帰ろうとしたが、相馬はまた代々の仇である。そこで政宗はわずか五十騎ほどを引き連れて常陸を経て、岩城と相馬との国境に着くと、まず相馬のもとに使者をだして「このたび徳川殿が上杉景勝をお攻めになるので、政宗に搦手にむかうようにとの仰せをうけたまわったが、路はすでに塞がってしまったので、まわり道してようやくこの地に馳せ着いたところです。あまりにいそいできたために疲れてしまいました。なにとぞ城下に旅館を賜り、馬の足を休めて明日国に帰りたいと存じます」といわせた。相馬長門守義胤《よしたね》はこれを聞いて「これはしたり、伊達の命運もついに尽きたか。そうでなくとも伊達は相馬の年来の敵だ。ましてや味方の上杉家を撃とうとして一方の大将をうけたまわったという者を、夜討ちをかけて、不案内な奴ばらを一人残らず討ち取ってしまい、年来の仇を討ってくれよう。またこのたびの戦の賞にも預かりたきもの……」と考えて、いそぎ仮家をつくってそこへ迎え入れ、一方では人びとを集めて夜討ちの評定をしていた。そこに居合わせていた水谷三郎兵衛が進みでて「末座に列する者の意見でおそれ入りますが、詮議に列しております以上は、考えを残さず申し上げるべきだと思います。そもそも窮鳥《きゅうちょう》が懐《ふところ》に入ってくれば、猟師もそれを殺さぬと申します。政宗ほどの大将が、年来の恨みを捨てて君を頼ってきたのをたぶらかし、それを撃とうとすることは、勇者の本意ではありません。この先長い弓矢の瑕瑾《きず》となるでありましょう。また伊達の国境駒ガ峰にいたるまでの行程はわずかに三里、いまはまだ未《ひつじ》の刻（午後二時）をすぎておらず、政宗が国に入ろうと思えば、夕方にならずに着くでありましょう。それなのに、わずかの人数で敵国の相馬に止まろうとしているこことは、なにかしら深い配慮があってのことにちがいありません。ただ今回はよく警固して、国に帰してやり、重ねて戦に臨んだとき、勝敗を天運にまかせるべきだと思います」と申しでると、一座の人びとはみなこれに同意し、兵糧・秣藁《まぐさ》・塩魚にいたるまで積みあげ、篝火《かがりび》をたいて夜まわりをした。義胤の士たちは、政宗があまりに静まりかえっているようすに気味が悪くなり、試してみようと、夜が更けてから馬二匹を放って、人びとが走り散ってさわいだ。すると政宗は、小童一人に燭をもたせて、白小袖を上に打ちかけ、左の手に刀を提げて立ちいで「相馬殿の御人はおられるか」といったので「ここにおります」といって姿をみせると、「物音がさわがしくしますな。もしそれがしの下人どもがさわぎたてているのであれば、十分静めてやって下さい」といって内に入ってしまった。夜が明けても発たず、巳の刻（午前十時）になって義胤のもとに使者をだして礼をのべ、馬上静かに行ってしまったのである。ひそかに人をつけて窺《うかが》わせると、国境駒ガ峰の方には、伊達家の軍兵が雲霞《うんか》のごとくびっしりと張っていた。こうしてやがて関ガ原の戦が終わり、相馬は前から上杉に心をあわせていたので、当然滅びることに決まった。そのとき政宗が訴えでたことは「相馬は年来の私の敵です。彼は石田・上杉に味方したのですから、政宗を撃つのが当たり前でありましょう。しかるに君の仰せをうけたまわって馳せ下ると聞いて、長年の深い恨みを忘れ、新たに恩を施してくれました。彼自身には謀反の意志がなかったことの証左ではありませんか。相馬家はまた、代々の弓矢の誉れの家であります。断ってしまうことは不愍《ふびん》のいたりに存じます」とたびたび申しでたので、相馬は本領を安堵《あんど》された。

大坂冬の陣のとき、政宗は馬上で城を巡見したが、そのおり、銃弾が飛んできたのに対し、思わず身をひいたのが残念でならず、それからは馬を下り、徒歩《かち》で城のすぐ際《きわ》まで行って堀をのぞきこみ、弾丸《たま》がしきりに飛んでくるところに、しばらく立っていてからそこを退去した。無意識の恐怖心を、みずから叩《たた》き直すためにちがいない。

香合わせの景物

この役で和睦が成立し、諸大名はみな閑暇《ひま》になった。それで陣中では、急にもちあがった話として、どこでも景品をだしての香合《こうあ》わせが行われた。ちょうど政宗がそこに行き合わせたのを幸いに、「香を嗅《か》いでご覧なされ」といわれて勝負した。誰もが鞍の泥障《あおり》とか弓矢などを景品にだしたが、政宗は腰につけていた瓢簞《ひょうたん》をだした。みなおかしな景品だとして、それを取る者はなかった。亭主の家来が、これを取ったので、事なく終わった。ところが、政宗が帰るときに、乗ってきた馬を飾りをつけたまま「ほら、諺《ことわざ》通り瓢箪から駒がでたぞよ」といって瓢箪を取った者に与えられた。はじめは、奥州の大将の景品ともあろう品がといって笑っていた者も、このときになってうらやましがったという。

大坂夏の陣

大坂夏の陣の際の陣触《じんぶ》れのとき、政宗は嘉例として仙台から七里南へでて止宿した。ところが、そこへ着く時分に火事が起こったのである。政宗は日ごろの山伏《やまぶし》のいでたちでほら貝を吹かせ、鬨《とき》の声をあげよと命じて鬨をつくらせ、「めでたいことだ。われらの行く手に火の手があがった」といって、機嫌よくその次の在所に止宿したという。

夏の役で、大和口の大将は徳川上総介忠輝《かずさのすけただてる》であったが、臆してしまって戦場には目もくれない。政宗も先陣でそのようすを察して、「誰でももし逆心の者があらば追いかけて撃ち取り申しますぞ」といった。聞いていた人は「ずいぶん早い目利《めき》き」といって誉めた。それは忠輝が政宗の聟《むこ》であるが、このときのようすを疑って、そのあとにつくことを嫌ってのことであるという。

この役で、政宗の手で味方の神保《じんぼう》を討ち滅ぼしたとのことで咎《とが》められた。政宗は「いかにも討ち取りました。理由は、むこうからくる者は敵のほかにはあるまいと思い、討ち取れと下知しました。このように入り乱れての大軍では、敵も味方も見分けられはしません」と申したという。

この役で、政宗は家康にむかって「今回の大軍のなかに逆心をいだく者もなく、立派なお手柄でした」といった。家康は「このような勝軍《かちいくさ》のときは、敵はみな死んでしまったゆえ、逆心の者もわからずじまいになったのであろう。まったくなかったとも思われぬ」といった。政宗は「いかにも上意の通りです。われらなどの家来のうちにも、逆心の者もいたでありましょうが、お勝軍のため、死人に口なしで、敵に口がないのでわからぬということもありましょう」と答えていったという。

この役で、政宗は奈良で足軽頭を集め、鉄砲を発砲させた。ところが、加藤太《かとうだ》の組下三百人ほどは鉄砲を撃たなかった。政宗が糺明すると「道中で火をもっていれば、火縄の損害となります。薬を足軽にあずけますと路にあふれて、多くが無駄になりますので、倹約を考えて、両方とも包んで小荷駄につけて、あとからきますゆえ、不意の間に合わなかったのでございます」といった。政宗はひじょうに怒って「ただ、けちることを主に考えて職分を忘れるということは、士の道ではない。今後の懲悪のためだ」といって、すぐに斬って衆人に納得させた。

支倉常長を呂宋に派遣す

耶蘇《やそ》教がしきりに天下で行われた。政宗は南蛮を征して、その根を抜こうと思い、向井将監忠勝《しょうげんただかつ》に頼んで、幕府から船頭十人借り受け、支倉《はせくら》六右衛門・松本忠作・西九郎・田中太郎右衛門らを呂宋《ルソン》につかわして、その形勢をうかがわせた。支倉らは年月を経て呂宋王の書とさまざまの珍しい宝物をもって帰ってきた。そして、いうには「南蛮の風俗は柔脆《じゅうぜい》であります。これを征するのは腐朽《ふきゅう》をくじくように、ごくたやすうございましょう」と。政宗はその志を果たそうと思ったが、そのときはもう耶蘇教を禁じる令がひじょうにきびしく、海外にでることができず、政宗はその志をとげることはできなくて、沙汰やみになってしまったのである。

歌舞伎興行

加藤清正がかつていった。「政宗が上方《かみがた》から団助という遊女を呼び下して、歌舞伎を興行したが、そのことは内府（家康）の気持ちにぴったりする催しであったとほのかにもれ聞いたことがある。そのわけは、石田三成らの乱をこともなく平らげて、すぐに六十余州を掌中に収められたのであるから、政宗のような大大名をはじめ、大名のはしばしまでが、太刀もいらぬ太平の世と考えて、歌舞遊興だけで月日を暮らせば、もはや謀反をたくらむ者もなく、心配なことはひとつもないからだ」といって、とても称誉し、やがて清正自身も歌舞伎を催したということである。

家康・政宗たがいに盗み狩り

元和のはじめ、将軍の鷹場の近くに、政宗も鷹場を賜ったが、あるとき政宗は、将軍の鷹場にひそかに入って、鳥を三つ四つ取り、鶴を取ったところへ家康が多くの人を召し連れて、鷹を使いながらやってきた。政宗はひどくあわてて、鷹も鳥も隠し、やっと逃げて竹藪のかげにかくれている間に、家康は馬をいそがせて通りすぎて行かれた。その後政宗が登城したとき、家康が「先日は、その方の鷹場へ鳥を盗みに入り込んだところ、その方にみつけられ、やっとの思いでその場を逃げ、竹藪のかげにうずくまっていると、その方はわざとみぬふりをしていてくれると思い、息をかぎりに逃げたよ」といわれたので、政宗は「そうでしたか。それがしもその日はお鷹場へ盗み狩りに参りましたところ、お成りのごようすをみて、息をこらしてかくれておりました」と申し上げると、家康も大いに笑い「たがいにそれと知っていれば、逃げながらも少しは息を休められたものを、双方とも罪人であるからあわてた」と両人とも大声で笑い、伺候していた者たちも、みな腹を抱えて笑ったということである。

江戸邸の火災

元和七年（一六二一）正月、政宗の江戸邸が火災にあった。政宗は邸を改築しようとしたが、老臣たちはそれを諌めて「最近は軍費も少なくありません。そのうえにまた土木のことが加わりますと、もし一朝事あった場合、どうなさいますか」といった。政宗は「これからは全国は平和だよ。もし事があれば、幕府に頼んで、その軍費をだしてもらおう。あるいはまた、敵を討って、その敵の糧《かて》を分捕《ぶんど》れば何のこともないではないか」といって笑われた。

嘉明、会津に封じらる

寛永四年（一六二七）二月、加藤嘉明《よしあき》が会津に封《ほう》じられた。この日政宗は、殿中で嘉明の子明成《あきなり》に会ったので「足下父子に会津の地を預けられると聞いた。会津はまったく陸奥の鎮《しず》衛《め》であるから、この老耄《おいぼれ》（政宗）をよく防げということでありましょうかな。しかし、足下父子のために、そうたやすく防ぎとめられることはあるまい」と大声で笑った。明成はその声の下から「老黄門（政宗）がもしいまの禄の倍の百二十万石を領していらっしゃれば、いますぐにでも取りかかって行きますものを」といったという。

家光を招く

寛永十二年（一六三五）正月、家光が政宗の邸に行った。政宗はその日の亭主であるから、家光が「ひと役」というと「かしこまりました」といって、観世《かんぜ》左吉に太鼓をもたせ、そのあとに引きつづいて舞台にでて、役者と同様に御前にむかって拝したので、家光は大声で誉められた。階上階下に居並んでいる大小名も、みな声をあげて褒めた。政宗がしばらく座って小刀を抜き、爪を削りながら観世と物語しているようすをみられて、このようなものは前代未聞の役者だといわれ「早く太鼓、太鼓」といわれたので、すぐ太鼓を打ちはじめ、静かに打ちすまして、やがてバチをかいらりと舞台に投げすてると、そのままシテとワキの間を会釈もなく通りすぎて御前に参りぬかずいた態度をみて「ああ、何と気味のよい役者であろう」と人びとは褒めあった。そのとき家光は「いままで聞いていたよりもすばらしく、胆《きも》をつぶしたぞ。今日は、このようによい役者をみつけ、これ以上の喜びはない」とからからと笑われた。「先刻も太鼓の役をいたしまして御意をうかがいました。われながら、よくもできたものと思っております」と申し上げたところ、役が終わって、早々に舞台を下り「このようなる挙動、まことに感服した」といわれて、その後は打ちとけて談合され、しきりに盃を重ねられ、いずれも腹を抱えて悦《えつ》に入ったということである。またかねてより家光の御座のあたりにはごてごてと杯盤《はいばん》をならべ、山海の珍味をところせましと積み重ねるのであろうとみな思っていたのに、それもなく、作り花をつけた洲浜《すはま》のような物二つだけで、まことに手軽かった。あれといい、これといい、その趣向すべてに対し、一同ふかく感じ入ったという。

酒井忠勝と政宗

政宗はかつて江戸城で酒井忠勝とばったり逢って「讃岐守殿（忠勝）、相撲を一番とりましょう」といった。忠勝は「公用があって、いま御前を退いてきたところです。またのことにしましょう」と辞退したが、政宗は承知せず、すぐに組みついて行った。諸大名が列座しているなかでの、政宗と忠勝の相撲とあってみれば、これはもう立派に晴れ事である。そのとき井伊直孝が進んででて「若州《じゃくしゅう》（忠勝）が負けられれば、ご譜代の名折れでありましょう。そのときには、われらも譜代の一人、大関相撲にまかりでて、陸奥守（政宗）を投げ申すのに手間ひまはかけませんといったが、忠勝は力のある人であるから、政宗を大腰にかけて投げられた。政宗はむくと起き上がり「貴殿は思いのほかに相撲巧者でいらっしゃる」といって誉めた。またあるとき政宗は、忠勝方に茶の湯の客に行き、利休の茶杓《ちゃしゃく》をくり返しみて、「この茶杓は埒《らち》もない（つまらぬ）ものですな」といって折ってしまわれた。忠勝も驚いたが、戯れごとのような風で、事済みになった。政宗は邸に帰ってのち「先刻はお茶を頂戴いたし、まことにありがたきことに存じました。輿に乗じて粗忽なことをいたしまして相済みません。その代わりに茶杓を進上申します」といって武野紹鷗《じょうおう》の茶杓を贈った。

名物の茶碗を砕く

政宗は名物の茶碗をみようとして、落としそうになってひどく動揺したので「名器とはいいながら残念なことだ。政宗は一生驚くことがなかったが、この茶碗の値段が何千貫目と聞いて、それに心が奪われて驚いたとは、口惜しい」といって、その茶碗を庭石に打ちつけて微塵《みじん》に砕いて捨ててしまわれた。

顔見せ

政宗が江戸城大広間の溜間《たまりのま》にいたとき、徳川頼房《よりふさ》の臣で鈴木石見《いわみ》という者が、頼房の刀をもってその座にいた。目をはなさず政宗をみているので、政宗は不思議に思い、石見にむかって「その方はわしから目をはなさずにみておられるが、どういうわけでそのようにみられるのか。その方は何者か」と問うと、石見は「拙者のことは、お聞きおよびのことでありましょう。水戸家においては、鈴木石見と申して人に知られた者であります。あなた様のことは、噂では耳にしておりますが、お逢いするのははじめてです。水戸は奥州の先手でありまして、奥州で謀反を起こすものといえば、あなた様のほかにはありませんから、この機会にあなた様のお顔をよく覚えておき、もし謀反なされた場合には、拙者がその御首を取ろうと思って、このようにみております。水戸家中において、御首を取れる者は、拙者のほかにはおりません」と答えたので、政宗は大いに感心し「われでなくては奥州で謀反を起こす者はないとみられたのは、いかにもよい目利きだ」といって、何月何日にくるようにといい、頼房にも断って私邸に招き、自分で給仕して特別の馳走《ちそう》をし、一日じゅう顔をみせてやったという。

兼松又四郎との一件

政宗が、内藤左馬助《さまのすけ》政長《まさなが》の方に招かれて行ったとき、兼松又四郎もきていた。政宗は兼松の側を通るとき、袴の裾が兼松の膝に触れたので、怒って、扇子《せんす》で政宗の袴の腰を打った。人びとが集まって、いろいろ取り扱ったが政宗に文句がないならばということで和睦の盃になった。そのとき政宗は「さあひとつ酒の肴《さかな》に」といって、〝曾我〟を舞われた。「打って腹が納まるものならば、打てや打てや犬坊」といって舞われたという。一座の人びとは「さすがは政宗だ。その心の寛《ひろ》さよ」といいあった。

政宗の養生

政宗は、少しの病《やまい》でもかならず薬を服して養生した。ある日、語って「病気など、まだ軽いといって油断することは不心得である。物事は小事から大事が起こるのだ。けっして油断はするな」といわれた。

飛ぶ鳥跡を濁さず

政宗はいった。「すべて武士はめぐりあわせのよいときには、領中、家屋敷にいたるまで、事の欠けているところがなければそれでよい。何事でもめぐりあわせの悪いこと、また国替え、屋敷替えなどがあるときには、すみずみまでも塵を残さぬように掃除をし、家作をし、領中の沙汰も十分にいいつけ、破れたところは、塗り直して立ち去るべきである。それはあとからのとかくの批判をのがれるためである。武士の名に傷つけぬよう心を配らぬ者は問題にならぬ。父子兄弟の間柄でも、時が移り、代が替わるときは、他人よりもなお恥ずかしいものである」と。

徳川頼宣異心との噂

家光が三代目を嗣いだときはまだ年少であった。人びとはみな、徳川頼宣《よりのぶ》が異心を抱かないかと疑った。そこで政宗は、大臣付きの者に命じて、それぞれ日ごろ養っている侍の数を計上させた。それは、他日役立てようがためである。ある日、頼宣を訪《たず》ね、まさに帰ろうとするとき、頼宣が玄関まで送ってきたところ、途中の広間という広間や座敷という座敷に家中の歴々が伺候しているのをみて、「さてさて、ご家中衆の多いのには目を驚かされました。これほどのご人数をもっていらっしゃれば、たといどのような大国にお取り掛け（戦をいどむ）になられても、ご勝利は疑いないところでしょう。しかし万々一にも幕府へお等閑《なおざり》のこと〈異心があるような場合には〉の意をほのめかしたことば）がありましたなら、かく申す年寄（政宗）が、日ごろ国元に秘蔵しております郎等どもを召し連れて、真っ先かけて、紀州へ押し寄せまするで、さようご承知おき下されい」と哄笑しながら立ち去った。こうして大きく釘をさしたことがたちまち府下に伝わり、頼宣の異心を疑う者はなくなり、家光もまたこれを聞いて、政宗の志を褒めた。

政宗の日常

政宗は、年少のときから老境にいたるまでまだ横臥することなく、柱に寄りかかって仮眠することがあった。しかし片時もむだにすることはなく、つねに手から書物を放すことはなかった。生まれつき記憶力が強く、ほかの藩の家臣とか商人でも、一見すると、姓名・風丰《ふうぼう》までかならず忘れずにいた。政宗は詩歌を好み、つねに文芸の場を設けて文人を招いた。僧虎渓《こけい》・林信春らと詩の応答もした。

家光を諫む

政宗はかつて江戸に赴いた。千手《せんじゅ》（千住）を通っているとき、たまたま家光が千手で鷹狩りをしていた。従者は政宗に「今日は将軍は游猟しています。早く行ってまだそこに着かぬうちにまいりましょう」といったが、それを聞き入れず、わざとゆっくり通りすぎた。家光はまさに鷹を手にして田畑に立っており、従臣はまだそこにはきていなかった。そのとき政宗は輿《こし》のなかにいて、みえぬふりをして通りすぎてしまった。のちに家光に謁すると、家光は「最近自分は千手で鷹狩りをした。そなたはどうして知らぬふりをして通って行ったのか」といった。政宗は「私めが千手を通りましたとき、一人の男が鷹を臂《ひじ》に据えているのはみましたが、けっして将軍様をみたことはありません」と答えていった。家光は「それこそ自分である」というと、政宗は驚いたふりをして、謝《あやま》った。そして諫めて「将軍家は天下の重い任におられます。游猟をお好みで、しばしば身軽におでかけになり、警衛の者もおつけになりません。私めは思いもかけぬ変事でもあってはと、将軍家のために心配しております」というと、家光は快くその忠言を受け入れた。

老臣を叱る

政宗がある老臣と書院の作事ができて掃除をするとき、見物にでたが、掃除人たちは縁の下の塵を掃き出すのに、政宗が立っておられるので、おそれはばかって仕事がはかどらなかった。某《なにがし》が声をかけて「念を入れて掃け。何事も人のみていないところを粗略にすることは悪いことだ。人の目の届かぬところほど、念を入れてするのこそほんとうの奉公というものだ」といった。その後政宗はその某を呼んで「その方に国事を任せていたわけだが、あのような下賤の者に対しても、人のみぬところほど念を入れよなどといってたしなめるのは軽率である。何事も政事《まつりごと》の影響するところは、明らかならず、暗からずというようであるのがもっともよいのである。すみずみまであまりにきびしく、重箱の隅をほじくるようなやり方は上々とはいいがたい。心すべきであろう」といわれたので、某はいたく心に感じて、自分の過《あやま》ちを謝した。

浪人質入れの巻物を返す

政宗の恩顧の商人が若狭《わかさ》におり、佐渡屋某という。あるとき政宗のところに茶道の宗匠陸《りく》阿《あ》弥《み》の取り次ぎで藤原家隆の自筆〝名歌百首〟の巻物を献上した。政宗はひじょうに大事にし、諸大名にも馳走としてそれをだしてみせられた。政宗は陸阿弥に「このようなすばらしい道具は、どこにもなかろう。佐渡屋へは十分な礼をするように」といった。陸阿弥は「まことに勝れたお道具でございます。佐渡屋は質物を取りますので、いろいろこのほかにもすばらしい品をもっているとうけたまわっております」というと、政宗は驚き「いままで、そのようなこととはまったく知らなかった。金をだして買い取ったのか、また代々家に伝えられたものをくれたのかとばかり思っていたのに、質物として取ったとあっては、少々気がかりである。そなたから書簡をもって、その巻物の買い主の名を知っているかどうかを佐渡屋へ問いただしてみてくれ」といわれた。そこですぐに佐渡屋へ申しつかわすと、若狭の浪人今川求馬《もとめ》なる者が、最近困窮して質物に入れ、期限がきれたので手に入れてすぐに献上したということであった。政宗はさっそく飛脚を呼んで金五両をそえ、今川求馬をたずねて〝名歌百首〟の巻物を戻させた。佐渡屋はどうしたことかと不審に思ったが、致し方もなく陸阿弥のところへひそかにたずねてみると、「少しも気にかけることはない。その方の志はちゃんとご受納になったのだ。そして、いったん政宗公のお道具になってから、あらためて求馬に返されたのだ」といってよこした。こうしたのち、諸大名のなかでこの〝名歌百首〟の話がでれば、政宗は「しかじかのことで手に入れましたが、質物にとったものとわかって気にかかり、その道具は、困窮で質物に入れた者にとっては、手放してはならぬ義理あるものでもあろうかと思って問いただしてみると、今川求馬という浪人にとっては家宝の品であるとわかり、その心情をあわれに思い、金子《きんす》を少々そえて返しました」といわれたので、一座の人びとは大いに感動された。その後政宗のところに、お礼のために求馬が若狭から下ってきたので会われ、ねんごろにご挨拶があった。滞留中の費用に二十人扶持（一人扶持は、日に玄米五合の割）を賜った。この今川求馬は、南蛮流の外科を学んだ者であり、そのうえ学力もあって、役に立ちそうな者であるから、仕えてみるかどうかを聞かせられると、もとより恩に感じていたので、大いに喜んで仕えた。のちには、よく働き足軽大将にまで成り上がった。「政宗公は、不思議なお心配りによって、よい人物を得られたものだ」と人びとはみな口々にいった。

政宗、生涯の大事三つ

政宗は、あるとき侍臣に語っていった。「小田原の陣のとき、わしは、とにかく小田原に上って太閤《たいこう》に帰属しようと思った。家老は『何をご心配なさることがありましょうや。要所要所へ兵をだして守り防げば、太閤をたやすくは近寄せはいたしません』という。『いやいや太閤はただ者ではない。はっきり降参の志をみせよう』といって発って行った。『それならば多勢で行かれるがよろしゅうございます』といったが、わしは、わずか十騎ほどで酒匂《さかわ》に一宿して、供の者をおおかたそこに残しておき、金襴《きんらん》の具足羽織を着て、太閤の御前近くにでた。すると、取り次ぎの富田左近が『お腰物《こしのもの》もこちらへ』といったが、『なにゆえに侍にむかって脇差を脱げと申されるか』といって聞き入れずに進みでた。太閤は床几《しょうぎ》に腰をかけておられたが、わしをみて『伊達殿上ってこられたか。こちらに参られよ』といわれた。そのときわしは、すばやく刀脇差をかたわらへ投げだして進んで行った。太閤は『ご遠慮にはおよばぬ』といわれて、わしの手をお取りになり、『さてさて奇特にも参られたことよ』といわれて、さしあたってのお話などがあってのち『奥州のことが心配だ。早く帰られよ』といわれて暇を賜った。『ありがたき御諚《ごじょう》（おおせ）』とばかり、さっそく酒匂に帰って、そのまま帰国の途についたのである。これがわが生涯の大事のひとつだ。また、秀次公のご自害のとき、わしを太閤が疑われて、十騎ほどで上ったことがある。枚方《ひらかた》に石田・富田・施薬《やく》院《いん》の三人がお使いとしてきており『その方は、秀次公と特に親しいことは誰もが知っていること。委細をたずねるようにとのことである』という。わしは『いかにも秀次公とは親しゅうござる。太閤のようなご聡明をもってしてもお目鏡違いのためか、このようなことになりなさる秀次公とも見通せず天下をお譲りになり、関白にまで任命されたことであるから、われらごとき独眼竜（片目）では、見損じたも道理と存じます。そのうえ、万事秀次公にお任せになって、太閤はご隠居ということになったからにはと思い、心を尽くして秀次公に取り入りました。もしこれをお咎めになるのなら致し方のなきこと。なにとぞわれらの首を刎ねて下されい。本望でござる』といった。すると施薬院は『まさかそのようにも申し上げられますまい。それではあまり愛想がなさすぎる』という。わしは施薬院をはたと睨みつけ『その方は医者だ。病人のことについては功者であろうが、武士道のことはご存じあるまい。拙者がいま申しのべた通り、ありのままを太閤に申し上げるがよい』といった。そこで三人は帰って行ったが、翌日、富田左近方から『明日、山里で太閤よりお茶を下さるとの御意である』と申してきたので、ただ二騎だけを召し連れて大坂へ出向いた。左近方より案内者として侍一人がきたので、連れて城中へ行った。やがてのことに、案内者はどこかへ行ってしまったのか姿がみえなくなり、わしはただ一人、森の中にいるのに気づいた。『きっとここでわしを殺そうとの魂胆《こんたん》であろう。ええ、ままよ』と思っていると、茶童のような者がでてきて、刀脇差を手渡すようにといった。『なにゆえ侍に刀脇差をよこせよというのか』といって聞き入れずにいると、そこへ太閤が出てこられ『和尚でてこられたか』といって、ひどくご機嫌であった。そこで刀脇差を投げ捨ててお側へ寄り、すぐお供をした。お茶を賜ってから『奥州のことが心配だな』といわれ暇を賜った。これが生涯の大事の二つである。もう一度はこうだ。家光公へお茶をあげよと仰せつけられたとき、お勝手へ佐久間将監《しょうげん》が箱に入ったお茶入れをもってきて、『これを貴殿（政宗）に下さるゆえ、これをもってお茶をあげよとの御意である』という。わしは『承知つかまつった』といって、将監の方へいったんそれを押し戻した。将監は再三おなじことをくり返すが、わしはいよいよ頑強にこれを拒んだ。そこで致し方なく、将監はありのままを家光公に申し上げた。家光公も『それはもっともだ。では茶入れをそこに置け』と仰せられた由である。そののち家光公御直々《おんじきじき》に御袂のうちから〝木葉猿《このはざる》〟というお茶入れをだされて賜った。そのお手より直《じか》に拝領し『まことにかたじけなき御事』とつつしんで頂戴し『先刻将監が御意と申して、なにやら持参いたしましたが、お道具をお台所の畳の上で拝領するのはおそれ多いことと存じ、ひとまず頂戴いたしませんでした』と申し上げると、家光公はたいそう感激されたごようすであった。これが生涯の大事の三つである。わしは、あちらこちらで少々の功があったことが人の口にのぼっているとしても、それはそれほどのことども思ってはいない。ただ以上三つは、大事の場に臨んで、自分の考え通り思うままにふるまって利を得た。すべて一大事という場合には、人には話さず、おのれの心ひとつで十分に思いきわめるのがよいと思う」といわれた。

政宗の大脇差

寛永のころ、幕府では、政宗は、歴世の宿将であるということで、その優待ぶりは並々でなかった。恩遇はしきりで、しばしば将軍家に召されて茶を賜ったり、または酒宴にあずかったりしたが、政宗は年寄りに似合わぬ大脇差を好んでいた。しかし家光の前では、いつもその脇差を脱して進みでるのをみられて「そちは老年のことであるから、気をつかわずに、今後は脇差を帯びたまま進むがよい。そちはどのような気持ちでいるかはしらぬが、予はそちのことは少しも気づかってはいない。脇差を帯びたままでこなければ、盃をやらぬぞ」と戯れていわれたので、政宗は感涙を止めることができず「これまでご両代（家康・秀忠）の間、政宗不肖の身ながら、身命をなげうって汗馬の労をいたしましたことは、身に覚えはございますが、いまの上様に対しては、何も忠勤がましきことを申し上げておりません。それを御代々の御余恩として、老臣の短い老い先をあわれまれて、このようにありがたきご恩遇をこうむりますことは、死んでも忘れはいたしません」といって、その日は特に酩酊し、前後もわからず御前でいびきをかいて熟睡してしまったが、側に脱いで置いてあった例の大脇差を、近習の者がひそかに抜いてみると、中身は木刀で造ってあったという。

政宗の漢詩

征韓の役で、政宗は一本の梅の木を船に載せて帰ってきて、これを庭に植えて詩をつくり、そのいわれを書き記した。

絶海行軍帰《ルノ》レ国《ニ》日　鉄衣《ノ》袖裏裹《つつム》二芳芽《ヲ》一
風流千古余《ス》二清操《ヲ》一　幾歳閑看《ス》異域《ノ》花

（海を渡って征韓の途に上り、いま軍を返して帰国するにあたり、鎧《よろい》の袖に梅の芳芽の香を包んで乗船した。梅によせる風流の情《おもい》は、千古の時を経て、いまわが胸中にある。このめち幾歳《いくとせ》、ゆったりとした時をえて、この異国の花のうつくしさを味わえることか。ねがわくは、永くわが風流の友たれよ）

また、酔余に詠じた左のごとき詩もある。

馬上少年過グ　世平ニシテ　白髪多シ
残軀天ノ所レ許ス　不レバ楽シマ　復如何《またいかん》

（馬上ゆたかに少年が通りすぎて行く。戦国の世はすでに遠い昔となり、世はまさに太平——白髪の多きをみれば、人は安らかに年を経て、老いを迎えているのだ。われ、はたして余命いくばくかある。されど、天の許すかぎり、その日その日を楽しみつつ送るにしかずだ。一杯の酒に憂いは晴れる）

政宗の和歌

政宗の姿形は並はずれて大きく堂々としており、生まれつき胆略に富んでいた。武人としての弓馬の道にすぐれていたばかりでなく、和歌の道にもまた長じていた。〝年内ニ立ツ春〟と題して、

年の内に今日たつ春のしるしとて軒端に近き鶯《うぐいす》の声

（暦の上ではまだ新年にならぬというのに、すでに季節は春のようだ。軒端近くで啼《な》

く鶯の声が、なによりも春のしるしだ)
また〝八月十五夜松島にて〟
心なき身にだに月を松島や秋の最中《もなか》の夕暮の空
(とりたてて風流の心があるとも思えぬこのわしでさえ、中秋の名月の光の下《もと》の松島の景はいかばかりかと、しきりに月の出が待たれるたそがれの空よ)
また〝武蔵野　月〟と題して、
出《いず》るより入る山の端はいづくぞと月にとはまし武蔵野の原
(姿が見えはじめるとすぐから、さて月よ、いずこの山の端へ沈むのかと、月に呼びかけてみたいような、茫々たる広野《ひろの》――武蔵野の原よ)
さらにまた〝関の雪〟の題を得て、
ささずとも誰かは越えん逢坂の関の戸埋む夜半の白雪
(あらためて関所の戸を閉《とざ》さなくとも、誰がいったいここを越えられようか。ふかぶかと夜半の白雪に埋まる逢坂の関よ)
後水尾《ごみずのお》法皇が『集外歌仙』を撰集されたとき、この〝関の戸〟の歌をご採用になったということである。

戸《へ》次《つぎ》鑑《あき》連《つら》

常陸介親家《ちかいえ》の子。伯耆《ほうき》守。のち髪を剃り道雪。代々大友氏に仕え立花城に住む。天正十三年（一五八五）十月二十二日没。年七十三。

生い立ち

鑑連は幼名を八幡丸という。成長するにしたがって穎敏驍勇《えいびんぎようゆう》類を絶し（鋭く強いことが並はずれてい）た。士を育《はぐく》み、民をめぐみ、その恩恵は細かなところまで行き届いていた。大永六年（一五二六）、鑑連が十四歳のとき、父の名代《みようだい》として佐野弾正親基《だんじようちかもと》・間田豊前守重安《しげやす》らをはじめ、大内氏に降ってきて五千余人で馬ガ岳の城にたてこもっているのを、わずか三千人の兵をひきいてこれを降した。その後、大小の戦功は数えきれぬほどである。

雷切

鑑連が若かったとき、夏の暑さを大樹の下で避けていた。そのとき、そのそばに落雷したが、鑑連はもっていた千鳥という刀でその雷らしいものを斬った。そのことから、その刀を〝雷切《らいきり》〟と名づけてつねに身につけていた。しかしこの雷に打たれて、あちらこちらをけがして、ついには足がきかなくなり、歩行も自由にできなくなってしまった。そこで、戦場にでるときは、いつも駕籠《かご》に乗ってでた。

大友義鎮を諫む

大友義鎮《よししげ》はキリシタン宗を好んだため、国政は乱れてきた。鑑連はこれを心配して書を献じて諫めた。このことばはひじょうに感銘深いものであった。義鎮はこれをみて大いに感激し「真の仁義の勇士とは、鑑連のような者をこそいうのだ。まことに武士の手本とすべき者である」といわれた。

　永禄年間（一五五八―七〇）は、義鎮の武徳によって九国二島は戦争が久しい間なかった。このとき以来義鎮は、いつとはなく酒にうつつをぬかし、女色に耽るようになり、昼となく夜となく女たちのいる奥にばかりいて、少しも表の侍所《さむらいどころ》にはでなかった。老臣の連中が何度登城しても会おうとしない。そして別に忠勤をはげんでいるでもない者に賞を与えたり、科《とが》のない者を罰したりすることも少なくなかった。そのとき鑑連が思ったのは〝君無《ケレバ》二諫臣一、則《チ》其《ノ》国必《ズ》亡《ブ》〟ということであった。なんとかして諫めようとして毎日登城したけれども、奥にばかりいるので対面することさえできない。どうしたものかと考えあぐねていたが、そのうち一つの計画を思いついたのである。鑑連も踊り子を大勢だして、日々夜々に踊らせて、それを見物した。義鎮はこれを聞いて「鑑連はもともと、月見・花見・酒宴・乱舞などはひじょうに嫌いであったはずなのに、踊りが好きだというのはおかしい。おそらくわしへの馳走のつもりであろうから、ひとつ見物してやろう」ということになったので、鑑連はたいへん喜んで、三拍子という踊りを三度踊らせ、義鎮の機嫌のいいのをみすまし、四方山話《よもやまばなし》などをして、時分を見計らっていうには「さて、恐れ多いことではございますが、お色好みのことは、なにとぞ思い止まって下さいますように。御先代義鑑《よしあき》公の御代には、ご領内でさえも狼藉者がおりましたのに、屋形《やかた》様（義鎮）はご若年でいらっしゃるにもかかわらず、なにごともなく安泰にお治めになられましたのは、ひとえにこの間のご政道が正しく、ご威光が深いからでございました。しかるに、近ごろはすべてを放りだしてご簾中《れんちゅう》（奥）にばかりいらっしゃって、なにごともお聞きになりませんから、六ヵ国の善悪についても、いろいろ申し上げることもかないません。ことに毛利陸奥守元就は門司《もじ》城の合戦で不利となり、この大友の家を恨みとしていろいろ武略をめぐらし、ご当家のすきをうかがっていると聞きおよんでおります。ただ今のような状態では、お旗本のなかからさえもお恨みをいだく者が現れ、また兵乱が始まることに相成りましょう」と昔からのいろいろな例などを引いて、「このようではお家滅亡の末かと存じますので、日夜歎き涙のかわく暇とてなく、残念至極に存じます。国のため、御身のため、ご子孫のため、またご家臣のため、よくよくお考え下さいますように」とことばを尽くし、涙を流して申しあげたところ、まったく思いもかけぬ感銘を与え、翌日は恒例の七夕の御儀というので諸侍が登城すると、いつものとおりの儀式で対面があった。国中のすみずみまで鑑連が諫言したことを喜び合ったことたいへんなものであった。

鑑連の武勇と士卒への愛

大友氏は衰えたが、鑑連は高橋鎮種《しげたね》と心をあわせて、少しも屈することはなかった。鑑連は武勇たくましき人で、部下の士卒をみることあたかもおのれの子を愛するようであった。戦に臨めば、二尺七寸もある刀と、種子島の鉄砲を駕籠に入れて、三尺ほどの棒に腕貫《うでぬき》（腕をさし通すもの）をつけてそれを手にひっさげて乗り、長い刀を差した若い侍を百余人、駕籠の左右に引き連れて、戦がはじまると、駕籠をその侍たちにかつがせ、棒を取って駕籠をたたき、「えい、とう」と声をあげ「駕籠を敵の真ん中にかつぎ入れよ」と拍子を取り、遅いときは駕籠の前後をたたいていそがせたが、鑑連は前進が遅まきになるのは敵に後ろをみせるよりも恥辱と思い、一心不乱にかつぎ入れると、駕籠の左右の侍どもは三尺余の刀を抜いて一文字に切ってかかる。先陣をうけたまわっている者どもは「それ突撃の合図だぞ」といいもあえず、われ先にと競いかかり、どんな強敵堅陣たりとも切り崩さぬということはなかった。もし先陣が追いたてられるときは、鑑連は大音声《だいおんじょう》をあげて「わしを敵のただなかにかつぎ入れろ。もし命が惜しくば、そのあとで逃げろ」と眼をむきだして下知するので、態勢を立てなおし、勝利を得ぬということはなかった。このような状態ゆえ、鑑連の士卒は、一日に何度も槍をあわせたという者が多かった。また鑑連はいつも「士卒で本来弱い士卒という者はいないものなのだ。もし弱い者がおれば、その人が悪いのではなく、その大将が本人を励まさないことに罪がある。わが配下の士卒はいうまでもない。ごく身分の下の者でも、たびたび功名をあらわしている。他の家に仕えておくれを取った士卒がいれば、わしの方にきて仕えるがよい。うって変わって逸物（すぐれた者）にしてやろう。四月朔日《わたぬき》左三兵衛は、若いときに、はじめておくれを取ったことがあったが、いつの頃よりかたびたび血なまぐさいことに出会っているうちにしだいに慣れ、いまは五、六人のなかに入る剛の者と世の中にたたえられているのだぞ」といって、たまたま武功のない士卒がいれば、「武功というものは、うまくいったりいかなかったりするものだ。そちが弱い人間ではないということは、わしが見定めたから、けっしてあせるでないぞ。明日にも軍《いくさ》にでたような場合、人にそのかされて、抜けがけして討ち死にするようなことはしなさるな。それは不忠というものだ。身を全うして、どうかこの鑑連を今後とも心にかけてもらいたい。わしは、おのおの方を打ち連れているからこそ、このように年老いた身で敵の真ん中に突っ込んでいても、ひるむようすをみせないのだ」と、いともねんごろに親しく話しかけ、酒を酌《く》みかわし、そのころはやりの武具を取り出して与えなさったから、これに励まされて、次に軍があるときは、かならず人におくれを取るまいと勇んだ。少しでも武者ぶりがよくみえると、その者を呼びだして「それ、みなの者、あの仁《じん》をみよ。この鑑連の目鏡に寸分の狂いもなかった」といってそのすぐれた者の名を呼んで近くに招きよせ「頼むぞよ。しっかりと引きまわしてくれ」という。また「人びとがこうして心をあわせてくれることは、この鑑連、まことに天の冥加《みようが》にかなったことだ」といって勇み立ち、もし若い士が客席で心得違いをしたようなときには、その者を客の前に呼びだして笑い「この私の家臣　某《なにがし》、ただいまたしか不調法《ぶちようほう》いたしましたが、軍に臨めば火花を散らして戦います。槍はこの仁《じん》が家中随一の腕です」といって槍を押し取った真似をしてお誉めになったから、人びとはふかく感銘して涙を流し「この人のためにならなら命を捨てよう」と励んだ。

筑後の戦

鑑連は筑後の戦のときに、敵が山にかかって敗走するのを、味方が追いかけて行き、敵がすでに山を越した時点で、味方に下知し、それから先には進ませなかった。そしてまず斥候《ものみ》を放った。案の定敵は山下に下り立って、備えを堅めて待っていた。鑑連は備えを決めて静かに山下に下ろし、敵に槍の長さほど近づいたとき、一挙に鬨《とき》の声をあげて槍を急にもち上げると、敵はこれに驚いて負けてしまったという。

戦陣を離れし者を成敗す

鑑連は、筑前川原崎《かわらさき》で蒲池《かまち》と対陣したとき、ちょうど年越しの時分に、ひそかに年取りのために立花に帰った家来が三十五人あると聞いて、すぐに討っ手を三十五人申しつけ、右の在所に帰った者で、親がある者は親子もろともに成敗《せいばい》するようにと申しつけた。家老たちは「親までご成敗なさるのはいかがでしょうか」というと、鑑連は「いや、大切な戦場の持ち場を逃げて帰ってくる悴《せがれ》に会った以上は、その親も同罪である」といって、親子ともに成敗したということである。

鑑連の仁愛

鑑連は、そばに使っている女とひそかに心を通わしている者がいることに気づいていたが、そしらぬふりをしていた。これを知った者がいて、ある夜、物語のときにいうには「東国の大将で、誰かは名はわかりませんが、寵愛の女にひそかに情を通わす者がいたのを誅せられたことがありました」と、わざわざ作り話をして鑑連の答えをためしてみた。すると鑑連は笑って「若い者が色に迷うことはかならずしも誅罰すべきほどのことではない。人の上にいて、君と仰がれるには、ほんのちょっとしたことで人を殺せば、人がそむく原因になる。色恋沙汰なら、国の大法を犯したのとはわけが違う」といった。その者が伝え聞いて、わが行状をひそかに恥じ、また鑑連の仁愛に感激した。その後島津の兵が鎧ガ岳の城を攻めたとき、鑑連は城をでて戦ったが、大軍が押しかけ危なくなると、その者は大声をあげて、乱れ立つ味方を叱咤激励しながら縦横無尽に戦った。そのすきに鑑連は城の近くまで引き返したのだが、敵はなお手をゆるめず進んでき、そのあまりの速さに、城門を閉め切る間もないありさまとなった。するとその者はまた取って返し「武士の討ち死にすべきはまさにこのときだ。おのおのここにて討ち死にすれば、おそらく城を敵には奪われまい。返せ、返せ」といいながら、槍を横たえてそこにどっかと腰を下ろしてしまったので、引き返してきて、同じくこの場に居直った者が三人まであった。そして寄せる敵と真っ向に戦って討ち死にしたので、その間に城門を閉じたのである。

秋月種実の歌舞伎見物

家臣の某《なにがし》が鑑連にむかって「今日博多で歌舞伎見物がありましたが、秋月筑前守種実《たねざね》は、僧形《そうぎょう》に身をやつして見物にでられました。私めにお命じ下されば、討ち取ってご覧に入れます」といった。鑑連はこれを聞いて「お前は憎い奴だ。秋月ほどの者が、お前のような者にだまし討ちになるものか。秋月などは安全にさせておいて、次の一戦の場で勝負を決することこそ本意なのだ。それなのに、なんというきたなき心底の奴か」とお叱りになって、秋月の城下に人をつかわし「秋月殿がお忍びで見物の座にでられるのを、戸次の家臣で狙う者があります。よくよく用心なさるように」と触れさせた。鑑連の武勇は山陰・山陽・南海まで「鬼のようだ」と取り沙汰した。また東国では武田晴信（信玄）が、鑑連の人となりを聞いて、数百里の遠隔の地に書を贈って、対面したいといってよこした。秋月種実は西海では有名な武勇の人であったが、ともかくも鑑連の威におそれて、ついには大友に降参した。

立花宗茂を養子とす

鑑連には子がなかった。高橋鎮種の嫡男宗茂《むねしげ》を養子にしようと思い、鎮種に乞うた。しかし鎮種は承知しない。重ねて乞うていうには「自分はすでに七十有余歳の高齢に達しました。国家の衰運とでも申しましょうか、賊徒は負けても、勢いはふたたび日に日に盛んになり、それにひきかえ、味方は勝っても、勢いは日に日に衰えるありさま。近くは島津・竜造寺、遠くは毛利の大敵を、自分の死後も、誰が御辺（あなた）と心をあわせて、大友家を助けるのか。はなはだ心許《こころもと》ないかぎりであります。そこで宗茂に戸次の家を相続させ、自分の死後も、御辺と心をあわせて国を守らせようと存ずるのである。これは一家の安泰のために思うのではない。すべて国のために思うのである」と。鎮種はその意気の慷慨《こうがい》たるに感動して、最愛の嫡子を鑑連に与えた。宗茂は戸次の家を継ぎ、大友の衰運にも少しも志を変えず、父鎮種とともに国を守った。

宗茂の幼時

宗茂はいった。「わしが九歳のとき、道雪（鑑連）と一緒に飯を食ったおり、鮎《あゆ》をむしって食ったところが、道雪はそれをみて『武士のやり方を知らない。女のようなやり方では役に立たぬ』と、ひどく叱られたことがある。また十三歳のとき、道雪と同道して栗の毛毬《いが》が多くあるところを通ったとき、毛毬が足にささった。そこで『これを抜いてくれ』というと、由布《ゆふ》源兵衛が走り寄ってきて、抜くどころか、逆にもっと押しこんだので、痛みはいっそう烈しかったが、痛いともいえず、ひじょうに困ったことがあった」とのちのちまで語ったということである。

高橋鎮種《しげたね》

吉弘左近大夫鑑理《あきただ》の子、弥七郎と称した。のち高橋氏を称し、主膳兵衛と改めた。のち剃髪して紹運《じょううん》と号した。大友氏に仕えて岩屋城に住み、天正十四年（一五八六）七月二十七日、戦死。三十九歳。

高橋家を継ぐ

鎮種はまだ壮年に達する以前から、度量が人にすぐれて寛大で、義にあつく、まことの武士と称するに足る人物であった。大友家一族の人びとも、この人こそ英雄の名にふさわしき御仁《ごじん》と噂しあった。やがてその英名は、しだいに近国に知れ渡っていった。実は、大友家の臣高橋鑑種《あきたね》が毛利氏と通じ、主である大友家にそむいたので、大友家は鑑種を攻めて、これを捕らえた。そこで高橋家は断絶したのである。ところでこのとき、高橋家の老臣北原伊賀鎮久《しげひさ》なる者が、鎮種を高橋家の後嗣にして下されとしきりに歎願するので、大友家の家老の面々が詮議して「高橋家の居城たる宝満《ほうまん》、岩屋の二城は重要な城である。才覚なき者をここに配しておくべきではない。鎮種はまだ若年であるが、すぐれた人物だ。不足はあるまい。そのうえ、鎮種は吉弘鑑理の子であるから、高橋鑑種とは縁戚の間柄ゆえ、名跡《みょうせき》を継いでもおかしくない。それならば鑑種の養子として高橋家を再興させるがよい」ということになり、吉弘姓を捨てて高橋を名のるにいたったのである。

許嫁の約を違えず

鎮種が若かったとき、兄の鎮理《しげまさ》が、斎藤兵部少輔鎮実《しげざね》の妹を、鎮種の妻にと約束しておいた。ところがそのころ、中国筋（毛利氏）と軍《いくさ》があって、とくにさわがしい時期であったので、とうとう妻に迎え取らずじまいになってしまった。その後、鎮種が鎮実に対面のおりに「兄がお約束申していた通り、とっくに妹御を妻にお迎えすべきであったにもかかわらず、ご存知の通りの軍さわぎの真っ最中でありましたために、このように時機を失しておりました。まもなくお迎えいたしたいと存じます」というと、鎮実は「おっしゃる通り、兄者人《あにじゃひと》とお約束申したことはけっして忘れてはおりませんが、その後、妹は痘瘡《とうそう》（天然痘）をわずらってしまいました。こうなっては、とても貴殿の妻女にというわけにはまいりません。いまとなっては、とうてい差し上げられるわけのものではないのです」と答えた。聞くなり鎮種は顔色を変え「思いもよらぬおことばを聞くものです。斎藤家といえば、その先祖は大友家に発して、代々、武勇の誉れ高き武人の流れであればこそ、兄が、弟たる拙者の嫁に申し受けたしとお約束申したことでござる。その申し入れに対しては、ご辞退もなさいますまい。拙者といたしましては、少しも色好みの浮いた気持ちで妻を迎えようというのではありません」ときっぱり心の程を披瀝し、まもなく妻を迎えた。

夜討ちの後の握り飯

鎮種が、鑑俊《あきとし》を夜討ちにかけたとき、味方の生き残りは士四十七人、雑兵も入れて合計わずかに百九人というありさまであった。いずれも、所持している飯《めし》を取りだして食いはじめはしたが、すっかり食べてしまった者はわずかに八人にすぎなかった。その他の者は喉《のど》を通らぬのである。鎮種がこのようすをみていうには「数千の味方、あるいは傷つき、あるいは討ち死にし、わずかに生き残った者は、身分の上下を問わず一騎当千の猛者《もさ》ばかりだ。いったい人間にとって、死こそもっとも重大事である。しかるに、男子たる者、もし空腹にして力なければ、その重大事たる死に臨んで、何を力にして立派な死をとげることができようぞ。おのおの方、ご覧あれ」というなり、大きな握り飯を四つ五つとつづけざまに食ったので、一同これをみて、たちまち食べ尽くしたということである。

謀叛人の子を使って秋月を攻略

天正八年（一五八〇）、秋月種実《たねざね》はしだいに勢い強大にのしあがったので、なんとかして近くの大宰府《だざいふ》を手に入れようと思ったが、鎮種が智勇兼備の将であるから、思うことが容易に運ばない。種実も武勇にかけては音に聞こえた大将ゆえ、かねてから、鎮種の老臣北原鎮久が武勇にはたけているが智なく忠なくしてその職を貪《むさぼ》っている由を聞きおよび、ひそかに鎮久に密使を送り、近いうちに大宰府へむけて軍を進める所存、この機に乗じて貴殿は城中に火を放って裏切りにふみきられたし、もしそうなれば貴殿の主鎮種はたちまち滅びるにちがいない、その裏切りの恩賞として、岩屋城か宝満城かいずれなりともお望みのままに貴殿に差し上げようといわせたので、鎮久は何の躊躇《ちゅうちょ》もなく合図の日どりを決めてしまった。このことを鎮種が洩れ聞くや、たちまち鎮久を誅し、そのうえでその子進士兵衛《しんじべえ》を呼びだし、お前の父を誅罰したことは、わしの過《あやま》ちではないのだ。それにはこういう理由《わけ》がある。したがってわしを恨むでないぞ。お前の家は、わしにとっては代々の家人《けにん》だから、父を誅しはしたものの家名を断絶させぬため、お前の命を助けてつかわすばかりでなく、父の遺領はことごとく相続させてつかわす。かくなるうえは、父の非を悔やみ、家の恥を思って忠義を尽くすがよい。さらば、忠義のしはじめとして、まず秋月種実方へ左のごとき連絡を送れといったので進士兵衛は、承知いたしましたと答え、秋月方に使者をつかわした。「父鎮久は、密通のことが露見して、ついに命を失いました。父を討たれたこの悲憤の思いは、なんとも抑《おさ》えようがありません。父の志がむなしくなったことは致し方ありませんが、先祖代々の主とはいえ、誅せられた以上は、親の敵《かたき》であります。何々の日に、ひそかにご軍勢をよこして下さい。宝満城においてお出会いいたしましょう」といい送った。使者の口上を聞くと、種実は少しも疑いをさしはさまず、屈強の士三百余騎に夜討ちの支度に出立させ、十月十八日の夜半のころ、宝満山の麓の本堂に到着した。鎮種がかねて隠しておいた軍兵《ぐんぴょう》は八方から鬨《とき》の声をあげ、秋月勢を中にして取り囲んだ。夜のことではあり、そのうえまんまと敵方の策略に乗ってしまったことでもあり、秋月勢はびっくり仰天、あるいは谷に下り、峰に上り、あるいはまた堀川へ飛び込みなどして、逃げよう逃げようの一心で、誰一人戦おうとする者がない。それにひきかえ鎮種の兵は、十分に案内知った土地ではあり、ここの行き止まり、かしこの険所に追いつめて、射倒し斬り倒しするものだから、秋月勢三百余騎は、ことごとく討ち果たされ、脱出する者わずかに十余騎にすぎなかった。

米山合戦

天正十一年九月、筑紫勢が三笠郡へ侵攻した。鎮種は岩屋城より打ってで、筑紫勢と迫《せ》りあうこと五、六日、筑紫勢はやがて引き取っていったので、鎮種もまた帰陣した。その虚をうかがい、秋月方ではひそかに兵をだして米山城を奪取した。この米山の城というのは、鎮種方から、秋月の押さえとしてかまえておいた城である。鎮種は、岩屋城に帰り着いてこの一件を耳にするや、取る物も取りあえず米山へむかって出発し「秋月勢にこの城を取られたのでは、いままでの功名も水泡に帰するぞ。遮二無二《しゃにむに》城から追いだせ」とわめきながら攻めかかったので、秋月勢は酉《とり》の刻（午後六時）ころには城を追いだされ、摩志岐《ましき》・山口を経由して弥須《やす》郡さして退いていった。鎮種勢はこれを二里ばかり追って、秋月勢二百余人を討ち、敵の捨てた鎧などを拾い取り、喜び勇んで帰っていった。およそ戦いの習いとして、はじめに勝利を得れば、士卒の心もまた勝ちに乗るものである。それにひきかえ、初戦に敗れると、その後の合戦は自然とやりにくくなり、敵に小城一つでも取られたりすると、たとい取り返すことがあったとしても、時間をかけ、多くの歳月を経たのちにようやく手に入れることができるものである。ところが鎮種は、敵に城を乗っ取られると、すぐさまその日のうちに取り返したわけだ。時に天正十一年十月二日――世にこれを〝米山合戦〟という。

子宗茂への教訓

鎮種の子宗茂《むねしげ》が立花家（戸次《へつぎ》家。当主鑑連《あきつら》は立花城に住む）へ養子へ行くとき、鎮種は別れの盃をかわしたのち、あらたまっていうには「今後は、わしを親と思ってはならぬ。明日にも、そちの養父戸次鑑連と、武士の習いとして敵味方にでもなろうものなら、そちは鑑連の先鋒となり、間違いなくわしを討ち取るがよい。鑑連という御仁《ごじん》は、つねに未練なるふるまいをとくにきらわれるから、そちがわしを前にしておのずと不覚の行跡《ぎょうせき》などあって、鑑連より義絶されるようなことにでもなれば、そのときはおめおめとこの岩屋城には帰らず、いさぎよくただちに自害せよ」といって、手ずから一剣をお与えになった。宗茂は、終生これを父の形見《かたみ》と思い、身から離さなかったという。

秀吉の家人となる

大友義統《よしむね》（大友宗麟の長子）が秀吉に面謁したときにいうには「わが大友家は代々、九州の探題（鎌倉・室町幕府の職名。遠隔の地の政治・軍事・裁判などの権を付与されていた。室町幕府においては奥州・羽州・中国・九州探題などがあった）でありましたが、最近八、九年というもの、肥前の竜造寺や筑前の秋月らが私にそむき、意のままにふるまっております。そのほかの武将連は、朝《あした》には秋月に味方し、夕《ゆうべ》には竜造寺に心をあわせるというありさまで、節操なき者ばかりでありますが、そういうなかにあって戸次鑑連・高橋鎮種の両人だけは武名を惜しみ義を尊び、恥を知る者でありますから、まことに頼みとするに足る武将でございます。殿下の御家人《ごけにん》として召し置かれてはいかがかと存じますが」と推薦したので、秀吉はまもなく御家人の朱印状を賜り、家人の列に加えられた。

島津義久との戦

天正十四年七月六日、薩摩《さつま》の島津義久が大軍をもって一の瀬城を攻め破り、その勢いはあたかも風雨のごとくであった。十日には筑紫広門《つくしひろかど》がその軍門に降《くだ》った。鎮種はその報を聞くや、警戒を厳重にした。筑紫広門の家臣どもが鎮種にむかい「主人広門は島津へ降参いたしましたが、これはおそらく一時の策であろうと思われます。しかし、かくなるうえは、弥七郎統増《むねます》殿は広門の子息でもあり、いずれは主君と仰ぐお方でありますから、このさい統増殿を主人として宝満城をもちこたえさせたいと存じます」という。このとき統増は敵の手中にあった。鎮種がいうには「まだ弱年の統増を宝満城の守将とすることには問題があるが、あの城が敵に取られてしまっては、この岩屋城を支えることはむずかしい」ということで、統増を奪い返して宝満城に据《す》えた。そこで筑紫家の郎党はことごとく宝満城に立てこもった。十三日、島津の大軍は大宰府に陣取り、使者をもって「このたび大宰府に攻め寄せたのは、鎮種に対して戦いを挑《いど》んだわけではない。筑紫広門に異心ありとみたので、これを討つための出兵で、すでに広門を捕虜とし、筑紫家はわが家に臣従しているというこの期《ご》におよんで、広門の子弥七郎を守将として宝満城に据え、その家臣たちを呼び集めて城を守られるということは、まことに奇妙千万。さっそく弥七郎をわが方にお渡し下されい。もしこの申し入れをお聞き届けにならなければ、即刻貴殿の居城岩屋城を攻略するでありましょう」といいつかわした。これに対して鎮種は「まず一言の断りもなく、拙者が守っている城下を馬蹄にかけてふみ散らされたことは、武道の礼に反すると申さねばなりませぬ。そのうえ、宝満城を貴殿にお渡しせねばならぬ理由はどこにもござらぬ。もはや今日《こんにち》となっては、拙者は御家人として関白秀吉公に属しておりますから、宝満・岩屋の二城は、いわば関白殿下の城でありおます。それを拙者一存にてお渡し申すことなど、まことに慮外《りよがい》千万。ここまで兵を進められた以上、遠慮なくこの岩屋城を攻められよ。とにもかくにも弓矢をもって、しかるべきようにお相手仕《つかまつ》りましょう。竜造寺・秋月などと申す輩《やから》は、多年にわたって武威を逞《たくま》しゅうした連中ですが、いつのまにやら貴殿方に身売りし、義を忘れ恥を知らぬ者どもでありまず。また筑紫広門は、あっさりと城を攻め落とされました。拙者は、こういう手合いとは似ても似つかぬ人間でござる。命をかけて義戦を試みる所存」と返事をした。

さて、つづいて立花宗茂から、鎮種の方へ十時《ととき》摂津守を使者として「岩屋城は地の利が悪うございます。それにひきかえ宝満城は要害の地でありますから、統増とともにそちらに立てこもって下さい。秀吉公からの援兵も、おっつけ関の戸を越すところだと聞きおよんでおります。その軍勢を待ち受けられるまでの間は、堅固な地にご籠城されるがよろしかろうと存じます」と申してきた。鎮種がいうには「宗茂が申すところはもっとも至極である。しかしながら一歩退いてよくよく考えてみるに、節を守って死ぬということは、勇士たる者の本意である。わが身にとってもっともよき時を知り、かつ武運の開ける道を計るのは、智者の思慮分別ではないか。わしは智者といわれようとは思わぬ。宝満城はたしかに要害だ。しかし、地の利は人の和に如《し》かずとむかしからいわれているから、たとい堅固な城に立てこもったとしても、人の心が一つにまとまらなければ何の役にもたたず、深謀遠慮の計とはいいがたい。大友義統とわしとは、親類の中でもとくに濃いかかわりがある。大友家に仕えてきた身でもあり、こうして縁者の間柄でもあるゆえ、あれやこれやのかかわりから義統を見放すべきではないので、永年《ながねん》、大友家に荷担して、戦の度毎《たびごと》に勝利を占めてはきたが、残念ながら大友家の家運もすでにかたむき、またわが家の運も末になってしまったのか、逆徒は年を追って蜂起し、味方になってくれる者は一人もいないありさまだ。時は刻々に流れ、その流れにつれて、いっさいの物はみな栄枯盛衰があるというのが世の習いであるから、わが家はいまや滅ぶべき最後の時がきたのだと思われる。わが高橋家は、筑紫の国の検断職《けんだんしき》（盗賊など刑事犯人の捕縛・裁判および刑の執行にあたった職）三つのうちの一つである。しかしながら、他の二つ――仁木《につき》、一色《いっしき》両家はすでに滅び去ってより年久しい。いままで健在なのはわが家だけである。九州の豪雄菊池少弐《しょうに》・千葉宗像《むねかた》もその後嗣はとっくに絶えている。こうみてくると、わが家も当然断絶の時がきたなと思われるのだ。もし家運いまだ尽きずというのなら、地の利を得ぬこの岩屋城にいても、いかなる大軍といえども防ぎきることができよう。また滅亡必至の時がきたとすれば、たとい堅固な宝満城に立てこもったところで、敵の囲みを破ることはできまい。とうてい遁《のが》れがたいとなれば、多年の居城を枕として死んでこそ本望だ。城を捨てて逃げだしたといわれるようなことは、このうえもなく残念であろう。このままここに居すわって、秀吉公の援兵の来着を待とうと思うが、中国・四国の軍勢がまもなく海を渡って九州へ上陸とは聞きおよんでいるものの、何と申すにも海をへだてた大軍のこと、あれやこれやとさしさわりが生じて、おそらく時機は遅れるであろう。その援兵の到着を待ちきれずにこの城が落ちたなら、運が尽きたのだと思うよりほかはない。宝満城にこもるぐらいなら、宗茂のいる立花城こそ要害第一の地ゆえ、宗茂とともにこもるべきだが、乾坤一擲《けんこんいってき》の決戦にあたって、大将たる者が何人も一緒に立てこもるというのは、戦略のうえから上策とはいいがたい。宗茂の養父戸次鑑連とは浅からぬ交わりであったから、わしはたとい武運拙《つたな》く切腹して果てようとも、宗茂さえ無事であれば、いまは亡《な》き（鑑連は、この前年の十月二十二日に七十三歳で没している）鑑連に対しても顔が立つというものだ。たとい敵の大軍が押し寄せてきたとしても、まさか十日ももちこたえられぬことはあるまい。わしが命かぎりに戦えば、寄手《よせて》の兵も三千ぐらいは討ってみせる。島津勢、いかに鬼神のごとき兵といえども、ここで三千人が討たれては、重ねてそちの立花城に攻め入って、手強《てごわ》き働きはむずかしかろう。それに立花城は名城でもあり、屈強の士も多い。たとい敵が攻めたとしても、まさか二十日のうちに落ちるようなことはあるまい。こうしてかれこれ三十日をすごす間に、中国からの援兵も九州に渡ってこよう。そうなれば宗茂は武運を開くことになる。この旨をぜひ宗茂に伝えてもらいたい」といって十時摂津守を帰城させられた。

摂津守が立ち戻って、かくかくしかじかと語ったところ、一同いずれも深い感銘をうけた。そこで立花城からは、岩屋城へ屈強の士三十余人を援兵として派遣した。この者たちは、落城にさいして、一人残らず討ち死にしたのである。十四日に寄手の島津勢は攻撃する手立てをきめて、昼夜をわかたずに攻めたけれども、死を覚悟した城兵のことであるから、少しもひるまず防戦に努《つと》めた。寄手の勢には死傷者がおびただしく続出した。二十六日には岩屋城の外郭《そとぐるわ》が破られたので、二の丸・三の丸へ退き、さらに防ぎ戦った。その日、寄手の方からいったん中止の申し入れがあって、新納《にいろ》蔵人《くらんど》と名のる者が「お城へ物申そう」といったので、鎮種はみずから麻生外記《あそうげき》と名のって、櫓《やぐら》の上から「何事でござる」と問うた。新納がいうには「さてさて、この数日間、鎮種公は小勢をもってわが大軍を引きうけられ、かたく城をもちこたえられしこと、まことに感服のいたりに存ずる。この城にて、武道を通して死をとげられようとのお覚悟には、ふかく感じ入ります。しかしながら、〝義者は不仁者のためには死なぬ〟と昔からいわれておりますが、なにゆえに、鎮種公ほどの義士が、無道不仁の大友に味方されるのか。大友は、その政道ことごとく道理にそむき、そのために人の恨みは重なり、そのうえ切支丹《キリシタン》（大友宗麟はキリシタン名をフランシスコといった。その子義統も受洗し、洗礼名をコンスタンチノという）になって、悪行の至極を尽くした。そのため、大友麾下《きか》の国々の諸士にすっかり疎んじられ、一度も戦に勝つことなく、領地もほとんど失ってしまった。それにひきかえわが島津は、政道すべて天の理にかない、招かざるに人は寄せきたり、しだいに勢威を備えて、はや七、八ヵ国を手に入れて取り仕切っている。このうえは、鎮種公よ、わが方へ降参されるがよかろうとの使者でござる」といったので、外記（鎮種）はこれを聞き「仰せの旨は、主鎮種に伝えるまでもないこと。拙者この場において、わが主鎮種が今日まで立てきたりし大友家への義が、理にかないしことを逐一申しのべるであろう。よくお聞き下されい。すべて栄枯盛衰は時の運にて、細川・畠山・赤松・山名《やまな》をはじめとして、今川・武田、また近国にて申せば尼子《あまご》・大内、みなひとたびは栄え、ひとたびは衰えずということなし。鎮種は、これをかぎりの土壇場《どたんば》にいたって、なんとして冑《かぶと》を脱《ぬ》いで降参いたすことがありましょうや。大友家も源頼朝公に仕《つか》え、子孫代々領国を保持し、先代宗麟（義鎮）の最盛期には、豊後・豊前・筑後・筑前・肥後・肥前の六ヵ国ならびに日向・伊予の各半国を領して大いに威をふるったが、日向の合戦に敗れしより以来、異心を抱く者が多くなり、いまはかくのごとく衰運にむかいました。されど、まもなく秀吉公が大軍をひきいて九州にお渡りになり、薩摩の国へ攻め入られたなら、島津勢の敗北もまた近き将来と申せましょう。いま武運尽きてしまったのをみて志を変じ降をもとめるごとき行為は、弓矢とる身の恥辱であり、人びとから爪弾《つまはじ》きせらることは必定《ひつじょう》。常緑《じょうりょく》の松樹は千年の齢《よわい》ありといいながら、それとてついには枯れ倒れるが習いでござる。人生は、たとえてみれば朝露が陽光を待つごとく、はかなきもの、ただ永く世に残るのは、武道の名であると存じますゆえ、けっして降参はいたしませぬ」と声高《こわだか》に呼ばわったので、新納もなす術なく帰っていった。

その後、また荘厳寺《しょうごんじ》の住職が使者としてやってきて「鎮種が、五、六ヵ国の大軍に囲まれながら、少しもひるむ色なく、十五日もの永きにわたって城をもちこたえられしお手柄は、天下無双と存ずる。また味方の兵が、本日、外城を破って占拠したのも手柄と申せましょう。いわば手柄において五分と五分。この時点で、和睦の運びといたしたい。鎮種公と立花城の宗茂、宝満城の統増は近しい一つの間柄であるから、三人ご同意のうえで、鎮種公のご実子のなかからお一人を当方で人質《ひとじち》としてお預かりいたしたい。さすれば、三人の所領はそのままにして、少しも干渉はいたしませぬ。さてまた大友殿に対しては、干戈《かんか》を交えている間は恨みつらみは多々ありますが、それも、鎮種公さえわが方に臣従して下さるなら、和睦いたしましょう。鎮種公とご実子宗茂殿ご両人にて島津・大友両家の間の調停役となって、和睦の手立てを講じて下されい。かく申し上げし以上は、わが島津家としては、子々孫々にいたるまで変節いたすことはなく、この点はかたく誓文《せいもん》をもって実行いたします。九州がかくのごとくして一つにまとまるからには、たとい上方の軍勢が攻めてきたとしても、船から上げることとさせず追い返し、かえってこちらから中国へ攻めこみ、山陰・山陽を討ちしたがえるにおいて手間《てま》ひまはいりますまい。ぜひともご同意して下されい」といい送った。

鎮種の返事に「かさねがさねご鄭重《ていちょう》なおことば痛み入り申す。しかしながら、たといこの鎮種が命惜しさに降参したからといっても、立花宗茂は血気盛んの人間ゆえ、降参に同意するとも思われず、また拙者と宗茂が心を一《いっ》にして貴家に臣従したとしても、大友義統が同心するかどうかはわかりませぬ。もし拙者から義統・宗茂へ降参を勧《すす》めた場合、両人の同意が得られねば、拙者はまったく面目を失うのみならず、この間の思惑《おもわく》がすべて水泡に帰することが無念千万でござる。この和睦の件、もし二年も三年も前におっしゃって下さったのなら、お勧めの通り同意したでありましょう。いまは大友家も衰え、拙者も宗茂も困難な籠城という仕儀におよんで降参いたすことは、なんとしてもいたしがたきこと。秀吉公の援兵もまだ到着いたさず、そうかといってまた大友方からこの城への援兵などは思いもよらぬこと。かくて、この大軍に囲まれた以上、もはや拙者は切腹と覚悟をきめ申した。秀吉公にもこの次第を申し上げ、多年にわたる大友家との同盟は、この期《ご》におよんで変更いたしがたい。拙者どもの領地は、島津殿より改めて賜らずとも、もともと昔から伝えきたりしものでござる。そのうえ、この春、秀吉公が九州を分国される旨の御諚《ごじょう》があったときにも、筑前大宰府は九州の都でありますから、当国は公領にくり入れなさるがよろしかろうと存ずる。鎮種・宗茂にはあらためていずれの国なりとも新地を下し賜りますようにと申し上げ、お聞き届けの御朱印状をいただいております。このうえは、不義の名を負って生きるより、忠義の一筋を守って死に、美名を永く世に残すが最上の道と思い定め申した。島津殿は、すべて天の理にかなったふるまいをしてこられたと先刻お聞きいたした。それならば、拙者などは一つも不義の行《ぎょうじょう》状なき人間ゆえ、このように拙者の城を攻めたてられるということは、貴殿のいわれる順道の取り扱いとは受けとれませぬ。竜造寺・秋月などという輩《やから》は、つねに表裏ある人間にして信頼するに足らぬ連中でござる。もし彼らの首を斬って当方にお送り下さるというのなら、拙者も人質をだし、貴家に臣従いたしましょう」と返事したので、和睦の件もお流れになってしまった。

自害

明《あ》くれば二十七日、攻囲軍は、いっせいに押し寄せ、卯《う》の刻（午前六時）から開戦して午《うま》の刻（正午）まで、寄手の大軍は入れかわり立ちかわり攻めたが、死傷者は数知れずというありさまであった。しかし死骸をふみ越え息をもつがせず攻めに攻めた。今日をかぎりの命と思い定めた城兵は、それぞれの持ち場を一歩も引かず斬り死にした。鎮種の身辺には、名だたる強剛五十人ばかりがまだ健在だったが、第二戦、三戦などは念頭になく、この一戦に命をかけて、あたるをさいわい切《き》っ先《さき》そろえて討ちかかり、敵の一陣・二陣を谷底ふかく追い落としたので、さすがの寄手も半時《はんとき》（一時間）ほどは攻め入ることもできなかった。鎮種は死傷者の間をみまわって、死者に対しては「無二の忠節には、まことに感謝のことばもない」といって深く頭《こうべ》をたれ、まだ息のある者には、手ずから気付け薬をふくませた。その後鎮種は、思う存分戦って、辞世の和歌を扉に書きつけた。

屍《かばね》をば岩屋の苔に埋みてぞ雲井の空に名をとどむべき

それからやおら櫓に上り、みごとに自害して果てた。岩屋城には苗字《みょうじ》を名のるれっきとした武士が六百人もいたが、残らず討ち死にし、降参する者は一人もなかった。寄手の島津勢も、三千七百余人が討たれた。

鎮種が岩屋城に立てこもったとき、配下の杉山山城を〝山城殿〟といって殿をつけて呼び寄せたので、山城は、どういう理由《わけ》であろうと不審に思いながら御前《ごぜん》にでると、鎮種がいうには「この城が無事であるのは、もはやこれより二十日の間にすぎぬ。それについてその方に頼みたいことがある。聞き届けてくれるかどうじゃ」。山城は、何とも答えようがなくてかしこまっていたが、そのとき側に屋山中務《ややまなかつかさ》がいたが、それにむかって「山城殿と殿よりお呼びかけになり、なんともはや思いもよらぬおことばを賜って、気も動顛《どうてん》いたす思いでござる」といったきり、ことばがでない。そのとき鎮種は「主となり、臣となるというかかわりは、武士たる者の習いである。その方の先祖は、鎌倉・北条以来、〝三原の某《なにがし》〟といって人に知られた系譜であった。いまもなおその証文をもっていると聞きおよぶ。いわばわが高橋家よりも家柄は上だ。お屋形様（大友家）よりこの拙者に、その三原家（杉山山城の祖の家）と同輩同列に仰せつけられたので、いまとなっては、主従の関係ではあるが、ずっと以前から同輩であったような親しみを覚えるその方である。大切な用を頼むにあたって、首尾よく依頼を果たしてくれた暁には、千町、万町の知行を褒賞としてつかわすなどといってみたところで、いまさらむなしき絵空事《えそらごと》で何の役にもたたぬ。そこで、むかし同輩であったころたがいに交わした挨拶通り、山城殿と殿付けで呼ばせてもらって、その方を軽んじてはいないというわしの気持ちを表明し、せめて心ばかりの賞としたい所存なのだ」といった。杉山山城は、主のふかい配慮に感涙にむせび「何事なりともお受け申し上げます」と答えたので、鎮種は「さらば申すが、弥七郎統増を敵中におくのは、わしの死出の障《さわ》りとなる。ゆえに、その方敵中に出向いていって連れだし、宝満城へ引き取るか、さもなくば刺し殺して下さらぬか」という。山城は心をこめてお引き受けし、やがて鎮種の意のごとく、ついに統増を奪いだし、宝満城に立てこもった。

立花宗茂

高橋鎮種《しげたね》の子。戸次鑑連《へつぎあきつら》の後嗣ぎとなり、氏を立花と改める。従四位。侍従兼飛騨守。のちに剃髪して号を立斎《りっさい》という。はじめ統虎《むねとら》、のちに宗茂と名のる。慶長五年に領土を失い、のち本領十一万九千六百石に封じられ、柳川《やながわ》城に住む。寛永十九年（一六四二）十一月二十五日没。年七十四。

幼時

宗茂ははじめ千鶴丸と名のった。生まれつき強健で、よく乳を飲む子であった。ちょうど四、五歳のときには、ほかの七、八歳の子供のようであり、六、七歳のころには武芸を好んだ。遊んでいて他の子供を倒すのにもひじょうに軽捷であり、成長するにしたがって、ますます聡明で賢く、弁舌に勝《すぐ》れるようになった。

宗茂が八歳のとき見せ物があって、そこで見物したことがある。その最中に、群集のなかで争論が起こり、ついには殺害にあう者もでた。そこに居合わせた者は、大いに騒ぎたてて四方へ逃げ去ってしまった。宗茂に付き添っていた者たちも、宗茂を連れて、その場を立ち去ろうとした。すると宗茂は少しも恐れるようすもなく「今日の見せ物はこれで終わったのか」とたずねた。付き添いの者は、「ただいま恐ろしい騒動が起こりましたので、このようなところには長居なさらぬものです」というと、宗茂は笑って「お前たちがあわてるとはおかしなことだ。われわれはあの争論の相手ではないのだから、どうしてこちらに切りかかってくるようなことがあろうか。たといどんなに恐ろしいことが起きたとしても、どうして見せ物がまだすっかり終わってしまわないのに、ここを立ち去る必要があるのか」と全然動顚《どうてん》した風がない。そうこうしている間に騒ぎも静まったので、人びともまた戻ってきて、見物しはじめた。かくして宗茂は、すべてが終わってから帰られた。

宗茂が十歳のとき、鎮種の家中に重罪の者がいた。その者を萩尾某《なにがし》に命じて討たせたのだが、萩尾は彼に行き合ったとき、後ろから一太刀で斬り伏せた。このことを傍輩《ほうばい》たちが聞いて、「後ろから斬るのはたやすいことだ。手柄とはいいがたい」などと囁《ささや》きあっているのを宗茂が聞いて、「行き合ったのであれば、前後を問わず、その場を去らずたやすく討ちとどめてこそ手柄だ。敵を討つのに容易なところを避けて、討ちにくい方法で切りかかって、仕損じたら何とする。お前たちのような者は、私が成長した後には、軍利の邪魔になるだろうよ」といわれたので、人びとはみな恥じ入ってなるほどと感服した。

十一歳の弓射

宗茂は十一歳のときに立花城に行った。鑑連《あきつら》はこれを饗応し、血気の壮者を呼び寄せて弓を射させて、それを宗茂にみせ、戯れて「そちはまだ幼い。きっとうまく弓は射れまい」といった。すると宗茂はすぐに側の弓を引いてみて「これは弱い弓です」といい、鑑連の背後の床の上にある剛弓をお貸し下されといって、それで射ると四発のうち三本まで当たった。

犬と太刀

宗茂が十二歳のとき、鷹《たか》を手にすえて、同じ年ごろの子供を引き連れ、野外で遊んでいたところ、そこに猛犬が急に吠《ほ》えかかってきたが宗茂は少しもおそれず、刀を抜いて飛び違いざまに嶺《みね》打ちに強く打ったので、犬はおそれてそのまま逃げ去ってしまった。父鎮種がこれを聞いて「お前は刀を抜いて防ぐぐらいなら、なぜその犬を斬りとどめなかったのだ」とたずねると、宗茂は笑って「太刀というものは敵を斬るものとうけたまわっております」といったので、鎮種は嬉し涙を流し、「わが子ながら器量雄才ともに抜群だ。しかし成長してから、自分の才能を誇るようなことはしてはならぬぞ」と教えられた。

出陣せざるの思慮

宗茂が十三歳のとき、鎮種が出陣することがあった。そのとき「どうだ。お前も出陣せよ」と戯れにいうと、宗茂はかしこまって「おことばがなくともお供したいと思っておりましたが、私はまだ強健ではありません。このままの状態で敵に出会えば、腑甲斐《ふがい》なき死をとげるでありましょう。あと一、二年もたてば、一方の大将としてぜひとも出陣いたしとう存じます」といった。これを聞いた人は、彼の思慮深さに感心してしまった。

戸次鑑連の養子となる

宗茂が幼年のころ、鑑連のところに遊びに行ったときのことだ。鑑連は家臣に命じて、罪人を自分の前で討たせた。不意のことであったから、宗茂はどのように感じたかと思い、試《ため》しに宗茂の胸に手を入れてみると、少しもはげしい動悸《どうき》がしていない。これによって鑑連は、宗茂が豪傑の資質をもっていることを察し、ついに鎮種に請うて彼を自分の養子にした。

天正十二年（一五八四）、宗茂は父とともに軍陣に加わり、秋月の勇士堀江備前を討ち取った。号令を伝達し、士卒を指揮する姿は才勇絶倫で、すでに良将の風があったという。これは、まだ十六歳のときのことだ。

秋月種実を夜討ち

天正十二年、鑑連と鎮種は連れだって、黒木城を攻めた。秋月種実《たねざね》はその虚をうかがって、八千の兵をひきいて迫り、立花城に攻め入ってきた。そのとき宗茂は「拙者は若年のことゆえ、まだ軍事に練《ね》れていないと敵は侮って、おそらく油断しているであろう。そこを夜討ちして、追い払ってしまおう」という。薦野《こもの》三河は彼を諫めたが宗茂は聞き入れず、五百余人をひきいて種実を襲撃し、これを追い払ってしまった。

秀吉に賞せらる

天正十四年七月、島津義久が実父鎮種のこもる岩屋城を陥れた後、使者を立花城に送り、懇々と降参を勧めてきた。これに対し宗茂は「義にそむいて命を惜しむよりは、むしろ死ぬ方がましだ」といって、城を普請して寄手のくるのを待ちうけた。島津方では立花城を攻めるようにといったが、つい先日、岩屋城の戦で数千の軍兵が討たれている。引きつづき立花城に押し寄せるとなると、立花の城は要害であるし、そのうえ、立てこもっている兵も岩屋城よりは多いので、容易に攻めきれないということで、このさい立花城は攻めずに、宝満城を秋月種実の隠居の城ときめ、奪取した岩屋城にも兵をこめて置き、高鳥井の城を取ってかまえ、そこに星野中務少輔《なかつかさのしょう》吉実《よしざね》をこめて置くことにした。八月、秀吉の先鋒がいよいよ渡海してくるとの報が入ると、義久は筑前の兵を引き上げさせてしまった。二十四日、島津勢が陣払いをして退散するところへ、宗茂が打ってでて、島津の軍を撃ち破った。さらに明くる二十五日、高鳥井城に押し寄せ、半時（一時間）ほどのうちに城内に攻め入り、星野兄弟を討ち取った。秀吉は書を授けて、その功を賞めたたえた。また黒田・宮木・安国寺に授けた書には「立花宗茂は九州第一の者である」と書かれてあった。翌年四月、秀吉みずから渡海し、そのとき宗茂が拝謁すると、いままでの軍功を一つひとつ数えたてて、「かずかずの手柄はまことにすばらしく、他に比べようがない。九州第一の忠義の士というべきだが、九州のみならず、上方にもそちほどの若者がいようとは思われぬ」と大変な上機嫌であった。伺候していた人びともこれを聞いて、うらやまぬ者はなかったほどである。さっそく太刀のほかさまざまな品を賜って、薩摩への先陣を命じられた。

和戦の義を重んず

このとき宗茂は、和爾江遍原《わにえへんげん》という者を攻めた。たまたま秀吉が筑紫下向のときであったので、宗茂から使者を和爾江の城中に送って、「このたび拙者は太閤へお目見えにまいりますので、その間は城攻めを見合わせたいと思っております。そちらからも手前の残して置く兵に、手出しをなさらぬように。もし同意を得られるなら、貴殿のことは太閤に申し上げて、助命を頼むつもりです。しかしながら、いまは、鍋島も寄手ですから、拙者の不在の間に、鍋島が攻めてきて落城してしまうのではないかと心にかかります」と申し送った。それに対して城からの返事に「ご事情はよくうけたまわりました。ご不在中に残して置かれる兵に対しては手出しはいたしません。太閤へその旨をおっしゃって下さり、われらどもお助けあるようにお頼み下さるとの由、諒承いたしました。ただいままで籠城いたしながら、一戦も交えぬのも残念に存じますので、降参するなどとは考えもいたしませんが、天下（秀吉公）に対してのことになれば特別のことですので、どのようなことでもいたします。その間に鍋島が攻めるについては、容易には落城させませぬ」と申してきた。さて宗茂は秀吉への拝謁が済み、和爾江遍原のことを言上して、助命を願いでた。秀吉はそれを聞き入れない。宗茂はしきりに願いでた。すると秀吉は、浅野長政に宗茂を諭させた。宗茂は「彼《か》の者をご赦免下されないようなら、拙者をご成敗下さい」と強く乞うたので、秀吉も仕方なくその罪を許された。

山鹿の兵糧入り

天正十五年、佐々成政《さっさなりまさ》が肥後に封ぜられて、熊本の城にいた。肥後に賊徒が立ち上がったが、成政はそれを制圧することができない。九月、宗茂は兵八百余騎をひきいて、熊本に赴いた。これよりさき成政は、二つの城郭を有動《うど》(宇土)に築き、前野又五郎・三田村勝左衛門にここを守らせた。この二郭は賊の本拠に近い。賊は二郭の糧道を絶った。成政は危急を諸将に告げた。諸将が食糧を運び入れる段になって、それを賊に奪われるのみならず、部将を捕虜にされてしまい、賊の勢いはいよいよ盛んになった。成政はますます窮して、夜半に津田与兵衛をつかわして、二郭の危急を告げた。宗茂はこれを聞き、「ご心配なさることはありません。明朝、食糧を入れましょう」といった。津田は礼をいって立ち去った。家臣らは「諸将の兵をもってして、しかもことごとく失敗しております。いまわれらこのような小勢で敵に勝とうとするのは、蟷螂《かまきり》が車に立ち向かうにもひとしきこと。それなのに、どうしてかるがるしくお引き受けになったのですか」というと、宗茂は笑って「うまく兵を用いる者は兵の多少にはかかわりなく、また奇襲にも正面攻撃にもかかわりはない。このことはお前たちは知らぬことだ。諸将が失敗した理由をわしは知っている。相手がこちらに対してやっていることを、こちらが逆に相手に対してやりさえすれば、勝てぬことはない」といって、その夜銃卒を選び、前に賊が伏していた要害に行かせ、夜明けごろ、弟主膳直次《なおつぐ》とともに左右に翼のごとき陣を張り、太鼓を打ち鳴らしながら進んだ。賊がでて戦おうとすると、銃卒はすでに重要な険所を占領しており、弓と銃とを交互に放ち、右翼の陣がまたこれについで攻めたてた。賊はでるにでられず、そのすきに兵糧を運び入れて、いまにも帰ろうとするとき、賊兵三千余が帰路を断った。このとき左翼の陣が戦いを開始して堅く防いだ。巳《み》の刻（午前十時）から酉《とり》の刻（午後六時）にいたる戦闘で、宗茂は六騎を殺した。有動《うど》下総守は一丈（三メートル）の長槍で宗茂の右の肱《ひじ》を傷つけたが、宗茂はまたこれを殺した。しばらくすると右翼の陣が着き、ともに攻撃したために、賊軍はついに敗退してしまった。大田黒を通るとき、賊がまた決起《けっき》して弓銃を発したので、そこを通りすぎることができない。宗茂は、「彼らはわれらの帰路をがっしりと押さえている。敵の全力はおそらくここで尽きるであろうから、勇をふるって全滅戦を展開し完全に敵の生き残りを皆殺しにせよ」と命《めい》を下した。みずから士卒の先頭に立って肉薄戦に突入し、たちまちにしてこれを抜いた。この戦闘は前後十三回におよび、柵を破ること七ヵ所、殺した賊は六百余人、こちらの死者は百四十余人。秀吉は書を賜って戦功を賞した。世間ではこれを〝山鹿《やまが》の兵糧入り〟といっている。

四位に叙せらる

天正十六年、宗茂が上京した。そのとき秀吉は彼に羽柴《はしば》の姓を授けて、四位の侍従に叙任するであろうとのことであったので、宗茂はそれをお受けし「昇殿（従五位上より昇殿を許され、殿上人《てんじょうびと》の身分となる）を許されましたことは、今生の思い出でございます。しかしながら、わが主大友義統《よしむね》はまだ五位ですから、それを越えることは本意ではございません。願わくば五位に叙せられますように」と希望をのべたので「神妙な志だ。その望み通りにしよう」といって、しばらくは五位にとどめ置かれたが、やがて四位に叙せられた。

東の本多・西の宗茂

天正十八年二月朔日、諸大名が伺候したとき、秀吉が家康にたずねていうには「このたびの上京にあたって、本多平八を召し連れられたか」と。「ちょうど今日はここにおります」といって、平八を御前に召しだされた。秀吉は宗茂を召しだし「彼の者こそ東国には隠れなき勇者本多平八という者だ。一方また宗茂は、西国無双の誉れの者であるから、今後はたがいに心を通じあい、宗茂は西国を守護して、ますます忠義を尽くし、平八は家康を補佐して東国を守護せよ。東西においてそれぞれ無双の者であるから、わしの前では対面を許すぞ」といわれたので、前田利家・毛利輝元をはじめとしてみな「なんという名誉なことか」と感激した。それぞれが退出した後、本多平八郎忠勝は、殿下の御前に出られたのは、ひとえに宗茂の功によることと思い、すぐに宗茂の宿所に行き「このたび殿下の御前においての名誉は、ひとかたならぬこと。まことに貴殿の誉れ高きことによってのことです」とひじょうに喜んだ。宗茂も同様に喜び「貴殿は武勇において誉れ高き老功の御仁ですから、若い者の後学のためになりますことをいろいろお聞かせ下さい」というと、忠勝は断りきれず積もる話を心静かに語った。宗茂はひじょうに喜び「聞きしに勝る勇者よ」といって、種々饗応して帰した。

征韓の役

天正二十年（一五九二）四月、宇喜多秀家が在韓の諸将を本営に集め、軍事についての会議を開いた。諸将はみなただちに漢城《ハンソン》にむかおうとしていた。秀家は「それは太閤にうかがってから出発することにするか、それともうかがわずに出発するか」といった。福島正則・加藤清正はそれぞれ意見があわなかった。小早川隆景が宗茂に意見をもとめると、やむをえず口を切った。「拙者はかつて〝将在《ラバ》レ軍《ニ》　君命有《リ》レ所レ不《ル》レ受《ケ》〟（将が戦場に臨んでいるときは、君命を受けずに行動することもある）ということばを聞いたことがあります。いま、海を渡って兵をだしているというのに、事ごとに内地におられる殿下にうかがいをたててから事にあたろうとすれば、おそらく時機を失ってしまいましょう。相手の王城の警備はまだ整わず、国中の召募の兵もまだ集まらぬうちに、長駆してすみやかに王城を取る方がよいと思われます」というと、隆景は「警備が整っていないとか、召募の兵がまだ集まっていないなどと、どうしてわかるのか」とたずねた。宗茂は「もし敵の本拠が堅固ならば、釜山・東萊斯がこのように崩れ潰《つい》えることはなかったでしょう。いまはすでに釜山・東萊斯が潰滅したところからみて、王城もまた同様だと思います。また拙者は最近王城の道程を捕虜に問いましたが、艱険《かんけん》要害の地が数ヵ所あるといいます。もしぐずぐずしてここに留《とど》まっておりますと、敵はそれぞれ手分けして要害を守り堅め、あるいは明《みん》からの援兵を請うことでしょう。そのようになれば、わが方の兵は機先を制せられて進みにくくなります。一時もはやく決断して、すみやかに進むべきだと思います」と答えた。諸将はみな宗茂のことばに服し、ついに兵を発した。

この役で諸将は王城に入り、みな持ち場をきめて守ったが、宗茂は南門に陣取った。この門は、明《みん》からこの都に入ってくる大門である。王城から乾《いぬい》（西北）の方面にあたり、五、六里をへだてて敵兵六、七千人が要害の地にこもっており、味方の往来をさまたげているので、都からわが兵がそれを追い払おうとたびたび打って出るが、険地を占拠してわが兵を引き寄せてはおびただしく半弓を射かけてくる。そのために、なす術もなく攻撃に転ずることができない。蜂須賀《はちすか》阿波守家政・有馬修理大夫晴信《はるのぶ》らもむなしく引き返した。そのとき宇喜多秀家から宗茂に、追い払うようにとの下知があったので、宗茂は「承知つかまつった」と、敵地に乗り込んで相手のようすをみると、高い茅《かや》が茂っており、大石がごろごろしていて、馬の進退も自由にならない。そのうえ堀がところどころにかまえてあるため、たとい敵がいなくても進みにくいところだ。宗茂はじっくりと見分して、その夜、多くの人夫をだし、敵に近いところの青草を刈らせた。敵はこれを知らずにいる。次の夜、宗茂は一千余騎をひきい、これを三手にわけてところどころに配置し、「敵がでてきてもいそいで討ってはならぬ。静かに追い払い、しかる後、退く敵につけ入って攻め込むように」と下知し、また前夜同様、人夫をだしたので、敵は昨夜秣《まぐさ》を刈られてしまったことを無念に思ったのであろうか、二、三千人ほどが打ってでて草刈り人夫を追い払い、その跡をふんで押しだしてきた。待ち受けていた宗茂の兵は、敵を思うつぼに引き受けて、三方から喚声高く飛びかかると、われ先にとでてきたさしもの敵兵も、ひとたまりもなく退いた。味方はこれに力を得て、静かに追いかけると、敵の大勢は三たび取って返して応戦したが、宗茂の侍大将立花吉右衛門・由布《ゆふ》五兵衛を先鋒として、はやり立つ勇猛な若武者三百余人は、敵が討ってでても、突いてきても物ともせず、息をつがせず攻め入ったので、さしもの難所ではあったが、敵を前に押し立ててぐいぐいと追うと、なんなく攻め通り、段々になっている傾斜地にたくさんつくりならべてある陣屋に火をかけるや、おりからの風は烈しく、火の子も八方に吹きひろがって全面をおおったので、六月二十七日の夜は闇であったが、白昼と変わらぬほどの明るさであった。味方はこれに力を得、敵は煙にむせび道に迷い、散々に逃げ散るところを追い詰めて討ったので、しばしの間に七百余人討ち取って帰ったのである。

碧蹄館の役の先陣

碧蹄館の役で、諸将が会議をして、「多勢に無勢で勝ち目はない。都に引きこもって防戦しよう」との意見がでた。宗茂は進みでて「日本の武名が、異国に輝いてより久しきことです。いま、敵兵の多いことを聞いて退くのでは、わが国の恥はどうするおつもりですか。断じて戦うべきです」といった。小早川隆景は「まさにその通りだ」と同意し、群議はたちまち一決した。戦の当日は先陣をうけたまわって縦横に奮戦し、大いに民兵《みんぺい》を破った。加藤清正は、そのとき安辺《アンビョン》にいた。日本勢が勝ったことを聞いて「先陣はきっと立花宗茂であろう」といった。そしてたずねてみると、やはりその通りであった。秀吉は勧賞として自筆の書と馬とを賜った。

石田三成が宗茂に「このたび朝鮮在陣中に、たびたびのお働きは申すまでもなく、特に碧蹄館の先陣は抜群のお手柄です。しかし、それも貴殿の功績にはならず、みな宇喜多秀家の功労となって上聞に達しています。私にお頼みになれば、実情を殿下に申し上げましょう」といった。宗茂はこれを聞いて「これはおもしろいおっしゃりようです。そのようなことを正直に殿下にご報告なさるために、わざわざ内地より差しつかわされて当地にこられた貴殿の御身として、よしなに頼めとおっしゃってもそのようなことは拙者の好みではありませんので、どうなろうと拙者の運次第と存じます」といったので、三成は少し困ったようすで、「ごもっともなことです。他の人はいざ知らず、拙者はどんなことがあってもかならず殿下に実情を申し上げますから、貴殿からも書面をもって殿下にご報告なさるように」といったそうだ。

蔚山の役

蔚山《ウルサン》の戦で宗茂は、こちらの兵の少ないのを敵に見透かされまいと、朝霧の晴れ間から、不意に押し寄せて短兵急に追撃した。小野和泉《いずみ》が「寡兵で長追いするのはよろしくないのではありませんか」というと、宗茂は「いやいや、追わなければ、かえって味方が寡兵であることを知られてしまおう。敵の逃げ足がひどく乱れたから、おそらく取って返して応戦することはなかろう。むこうの森陰まで追って行け」と命じられた。敵は一度もふり返らないので、そのまま二十余町（二キロ余）ほど行った。そこで宗茂は、生虜《いけどり》が少々あったのを縄を解いて助けて返した。士卒はそれをみて「寡兵であることを敵に知られまいとここまで追ってきて、いまになってここで助けて返されるとは、どうしたわけですか」というと、宗茂は「今朝の戦は敵が敗北したので、こちらが寡兵だということは知らなかった。だがいまとなっては、きっとよく知ってしまったことであろう。生虜《いけどり》を返すのは、敵方の心を奪《うば》うためだ」といってとうとう返してしまった。そのとき伏兵を五ヵ所に設けた。はたせるかな、夜半に明兵が来襲した。伏兵が起こり、また勝利を得た。この戦で明兵は、わが方の諸将が蔚山に集まり、そのため釜山《プサン》が空《から》になっているのをみすまし、数万の兵が般丹《パンダン》に迫った。宇喜多秀家はひじょうに驚き、宗茂にその兵を撃たせた。宗茂は、その夜ただちに兵八百騎の将として釜山を発《た》った。たまたま寒い日で、雪さえ降りだした。人びとはみな「明日を待って発たれますように」と願いでた。宗茂は「敵にわが兵が少ないことを知らせるのは、こちらの利ではない。わしはまさにその不意に乗じるために、すぐ発つのだ」といって出発した。夜半には般丹に着いた。敵は寒さがきびしいので眠りこみ、備えについていない。宗茂は士卒に命じて火を民家に放ち、これを攻めさせた。敵は大いにおどろき、首を得ること実に五十であった。

秀吉が薨《こう》じられたという報が入ると、在韓の諸将はみな兵を撤して帰国しようとした。宗茂は「小西行長が遠く順天にいる。彼を見捨てれば、その地においてきっと擒《とりこ》になってしまうだろう」といった。諸将はみな帰国のことばかりをしきりに考えている。一同口をそろえて「国に重大な不幸が起こっている。ぐずぐずしているべき時ではない」という。宗茂は「行長を擒にさせることは国の恥である。拙者はここにとどまって、彼と生死をともにしよう。これは別に行長のためにするのではない。わが日本国のためにするのだ」というと、島津義弘・寺沢《てらさわ》広高はこれに同意してともにとどまった。宗茂はこの二人の書面を行長に送った。行長は書面をみるなりすぐに兵を撤した。だが明・韓の兵は戦艦を用意してこれを迎撃った。矢が集まってくる様は、はりねずみのごとくだ。それぞれ舟を仕立てて防戦してこれを退け、ついにみなともに帰ることができたのである。

独特の城攻め

大津の戦における宗茂の城攻めのようすは、他と異なっていた。鉄砲を撃ちこむ速度が相手の矢よりも早いようにと考えて、玉薬《たまぐすり》の筒をたくさん縄に通し、軽卒らが具足の上にこれを割りふり、あるいは足にかけさせて、他の寄手の軽卒らが一発放つ間に三発ぐらい放ったので、敵も味方もともにこれをみておどろいた。また攻撃をかけるにあたっても、その方法は諸将とひと味違っていた。まず宗茂が攻め口から城にむかって、幅一間半ほど、深さ六尺余り、千鳥掛けに（ジグザグに）空堀《からぼり》を掘って、その土を堀のむこうに投げあげ、高さ一間ほどの土居《どい》（土堤）を築き、軍卒と人夫がこの堀のなかを往来して思うままに竹束《たけたば》をつけておくと、城兵が弓銃を放っても、立花勢は堀の底で土居のかげを自由に往来し、まったくあたらない。かえって敵は、あまりに多く鉄砲を撃ったので弾丸《たま》が尽き、ついには矢狭間《やざま》を閉じてしまったという。

宗茂は関ガ原の敗北を聞いて（宗茂は西軍に味方していた）、軍を返して大坂に着いたとき、瀬田の橋に焼草を積み上げて、日下《くさか》与右衛門が大坂よりの下知によって焼き落とそうとしていた。宗茂はこれをみて、「昔から、関東勢の上京に際して橋を落として有利になったことはない。焼くことは固く禁ずる。わしが伏見に逗留している間は、橋は焼かなくとも、型通り防戦するから、焼いてはならないぞ」といって、伏見に三日逗留して帰国した。後にこのことを家康がお聞きになって「聞きしにまさる細かな心配りよ」といって感心したとのことだ。

寡兵の島津義弘をあえて討たず

宗茂が柳川に帰るとき、島津義弘も寡兵で帰国した。島津は宗茂にとっては父の讐《あだ》であるから、宗茂の家来は討ち取るようにと囁きあったが、宗茂は「時も時、いま、おなじく西軍に味方しながら、島津が寡兵で帰るのをみて討ち取るというのは、勇士のすることではない」といって許さない。島津方でも警戒しているようすがみえたので、宗茂は使者を立てて、「昔の遺恨は少しも心にかけておりません。九州までのご道中は、諸事心をあわせましょう」といいやった。すると義弘もひじょうに喜び「帰国してから籠城なさるのでしたら、加勢いたしましょう」と返答してきた。宗茂は国に帰って立てこもったが、ついには和睦となって城を明け渡した。城を渡して三日目に、島津方から新納《にいろ》山城《やましろ》に一万の兵をつけて派遣してよこしたが、城を渡した後であったので、むなしく引き返したという。

島津より宗茂への申し入れ

宗茂が柳川に帰ると、島津から僧が使者としてやってきて「貴殿は種子島一島を領されますように。所々に敵が集まる前に、薩摩にお越しになりますよう」と申してきた。宗茂は「日ごろのご親切この期《ご》におよんでもなおおろそかならず、まことにかたじけなく存じます。しかし、このたび上方へ軍勢をだしましたことは、逆徒に一味したというわけでもなく、若君（豊臣秀頼）よりの御命によってのことですので、大坂・関東双方の御成り行き次第。どのように相成り行くか篤《とく》とみきわめようと存じております。自分の身の安全をはかるつもりでしたら、このたびは軍勢などだすようなことはいたしませんでした」といわれた。

百姓、別れを惜しみ号泣す

加藤清正の仲介で宗茂は開城し、立花城の瀬高門《せたかもん》をでるとき、庄屋・百姓百四十五人が路をさえぎってでてきた。「どのようなことがありましても、お城をおでになることはご無用と存じます。筑後四郡の百姓どもは、このたびのことにいたしましても、一命を差し上げますことは、お侍様方にも少しも劣っておりません。このように申し上げてもご承引なさらずに、おでになろうとしても、けっしておだしいたしません」と声をそろえて申しでたので、宗茂は馬から下り、「みなの申すところはまことに満足だ。わしは、領内の諸人のために城を離れるのだ。少しも変わったことはないから、一同安心しておるように」といわれると、百姓どもは声をあげて泣いた。さらに宗茂は「そのようにみなが申すようなことをすれば、かえってわしのためにもよくないからみな帰れよ、帰れよ」といわれたので、いずれも泣く泣く路を開いた。のちにふたたび本領を賜って柳川に入部したときは、みんなを呼びだして一人一人にことばをかけたという。宗茂が民心をつかんでいたようすは、だいたいこのようなものであった。

宗茂が城をでて、清正と挨拶をしたときは、平生と少しも変わらぬ態度であった。清正の家臣も「さすが立花殿だ。どのような強気の大将でも、侍でも、少しは気後《きおく》れするものなのに、平生よりもみごとなふるまいだ」といって、人びとはみな感心しあった。

清正の申し出を断る

加藤清正と黒田孝高《よしたか》が薩摩の国内まで出陣したとき、家康から「島津は先《せん》だって味方に参るとの由を申しでてきたので、両人の兵を引くように」との旨を申し越してきたので、それぞれ帰陣ということになった。このとき清正は宗茂に「薩摩表への出陣に際して、貴殿もお慰みのつもりでご同道願いたく存ずる。兵を召し連れられるなら、それぞれに知行を与えられぬわけにも行きますまいから、その恩賞の地として、玉名《たまな》郡は残らずご支配なさるとよいということです」といった。これに対して宗茂は「最近まで別に異心を抱かぬ島津に対して、拙者がただいまのように、本領を安堵されてふたたびこの地に戻ったからといって、どうして合戦のために兵を用意いたしましょうや。本領安堵のご温情に対して、少しでも関東(徳川殿)に対して忠節ぶりを発揮するようにとのことでしょうか。しかし拙者は、そのようなことは、ゆめゆめ考えておりません。そのうえ、玉名郡を支配せよとおっしゃる件は、上(徳川殿)より賜ったのならともかく、貴殿より賜るのでしたら、たとい肥後一国といえどもお受けはできません」といわれた。

前田利長の申し出も受けず

宗茂は浪々の身を京と伏見の間ですごしていたが、ときには朝夕の食事にも困ることがあった。あるとき仕方なく雑炊《ぞうすい》をつくってだすと、「むだな汁をかけた飯をださなくとも、ただ飯だけをだせばよい」といわれたので、近臣の者は思わず涙を流した。このようなとき前田利長から「加賀までこられれば十万石を進ぜましょう」とのことであった。宗茂はそれに対して、なんの返事もせず、「悪《にく》い奴らは、腰は抜けておりながら、思いあがっていろいろなことを申しでてくるものよ」といったので、取り次いだ者はひじょうに困り果ててしまったということだ。

大津役の後日譚

宗茂が後年、家光に拝謁したとき、話が大津の戦のことになった。そのときちょうど京極一家の人びともその一座にいた。宗茂は「あのときは、まず大津を手はじめにふみ落としておいて、東国の大名どもの首を一つ一つ討ち取ろうと考えておりました」といった。その後井伊直孝が御前にでると、家光は「さすが立花だ。わしの前で、心底《しんてい》をありのままに申しおった。尋常の者ではなかなかあのように申せるものではない」といわれた。

江戸城で、ある日、尾張・紀伊・水戸の三家が宗茂に大津の戦のことについてたずねられた。宗茂は「拙者が大津を攻めましたことを、世間では謀反《むほん》と取り沙汰しております。だが、謀反と申すは主君にそむくことでございます。宗茂にとって大津の一戦は、なき太閤殿下への忠節にかかわる戦です。宗茂は養父道雪（戸次鑑連）に死別し、また実父紹運（高橋鎮種）も岩屋城にて忠義の死をとげましてからは、ただ一人になってしまい、九州二島の大軍に囲まれましたときは、危急が身に迫りましたが、大友家への忠義のために立花の城を守りました。その後、太閤殿下より柳川の城をお預け下さいましたので、大津の一戦は太閤殿下への忠節に発するものでした。いまはご当家のご恩は山よりも高く、海よりも深いものでございますから、この身のあらんかぎり、ご当家への忠節を尽くす覚悟です。道雪・紹運の時代から、宗茂の現在老後にいたるまで、道にそむくような行動はいたすまいと考えております。まして謀反などとは思いもよらぬことでございます」といったので、みなみな感動された。

家康、宗茂を招く

大坂夏の陣で、家康が伏見より本多正信を使者に立てて、宗茂に「早々にこちらにこられるように」との旨を通じた。そのとき家康は正信に、「秀忠は若年であるから、律義で年功者で壮年の者を相談相手にしておく必要がある。立花はそれほど心安くすべき者ではないが、弓矢を取っての功者であり、特に物事に対して、いつも変わらぬ気性であるから、このたび秀忠の相談相手にしたい旨を、その方より申し伝えてくれ」とのことであった。そして宗茂には、先に大坂に上ってきたので、伏見に参ったところ、正信はこの旨を伝えた。宗茂がすぐ秀忠の前にでると、「こまかいことは、佐渡守より申し伝えるはずであるが、このたび福島・加藤そのほか毛利・浅野以下は変わったことはないか。加藤・福島はその方と数年来の旧友であるし、心根もわかっているはずであろうからたずねるのだ」とのことであった。宗茂は「加藤・福島は別に変わったことはございますまい。いずれも太閤殿下お取り立ての者たちで、先年その女房どもを登城するようにと仰せ付けられてからは、太閤殿下に対しても内心憤りがありました。拙者も太閤殿下のご恩は浅からぬ身ですので、ただいまこのようにあからさまに申しあげるのもいかがかとは存じますが、すべて物事は、道理に叶っておりますときは、たといいったんは悪いようになっても、後のちにはよい方になるものでございます。太閤殿下のご子孫にむかって弓を引くことは、一身にとりましてははばからなければなりませせぬが、関ガ原の合戦のときまでは、秀頼公のために身命を抛《なげう》って、そのためにわが家をもつぶしてしまいました。これすなわち太閤殿下への報恩でございます。その後生活のために、ご当家より少地を賜りましたので、何としてもご奉公いたすつもりでございます。ご配下の人びとのなかで、あれこれと申す者がおりましても、少しもご心配にはおよびません。太閤殿下のご子孫断絶の時が到来いたしたわけでございます」といった。

　重ねて「太閤の子孫の断絶の時節到来とはどのようなことなのだ」とたずねられた。「最前も申し上げました通り、ものにはすべて道理というものがございます。太閤殿下は信長の取り立てによって立身出世した身でありますのに、信長の子孫をあるいは死罪に、あるいは流罪に処されました。たとえば、ご当家も太閤殿下のご恩を厚くこうむっていらっしゃるとしても、太閤殿下の非義無道が子孫に報いるということは遁れられないことでありましょう。しかもご当家は少しも太閤殿下のご恩をこうむっていらっしゃるというわけではありませんから、このたびのご利運は露ほどもご心配はいりません」といった。秀忠はこれを聞いて納得し、「その方の申すことはいちいちもっともに思う」といって、早々に大坂へ帰るようにと命じられた。正信は「ご苦労なことですが、ただいまの御意の通り、加藤・福島らの心中はまだ計りがたきところがありますから、大坂でおのずと何かお聞きになるようなことがあれば、早々にご注進下されい」といった。宗茂は「ただいまも御前で申し上げました通り、太閤のご子孫に対して弓を引くことははばかり多きことですが、それも道理によってのことです。加藤・福島も拙者と同じような考えでいることでしょう。しかるに、拙者がご当家にまいって、いかにも忠節ぶって、彼らから何か話を引きだしてみたり、また気を引いてみたりするようなさかしらな小細工は、拙者としては神かけて毛頭いたしませんし、彼らも、もし万が一ご当家にそむくような野心がある場合には、拙者に聞かせぬということはないでしょう。もしそのようなときは、最前申し上げた道理をもって彼らに一応話して思い止まらせもしましょうし、それでもなお承知しなければ、将軍家へ忠勤をお誓いしたことですので、拙者はその考えを少しも変えぬということを彼らに伝えましょう。福島であろうとも、加藤であろうとも、相手を逃さず、すぐさま刺し違えるつもりです。もし拙者が刺し違えたとお聞きになったら、生き残った加藤であれ、福島であれ、そのときは謀反の志ありと思って下さってけっこうです」といって早々に大坂へ帰った。このことを秀忠が聞かれて「弓矢を取るほどの者ならば、そのような高潔な心立てでなくてはならない」と、再三感称された。

秀忠に召さる

この戦のとき秀忠は宗茂を召して、「本陣を天王寺の茶磨《ちやうす》（臼）山《やま》に移そうと思うがどうか」とたずねられた。宗茂は「お旗本がどのように軍陣を布《し》かれるかについては、拙者の了簡《りようけん》にはおよびません」といった。さらに秀忠は「そちならどう考えるか」と重ねてたずねられたので、宗茂は「はばかりながら大御所（家康）のご陣を伏見におすえになり、御前のご陣を浜の少しこちらにむけられ、諸大名の陣をときどきご巡見のため大坂へご出馬なさり、ご下知なさるのがよろしかろうかと存じます。大坂城の構えは、少しぐらい堀を埋めたからといって、そう急には破りがたい要害です。しかるに、早くよき結果をと思い立たれて攻撃にかかられ、五日間ももたもたされるようなことに相成りますと、大軍の習いとして、城攻めに取りかかるにあたっては勇気凛々《りんりん》としておりましても、少し時がすぎると退屈するもので、その間に敵からこのようすがわかって打ってでてくれば、いかがなものかと存じます」と答えた。はたせるかな七日目には、宗茂のことば通りに、本陣を守る旗本まで崩れた。そのとき本多正信は「立花が申し上げた通りです。ご本陣の場をお替えになった方がよろしいでしょう」というと、秀忠は「これほどまでに敵に接近したうえで、いまさら陣場を替えると、かえって敵を有利な立場にすることになる。戦の習いとして、このようなことは何度もあるものだ」といわれて、一向に陣地を変更されなかった。

正信は宗茂にむかって「お上《かみ》の御意がこのようでは、いったいどうしたらよかろう」とたずねると、宗茂は「それはまことにお上の御意の通りで、ただいまとなって、ご陣を一町でも遠くに退けられるということはもってのほか、まずいことです。大軍であればあるほど、少しのことでも気後《きおく》れし、気勢がそがれるものだと申します。昨日、もし秀頼公がご出馬なされば、ご当家にとっての一大事と存じておりましたが、ご出馬がなかったので、どうやら大事にいたりませんでした。もはや城からは、ふたたび手強《ごわ》く働くことはできますまい。役に立つほどの者は、大方、昨日のうちに城から打ってでて、あるいは討ち死にしたり負傷したりして、もう重ねて行動を起こす方法も容易ではありますまいし、そのうえ秀頼公はお若い身ゆえ、惣人数の取り締まりやご下知も覚束《おぼつか》なく、弓矢の功者どもが自分勝手に昨日打ってでて行ったのを、何の分別もない者どもは、おそらく、打ってでるなどという愚かな働きはしないがよいと申した者もあったでしょうし、秀頼公にも、ご身辺にしっかりした者がついていないから、昨日も出馬されなかったのです。そういうわけだから、昨日打ってでて討ち死にした者などは、まったく無用の働きをしたものだなどと口ぐちにいいなすでしょうから、今後は、城から打ってでてくるようなことは考えられません。また秀頼公みずからご出馬あって、手強い合戦をなさることもありますまい」といったが、ことごとく宗茂のいった通りになった。そのことを家康が聞かれて、秀忠に「今後はますます立花と懇意にせよ。しかしながら十五万石以上の大名にしては、どんなに心安く親しい仲でも、軽々しくは扱えぬ人間だ。あまり高禄を与えることは考えものだぞ。それを十分に心得ておくように」といわれたそうである。

新居の渡し

秀忠が上京したとき、新居《あらい》の渡しに船橋をかけたことを怒られ、老中を召して「誰の差図《さしず》を受けて、昔から関東第一の要害としてある新居に船橋をかけたのか。そのいきさつを申せ。それまでは、湯も使わねば飯も食わぬぞ」といわれた。老中大いに困って、宗茂に使者を走らせ、急にご用があるとの旨を伝えて呼び寄せ、「しかじかの次第であるから、貴殿のご一存で、どのようにしてでも、ご機嫌を取り直して下さるようお願い申す」といった。宗茂がさっそく罷《まか》りでたので、秀忠は事の顚末を語り、ひじょうに機嫌が悪い。宗茂はうけたまわって「それはそれは、天下をお治めになる将軍様のお考えと、拙者ごとき者の考えとは雲泥の違いがございます。あの新居のお関所に将軍様のご威光によって船橋をかけさせられましたので、あたかも平地同様に思いまして、やすやすと上下の者たちが渡れますことは、実に将軍家のおかげよとありがたく思い、ご実跡を通してご仁慈ふかき御心に感銘して、下《しも》宿《やど》に到着いたしました」といった。秀忠は「そのようなことはない。頼朝卿および前将軍（家康）におかせられても、新居は大事な渡しであるから、ことのほか大切になさっていたのに、そこに船橋をかけて自由に往来するとは、前将軍のお考えが間違っているように諸人に思わせるような結果となり、なんとしても許しがたいことだ」といわれた。宗茂は「恐れながら、拙者などの考えますところはそうではございません。関東第一の新居の関に、頼朝卿および前将軍の御代では、船橋などをおかけになって、ゆっくりお渡りになれば、どこからか横矢を射かけてくるかも知れませんので、そのことを恐れて、大切になさったことです。ところが、御当代となりましては、弓を袋に入れ、太刀を箱に納めて、世はまことに静かに治まっております。千秋万歳を寿《ことほ》ぐ御代ですので、まことにお上のご威勢が強うございますので、津々《つつ》浦々《うらうら》までこのたびのご上京をひそかにお喜び申し上げております。このように、下々までも喜び、ご威勢が強くご仁徳まで備わっていらっしゃる将軍様と申しますのは、ただいままでないことでございます。このことは、唐土《もろこし》までもわが国の誉れで、名誉これにすぎるものはございません。そのようなときですので、新居から船橋をかけても、少しもご心配なことはなく、そこをお渡りになって、ここまでご到着なさいましたことは、まことにおめでたいことでございます。ただいま、お次の間にて老中方より事の次第をお聞きしましたが、拙者は、これほどめでたいことはございませんと挨拶をしてまいりました」といったので、秀忠はそれに対して何もいわれず、「飛驒守（立花宗茂）、その方は夕食はすませたか」とたずねられた。「拙者は下宿に着きましてすぐにご機嫌をうかがいたいと存じまして、まいりましたので、まだ食事はしておりません」といった。「それならば相伴《しょうばん》するがよい」といって、湯飯（お茶づけ）をともにすませられ、その後老中を召して「先刻飛驒守からくわしく聞いてみると、船橋をかけたことはもっともなことと思う。このたびの上京は、このうえない喜びのときであるから、その件についてはそのままにしておけ」ということであった。一同つつしんで「ありがたく存じます」ということで、この件は落着した。それから酒宴になったが、宗茂はもともと上戸《じょうご》であるから、誰も彼も大酒になった。「これほどのお祝いのときですから、拙者の仁王舞をご覧に入れましょう」といって舞ったところ、秀忠もひどく上機嫌になり「舞をみせてくれるとは、めずらしや飛驒守」といって酒を過ごされた。酒宴は時を過ごし子《ね》の刻（午前零時）をすぎてお開きになった。それぞれ暇乞いをして退出したが、老中衆が彼を待ち受けていて「今日は急なことでご苦労でした。貴殿のおとりなしによってさっそく機嫌もよくなられ大慶でした」と厚く礼をいった。宗茂の下宿へも使者をよこして礼を申してきたということだ。

柳川の旧領に復す

元和六年（一六二〇）十一月、秀忠は宗茂に柳川の旧封《きゅうほう》を賜っていうには「以前に僻遠の小邑に封じて置いたが（関ガ原の合戦ののち三年間、宗茂は陸奥棚倉に移されていた）、それに対して怨みもせず、憾《いか》りもせず、ただただ義命に安んじていたことは、まことに満足に思っている。それゆえ、このたび柳川の旧封を授けるから、ますます武備を修めよ」と。宗茂は落涙してその恩を深く感じた。

宗茂が柳川の本領を賜ったとき、入部の祝いとして家中の人びとを饗応していうには「むかし佐野源左衛門が本領を安堵したのは、罪がないのに所領を失ったからである。だがわしには、御敵になったという罪がある。それなのに旧領を賜るとはまことに厚恩である。しかし考えてみると、一つに当家の武勇が道雪以来、世に恥じることがない。これらのことなどをご賞翫あったせいでもあろうか。そうだとすると、今後はいっそう上下ともに武備を忘れてはならぬ」と訓戒された。

鍋島勝茂《かつしげ》が、宗茂の柳川入部の祝いにきて帰った後、立花壱岐《いき》が「前任の田中殿は、お城はもちろんのこと、侍屋敷までけっこうに拵《こしら》えて置かれましたので、このたびのお客にも見苦しいようなことはありませんでした」といった。宗茂はこれを聞いて「それはよくないことだ。その理由《わけ》は、このように手びろく普請するということは、みな奢《おご》りからでているのだ。居宅がひろくなると、下々の者は寄りつかなくなるものだ。そのように事ごとに晴れがましくすると、上と下との差が大きくなり、上のことも下にすぐには伝わらず、下のことはなおさら上には知れがたくなってしまう。田中は筑後一国を領していたが、大事な大坂の陣には費用もなく、多くの兵を引き連れることもできず、ついには滅んでしまった。これはみな上と下との間が遠く離れていて、何の役にも立たぬ城の普請などに金を注《つ》ぎこんで、家をつぶしただけではなく、果てには腰抜けになり下がってしまった。下の者は上を見習うもので、下に召し使う侍どもまで、むだな居宅などを堂々とかまえておる。わしは城も椹葺《さわらぶき》で、小屋掛けにしておきたいと思うので、雨露さえ凌《しの》げればよい。居宅の見苦しいことと、衣類の汚いことについては、召し使いの者たちもどうも具合が悪いなどといっているが、いかに人びとに笑われても、名に傷がつくわけではない」といわれた。壱岐をはじめとして、みなこれに感歎した。

島原征討に策を献ず

島原で賊徒が蜂起したとき、家光は宗茂を召して、「その方は老体であるから、ことのほか大儀であろうが、島原へ行って伊豆守信綱（松平）と相談して、失敗のないように取り計ってくれ」と命じられ、「さてかの地の賊徒征伐についてはどのように考えるか。思うところを残らず申してみよ」とのことであった。宗茂は「決死の侍どもがこもった城でも、兵糧が尽きてしまえば、日ならずして落ちてしまいますことは、古今とも同じことでありまして、このたびの賊徒も、どれほど兵糧を用意したといたしましても、今年の作物以外には求められません。それから推察いたしますに、天草・島原にかけて一年分の食物を城に取り入れましたなら、来春中にはよもや尽きてしまうようなことはありますまい。またいそいでご征伐をなさろうとすれば、城近くに接近している諸勢は全部三里も四里も引き払って、張本人だけを成敗し、それにつきしたがっている百姓どもは、もとの通りそれぞれの村に帰らせるという扱いをなされば、よい大将もおり、屈強の侍ばかりがこもっている城だとしても、このような方法によれば、だいたいは裏切りの気持ちがおこってきて、城はもちつづけられないものでございます。ましてや武を専門としない地方人のことですから、城内はたちまち変節する者が多くでてきて、まちまちの取り沙汰をし、防戦に身が入らなくなることでしょう。そこを手強く一攻《ひとせ》めに攻めれば、たやすく落ちてしまうと存じます」と申し上げると、まったくその通りだと思われ、「このたびの賊徒は、男女老若の別なく一人残らず誅戮《ちゅうりく》しなければならぬから、兵糧攻めこそもっとも良策だと思う。しかし、これはかりの賊徒を征伐するに長い時日をかけるとなると、下知きびしからず、また、いかにも威光もなきがごとくに思われよう。この点をどう考えるか」といわれた。宗茂は「ご征伐にどれほど時日がかかりましょうとも、少しもお上のご威光が薄いことにはなりません。恐れながら、このたびの賊は、天下安定の御吉瑞《きちずい》と、ひとしお珍重のことと存じております。あまりに世の中が静まりかえっておりますと、何事も唱えだす者もなく、武士の行状もしだいに悪くなります。どうかこのたびの賊は、もう少し人数を集めて、せめて一、二年ももちこたえてくれよとさえ思っております」といったという。

城攻めの習い

この戦で、ある日、宗茂が士卒にむかって「今宵城中から夜討ちにでてくるであろう。しかしそれにかかってはならぬ。きっと黒田・寺沢の両陣へむかって打ってでるであろうよ」といった。家人《けにん》どもは信じられない気持ちでいたが、はたしてその夜は、両陣に夜討ちをかけた。その後に家人らは不思議に思ってたずねてみると、「いや特別の理由《わけ》はない。ただその日の昼間の戦の間、城兵らは塀や櫓の狭間《はざま》から入れ替わり、立ち替わり寄手の方をのぞいていたので、不審に思って、よく気をつけてみていると、ただ黒田・寺沢の両陣の方だけをみている風であった。これによって注意して考えてみると、その両陣へは実に夜討ちのかけやすい道筋である。そうすれば彼らはきっと夜討ちをかけるつもりであろうと考えたのだ。これは城攻めをする者の習いの一つである。みなもよくこれを心得ておけよ」といわれた。

小功を言い立てず

この戦で、二月二十六日、諸勢はそろってこの城を攻めたが、城兵もよく防戦し、日暮れにまでおよんだ。そこで今日は攻め落とすことはむずかしいということで、諸勢は引き払ってしまったところ、立花宗盤《そうばん》が細川勢が引き払った跡の攻め口から押し入った。それをみると同時に、細川勢がどっと押し返して乗り入れた。そこで、諸家の人びとも「二十七日の本丸の一番乗りは立花だ」といった。宗茂の子左近将監忠茂《さこんしょうげんただしげ》から宗茂のもとに「本丸は宗盤の手の者から一番に乗り込みましたので、その旨を松平信綱方へ申達するよう」との由をいってきたが、そのとき宗茂は「このように諸勢いっせいに打ち込みの戦では、誰にしても前後の取り沙汰は思うように明確には行きがたいものだ。ことに細川の手の者が張本人の首を取ったとのことだ。そうすれば、ただ功名を争うことが第一のように思われて、その働きは二の次になってしまっては、気分がすっきりしないものだ。何事も高名といい不覚といい、いずれともはっきりしてこそ気持ちのよいものである。小功をいい立てるようなことは、心ある者が聞けばよいものではない。ことにそなただけが出陣しているのならともかく、老人のわれらまで、このような少しのことをいかにも手柄のように申し立てては、年甲斐もないことだと思うから、かならずこの件はそのままにしておけ」といわれた。

立花宗盤の働き

宗茂は宗盤を呼び「このたびは、その方に似つかわしい立派な働きをした。細川が大勢で乗り込めずに引き返した跡に、敵が油断しているだろうと思って乗り入れたことはよい考えだ。これを人の乗り口を利用して乗り入ったのだから、まことの乗り入りとはなしがたいなどと申すことは、いろいろ議論になって、むずかしいものだ。しかし敵の油断を考えるということは戦の習いである。その油断している乗り口から入らずに、どうしてほかの乗り口にむかわれるのか、こここそ絶好の乗り口ではないかといえば、この議論は勝ちになる。つまり、そちが敵の油断をみすましたというところが値打ちであって、細川の乗り口に便乗したかどうかということは問題ではないのだ」といわれた。

松平信綱の不評をかばう

松平信綱は島原での指揮ぶりがよくなかったとの風評があったので、江戸表に帰ってから、家光への拝謁がなかった。そのとき、宗茂が家光の前にでて、島原の件について申しのべ、「さてこのたび、若い伊豆守を島原に差しむけられたことはいかがかと思っておりましたところ、事ごとに痒《かゆ》いところに手が届くような捌《さば》き方を見聞いたし感服いたしました」といった。すると家光は「伊豆守は不届きなことがあったように聞いているが、その方の申すことと違っているように思う」といわれた。宗茂は「このような大きなことは、端々の人びとまで一人残らずよいと申すようなわけにはまいらぬものでございます。善悪のいずれも、結果の勘定が合いさえすれば、それでよしとなさるべきであろうと存じます。ともかく、このたびの戦は勝ち戦であったわけですから」というと、もっともなことだといわれて、信綱に拝謁を申し付けられた。宗茂が退出してから「立花の寿命が長いうえにもさらに長くあれかしと思うぞ」といわれたそうだ。

家康の至言

立花壱岐が宗茂にむかって、「誰それは長年ご奉公をしてよく勤めましたので、少地なりともお授けになってはいかがでしょうか」というと、宗茂はそれを聞いて「むかし結城宰相殿（家康の次男結城秀康）が家康公に『戸田三郎右衛門は数年の間、ご奉公をよく勤めましたので、ご加恩を仰せつけられてよいのではありますまいか』と推薦すると、家康公が仰せられるには『小刀はたびたび用いて役には立つがそれほど馳走はしない。それに引き替え、刀脇差は、一生の間に多くても五度か三度かは命を守るために役に立てるから、特に崇敬するのだ』とだけおっしゃった」といったという。つまり、戸田三郎右衛門は、たとえてみれば小刀にも似た忠勤を励んだにすぎぬということだ。

島津家久への助言

宗茂があるとき、島津中納言家久と細川越中守忠興《ただおき》の両人を招いて饗応した。そのとき家久が「拙者は伊達政宗と親しくしておりましたが、ややもすると『貴殿は、一揆に一味してご当家（徳川家）に敵対した。それなのにご当家に大忠の政宗などと同列の扱いは、貴殿にとっては大慶の至りであろうが、拙者などにとっては不足に存ずる』とたびたび申して、やかましくてなりません」といった。宗茂はそれを聞いて、「そんなことはたやすくご返答なされればよいことです」といった。「して、どのように申せばよろしいのでござろう」とたずねると、「そのようなことを申されたときは、『こちらの方こそご当家へ随分忠を尽くしております。もしお味方に参らなければ、御馬をむけられたことでしょう。そうすれば貴殿方はきっと先陣を命じられたことでしょうし、そうなれば多分戦死ということもあったことです。もし拙者が滅亡すれば、天下は大騒動となったでしょう。そうならなかったことこそ、日本のため、将軍家へのご奉公の第一だと存じます』とお答えになるとよい」といった。その後、家久がきて、「先日お教えいただいた通り政宗に申しましたところ、なんの返事もありません。そして、『近ごろ工夫された申し分ですな』といっただけで、その後は一向に何も申しません。こんなに気味のよいことははじめてでした」といったそうだ。

宗茂は「数年いろいろと試《ため》してみるが、人間というものは、戦場での働きについては、後になるとたいそう飾り立てて申したがるものだ。それは、われながら少し働きが足りなかったと思えばこそ、なお大袈裟にいいたがるのであろう。まだ働きが足りぬと思うのであれば、それはまことの侍の道を知っている者だ。少しの働きを大きく自慢することの多いのは仕方のないことだ」といわれた。

軍法の根本

立花の家臣蒲池《かまち》宗碩《そうせき》の軍法を学んで伝えた者がいたが、のちにはその書は伝わらなくなってしまった。ある日忠茂が宗茂にむかって、「その書物はどのようなことが記されているのでしょうか」とたずねた。宗茂は「格別のことはない。敵にむかい、軍勢の多少にかかわらず合戦するとき、かならず勝利を得る道理を記したものだ。これは大将たる者の気持ち一つのなかにあることだ。自分の家人であるからといって、敵にむかうときに、いかに采配《さいはい》をとって、ただ〝進め〟とか〝死ね〟とかいってみても、そのような下知にしたがう者はいない。つねづね上からは下を子のごとくに愛憐の情をかけ、下からは上を親のように思うように人を使えば、下知をしなくとも、上の思い通りに動くものだ」といわれた。

徳川義直《よしなお》（尾州徳川家の祖）が、かつて宗茂に、合戦にあたっての重要な務めについて問うた。宗茂は「方々の軍功も、別に何流の軍法を用いるというわけではありません。どれでもよいというところを取り用い、謀はその時になって敵の情勢次第です。世間並みの一万の兵と、わが配下の三千、五千の兵となんの差もありません。これも軍の備え方がよいというだけではなく、つねに兵士に対して依怙《えこ》贔屓《ひいき》せず、ひどい働きをさせず、慈悲を与え、少々の過失は見逃し、国法に外れた者は、その法によって対処するのみです。拙者は小身ですから、家臣の俸禄も拙者の高に応じて少しずつ与えたのですが、つねに慈悲を第一にして愛情を与えますので、戦に臨むとみな一命を抛《なげう》って力戦してくれ、それがみな拙者の功になります。そのほかに別によい方法とてありません」と答えた。義直はひじょうに感服した。侍臣がこの話を聞いて「よいことを話された」と大いに喜んだ。この後義直は、臣下に愛憐の念を与えたので、藩はこぞって喜び「宗茂公は希代の名将だ」といって賞めたたえた。

家中の仕置き

細川忠興が宗茂にむかって「貴殿は家中の仕置きについて、いっさい苦労をなさらぬと申しておられたが、どうもその点納得いたしかねるのだが、目付役人によい人をおもちになっているのですか。隠居で、わずかな召し使いの者のことでさえ、いろいろと世話を焼いてやらなければうまくいきませんがな」といった。宗茂は「拙者はこれまで横目付（監視役）という者を一人も置いたことがありません。何事も拙者がよいと思ったこと、悪いと思ったことは女房どもにもいい、家来や召し使いの者へもみな同様に申します。元来物を隠しだてするようなことはまったくなく、寝所で申すことも家中の又者《またもの》（陪臣）にまでも聞かせたいと思うぐらいにしております。そのため拙者の好むことでなければ、家中の者どもはいたしませんし、拙者の嫌うことは、別に法度だといわなくともやりません。何事も拙者のすることを家中の者たちも真似いたしますので、みな不調法者で、ぬらりとした者ばかりをもっております。なにも下知するようなこともありませんので、まま法外の馬鹿者がいて、大きな過《あやま》ちをしでかしたときには、目付役というものは別におりませんけれども、かならず耳に入りますゆえ、そのような輩には、拙者みずからそれぞれに仕置きを申しつけます。何事につけても、このようにしろとか、あのようにいたせとかと、つねづね差図するようなことはありません」といったので、忠興は「それはなかなかできることではありません」といわれた。

兵の和

宗茂は「戦は兵数の多少によるのではない。一和にまとまった兵でなくては、どれほど大人数でも勝利は得られないものだ。道雪以来わしにいたるまで、小人数をもってたびたび大勝利を得た。これは兵の和による。その一和の根本は、日ごろから心を許しあって親しんでいることによって、ただ一言によっても身命を捨てるのだから、大将たる者は心得ておくべきことだ」といわれた。

宗茂と『太閤記』

小瀬甫菴《おぜほあん》が『太閤記』を編輯《へんしゅう》するとき、宗茂に「貴殿の記録を」と求めた。宗茂は笑って「拙者のしたことは天下の公論に基づいたもの。どうして名をあげるために、その功績を記録するようなことがあろうか」といって、何も与えなかった。

宗茂の人柄

宗茂の人柄は、温純で寛厚で、人徳があって驕《おご》ることがない。功があっても自慢することがない。人を使うのも、おのれの意にしたがってしかも自然である。善にしたがうこと、あたかも自然の流れのようである。佞人《ねいじん》（口先上手なゴマすり人間）を避けて遠ざけ、奢侈を禁じ、民に対しては撫するように恩を与え、士を励ますには義をもってした。そのために士はみな、宗茂の役にたつことをしようと楽しみにした。その用兵ぶりは、奇襲といい正面攻撃といい、いずれも天性の妙を発揮した。ゆえに、攻めればかならず取り、戦えばかならず勝利を得たのである。

豊臣秀吉

木下弥一右衛門某の子。尾張愛智《えち》郡中村の民間より身を起こし、全国を平らげ、朝鮮に兵をだす。姓を羽柴《はしば》と改め筑前守となる。従一位・太政大臣・関白となり豊臣の姓を賜る。慶長三年（一五九八）八月十八日没。正一位豊国大明神を贈られる。

幼時

秀吉は幼名を日吉《ひよし》という。生まれつき聡《さと》く賢かった。そして成長するにしたがってはきはきとしていて、誰からも束縛されることを嫌い、ややもすると継父筑阿弥《ちくあみ》にさからうようになった。母が心配して、しばしば諫めたが、すこしもいうことを聞かず、わがままなふるまいが多かった。そのため八歳のとき、村の光明寺に預けて、「どうか学問などをさせ、のちのちは出家させて下さい」と頼んだが、かえって手習い学問などはせず、一日中、竹木で槍術や剣術のまねごとをしていた。しかし人が武事について語っているときは、かならず耳をかたむけて聞いていた。つねに「坊主はみな物乞いだ。おれはどうしてそんなものになどなるものか」といって、思いのまま悪口のし放題で遊んでばかりいた。どうかすると人と争い、そしてそれを殴ったりした。のちには寺僧も扱いかねて、父のもとに返そうというと、日吉は継父が自分のことを怒ることをおそれて「おれを寺から追いだすなら、おれはいますぐ寺に火をつけて、坊主どもをみな斬り殺してしまう」とあたりちらすので、寺僧はいよいよおそれて、ほかの理由をかまえて、寺をでてくれるように頼み、扇子や帷子《かたびら》などいろいろ与え、なだめすかして寺をだし、父のもとに返した。

松下之綱に仕う

日吉は家に帰ると、あるときは田を耕したり、草を刈ったり、あるときはど、じょう、をすくい取ったりして、生計の手伝いをした。しかし、父はもともと貧しかったので、また彼を家からだして他人の奴僕にした。どんなところに行っても、みな数ヵ月でそこを去り、いつも春と秋の季節を同じところで暮らしたことはなかった。しかも、家に帰ればまた継父にさからうという始末。母もあきれはてて、いろいろ小言をいい涙を流して意見すると、日吉は耳をかたむけていたが、「おれは東国に下って暮らしをたててみる。近いうちに家をでるよ」といった。母も、日吉と父とが仲が悪いから、とても同居はできぬと思い、銭一貫文を取りだして日吉に与えた。日吉はそれをもって天文二十年（一五五一）、郷里中村を発《た》った。そのとき十六歳であった。日吉は中村を出て清洲《きよす》に着き、針を買って売り、それを路銀にあてて東国に赴いた。遠州引間《ひくま》の橋の上で休んでいるところに、今川義元の家臣松下嘉兵衛之綱《ゆきつな》が飯尾豊前守顕兹《あきとし》方へ行くために引間を通り、日吉が橋の上で休んでいるようすをみて「どこの国の者か」と聞いた。「尾張の者ですが、東国の方に働きにでかける途中です」と答えた。之綱はこれを聞いて笑い、「あの男ぶりで誰が抱えるものか」といった。日吉はそれを聞いて、「御前《ごぜん》は大将たるべき器量をおもちでない方だ。自分が気に入らぬからといって、ほかの者も気に入らぬとはかぎりますまい。浅慮なおことばですね」といって、逆にこれを笑った。之綱は「もっともの申し分だ。おもしろい奴。わしの家来に抱えて取らそう」という。日吉は返答せずに、しばらく考えているようすである。之綱が「なにを考えているのだ」と問うと、「あなたさまのご身分の程度を考えております」という。「どのぐらいと踏んだのか」とたずねると、「おおかた八千石より一万石の間だろうと思います」という。「どうしてそう判断したのか」といえば、「尾張で一万石取る人よりは劣り、五千石取る人はちょうど御前ぐらいのようすです。この辺は場所がら尾張よりは劣るので、一万石ほどと申し上げたのです」という。之綱は感心して「召し抱えるのになにか差しさわりがあるか」と聞いた。「私さえその気になれば、どこにも断るにはおよびません」と答えた。そこで、橋上ですぐさま主従の約束をし、すぐに顕玆方に連れて行き、右のことを語ると顕玆は、一見しようと奥へ伴い、女房どもにもみせて「なにか謡《うた》え」と所望した。すると、こともあろうに田植歌を謡った。また長押《なげし》に飛び上がって柱を伝わるなどして、その身の軽いことは猿のようであった。奥の女どもは大いにおもしろがって、小袖などを賜り、ことのほか気に入り「どうかこの者をもらい受けたい」とのことで之綱に所望すると、之綱は日吉を呼び「お前はしあわせ者だ。ここの娘御《むすめご》お久殿が、そのほうをもらわれるということだからつかわすぞ」といった。日吉はいうことをきかず、「私にお暇を下さい」という。之綱は「いまもらわれるということは、お前にとっていいことなのだ」というと、日吉はからからと笑い、「もらおうという人も人なら、やろうという人も人です。主人たる者は、一年使ってみて、役に立たぬときは暇をつかわし、家来としては、三年勤めてみてよくないとわかれば暇を取ることが世のつねのしきたりです。それなのに、今日、抱えて今日、人にもらわれるとは、ほかに行けということで、主君としての法ではありません」という。之綱はこの理に屈伏して、顕玆に断り、自分の家に連れて帰った。

その後、矢蔵番を申しつけると、日吉はこの役を大切にし、犬を一匹飼って用心第一に努めた。いままではこの蔵の物がときどき盗まれていたのだが、日吉が番人になってからは、諸事万端取り締まりが厳重で、とうてい盗むなどということはできなくなった。こういうわけだから、徐々に取り立てられ、納戸《なんど》の出入《しゅつにゅう》を司《つかさど》るようになった。ところが、家中の者からねたまれ、無実の罪をでっちあげられ、その者たちは成敗のために日吉の身柄を引き渡してほしいと申しでた。之綱はこれを聞いて「惜しい者ではあるが、大勢の家臣には替えられぬ」といって暇を申し渡した。日吉は「私に、いったいなんの罪があったというのでしょう。その願人《がんにん》と対決を仰せつけて下さい」という。之綱は「お前に怪しいことがあれば対決を申しつける。お前は正直なのだが、家中の者が一同でお前に無実の罪を申しかけるのであるから、お前がここにいては、相手は多いことだし、かならず害にあうことになる。そこのところを考えて暇をだすのだ」という。日吉は「ひとたび盗人の悪名を受けたなら、これを弁明しなければ一生恥を雪《すす》ぐことができません。ぜひとも対決させて下さい。それができなければ御家をでるわけにはまいりません」といった。之綱は怒って「主人にむかって無礼であるぞ」といったので、日吉は飛び退いて涙を流し「残念千万でございます。たとい多くのご家来衆があったとしても、人に無実の罪をなすりつけるようなあさましい者どもでは、なんの役に立つというのでしょうか。たった一人でも、忠臣こそまことの臣と申すべき者。このような愚将とも知らず、粉骨を尽くして奉公したことは残念至極」とうそぶいた。そして之綱から賜った脇差と鳥目《ちょうもく》五百銭を返し、そのままそこを去り、また中村に帰った。

信長の草履取りとなる

永禄元年（一五五八）九月朔日、秀吉は信長が鷹狩りにでたとき、願いでてやっと信長の草履取りになった。そのころ信長も若かったので、夜ごと忍んで局《つぼね》（女部屋）に通っていた。内々のことであるから草履取りだけで、その他の者は召し連れていない。秀吉もお供にでた以上、これからもずっとお供の役を勤めたいと思い、草履取頭に「私めは万事見習いたいと思いますので、毎夜お供をしたいのですが」と頼むと、「もっともなことだ」と毎夜秀吉が供をすることを許した。信長はそれを不審に思い、草履取頭を呼んで「あの者を毎夜供にだすのは、おそらく古参の者どもが横着しているためであろう」と叱ると、頭は「自分の方からたって願いでましたので、毎夜だしております」というので、いつも供に召し連れることにした。ある夜、雪が降ったが、信長が局から帰るとき下駄をはくと、暖かくなっている。「お前は腰掛けていたな。不届千万な奴」といって杖で打たれた。秀吉は「腰掛けてはおりません」という。信長はますます腹を立て「嘘を申すな。成敗してくれる」というところへ、局の方から女がでてきて秀吉のかわりに詫び言をいってくれた。ところが秀吉は「けっして腰掛けてはおりません」といいはるので、信長は「暖かくなっていたのがなによりの証拠だ」といわれた。秀吉は「寒夜ですので、御足が冷えていらっしゃるであろうと存じまして、背に入れて暖めておいたのでございます」という。「ではその証拠はなんだ」とたずねられると、肌を脱いでみせた。それをみると、鼻緒の跡が背中にくっきりとついていた。これで信長も、秀吉の忠志のほどがわかり、すぐに草履取頭にした。秀吉は頭になっても、いつもお供役を勤める。しかも供待ちをするとき、他の頭は、上に上っていて、草履取りを外にだしておくのに、秀吉は草履取りを家のなかにおいて、自分は外にでている。信長はこれをみて「どういうわけだ」というと、秀吉は「お局通いのようなときは、戦場とちがって、お心もゆるみます。今は乱世のときですので、万一、敵方より忍びの者が狙っていないものでもありません。それで私は外にでております」といった。そこで信長は、ますます彼の忠志に感心した。

藤吉郎の奇才三話

秀吉は信長に仕えたが、傍輩《ほうばい》の者にも誰彼なしに知られていようわけもないので、小姓の小便所の下に隠れていて、上から小便をしかけられ「そこで小便をしかけるのはなにものだ」と咎めると「そこにいるとは知らなかった。堪忍せよ」という。「ご存じなくてごもっとも。お気にかけられるな」などと返事をするので、物わかりのいい奴だと誰もがいくぶん秀吉のことを知るようになってきた。またあるとき、蜜柑《みかん》の皮を小姓からもらい、そののちすぐに肩衣を着てでて行って「これは蜜柑の皮で仕立てたのですよ」という。そのわけを問うと「蜜柑の皮を蓄えておいて、薬店に売り、その代金でこの肩衣をこしらえたのです」というので、賢い者だとみなに知られるようになった。また信長が、出陣前に竹が必要であったことがある。誰に切らせようかとしていっているとき、「私めにお申しつけ下さい」とみずから望み、必要なだけ竹を切り、その葉を集めて「薪《たきぎ》にするように」と台所衆の方にやり、また必要以上に切った竹を百姓にもやった。そのほか竹を三十貫で売り、これをもって出陣の費用の準備とした。また信長の出陣の供にでると、傍輩と約束して馬一匹を買い求め、こんどのご陣のときには馬に半分ずつ乗ることと決め、日数の計算をして、先にその傍輩に乗らせ、戦の時分になると自分の番になるようにくり合わせ、無事、戦場を務めて、はじめて百貫の知行を取ったという。

暁の藤吉郎

信長はある日、犬山城の近辺を焼働《やきばたらき》として未明に出で立《い》ったが、そのとき馬に乗って勇んでいる者がある。「誰だ」と問うと「木下藤吉郎めにございます」と名のった。その後鷹狩りのため暁方にでて「誰がいるのか」と声をかけると、「藤吉郎、ここにおります」と答えた。信長は感心してしだいに親近の情を増していった。

騎士となる

信長はあるとき出陣したが、夜になって、諸陣が油断の時刻をみはからって「ご用心、ご用心」と高声《こうじょう》で呼びまわることが夜々つづいた。信長は、その声がはっきりと澄み通っているし、それにまた毎夜同じ時刻にこれを聞いたので、そのわけをたずねると、秀吉であった。信長は感激し、その後、尾張八郡の火縄《ひなわ》奉行に任じた。秀吉が思うには「おれはこの徒《か》歩《ち》姿では何事もうまくいくはずがない。疲馬《やせうま》でもいいから騎士となり、武具の一つももちたいと思うが、援助してくれるような一族があるでもなし、さてさてどうしたものかな」と考えているとき、尾州神《じ》默《もく》寺《じ》（甚目寺）の土民で姨聟《おばむこ》がいるのに思いあたり、その家に行っていろいろと子細を話して「馬と中間《ちゅうげん》を借りたい」というと、姨聟はわからずやで、快くこれに応じてくれない。だが秀吉が強いて望むのでしぶしぶ同意した。そのとき秀吉が「このたびは、わが一家を興《おこ》すそもそもの始まりだから、その方もおれのために若党となって供するように」というと、姨聟はからからと笑って「なにをいう。そんな法外なことをいうと、馬も中間も貸さぬ」といって怒ってしまった。秀吉は「ぜひともひきうけてくれ。かならず恩に報いるから」といってもどうしても聞き入れない。秀吉は怒って「今後、親類の縁を切る」といって、そのままでて行き、同郷の西大門の土民で少々知っている者がいたので、その人をたずねて行って頼み込むと、疲馬一匹・古槍一本を差しだし、その亭主が供をしてしたがうとのことで、ようやく騎士となって尾張八郡を乗りまわし、いそいで火縄を催促し、また課役をかけた。するとあちらこちらで困りはてて、代替物をだして詫言《わびごと》をする。秀吉は火縄に相応するだけの代替物を取ると、つぎに他の郷《ごう》に行く。このような責め方をしたので、のちには百姓も秀吉のやり口をのみこんで、はじめから代替物を用意していて、それを捧げた。秀吉はこれを売って金に替え、それで人を抱え、また売ってはまた抱えるという具合だったので、従者は百人にも達した。そうした後、火縄を小荷駄三百匹に背負わせて勇んで帰ってきた。ちょうどそのときは、信長の美濃出陣のときであった。道筋へ出向き、とある河原でその小荷駄勢が行列をつくって、信長を待っていた。信長はそれをみて「何者だ」と丹羽《にわ》長秀にたずねると「藤吉（秀吉）でございます」という。信長はそれを聞いて「あの猿めが一人前になりおったか。あれを呼べ」といってそば近くに召し、「あの手勢は誰の勢か」とたずねると、「こんどのご陣のご用に、一方の埋草《うめくさ》にでもと存じまして、私めの考えで召し連れてまいりました」と答えた。信長は大いに感心して、その戦に連れて行かれたが、後殿《しんがり》の働きを十分に果たし、信長帰陣の後に知行を賜ったという。

清洲城の石垣普請

同じく二年、信長が住んでいるところの清洲の石垣が百間余り崩れたので、普請することになった。奉行らは精をだしたが、二十日余りかかっても容易にはかどらなかった。秀吉が信長にしたがって城下を通り、そのようすをみて独り言していうには「いまは戦国の世で四方は敵地だ。いつ、誰が攻め寄せてくるかもしれぬのに、このようにご普請がのびのびになっているのは、もったいないことだ」と。信長はそれを聞いて「猿め、なにをいっているのだ」と問うと、秀吉は左右を憚って申しかねていると、強いて聞かれたので、「じつはこう申したのです」と申し上げた。信長は「それならば汝にこの奉仕を申しつけるぞ。いそいでこしらえよ」といって、老臣衆に引きあわされた。そこで秀吉は、すぐに役徒を集め、君命により彼らに酒食を与え、役徒を十隊に分け、一隊に十間ずつ割りあて、みずからも所々を巡って奨励督促すると、百間ほどの石垣はわずか二日でできてしまった。信長はその日、鷹狩りからの帰りにみて、ひじょうに驚き感激して秀吉に俸を賜り、また吏（役人）に取り立てた。

同じく三年、秀吉は上言していった。「清洲城は水が乏しゅうございます。小牧山に移られたほうがよかろうと思います」と。信長は内心そう思ってはいたが、労費を憚って口にださないでいるところへ、秀吉が差し出口をきいたということもあり、また諸人が清洲城の水の乏しいことを知るのを嫌って、大いに叱りつけ「猿めになにがわかるか。妄言《もうげん》を吐きおって、下々の身分でいながら上を制するその罪は死に相当する」といわれた。秀吉がなにかいうと、すぐにまた叱られた。人はみな「あれほど面の皮の厚い者はみたことも、聞いたこともない」といってたがいにあざ笑った。それでも秀吉はまったく気にかけずに、信長と深く結ばれようとした。

堪忍

秀吉は堪忍が強い。また微賤（身分・地位の低いこと）のとき、同伴の者にきたない溝に突き落とされ、泥だらけになったが、大望ある身なので、じっと堪えた。いまだかつて刃傷《にんじょう》沙汰はなかったという。

永禄六年、信長が河猟《かわがり》をしたとき、閲兵して、ふざけて秀吉を将とさせた。すると秀吉は、兵にそれぞれ役割をふりあて、指揮したが、そのようすは兵法に深く通じている者のようであった。

薪奉行

信長は倹約を行い、国を富ませることを考えて、薪炭の出費が多いことを心配して秀吉を薪奉行《たきぎ》にした。秀吉はかまどの前に垣をつくり、火焚所を狭くして火を焚かせたところ、薪の入用がぐんと減った。信長はこれを聞いて台所にみに行き、秀吉を召して「この垣はなんだ。見苦しいではないか。そのうえなにかことが起こったときには狭いであろう」といった。聞くなり秀吉は綱を引いた。すると垣はなくなって、すぐに元のようになった。こういうことだったので、いくぶん費用の減少となったのである。

免しを得ぬ旗竿

信長が兵を美濃にだしたとき、見馴れない旗がある。「誰だ」と聞くと、「木下藤吉郎の旗です」という。「それは誰が免《ゆる》したのだ」といってひじょうに怒り、旗竿《はたざお》を切り折らせた。しかし秀吉は、すこしもそれを恨むようすもなく平気でいた。

朋友との夜話

秀吉はかつて朋友との夜話のとき、それぞれ自分の志をのべた。ある者は大国の主になりたいとか、またある者は天下を取りたいとかいった。そのとき秀吉は「おれは千辛万苦して、いまわずかに三百石をいただいているにすぎない。できれば、そのうえにまた三百石を望む」といったので、人はみなその望みの小さいことを笑った。秀吉は「ご一同は、しょせん叶わぬことばかりをいっている。だが、おれは手の届くことをいっているのだ。だから六百石になりたいと日夜寝食を忘れ、奉公一途に心がけているわけだ。おれの望みはかならず成就する」といったということだ。

美濃征伐の将

永禄九年、信長はすでに今川に勝ち、尾張を平定し、それから斎藤を美濃に攻めた。だが洲股《すのまた》（墨股）河をへだてて兵を用いるために、たびたび不本意な結果に終わっていた。そこで諸将を集めて「塁を河の西に築き、将一人をそこに置いて守らせようと思う」と信長がいわれたが、諸将はたがいに危ぶみ、誰一人として自分が行こうという者はなかった。そこで信長は、秀吉に「どうだ」といった。秀吉は「孤塁が敵地に食い入っているわけですから、味方は誰も行きたいとは申しません。たとい誰かが行ったとしても、その地形の険易を十分頭に入れるわけにはまいりません。万一、戦《はたがわ》に負ければ、もうその後はかならず行く者はありません。ですから篠木・柏井・科野《しなの》・秦川《はたがわ》・小幡《おばた》・守山《もりやま》などで、しかるべき者を選ばれるのが良策と思います。私がかつて美濃におりましたとき、そこの豪侠大盗で名の知れた者と懇意にしておりました。その者を招いてお用いになってはいかがかと存じます」といった。そして指を折ってその姓名を数えると、蜂須賀小六・稲田大炊《おおい》・加治田隼人《はやと》・青山新七以下、六十余人もいた。そしてその党に属している者は千二百人にもおよぶ。信長は「わしも、そういう連中のことは聞き知っている。しかし誰をその者たちの将にしたらよいのか」というと、「他に人がなければ、ぜひ私をその将にして下さい」と望んだ。信長はすぐにそれを許した。

君命にそむいて降参人を逃がす

秀吉は謀計をもって宇留馬《うるま》の城主大沢次郎左衛門を信長に降参させて清洲まで同道し、信長に謁見させた。信長はひそかに秀吉を側近くに呼んで「この大沢なる男は武勇の者ではあるが、心が変わりやすい者だ。味方にすることはどうかな。今夜お前のはからいで腹を切らせよ」といった。秀吉はこれを聞いて「御意ごもっともなことではありますが、降参してきた者に腹を切らせれば、これから降参してくる者はなくなります。ここはご赦免になったほうがおためかと存じます」と申し上げたが、信長は聞き入れなかった。秀吉は自分の家に帰っていろいろ考えてみるに、君命を守れば、味方に降参してくる者はなくなる。またこの者を帰せば、信長の怒りにあうだろうと思い、ひそかに大沢を招いて「ここまでは私があなたをいろいろお世話申しましたが、ここに長くおられれば、きっと災難におあいになりましょう。早々にどこかへお立ち退き下さい。もし、また途中で討たれはしまいかと思われるなら、私を連れて行かれるがよい」といって、刀や脇差を投げだして無刀になり、打ち解けて語ったので、大沢も「これまでのご芳志はかたじけなきことでござった」と厚く礼をのべ、清洲から脱走した。諸豪傑はこれを聞いて、秀吉の配下になりたいと望む者が多くなった。

朝倉攻めの殿軍

元亀元年（一五七〇）四月、信長は朝倉義景《よしかげ》を攻めた。浅井久政《あざいひさまさ》・長政《ながまさ》は信長の違約に怒り、義景に力を貸した。信長は大いに驚き、前後に敵を受けてはかなわないと思い、金崎《かながさき》に殿軍《しんがり》の一隊を置いて引き取らせようとしたとき「誰なりとも一人残って敵を押さえよ」といわれたが、誰も返事をする者がいない。そのとき秀吉が進みでて「こんどは大事な後殿《しんがり》です。私に仰せつけになって下さい」と望んだ。信長はひどく感じ入り、秀吉に命じた。このたび、秀吉が無勢なのにもかかわらず、大切な後殿を希望して、しかもお許しがでたということは、秀吉の忠義勇敢ゆえに勝ち取ったことであり、また名誉なことでもあったから、傍輩の諸将もいたく心を動かされ、五騎・十騎・二十騎という具合に人数を留めて秀吉に協力した。信長は「さては、これで安心だ」というので、二十八日の夜、敦賀《つるが》を引き払った。秀吉は七百余騎の兵を分けて、三百騎は隠し、残る四百騎を二つに分けた。金崎の城では、信長が引き返すのをみて「この城の押さえに木下藤吉郎が残ったぞ。あの小勢でこの城を押さえることができようか。さあさあ、腕のほどをみてくれようぞ」と、朝倉中務大輔《なかつかさのたいふ》が一千余騎の軍勢で、わめき立てながら切ってでた。前々から謀《はか》っていたことであるから、秀吉の先手二百騎はすぐに敗北した。敵はこれをみて勢いに乗じて突っかかってきたので、次の勢も敗北した。撃たれたものは十七、八騎におよんだ。秀吉はほどよき時分を見計らって「討ち死にするのはここだぞ」と大音声に呼ばわると取って返し、しばらく戦っているところへ、隠しておいた三百余騎が一度にどっと鬨《とき》をあげて、わめき立てて切りかかると、ひとたまりもなく浮き足だち、朝倉勢はわれ先にと敗走してしまった。秀吉は追撃して七、八十騎を討ち取り、門際まで押し込み、そのまま付入《つけい》りの形になるべき勢いだったが、浅倉勢の毛屋《けや》七左衛門がよく見計らって、門を閉じたために、城は取らなかった。城兵は秀吉のふるまいに感心し、相談して「ともかく討ち死にを決意した決死の秀吉と戦をしてみても仕方がない」と和解を申し入れて「お退き下さい。少しもかまいません」というと、「それならば人質をだされるように。さすればここを引きあげましょう」と返事をした。先方は「いと安きこと」と人質をだした。そこで秀吉は、ここを退き、若狭から人質を返していそぎ京都に上り、この由を詳しく報告したところ、信長の喜びは格別であった。

足利義昭を殺さず

天正元年（一五七三）、信長は宇治槇島《まきのしま》を攻めるとき、秀吉は信長の前にでて「義昭公のこれから先のお成り行きをどのように計らおうとお考えですか」とたずねると、信長は「義昭公のこのたびの御企《おんくわだ》ては、まことに不当であるから、天下のために、この君を除くべきであると思う。これは義昭公みずから招いた自業自得というべきものだ」といった。秀吉は「上意の趣はごもっとも千万ではありますが、もし味方が川を渡って最後の攻勢にでるとしますと、もはやたちまち落城いたしましょう。そのとき義昭公へご自害を勧める者があるかもしれません。どんな柔弱な方でいらしても、義昭公が、もし雑人《ぞうにん》ばらの手にかかるよりはとお思いになってご自害になれば、後悔しても取り返しがつきません。そうなれば、殿は〝主君殺し〟といわれ、悪名は天下後世まで残りましょう。先例にもございます。三好長慶《ながよし》が万松院《ばんしょういん》殿（十二代将軍足利義晴）・光源院殿（十三代将軍足利義輝）の両将軍を輔佐して、相応の力を尽くしましたが、やがて義輝公を追放して、ついには逆臣の名を取ってしまいました。なにとぞご寛容のご沙汰をお願いいたします。ここは、殿にとって実に大切な御場合です」というと、信長は「なるほどその通りだ」といって秀吉の意見に任せた。秀吉はすぐに義昭を河内国若江《わかえ》の三好義継《よしつぐ》方に護送した。

中国征伐の大将

天正五年、信長は中国を伐《う》とうとして秀吉を召していった。「そちを中国退治の大将として、播磨国《はりまのくに》と朱傘《しゆがさ》を授ける」と。秀吉は謹んでうけたまわり「このうえもないありがたきご上意。ことに朱の御傘をおゆるし下さるからには、さっそく中国を平らげてご覧に入れます。それにいたしましても、中国から安土のお城まで、いちいちご下知をうかがいながら征伐していては、すみやかに功をあげることはむずかしゅうございます。いまこうして御傘をおゆるしになられた以上は、私の思うがままに下知して計ろうと思います。降ってくる者は免し、抵抗する者は攻めしたがえ、臨機応変に征伐すれば、毛利退治は掌のうちにあります。中国を伐ちしたがえれば、お側に伺候しております野々村・福富・矢部・森などにその地をお与え下さい。そののち九州を征伐すれば、ここもすぐ平定いたしましょう。そのうえで、九州一年分の上がりを頂戴し、それを資金として、そこで軍勢をととのえ、兵糧をたくわえ、大船を造り、しかるのち朝鮮に打ち入りましょう。私に賞を与えようと思し召されるなら、なにとぞ朝鮮を下さる旨の御教書《みきょうしょ》を一通賜りたく存じます。朝鮮を伐ちしたがえれば、つぎには明国に働きかけましょう。明国の征伐がたやすくできましたなら、公家《くげ》のなかでどなたかお一人を大将として渡海させて下さい。さすれば、三国はことごとくお手に入るということに相成ります」と憚らずにいうと、聞いていた者たちは胆《きも》をつぶして驚きあった。信長はそれを聞いて大いに笑い「中国の成敗については、安土に注進するにはおよばぬぞ」といわれた。これは、秀吉がかねがね、信長は元来、功臣に対して猜《そね》み嫌う癖があることを知っていたので、日本本土で恩賞は受けまい。もしいただくなら、朝鮮で賜るがよいといったということである。

逃げ道を塞がず

天正六年四月、秀吉は別所小三郎長治《ながはる》の属城野口を攻めた。城主長井四郎左衛門は防戦したが叶わなかった。外郭の塀四、五十間を破り、すんでのことに乗っ取ろうとしているときに、長井が和を乞うてきた。寄手《よせて》の軍兵《ぐんぴょう》は聞き入れず「降参するなら、もっと早い時点でのことだ。これほどまでに落ち尽くしてのちに一命を助けることはありえぬことだ」といきまけば、秀吉は「そうではない。戦というものは六、七分の勝ちをもって十分とするのだ。降人を打ち果たせば、とうてい遁《のが》れられぬと思い定め、かえってますます強くなるものだ。城を攻める謀に、一方をあけて攻めるというのも、敵にその遁れる道を知らせて、少しでも早く勝利を得ようとするがためである。降参してくる者には、少しも手をつけてはならぬ」といって城を受け取った。

秀吉と荒木村重

天正六年十一月、荒木村重《むらしげ》が信長にそむいた。秀吉は播磨から有岡城にいたって、村重を諭したが、村重は応じなかった。このとき村重は秀吉をもてなした。酒が数献におよんだとき、みずから肴《さかな》を取りに立ったが、そのとき河原林《かわらばやし》越後守治冬《はるふゆ》が秀吉を殺そうと勧めた。村重はそれを制止して、秀吉にそのことを語った。すると秀吉は「その男は勇士というべきだ」といって彼を呼びだし、盃をやりとりしたあと、腰間《ようかん》の短刀を引出物として与えた。村重は「指替《さしかえ》もなくていいのですか」というと、秀吉は「私は、一個の刃によって信長公に仕えているのではない。信長公もまた、そのような者として私を遇しておられるのではない」といって強いて治冬に与えた。その凜然とした勇気におされて、手だしする者は一人もなかった。

三木の役

別所長治の家人に中村五郎忠滋《ただしげ》という者がいた。秀吉は谷大膳《だいぜん》ノ亮衛好《すけもりよし》を使者として「異心を起こして、城にこちらの兵を引き入れてくれれば、特別の褒賞をやろう」といわせた。忠滋はこれに同意して、最愛の娘を人質にだしたうえで、その時日を決め、秀吉の兵千余人を城中に引き入れておいて、その前後を取り囲み、一人も残らず打ち果たしてしまった。秀吉はひじょうに怒り、その娘を磔《はりつけ》にした。三木落城ののち、忠滋はゆくえがわからなくなった。そこで所々を探したところ、丹波綾部の山奥から捕らえられてでてきた。秀吉は「三木城でわしをだまし、屈強の兵千余人を討ち取ってしまったことは、足の先から一寸きざみにきざんでくれてもまだあきたらず、火焙《ひあぶ》り、鋸引《のこび》きにとも思ったが、主人別所のために最愛の娘を見捨ててまで忠節を尽くしたことであるから、その志はまことに忠である」といって、中村一氏《かずうじ》の与力につけて、三千石を賜った。

人の使いよう

明智光秀の臣宮部加兵衛は、はじめ秀吉に仕えていた。光秀はある日、宮部にむかって、

「その方は以前、秀吉に奉公していたと聞く。秀吉の人の使い方はどうだ」とたずねると、「それほど他と異なることはありません。しかし、誰でも少しの功があると、思いのほかの褒美を下され、驚くほどでした」といったので、光秀は舌を巻いてしまったという。

秀吉と光秀

秀吉は磊落《らいらく》の気象であったので、人に対してことばがつねに高飛車で大風呂敷のところがあった。光秀は謹厚な人であるから、ことばはつねに慇懃《いんぎん》である。ある日、秀吉が光秀にむかって「貴殿は周山《しゅうざん》に夜普請をして、謀反を企てていると人びとが申しているが、どうなのか」と問うた。光秀は「とんでもないことをいわれる」といって、そのことは止んでしまったということだ。

勝頼を惜しむ

天正十年、信長が武田氏を滅ぼしたとき、秀吉は毛利氏にむかって中国にいたので、その戦には従軍しなかった。勝頼《かつより》が死んで甲斐が平定されたと伝え聞いて、大息し「勝頼のような人を殺したのは惜しいことだ。わしがもし軍中にいたなら、強いて諫めて勝頼に甲斐と信濃の二州を与え、関東の先陣にしたとすれば、東国はたちまち押しまくれたものを」とくり返して悔やんだ。

毛利との和平

秀吉は備中に陣を取って、毛利と和平することをはかり、ひそかにその手段をめぐらし、中国の米を高く買ったので、城米までももちだして売る者が多かった。小早川隆景《こばやかわたかかげ》だけは、固くそれを禁止して売らせなかった。信長が殺されて、秀吉は毛利家と手切れになるはずであったが、毛利方は、兵糧が豊かでなかったばかりに、ついに和平におよんだのである。

一夜の陣城

秀吉が高松城を攻め、むこうの山に陣を取り、一夜の間に塀を設け、矢倉を上げて腰板を打ち、白土を塗って、二年も三年もかかって築いた城のようにした。諸人がこれをみて、ただただ人間業《わざ》ではあるまいと取り沙汰した。本能寺の変の報が入り、毛利と和睦して、にわかに上京するというので、陣払いもせずにそのままにしておいた。あとから、これをみると、塀や矢倉に打った腰板とみえたのは、あちこちの戸板をはずして集め、墨で塗って打ったもので、白土とみえたのは、播磨杉原（和紙）を生土《なまつち》に押しつけて張ったものであった。のちに小田原の陣のとき、石垣山に一夜で陣城を構えたのも、この手である。

備中より引き返す

秀吉は、本能寺の変を聞いて、備中から引き返した。このとき備前の宇喜多秀家《うきたひでいえ》はまだ幼少であったが、宇喜多家の長臣老将の面々に、どのような謀があるのかはかりしれないのります。ともかくそちら（岡山城）まで行って謀を練ろうと思います」といわせた。宇喜多はもともと光秀に心を通じていたので、秀吉の帰路を塞ぐべきかどうかといっているところに、このように告げてきたので、それならば城中で討ち取ろう、願ってもないことだとひそかに喜んで、その謀を議した。秀吉は六月七日の明け方に備中高松から引き返し、午《うま》の刻ごろに宮内に着き、まもなく岡山に赴くはずだといい触らしたが、にわかに日射病にかかったといって寝込んだところへ秀家の使者がきたので、近習の者がでて面会し、「ただいま主《あるじ》は日射病をわずらって吐いておりますが、さいわい腹の痛みもすこし止み、寝入っております」といって、時をかせいだ。その間に秀吉は、〝奥州驪《くろげ》〟という名馬に打ち乗って、雑兵《ぞうひょう》にまぎれて吉井川を渡り、片上《かたかみ》をすぎ、宇根に馳せ着き、そのうえで使者を岡山にやって「いそぐことがあって、脇道を通ったので、お城には寄らずじまいになりました」といわせると、宇喜多の面々は、みなあきれてしまったという。

仙石秀久への教え

織田氏のとき、矢部善七（郎）が淡路島に拠ったが、信長の横死の後、秀吉は仙石《せんごく》権兵衛秀久に淡路を与えた。秀久は「私は小身者でありますし、家来と申す者も少なく、いかがなものでしょうか」というと、秀吉は「これこそたやすい手立てがある。そちはその淡路に行って、地侍どもに触れをまわし、手柄しだいで恩賞をあてがう旨を申して、彼らに城を攻めさせるがよい」と教えた。秀久はこの旨に任せて使者を立てたので、その地の侍どもはことごとく決起し、矢部善七を取り囲んだ。矢部は仕方なく城を明け渡したという。

秀吉の信長評

秀吉はいった。「信長公は勇将であるが良将ではない。剛をもって柔に勝つことを知ってはおられたが、柔が剛を制することをご存じなかった。ひとたび敵対した者に対しては、その憤りがいつまでも解けず、ことごとくその根を断ち葉を枯らそうとされた。だから降服する者を誅戮《ちゅうりく》し、敵討ちは絶えることがなかった。これは人物器量が狭いためである。人には敬遠されるが、衆からは愛されない。たとえば虎狼のようなものだ。咬《か》まれることをおそれはするが、みる者はそれを殺して、その害を免れようとする。これが明智の謀反を起こさせたのだ」と。したがって秀吉は、その弊を改め、敵する者は伐ち滅ぼしたが、降参すれば譜代の家臣同様に親しみ、心を置かなかったから、きのうまで敵対した者も、やがては身命を捨てて忠節を尽くそうと思うようになり、したがって謀反する者もなく、早く天下を平定したのである。

柴田勝家との不和

秀吉は信長の継嗣問題に関して、柴田勝家と不和を生じた。そのため滝川一益《かずます》・織田信孝らがこれを調停した。勝家はこれを承諾し、使者を宝寺《たからでら》につかわしていうには「つまらぬことを申しでることは無益なことだから和睦しよう」とのことであった。秀吉もこれを聞いて「おっしゃることはごもっとも至極。諸事ご意見の通りにしたがいます」と返答した。使者は「ご同意いただき大慶に存じます。それではお墨付きを賜りたいのですが」という。秀吉は「墨付きは、後刻、飛脚をつかわして送るので、まずおのおのがたはお立ち帰りあれ。そのついでに、京の大徳寺に参詣して、信長公のご墓前に焼香なさるのがよろしかろう」といった。それで使者は大徳寺に参詣して越前に帰った。秀吉は笑って「柴田よりの和睦は、越前から雪中に出馬するのはたいへんだから、来春まで延ばそうという謀だ。きっと滝川の謀であろう。漢では張良《ちょうりょう》、日本では楠木正成などの抜群の知将にならまんまと謀られもしようが、柴田ごときにはだまされるものか」といって兵をだした。

賤ガ岳の役

天正十一年四月、賤ガ岳の役で柴田勝家の甥にあたる佐久間盛政が中川清秀を討ち取った旨を、早馬《はやうま》が美濃にきて告げたが、秀吉は少しも驚かなかった。「それでこそ戦に打ち勝ったぞ」といって、岐阜の押さえをそのままにして乗りだし「諸勢はあとを追ってこい」といって馳せでたので、ようやく七騎がつづいた。春照の宿《しゅく》で、以前から分けておいた小走《こばしり》の者を呼びつけて「一手は道筋の村落を走り、夕暮れ方になったら、松明《たいまつ》をだして軍勢を送るように」と、ずっと触れをまわし、「一手は長浜に走って行き、町人どもに、米を粥《かゆ》に煮、大豆を秣《まぐさ》として木本《きのもと》の宿《しゅく》にもってこい。今宵は柴田を攻め滅ぼす手立てがある。まもなくこの本意を達し、過分のほうびを取らすぞと触れよ」と下知し、やがて木本につくと、もう日もたそがれの頃合いとなっていた。そこで、地蔵堂の前で人馬にひと息入れて後陣の到着を待っていると、長浜の町人たちが兵糧や秣をたくさんもってきたので、秀吉はひどくよろこび、諸勢もたがいに大いに勇みあった。そこの村々里々の百姓どもは松明を数百も灯《とも》し、「お迎えの者でございます」と声々にいうと、秀吉はそれを聞いて「いちいちその名を覚えておくことはできぬから、その村の名を覚えておけ。のちに賞禄を与えようぞ」といわせた。これより先、秀吉が長浜にいたとき、諸民を撫育したために、その徳を慕ってのことであったという。

秀吉はすでに岐阜から引き返して、佐久間盛政の備えの前、二里ほどのところまで押し詰めた。盛政は使者をつかわして「ここまでおいでなされたとは、ご苦労のことです。明朝、軍馬の間にお会いしましょう」といってきた。秀吉は「使を賜って満足いたしました。お申し越しの件、承知いたしました」と返答した。盛政の手段は、敵が遠路を馳せてきたから、その疲れているところを襲おうということであった。秀吉は笑って、先手を一里引き下がらせ、柴田勢と三里ほどの距離を置き、一里半ほどの中途に、野にも山にも篝火《かがりび》をたかせた。盛政の夜討ちの仕度はむなしくなってしまった。

戦の日、敵味方の負傷者や死人が四月二十一日の熱天に苦しんだので、秀吉はそれをあわれに思い、見物していた者の笠を借り受けて、手負い死人の日覆《ひおい》として与えた。それを聞いた者は美談としてその徳を語りあった。

前田利家、秀吉の股肱となる

秀吉は盛政を撃ち破ったのち、あくる二十二日に小姓一人を連れて府中の城にでむき、門前で大声あげて「又佐《またざ》、又佐。秀吉がここまできたぞ。対面したい」というと、前田利家が驚いてでてき、「合戦の習いとして、運を天に任すとは申しながら、味方は一戦も交えずに敗北し、いまこうして思いもかけぬ対面とは、なんともはや面目なき次第。このうえはいさぎよく切腹する覚悟」というと、秀吉は聞くより早く「それはあまりに他人行儀な。前田殿と拙者とは数年来の交わり、ながき仲。いったんは義理によって、敵味方に分かれたが、これは武士とすれば当然のことで珍しいことではない。したがって、貴殿はこの秀吉に対してなんの恨みもあるまいし、また拙者もいまさら貴殿を疎んずる理由もない。柴田が滅亡した後といえども、天下の大小さまざまのことは、ひとえに貴殿を頼りに思っている。早く四海平定の功を立てられよと念ずるばかりだ」とねんごろにいわれたので、利家も十分に納得し、その後は秀吉の股肱《ここう》腹心となったのである。

柴田勝家の敗死

この役で勝家は、北庄《きたのしょう》に敗帰した。秀吉は後を追って攻め入った。北庄へ秀吉の兵が雪崩《なだ》れ込んだので、柴田の兵は秀吉の兵のなかにはさまれて、ひとかたまりになっていた。そのことを秀吉に伝えると「そのままにしておけ」といわれた。柴田の兵のなかには、秀吉の兵であることを知っている者がいて、その者どもから「よろしくおはからい下さい」と申し越してきた。またその旨を秀吉に申し上げると「戦の習いとして勝ち負けは珍しいことではない。柴田の配下としてもらっていただけの手当はつかわすから、ありがたく思え。その気ならば、道端に並んで目見得《めみえ》せよ」といって主従の礼を受けられたとのことである。事の行きがかり上、柴田の兵は退きかねて、秀吉の兵のなかに包まれたままになっているうちに、急に攻め入ったということである。また北庄の城に火が起こるのをみて、そのまま越中に赴いた。勝家の首をじかにみなかったが、そんなことは一向気にかけられなかった。その神速果敢なことは、まずこのようなものであった。

自由な軍陣

この役の前、秀吉は加藤清正に足軽三十人をそえて、近江国中の農商の富者に、三倍の利息で金銀や米を借り集めさせた。これで五万人分の糧と秣《まぐさ》が十分手に入り、たらふく食うことができた。上下の者みな「このように、あり余るほどの食い物にありついた軍陣ははじめてだ」といったという。

信雄を攻伐するの策

天正十二年、秀吉が北畠信雄《のぶかつ》を滅ぼそうと謀って、まず信雄の重臣岡田長門守重善《しげよし》・津川玄蕃允義冬《げんばのすけよしふゆ》・浅井多（田）宮丸・滝川三郎兵衛勝雅《かつまさ》を招いて、ねんごろに饗応したのち「信雄に自害を勧めよ。そうすれば恩賞を厚く行おう」と語られた。聞き入れなければ首を刎ねそうなようすだし、そのうえに、「誓文を書け」と責められた。四人は仕方なく「うけたまわりました」といって起請文を書いた。秀吉も「約束にはそむかぬ」と誓文を書いた。このように、一人ずつ語るべきなのに一緒に招いたということは、信雄に告げ知らす者があって、それを聞いた信雄に他の三人を誅させようとの謀である。またこの四人は、秀吉に心から服したわけではないが、起請文を書いてしまった以上、たがいに疑心を抱いて、四人が一和するようなことはない、かならずばらばらになると考えたのである。やはり滝川勝雅が信雄に密告したので、予想通り他の三人を誅してしまった。

信雄・家康との和睦

長湫《ながくて》の役（家康・織田信雄対秀吉の戦。天正十二年＝一五八四）後、秀吉は、家康と合戦して勝利を得ることはなかなかむずかしいと思ったので、ひそかに織田信雄《のぶかつ》に和睦の使として富田《とだ》左近信広・津田隼人《はやと》信季《のぶすえ》をやって申し入れた。二人の使者は伊勢の矢田河原で対面したが、そのとき「信雄様はお考え違いをしておられるのでございましょう。家康は元来、三河武士で、信長公からもお手入れのうえ一味なされたのであるから、天下をあなた様に渡されるようなことはなく、そのうえ信長公ご一代で、ようやく十七ヵ国をお手に入れられたにすぎないが、拙者（秀吉）ははや四十ヵ国を手に入れましたので、これまたあなた様に渡すようなことはありません。しかし、信長公お取り立ての拙者でありますから、今後、和睦なさるのであれば、よき国で百万石を差しあげましょう」と申し入れたので、信雄はさっそく同意して、和睦しようと返答した。家康としては、信雄は信長の長男だという筋目を思って加勢しておられたにもかかわらず、なんの相談もなく秀吉との和睦に同意した由を返事されたので、家康は、ことのほか機嫌をそこね「信雄の腰抜けめに頼まれて、つまらぬ結果になった」といわれた由である。その後、秀吉は羽柴下総守雄利《かつとし》を使者にして、家康に和睦のことを申し入れられた。ちょうど家康が鷹狩りにでておられたところに秀吉の使者羽柴下総守がきたと聞かれたので、鷹場にすぐ雄利を呼んで「筑前（秀吉）からの使者か。なにごとを申してきたのか」といわれると、雄利は「秀吉の口上では、今後は戦をやめようとのことです。ご同意なさるならば、早々にご上洛なさるように。天下の処置について相談したいとのことです」といった。家康は「信雄の腰抜けめに頼まれて加勢し、残念に思っている。その方がみられた通り、今日は手まわりの者ばかりで鷹狩りをして楽しんでいる。また家来どもは、日ごろの骨折り休めに、在所につかわしている。これというのも、やがて筑前と一戦におよぶことは覚悟して英気を養っているわけだ。この旨を帰って申せ」と返答された。雄利は返事をうけたまわって帰った。そのとき秀吉は風呂に入っており、雄利が帰ったことを告げると、すぐに風呂場に召して家康の返答を聞いたうえで、雄利には帰って休息するようにといわれた。秀吉はそのとき髪を洗わせておられたが、そのまま少し考えていたかと思うと、また雄利を呼び返すようにといわれた。雄利は、すでに七、八町ほど宿のほうへ帰っているのを呼び返したわけだが、秀吉は「大儀なことだが、宿には帰らず、このままもう一度、家康へ使いに行ってきてくれ。家康を上洛させる考えができたぞ」といわれた。その口上には「ご返答の趣《おもむき》、委細承知いたしました。ごもっともなことと存じます。ともかく天下のことは、万事ご談合しなくては叶わぬことですので、ぜひともご上洛なさるよう。さて、貴殿におかれては、ただいまご夫人がない由をうけたまわっております。さいわい拙者の妹を差し上げましょう。末子ですので、大政所《おおまんどころ》（秀吉の母）が特別にかわいがっておりますので、手放しにくうございますゆえ、大政所も一緒に差しむけましょう。なおまた貴殿方にはお子が多くおありですので、一人養子にいたしたく存じます。もし私に実子が生まれた暁には、その養子は、どこの国であれ、百万石をあてがいます。この趣を、先方へ行って申し達せよ」といわれたので、ふたたび雄利は使者にたち、秀吉の口上を家康に詳しく申しのべると、家康は老臣を召し寄せて相談のうえ、そういう条件ならばと同意することにし、秀吉が申し入れた通りにするとの返答があった。

秀吉、よく家康を知る

秀吉は家康と和睦して、大政所を人質に下すことが決まった。秀吉の弟大和大納言秀長《ひでなが》は「たった一人の老母を敵地に人質にだすことは、武門の瑕瑾《きず》である。家康が上京を拒むのなら、いさぎよく一戦すればよかろう」といった。秀吉は笑って「大功ハ不レ顧二細瑾一ヲ」ということがある。お前の器は狭い。ともに大事をはかるに足りぬな。家康のような名将が、わしにしたがえば、天下を掌握するのに時日はいらぬ。だが、もし家康と兵を交えれば、たといいったんは勝利を得ても、かならず危殆《きたい》をまぬがれるわけにはいくまい。戦わずして勝を得るのは、良将のなすところである」といわれたので、秀長は感歎し、秀吉の言に服した。

佐々成政を降す

天正十三年、秀吉が越中に発向することの内談で「佐々《さっさ》も、さすが信長公の寵愛を受け、数回にわたって武功をあげ、謀才も備わっている者だから、うかうかとはしていまい。そうなら、当方はいうまでもなく加賀・能登・飛騨・越後へ押さえの勢を分けよう。しかし栗殻《くりから》岳《だけ》は険難であるから、それを頼みにしておそらく人数を多く差しむけてはいまい。こちらは大軍をもってこの栗殻岳から越中に押し入るなら、諸方に分けてある人数が助けにくるであろうから、その勢が助けにくる前にふみ入ろう」との内談をわざと洩らしたので、成政の間者がこれを聞いて注進した。成政はすぐに栗殻城に大木を伐《き》って、逆茂木《さかもぎ》をつくり、柵をめぐらし、他にはかまわず、ここだけを肝腎要《かんじんかなめ》として待ち備えていた。秀吉は加賀まで着陣すると、先手だけを栗殻岳に差しむけ、旗本組や後備《あとぞなえ》二万余の人数は加賀より能登に移り、石動《いするぎ》の出先から船に乗って越中の滑河《なめりかわ》へ押し上げ、津川を右にして、あちらこちらを焼き払って富山の城へと取り詰めた。成政は惣勢をもってしても秀吉には一戦もできぬのに、特に栗殻城を大事と思って、すぐれた者を選んでその方につかわし、富山の城には、わずかばかりのはかばかしくない者どもを置き、しかも油断しているところに押し詰められたので、たちまち二の郭《くるわ》まで攻め取られ、本丸に押しこめられた。その辺にいる者どもは、秀吉の勢いにおそれて頭もださない。ましてや後詰《ごづめ》などは思いもよらぬことである。さて一方、栗殻城を守っていた一万の兵も、うしろに大軍にまわられてしまったことに気を奪われて、なす術もなく途方にくれ、矢一つも射かけないというありさま。かえって味方のことばかりに気をつかうようなことで、たちまち栗殻城も攻め破られた。成政も防ぐことができず、髪を削って、しきりに降を乞うてきた。秀吉は昔のことを思ってその罪を赦した。

家康との会見、諸将への示威

天正十四年、すでに家康との和睦が成立し、九月二十七日、家康が着京すると、秀吉は弟の秀長と浅野長政を使者にやって、上京してくれてありがたいと謝し、この二、三日はひどい風邪ひきで、すぐにお会いするのはむずかしい由をのべ、諸大名との対面の件は四、五日延引と触れた。人びとは、さては家康に切腹でも申しつけるのかと疑いあった。その夜、秀吉は微行して家康の旅宿に行き、上京のかたじけなさを謝して名刀を贈り、酒を酌み交わして帰った。二十八日夜もまた行き、名物の茶壺を贈った。二十九日の夜もまた行き、黄金三百枚を贈った。翌十月朔日の夜も行き、小袖を贈り「さて明二日の四ツ（午前十時）すぎまでにお目にかかるつもりです。かねて書状で申したように、私に対し少し慇懃にご挨拶をなさって下さい。そうすれば、信長以来の侍大将も、私にむかって主人としての会釈をするでしょうから」ということであった。家康は「上京した以上は、貴殿のおためによろしいようにいたします」と返答した。すると秀吉は三度も頭を下げて帰った。さて二日の朝「今日午の刻に家康に対面するから、おのおの束帯姿で五つ半時（午前九時）に登城するよう」と触れた。諸大名は寄りあって、「家康は秀吉の母を人質に取ったうえでの上京だから、きっと上段に上るだろう。そのときわれらはまるで秀吉の家来のような格好になる」といいあっていた。さていよいよ家康がでてこられたので、新庄《しんじょう》駿河守直頼《なおより》が「徳川三河守様です」と紹介した。そこで秀吉は「上京大儀であった」といわれた。それに対し、家康はいかにも慇懃に礼をいわれた。諸大名が退出するとき「家康は、秀吉に対してほんとうの主人のような挨拶をした。われらの考えはどうも間違っていた」といい、この日から信長以来の侍大将も、にわかに秀吉を主人のように仰ぎ、尊敬すること以前に十倍するにいたった。

陣羽織

家康が上京したとき、大和大納言秀長が朝の食事を差しあげるといって邸へお迎えした。そのとき急に秀吉もその席に臨んだ。白い陣羽織に紅梅の裏をつけ、襟と袖には赤地に唐草の刺繍をしたものを着ていた。秀吉が立ったあとで、秀長と浅野長政とがひそかに「あの陣羽織をご所望になって下さい」という。家康は「いままで、人に無心《むしん》などいったことはない」といって拒んだ。そこで二人は「あれは殿下が武装の上に着られる陣羽織ですので、このたび御和議がととのいましたからには、無理にもご所望になって『このの殿下には御鎧をお着せしますまい』とおっしゃれば、関白もどれほどお喜びになるでしょう」といった。家康も納得し、秀長の饗応が終わり、秀吉とともに大坂城に行かれた。このとき諸大名が列座して謁見した。秀吉は「毛利・宇喜多をはじめみなよくお聞きあれ。わしは母に早く会いたいと思うので、徳川殿を明日、本国に返すのである」といい、また家康にむかっては「きょうは特別に寒い。小袖を重ねて着られよ。城中で一服さしあげ道中の餞《はなむけ》にいたそう。御肩衣をお脱ぎ下さい」というと、秀長・長政がそばに寄ってきて脱がせた。家康はそのとき「殿下の着ていらっしゃる御羽織を私に下さいませんか」といわれると、秀吉は「これは私の陣羽織だ。差しあげるわけにはいきません」といわれた。家康は「御陣羽織とお聞きすればなおのこと、拝受をお願いします。私がこうしている以上は、ふたたび殿下に御武装をおさせ申すことのないようにと思っております」といわれると、秀吉はひじょうに喜び「それならば差しあげよう」と、みずから脱いでお着せになり、さて諸大名にむかって「ただいま徳川殿は私にもう武装はさせないといわれた。このひと言を、おのおのも聞いたであろう。私はよき妹婿をもった果報者だ」といわれた。この日、諸大名の引き連れた陪従《べいじゅう》の者が多すぎるといって、秀吉が奉行人を咎めた。すると奉行人は「かねてより、召し連れる者どもはできるだけ小人数にと申しつけましたのに」と申しあげると、秀吉は笑って「徳川殿お聞き下され。ここからわずか清水寺へ行くにさえ、三万から二万の人数が陪従するのです」といわれたという。

次の年、駿府城で、家康は井伊直政・本多正信に「去年秀吉のもとで、わしに陣羽織を所望させたのは、わしのひと言で四国・中国の諸大名を押さえつけようがためである。また、近所へ行くにも二万か三万の陪従があるといったのも、兵威を示してわしをおどそうとしたのだ。例の秀吉の権謀術策だ」といわれたということである。はたして十日もたたぬうちに、四国・中国はもとより不知火《しらぬい》や筑紫《つくし》の果てまでもいい伝えられて、関白の兵威の盛んなことが称賛された。またあるとき「わしが上京したとき、秀吉がひそかに宿にきて、わしに向かって三度までも頭を下げた。このことを知っている秀長・浅野長政・加々爪《かがつめ》某《なにがし》・茶屋四郎次郎の四人には誓文を書かせて他言を止めたと聞いている。このように諸大名を出し抜いて謀る人には、なかなか力で押して勝てるものではない。よくよく時節を待って工夫をしなければならぬ」といわれたということである。

所領安堵の高札

西海の役（九州の島津攻め）で秀吉は肥後の宇土《うと》に着いた夜、よくよく考えたことには「すぎし日、大坂を出たとき以来、多くの敵を滅ぼしてきたが、手剛《てごわ》い者は一人もなかった。これからさき、島津といえども同じことであろう。これはわしの武徳によるとはいいながら、天が助けているのだ。だから罪のない者どもの首を切ったり、あるいは領地を奪い取って憂《う》き目にあわせ、悲しませるよりは、命を助け、一所懸命に働けるところを与え、安堵させたいものだ」と思い、翌日、石田三成・安国寺恵瓊《えけい》を召して「九州二島の者どもは、誰でも助け、所領の地をも与えてやるから、早々にまかりでて礼をのべるように触れてまわれ」といわれた。恵瓊は「当国他国の者どもは、あちらこちらに追い散らされて、前の住所には一人もおりません。いまでは山林に逃げ隠れておりますので、上意の趣を聞かせる方法がありませんが、どのように計らいましょうか」という。秀吉は「それならば高札を立てて、この旨を知らせろ」といわれたので、あちらこちらに立てた。高札が立って三日もすぎぬうちに、その地の武士どもは宇土の陣に参し、お礼をのべた者は六、七十人にもおよんだという。

楢柴の茶入れ

この役で秋月長門守種長《たねなが》が小熊《おぐま》の城をでて、秀吉の陣にきて降参した。秀吉は対面して降参の挨拶を受け、そのあとで打ち解けて「その方の家に伝わっている楢柴《ならしば》の茶入れといって、名高い物があると聞きおよんでいる。ぜひ一目だけでもみたいものだ」といわれた。種長は「すぐに取ってまいります」というと秀吉は「それならば使いをやって取りよせればよい」といって、秋月の従者を返し、その茶入れを取ってこさせた。秀吉はそれをみて「聞きしにまさる優《すぐ》れたものだ。家宝だろうが、わしにくれないか」とねんごろにいわれたので、種長は「すでに冑《かぶと》を脱いで降人となってでてまいりました以上、なんで惜しむようなことをいたしましょう」という。秀吉もたいそう喜び「長くこの陣所にいては、軍兵どもが怪しみ疑うであろう。早く帰られよ。わしに対して戦を挑んだことは、弓矢取る者の習いである。降参したからには、わしもいささかの恨みも残らぬ。領地ももとのままでよい」といわれたので、種長も喜んで飛んで帰って行った。種長の士卒も、もし秀吉が種長を殺すようなことがあれば、秀吉の陣に駆け入って斬り死にしようと決めていたのだが、帰って詳しく秀吉のことばと茶入れ所望の一部始終を語ったので、みなも思いがけぬことといいあった。このことを聞き伝えて、九州の敵の多くは、戦わずに降参したのである。

島津義久降る

島津義久が剃髪して秀吉の軍門に降ってきた。秀吉は「その方は天子に対し奉って十五ヵ年間も逆心を抱いていたことになる。朝敵である以上は、成敗をしなくてはならないわけだが、降参してきたので死罪を赦す。このうえはたがいに意を通じあわせることにしよう。みるとその方は無刀である。神妙な態度だ。これを差すがよい」といって、刀脇差の鐺《こじり》を手にもって賜った。このことを九州の者どもが伝え聞き、ますます秀吉の武勇におそれてしたがった。

新納忠元の謁見

島津の臣新納《にいろ》武蔵守忠元《ただもと》がはじめて謁見したとき、秀吉は「また戦をしたいか」とたずねた。忠元は「主人義久に敵対なさるなら、何度でも戦をいたします」と答えた。秀吉は「さすがは勇士だ」と誉め、陣羽織を脱いで与えられた。忠元は進みでて拝受し、次の間に退いた。すると「まだつかわす物がある」といって呼びだし、そばに置いてある〝螻蛄《ろうこ》首《くび》〟（おけらの首）という異名のある白刃の長刀を取り、石突きのほうをだして授けると、忠元はおそれおののいて身ぶるいしながら、近くに進んで受け取った。帰宅すると年若い侍たちが忠元に「今日はいかがでしたか」と問う。忠元は「わしが手むかいする相手ではない。今日はこの武蔵も腰が抜けた」と答えた。これは忠元が、謁見のときに、秀吉を一刀のもとに刺そうと語っていたためだということである。

九州の地理を諳んず

秀吉ははじめ島津を伐《う》とうとして、まず仙石権兵衛秀久を商人に変装させて九州につかわし、山や野や浦や島々の地理を調べさせた。三年逗留して、くわしくそれを図に描いて帰ってきた。秀吉の島津征伐は、いかにも時の気勢を恃《たの》んで、思慮を欠くかのごとく見受けられるが、すべて心を配っていることはこのようである。

小田原征伐

秀吉はしばしば北条氏政に上京を勧めたが、聞き入れなかった。「真田《さなだ》昌幸《まさゆき》の沼田を渡されれば上京しよう」といった。諸将は「氏政は信じられぬ者であります。たとい沼田を渡されても、上京はしないでしょう。沼田は要地でありますから、これを渡さずに、一日も早く攻め滅ぼされますように」といって勧めた。秀吉は「沼田はわずか八万石の地である。それを惜しんで、天下の兵を動かすのは道ではない。いま西方はなにかと事が多く、人はみな軍旅を嫌っているときであるから、小さなことで兵を起こすことは忍びない。沼田を与えて、もし上京しないならば、人はみな、氏政は信じられぬ者だといって憎むであろう。いまわしは関白の職にあって、天下の政《まつりごと》を執り行っているのだから、天子に対して不逞の臣があれば、これを叛逆と名づけて征伐するのに、なんでむずかしいことがあろう」といって沼田を渡した。しかし上京しなかったので、ついに氏政の居城小田原は滅んだ。

竜宮への書状

天正十八年、秀吉が船を小田原にまわすとき「近江の御前崎は、昔から馬はいうまでもなく、馬具をも船に乗せない、もしあやまって馬の皮でこしらえたような器が船中にあれば、かならず破損することたびたびであった。そういうわけだから、つつしんで馬という語も使わぬように忌み嫌うといい伝えている」という者がいた。秀吉はそれを聞いて、自筆の一紙を書いて船頭に渡し「これを竜宮に届ければ難はないはず」といった。やがて船が乗りだし、そこにくると、にわかに風雨雷電が激しくなり、日中なのにたちまち暗くなってきた。船頭がその紙片を海に投げ入れたところ、風雨は静まり、船はなにごともなかった。その竜宮への書状には「こんど北条氏を誅伐するために、私は船を相州小田原に赴かせる。難なくお通し下さい。竜宮殿、太閤」と書かれた。これで愚昧な船頭どもはみな疑いおそれる気持ちをぬぐい去った。

下馬の作法

この役で、秀吉は沼津に宿陣した。そのとき小早川隆景の従兵で河田八助・楢崎十兵衛の両人は、大力をもって名を知られた者である。八助は大指物（戦場で目じるしにするために鎧の背に指した小旗）を、また十兵衛は十八反の大幌をかけて駆け通った。秀吉は遠くからこれをみて、使番にその名を聞かせた。その命を受けて乗りつけ馬上から「秀吉公の仰せだ。おのおのの姓名を聞かせて下され」というが、その二士はふり返って、返答もしない。命《めい》をはたせず帰ってその旨を伝えると、秀吉は「さてはお前、下馬もしないで名のれといったのであろう。御教書《みきょうしょ》などをもっているときか、または両陣の勝負にかかるという大事なときかならば、仏神の前でも下馬しないのが作法である。そうでなければ、人より勝れた大指物を指している抜群の者や、大幌をかけた武人に対して、下馬もしないのは無礼なことだ。返答しないのが当然だ」といって、あらためて他の者をつかわし、下馬してたずねさせられると、二人もまた下馬して、自分の姓名を名のった。

この役で秀吉は、撃ってきた銃丸が頭をかすめるほどに通ると、ひじょうに驚いた。それを無念に思い、一人で城のほうへ近くに寄り、鉄砲の激しいところでわざわざ小便をした。近臣が竹束《たけたば》をもってきて「もったいなきこと」といって矢表に立った。秀吉は「弾丸《たま》にあたるもあたらぬも運のひとつじゃ」といわれたということである。

豁達、大剛の士を助命す

この役で秀吉は、本陣で能を催した。軍勢がその前を通るのに、いずれも下馬して通る。そのとき宇喜多秀家の臣花房助兵衛職之《もとゆき》が馬上で通り、下馬もせず、冑も脱がずにのさのさと通るのを、番人がみつけてしきりに咎めると、職之は大声で「戦場で能をして遊ぶようなたわけた大将に下馬などできるか」といって、そのまま馬上で通りながら、秀吉のほうにむかって唾を吐きかけた。秀吉はこれを聞いてひじょうに怒り、秀家を召して右の次第を話し「助兵衛を縛り首にしろ」と命じた。秀家はかしこまり、その座を立って一町ほど行ったとき、秀吉は考えなおして秀家を呼び返し、「一時の怒りで縛り首といったが、剛直な士をそうするわけにもいくまい。切腹を申しつけろ」といった。秀家はまたかしこまって、その座を立ち、一、二町行ったとき、秀吉はまたまた考えなおして呼び返し、「いま天下ひろしといえども、このわしにむかって、このような大言を吐く者は思いあたらぬ。あっぱれ大剛の士である。このような士を殺すのは惜しいことだ。命を助け、加増して使ってやれ」といわれた。

政宗、小田原陣に遅参

天正十八年六月、伊達政宗が小田原の陣にきて、臣従することを請うた。諸将は、この小田原が陥れば、次はかならず陸奥（政宗の領国）を征伐されるだろうと、政宗のことを心配していたところであったから、みな喜んだ。秀吉は意外にも遅参したことを怒って「政宗の胸中を推察するに、自分と氏政との兵勢をみて、こちらが弱ければ、こないでおこうと考え、ひそかに人をつけておいたところ、氏政の方々の城砦《じようさい》が、あるいは降参し、あるいは逃げる者がつぎつぎとつづき、また抜かれることは必至だと聞いて、遅まきながら、いまになってここにきたのであろう。本当に心服したのではない」といって使いをやって責められたので、政宗は遅参したことを謝した。二、三日すぎてから秀吉は、具足羽織をつけて、床几に腰をうちかけて正式の挨拶を受けられた。政宗が拝謁して退こうとするとき、秀吉は「遅参したことを憎むとはいっても、このように対面を許した以上は、もうきれいさっぱり忘れる。これまではるばるとやってきた馳走として、陣営の模様をみせよう。後の山に上れ」といって、先に立ち、政宗はその後にしたがって山に登った。秀吉は「そなたは奥州での小迫《こぜり》合《あい》には馴れていようが、大合戦の人数配りはまだみてはいまい。ここの陣立てはこういう理《わけあい》だ。またあそこの陣はこういう意味でそうしてある。みておいて手本とするがよい」といって、いちいち指差して教えられた。このとき秀吉は、刀を政宗にもたせ、童子一人を連れただけで、片岸に立ち、ついに後をふり返らない。政宗のことはうごめく虫けらとも思わぬようすであった。やがて秀吉は政宗に暇をやった。侍臣たちは「いま政宗を国にお帰しになれば、まさに千里の野に虎を放つようなものです」といって眉をひそめた。秀吉は笑って「お前たちの管見（管を通してみるような狭い見識）でなにがわかるか。政宗が奥州にいて威をふるっているのは、まったくに井のなかの蛙《かわず》なのだ。いま、この大軍の堂々とした陣立てをみて、おそれおののいたはずだ。わしは刃に血ぬらずして、奥州を平定するからみておれよ」といわれた。はたしてそのことばの通りになった。政宗はのちに人に語っていうには、「自分は小田原で太閤にお会いしたとき、こんなことがあった。そのときは、ただおそれいるばかりで、少しも害心が起こらなかった。大器で、しかもおのずから備わる威のある人だ」と。

討ち取りし首の量と質

この役で前田利家と上杉景勝が八王子城を攻めた。利家からは討ち取った首三千、景勝からは百五十ほどが到来した。人びとは「上杉はかねて聞きおよぶ戦巧者《いくさこうしゃ》とはいっても、首数が少ない。それに引きかえ、前田は首数が多い。上杉よりは勝っている」というと、秀吉はそれを聞いて「なにも知らずにいうものではない。八王子城にはそれほどたくさんよい兵がこもっていたはずはない。前田がよこした三千の首は、たぶん郷人や百姓どもの首であろう。上杉がよこしたのは、どれもれっきとした武士の首である。前田の三千の首より勝っている。重ねてこのような不智浅慮なことをいってはならぬ」と叱られた。

氏直降る

この役で、秀吉は山中山城守を使いとして城将成田下総守氏長に書を送って、彼を招かせた。氏長はたちまち心がわりをしたので、秀吉はすぐに氏長の返書を家康をして城中へ送らせ、関八州の城々はほぼ全部、内通したということを氏直《うじなお》に知らせて降参を勧めたのである。そのために城中には疑惑が起こり、父は子を疑い、弟は兄を疑うようになり、人心がばらばらになったので、氏直もこもり通していることができず、ついに降人となってでてきた。

秀吉はすでに関東を平らげ、諸豪の功罪を論じて、大道寺駿河守政繁《まさしげ》を捕らえこれを責めていった。「汝は北条氏の旧将であるにもかかわらず、真っ先にわしに降ってきた。わしにとっての功臣は、北条氏からみれば叛臣である。叛臣は天下の罪人。わしはひそかに天下の公道に目をつぶって、汝を赦すわけにはいかぬ」といって、桜田で彼を誅した。

坂部岡江雪斎

秀吉は坂部《さかべ》（板部《いたべ》の誤りか）岡江雪斎《おかこうせつさい》に「汝は先年、北条の使者として上京し、約束したことにたちまちそむいて名胡桃《なぐるみ》の城を取ったことは、氏直の姦計によるのか、または汝自身の詐《いつわり》によるのか」と責め問うと、「包み隠しなく申しましょう」と答えたところ、秀吉は大いに怒って、手枷足枷《てかせあしかせ》を並べて、江雪斎を呼びだし、刀をうばい取って左右の手を引っぱり、庭上に引きすえてから秀吉は罵っていった。「汝の約束したことにそむいたことは憎むにあまりある。また日本国の兵を動かし、主君の国を滅ぼしたことは、汝にとって快いことなのか」と責められると、江雪斎は顔色も変えず「氏直は約にそむくような心は少しもありません。いなか侍どもが、愚かにも名胡桃城を取り、ついに戦におよんでしまい、北条の家が滅びたことは、江雪の考えではどうすることもできぬことです。まことに主家が滅びるべき運命であったのでしょう。しかし、日本国の兵を引き受けることは、北条家にとって名誉です。このほかに申し上げることはありません。早く首を刎《は》ねて下さい」という。秀吉は顔色打ち解けて、「汝を京に上らせて磔《はりつけ》にかけようと思ったが、大言を吐いて主君をはずかしめざるいまの態度、まさに大丈夫《だいじょうぶ》というべきだ。命を助けよう。わしに仕えよ」といって赦された。このときから坂部岡を改めて、岡と名のるようになった。

尾藤知定を斬る

尾藤《びとう》左衛門尉知定《じょうともさだ》は秀吉の譜代であり、のちに讃岐一ヵ国を領した。筑紫の陣のとき、島津義久を討ち取らなかった罰として改易されたため、小田原に行って北条氏政に仕えた。柴田勝家の猶子《ゆうし》佐久間久右衛門安次・同源六実政《さねまさ》が賤ガ岳の敗軍で勝家の滅亡後、その遺恨をはらそうとして紀州に行き、粉川《こかわ》法師や三池を誘い、河内の三国峠霧坂に城を設けて、秀吉に楯ついた。のちにはさらに南河内、長野の烏帽子《えぼし》形《がた》城にこもり、たびたび手剛く合戦したが、秀吉に攻め落とされ、これも小田原に行って氏政に仕えた。佐久間兄弟が、相州金沢の称名寺に駆け込んでいたのを、秀吉が聞きこんで「佐久間兄弟が伯父勝家の仇と思って、わしに数度にわたって楯ついたが成功せず、小田原へ駆け入り、なおもその遺恨をとげようとしたその志は、まことに大丈夫の心意気である。もはや天下は秀吉の手に入ったのだから、心をひるがえして降参し、この秀吉を父とも思うように」といって、兄安次に三万五千石、弟実政に一万石を賜って、蒲生氏郷の与力につけた。これを知定が聞いて「敵の柴田の一門でさえも赦免したのだから、まして秀吉の小身のころから、尾藤甚右衛門といって旧功のある自分のことだから、許されるのは間違いない」と思って、剃髪染衣の姿で、七月十七日、秀吉が小田原を出発して奥州にむかう道筋にでて畑のなかにいた。秀吉は酒匂《さかわ》川に着き、「あそこにみえる大坊主はなにものだ」とたずねられた。かねてから内談してあったかごまわりの衆が「先年ご改易になった尾藤のようです。小田原におりましたが僧形《そうぎょう》になり、おなじみにあまえて、お目通りにまかりでております」といった。秀吉は顔色を変え「佐久間兄弟が小田原にこもっていたのは道理がある。尾藤めは大罪人だ。そのわけは、もしほんとうに赦免を願うなら、洛外にでも隠居していて、このたびの小田原発向の先手に加わって、陰ながらの奉公してこそ当たり前。わしと敵対する氏政に奉公して、小田原が落城したからといってこのような態度とは、まったく言語道断、悪行《あくぎょう》も極まれりというものだ」といって足軽衆に引きずりださせ、備前長光《おさみつ》の名刀で手討ちにされた。人はみなもっともなことだといった。

宇都宮の夜話

秀吉が小田原から奥州にむかうとき、宇都宮で佐野天徳寺が夜話にでて、上杉謙信・武田信玄の武勇盛りのころの事ぐさを語った。すると秀吉は「やあ、天徳寺よ。その謙信・信玄の両坊主ともに早く死んで外聞がよいことぞ。もしいままで生きておれば、わしの乗り物の先に立ち、朱傘をもたせ上洛の供をさせたのに、早く死んだためにいちだんとしあわせだった。彼ら得意の車懸《くるまかけ》とか座備《ざそなえ》とかの陣形など、いまから思えば取るに足らぬたわごとどもじゃ」といわれたという。

頼朝の木像

小田原を平らげてから、秀吉は鎌倉を巡見した。白旗の宮へ行って頼朝の木像をみ、その像にむかって「微賤な身で天下を伐り平らげ、四海を掌に入れたのは、御身とわしだけだ。だが、御身は多田満仲の後胤で皇統に近い血筋の人物。ことに頼義・義家は東国の守護として諸人からなじみが深い。特に為義・義朝は関東を管領したために、御身が流人《るにん》となられても、その余徳によって諸人は御身を慕い尊んだ。このために、挙兵と同時に、関東はみな御身に従属して、天下統一に手間取らなかった。ところが、このわしはもともと卑賤の身、氏《うじ》も系図もない身であるのに、このように天下を取ったことは、御身よりもわしの功績のほうが勝っている。しかし御身とわしとは天下の友達だ」といって、木像の背をいかにもなつかしげにたたかれた。

家康を関東に封ず

秀吉はすでに北条を滅ぼし、それまで北条の領地だった関東を家康に与え「居所は江戸がよかろう」といわれた。そのころ江戸は、城も形ばかりで、城ともいえぬようなもので、町家なども百軒ほどもあるかなきかというありさま、ひどく貧弱なところであった。人はみな鎌倉か小田原辺であろうといっていたが、意外であった。しかし江戸は日に月に繁栄していったので、そこで人びとははじめて秀吉の明察のほどに服した。

蒲生氏郷

秀吉は蒲生氏郷を会津に封じていうには「ここは奥羽の重鎮であるから、十分に守護せよ。家中の侍は、たとい秀吉に敵したり、または勘当された者であっても、文武を得た者ならば、召し抱えて扶持するように。ただ文臣と武臣とをもつことが大切であろう。そのほか掟とすべき事柄は、追って書き付けで申し渡そう」と。のち氏郷は会津を賜ったお礼の挨拶にでむくと、秀吉はなにもいわず「そなたは書を能《よ》くする。謡本《うたいぼん》を一番書いてくれ」といって、料紙と硯《すずり》を取り寄せてだされた。

華押、鶺鴒の瞳

小田原を平らげたあと、奥州の葛西・大崎で一揆が起こったとき、伊達政宗がこれに通じていたが、蒲生氏郷の威におされて表面にでることができなかった。賊が平定されたあと、秀吉は政宗を呼び寄せた。そこで翌年、政宗は氏郷とともに上京した。秀吉は、政宗が賊に通じているという書簡をだして詰問した。すると政宗は「私はまことに賊とは通じておりません。それを、通じているというのは讒言《ざんげん》です。そのわけは、鶺鴒《せきれい》の判形《はんぎょう》（華押《かおう》）にいつも瞳をつけておりますのに、この判には瞳がなく、まったくの謀書（たばかりのための偽書）です」という。そこで秀吉が、大小名から政宗の書状を取り集めて検査してみると、政宗のいっている通りである。そこで政宗を赦された。井伊直政がこれを聞いて家康に告げていった。「私が去冬奥州に下って見聞しましたところによりますと、政宗の異心は歴然としておりました。それなのに太閤がお免《ゆる》しになったというのは、糺明《きゅうめい》が足りないのではありますまいか」と。家康は「太閤は、ほんとうに政宗の異心を知らないわけではない。太閤の性質から考えると、政宗がこのときすみやかに上京したことは大勇である。これが一つ。次には、自筆の檄文《げきぶん》をみて逆に偽書だという不敵な心、これはすなわち将たるの器量ある人物ということ。これが二つ。それのみならず、鶺鴒の華押に前年から用心して、諸家の贈答の書簡にも、ふつうでは考えられぬほどに先の先まで心を用いていた。これは大将の器でなければできないこと。これが三つ。尋常の人ではとてもおよばない。だから太閤は、この三点に感心して赦されたのだ。太閤の大器は政宗ごとき者に百倍する」といって感激された。

のち秀吉が那古耶《なごや》（名護屋）にいたとき、施薬院がそばに侍して、しきりに政宗の功を誉めたたえた。秀吉はいささか気にさわって「去年、奥州に賊が起こったとき、政宗が賊に通じていたことをわしはよく知っていた。しかしいまはちょうど三韓（朝鮮）に事があるときだから、彼の力を軍事に集中させるのが先決だ。また毛利輝元・島津義弘のように、はじめは勝手なことをしていても、やがてはすっかり屈服してしまった。だから政宗の罪を赦して、反側の気持ちを鎮めたのだ。汝はなにゆえに政宗をひどく誉めるのだ。これはきっと、政宗の宣伝のために申していることであろう」といった。当時の人びとはこの見通しの正しさと大きな度量に服した。

秀吉は四海を掌握してから、前田玄以《げんい》と紹巴《じょうは》を召し連れて、京都を歴覧して歩いた。そしていうには「洛中の地形をみると、東は高倉から加茂河原にいたるまで、ただひろびろとして東山に連なってゆき、畑や田圃《たんぼ》がある。西北および南もまた同様。これはまるで片田舎のようだ」と。そしてすぐに細川藤孝《ふじたか》（幽斎）に命じて旧記を調べさせた。藤孝はさっそくに旧記を調べて具申した。そこで秀吉は、諸大名に命じて堤防を東西に築かせ、玄以に命じて寺院を京極東北鴨口に移させ、南六条片側を造って敷地とさせた。

以テレ夷ヲ制スレ夷ヲ

九戸《くのへ》の乱で、秀吉は伊達政宗に命じてこれを伐たせた。政宗は大いに功をあげた。この速報が着くと秀吉は、前田利家・大徳寺古渓にむかって「政宗は虎狼のような奴だから、義理では使いにくく、勢いで使うのがよい。わしの考えのように、葛西・大崎で政宗の働きは格別であった。政宗は前に過失を犯しているから安心することができず、わしの前でなんとかやりなおして、過去の罪科を埋めあわせようとしている気持ちを察して、このたび一揆退治を申しつけたのだが、はたしてその通り大功をあげたわい」といって大いに喜ばれた。家康がこれを聞いて「このたびのご軍法は特に勝れている。政宗をつかわされたのは、まさに以テレ夷ヲ制スレ夷ヲということばを思いだされたものだ」といわれたということである。

妖怪を除く

天正十九年四月十三日、宇喜多秀家の妻が妖怪に侵されて狂乱状態となった。秀吉はその館《やかた》に行き、これは老狐のなせる業《わざ》であることを聞いて、一通の書簡を稲荷の祠宮に投じた。その文には「備前宰相（宇喜多秀家）の妻についている物の怪《もののけ》をみた。これは狐の所為である。なんのためにこのようなことをするのか。実にけしからんことと思ったが、このたびだけは免す。もしこの旨にそむき、少しも反省の色なきときは、日本国中に毎年、狐狩りを仰せつける。天下のありとあらゆるものども、この旨を慎みうけたまわるがよい。さあ、すみやかに除去せよ。委細を吉田の神主に申しつける」と書かれていた。これによって、その妻の奇怪な病はたちまちに治った。

天正年間（一五七三―九二）に、畿内は飢饉にみまわれ、道には飢え死にする者があった。秀吉はこれを聞いてひじょうに心配し、すぐに加茂川や桂川などの堤の普請を始めた。貧民は土砂を運び、その労賃で飢饉の難を遁れたのである。

秀次のうつけ

柳生宗矩《むねのり》は兵法の達人として上京した。無刀で人が斬りかかってくる刀を取ることは比類がないという噂であった。関白秀次はこれを聞いて宗矩を召し「一覧したい」と望んだので、宗矩は「無刀取りのことは、別に相伝することではありません。相手が斬りかかってくるとき、こちらが刀も脇差ももちあわせていない場合は、無刀取りよりほかはないと考え、慰《なぐさ》みにやってみたまでのことでございます」というと、秀次はすぐさま刀を抜いて宗矩に斬りかかられた。宗矩がつかつかと走り寄ってくるところを、真っ向から力まかせに拝み打ちにされた。宗矩はすれちがいざまに足で蹴上げると、秀次がもっていた刀は手から放れ、二間ほど飛んで落ちた。宗矩は、すぐに秀次の拳に取りついて「おそれ多いこと」といって押しいただいた。秀次は「さすがは柳生宗矩」と誉め、すぐに宗矩の弟子となった。その後、秀次は木下半助を通じて秀吉に推薦した。秀吉はこのことを聞いて、「その方が申したようにたしかに申したのか」と聞いた。半助は「申し上げたことに間違いございません」と答えた。秀吉は「秀次のその分別では、わしの後を嗣ぐことはなかなかできぬな。天下を治める身として、白刃で自分の身を斬らせ、それを取ってなんの益があるというのだ。そのようなうつけたことは、大将たる者はしないものだ。わしは天下を治めたといっても、いままでに、自分の刀で人を斬ったことはない。ひたすら、わしは影の存在として、人に人を斬らせるという考えで天下を治めたのだ。秀次は典型的なうつけ者よなあ」とひどく立腹された。

黒田孝高《よしたか》がかつて人にいうには「わしは将棋が好きだ。関白秀次公はわしより少しばかり強かったために、たびたびわしを召し寄せられ、将棋のお相手をした。一番さして関白がお勝ちになると「わざと負けたのか」といって念を押し、「けっしてそんなことはありません」と誓言させて一番一番とお勝ちになるたびに誓言をさせられた。太閤はというと、将棋の駒の動かし方をやっと知っていらっしゃる程度で、天下の将棋上手を相手にして、先方がわざと負けてくれていると知りながら、それを押しつけて勝ったことを喜ばれる。太閤の将棋は無邪気といおうか、おおらかといおうか。それに対して関白はあのような小業では、とうてい太閤の後を嗣いで天下を治められることはできぬであろう」といったが、やはりそのことばの通りであった。

明の大王手打ちの真似

伏見城の松の丸の普請のとき、秀吉が床机に腰をかけ、前に石田・増田《ました》・大谷らがいた。ときに秀吉は、大肌脱ぎになって、石田を切る真似をして一時《いっとき》ほどの間談義があった。真鍋某ははるか遠くにいたが「妙なことだ」とみているうちに、秀吉は奥に入られた。そのあとで真鍋が近習の者たちにようすをたずねると「ああ、そのことでございますか。なんでも天下を秀次公に譲られ、やがて朝鮮に入られ、朝鮮の者を先に立てて明《みん》に打ち入られるとのことです。そのうえまた明国には王を称する者がたくさんいて、そのなかに大王というのがいる由、ほかの王などはどうでもよい、その総大王をお手打ちになさる真似なのです。さしずめ石田は大王になったところです」と語ったという。

秀吉の作り髭

この役で、秀吉が博多の宿陣のときにいうには「明人や韓人は髭《ひげ》を楽しむと聞いている。ところがわしには髭がない。作り髭をつくるよう」と命じた。さっそく細工人を呼んで申しつけた。秀吉は「顔の寸法が必要なら遠慮なく寸法を取ってくれ」といわれる。「それにはおよびません」といって下地を組んで差しだした。秀吉はその大髭をつけて博多の町を押し通り、那古耶《なごや》の城に入った。

明国への執念

この役で、小早川隆景が開城府に在陣して秀吉のご機嫌伺いのために、曾根兵庫を那古耶につかわした。秀吉は曾根を召しだした。曾根は頭を地につけて「隆景が考えますに、十万の兵に渡海を仰せつけられますれば、それを分けて城々に入れ置き、現在、朝鮮在陣の兵十三万で隆景が先手となり、朝鮮を押し払って、明へ打ち入り、北京を攻め取りたいと願っております」というと、秀吉は喜んで「隆景の気象（心だて）としてさもあろう。家康・利家もよく聞いておかれるように。この秀吉は、たとい年齢を重ねて、この遠征の大事のなかで病死するとしても、秀次を大将に守《も》り立て、ぜひ明征伐にかかってほしい。そのときには、わしの亡魂は悪神（悪は猛の意）となって天に上り、黒雲に乗って明国の四百余州の奴ばらを一度にふみ殺すであろうことは確かだ。それについて思いだすのは、真っ赤なざくろを吹いて火にしたという小男がいたが、その名を忘れたぞ」といわれた。施薬院は「それは菅丞《かんじょう》相《じょう》（菅原道真）の御事ですか。かたじけなくも北野天神の御事です」というと、それを聞いて秀吉は「うむ、それだそれだ。その菅丞相さえおのれの一途な想いを通して雷となったということではないか。その男はわしの睾丸の垢ほどもない者だ」といわれた。一座の大小名はみな興醒めしてしまったということだ。

朝鮮の色絵図

この役で、ある人が漢文に通じている者を選んで召し連れ、「漢字漢文のことをよく学ばせられますように」と申しでた。秀吉は笑って「いま、わしはわが国のいろはを万国に行うつもりだ。異国の文字がなんの役にたつものか」といわれた。また秀吉は、朝鮮八道の名を記憶することができない。そこで画工に命じてこれを屏風に描かせ、色で八道を塗り分け、韓国遠征がはじまってからその色図を諸将に送り、それぞれ赤国・青国・白国で通じたという。

演能中の兵糧計算

同じとき、秀吉は自分で能を演じて大小名にみせられた。すでに能が半分ほどすぎたとき、急に「謡《うたい》をまず待て」といわれたので謡を止めたところ、秀吉はかぶっていた面を頭の上に押し上げて「すぐに賄《まかない》の者を呼べ」といって召し寄せられた。賄の者は舞台に伺候した。その場で秀吉は「このたび朝鮮へ軍勢をつかわしたが、予定の兵糧がおそらく足りまいと思うので、いそいで倍用意せよ」と命じられた。すぐさま舞台に祐筆《ゆうひつ》を召して文書を書かせ、朱印まで押して、そのあとはまた元のように面を顔に下ろして能を最後まで舞われた。

厳島社の投げ銭

天正二十年（一五九二）四月、秀吉は安芸《あき》に行って、厳島《いつくしま》神社に詣で、百枚の銭を投じて占《うらな》っていうには「私が明に勝つようなら銭の表が多くでるように」といいながら投げられた。すると銭はみんな表ばかりでた。みんなはひじょうに喜んだ。これは前々から二つの銭の裏を糊で貼《は》りあわせておいたのである。

大志と兵員の不足

秀吉ははじめ征韓の陣触《じんぶれ》のときに「朝鮮八道はいうまでもなく、明国四百余州を攻め平げ、それから天竺《てんじく》を攻め取り、道さえあれば地獄極楽まで打ち入って、牛頭馬頭《ごずめず》の鬼を征伐し、一万億土の阿弥陀如来・閻魔《えんま》大王までも日本に降伏の挨拶をさせたい」といわれた。その後朝鮮から援兵を要求してきたが、秀吉は徳川家康・前田利家らといろいろ相談したが、京・大坂の守護の十万は国内の警固に必要であり、那古耶在陣の十万はまだ送るわけにはいかず、どうしたらよいかと議しているのを、秀吉はじっくりと聞いていて「わしは仏縁つたなくして、日本のような小国に生をうけ、ここまで勝ち進んできた異国征伐なのに、兵力が不足なために念願を果たしえないとは無念至極だ」といって涙をはらはらと流された。これをみていた人は、その大胆さに舌を巻かぬ者はなかった。

朝鮮への兵糧送り

この役で、わが軍の兵糧がなくなり困っているため、いそいで米を運ぶようにといってきた。船のほとんどが朝鮮に行っていたため、すぐには運送することができず、どうしたものかと評議したが、秀吉は「それは簡単なことだ。大坂・堺その他の国々の商人どもに『朝鮮で兵糧米が必要だ。朝鮮へ運んで売れば、日本の売値の倍で買い取る』と触れればよい」といわれたので、諸商人は喜んで朝鮮に米を運んだ。そのため、日本の米の値段も高値となり、双方とも好都合に運び、商人はもうけたのである。

広大な胸懐

秀吉はかつて「世界の果てをみてこい」と申しつけて船をだした。その者は数日の後に帰ってきていった。「海水の色の赤いところがあったり、青いところがあったり、また黒いところがありました。これは日の反射によるものです」と。

秀吉は鶴を好み、飼っておいた。番人があやまってその鶴を逃がしてしまった。そこでそのいきさつをのべて罪を請うた。秀吉は「この鶴は他国に行ってしまったのか」と聞いた。「飼鳥ですので遠くへ飛ぶことはできますまい」というと、秀吉は笑って「わしの手のおよぶところなら、みな同じ囲《かこい》のなかだ。このなかで失ったのなら、また手に入れることもできよう」といって、その番人をゆるした。

秀吉はつねに近臣にむかって「天下にはわしにそむく者はあっても、わしに勝つ者はない」といった。

無腰の秀吉

文禄五年（一五九六）七月十二日、大地震で伏見城の楼閣がことごとく破損してしまった。家康はいそいで登城して秀吉に対面し、無事であったことを賀し、またすぐ「天皇のご機嫌を伺うべきでしょうか」というと、秀吉も「わしもそう思っているところだが、このような大事で陪従《べいじゅう》の者がまだそろわない。さいわいのことに徳川殿、ご一緒にまいろう。貴殿の従士をお借り申そう」といって、家康の陪従だけで、ともに出立した。秀吉は「久しい間、刀をもたないので、きょうは特に腰の辺が重くてたえられぬ。貴殿の従臣の誰かにおもたせ下され」というので、家康がみずからもたれると「それではかえって心苦しい。どうか家臣の者に渡して下さるように」というので、井伊直政に渡された。そうこうしているうちに秀吉の家人《けにん》どもがだんだん馳せつけてき、駕輿《かご》も運んできたので、秀吉がかごに乗ろうとするとき、家康の供に列していた本多忠勝を呼び「汝らの腹のなかでは、きょうこそ秀吉を討つ絶好の機会と思ったであろう。しかし汝らの主《あるじ》家康は、すでに懐のなかに飛び込んでいる鳥を殺すようなことはしない人だ。わしは汝に刀をもたせたいと思ったが、おり悪しく遠かったため間にあわなかった。実に残念なことだ。汝にもたせたら、さぞおもしろいことになったろうのう。こう思うのは、汝らは結局、小気者（血気にはやる小人物）だからだ。のう、小気者よ、小気者よ」と笑いながら輿に乗られたので、徳川四天王の一人に数えられた忠勝も一言も発せず、ただうつぶしていたという。

醍醐の花見

慶長三年（一五九八）三月、秀吉は前田玄以を召して「京の商人どもは豊かにすごしているか。また生活に困っている者はあるか」と聞くと、玄以は「今年は、京は特別に繁昌しております。それはいつになく当春は花見遊山に行く者が、野も山も所せましというほどになっております」といった。秀吉はこれを聞いて「それは繁昌しているのではない。実は大きな衰微の兆《きざし》だ。そのわけは、諸大名が輻湊《ふくそう》していて、なにかと事が多いときは、いろいろ物をこしらえるために、商人は少しも遊山するような暇がない。今年は大小名に日ごろの労を休めるために暇をだしたので、みな京を離れて在国している。そのため、商人どもは客がなくて暇だから、あちらこちらにまわっているのであろう。こんな調子なら、いよいよ京は衰微するであろう」といって醍醐の花見を催された。そこで、大小名で大坂城・伏見城から醍醐までの警固にでるほどの者は、上下を問わず衣服やその他の物を新調したので、京中はもちろんのこと、畿内は大いに潤った。

秀吉は伏見城にいたとき、鳥銃《てっぽう》四、五十発ほど放つ音が聞こえた。伺候の人びとはみなこれを怪しんだ。秀吉は少しも驚かない。「大名たちが鳥を打ちにでての帰りみち、玉薬を打ち抜いたのだろう」と笑っていった。さっそくようすをみせにやると、やはりその通りであった。その大名はこれを聞いてひじょうに困り、一、二日すぎて秀吉に謁したところ、秀吉は「この前の遊びはおもしろかったか」といわれて、少しも怒っておられるようなようすではなかったという。

陣小屋を見回る

秀吉はある軍陣のとき、馬回りの陣小屋を見回ることがあったが、たまたま鼓を打ち謡《うたい》をうたう声がするところがあった。立ち寄って垣のかげからみると、なかには武者が三人いる。一人は具足櫃《びつ》に腰かけて鼓を打ち、一人は扇をもって謡っている。もう一人は盃を控えてちびりちびりとやっている。それぞれみなちゃんと甲冑を身につけているのだ。供の者は、秀吉がこれをみたら機嫌を損ずるだろうと気をもんでいると、そうではなく「あれをみてみろよ。退屈しない奴らだのう」と笑みを含んで「それぞれあの奴ばらに酒をやれ。そしてあまり食いすぎ、酔いすぎぬようにといってやれ」といわれ、そのまま通りすぎられた。また別の軍陣のとき、同じように陣小屋をみてまわると、少し明地《あきち》がある。いかにも青々と菜が芽生えているところがあった。これをみて「さてはこのたびは長陣と考えたな。退屈しないために植えたのだわい」といって白米を賜った。

淀川の洪水

ある年、洪水で淀川の堤が切れたとき、秀吉は巡視にでて、そのままにしておけば、山城・摂津が海のようになるのを察し、みずから土俵を運ぼうとして、宮部継潤《けいじゅん》の家臣の友田左近右衛門を多くの人のなかから選びだし、相肩《あいかた》（担ぎの相棒）にして土を運んだ。そういうことからであろうか、供の大小名をはじめ僧俗男女を問わず、われもわれもとでて働いたので、たちまち堤ができ上がり、大水を堰《せ》き止めた。当時の人びとは、友田を「太政大臣と相肩した奇特人だ」といったということである。

前田利家への信頼

秀吉が大仏に行ったとき、前田利家は持病で供をしなかった。途中で「利家は謀反を企てておりますので、ご用心なさいますように」と訴える者がいた。秀吉は「なんという憎い奴だ。わしが死ねば、かならず落涙するあの利家のことを、このようにいうとは憎い奴だ。すぐに搦《から》め取って利家に渡せ」といわれ、寺西筑後守に命じて、その者を利家に賜った。利家はかたじけなく思い、その者を糺問し、やがて利家がお礼言上にでると、秀吉は涙を流して、「その方を秀頼の傅《ふ》（お守《も》り役）に頼んだので、わしとその方との仲を悪くしようと思っての小賢《こざか》しい謀かもしれぬから、よく糺明するように」といわれたので、利家は感涙にむせんだ。

高野山の浪人

ある年、高野山に諸浪人が集まったことがあった。お伽衆《とぎしゅう》の一人が、気になりますといった。秀吉はこれを聞いて「少しも心配することはない。集まるにもいろいろなところがあろうものを、別のところに集まらずに高野山に集まるというからには、おそらくそれは、長袖《ちょうしゅう》（公卿や僧侶の蔑称）のような柔弱な浪人であろう。気をつかうことはない」といった。

これを聞いて「これまで戦場において、ついぞ一度も遅れを取ることもなかったわれわれが、長袖のような者といわれては残念至極」といってさっそく退散した。秀吉の腹のなかは、早く退散させるために、このようにいったのだという。

大坂城元日の賀

秀吉は大坂の城で、正月元日に諸大名から新年の挨拶を受けた。そのころは玉造口《たまつくりぐち》大手でその礼が行われた。元日に諸大名が未明から千畳敷に集まる。その座敷にはまだ有明行灯《ありあけあんどん》がともっていて、火鉢には池田炭をおこして、いくつも置いてあった。ほぼ大名衆がそろったころに、秀吉は寝衣《ねまき》のまま乱れ髪で孝蔵主《こうぞうす》（秀吉の侍女であった尼）に刀をもたせ、一人の女房に手燭をもたせてでてき、「おのおの方、ずいぶん早く出仕されたな。今朝はひとしお寒い。まずよく火にあたられるがよい。さぞ寒かったであろう。まず酒を一つずつ呑まれよ」といわれたが、前々から申しつけてあったことゆえ、そのことばが終わりもせぬうちに小姓どもが、燗酒《かんざけ》に盃を添えてもってきた。「まず一つずつ」といって酒を賜り、「それならば座敷を決めよう」といって、徳川はどこ、前田・宇喜多はどこと、その座を決め「どれひとつわしも支度をしてご挨拶を受けよう」といって入っていった。そうしてでてきて礼を受けられたという。

立花宗茂の謁見

立花宗茂《むねしげ》が大坂に上り、秀吉に謁見したとき、殿中で前もって銀子百枚を台にならべて置き、表にでて待っていたところへ、意外にも奥のほうから騒がしい音が聞こえてきたので、なにかと思っていると、乳人《めのと》が秀頼を抱き、童女もまじえて、秀吉は帯を解きひろげ、大小を孝蔵主にもたせて、秀頼が雀の子を逃がしたのを追いかけてでてきた。そのとき宗茂をみて、「そなたは立花か。見舞いにきてくれたのか。この銀子は土産なのか。それはそれは過分なこと」といって、自分でその台の銀子一枚をはぎ取って「これはわしが頂戴するぞ。残りはその方がもって行け。京都は特別におもしろいところじゃ。この銀子を持参して上京し、ゆっくり遊ぶがよい」といわれたということである。

信玄・謙信と秀吉の比較

土屋検校がいった。「甲州者がいうには『信玄がもし長命だったら天下を取っただろう』と。そのとき私もそう思ったが、いま思うとそうではない。そのわけは、佐野天徳寺が信玄・謙信に目見得《めみえ》にでたとき、両人ともにきちんとした挨拶で、天徳寺は顔を上げて顔をあわせようと思っても、その威に押されて、とてもできない。ところがその後、天徳寺が秀吉に目見得に出たときに、紹介すると同時に『天徳寺、ようこられたな』といって傍に寄られ、『さてもさても久しくお会いしなかった、よくきて下された』とばかりに膝をたたいて、特にねんごろなもてなしであった。だから天徳寺は、しみじみと秀吉をありがたいと思ったといった。これから考えてみると、このような器量だからこそ、人も親しみを感じ、また天下もおのずから掌握できたのであろう。信玄・謙信などとは違う」と。

秀吉の家臣で暇を願いでる者があれば「暇乞《いとまご》いとしてここにでよ」と呼んで、自分の手で茶を立ててもてなし、そのうえで、脇差などを与え、「どこへ行っても、思わしくなければまた帰ってこい。いつでも抱えてやるぞ」とひじょうにねんごろにおっしゃって、その者に暇を賜った。そして職にありつけずまた帰ってくる者があると、本地を与えて、もとのように召し使われた。

代官の勘定

秀吉は代官の会計検査をするようにと、増田長盛・石田三成に命じた。その後「会計状態を調べたか」とたずねると、両人は「三上与十郎が……」というだけで、他はいいかねているので、「どんなわけがあるのか」と重ねてたずねた。すると、「だいぶ使い込みがあります」と答えた。「どれぐらいか」と問うと、「十万石ほどです」という。秀吉は「わしの目鏡違いで、両人のような者に会計調べをさせてしまった。与十郎が那古耶に供したときに、召し連れた兵のようすをみたか。それを考えれば十万石ぐらいの使い込みでは足りないぐらいのものだ。天下の奉行ともあろう者が、これほどのことがわからぬのか」といわれた。

大坂に普請があったとき、その会計がはかばかしくなかった。秀吉は「さだめし、材木などで暴利を得させまいということからであろうが、彼らがもっている宝も、わが家にある宝と同じことだ。わしの威勢でこれを取るのに、誰がそれを拒否できるか。早く事を終えよ」といわれた。

秀吉の大様

秀吉は外にでるたびに大財布に銀銭を入れてもって行き、途中で遊んでいる子供や、物乞いたちに全部まき与えて帰った。また金蔵に金銀を充満させてあるのを〝蔵払《くらばら》い〟と名づけて、二度までも取り出して大名に配分した。そしていった。「金銀をたくさん積んで置くのは、よい侍を牢に押し込めて置くのと同じことだ」と。そして残らず開けて与えてしまった。また秀吉は、諸大名に加増を賜るのに、少しずつではなく、一ヵ国とか二ヵ国などとまとめて賜った。ある者が「そのようにしてはお蔵入りが少なくなってしまいます」というと、秀吉は「自分が天下を取れば、大名にやるといってみても、みなわしの国である。その蔵入りがなければ、毎日、諸大名から一飯を養ってもらえばすむことだ」といわれた。

秀吉は、諸大名で勝手元に詰まっている者があると聞けば「誰それは不如意《ふにょい》らしいから、普請を申しつけよう」といわれる。その普請というのは、たとえば二百人でする程度の普請を、四百人ぐらいの見積もり人数で扶持方（費用）を渡し、その大名の国元をでた日をはじめとして、普請が完成するまでの間の扶持方を前渡しするので、普請は合力（扶持以外に米銭を与えること）のように思えた。また合力は四百人ぐらいのこととしておいて、二百人ぐらいの普請ができれば、自他ともによいという考え方なのである。

頼朝の百倍の功

秀吉が諸臣と古今の人物を評論していたとき、諸士はみなそろって義経の一の谷・屋島《やしま》の戦功を誉め、名将だといった。秀吉は「義経は少々勇はあるが、威儀（貫禄）が備わっていない。それでは将帥《しょうすい》の器《うつわ》とはいいがたい。なぜなら、屋島の戦のおりの梶原景時との逆櫓《さかろ》の論をみても明らかだ。頼朝の弟で特に軍の総帥格なのだ。それなのに、梶原が義経を称して猪武者などといったことがあるのをみてもわかる。これはひとえに義経に威儀がないことによるのだ。誉めるにはあたらぬ。ただむかしから戦功が特にすぐれているのは、わしと頼朝だけである。しかし頼朝は源家の嫡男であるから、立場上、功を立てやすい。ところがわしは、身分賤しき一介の身から、応仁以来糸のように乱れた天下をことごとく打ち平らげ、いまは天下を掌握している。だからわしの功は、頼朝より百倍も上なのだ」といわれた。

五腰の刀に人柄を明察

秀吉は伏見で、ある日、広間にでられたときに、五腰の刀をみて、「ためしにそれぞれ持ち主の名をいってみよう」といって、一つずつ指さしながら名をいわれたところ、少しも間違わなかった。前田玄以が「殿はまことに神智の持ち主でいらっしゃいます」と驚いていうと、秀吉は笑って「なんのことはない。宇喜多秀家は美麗を好むから黄金をちりばめた刀であろう。上杉景勝は父の代から長刀を好んでいる。だから長い刀を景勝の持ち物だと見当をつけた。前田利家は又左衛門といっていたころから魁殿《かいでん》（さきがけとしんがり）の武功によって、いまは大国を領しているが、昔を忘れずに革をまいた柄《つか》の刀、これは利家をおいて他に持ち主はないと思った。毛利輝元は異風好みであるから、一風変わった飾りの刀であろう。徳川家康は大勇で、一剣を頼りにするような気持ちはない。別にとり繕《つくろ》うこともなく、また人の目を引くような刀でもないのこそ彼の志に叶っている。こういうことから、察したのだが、すべて違わなかっただけのことだ」といわれた。

松茸の二話

ある年八月の末に、秀吉に東山に松茸がたくさんでて見事であると告げたので、それでは近日、茸狩りに行くことにしようといわれた。そこで松茸を取らないようにと、見張りの者を行かせたが、早くも京中の者たちがすでに松茸を取ってしまい、残り少なくなっていたので、諸方の山々から松茸を取り寄せ、一夜のうちにそれを植えて置いた。さて秀吉は、女房たちを多く召し連れて、松茸を取り、きわめて上機嫌であった。女房たちは「取れたといっても、自然にでたのと、植えて置いたのとはまったく違うのに、殿様はそれがおわかりにならないのか」と思って、ひそかに、そのことをお知らせすると、秀吉は笑って「そのことは早くからわかっていたが、わしの機嫌をよくしたいと諸人がしきりに願う心は、何に替えることができよう。もう何もいうな、いうな」と手をふられたという。また山城のうちの山里というところを梅松という坊主に預けられた。すると、新たに松を植え、まもなく松茸が生えたといって献上した。秀吉は笑って「わしの威光はまことにさもあろう」といった。その後、数度献上した。実はここに生えたのではなく、他から買い求めて献じたのである。秀吉は近臣に「松茸を献ずるのはもう止めさせよ。生えすぎだ」といわれた。

割粥と越前綿

秀吉が高野山に登ったとき、割粥《わりがゆ》（米を小さく割ってつくった粥）をだすようにいわれた。しばらくして料理人が調進した。秀吉は喜んで「高野は臼がないところである。わしが粥を食うことを知って臼をもってきて用意したことは、料理人としてまことに才覚のある致しようである」といった。しかし実は臼をもってきたのではなかったのである。にわかに多くの人数で俎板《まないた》の上で割って、割粥にしたのである。のちに物語のときにこのことを申し上げると、秀吉は「そう聞けば、いささか腹がたたぬわけでもないな」といって「高野でいつも食する普通の粥をだしたって、いっこう差しつかえはない。わしの権勢からすれば、米を一粒ずつ削《けず》って食うというような特別手間をかけた食い方だって心のままではあるが、そのような贅沢三昧はしないものだ」といって叱られた。また尾張の中村は生まれ故郷であるから、諸役年貢を永代免にしてあった。そして中村からの年頭の祝儀としては、大根・ごぼうを献上するように命じた。さて、朝鮮の陣の三年目に秀吉が大坂に帰城すると、中村から今度は朝鮮を切り取られた祝儀として越前綿を大台に積んで献上した。秀吉は「日本はいうまでもなく、朝鮮までも切り取ったのだから、何一つこと欠くものはない。中村の百姓どもには、いままで永代作り取りという資格を与えておいたわけだが、早くも奢《おご》って高価な越前綿をくれた。これはたわけ千万の仕儀だ。ごぼうや大根は国の名物で珍しく思い、内心心待ちしていたのだが、その期待に反して不届き至極。今年から年貢を上納させるよう」と厳重に命じられた。

豪邁の気魄

秀吉はかつて、自分の前で物を書かせたことがあった。執筆の者（祐筆）が醍醐の醍の字を忘れると、秀吉は指で畳に大の字を書いてみせ、「お前がその字を知らなければ、このように書くがよい」といわれた。また発句《ほっく》の会があって「奥山に紅葉踏み分け鳴く蛍」というと、里村紹巴《じょうは》は「蛍は鳴く虫ではありません」という。それを聞いて「蛍に声はなくとも、わしが鳴かせようと思えば、鳴かさずにおくものか」といわれた。また近臣に問うていった。「人はみなわしの顔を猿に似ているというが、まことか」と。近臣は「いいえ、猿の顔が殿に似ているのでございます」と答えた。その気魄の豪邁なことは、かくのごときものである。

秀吉は無学な人であったが、つねにお伽衆《とぎしゅう》として碩学《せきがく》の僧や博聞の者を召して、横になりながら咄《はなし》を聞き、国の治め方、天下を平定する道、敵を擒《とりこ》にしたり、城を攻める策などをたずねた。それぞれ和漢の書物に書いてあることをあげて答えた。そして自分の心に叶うことがあれば、すぐにそれを実行した。

国政の要諦

秀吉は「国の病気を癒《なお》す三つの妙薬がある。一つは天を畏《おそ》れ、二つは身を修め、三つは倹約を守ることである。また禁ずべき物は四つある。一つは私意をほしいままにすること、二つは邪欲をたくましくすること、三つは物事に怠りを生ずること、四つは非義（理に叶わぬこと）を行うこと。この四つを除き三つを用いれば、国の病気が生ずることはない。また加減関白円というものがある。正直五両・堪忍四両・思案三両・分別二両・用捨一両・禁物・無理・慮外・過言・無心・油断」といった。

近臣への教訓

秀吉は日ごろ近臣への教訓として「大酒を飲んではならぬ。朝寝をするな。物に退屈してはならぬ。女に心をゆるすな。少しのことでもよく考えよ。愚痴な者は警戒せよ。自分の行く末を思って争いごとをするな。公儀を重んぜよ。火を慎め。心に関所を設けよ。苦を楽にするように、また楽のときに苦を思え。貴人は無理なことをいうものと思え。主人は配下の者に慈悲深くあれ。また配下の者は家を修めろ。人間たる者、義理を大切にしろ。天道を恐れよ。裁判沙汰は起こすな。婦人は憐むべきである。かりそめにも嘘をいうな。人は何事にも根気よくあたらなければならぬ。淫欲はほどほどにしろ。死後のことを考えろ。他人の将来を十分に見届けよ。他人に戯れすぎてはならぬ。また酔っ払いには、避けて道を譲れ」。

将たる者の心得

秀吉がいうには「わしが世の中をみるに、君臣朋友の間でも、みなわがままなところから不和になるようだ。自分が好むことは他人が好まぬものである。家来でも同じで、いやがることが多い。将たる者はこの点に気をつけ、自分と同じような近臣を選び、ひそかに自分の目付として頼んでおき、ときどき意見をしてもらい、自分の行いの善し悪しを聞いて、万事に気をつけることが将たる者の第一の要務である。この心得がなければ、自分の過失がわからずに、しだいにその過失は大きくなり、諸人から疎まれ、家を滅ぼし、身も失うものである」と。

遺　言

秀吉が死に臨んで小出秀政《こいでひでまさ》・片桐貞盛《かたぎりさだもり》にひそかに諭したことは「わが家が滅びないように計ろうとするならば、わが日本にとっての禍《わざわい》がすぐにも起こるであろう。あれやこれやと思いをめぐらしてみると、この七年間、朝鮮と戦をし、明《みん》と戦い、わしがあの両国に恨みを買うような結果となったことは、わしの生涯の過失であった。わしの死後、かの国にむかった十万の軍勢、おそらく一人も生きて帰ることはなかろう。もしひょっとして帰ってくることができたとしても、かの両国から、この年月の恨みを晴らそうと思わぬはずはない。元《げん》の世祖がわが国を侵そうとしたのが近き例である（元寇）。この期《ご》におよんで、わしなき世に、誰がいったい日本国がびくとも動かぬように謀ってくれる者がいようか。このことをよく計りうるのは、江戸内府（徳川家康）のほかにはあろうとは思えぬ。この人が今後いよいよわが国のために大功を立てられるならば、神明もその功に感じ、聖王もその勲を賞されて、万民もその徳になつき、その威をおそれ、天下はみな自然と徳川殿の家風にしたがってしまうであろう。そのとき、なまじっかわしの旧恩を思う者が、幼少の秀頼を輔佐して天下を取ろうと謀り、徳川殿と合戦をするようなことになれば、わが豊臣の家はおのずと滅びること、きわめて近き将来にある。その方らが、もしわが家が絶えないうちにと思うなら、心して徳川殿によくしたがい仕え、秀頼のことを悪く思われぬように計ってくれ。そうすればわが家も絶えずにすむかもしれぬ」と遺言した。

秀吉がいうには「世人は死に臨んで遺言するが、病気がひじょうに重いときは精神も混濁して、まともなことをいうこともできなくなるものだ。わしはこれに反して平安無事なときに遺言しておこう」と前置きしていわれるには「昔から、正しいときにははじめは弱くとも、後になってかならず強くなる。邪《よこしま》のあるときは、はじめ善くっても、後になってかならず害が生じるものだ。慎まなければならない」ともいった。

黒田孝高《よしたか》（如水）

美濃守職隆《もとたか》の子。勘解由《かげゆ》次官、のち髪を削り如水円清《じょすいえんせい》と号す。豊前国六郡に封じられて、中津城に住む。慶長九年（一六〇四）三月二十日没。年五十九。

孝高は幼名を万吉《まんきち》といった。七歳のとき、父職隆は彼を寺に入れて書を学ばせた。孝高は生まれつき紙筆を好まず、ただ弓を射ることと馬に乗ることばかりしていた。十四歳のとき母を失い、悲しみのあまり慟哭《どうこく》するその様は人なみはずれていた。十七、八歳から和歌を嗜《たしな》み、ひじょうに精をだした。僧円満がこれを諫めたので、歌道修業を中断し、それからというものもっぱら弓矢の道に励むようになった。

信長に一味す

小寺藤兵衛政職《まさもと》が、ある日、部下の者と老臣を集めて「いまの天下の形勢をみると織田・毛利・三好の三家が鼎《かなえ》の足のようになっている。どちらへついて家を興したらよいか。おのおの心底をかくさず申してみよ」といった。すると孝高が進みでて「今後天下の権力を握るのは、かならず織田でしょう」といった。「それのわけは」というと、「三好は主君を殺した罪がありますので、天はきっと三好家を滅ぼすでありましょう。毛利は一門に吉川《きっかわ》・小早川《こばやかわ》の両翼があるとはいっても、輝元が国元にいますから、軍法は、はかばかしくありません。それにひきかえ信長は、尾張の半国から身を起こし、足利義昭を取りたてて将軍にさせたことから、諸人が心を寄せるようになり、いまでは早くも山城も手に入れてしまいました。後年、天下の権力を執《と》るのはかならずこの人でしょう」といった。一座の人びともみな、これを聞いて同意したので、さっそく孝高を使として信長に一味する旨を告げた。それは天正元年（一五七三）七月のことである。信長はひじょうに喜び、いろいろと語りあって時をすごした。そして帰るときになって信長は「そのうちわしが中国を伐《う》つときには、かならずそなたを先鋒にしよう」といわれた。孝高は承諾して帰った。このとき木下藤吉郎秀吉の英姿に会い、たがいに心を通じあい、助けあうことを約束した。五年、秀吉が播磨《はりま》に下向したとき、孝高は阿弥陀《あみだ》ガ宿《しゅく》に出迎えて、姫路城を掃除して秀吉を迎え、中国にむかって弓矢を取ることについての三策を決めた。秀吉は孝高の智謀に感心して、盟書を取り交わして兄弟の約を結んだ。

良平

孝高は竹中重治《しげはる》とならんで秀吉の機密談合の相手であった。頭の回転が早く、いつも常識にとらわれない、おどろくようなすぐれた策をたてた。そのため、幕下の者たちはこの二人を評して「良平（漢の高祖の謀臣であった張良と陳平）だ」といった。

信長、本能寺の変報

天正十年、秀吉は高松城を攻めて毛利の軍と対陣していたところに、六月三日子《ね》の刻（午前零時）に、京都の長谷川宗仁《そうにん》から孝高のもとに飛脚がきて、信長の本能寺の変を告げた。孝高は飛脚に向かって「お前は、なんと早くきたことか。このことはけっして人に話してはならぬ」と堅く口止めして秀吉の前にで、その手紙を披露した。秀吉の悲しみは深かった。しばらくして「その飛脚がこのことを、万一、人に語れば、それが敵に洩れ聞こえて都合が悪い。いそいで殺せ」と命じた。孝高は心のうちに「この飛脚がわずか一日半で六十里（約二百四十キロ）の道を馳せきたったということは、まさに天の使いである。そのうえ殺すべき科《とが》もなく、逆に早くやってきた功ある者だ」と考えて、自分の陣に連れ帰り「このことは絶対に人に語ってはならぬ」と制して、隠し置いた。このときのことだが、秀吉が、この信長の変を聞いて、まだなんともことばにださぬうちに、孝高はするすると側に進み寄って、秀吉の膝をほとほと打ち、にっこと笑いながら「君のご運が開かれる手はじめでございますな。うまくなされませ」といったという。このことがあってから、秀吉は孝高に心を許さなくなったということである。

秀吉、姫路素通りで直行

秀吉は信長の弔《とむらい》合戦をしようとして高松城から引き返したとき、姫路に立ち寄るだろうと人びとは思っていたが、孝高は「姫路に馬を駐《とど》められることは、少しの間でもよくはありません。かりそめの旅でも、家をでるのは遅れがちになってしまうのが人情です。今回は主君の仇をお討ちになるための軍です。筒井・細川をはじめ明智と親交のある者どもが馳せ加われば、大変な大事となります。この連中が、どうしようかと考えがまだきまらぬうちに、いそいで押し上って行かれますように」といったので、「よくもそこまで思い謀ってくれた。一人でも姫路に寄る者があれば、すぐに誅する」と触れをだされた。孝高は事前に人を走らせ、姫路の町人たちに命じて、河原にでて、粥《かゆ》を支度して、軍兵《ぐんぴょう》をもてなすようにと伝えたので、飯《めし》や肴《さかな》を河原にもちだして待ち受けていた。そのため、姫路城には立ち寄らずに、山崎表へ押しだして行かれた。

楠木正成の再誕

このとき孝高は小早川隆景をみて芸備の旗を借り、秀吉をうながして帰った。山崎の役では、光秀はすでに勝ちめがなかった。黒田・小早川二氏の旗を望見してひじょうに驚き、二氏がその軍勢をひきいて駆けつけてきたと思い、甲《かぶと》をすてて東へ敗走してしまった。秀吉は孝高を「楠木正成の再誕だ」といって誉めた。しかし、孝高は深くこのことを反省した。

長宗我部元親の策を見抜く

天正十三年、南海（四国）の役で孝高は、讃岐《さぬき》植田の城を攻めようとして見分した。翌日諸将にむかって、「この国の敵をみると、はかばかしい者はいない。国中の痩城《やせじろ》などを攻め落としてみても、その戦功をたてたというわけにはならぬ。元親《もとちか》（長宗我部）は阿波にいるから、まず阿波に行き、大和秀長と相談して、土佐方の兵を攻め撃とう。阿波の敵が落ちてしまえば、讃岐の敵は戦わずに分散するであろう。無用のところに力をだして戦っても無益なことだ」といったので、おのおのこの議に同意して阿波の国に行った。元親は阿波の大西《おおにし》の邑《むら》にいて、植田の城を築き、池田由良《ゆら》山に間《あい》の城を築いて、おとりの兵を置き、敵の大軍を誘引して植田のせまいところに入れて城を攻めさせ、元親は阿波から神内《こうない》の鯰越《なまずご》えをして兵をだし、軍をわけて間道をまわり、敵の前を撃ち後を襲い、夜戦をもってその隙に乗じて勝ちを得ようと計画したが、孝高はその謀《はかりごと》を察し、植田の城へは行かずに阿波の軍に加わった。元親は、植田の城を見分したのは黒田孝高自身だと聞いて歎いていった。「相手がもしも宇喜多秀家であれば、大兵を頼みとして驕《おご》るであろう。また仙石秀久ならば、去年、引田《ひくた》の戦に負けているから怒りを発して迫るであろう。この両将を誘《おび》引き入れて植田の城に迫らせて、わしは阿波からでて方策をたて、日ごろ身に修めた軍功を顕して、上方の眉目にしようと計ったのに、思いがけず黒田官兵衛（孝高）という古兵《ふるつわもの》に見破られ、こちらの謀が水泡に帰してしまったとは無念千万」と。

阿波岩倉を攻略

この役で三好秀次は阿波国岩倉の城を攻めた。孝高は讃岐から到着した。秀次は喜んで彼を参謀長にした。孝高は「険要の地勢ですから、人力をもって城を攻めるべきではありません。まず謀をめぐらして、敵の心を屈せしめ、調停によって城を降すようになさるがよろしゅうございます。この旨を秀吉公に申し上げられますように」といったので、すぐこの旨を秀吉公に上達した。秀吉は書を賜って、謀は大小を問わず、すべて孝高に任せられた。孝高は「一つの謀があります」といって材木を集め、城外の楼からたかだかと櫓《やぐら》を組み上げ、その上から城中を見すかし、あちらこちらから大銃《おおづつ》を仕かけて、一日に三度ずつ鬨《とき》をあげて撃ちかけた。相手の城は険要であり、守将は長宗我部《ちょうそかべ》掃部頭《かもんのかみ》、大剛の聞こえがあり、また城兵は勇者であるとはいっても、四万余の大軍が山野一面に陣取り、同時に鬨をあげたので、大山も崩れんばかりである。城中の兵は機先を制せられて、降参しようと心を動かしはじめた。孝高はこれを察して調停を入れたので、何ごともなく敵は同意して城を明け渡し、兵を引いて土佐に帰って行った。孝高の謀によって兵力を労せずに、わずか十九日でこの城を取った。

豊前六郡に封ぜらる

秀吉は畿内と中国を平らげたが、この攻略戦における孝高の功はきわめて大きかった。やがて九州が平定するにおよび、秀吉はつくづくいった。「このたび九州をわが一手に握ることができたのは、孝高の才覚による」とのことで、その賞として豊前六郡に封ぜられた。

子長政に戦の道を諭す

孝高の子長政は豊前国城井谷《きいだに》の城主宇都宮中務少輔《なかつかさのしようしよう》鎮房《しげふさ》と戦って、大いに敗走したのを、孝高は、馬の岳の櫓に上ってみながら笑っていたが、そばから「危のうございます。早くご加勢なさいませ」と口ぐちにいったが、「いやいや、引き遅れた味方が一丸《いちがん》となって、しずしずと道を引き退いているのは吉兵衛（長政）であろう。危うげなようすはない」といわれたが、その通り長政は何ごともなく、引き返した。長政は敗軍を口惜しがって引きこもり、夜具をかぶって寝てしまった。孝高は、長政の腹心の者を呼んで、「弱敵を恐れろ。はじめの勝利をこそ勝ちとするのだ。勝ちすぎると勝ちに乗じてかならず敗北の基になる」と戒めた。長政は「面目ない」といって父の前にもでなかった。孝高は「さては死を期しているな」と察して、老功の者を多く長政に添えて、はやった行動にでることを禁じられた。一揆がまた上毛《かみつけ》郡に押し寄せたので、長政は火隈《ひぐま》の海近くの山に上り、待ちうけて、思うがままに引きうけ、全軍こぞって敵前に乗りだし、馬の足場もよかったので、縦横に敵中を乗り割り、一揆が敗北するところを追いたてた。敵は、鬼木・塩田などという者が討たれてちりぢりになったが、長政は塩田内記をみずからの手で討ち取り、なおも駈けようとしたのを、老兵どもが馬から飛び下りて押さえ、陣立てを整えた。翌日孝高は、火隈に行って長政と対面し「若い者は、懲《こ》りるということがなければ、考えも練れぬものだ。最後の勝ちを得るにはどうすればよいかを考えよ。ただ勝つことばかり思っていると、敗けてしまう。良将というのは、時を頼みにし、いかにも緩《ゆる》やかにみえるが、軽率な戦はしないから、ついには勝利を得るのだ」と教えられた。長政はまた押し寄せようといったのを、孝高は制して、要害を設け、兵糧の道を塞いで馬の岳に帰って行かれた。

厳然たる肥後の仕置き

天正十六年、肥後に一揆が起こった。そのため佐々成政《さっさなりまさ》は死を賜って除封された。そして肥後への上使として孝高と毛利壱岐守勝信を、その警固として生駒雅楽頭正親《いこまうたのかみまさちか》・立花左近将監宗茂らをつかわされた。隈部《くまべ》但馬守親長《ちかなが》・同式部親安《ちかやす》・同次郎親房《ちかふさ》父子は、前から山鹿城《やまがじょう》村の城にたてこもっており、そのほかの土豪連もそれぞれ自分の領地にこもっていた。そこで上使は使者をやって「おのおのへ上意の趣を申し伝えるから、藤崎の八幡宮にまで参会されたい。おのおの方におかれては、心配せずに小人数でこられるように」と触れさせて、この両人もまた小勢で出向いて行った。そして孝高・勝信は土豪連に対面した。孝高は「このたびの一揆は、上（秀吉公）に対してお恨みがあってのことか、それともまた佐々成政に対しての遺恨があってのことか、その辺を詳しくお聞かせねがいたい」というと、面々はうち揃って「少しも上に対してお恨みはありません。ただ上より本領安堵《あんど》を仰せられた領地を、佐々氏が無理に点検しようと申されたので、あまりのやり方に止むをえず、闘争におよんだのです」と答えた。孝高は「おそらく、さようであろうと存ずる。上におかれても、そのようにご推量あって、おのおの方もご存知の通り、佐々成政へは切腹を仰せつけられた次第です。それというのも佐々は法外なやり方であったためです。しかし、おのおの方の相手であった佐々をこのようにご成敗なされしうえは、おのおの方は、上からなんのご沙汰がなくとも、知らぬ顔をして自領におられるというのは、上を軽くみておられるようにみえ、もしそのようなお考えであるのなら、おのおの方のおためにはなりませぬ。しばらくは自領を去って、当分の間、他国へ引き退き、後日、佐々への一揆の行動は誤りでなかったことを申し上げて、御免《おゆるし》を願えば、上を重んずる心があらわとなってご宥免《ゆうめん》になり、あらためて本領安堵のご処置がありましょう。拙者が申していることを聞かれて、ご納得がいけば、しかるべきように」といって、利害を詳しくのべた。土豪たちもすっかりこの申し出に服して、いかようなりとも、上の思《おぼ》し召《め》しよきように頼み入る旨を申したので、土豪たちをそれぞれ引き離し、生駒の領地讃岐・立花の領地柳川《やながわ》・毛利の領地小倉に離散させた。そのうえで、隈部父子はこのたびの一揆の張本人である。守護（佐々成政）の下知を用いなかったことに対するお咎《とがめ》があった。相手の佐々も切腹した以上、この父子も同罪にするのが当然ということで、ついに切腹させた。また他国に離した土豪へも使いをやって、「上の思し召しとしては、このたびの騒動は特にお腹立《た》ちになっておられる。拙者らはご宥免のことを強ってお願いはいたすが、お取り上げにならぬときには、いたし方なきことゆえ、おのおの方はそれぞれの地において切腹なさるほかござらぬ」と申し送って、残らず切腹させた。これは、孝高に肥後の仕置《しお》きをするようにと申し含められたので、彼は右のように取り計らったということである。

大軍を引きまわす才

小田原の役で秀吉は諸営を巡見して帰り、「近世においては、このような大軍は聞いたことがない。むかし頼朝が富士川へ押しだそうとしたときの勢は二十万騎と聞いている。その後、北条が千剣破《ちはや》・吉野の両城を攻めたときの兵は百二十万人と記されている。それはまあ上代のことであるから、おそらく百万の軍兵を引きまわす良将も数々いたことであろう。いま、これほどの多勢を自由に使いこなせるほどの者は、まずまず六十余州のうちにあろうとは思われぬ」といわれたが、しばらくして「だが、むかしの良将にならって、これを指揮してみる者がもしあるとすれば、それは黒田勘解由《かげゆ》だ。ほかには知らぬ」といわれた。

忠と孝と

この役で北条氏代々の世臣松田憲秀《のりひで》が裏切り行為があったのだが、はじめは堀秀政に内通してきた。秀政の死後は孝高にいい寄ってきた。そして憲秀の次男左馬介が、このことを北条氏直に訴えたので、反逆が露顕し、憲秀も嫡子の笠原新六郎も押しこめられた。落城の後に秀吉は、孝高を呼んで「松田の次男は父を訴えた者であるから、誅戮《ちゅうりく》しろ」と命じた。孝高は自分が聞き違えたふりをし、新六郎を殺して左馬介を助けておいた。秀吉はこれを聞いて「どうして新六郎を殺したのだ。左馬介はわしにとっては忠であるが、松田父子を氏直に訴えた憎い奴だから殺せと申しつけたのだ」といった。孝高は「拙者が聞き違えましたことは残念です。しかし尾張新六郎は譜代の主人に背《そむ》いた者ですので、武道に背き、先祖の顔までも汚しましたので、忠孝二つながら無《む》にひとしき者。それに比すれば、左馬介は父には背いて不孝者ですが、主人には忠があります。左馬介と取り違えて新六郎を殺しましたが、損とは申せません」といったので、秀吉はそれを聞いて「またこやつめが空とぼけたことをいっている」といわれ、左馬介はそのままにして置かれた。人びとはみなこの孝高のはからいを誉めた。

朝鮮の役

文禄元年（一五九二）、朝鮮で宇喜多秀家から相談したいことがあるとのことで、諸将が全員都に集まった。総督と三奉行の詮議で、「おのおののお手柄によって、所々の城はすでに陥落し、その他の朝鮮人は戦わずに退散した。しかし朝鮮は、元来、明《みん》に属していた国であるから、きっと明から加勢がくるであろう。そのうえ、朝鮮がすでに敗れたと聞けば、明人も日本勢が攻め入るであろうと思って、防ぎのための大軍を差し越すであろう。そのようなとき、明と戦う手立てについて、おのおの方にはどのように思われるか」と聞くと、孝高は「おっしゃる通り朝鮮が敗れたのを聞けば、きっと明から援兵が多くくるでしょう。この都から釜山浦へは十日あまりかかる。長途のため日本への通路は遠く運送も不自由ではあるが、朝鮮を切り従えた規模で、都を捨てて帰るというのは不本意だから、宇喜多殿ならびに諸大名は都におられるように。これを根城にして都から明の方へ一日行程のところに砦《とりで》の城を数ヵ所かまえて、諸将をそこにこめて置かれ、明兵が攻めてくれば、どこへでも都から援兵をだして後詰《ごづめ》をし、勝負を決すればよいと思う。都から数日行程というあたりまで進みすぎたうえで、遠く城をかまえて敵を防ごうとすれば、明から大軍でやってきたとき、都より援兵をつかわすことは不可能になりましょう」といった。小西行長が進みでて「これほど朝鮮人を大勢うち殺したので、敵は恐れて逃げ去ってしまったから、もはや朝鮮人がでて戦うことはあろうはずもない。もしまた朝鮮から明に頼み、加勢を乞うても、明王は数万人の命を朝鮮に与えて加勢することはないであろう。特に朝鮮と明との境に鴨緑江《おうりょくこう》という有名な大河がある。その河を明から多くの人馬・兵糧・道具などを渡してくることはできかねましょう。おのおの方はどこへでも、城をかまえられるがよかろうと存ずる。拙者はなるべく明の近くまで押して行き、城を攻め落としたうえで、たてこもりましょう」といった。孝高はかさねて「王城よりほど遠いところに居城なさった場合、明人が大軍で押してき、四方を囲んで堅固に対抗すべき城をかまえて、後詰《ごづめ》がくる道筋を塞げば、味方の五万や七万の人数ではたやすく対陣することはできますまい。そのうえ、とっさのときに都から急に助けることはできませぬ。そのとき後悔しても甲斐のないことです。ぜひ都に近いところに引き返して居城なさるがよい。もし、ですぎたところに居城して、敵の大軍を防げず、その勢の強いのをみて引き退くのも見苦しいことです。そうなれば第一は味方の弱みとなり、かつ日本の恥辱であります。進みすぎてはかならず後難があります。戦の方策はしっかりたてておいて、後悔のないようにせねばなりませぬ」といった。小早川隆景も「孝高のいわれることはもっとも至極」といわれたが、行長は聞き入れなかった。「行長の軍勢だけで明に切りこんでみせる」と意気まいて進み、平壌の城を抜いた。ところが、明年春、案の定、明の援兵が攻めてきたので、ついに叶わずに都へ引き返した。はたして孝高のことば通りになった。

朝鮮の仕置き

この役で、ある日、秀吉は諸大老と朝鮮のことについて会議を開かれた。孝高は壁越しにそれを聞いて、秀吉の耳に入るように高声で「去年、大軍を朝鮮につかわされたとき、家康か利家か、いずれか一人を総督としてつかわされ、万事二人の下知によるならば、軍法はうまく行われて、すらすらと事が運んだにちがいありませぬ。もしまた右の両人をつかわすことができないとお考えになったなら、戦の道をよく知っている拙者をつかわされれば、軍法もきちんときまり、はかがいったでありましょう。朝鮮人が安心して日本に帰服すれば、それから明を征伐しようということはたやすいことです。加藤清正・小西行長のような若い大将だと血気にはやって、戦の道を知りませぬ。そのうえこの両人は仲が悪いので、清正が仕置きをすれば、行長はこれを破り、行長が法令をだせば、清正はこれを用いない。このように仕置きが一様でないために、朝鮮の人民は日本の下知法度を信じられなくなり、頼りなく思って、山林に逃げ隠れて安堵の思いがありませぬ。それに、日本から朝鮮への路は遠いので、兵糧武具などは日本から運送することもできませぬ。朝鮮の民をなつけ、もとのように耕作させて、兵糧などは彼らから徴するのがいちばんよいはずですのに、仕置きが悪いために、日本人の通る朝鮮の三道は人民が散佚して荒野となってしまい、五穀もなくなってしまいました。このように朝鮮はすでに亡国になってしまいましたので、明に入る根拠もありませぬ。朝鮮の人民が散佚し、日本からの運送もまたつづかぬとなれば、今後の味方の糧は尽きてしまい、朝鮮に在陣することも不自由となり、士卒の苦労堪えがたいということになれば、思い通りの大功もかならずできなくなりましょう」というと、秀吉は壁越しにこれを聞いて「まことにその通りだ」と思われたということである。

鯛の中落の吸い物

この役で、日根野織部正高吉《ひねのおりべのしょうたかよし》が孝高と懇意であったので、出陣の用意のために銀子二百枚の借り入れ方を請うた。孝高は「おやすいこと」といって用立てた。その後帰朝してのち、謝礼として銀百枚を加えて持参して孝高のもとにやってき、先ごろのことにつき厚く礼をのべると、孝高は近習の者を呼んで申しつけ「先刻到来した鯛《たい》を三枚におろし、身は味噌に漬けさせ、中落《なかおち》を吸い物にして織部殿にさし上げ、わしへもだせ」と差図《さしず》した。高吉は黙って聞いていたが「これはまた合点のいかぬ申しつけようだな」とは思ったが、そうともいえず、対話のついでに銀子を取りだして恩借の礼をのべると、孝高はたいへん機嫌を損じ、「これはご念の入ったことではあるが、ご返済には及びません。出陣のときに必要な銀子とあれば、返済を望む気は毛頭ありません。このことをおわかり下さらねば、今後、面会はご免こうむります」というと、高吉も返すことばもなく、銀子をそのままもち帰った。孝高はそのあと近臣を呼んで「先刻味噌に漬けておけといった魚は、その方たちにやる。さて、先ほどの日根野のことだが、あの男ますます奢侈《しゃし》になっていくのを制するために、中落の吸い物を申し付けたのだ」といわれた。

秀次との対話

関白秀次《ひでつぐ》は孝高に「今川義元の教訓をみたか。とても面白いものだ」といわれた。孝高は「まだ一見しておりませんが、君には必要のないことです。今川を真似ようとなさるより、ご親父太閤殿下を真似なさるべきです」といった。秀次は「太閤のようにはなかなかできぬから、今川などを真似てみたいものだ」といわれた。孝高は「それは卑我慢《やせ》(自分を卑下しすぎること)と申しまして悪いことです。太閤殿下より勝ろうとお思いになるべきです」とかさねていった。秀次はまた「そのほうは自分でどの程度の器量と思うか」とたずねられた。「中ぐらいだと思います」と答えると、「そのわけは」といわれるので「上でしたら、太閤殿下に仕えて天下を取ります。また下ではありませんから国を取って国持ち大名になっております」と答えた。

殺生関白

秀次は日を追って奢侈がはげしくなり、遊興にふけり、そのうえ人を殺すことを好んで、妊婦の腹を割き破ってその胎内の子をみたり、また聚楽《じゅらく》の楼上から鉄砲で往来の人を撃ち殺して楽しんだりした。このような殺生好みの行為は、まだまだほかにかぎりなくあった。そこで当時の人びとは〝殺生関白〟と名づけた。

秀次を諫む

孝高は、これを心配して秀次を諫めていった。「太閤殿下はご若年の頃より弓矢の道に苦労をかさねられること数十年にして、このように天下草創の功をなされました。いまお年はすでに六十になられて、また朝鮮征伐のために、みずから那古耶《なごや》（名護屋）に下られ、日夜、軍務に御心を苦しめていらっしゃいますので、御精が尽きてお命も縮まってしまうことでありましょう。そもそも君はいかなる御仁ですか。太閤殿下のご実子でもなく、またご同姓の一族でもなく（秀次の父は三好吉房、母は秀吉の姉日秀）、たまたま太閤殿下のご寵愛によって父子のお約束をなさり、数ヵ国を領し、関白職におなりになり、天下の人に仰がれ尊ばれて、栄華を極めていらっしゃる。これはいったい誰のご恩ですか。そのうえ、太閤殿下の死後お跡を継いで天下を保つ人は、君のほかに誰がいるのですか。いま太閤殿下が那古耶に下られて、朝鮮の軍務にご心労はげしきことを知っておられながら、太閤殿下に代わって那古耶に下られようとのお考えもなく、京都におられて日夜、遊興酒色にのみふけられ、御身は安楽にして太閤殿下のご恩をお忘れになるということは、最大のご不孝で、天道の憎み給うところですから、かならず御身の禍《わざわい》となりましょう。よくよくお考え下さい」と。

しかし秀次は聞き入れず、ついには禍にあってしまわれた。

秀吉の孝高観

秀吉はある日、ふざけて近臣にむかって、「わしが死ねば誰がわしに代わって天下を保ったらよいと思うか。試みに、はばかることなく申してみよ」といった。そこで人びとはみな口ぐちにいったが、いずれも五大老（徳川家康・前田利家・毛利輝元・宇喜多秀家・小早川隆景）の範囲内であった。すると秀吉は頭をふって「いや、一人だけ天下を得る者がある。お前たちはそれを知らぬのか」というと、一同は「わかりませぬ」といった。秀吉は「あの足わろき者（孝高のこと）が天下を得るだろう」といったので、みなは「あの人はわずか十万石です。どうして天下人《てんがびと》になどなれましょうか」と答えた。秀吉は「お前たちはまだあの男をよく知らぬのだ。だから疑うのだ。わしがかつて備中高松を攻めたとき、右府《うふ》（信長）の訃音が届いた。それで昼夜兼行で東上し、明智を伐《う》ち滅ぼした。以来、交戦大小数回にあった。わしは大切な場に臨んで、息がつまるような思いに迫られ、謀も、あれやこれやと決めかねることがあった。そういう時にあの者にたずねると、たちどころに裁断して、考えることはいささか粗忽《そこつ》で荒っぽいが、ことごとくわしが練りに練ったものと相通じていた。またある場合は、はるかに意表をつくものさえ数回あった。まあその心は剛健で、よく人に任せ、度量がひろく思慮がふかく、これは天下に比類がない。わしの在世中であっても、あの男がもし望めば、すぐに天下を得るであろう。わしがあれをみていると、諸大名中のつまらぬ者と親しみを結んで、あえて偉ぶった風を装うということがない。また才智ある者に会えば交わりを結び、相手が鄙賤《ひせん》な身分の者でも礼儀を欠くことはない。ちょうどよい時をはかり、時乱に乗じて人に粉骨努力させせる。また半ばを手に入れたとなると、それから先は猛然とのしかかっていって、一挙に手中に収めるというやり口は、あの者のもっとも勝れているところだ」といった。

ある人がこれを孝高に告げると、孝高はひそかにいった。「南無三宝、これはわが家の禍の基だ。わしは瘡頭《かさあたま》の晒《さら》しものという目印がある。これが秀吉に狙われているのだな。そうと知っては、子孫のために将来の計をたてねばならぬ」といって髪を剃《そ》り如水《じょすい》と号した。秀吉は「いまの世に怖ろしいものは徳川と黒田だ。しかし徳川は温和な人である。黒田の瘡《かさ》天窓《あたま》は、どうも心を許しがたい人間だ」といわれたということである。

家康の天下たるを予言す

孝高はいった。「いま太閤殿下が天下を治めておられるような仕方では、二代はつづかぬであろう。ついには家康の天下になるだろう」と。「それは、太閤殿下の天下の治められようは、ご自分が小身から成り上がり、古い傍輩や主筋を被官（家来）にされたため、つんとしていて威猛高《いたけだか》では人が親しんでくれないというので、たった一人の下僕を連れての身軽な様でも諸大名の邸に行き、あるいは町家などへも行かれる。よい拍子などが聞こえるところへは参られ、また茶湯のところには押しかけるようなことをなさる。それを内衆《うちのしゅ》が先に行って「御成」といって止めさせると、立腹されて、『遊山をすることは天下泰平の基である。それを途中で止めるのはつまらぬことだ』といわれて、かえってみずから躍《おどり》を踊り、茶を立ある。茶を立てたりして、下の者に対して、ともに親しみ懐《なつ》くようになさる。誰でも出仕の者があれば寒暑に応じてそれぞれにことばをかけ、料理を饗して金銀宝物を与えられる。滝川一益などは、信長のときの威権を失わないようにと、諸人の見舞いに行っても、行儀を崩さず、ものもはっきりいいだすようにするため、人びとは堅苦しく面倒くさく思い、自然に滝川のところへは遠ざかり、扱いがよいので秀吉公の方に行けば、いろいろ馳走になるため、みな親しみをもち、自然に秀吉公の天下となった。さて秀吉公がいよいよ天下を取りしくような時節になると、寄り付いてくる者には国郡を多く加増されるので、ついつい欲のために義を失い、秀吉公の下知に背かぬようになる。織田家の歴々の者をはじめ、天下の諸大名もその通りであるから、いざというときに太閤にほんとうに一味する志のある者はおそらくあるまいと思われるのである。太閤の取り立ての厚恩をありがたがるように、急に〝俄大名《にわか》〟を作りたてなどされる。太閤一代の間は、その身の果報といい、武勇といい、どのようになさってても治まるであろうが、子息の代になって、太閤のようなやり方をされれば、ことごとく威を失い、武功はもともとないのだから、人は軽んじ、乱の起きる基となるであろう。それでは具合が悪いということで、威猛高《いたけだか》な態度にでられれば、あの太閤でさえこのようだったのにと、不平をもつ者もでてき、また世間にはそういう気詰まりなやり方に飽きはてる者もでてくるであろうし、そのうえまた知行や財宝を太閤のように与えられることは不可能であろう。そうなれば、何かにつけて親しむ心はなく、大身の傍輩は先代からの弓矢の家々であるから、ことごとく背き、世の乱れることは必定《ひつじょう》となる。年端《としは》もいかぬ幼いご子息だから、誰かがこれを守《も》り立て、太閤の志をとげることができようか。太閤は以前より天下を取りしこうとして、人に親しみを深くされたことはもっともであるが、天下を取りしいた以上は、いつとはなく威厳を重んじ、行儀を正しくし、信と直に重点をおいて治められれば、なんとかつづくであろうが、いまのままではかならず二代はつづくまいということだ。家康は、いま天下で大身であることはもちろん、その身は老功で、その武勇の誉れは天下に並ぶ者がない。つね日ごろの行いは律儀で、人びとはみな尊敬している。また生まれついて口不調法な人なので、人が軽薄な行いをしても、それを無下《むげ》に見下げることもなく、その人間の真実な志をくみ取って、ことばにだしてあらわに喜ばれることもないので、善悪ともに合わせて家康と志を通ずる者が多い。そうかと思えば、弓矢のことについては人に口をあけさせないほどの自信をもっておられる。あるとき太閤の前で、きわめて容易な的《まと》を家康が射られたことがあった。拙者もおかしかったが、大谷吉隆は我慢しきれずについ笑ってしまったのだが、家康は『その方などは笑うに及ばぬ。太閤へも長湫《ながくて》で手並みをおみせしたことのある拙者の弓だ。天下にわが弓の上手下手を目利きし得るほどの者はいないはず』とずばりいってのけられるという風だから、弓矢のことは自然と家康に一目おくようになり、人びともいつしか家康をおそれるというありさまだ。したがって太閤の後はかならず家康に帰するであろう」

といった。やはりその通りになった。

秀吉は病が重かったので、朝鮮への渡海の兵を引きあげさせようとされたとき、家康をかの地へ差しつかわされようということであった。孝高はこれを聞いて「天下の権はいよいよ家康にきまる」といった。そのわけは「このたび家康が起用されれば、西国衆は太閤の御前によろしく頼み入るということで、いろいろ家康に親しみを深くするであろう。また太閤を大切に思うほどの者は、なおさら家康に接近するであろう。接近して親しくなればなるほど、家康の正しい志がわかり、心を寄せるようになる。もっとも家康は柔和で真実味のある人だから、みな親しみを覚えるようになろう。それに加えて、太閤がご他界になれば、秀頼公はご幼少であり、自然に家康の天下になろう」と。ところが石田三成がご使者として朝鮮へ下向した。孝高は「いよいよ天下は家康のものだ。そのわけは、三成は口先のうまい人間だから、西国衆と親しむだろうが、人びとは馴れ近づくにつれて、三成の佞心《へつらいごころ》に気づき、内心では疎《うと》むようになるであろう。しかし外見は、太閤にしかるべく執成《とりなし》を頼もうと思って、みな真実なふりをする。それを三成は真実と思って、ますます驕《おご》り、太閤ご他界の後は、上を軽んじて、謀反を企てるであろう。そのとき物の道理に暗いと、時節が遅いか早いかは別として自分の本心を失い、豊臣家の衆からは見捨てられ、家康に討たれるであろう。なにか事さえ起これば、もはや家康の天下である」といった。聞いていた者は、「もし関白秀次公が生きておられればどうですか」と聞くと、孝高は「それでもなお家康だ」という。それは「三成のように驕りがはげしい者は、秀次を敵にまわし、秀頼公に肩入れするふりをして、事を起こすであろう。そのときは、三成は家康を後楯《うしろだて》に頼むであろう。家康もまたこれに一味することは必定《ひつじょう》だ。さて秀次を倒してしまえば、秀頼公はご幼少であり、人びとは三成をそっちのけにして、家康を敬うにちがいないから、いずれにしても天下は家康に帰する」といった。

中津城の普請中止

慶長五年（一六〇〇）、孝高は中津の城内に修理の普請をしたことがある。そのとき東西の軍が一挙に起きた（関ガ原の役）と聞いたので、孝高はこの普請を取りやめた。老臣たちは口をそろえて「このような折ですからこそ、要害を手堅く修補せよと仰せつけられるべきところ、普請無用とはいかなる御事ですか」というと、孝高は「汝《なんじ》らが不審に思うのはもっともなことだが、もしこのたびの合戦で家康が負けられるようなことがあれば、われわれははじめ味方する輩は、たとい石櫃《いしびつ》に入り、鉄城にこもったとしても運を開くことはむずかしい。だから籠城の用意をやめて、敵地へ乗り込んで軍功をたてることが肝要なのだ。ただし高森・馬田などの城は堅固にできているから、もし寄せてくる敵があれば、それぞれの城でよく防ぎ、われわれが後詰《ごづめ》をするのを待つがよい。領内にもし敵が入り込めば、内府《ないふ》（家康）のご機嫌はもちろんのこと、愚息長政に対しても面目丸つぶれだ」。

浪人を招く

このとき石田三成は、人をつかわして孝高を誘った。孝高は「拙者は太閤の厚恩を身につけている。したがって、いま、嗣君秀頼公に対して疎意はない。領地のことは、いまきめておかなければ、他日かならずいざこざが起こるであろう。したがって、この機会に申しておくが、できれば西海七州の国々を得て、それから征東の軍事にあずかるのなら、拙者はあえて辞するものではない」といって、家人《けにん》を添えて大坂につかわして盟約を乞わせた。群臣はこれを諫めた。孝高は「いまは四方みな敵である。応じなければやられてしまう。わしはまた、こうも考えた。三成はわしを欺くのだから、わしもまた三成を誑《たぶらか》してやろうと。行き来をかさねているうちには、軍用もすっかり整備されるはずだ。そうしてから出発しよう。わしはまだぼけてはおらぬ。少々考えがあるのだ。けっしてこのことを口外してはならぬ」といった。そしてさっそく令を下して多くの浪人を招いた。

浪人どもはこれを聞いてすぐに馳せ集まった。貝原市兵衛と杉原一茶は孝高の下知にしたがって、金銀を広間に積んで置き、馳せくる浪人どもに分け与えた。その数百人のうちに、金を二重に受け取った者がいた。奉行人はこれをみとがめて、それを告げると孝高は「このたびは当家の先手として槍を突こうと思う者が、そんなさもしいふるまいをするはずがない。推量してみるに、その浪人は出陣の用意が調《ととの》いかねて、心ならずも人目を盗んで取ったのであろう。きっと貧乏な者であろう。わしは年来、浪費を省《はぶ》いて金銀を貯えておいたが、それというのも、武用に備えるためであるから、二重に金子を取らせても、あながちたいした損失というわけでもあるまいから、ともかく手広く手をまわして、一人でも多くかき集めるようにせよ」といった。

安岐・富来を攻む

孝高は安岐《あき》（豊後国）を攻めた。城主熊谷内蔵允直陳《くまがいくらのすけなおのぶ》（直盛《なおもり》）は大垣にいて、叔父の外記《げき》が留守居をしていた。孝高は物見櫓をつくり、大銃《おおづつ》を放ち、火矢《ひや》を撃ち、また亀甲車（黒田長政が発明したといわれている戦車のこと。小型四輪車に箱を載せて、なかに一、二人兵を入れて梃《てこ》で押しながら進み、城壁に近づいて石塁をこわすもの）で塁壁をこわした。城中はひじょうに苦しんだ。城兵のなかに、城を焼いて黒田方に内応しようといってきた者がいたが、孝高はそれを許さなかった。そして「守っていて二心ある者は、姦悪の最大なる者である。わしはけっしてそんな者どもの意見は取りあげぬぞ。また火を放って死傷者が多くでることは、とうていわしの忍びざるところだ」と。すぐに矢文《やぶみ》を城の上に放ち、外記に順逆の道を諭し、さらに付け加えて「当方の命にしたがえば一人も殺さぬ」といいつかわすと、外記はすぐに城を明け渡し、西国へ遁走した。孝高は城に入ってことごとくその城兵に禄を与えた。さらに進んで富来《とみく》（豊後国）を攻めた。敵は夜でてきてこちらの陣を襲った。孝高はこれを撃って退却させた。このとき城主垣見《かきみ》和泉守家純《いえずみ》は大垣で死んだ。遁れて帰る者がいた。軍吏は彼らを捕らえて孝高の前に引きたてた。孝高はその者らを放してやり城に入れてやった。すると守将はたちまち降参してきた。孝高の部下たちは、さきに敵の守将が、こちらの陣に夜襲をかけたことを怒って、罪を正されんことを孝高に希望した。孝高は笑って「わしが軍をひきいて敵に迫ったのだ。そして、敵もまたわが軍に迫ったというわけだから、そのことは同じことだ。最大の功は、敵地を手に入れてしかも人を殺さぬということだ」といってことごとくその民をだして、その将士に禄を与えた。

孝高が豊後を平らげるのに数十日も苦労した。しかしながら、自分の城に入らず、城門の前を素通りして、すぐに小倉へむけて出発したのである。

凶相の馬

孝高が九州を平らげたとき、乗っていた馬は、額のところに矢負《やおい》という旋毛（うずまいた毛）があった。孝高はこの馬を指さして「わしはこの凶相を知らぬではない。しかし人は万物の霊長だと聞く。人に勝つものはないはずだ。わしがもし無道な人間ならば、凶相これより大なるものはない。この馬の毛疵《けきず》にはかかわらぬ」といわれた。

薩摩攻め

島津義弘は関ガ原の戦で敗れ、本国に馳せ帰った。まもなく退治されるということであったが、孝高は「このたび、もし拙者に命じられれば、いとたやすく薩摩・大隅に打ち入ることができる。そのわけは、まず鍋島は、この節は先非を償うために功をあげようとしている以上、若い人のことであるから、先手となることをいやがりはしないはずだ。かならず先鋒を引きうけるであろう。鍋島の領国肥前は大国であり、ことに大軍であるが、元来、その家風は軍勢の整備が不足で、将卒とも合戦では戦功をあらわす者が少ないから、島津に負けてしまうであろう。その証拠は、朝鮮の役で軍勢をしっかりたてることができず、いかんとも方法がなくなってしまって、わしの方に頼みにきたから、足軽大将をつかわし、それでたち直らせたほどである。鍋島の軍勢の次には加藤清正がたちむかい、島津が勝ち誇っているところへ、まっしぐらにかかれば、たちまち勝つことは疑いない。そのあとへ、わしは家人に袴《はかま》を着させて、悠々と打ち入ろう。なんの手間もいらぬことだ」といった。

自適の余生を望む

孝高は九州を平らげたのち、大坂に上ると家康が、このたびの大功に感心して、「領地をやろうと思うから、どこがよいか望むがよい。そのうえ執奏して官位を進め賜るよう計らおう」との内意があったが、孝高は「尊命身にあまり、ありがたきことですが、年も老い、また病身で精力も衰えております。愚息甲斐守（長政）に筑前の国を下し賜りましたうえは、甲斐守に養ってもらいまして、安楽に余命を送りたいと思いますので、官禄の望みは少しもありません。できますればお暇を賜りまして、煙霞《えんか》泉石《せんせき》を友として逍遥自適することが、なによりの望みでございます」と申し上げたので、家康はこれを聞いてふかく感歎し「いまの世に生きながら、古《いにしえ》の道を行っているのは如水ただ一人である」といわれたということである。

天下を取ること

孝高が京に上ると、門前市《いち》をなすありさまであった。山名《やまな》禅高《ぜんこう》は孝高の年来の友であったので、孝高のもとにきていった。「諸将の貴殿に対する尊崇はなみなみではない。特に夜中に密談もあるとのことで、世の疑いもある。なかでも結城《ゆうき》秀康（家康の次男）は貴殿を親のように敬っておられる。だから家康も怪しく思っておられるわけです。家康は遠くを慮《おもんぱか》る人であるから、こちら様に心やすく出入りする人のなかにも、どのような目付をつけておられるかもわからない。貴殿の武略は、家康の厚き恩賞にもあずかっているのに、それでは貴殿のために悪い結果にもなろう。家康がしきりに貴殿の身辺に用心しているというのも、みな貴殿を恐れてのことであると人もいっている。また醍醐・山科・宇治のあたりに浪人が多くいるのも、貴殿がひそかに隠し置いているのだと人びとは疑っている。これはいかがですか」と。孝高は聞くや否や「家康を攻め滅ぼし天下を取ろうと思えば、それはいともたやすいことだ。以前に筑紫をみな平らげたとき、ただ島津だけが残ったが、これも調停をかけて味方にしようとすれば、拒むことはおそらくなかったろう。もし楯つけば、攻め破ることもまた容易なことであった。さて中国は、備前・播磨まで、みな領主なしの空国になっているので、拙者はそのころ二万余の軍兵をひきいて、加藤・鍋島はすでに拙者に随従していることであるから、この二人を先陣として海陸二手に分け、道すがら浪人どもを狩り集めて行けば、十万ほどにはなるであろう。清正は猛将だし、あの男がわが本陣にいてくれて攻め上れば、家康を討滅することは掌中にあると思ったが、拙者はもう年老いた。致し方なきことと思って、平定した国を捨てて京に上ってくれれば、臆病者どもがたわごとのようにいろいろなことを恐れて口にするのを、家康はまことのことだと思われたのかな」といって扇を抜いて畳を打ち、大言壮語したので、禅高は返すことばもなく帰っていかれた。

城下を散歩

福岡城がほぼ完成したので、孝高は大宰府《だざいふ》から福岡城内三の丸の地の小高い丘に館をかまえて移ってきた。孝高はある日、長政に「はじめは家康公がもし討ち負けられれば、天下は乱れるであろう。そうなれば、わしは九州を平らげその勢で中国を攻めて上方に上り、家康公を助けて天下を統一しようと思っていたが、すでに関ガ原の戦に勝ち、太平の世になさったので、わしはもう世に望むことはない。今後はゆったりとして余生を楽しもうと思うだけだ。だから国家の政《まつりごと》に関することはもう聞かぬことにする。ただ重要なことだけをわしに問うがよい。使うべき目的もないから、金銀も瓦石のようなものだ。むなしきことだと思うから、人に用いられて立身しようとも思わない。家も立派であるに及ばぬし、飲食も質素でよい」といって、大宰府にいるときは社僧を召して歌を詠んだり、連歌をして月日を送り、三の丸の館でもたいへんに質素で、召し使う者といえば倉米《くらまい》を与えている軽士を四、五人と、小者七人ほどで、孝高夫人の侍女も五、六人程度である。かつて家人どもに対して「道でわしに逢っても避けるな」といって、城下にでても、若党に刀をもたせ、小者一人を召し連れるだけであった。日ごろ子供をかわいがったので、城下にでて行くのをみると、土地の子で五、六歳から十歳ほどの者が、あちらこちらから集まってきて、孝高を囲んでぞろぞろとつきしたがった。ときどき小鳥や菓子を供人にもたせて行って、その子らに与えた。またあるいは館にきて「殿、今日も早くでてきて遊びましょう。お供します」と催促する。でて行かないと館に入ってきて遊び、障子を破ったり庭を掘り返したりして、日を暮らし、また翌日になるとやってきて、同じようにしてすごした。孝高は散歩して疲れると、臣下の貴賤を問わず、その道筋の家にたち寄り、すぐに奥に入って茶を飲み休息したので、その妻子たちはしだいに馴れてはばかる気もなく、門前をお通りだと聞くと下女をだして、「おたち寄り下さい」というようにまでになった。このように名利を離れて世をすごしたのである。

宗像《むなかた》郡慈島《いつくしま》の里境《さとざかい》は狭く、その港は旅人が舟をつなぐのに不便だと聞いたので、孝高は役人に命じて石堤を築き、土砂を積み、三町余の土地を広げさせた。そのため上り下りの船は風波の難をのがれて、安全にここにつなぐようになった。

文武両道

孝高はいった。「だいたい領国を守護するということは実に大変なことだと思うがよい。尋常の人と同じような心得ではできぬ。まず政道に私心をさしはさまず、そのうえ自分自身の行儀作法を乱さずして、万民の手本となるようにしなければならぬ。また平常嗜《たしな》み好むことを、慎んで選ぶべきだ。主君が好むものを、かならず諸士や百姓町人に至るまで、好むものだから大事なのだ。文武は車の両輪のようなもので、一方が欠けては何ごともできぬということを古人もいっている。もちろん世が治まっているときには文を用い、乱世には武を忘れずということだが、乱世に文を捨てぬことが、実はもっとも大事なことだ。世が治まっているからといって、大将たる者が武を忘れてしまえば、第一、軍法を捨てたことになる。家中の諸士も自然に心が柔弱になり、武道の嗜みもなく、武芸も怠り、武具なども不足し、もっている武具は塵に埋もれ、弓や槍の柄は虫のすみかとなってしまい、鉄砲は錆びて腐り、いざというときの役にたたぬ。このように武道を疎《うと》んずれば、平生から軍法が定まらず、急に兵乱が起こったときには、どうしようかとおどろき騒ぐだけで、評定はととのわず、軍法もまたたたない。これはのどが渇いてから井戸を掘るようなものだ。武将の家に生まれたからには、片時も武を忘れてはならない。また乱世に文を捨てる者は、軍理を知らぬから、軍法が定まらない。国家の仕置きについても、私曲が多く、家人国民を愛する実がないので、人からの恨みも多く、血気の勇だけで仁義の道に欠けるから、士卒は心を寄せてこないし、忠義の働きも少ない。そのため、たといいったんは戦に勝ったとしても、のちにはかならず滅びてしまう。大将が文道を好むというのは、かならずしも書を多く読み、詩を作り、故事を覚えて、文字を嗜むことではない。まことの道を求め、諸事についてよく吟味工夫をし、筋目を違えず、間違ったことのないようにして、善悪を糺《ただ》し、賞罰をはっきりし、憐み深くすることをいうのだ。また大将が武道を好むというのは、もっぱら武芸を好んで、心がいかつくなることをいうのではない。戦の道を知って、つねに乱を鎮める智略をもち、武勇の道に志して、油断なく士卒を調練し、武功ある者には恩賞を与え、罪のある者には刑罰を施して剛気と臆病とを見分け、無事なときでも合戦を忘れないことをいうのである。武芸をもっぱら好んで、自分一人の目立つ働きをしようというのは匹夫《ひっぷ》の勇で、これは小身者の嗜みであり、大将の道ではない。また槍・太刀・弓馬の諸芸をみずからするのは匹夫だといって、自分自身でやらなければ、諸士の武芸は上達しない。文武二道の根本を心得ておいて、自分でも武芸をやってみ、また文をも学んでみて、諸士をすすめてやらせるようにすべきである。むかしから、文武の道を失っては、国を治めることはできないといっている。よくよく心得ておくべきである」と。

威とは

またいった。「大将たる者は、威というものがなければ万人を押さえることはできない。拵《こしら》え事《ごと》で、いかにも威を身につけたようにふるまってみても、それはかえって大きな害になるものだ。そのわけは、ひたすら諸人から恐れられるようにするのが威だと心得て、家老にあっても、威猛高《いたけだか》になる必要もないのに、目をいからせ、ことばを荒々しくして人の諫《いさめ》も聞き入れず、自分に非があっても、逆に居直ってごまかし、我意をふるまうから、家老もだんだん諫言《かんげん》をいわなくなり、みずから身を引くようになってしまうものだ。家老でさえこのようになれば、ましてや諸士末々に至るまで、ただ恐《お》じ怖れるだけで、忠義を尽くす者もなく、自分の身だけを考えて、奉公をよく勤めることもなくなる。このように高慢で、人を蔑《ないがし》ろにするから、臣下万民は疎み、かならず家を失い滅んでしまうものだから、よく心得るべきである。ほんとうの威というのは、まず自分の行状を正しくし、理非賞罰をはっきりさせていれば、叱ったりおどしたりしなくても、臣下万民は敬い恐れて、上を侮ったり、法を軽んずるような者はなくなり、自然に威は備わるものである」と。

相口・不相口

あるとき孝高は、長政も同席して家老たちも並みいるところでいった。「すべて人には相《あい》口《くち》と不相口《ぶあいくち》ということがある。主君が家臣を使うのに、特にこのことがある。家人多しとはいっても、そのなかで主君の気に入る者がいる。これを相口というわけだ。この者がもし善人ならば国の重宝となり、もし悪人ならば国家の害物となるわけだから、大切なことだと思わなければならぬ。おのおのもかねてより知っている通り、侍どものなかにもわしの相口の者がいて、傍近くに召し仕え、軽い用事などをも勤めさせてはいるが、それだからといって、その者に心を奪われるつもりはない。しかし相口だと、自然に場合によっては悪いことに気づかぬこともあろうから、おのおの十分に気をつけて、それをみつけだし、そういうことがあればわしを諌めてくれ。またその者が驕って行跡が悪いときには、おのおのの側に呼びつけて意見してやってくれ。それでも聞かないときには、わしに告げよ。詮議のうえ罪科に処す。わし一人の心では諸人の上にまでこまごまと及ばないから、自然に気づかないこともあろう。そういうときには、遠慮なく、すみやかに告げ知らせてくれ、さっそく改めよう。さてまた、そちたちの身にも、相口・不相口によって仕置きにも間違ったことがでてくる場合もあるであろう。相口な者には贔負《ひいき》の心が起こり、悪を善と思い、あるいは賄《まいない》に惑って、悪いこととは知りながら自然と親しむことがあるものだ。反対に、不相口な者には、善人も悪人と思い、道理も無理なように思い誤ることがある。こういうわけで、相口・不相口によって仕置きのしようも私曲がでてくるものであるから、おのおのよく心得るべきである。また家老たる者が威張りちらして諸士に無礼をし、末々の軽輩者にはことばもかけないようなことでは、下に遠くなってしまい、そのため諸士は心をへだてて、表面だけの軽薄な勤務をするようになるので、諸人の善悪・得手不得手をわからなくなり、諸士にもその者の不得手な役を勤めさせるようなことになるから、かならず仕損じ、場合によってはその者の身も滅ぼし、主君のためにも悪いことである。つねに温和で、小身者をも近づけてその者の気質をよく見定め、それにふさわしい役を勤めさせるべきである。このようなことは、その方などがもっぱら詮議すべきことであるぞ」と。

堪　忍

孝高は長政に教えていった。「士を使うのに第一の伝授がある。わしは三十歳を越えてやっと納得したことなのだが、誰でも心得ておくべきことだ。夏の火鉢・旱《ひでり》の傘ということをよく味わって、堪忍を守らなければ、士は自分に服してこないものだ」と。

犬死に

孝高はいった。「世には士の犬死にといって軽んずることがある。しかし戦場での死は犬死にはならぬものだ。犬死にを恐れぬ士でなければ、見事な武士の死はとげられない。恰好《かっこう》をつくって、世間態《せけんてい》よく思われる者が、誰それはあたら犬死にをしたなどと批判がましくいうのは、もったいないことだ。将たる者も、欺かれて、犬死にと忠死とを見違える者が多い。そんなことでは武運も長久ではあり得ないし、世を治めるにもこの覚悟が大切だ」と。

よく人を用う

孝高はよく人を用いる人であった。立派な人間で、ときたま悪行のあった場合には官職を与えたり、あるいは禄を与える金銀衣服などの賜物をしておいて、二、三日してから、その悪行を咎《とが》めた。そのため賞をうけても奢《おご》り高ぶることなく、罰をうけても恨みとは思わない。これは諸将よりも勝れた点だと人びとはいたく誉めた。

将　器

天満にあった孝高の宅に糟屋《かすや》助左衛門武則《たけのり》・遊佐《ゆさ》新左衛門そのほか心やすい衆三、四人がきて、四方山話《よもやまばなし》をしたことがあったが、誰であったか、孝高にむかって「貴殿の武功はみな人が知っていることではあるが、まだ貴殿の口からじきじきに功名話をお聞きしたことがない。いずれの場合にもさしたる武功はなかったというわけですか」とたずねると、孝高は笑って「すべて人には得手不得手というものがある。拙者は若いころから槍の柄を取り、また太刀を取って、相手目がけての一騎打ちは不得手なのだ。しかし采幣《さいはい》を振って一度に敵を千も二千も討ち取ることは得手だ。このことについてはいちいちいわなくてもご存じであろう」といったので、みな天性の将器が備わった人だと感心した。

先鋒

長政は戦うたびに先鋒となって指揮した。みなが「危ないことだ」といった。孝高はそれを聞いて、「長政は先手にでて指揮するのがよいのだ。そうでなければ戦は負けであろう。わしのように本陣にいるのでは、とても長政ぐらいの才覚ではできることではあるまい」といわれた。

分限相応

孝高は、長政の出仕の日に、表にでて、老臣から諸士に至るまで目見《めみえ》をし終えてから、みなの前でいった。「大身小身、それぞれに諸事は、その身分相応の身持ちをいたすよう覚悟して、油断してはならぬ。家作・衣類・諸道具等に至るまで身分より少し軽くととのえ、家計をきちんとして奉公怠りなく勤める考えが肝要だ。平生の食物はなおさらできるだけ軽く、かりにも美食を好んではならぬ。家計が逼迫《ひっぱく》すれば、自然と奉公も疎《おろそ》かになり、義理を果たしえず、一朝事が起こったときには戦場に出立する手立てもなく、恥をかくものである。どうしても行かなくてはならぬ場合に、人並みに出立したとしても、そんなありさまでは、かえって見苦しい態《てい》たらくというものだ。その覚悟の善悪は、平生のやり方によることであろう。武具は武士の第一の道具だといっても、これも平生よく考えて、身分不相応の道具は無用である。そのわけは、武具は余計にもっていたとしても、それ相当に手当てをしてやっていなければ、そのときになって急に余計な武具類をもたせようとしても、それをもたせる人数をどうするのだ。人を雇えば、それだけ新たな出費となる。だから平生いろいろ吟味し、役にたつ程度の武具を考え、念を入れてととのえておくがいい。身分不相応の武具をこしらえて飾っておくのは、世間の評判を気にする者のすることだ。世間の評判ばかり気にしていると、すぐにも家計逼迫のもととなる。しかしこういったからとて、武具を粗末にすることではない。身分相応にこしらえておいて、役にたてることが肝要だ。身分相応より多くてもよいのは下人の場合である。下人を養っておく方法がたつならば、養っておくがよい。そうでなければ、それもまた無駄なことだ。馬も相応にもて。伊達風流の馬を好んではならぬ。役にたつ馬が大事なのだ」と沙汰せられた。

倹約

孝高は瓜《うり》のでる季節に、家中の者や町人たちが献上したのを、詰めている小姓や伽《とぎ》坊主などを呼んで食わせた。皮をむく者に厚くむかせたので「小さな瓜を厚くむいては食うところが少なくなります」という者がいたが「いや一つ二つで足りなければ、いくつでも食えばよい」そしてその皮を長持ちの蓋《ふた》に入れさせて、台所の賄人を呼び「あの瓜の皮を塩漬けにせよ。台所で飯を食うとき、菜《さい》がない者が多い。その者たちの菜にさせよ。すべて茄子《なす》などの皮、そのほか野菜の切れ端、魚の骨など、少しも捨てず、それぞれこしらえておいて、菜のない者に食わせよ」といわれたから、平生からそのようにしたので、塩汁だけの者でも菜にありついた。

じめじめした時節になると、折り紙・箱包の革籠《かわかご》は百重張《ももえばり》（幾重にも張る）細工人には申しつけず、大小姓・児《ちご》小姓・馬廻りなどに張らせ、反古《ほご》紙を口で裂いて、口中にたまったものを板に吸いつけさせ、坊主などに申しつけて、少しでも散らさぬように集め、白土の寸莎《すさ》（壁土にまぜて亀裂を防ぎ、つなぎとするもの）にさせた。何でも廃棄することを嫌い、平生はなんともいえぬほど細《こま》かく、けちなことは、世にもまれであろうと思うほどの人であった。しかし公儀のこととか、下じもに物を与えるときなどは、少しも惜しまず「銀十枚やれ」といわれるとき、「それはことのほか多すぎます。三枚か五枚でよろしいでしょう」というと、「いやわしがつねづね倹約しているのは、やりたいと思う者に十分くれてやりたいためなのだ。使ってならぬものならば、金ではなく瓦礫《がれき》にも劣る。貯えておいても仕方のないことだ」といって、諸人の思うよりも多分に与えられた。食い裂きの紙を白土の寸莎にしなくとも、事欠かぬことはよくわかっているが、少しのものでも、捨ててしまって浪費にならぬようにとつねづね始末をし、役だつことは惜しまずに使うのがよいのだということを、家中の者によく知らせたいと思って、普段からこのようにされたのである。家中の者どもは、武具・馬具など不似合いと思われるほどに綺麗に支度し、いつ乗りだしても、人に劣ることなく心用意しており、また借金のある者もなく、貯えのある者が多かったということである。

孝高が牟左志《むさし》の温泉に滞留していたとき、ある日、千石取りの士が干菜《ほしな》を一把従者にもたせて、機嫌をうかがいにきた。孝高はその倹約なことを誉めてひじょうに喜ばれた。二、三日すぎてから、また七百石取りの者が、みずから一升樽を携えてきたので、孝高はまたひじょうに喜んだ。四、五日たって百石取りの者が新鮮な鯛を白木の折りに載せてさし上げた。孝高はこれをみて喜ばない。「お前は小禄の身分で、このような身分不相応な奢《おご》りをしているから、きっと家計も乏しく武具も揃わず、家族も養いがたく、ついには恩義を忘れてしまうようになるであろう」といって叱られたので、その者は大いに当惑して、「御意恐れ入ります。実はこの肴は、折りとともに知り合いの町人から今朝、進物としてうけたものですから、殿にいかがかと思いまして、失礼とは知りながらこれを献上した次第です」といった。孝高はその内情を聞いて「それならば、その白木の折りはもち帰って店に売ってしまえ。わしのところに置いておいても無駄だ」といわれた。

孝高は、古い物は手道具に至るまで、粗末なものを使い、どの品でも長い間もつということをせず、近習の者に、羽織などは百五十文、二百文という具合、足袋もそれ相応の値段で払い下げた。伽衆《とぎしゅう》は「わずかな銭のためにお払い下げにならなくとも、拝領を仰せつけになられればよいのに」というと、孝高は笑って「人は、物をもらうのと、自分で買うのとでは、どちらがうれしいか」と聞いた。誰もが口をそろえて「人からもらうのも結構なことですが、自分で買ったほどではありません」と答えると、「それだ。もらった者は喜ぶであろうが、もらわぬ者は恨むであろう。誰にやり、誰にやらないでよいというわけのものではない。だからといって、功のない者にもやれば、功のある者に賞を与えるとき、その甲斐がない。だから、古い物をやりたいと思うときは、安く払い下げるのだ。お前たちはわずかの銭をだして買う方が得だ」といわれ、あるとき、近習に革の足袋を五文で払い下げて「これを水でよく洗い、なま干しにして酒をふりかけ、足にはめて干すとよい」とくわしく教えた。その近習が一両日してこれをはいて御前にでたところ「それはこの間の足袋か」とのおたずねなので「そうでございます。ご伝授の通り洗濯いたしました」というと「なんと立派にできたことよ。惜しくなったな。返してくれよ」といわれるので「かしこまりました。しかし酒代も要《い》り、だいぶ時間もかかりましたので、値段はかなり高くなっております。まったく新しくお買いになった方がよいかと存じます」といったので「もっともなことだ。それならばよそう」といわれた。

変わった折檻

草履取りに竜若《たつわか》という者がいたが、たびたび悪遊びするので、孝高は命じて柱に縛りつけさせた。翌日、伽者《とぎもの》が詫びを入れるように申し合わせていたところ、孝高は二里あまりあるところへ使いに行くように命じた。これは、その代官に瓜《うり》をさしださせるための使いであった。やがて瓜をもって帰ってきたので「その瓜を二つとって食え」といわれた。当人はいうまでもなく、詫びを入れようと思っていた者も、ゆるされたと思っていたところ、孝高はまたもとのように縛らせておいた。しばらくするとまた掃除などさせてはまた縛らせ、さまざまなことに使って三日ほどした後、免された。相口の伽坊主が「ご折檻の仕方が世間まれのようですが……」と聞くと、孝高は「いたずら者だから、教えのために縛りつけたのだ。使わねば損をする。もっともこれは内心憎からず思い、不愍《ふびん》と思えばこそ折檻したのである。縛りづめに縛っておいたら、縄のあとがつくであろう。だから、ときどき休ませ、用をいいつけて、ゆるゆる折檻すれば、懲《こ》りることも強かろう」と笑われたということである。

博奕の禁

孝高が聚楽第《じゅらくだい》に出頭したときのことである。家中に博奕《ばくえき》をきびしく禁じた。ある夜、桂菊右衛門という者が他家に行って博奕をし、思うままに勝って、金銀・刀・脇差をはじめ多く取り、それを羽織に包んで帰ったが、途中で夜も明け「これは殿の出仕の路だ。もしばったり行き会ってはまずい」とひたすらいそいだ。万一、見咎められたら、博奕打ちには参っておりませんといおうと思い、先もみずにいそいでいるところに、曲がり角でばったり行き会ってしまった。菊右衛門はびっくり仰天し、「私は博奕打ちには参りません」と高だかと申すと、孝高は聞こえぬふりをして通りすぎて行った。

菊右衛門は取り乱したことを口惜しく思い、きっと切腹を申しつけられることだろうと覚悟をきめて、家に帰り塞《ふさ》ぎ込んでいた。傍輩どももきっと切腹を申しつけられるだろうと気の毒に思い、誰もが見舞いにきていたそのとき、孝高からその傍輩どもに「いずれも用がある」旨をいってきた。一同は「いよいよ切腹を申しつけられるのだ」と思ってでて行くと、そうではなくて、居間の中庭に竹で垣を結《ゆ》うように申しつけられた。菊右衛門は「いまか、いまか」と待っていたが、一人が走ってきて「切腹のことではなかった。垣を結えとの仰せであった」と告げると、菊右衛門をはじめ残っていた者は、ひとまず安心した。菊右衛門は「みなが御前にでているのに、一人だけ引きこもっていてはかえって悪かろう」といって彼もでて行くと、孝高は菊右衛門をみて高だかと彼を呼び寄せて、何ごとかを囁《ささや》かれた。人びとは何ごとかと思ったが、そのうちに垣もできたので、孝高は喜び「上々の出来である。みなくたびれたであろう。帰って休め」といわれた。いずれも庭にでるや否や、なんと囁かれたのかとたずねた。菊右衛門は「『お前は博奕打ちにどこへ行ったのか』と聞かれたので、『誰々の家に参りました』というと『勝ったとみえるな。どれぐらい勝ったのか』と問われたので『一貫目（銀一貫目）余ですが、今朝より心配いたしまして、もはや金銀もいらぬものと存じまして、すべて捨て置いてしまいましたので、どれほどの額かはわかりません』と答えると、手を拍《う》ち『さては勝ったぞ。金はいらぬと思うのも道理である。法度をきびしく申しつけたのだから、あぶないことであった。今朝のようなたわけを尽くすのも、法度を恐ろしく思えばこそであろう。それほどに恐ろしいと思うなら、今後は何ごとも法度に背くな。すべて物事というものは、よいことの次には悪いことがくるものだ。勝ったときに、きっぱりとやめろ。お前の身代としては、大変な勝ちっぷりだ。このたびはゆるしてやるが、この後、もしお前がすっからかんになったと聞いたら、処分を申しつけるぞ。絶対に博奕を打つな。また無駄なものを買うな。金を費《つか》い果たすなよ』といわれた」といって、大いに感激し、それからは行いを改めたので加増などを賜り、一生安楽に暮らしたという。

孝高はこのように慈悲深かったので、侍で出奔《しゅっぽん》した者もなく、また追いかけられた者もなく、また切腹した者もない。思わず失敗したときは、押し込めの刑にして親類縁者に預け、また縁者のない者は、年寄どもの富貴な者に預け「飢え死にしないように、そうかといってあまりくつろがせぬように、適当に加減して扱ってくれるように」と申しつけ、遅い速いはそれぞれの場合に応じてだが、いずれ呼びだして、いままで通り懇《ねんごろ》に召し使った。叱りたく思うときは思う存分に叱り、叱り終わるとすぐその場でちょっとした用を申しつけられるので、奉公がしやすく、このようなことはほかの殿様にはなかったという。

盗み

下僕のなかに盗みをした者がいた。頭《かしら》どもが彼を召し捕らえて「かくかくかようの罪ですから、ご成敗を仰せつけ下さい」と申すと、孝高は「首を刎《は》ねるには及ばぬ。早々に追いだせ」と命じた。頭どもは「この者はたびたびのことですから、ぜひともお刎ねになって下さい」という。孝高は「たびたび盗みなどをするのなら、生まれついての盗人であろう。いそいで追いだせ。今後、先々で盗みを働けば、次の主に斬らせればよい。第一、お前たちは、たびたび盗みをしているのを知っていたなら、どうしていままでそのままにしておいたのだ。たった一度だって、盗みとわかったことではないか」と叱った。

また作事《さくじ》奉行に、こけら（材木の薄いけずり端）や木の端などをていねいに取り集めて風呂屋に渡せと申しつけると「長屋の者どもが盗み取ってしまいましたので、少しもありません」という。孝高は立腹して「こけら盗人を捕らえよ。首を斬れ」ときびしく命じたので、やがてこけら盗人を搦《から》め取った。そのことをいかにも手柄顔に申したので、孝高は内心「たわけたことだ」とは思ったが、「よくやった。やがて首を斬るがよい」といわれた。誰もが「今日か、今日か」と思ったが、何の沙汰もない。孝高は「きっと、詫びにでてくるであろう。そのとききびしく叱って許してやろう」と思っていたところ、留守居の者が作事奉行と同様にでてきて「今暁、首を斬りましょうか。長い間縛って置きますと、日夜、番人をつけておかねばならず、人手も要ります」というと「大たわけを申すものだな。よく聞け。その盗んだ者の首を斬って、盗んだ木切れに彼の衣服を着せてみよ。人間の役はしまいがな。人を殺すということは大変なことなのだぞ。お前たちはなんとも思わぬとみえる。いそいで許してやれ」と申しつけられて「また盗んだら縛って首を斬るぞと、したたかに恐れさせて、盗まぬようにするのが奉行の役だ。だまって盗ませておいて、盗めばそれを捕らえ、首を斬ると申すとは何事だ」と叱られた。

昼盗人

伊藤次郎兵衛という者が謹直に誠をつくして奉公し、かげひなたなくよく勤めたので、孝高は二百石を与えた。次郎兵衛はますます精勤して怠らない。ある日、孝高がみて「そちは気分でも悪いのか」と聞くと、「いいえ、そのようなことはありません」という。近臣の者もみな、次郎兵衛は無病であるという。孝高は「そちは痩せていて見苦しくみえる。飯米が足らぬので飢えて痩せたのか。飯米を与えよう」といって自筆で手形を書き「これで飯を炊《た》かせ、食いたいだけ食え」といって投げ与えられた。次郎兵衛はそれを戴き、次の間でみてみると五十石の手形である。彼はひじょうに驚いた。しばらくしてから、奉公に熱心でない者があったので、その頭を呼び「たわけめ。昼盗みの仕方を知らぬな。今後は心がけて昼盗みをしろと意見せよ」と命じられた。「律義に奉公せよと仰せられるべきところ、昼盗みせよという意見はできません。あまりに不思議なことをおっしゃいます」というと、孝高は「納得できぬか。昼盗みと申しても、仕方にはわけがあるのだ。まず考えてもみよ。次郎兵衛は五ヵ年も召し使って八十三石を与えていたが、それを不足にも思わず日夜精勤して少しも怠らない。だから褒美をと思ったが、これという機会もないので、飯米にかこつけて五十石やった。彼にはこれぞといって勝れているところもないので、わしにとっては別段の益はないが、一心不乱に日夜朝暮に心を尽くし、奉公したいと思っている志に感じて与えたのだが、まだこのうえとも与えたいと思い、少しも惜しいという気はない。考えてみると、さてさてわしは、随分抜かるまいと自慢していながら、昼盗みに会ったのと同じことだと、われながらおかしく思うのだ。誰もがこういう類《たぐい》の盗みをしないのは誤りだ。次郎兵衛にかぎらず、わしのところには昼盗人は何人もいる。よく気をつけてみよ」といって笑われた。

材木がなければ

孝高は、中津川に下屋敷を造るというので手塚久右衛門に命じた。この者は発音がつかえ物言いがはっきりしないが、気だてが正直なので、ふびんだということでその役をいいつけたのである。ある日、孝高が広間で四方を明け放しにして碁を囲んでいたが、そこへ久右衛門がきて何ごとか用事を申すのに、ただ「ツ・ツ・ツ……」と四つ五つ、つっかえたので、孝高は碁を打ちながら「材木がなければ買え」といわれた。元来「材木がなければ買ったらよいでしょうか。また伐《き》らせたらよいのでしょうか」とおうかがいにでたのであったが、物もいわずに事はすんでしまったということである。

高松城地見分

孝高は、あるとき参勤しようとして讃岐の丸亀に船を寄せたが、国主生駒《いこま》讃岐守一正《かずまさ》が、同国の高松に城を築こうとしてまだ決定していなかった。これを聞いた一正は、孝高に城地をみてくれるようにと頼んだため、その地に行ってみ、「これはもっともよい場所です」というと、一正は「拙者が思うには、高松の西南にあたる近いところに石清尾《いしお》という山があって、その横十町余（約千二百メートル）、縦半里（約二千メートル）ばかりです。そこはこの城にとって害にはならないでしょうか」と問うと、孝高は「拙者は、石清尾はかえって味方千騎の力を得るであろうと思います。そのわけは、この高松の城は一方は海に面しており、敵が攻め寄せることはできませんから、かならず石清尾から押してくるでしょう。その山は路がせまくて、大勢押し通るのには不便です。したがって敵にとってはさわりになりますが、味方にとっては利となります」と答えたので、一正は喜んで城を築かれた。

分別者

長政はある日、小早川隆景にむかって「貴公を天下の分別者と申している。分別とはどういうことですか」とたずねると、隆景は「分別というのは知恵のことで、その知恵をもってそれぞれのことを分別することです。世にあなたのお父上如水軒ほどの知恵者はいません。特にこの隆景などの及ぶところではありません。お父上の言行を学ばれれば、天下の分別者におなりになれます。しかし隆景を分別者と世の中で唱えて、お父上をそれほどいわぬのは、如水軒は利発な生まれつきでいらっしゃるから、なにか相談をすると、それはそれ、これはこれと、てきぱき申されるので、秀吉公のような目利《めき》きの人はよく知っていて、お取りたてになったけれども、それより下の人物では、あまりに無造作なため、認めてくれるかどうかは疑問です。拙者は生まれつき鈍なために、たといその場で思いついたことがあっても、すぐに埒《らち》をあけず、まずひと思案いたしてからご相談申しましょうというので、急に埒があかぬから、かえって分別者のように取り沙汰されるわけですが、お父上の知恵で、静かにじっくりとご思案なさいますように」と語ったという。

秀忠はかつて近臣にむかって「黒田如水はいまの世の張良だ」といわれた。

茶の湯

秀吉の時代、茶を翫《もてあそ》ぶことがもっとも盛んであった。孝高はこれを嫌って、「勇士の好むべきものではない。主客が無刀で狭い席に集まり座っており、きわめて無用心だ」とたびたびいったことがある。あるとき秀吉から孝高に、茶をご馳走されるという旨をいってきた。主命であるから辞するわけにいかない。しぶしぶ出仕して点茶の席に入った。秀吉はできて茶を点《た》てずに、合戦の密談をしたのち、「こういう密談が茶の湯の一徳なのだ。なんでもない普通の日に、そなたを人のいないところに招いて密談をすれば、人びとは疑いを生じ、禍《わざわい》を招くことにもなる。ここならば、例の茶の湯ということで人は疑いを生じることはない」といわれた。孝高は大いに感服して「拙者は今日はじめて茶の味のすばらしさを飲み覚えました。名将が一途に物にのめり込むことなく心を配っておられる点は、愚慮の及ばぬところです」といって、これより茶の湯を好んだ。孝高は茶室の水屋《みずや》に左のような文を掲げた。

茶堂

定

一、茶を挽《ひ》くことは、いかにも静かにまわし、しかも油断なく、滞らぬように挽くこと。
一、茶碗など垢《あか》がつかぬようたびたび洗うこと。

一、釜の湯一檜杓《ひとひしやく》汲み取ったなら、また水を一檜杓差してうめあわせをしておくこと。使い捨て、飲み捨てはせぬこと。

右は我流ではなく利休流である。よくよく守ること。

すべて人の分別も静と思えば、油断になり、滞らぬようにと思えば、せわしくなる。それぞれ生まれついての性分《しょうぶん》ともなるものだ。また随分理に明らかなようにと思っていても、欲の垢に汚れやすく、また親や主の恩をはじめ朋友・家人どもの恩にもあずかることが多いのに、その恩に報いようと思う心もなく、ついには仏神の罰を受けてしまう。だから右の三ヵ条を朝夕の湯水の上で、よくよく考えるために書きつけておく。

慶長四年（一五九九）正月日　　　　如水

よくよく守るように。

連　歌

孝高は連歌を嗜み、里村紹巴《じょうは》・里村昌琢《しょうたく》と応答した。あるとき百韻のなかで「恐るるのみをゆゆしとはせじ」という句に、孝高は「虎走る野辺は毛ものの声もなし」とつけた。

子の傅

孝高はいった。「子のお守り役にする士はよく選ばねばならぬ。そのわけは、傅《もり》は昼夜側を離れず教育する職であるから、その子の気質によってその人を区別しなければならない。

その子の性質が静かで和やかで、外貌は大様《おおよう》で物ごとに気をつけず、手ぬるくみえても内心は虚気《うつけ》ではない者には、貞実で知恵があり、諸事に油断なく、弁舌さわやかなお守り役をつけるべきだ。また利発さを表面にだして、人をあなどり物ごとに小賢《こざか》しくして思慮のない子には、実直で知恵深く、外貌はのんびりしていて物に動じないで、ことば数も少なく、立ち居ふるまいも重厚な者をつけるとよい。そのほかにつけておく士も、この心がけをもって選ぶべきだ。さてお守り役は、主君もねんごろに扱い、自然とお守り役なりの威厳がつくようにせよ。もし軽く扱って、その結果、威厳が薄ければ、その子はお守り役をあなどり、ないがしろにして、諫めも聞かなくなり、ついには上下の間がうまくいかなくなって、悪い状態が生ずるものである。はじめ小身で、のち大名になった者ですら、はじめのころの艱難《かんなん》を忘れて、民の苦痛を思わなくなる。ましてや大名の子に生まれれば、普段栄耀に育ち、人の辛苦を知らず、諸士に酷《むご》い扱いをし、下民を憐《あわれ》まなければ、士も民もともに疲れはてて、離散してしまう結果になる。深く考えなければならない」といわれた。

臣下百姓の罰

孝高は筑前に入って、大宰府の菅廟（菅原道真の廟）をはじめ、筥崎志賀《はこざきしか》の宮が衰廃しているのを再興し、明神を崇敬したが、かつていうには「天神の罰よりも、君の罰の方を恐れるべきである。だが、君の罰よりも、臣下や百姓の罰を恐れるべきである。そのわけは、神の罰は祈れば免《ゆる》してもらえる。君の罰は詫びて赦しをうけられる。ただ、臣下・百姓に疎まれては、祈っても詫びても免されない。かならず国家を失ってしまう。もっとも恐れるべきことである」と。

死前三十日の間

孝高は、病に臥して死を目前にした三十日ほどの間、諸臣をひどくあしざまに罵《のの》った。諸臣は病気が重く、特に乱心のようすだが、こうなっては別に諫める人もないということで、長政にその旨を告げた。長政ももっともなことだと思って、孝高に「諸臣が震《ふる》えあがっております。もう少し寛容にお願いします」というと、孝高は「耳を寄せろ」といい、寄せると、「これはそちのためにしているのだ。乱心ではない」と小声でいった。「これはわしが諸臣にいやがられて、一日も早く長政の代になるとよいと思わせるためだ」といわれたという。

殉死を禁ず

孝高は死に臨んで「世の中で、主のために追腹《おいばら》を切るということぐらいつまらぬことはない。腹を切って死んだとしても、わしにしたがって地獄・極楽を駈けめぐるわけではあるまい。わしはただ立派な士を一人でも多く命を延ばして、大切に思う子（長政）に譲りたいのだ。かならず殉死《じゅんし》を禁ぜよ」といった。

長政に語る

孝高は死に臨んで、長政に語っていった。「世には、親より勝れた子はないというが、その方は親に勝れている点が五つある。第一に、わしは信長公・秀吉公の御意に違《たが》って頭を剃り、三度も籠居した。それに比べてその方は、秀吉公・家康公・秀忠公の御意に入り、御前をよく勤めた。第二には、わしは一生十二万石であるが、その方は五十万石までに成り上がった。第三には、わしはわが手にかけた功がない。その方は自分の働きによって挙げた高名は七、八度、賜物も二度に及んでいる。第四に、わしは無分別であるのに、その方は分別者だ。そして第五は、わしはその方ただ一人を子にもっただけだが、その方は右衛門佐《すけ》・甲斐守・千之助と三人までも男子がある。しかも三人とも生まれながら勝れた者だ。しかしながら、わしがその方に勝ることは二つある。いまわしが死ねば、わしの家中十二万石の兵はもちろんのこと、その方の家中までも、『残念なことだ』と歎くであろう。もしまたその方が死んで、わしが生き残ったとしたなら『逆様《さかさま》なことであるが、如水がおられるからまあよかろう』と、力を落とす者はあるまい。つまり人の心の寄せ具合は、わしには及ばぬであろう。これはその方の人の使い方が悪いからだ。よく味わえよ。次には、わしは博奕《ばくえき》が上手である。その方は下手だ。そのわけは関ガ原のとき、もし家康公と三成との勝負で百日も手間取れば、わしが九州から打ち上って勝利を占め、相模に入って天下を争おうと思った。そのときはただ一人子その方ではあるが、見殺しにして一博奕《ひとばくち》打ってやろうと思ったのだ。天下を望むほどの者は、親も子も顧みてはならぬことなのだ。この博奕は、その方はとうていわしには及ばぬであろう」といわれて、さて小姓を呼んで、紫の袱紗《ふくさ》包みをだして「これは譲《ゆずり》物《もの》だ」といった。開いてみると草鞋《わらじ》と木履《ぼくり》を片足ずつと、溜塗《ためぬり》の面桶《めんつう》（一人前ずつ飯を盛って配る曲物《まげもの》）であった。これを長政に譲っていった。「戦は死生の界《さかい》であるから、考えすぎると大事な合戦はできない。草鞋と木履と片方ずつで、二つとも揃っていないというのでなければ、大事の場合に決断はしにくいものだ。その方は賢いので先の手がみえすぎて、どうしても大きな武功はたてられぬであろう。またこの面桶は飯入れである。貴賤ともに、兵糧がなければ何ごともできぬ。不必要なことに金銀を費やして損をするより、兵糧を貯えて、軍陣の用意をつねに心がけるべきことを示すためにこれを譲るのだ」と。

死期を予知す

孝高は病床について長政を召し「わしの死期は、かならず来《きた》る二十日の辰の刻（午前八時）である。わしが死んだら士を愛し、民を撫し、謹直な者を挙げ用い、曲がれる者を退け、孤弱を慈《いつくし》み、貧賤を憐み、賢を親しみ、佞《ねい》を疎んずれば、これがなによりの供養である」といい、期《ご》に臨んで和歌一首を詠じ、その声がまだ絶えぬうちに端然として逝去した。五十九歳であった。国中の士民の悲しみ方は、父母を失ったようであった。

長政の遺言

長政は死に臨んでいった。「兵法とは平法である。わが亡《な》き父君は、平法者でいらっしゃったから、むかっていかれた城はたちまち陥《お》ちて降り、士卒を殺されることは少なかった。これはわしの及ぶところではない。父君はまた、つねに『臣下で、その職にふさわしくない者に対してはすぐに処分したりするが、よく考えてみると、その役を十分に務めてくれるだろうとみたのは、実はその主の目利《めき》き違いなのだから、その罪は臣下よりも主の方がなお恥ずかしいことなのだ。政事《まつりごと》が正しければ、下民に至るまでも重罪を犯す者はない道理なのだ』とくれぐれもおっしゃっていた」とわが子忠之《ただゆき》に遺言した。

福島正則

星野成政の子。福島新右衛門正光の後嗣《あとつぎ》となる。市松という。従三位、参議兼左衛門大夫。安芸・備後両国四十九万八千二百石に封じられ、広島城に住む。のちに罪があって配流される。剃髪して号を馬斎《ばさい》という。寛永元年（一六二四）七月十三日没。年六十四。

明・韓の兵にねらわる

征韓の役で、諸将は王城に集まって明《みん》・韓《かん》の兵と戦っていた。そのとき、明・韓の兵が「正則は関白の叔父にあたる者（正則の母は、秀吉の伯母だという説がある）であるから、彼をさえ撃てば、この戦に勝つことは容易なことだ」といって、三度も攻めてきたがそれを撃ち破ったので、その後はあえて近づいてもこなかったという。

大凶の日に出陣

正則は清洲の二十万石を領していた。慶長五年（一六〇〇）、会津の役で、家康にしたがって関東に赴くにあたって、大凶の日に出陣して、「わしはでて行って二度ともどらぬ」といった。そこで家臣の者は、彼を「急なことでないのなら、ご出陣はなにも今日にかぎったことでもありますまい」と諫めると、正則は「わしの本意は、ほんとうにふたたび帰ってこまいということだ。なぜなら、わしは所領が少ないから、したがって兵も多くはない。いたずらに人の後《しりえ》について、鬱屈した気持ちで日々をすごすよりは、関東で武功をたてて大国を賜るか、それができなければ、剛敵堅陣を撃ち取って、目をおどろかすような戦死をとげたいのだ。この二つのうちどちらかは天運にまかせている」といって打ってでたが、はたしてその軍功は他の者をはるかに抜いていたので、安芸・備後の両国に封じられたのである。

三成の挙兵を予知す

この役で、諸将はみな「会津の四万人はみな決死の士であるから、容易にはあたりがたい」といった。家康は「ただまっしぐらに進まれよ。わしは人びとのために会津上杉景勝《かげかつ》を擒《とりこ》にしてご覧にいれよう」といわれたので、正則は「一夫が命を投ずれば万夫も進めぬと申します。まして相手は四万の敵です。無茶をなさってはいけません。勢盛んな者は衰えやすいとうけたまわっております。しばらく兵をここにお留めになって、ようすをご覧下さい」と申しでた。はたせるかな、その二日後には、石田三成の変を告げてきたということである。

関東の味方

このとき上方《かみがた》が混乱しているとの情報が届いたので、家康は諸将を全員小山《おやま》の陣に集めて、「上方が混乱しているとの由である。ご一同の夫人はみな大坂にいる。わしはそのことを思うだけで胸がつまる思いだ。ましてご一同の気持ちはなおのことであろう。そもそも弓矢を執《と》る者の習いとして、今日、味方と思えても、明日は敵になってしまうことも珍しいことではない。だから、ご一同がいま敵に与《くみ》せられても、わしは少しも恨みを残すようなことはない。そしてこの家康がもし勝って、ふたたびお目にかかれるようなときは、いままでの好《よしみ》はけっして忘れない。一時も早くここから引き返して、大坂に帰られるがよい」といわれた。諸将がまだなんとも申しでることばもないところへ、正則が一人進みでて「上方で戦が起こったことにつきましては、噂によれば、大坂の奉行らが秀頼公の命をうけて、天下の軍勢を催したのだとうけたまわっております。しかし秀頼公は、御歳わずか八歳でいらっしゃいますから、どうしてみずからこのような御企てがおできになりましょうや。これは間違いなく石田三成の謀でして、天下をわが手に収めたいと願っていることは疑いのないところです。ほかの方がたの気持ちがどうであろうとも、この正則は関東（家康）のお味方として、その兇徒らを誅伐します」と申しでると、諸将はみなこのことばに参同した。家康は大そう喜ばれた。

先　手

このとき、家康は諸将を集めて「まず会津の上杉景勝を攻めるべきか。それとも関西へ攻め上るべきか」と意見をもとめられた。正則は「景勝の叛逆も、つまるところ石田の方から起こっている以上、まず上方の賊徒を滅ぼされる方がよいと存じます。徳川殿が諸将をひいて攻め上られれば、拙者は居城清洲をそっくりお渡しします。そしてそこに貯えてあります兵糧を諸軍勢に配分し、そのうえで拙者が先陣をうけたまわりましょう」と望んだので、群議はこれに一決し、清洲・吉田は上方の先手だからというので、頭株は正則、その次には池田輝政と決定され、正則には黒の駿馬を賜った。

岐阜攻略

岐阜の役で、正則が「上方の兵が岐阜の辺に打ってでてきて、われわれ寄手を待っているうちに、こっちは犬山にむけて行けば、岐阜の援兵に至るまでも犬山に馳せくることでしょう。そのとき引き違いに、敵の後方を断ち切って岐阜を攻め破る時分には、犬山の敵は自然に退散しましょう」というと、みなこの意見に同意した。明後二十二日寅の刻（午前四時）に犬山の城を攻め取る旨を諸卒に触れた。案の定、このことが犬山の方にも伝わったので、石河備前守・伊東対馬守の両人から檄《げき》をとばして岐阜にこの旨を告げた。これを聞いて稲葉右京亮貞道・加藤左衛門佐貞泰らは、岐阜をそのままにして犬山にむかった。その虚を突いて岐阜を攻め落としたのである。

織田秀信を落とす

この役で織田秀信は力がつきて降参し、小勢で諸将の備えのなかを通って高野山にむかおうとしていた。そのとき「秀信を擒《とりこ》にすべきだ」という者もあった。正則はこれを聞いて「士たる者は、いったんむすんだ約を破ることを恥とする。和睦が成立して、戦が終わってしまったのに、相手を陥れるというのでは、武士としての資格に欠けるといわねばならぬ」といって固くこれを禁じたため、何事もなくみな秀信を通したそうである。

木造長正

この役で、秀信の臣木造《こづくり》左衛門佐《さえもんのすけ》長正《ながまさ》が奮戦して負傷し、岐阜近くの民家にいることを正則が聞いて使者をつかわし「今日の貴殿の傷が気がかりでならない。医師を申しつけましょうか」といわせた。それに対して長正は「正則殿のご厚志はけっして忘れません。しかしご覧の通り傷は浅いことですから、少しもお気づかいになりませんようにとおっしゃって下さい」といった。その後、前田利長が長正を招いたがそこには行かず、正則の招きに応じて二万石を賜ったのである。

敵に後をみせず

関ガ原の役で西軍は完全に敗れ、みな伊吹山の方に退いたのに、島津義弘ただ一人だけは、引き返して手勢を引き連れ、勝利に気をよくしている東軍数万のまっただなかを切り抜けようと、無二無三に駆けてきた。このとき東軍の先手は、なんとなく浮き足だちはじめた。そのとき正則はただ一騎で島津に打ちかかろうと、しきりに馬を進ませたが、前後の従兵が鞍《くら》や馬にとりつき、いろいろに引き止める。だが正則は少しも聴き入れず、「お前たちは知らぬのか。武士たる者の墓所は戦場なのだぞ」といってなおも勇んで駆けだすのを、「われわれがどうして臆しましょうや。進むべきところで進み、退くべきところで退く臨機応変に、進退してこそ、良将とうけたまわっております。これほど見事に勝った合戦で、島津ごとき死にぞこないを相手に命を捨てて、なんの益がありましょうか」といって、大勢が馬に取りつき、むりやり後に引きもどした。正則は「仕方がない」と歯ぎしりをして、引きもどされた。しかしそれでもなお「敵に後ろはみせたくない」といって、馬上で体をねじり、後向きに引き返したという。

家臣の恥

この役が終わって、家康が近江草津の宿《しゆく》に着いたとき、都のなかが騒ぎたっているとの噂が入った。そこで狼藉《ろうぜき》を鎮めるために、正則らを都に上らせた。正則の家臣佐久間佐左衛門が、使いがすんで下ってくる途中、日岡《ひのおか》の関を通るとき、そこの番の者と口論になった。しかしなんとかして自分の主人に追いつき、命ぜられた用事をすませてから、暇乞《いとまご》いをして引き返し、先の関所番の者と戦って斬り死にするつもりで、そのことを告げた。正則は馬に乗ったまま、これを聞いていたが、すっかり機嫌を悪くした。しばらくしてから、「お前は、ああ自分は主人の使いだからと、恥を忍んで帰ってき、暇を乞うてから、その大勢に立ちむかって、戦死するつもりだという。神妙の至りである。わしに考えがあるから、わしについてまいれ」といって都に連れ行き、そして佐左衛門をそば近く呼び、「お前をかならず死なせてやろうと思う」というと、「おっしゃるには及びません」と答えた。「それならば、ここで腹を切れ。わしがお前に代わって、徳川殿からあの関を守らされている伊奈の首を取って、お前に手向《たむ》けてやる」といって首を打ち落とした。そしてその首を伊奈図書助今成《ずしよのすけいまなり》のもとに贈り、「拙者の家臣が伊奈殿に恨みがあるといって腹を切りました。ご実検のために、かれの首をさし上げます。十分にご実検下さるよう」といった。今成は、その使いの者にことの次第を聞き、「わが手の者に聞いてみて、はじめてこのような一件があったことを知りました。おっしゃることはよくうけたまわりました」といって使いを返した。井伊直政・本多忠勝らが相談して、関所番にあたっていた者六人の首を切って、正則のもとに贈った。

正則はこれにはますます怒りを増し、首を全部返して、「そもそも天下には貴き者、賤《いや》しき者と身分の差がござる。貴と賤とは同じではない。これぐらいのことは知れきったことである。拙者の家臣の首をそちらに贈ったのに対し、賜った首はみな足軽の者と思われる。その身分がちがう。拙者は不肖の身ではあっても、徳川殿の御方《みかた》としてお先を駆け、拙者相応の微力を発揮できたのは、まったく拙者一人の功ではない。これは家子郎党《いえのころうとう》が命を捨てて、わが身を顧みることなく戦ったからこそである。それなのに、いまこうして拙者の家臣を、お手に属している足軽風情と同等の扱いをされては、拙者、天下に対して面目なきこと。また拙者が贈ったのは、家士の首ただ一つであり、それに対して、首の数の多いことを望んだのではない。これらの首は戴いても仕方なきこと。すみやかにお返し申す」といった。

井伊・本多はこれを聞いてひじょうに驚き、「貴殿の申されることは、まことに道理にかなっております。それならば、伊奈に属している騎士の首を切って贈りましょう。これで伊奈と仲直りして下されば、公私ともに幸いなことで、これ以上のことはありません」という と、正則は「家子郎党に疎まれては、今後はかばかしい戦はできますまい。こうなれば徳川殿も、拙者のことをよくは思っておられまい。今後はご門下に伺候したとて何の益にもならぬこと」といって引きこもってしまった。家康はこのことを聞いて、「正則の申すことは道理がないわけではない。伊奈のはからいが不当なのだ」と怒られたので、今成は腹を切って死んだ。井伊直政は、やがてその首をもって正則の陣にむかった。正則はこれをみて、「井伊殿のお力によって、正則の恥を雪《そそ》ぐことができました」といって喜んだ。

武将の心得

この役で石田三成がとりこになった。諸将は争って、三成に腹いせをした。三成は「戦死を好むのは匹夫のことである。将たる者は、命の危険をのがれて何度も戦をかさねることこそ本意とするものだ。わしはこうなったからとて、少しも臆しているわけではない。なんとかして大坂にもどり、宿願をとげようと思ったのだが、武運が尽きて囚人《とらわれびと》となってしまったのだ。おのおの方は将帥たるものの法を知られぬのか」と怒ると、正則はこれを聞いて、「至極もっともなことです。武将たる者は、みなそのように考えねばならぬことです。けっして恥辱ではありません」といって三成を慰めた。人びとはみな正則を「勇将だ」といって誉めた。

秀頼の処置

この役が終わって正則は「徳川殿が、このように秀頼公をそのままになさった以上は、何事も特別なことは起こらないであろう。しかし三成が関ガ原の一戦でもし勝利を得たとすれば、かえって秀頼公を三日とはそのままにしておかなかったことであろう」といった。みな「もっとものことだ」といいあった。

甚目寺の老尼

正則が清洲から広島へ転封となったとき、生駒・沢井ら清洲の士たちに別れを告げ、その際にいうには「拙者がまだ市松といっていた若年に、工匠のために食糧を運んだことがある。そのとき、甚目寺《じもくじ》の釈迦堂に住んでいる老尼のところでしばらく休ませてもらったのだが、老尼は手厚く世話をしてくれ、食事も与えられ、茶などを飲ませてくれた。拙者はこのことが忘れられず、以後その老尼に食糧を施して、そのときの恩に報いてきた。今、拙者が他所《よそ》に移ってしまえば、老尼はさぞかし困ることであろう。貴殿ら、よろしく老尼の世話をして下されば、この身にとってはまことに嬉しきこと。なにとぞ頼み入る」といったので、諸士はみなこれを承諾して毎年、米を贈ったそうである。

平家納経

厳島《いつくしま》の社に、平家納経《へいけのうきょう》といって、平清盛が寄付した法華経がある。装飾は実に美麗を尽くしていた。正則が安芸の大名として赴いた当時は、それが破損しはじめていたので、それを心にかけ、黒漆蒔絵《まきえ》の辛櫃《からびつ》を寄付した。

秀頼への起請文

慶長八年七月、秀忠の娘（千姫《せんひめ》）が大坂に入られたとき、上方の大名はみな起請文《きしょうもん》を書いて、秀頼に提出した。これは正則のはからいであった。

江戸城修築

慶長十一年、江戸城の修築があった。その修築中は堅く争い事を禁じられた。事を起こした者は、その一族まで罪が及ぶとの令が下されたのである。ところがそのとき、正則の奴婢《ぬひ》が出奔して池田輝政に仕えた。ある日、その奴《やっこ》が外出して帰ってき、門に入った。正則の下僕がこれをみて、奴の後について門から入り、彼を捕らえた。輝政の足軽は「狼藉者」といって正則の奴を捕らえた。正則はこれを聞いて「江戸城修築中は、争い事を起こした者は、その罪一族に及ぶとの制令がでている。わが奴がそれに違犯した罪は免れることはできない」といって、その奴どもを死刑にしたうえで、「そちら様の足軽卒を罰せられるには及びません」と輝政にいい送った。とかく短気なあの正則が制令を守ったことは、いかにもおだやかなやり方だといって、世人は称賛した。

同十三年の春、秀頼が疱瘡《ほうそう》を煩《わずら》われたとの報が入ると、上方の大名はそれぞれ忍びで大坂に馳せ集まった。そのなかでも正則は最初に馳せ参じたのである。

秀頼、家康と対面

慶長十六年三月、秀頼が京都二条城で家康と対面のことがあったが、そのとき正則は国から上ったが、八幡で発病し、半井忠菴《なからいちゅうあん》の薬を服したが、世間には、もはや命も危ういという風にいいふらし、広島から多くの家臣を呼び寄せた。かくして正則の兵は一万余、秀頼の兵八千で大坂の留守居にあたった。世人は「正則はこのようなときはいつも、仮病を使う」といって嘲弄していた。家康はこれを聞いて「福島のこのたびの病は、二条城への供を避けるためではない。万一、わしが秀頼を殺すか、あるいは擒にでもするようなことがあれば、加藤清正や浅野幸長《よしなが》は秀頼のために斬り死にし、自分の名を末代に残すであろう。また大坂には秀頼の母君（淀君）がいる。この人を人手にかけるのも残念に思い、幸いにも正則は秀頼に縁のある者だから、母公を自分の手にかけ、城に火を放って、みずからも腹を切ってしまうつもりであることは間違いない。おそらく三人が申しあわせて、二人は秀頼の供をして京都に入り、一人は病気といって大坂に留まったものと思われる。このようなことは、軽々しく考えるべきではないぞ。太閤は、よく人をみて取りたてられたものだ」といわれた。

前田利長への書状

慶長十九年三月、大坂から前田利長に贈った手紙に、「秀頼公もすでにすっかりご成人なされた。ぜひとも早く大坂にいらっしゃって輔佐せられるべきです。今、城中にある兵糧は七万石、また拙者らがつねづね貯えておいたもの三万石、その他金銀宝貨など、戦のための費用はけっして乏しくはありません」と記されていた。この年九月、大坂の役が起こったとき、正則をはじめ、加藤肥後守忠広《ただひろ》らが大坂にもっていた米穀をすべて秀頼公に献上した。同十月、正則が秀頼母子を諫めて送った書に、「このたび、方広寺《ほうこうじ》の大仏修造のことにつきまして、両御所が恨みをふくまれてのご計画はただ事とも思えません。これはひとえにご家運の傾かれるときがきたということです。ぜひとも御母子様はお心を改められて、ご自分の御過《おんあやまち》を謝罪されるために、ご母公様は駿河か江戸かいずれかに人質として置かれるべきです。拙者は関東のご恩をこうむる身となった今日、二心はもっておりません。妻子もまた関東におります。今、お諫め申すことにしたがわれないときには、拙者は天下の軍勢に先だって馳せむかい、すみやかに御勢を撃ち破ります。そのときになって後悔なさってもおいつきません。ご家運がめでたくつづくのも、またそうでないのも、おはからい次第です」と記した。

大坂よりの使者

このとき大坂から、秀吉恩顧の諸大名に使いがあった。なかでも正則には、特別の使いとして林伊兵衛が下された。伊兵衛は関東に着くと、正則の甥《おい》兵部少輔を通して書を正則に渡した。正則はこれを聞くと「きっとこのたびのこと、特に拙者に力になってくれとのことであろう。拙者は、この関東にいる以上、お心に添うようなお返事を申し上げるわけにはまいらぬ。したがってお手紙を拝見するまでもない。伊兵衛は遠方からきたこと、まことにご苦労ではあるが、会ってかれにかけることばもないので、対面はしない。早々に帰るがよかろう。時すでに三年遅く、三年早かった。まことに埒《らち》もなきご決意、いまさらなんとも申しようがない。もうこうなっては、もはや後の祭りであるから、太閤の遺言のように、事が起これば、大坂城を枕にして闘死せよといわれた通りに、お城でお果てになられるよりほかはない。実は、家康は野戦は上手であるが、城攻めはそれほどでもない。これが頼みの一つ。また太閤がお造りになった大坂城は天下無双の要害である。これがまた頼みの一つ。そういうわけだから、城を頼みになさるだけである。この由をよろしく申し上げよ」といって伊兵衛を返した。

関東に味方す

このとき正則は江戸におり、子の備後守正勝は安芸に留守をしていた。正則は老臣福島丹波と尾関《おぜき》石見方に使いをだし、「わしが太閤のご厚恩をうけたことは、よく世に知られている。お前たち両人もよく考えて、もし備後守の武将としての名誉を守りたいと思うなら、わしを見殺しにしてもよい。これはわしの本望だ。けっしてわしの本心を疑うな」と自筆の書を贈られた。そこで丹波と石見の両人は正勝の前にで、丹波が「このたび大坂方に味方なされば、おのおの軍勢を引き連れて大坂に服帰する者は多いことでしょう。もし大坂が勝利すれば、福島家の繁栄はもちろんのことです。また大坂方が敗北して自害するとしても、その武名は後世まで伝わることでしょう。関東に一味したとしても、それはきっと本意とは思われますまい。また世間の誹《そしり》もうけましょう。石見殿はいかが思われましたか」というと、石見はこれを聞いて「もっともです。しかし目前で父公を見殺しになさるということは天命に逆《さか》らうもので、人情の憎むところです。天下の大軍を引きうけて、大坂方が勝利を得るというようなことは、秀頼公のお取りになった道としても、またそれにしたがう武将の能力を比較してみても、千に一利もないでしょう。それならば、時勢を考え、家をたて、身を守ることこそ大切です」といったので、石見の意見にまかせて関東に味方した。

大坂城

大坂冬の役のとき、正則は江戸にいた。城は堅固でなかなか落ちがたいとの注進があった。正則はこれを聞いて「要害のよい城に、名のある浪人どもがこもっているからだ」といった。また「やがて落ちるでしょう」という注進をうけると、正則は「城は、持ち手と攻め手とによって運命がきまる。そんなことはとっくにわかっていたことだ」といった。また和解が成立し、「無事にすみました」との注進をうけると、それを聞くや否や、強い衝撃をうけて「南無三宝。かくして、ついにあの大坂城は家康に取られてしまったか」といわれた。

物　前

ある人が正則にむかって、「戦争のはじまる前、人の並べ方は、一間の間に何人ぐらいにすればよいでしょうか」といった。正則は「合戦の前では、人の並べ方はきめられないものだ。たといきまったとしても、先にたって働きをしようとする者は前にでるし、また臆病な奴は後に下がるから、後が先になり、先が後になるものだ」といわれた。

馬と槍

正則は「馬上で槍を使って人を突くときは、思わず落馬することもある。馬に突かせるのがよい」といった。また「馬は小さい方がよい。具足を着けていては、大きな馬には乗りにくいものだ。また槍は短くすべきではない。広場《ひろば》の戦とか船戦《ふないくさ》などでは、少しでも長くしたいものだ」といった。

人の心

ある人が正則に「このような世の中では、人の心は欲深く悪くなっていき、まことになげかわしいことです。このようすでは、いよいよ悪くなっていくことでしょう」と問うと、正則は「もっともだ。しかしそういうわけでもない。なにか忙しいことがあるときとか、またどうかしたはずみに人の心は美しくなるものだ。むかしから、人の心はもともと悪いものだと性悪説がいい伝えられているようだが、もしその通りだとすれば、今などはもっとも悪い状態のはずだが、しかしそれほどでもないから、これから考えてみると、まあまあというところではないかな」といわれたそうである。

松田左近

堀尾忠氏《ただうじ》の老臣松田左近は、武功名誉の士である。忠氏が伏見に参勤して登城したとき、正則は殿中で忠氏に挨拶し「松田左近は、このたび召し連れられましたか」とたずねた。「召し連れました」と答えると、正則は退出の道すがら、まっすぐ左近の旅宿に見舞いに行った。左近は迎え入れて、「なんとかたじけないことでございましょう」といった。正則は「ひさしくお会いしないのでなつかしく思っていたところ、供にまいられていると出雲守殿（堀尾忠氏）からお聞きしたので、さっそくまいりました」といった。ゆっくり語りあったが、そのとき左近が「なにかご馳走をしたいと存じますが、さし上げるものもありません。酒を一つさし上げましょう」といって小姓を呼び寄せ、腰から銭を取りだし、「御前へ一杯、わしに一杯、また御前に一杯」と盃の往来を数えて酒を買ってこいと申しつけた。正則は扇を開いてぱたぱたと使っていたが、左近の手を押さえ、「拙者もそう多くは飲みません。二杯戴けば十分です。たくさんお買いになるのはご無用です」といわれた。

八丈島の宇喜多秀家

正則は「関東の酒はうまくない」といって大坂から取り寄せていた。役人が吟味して酒を船に積み、家士が一人同乗して江戸に送ったところが、ある年、暴風にあって八丈島に漂着したことがあった。四、五日もの間は、風波が荒れて船をだすことができない。その間に同乗の家士は上陸して、あちらこちらを歩きまわっていたが、そのとき四十歳ぐらいになると思われる長身の痩せた色黒の男がでてきて、その家士に、「なぜここにこられたのですか」とたずねた。家士は「拙者は福島左衛門大夫の家来だ。主人が飲む酒を大坂から江戸に運ぶ途中、暴風にあって、ここに漂着したのだ」というと、その男は「ああ、お願いですからその酒を少し戴かせて下さい。一盃傾けて心の憂さをはらし、故郷の恋しさも忘れたいのです」といった。家士は「さてはお前は流人《るにん》であったのか。何の罪によって流されたのか」とこの島に流された事情をたずねた。その男は「今は隠しだてしてもなんの甲斐がありましょう。実は私は宇喜多中納言秀家のなれの果てですよ」といった。家士はひじょうに驚き「そのようなお方とも存じあげず、ずいぶん失礼なことを申し上げましたこと、ひとえにおゆるし下さい。酒のことはおやすいご用です」といって船へ帰ったが、「たくさんある樽のなかから少しずつ抜き取れば、樽の数も変わらないはずであるが、何を申すにも有名な宇喜多殿のご所望である。宇喜多殿は、世が世であれば、われわれのような者に、どうして酒を所望なさることがあろうか。しかるに、主人正則の怒りを恐れて、わずかしか酒をさし上げないというのも、まことに不本意だ」と思って、一樽の酒に、もちあわせていた干魚《ほしざかな》を添えて「わずかですが、どうぞ召し上がって下さい。どうかこれでご退屈のお慰みになさって下さい」といって贈った。そうしているうちに風も静まり江戸に着いた。酒を台所役人に引き渡すと、すぐに目付役の方に行き、暴風にあって八丈島に漂着した事情と、秀家が酒を懇望したいきさつなどをありのままに報告した。目付役の者は、「これは内緒にしておくべきことではない」といって、その趣を詳細に申しでた。正則はこれを聞き、「その者をここに呼びだせ」といわれた。元来気の荒い正則であるから、その家士はもちろん、役人の者もきっと手討ちにされるだろうと思っていたところ、正則は「こちらに寄れ」とそば近くに呼び寄せ「そちはあっぱれでかしたぞ。たとい船の酒全部を失ってしまったとしても、わしにとっては、それほどの痛手ではない。しかし、わしの指図をうけられない遠いところで、一樽の酒を贈ったということは、よきはからいであった。わしをはばかって与えずにいれば、正則はけちな男だから、家来の者まで情け知らずだと、その男（宇喜多秀家）にさげすまれる。そうなれば、どれほど無念なことか。また多くの樽のなかから少しずつ抜き取れば、わしはそれに気づくこともできない。また暴風にあって樽がころがり落ちたといっても事はすむのに、ありのままに申したことは、そちの律義なことを物語っている。神妙の至りである」といって、誉めそやし、ひどく機嫌がよかったそうだ。

老臣の諫め

福島家の老臣大橋茂右衛門が福島丹波守・尾関隼人《おぜきはやと》らと相談して、正則のよくない点を書き付けにしてさしだした。正則は怒って、見向きもせずにその席をたとうとしたのを、茂右衛門が裾をしっかりつかんで引くと、「おのれ……。軽輩であったお前をこれまでに取りたててやったわしにむかって、諫めだてするとは怪《け》しからん」といって刀を抜き、目先に突きたてた。茂右衛門は「さればでございます。私めのような者をここまでお取りたてになりましたからには、もしお目鏡違いのようなことがあってはと存じまして、面とむかってお諫め申しているのでございます。なにとぞ諫言状をご一覧下さいませ」といって首をさしだした。すると、さすがの正則も涙を流して刀を鞘《さや》に納め「それならばみよう」と席に着き、いちいち読み終え、「箇条書のかずかず、みんな諫めの通りにしたがおう」といわれたので、ようやく捉《とら》えていた裾を放したという。正則のような気荒な性質でも、諫めを聞き入れることは、このようであった。実に殊勝なことだ。

報恩の茶坊主

正則の近習の士某《なにがし》に少しの咎《とが》があったので、広島城の櫓《やぐら》に押しこめ、食物を与えずに餓死させようとしたところ、かつてその士の恩をうけた茶道坊主が、罪なくしてこのように囚人《とらわれびと》になっているのをあわれに思い、ひそかに夜、焼き飯をもっていった。その士は「私は罪があって、こうなっているのだ。お前のこのような行動を殿がお聞きになったら、私よりも重い罪になろう。またこの飯を食ったからといって、命が助かるものでもないから、早く帰れ」といった。するとその坊主は「同罪になったとしても後悔はいたしません。私はとっくに殺されておりますところを、あなた様のお救いによって、一度助かったことがございます。ご恩をうけて、それに報いないのは人間ではありません。あなた様も弱気になられて、志をむなしくなさっては残念千万でございます」というと、その士は喜んで「それならば」といって食った。毎夜、このようにして運んできた。しばらくたって「もう死んだだろうか」といって正則が櫓に行ってみると、顔色は少しも衰えていない。正則は「さては飯を運んできた者があるのだな」と怒ると、例の茶道坊主がでてきて、「私めが運びました」と答えた。正則はじっと睨《にら》みつけて、「きさまはなぜそんなことをするのだ。頭を二つに切り割ってやる」といって膝をたて直したが、坊主は少しもうろたえず「私めはむかし罪があって、すんでのことに水責めにあって殺されるべきところ、この方の申し開きによって、今日まで思いがけず生きながらえてまいりました。このご恩に報いるために、毎夜、忍んで飯を運んでおりました」といった。正則は怒った眼に涙を流し、「そちの志にはほとほと感じ入った。人間はこうありたきものだ。あの男も赦そう」といって、さっそく櫓の戸を開いて罪を免じ、茶道坊主をも深く賞められた。

江戸へ訴えの百姓たち

正則の士が夫銀《ふぎん》（賦役の代わりに納める金銭）を取りたてすぎたといって、広島の百姓六人が江戸にでてきて訴状を提出した。正則はこれを聞いて、台所役人に「遠方からやってきたのだ。十分に馳走してやれ」と申しつけた。百姓はたいそう喜んだが、一方、訴えられた士は、どのようなお咎めがあるかと、生きた心地もなかった。四、五日すぎると、その百姓六人を白洲に呼びだし、みな首を刎《は》ねてしまった。正則は「銀の五百目や六百目を取りたてすぎたぐらいのことで、正則の前途安泰を見届けようとして、かわいい妻子を国に置いてくれている家士たちを、窮地に追い込むなどとは、思いもよらぬことだ。なんと憎い百姓どもか」といわれたので、諸士はみな感涙を流した。

可児才蔵の槍

正則がある日、城をでるとき、門外の石垣に槍がたてかけてあったのをみて、「あれは誰の槍だ。日当たりのところにたてて置くと、汗をかくから置き直せ」といった。すると歩行者《かちのもの》はうろたえて、さらに日当たりのところにもっていった。正則は腹をたてて「自分で置き直す」といって槍の鞘を払ってみると、赤く錆びている。正則は「全部抜くには及ばぬ。武士の一本道具である槍を錆びつかせる腰抜けめ。誰の槍だ」と罵りながら投げ捨てた。その槍は可児《かに》才蔵吉長の槍であった。吉長は怒って「先をご覧下さい」といった。正則はふたたび槍を取って先をみると、槍先三寸ほどを氷のように研《と》ぎたててあった。吉長は憤然として「槍は先で突くものです」といった。正則はたいへんおどろいて、そのまま鞘に納め、押し戴いて自分でたてかけて置いたという。

安芸・備後を没収さる

元和五年（一六一九）六月、正則は罪があって安芸・備後の両国をすべて没収され、津軽の地に移されるとの命が下った。正則はその旨をうけたまわって、しばらくしてから、「大御所（家康）がご在世中であれば、申し上げたいこともありましょう。当代（秀忠）になられてからは、もはやなにも申し上げることはありません。とにかく仰せにしたがいましょう」といった。聞いていた人びとは感涙を流した。秀忠もこのことを聞かれてあわれに思われたのであろうか、同七月三日、津軽はあまりにも遠境であるからということで、信濃の国川中島に置かれ、越後・信濃の国々で七万石の所領を賜った。

正則の所領没収に関しては、いろいろ面倒なこともあるだろうといわれていたが、徳川の臣太田善太夫一正《かずまさ》がこれを聞いて、「けっして格別のことはありますまい。なぜなら正則は功労を積んだ老将でありますから、謀反の兵を起こしてみても無益なことは知っておりますから、けっして軽々しい企《くわだ》てはいたしますまい。万一、正則ほどの者でなければ、どのようなことをしでかすか予測もつきませんが、正則ほどの人は、どうして無駄な兵を起こしたりいたしましょう」といった。はたして一正のことば通りであった。

このとき、江戸のなかに福島の屋敷が三ヵ所あった。このたび秀忠が上京するにあたって、留守に置いた三万の兵をその一屋敷ごとに一万ずつあてた。それでも気がかりだったということである。正則の兵はこのとき江戸に三千人ほどいた。

平和の時の弓

このとき、正則の家臣が正則にむかって「かつてはあれほどまでのご武功をかさねられましたのに、このようなご処置とは、いったいどういうことでしょう」というと、正則はこれを聞いて「弓をみてみよ。敵があるときはこのうえもなく重宝なものだが、国が治まっているときは、袋に入れて土蔵に入れて置く。わしはつまり弓である。乱世のときに重宝がられる人間さ。今このように治世の時代となれば、川中島の土蔵に入れられたのだ」といった。

その家臣たち

安芸・備後の両国が没収される由が広島に伝えられると、老臣福島丹波守治重は家中の士どもにむかって「このたび両国うけ取りの役目として、数人の連中が下向してくるとのことであるが、主君の生死もはっきりしていないので、全員で籠城して主君の生死をただそうと思う。それぞれ妻子を引き連れて、申《さる》の下刻（午後五時）までに籠城するように。その刻限に遅れた者は脱走者として記録する」と触れた。諸士は七つ時（午後四時）前にみな城にこもった。そのうち馬廻りの士二人は遠方にでて行っていて、このことを知らずにいた。この触れを下人が走って行って知らせた。すると、一人は力を落として帰ってしまった。もう一人は、いろいろ詫《わ》びを入れても聞き入れられず、ついに高声で「拙者は遠方に行っておりましたので、心ならずも遅れてしまいました。しかし理不尽にも門に入れず、入らなければ脱走者扱いになってしまいます。このようなことで、どうして勇士たる者が生きておられましょうや」といって自害した。番人はおどろいてでて行き、それを留めようとしたが、たちまち死んでしまった。治重はこれを聞いてひじょうに彼を惜しんだ。その士は林亀之丞《かめのじょう》という者であった。これは正則が家臣を厚く養った結果である。そういうためであろうか、福島の浪人はたくさんいたのだが、諸将が競って彼らを召し抱えたために、一人も残らなかったという。

加藤清正

弾正右衛門兵衛清忠の子。虎之助と名乗る。従四位下。侍従兼肥後守。肥後七十二万石に封じられ、熊本城に住む。慶長十六年（一六一一）六月二十四日没。年五十。

伏兵

天正九年（一五八一）、秀吉が因幡《いなば》・鳥取を攻めたとき、蜂須賀家政《はちすかいえまさ》をようすをみにやった。そのとき清正はこれにしたがって行き、「城東の草木の繁みには、きっと伏兵がいると思われます。なぜ兵をひきいていらっしゃらないのですか」といったが、家政はそのことばを聞き入れなかった。やはり伏兵は待ちかまえていっせいに起《た》ち上がった。清正は弓を腰から取りだし左右に射たため、敵は進むことができない。そこでかれは馬から下り、刀をふるって家政とともに奮戦し、それぞれ首二級を取ってもち帰った。秀吉は喜んで、「清正はまだ年若いが、目先がきくと同時にまた気性が猛だけしい。家政はとうていかれには及ばない」といって大判金を賜り、扶禄百石を加えられた。

清正は、五百石の知行取りのとき、槍持五人を軍中に連れていた。これはかれ自身の替えの槍をもっているのではなく、主従がともに槍をもって戦うためであったそうだ。

功を譲る

天正十一年、秀吉が滝川一益《かずます》を攻めて亀山を囲んだ。家臣の士は競って城によじ登った。これに対し城兵の近江新七が、兵を励まして銃を撃ちながら応戦した。木村十三郎が槍をあげて彼を刺そうとしたとき、清正がかたわらから馳せきたって新七の肩を刺した。十三郎はひどく怒り、その腹を貫いたために新七は斃《たお》れた。清正はこれをみて「拙者が先に刺しはしたが、彼を斃したのは貴殿だ」といって、一番槍の功名をみずから取らなかった。秀吉は清正が功を譲ったことを誉め、両人ともに賞があった。

肥後国を望む

天正十六年、肥後国主佐々《さっさ》陸奥守成政《なりまさ》が死を命じられた。一方讃岐国主尾藤《びとう》甚右衛門知定《ともさだ》は、国を除せられてしまった。このことによって、知定の武器を全部清正に下し賜って讃岐国を領すか、それとも肥後で二十五万石を領すか、そのいずれかを答えよということになった。このとき清正の知行は三千石である。近いうちに秀吉が征韓にでるつもりであることを、浅野長政からひそかに聞いていたので、清正はこの先鋒になることを望んで「お請けできますことは、まことにありがたきことに存じます。骨の髄まで感激いたしております。できますれば肥後の国の方を拝領いたしたく……」というと、秀吉はそれを聞いて「大気者だ。でかした。それならば小西摂津守をも呼べ」といって、肥後国五十四万石のところを、二十五万石を清正に、二十四万石を行長に賜り、残りは両人に預けられた。諸人は「あまりに身のほど知らぬ高望みだ」といったが、秀吉は「老功の佐々陸奥守さえも治めきれなかった大国を、あの若輩者である主計頭《かずえのかみ》（清正）が望んだとは、いかにも見どころのある奴だ」といわれた。清正が熊本に入部するとき、輔佐の臣が三十七騎あった。この三十七騎の者は、肥後国拝領でにわかに抱えたのではなく、みな三千石のころから内々に扶持しておいた者である。三千石から二十五万石に封じられたことは、古今まれな出世である。清正はこのとき二十八歳であった。

清正を狙った豪の者

清正が肥後に入部した後、ある日、鷹狩りにでかけた。木陰から誰だかわからぬが大男が走りでて、いきなり刀を抜くや駕籠《かご》の真ん中を突き通した。清正はこのとき、昨夜の酒で疲れていたので、後に寄りかかって、居眠りをしていたために、体にはあたらずにすんだ。駕籠のそばについている者が、その男を搦《から》め取った。清正は駕籠を置くように命じ、「狼藉せしは何者なるぞ」とたずねた。「拙者は住所も定まっておらず、名字もなく、親も子もなく、国右衛門という者であります」と答えた。事情を詳しくただしても、「もともと棄子《すてご》として今日に至りましたので、親兄弟はわかりません。ただわが一門が加藤清正のために滅ぼされたとだけいい伝えております。そこで一度清正を討って仇をはらそうと、前々より狙ってまわっておりましたが、ご威勢に圧《お》されてむなしく月日を送ってまいりました。これを機会に一太刀なりともと思ってふみ込みましたが、ご運の強さに負けて本意をとげることができませんでした。無念千万、言語道断の思いがいたします。早く首を刎《は》ねて下されい」といった。清正はこれを聞いて「あっぱれな奴だ。肝《きも》に毛が生えている傑物だ。そちの命は助けてやろう。いままでの一徹の思いを変えて、清正の家来になれ」といった。国右衛門は「かたじけない仰せではございますが、お請けはできません。なぜなら、いったんご恩にあずかってご奉公をいたしましても、長年思い込んできました一念でありますから、いつの日か逆心をもつことは必定です。かかる次第ゆえ、早く死を命じて下されい」としきりに望んだ。そのとき清正は大声をあげて、両眼をつり上げ、「お前をいまのいままで大剛の者と思っていたが、まことは卑怯千万の臆病者だ」と叱《しか》りつけた。国右衛門は歯ぎしりして「臆病者とは何事……」と立ち上がった。「お前はつい先ほど命を捨てたのではなかったか。本当に命を捨てたのであれば、いままでの考えは残してはならぬ。その一念をすっぱりと捨てきれぬところを臆病といったのだ。わからぬか」と怒りながらいうと、国右衛門ははらはらと落涙して「ありがたきご一言によって、たちまちこれまでの一念が晴れました。さっそくご家来となり、ご恩に報いたいと存じます」といった。清正は喜んで駕籠から下り、「ここから徒《か》歩《ち》で行こう。国右衛門、刀をもて」と腰物を渡し、一日中、鷹狩りをした。その後ますます国右衛門は清正のそばを離れず、徐々に禄を与えられ、ねんごろに召し使われた。かれもその恩に感謝し、征韓の役の蔚山《ウルサン》の戦で戦死したのである。

朝鮮陣における明察

清正は、武勇はなみはずれていて、しばしば大功をたてた。秀吉は彼を「将帥の器だ」といって征韓の先鋒を命じられた。清正はすでに朝鮮に渡り、敵の都城を目指して行ったが、行く手には大河があり、船は一艘もなく渡るべき術《すべ》もなかった。日もすでに暮れかかったので、仕方なく河辺で一泊した。朝鮮勢は漢江を守っていたのだが、清正が王城を目がけて侵略の歩を進めていたその勢いに気をとられて、あえて一戦もせぬうちに臨津《りんしん》を目指して落ちて行った。清正はこのことに少しも気づかず、翌日河辺にでてみると、川向こうには舟がたくさんつないで置いてあって、陸には敵が大勢備えをたてて並んでおり、あちらこちらの木陰には白旗が川風にゆれていた。士卒はこれをみて、船で渡ろうとしても一艘の船もみつからず、馬で越えようとすれば、川の白波が岸に押し寄せてきて、とても渡れそうにもみえず、どうしたものかと諸勢は茫然としていた。しかし清正は少しもそれに屈せず、ややしばらく眺めていたが、川上の方から水鳥が四、五羽浮かんで連れだち、むこうの岸をいかにも悠々と静かに流れて下って行ったから、清正はじっと目をつけて、「敵軍がむこうの岸に備えているのなら、どうして水鳥があのように悠悠と流れて遊んでいようか。考えてみるに、あの兵士のようにみえるのは、きっと作り物であろう。さあ水練の達者な者は、泳ぎ渡ってみてまいれ」というと、曾根孫六が、その言下に飛び込んだ。これをみると、屈強の若者たちもわれ劣らじと川に飛び込み、泳ぎ渡って対岸につないでおいた船を奪って乗り込み、やがて総軍が、やすやすと川を渡った。敵軍のようにみえたのは、実はみな藁《わら》でつくったものに武装させて、弓・矢・槍・刀のようなものをもたせて、たてならべて置いたもの、旗とみえたのは、白紙をつなぎあわせて樹間にたてかけておいたものである。清正の明察にみな感服した。

印章によって危難を脱す

清正が朝鮮の王子を擒《とりこ》にしたとき、朝鮮人が朝食をもとめてきた。そこで清正は、食事を調《とと》えて、椀や折敷《おしき》その他の器を一人に一種類ずつもたせて六十余人で運び入れた。王子につきそっていた者たちは、そのものものしい人数におどろいて騒ぎたち、さては王子を討つのだと思って、半弓を張って清正を射ようとした。清正はこれはまたどうしたことかと、やっきになって制止したが、ことばは通じず、士卒も声ごえに叫んだから、なおも進んで近づいてくる。もはや絶体絶命と思われたが、このとき、清正はじっと思案をめぐらして、異国では印章を使って盟約することがあるということを思いだし、燧袋《ひうちぶくろ》から印を取りだして、彼の印を紙に捺《お》して一人ずつ与えると、その意が通じたのか、ようやく静まり、みな矢をはずして礼をした。清正は危ないところをのがれて、その後、家臣の者どもにたびたび語り「日本で数回戦場にでたが、これほどの危険にはあわなかった。盟約を結ぶときに印章を用いるということを知っていなければ、わしは犬死にするところであった」といわれたそうだ。

国妃を去らしむ

このとき国妃も、王子とともにたち去った。侍女たちも少なく、頸《くび》に一つのものをかけて顔を隠していた。それは一尺ほどのもので、〝牛脯《ぎゅうほ》〟（脯はほじしといって、うすく裂いた乾《ほし》肉《にく》）というものだという。先駆の者がかれらを捕らえようとすると、清正は「顔をみてはならぬ。侵して掠《かす》めることもならぬ。国妃に触れて犯してはならぬ」と命じ、ついに知らぬふりをして、彼らに飲食を贈って逃がしてやった。朝鮮人は清正の勇猛さを恐れる一方、またその情の深さにも感服した。

器にしたがって家臣を使う

清正の中備《なかそなえ》たる吉村又市が釜山海で群賊と戦って、日暮れにまで及んだ。清正は「兵を引きあげなければ危険だ。誰かをつかわそう」と、その辺をみまわすと、庄林隼人《しょうりんはやと》が遠くの方にいた。そこで彼を呼んで兵を引き揚げるように命じた。隼人はそれをうけたまわり、采配《さいはい》をふりながら両陣の間に乗り入れ、無事に引き揚げて帰ってきた。このとき森本儀太夫がかたわらにいたが、涙を流して怒っているようすである。清正はこれをみて不審に思い、わけをたずねた。森本は「殿は私めをご覧になること庄林ほどではありません。一段下にみておいでになる。これは武士の恥辱です。庄林と私めとは、同じように殿にしたがって出陣し、白刃の下をくぐってまいりましたが、私めがけっして庄林に劣っていないことは、殿は眼前にご覧になっているはずです。庄林だけが殿のかたわらにいて、私めがそこにいなかったのなら、お恨みに思うこともありませんが、私めの方が近くにいるのにおことばもかけられず、かえって、はるか遠くにひかえていた庄林を召して命じられるということは、つね日ごろも、このように優劣をつけていらっしゃることをまったく知らずにおりました私めの、このうえなき愚かさです」というと、清正は笑って「お前たちは同じように大事なわしの腹心だ。人を使うときは、その人物の器量に応じているだけのことだ。いまそちをつかわせば、かならず敵に駆《か》けあって力闘する勇敢な気性だ。そうなれば兵に損害がでるわけだ。庄林はいまにみていよ。何事もなく引き揚げてくるであろう。もし相手が剛敵堅陣であったなら、そちに命じてこれにむかわせる。何倍の敵であっても恐れるそちではない。抜群の働きをもって敵を撃ち、相手を破ることは、とうてい他の者ではできぬことだ。この点、そちの長所なのだ」といわれたので、森本は「殿がそのように思っていて下さるのでしたら、面目がたちます」といって、このことは落着した。

虎退治

この役で清正は、大山の麓に陣を置いたことがあった。ある夜、虎がきて、馬を宙に吊りあげ、虎落《もがり》（竹を組みあわせて縄で縛ったもの）の上を飛び越えていった。清正は「口惜《くや》しいことだ」といって怒ったが、こんどは小姓の上月《こうづき》左膳をも虎が嚙み殺してしまった。清正は夜が明けると同時に山を取り巻いて虎狩りをすると、一疋の虎が、生い茂った萱原《かやはら》をかき分けて、清正を目がけてやってくる。清正は大きな岩の上にいて、鉄砲をもって狙っておれると、三十間ほどまで近づいてきて、虎は清正をじっと睨みながらたちどまった。人びとは鉄砲をかまえて撃とうとしていたが、清正はこれを制して撃たせない。みずからの手で撃ち殺そうとの心積もりなのである。やがて虎が間近に猛《たけ》り迫ってき、口を開いて飛びかかるところを、咽喉《のど》に一発撃ち込んだから、虎はそこにどっと倒れ、起き上がろうともがいたが、致命傷ゆえついに死んでしまった。

花押の遅速

在韓の諸将が連署して書を秀吉に奉るとき、清正の花押はひじょうに込み入っていて、少々手間取った。それを福島正則が嘲笑して、「死に臨んで遺言状を作るとき、それでは時間がかかって不便ですな」といった。清正はこれに対して、「拙者は別にそうは思わない。屍を戦場にさらすことはあっても、布団《ふとん》の上で安らかに死を迎えようなどとは思ってもいない。だから拙者は、もともと遺言状などをその場で書こうなどと考えもしない。ご心配ご無用に」といったので、正則はことばに窮した。

清正、孤高の豪気

文禄二年（一五九三）正月、明《みん》の将である宋応昌《そうおうしょう》らが相談していった。「秀吉の将帥がみな王城に集まっているのに、ひとり加藤清正だけは孤軍をもって咸鏡《かんきょう》にいる。ことばが通じないから、空威《からおど》しをかけて取った方がいい」ということで、弁士の馮 仲纓《ひょうちゅうえい》を通訳にして説得させた。「日本国は、理由もなくわが韓国を攻めている。そこでわれわれは、この危急を明に告げたのである。それゆえ明の皇帝はひじょうに怒り、大兵をだして韓を救い、平壌を取りもどし、開城も回復し、ついに国都を取り返して、宇喜多・小西を擒《とりこ》にして、その兵を完全に追った。また一方では、琉球や暹羅《シャム》の兵をもって日本国の周辺に圧力を加えさせている。それにもかかわらず貴殿は、まだ韓国内にとどまって守備をつづけておられる。これはいったい誰のためにしようとしているのか。明の皇帝は貴殿の節義高きことを聞き、使臣をしてこのことを報告させた。貴殿の目下の計画としては、すみやかに韓の王子を返し、軍を撤収して、日本国に帰る以外にはない。さもなければ、ただちに明軍四十万が韓軍の尻をたたいて東へ進み、たちまち安辺《あんぺん》に集まれば、そのときになって貴殿が明に降服を申しでようとしても、もはやできる相談ではない」といった。清正はこれを聞いて、わが方の通訳を通じ「それがし清正は、わが国命を奉じて戦うことは知っていても、明の命を受けて、和解するつもりはない。帰って明帝に伝えよ『わが方には破れた鎧を着た、疲れきった兵がいる。近ごろは無事平穏なので困っている。貴国が攻めてきてわが方を伐《う》つという命はすでに聞いた。また咸鏡の道は険しく、馬を並べて通ることもできない。兵卒は列を整えて通ることもできない。兵がやってくるのは、せいぜい一日に一、二万ぐらいのものである。わが方これを迎え撃つのに、一日に一万の兵を殺せば、四十日で全部全滅させることができる。一日に二万を殺せば二十日で全滅になる。こうして殲滅《せんめつ》させてしまったのちに、西を目指して遼《りょう》を破り、さらに燕《えん》を破り、大駕を海東に進め、しかる後に清正は復命しようと思っている』

と」といった。馮仲纓はひじょうに驚愕して逃げ去ってしまった。

敵の虚実を精察

晋州《チンジュ》の役で、わが兵が城をうかがってみると、城中は静まりかえって、まるで人がいないようにみえた。斥候《ものみ》が帰ってきて「城は空《から》になっており、兵はおりません」といった。そのことばを聞くと諸将は、敵はみな逃げ去ってしまったのかと思った。だが宗《そう》対馬守義智《よしとし》と松浦式部卿法印鎮信《しげのぶ》は「朝鮮の兵は、よく身を潜めて守っています。かつて朝鮮の兵法を聞いたことがありますが、乾飯《ほしいい》・魚《うお》を数日分の糧《かて》として支給してやれば、よく潜伏して敵を誘い込むといっておりました。ゆえに軽々しく動くべきではありません」といった。清正は「彼らがほんとうに逃げたのであれば、わしがすみやかに城に入ってみても、なんの功にもならない。また、もし彼らが潜伏しているとすれば、かならずかれらの計略に陥ってしまうわけだ。兵法にも『昼間伏している者は、かならず昏《くれ》てから姿を現す』といってある。もう少しゆっくりと、彼らの虚実を観察なさるように」といった。しばらくすると、やはり伏兵が通るのがみえた。一軍こぞって、清正の軍事についての熟達ぶりに感嘆した。

朝鮮よりの帰路

釜山海から二十日行程のところを日本勢が固めていたが、七、八里から十里ぐらいの距離をおいて城をかまえ、これをつヽなぎの城といっていた。戸田民部少輔高政は密陽《ミリヤン》の城におり、清正は全州《チョンジュ》の城にいた。ところが、日本からご用があるとのことで召し帰された。清正は全州から釜山浦にでて、そこから帰朝しようとして出立した。全州から五日目には密陽に着陣する行程である。高政は清正の旧友であるから、このことを喜び、城を掃除してあれやこれやと馳走の用意をして待っていた。やがて当日になると、高政は家老の真鍋五郎右衛門と神谷《かみや》平右衛門の二人を途中まで迎えにやった。午後に両人は、密陽の城から四里ほどのところにまででた。そのころは、東西二十日、南北十日ほどの行程の間は大半が治まっており、二十里、三十里の間には敵はいないので、迎えの二人は武装ではなく、革羽織に革袴の姿ででてきた。しかし清正の兵はみな武装して箪食《たんし》（竹製の弁当器）を身につけ、旗指物までもひるがえし、さらに鉄砲にも火をつけた火縄を付していた。小姓までも鎧に頬当《ほおあて》までして、実にいかめしい姿である。南無妙法蓮華経の旗を押したて、磨きのかかった鉄砲五百挺を真っ先にたてている。清正は溜塗《ためぬり》の具足に、金の蛇の目を描き、銀の長帽子の冑《かぶと》の緒をしめて、頬当・脛盾《すねたて》・膕盾《はぎたて》・飯箪《はんたん》までつけており、銀造りの九本の馬簾《ばれん》（まといなどにたらす総《ふさ》）の馬印をみずからの背に指し、月毛の馬に白泡を吹かせながらやってきた。迎えの使者両名は、路を避けて畑のなかに下馬していた。清正はこれをみて「民部からの迎えのお使者か。ご大儀であった。口上を聞くには及ばぬ。すぐにそちらに着陣であろう。ひどく垢《あか》にまみれており、小姓も汚れているゆえ、なにとぞ風呂の用意をして下されい。また下々までぜひとも風呂を頼みたい。この由を、先にもどられて民部に申し伝えて下されい」と高声にいったので、迎えの両使は「うけたまわりました」と馬に打ち乗り、先に帰ってこのことを告げた。

物の大事は油断より

さてまもなく清正は着陣した。高政が正門から迎えにでてみると、大馬印を指し、いかにも仰々しい姿である。縁端《えんばた》で、高政の小姓二人が近づいて清正の馬印をとって旗籠《はたがき》にたてた。清正が縁に上がると、また高政の小姓どもが寄ってきて草鞋《わらじ》を解き、臑当《すねあて》をとる。そのとき、清正は腰につけていた緋緞子《ひどんす》の袋を解いて座敷に投げ入れた。するとどっと重そうな音がして落ちた。みると米三升・干味噌《ほしみそ》・銀銭三百が入っていた。その重さは片手で提《さ》げるほどもある。「これは、馬印を指すのに腰が軽いと安定しないので、このようにしたのだ」といわれた。これには高政もあきれて「十里も二十里もの間敵がいないのに、これはどうしたことですか」というと、清正は「ああ、そのことですかな、とかく物事の大事は油断からでると申します。もっとも敵がいないのですから、武装もせずに体を楽にしたいものとは存じますが、油断していて、万一、急変に出あえば、いままでの永い間の武士の嗜《たしな》みは水泡に帰してしまいます。下々の者は、ただでさえ油断がちですから、上にたつこの清正が武装もしなければ、下々はなおのこと帯紐を解いて怠けるにちがいありませんから、わが身の苦しみを顧みず、油断のないようにみずから武装したわけです。何事も下は上を学ぶと申しまして、大将が少しでも寛《くつろ》げば、下々はますます油断をするものです。それで、つねづねこのようにわが身を励まして苦労しております。上一人の気持ちは下万人に通ずるものだとうけたまわっております」といったので、高政は涙を流して感銘した。

虎を睨みすえる

朝鮮から虎を引き連れてきて、那古耶《なごや》（名護屋城）に在陣していた諸将のなかを、大力の男たちが大勢で左右に鎖をひかえ、どうどうといって通って行った。人びとはみなおどろいたが、清正だけは膝をたて直して拳を握り、臂《ひじ》を張って虎をじっと睨みつけた。すると、虎もしばらくたちどまって、清正を睨み返し、そのまま通りすぎたそうだ。

石田三成らに讒せらる

慶長元年（一五九六）、明・韓の使者が海を渡ってきた。わが方の諸将は、兵を釜山にとどめて凱旋した。このとき小西行長は石田三成とともに清正を讒言《ざんげん》した。そのため清正は、伏見に帰ってきても秀吉の謁見を許されなかったのである。清正は増田《ました》長盛《ながもり》に頼んで申し開きをもとめた。長盛は「貴殿は三成と和親しなければならぬであろう」といった。清正は「拙者は死んでも三成と相和するようなことはできない」といって邸に帰って命を待った。

地震加藤

慶長元年七月（閏《うるう》七月十三日）、京畿地方に大地震がおき、土煙をまきあげて大風が吹いて伏見城はこわれ、圧死する者数百人にも及んだ。清正は「わしは謹慎の身として勝手に出歩く罪を犯してでも、ただ手をこまぬいてこの大事をみすごしているわけにはいかない」といって、ただちに兵卒二百人をしたがえて馳せ参じ、秀吉の警衛にあたった。秀吉は夫人とともに地べたに席を設けて座っていたが、清正をみるとその幼名を呼び、「阿虎《おとら》、そちは実に早くやってきたな」といわれたので、清正は進みでて自分の冤罪《えんざい》を訴え、詳しく地面に図示しながら語り、従軍中の働きぶりをのべた。秀吉はふり返って夫人に「かれはもとは肥って色白であった。いまこうして朝鮮から帰ってきたのをみると、色は黒くなりやつれてしまった」といって、かれに命じて門を守らせた。三成以下の者がつづいて馳せつけたが、ときすでに遅く、入ることができなかった。そこへ命を伝えてきた者がいて、特別に三成だけを入れた。清正は大声でその卒に命じて「そこの佞心《ねいしん》あつき小僧っ子を入れてやれ」といった。翌日、秀吉は清正を召して会い、海外の戦状などを質問しながら、涙を流し「阿虎よ、そちはおむつのころからわしのところで育った。だからこうしてわしに属しているのだ」といわれて、ついにその恩寵は以前のごとくにもどったのである。

豊臣朝臣を僭称す

清正は秀吉の許しのないのに〝豊臣朝臣《とよとみあそん》〟という姓名を記して、明人と筆談したことがあった。このことを石田三成が讒したので、秀吉はただちに彼に詰問した。清正は「拙者は卑賤の出ですので、姓氏なども存じません。しかし小西行長と拙者が日本の先鋒として異国に入り、明人と参会した際、小西は藤原氏を名のりましたが、拙者はどのように書けばよいのか十分考えもつかず、後日、お咎《とがめ》をうけてもいたしかたなしと思い、御姓を記して異国人を喝《おど》すためにいたしました」というと、秀吉も機嫌が直り「そうであったか、徳川殿もお聞き下されい。この者はわしと同じ在所の者で、実は従弟《いとこ》にあたります。ただいまこの者が申したのは、すなわちそのことでござる」といって名剣を賜り、ふたたび清正を朝鮮に渡らせられた。

朝鮮再渡

二年二月、清正はふたたび朝鮮に渡ったが、船が着いたところは北地で、寒風烈しく、その土地の者たちは、土に穴を掘ってそのなかに住んでいたが、日本の軍兵が渡ってくると聞いて、どこかに逃げてしまったので、清正の兵どもはこの穴に入って眠った。清正はみだりに民を殺さず、非道なことはきびしく戒めたので、後には商人も品物を馬につけてきて売るようになったが、寒気がはなはだしくて、その馬の毛にはつらら<ruby>が下がっており、それがからからと鳴る音が穴のなかまで聞こえてきたという。軍兵は昼は風砂のなかにたち、夜はこの土中の穴で眠ったので、みな鳥目になってしまったが、土民の教えにしたがって、鳶《とび》を食ってなおしたという。

蔚山救援

清正は蔚山から二百五十余町をへだてた西生海《さいせいかい》に在城していたが、浅野幸長《よしなが》らの軍卒が過半数討ち死にしてしまい、明兵数万の勢によって蔚山が囲まれてしまったと聞くやいなや、清正は「わしが日本を発《た》つ日に、幸長の父長政と約束して、幸長が艱難《かんなん》にあえばかならずかれを救おうといった。もしここで幸長が戦死してしまったらまったく面目ないことだ。ふたたび長政に会うことができない」といって、部下をしてすみやかに船を用意させ、清正は黒《くろ》糸縅《いとおどし》の鎧を着込み、内冑の緒をしめて、精兵五百騎をひきい、また馬簾の馬印を船の先に押したてて、遮二無二押し寄せたが、このとき清正は大声をあげて「いまここに至って、水夫《かこ》が少しでも手をゆるめたなら、すぐさま海底に斬って沈めてやる。もし時がすぎて、敵に船手を取り切られて城に入ることができなければ、船中の水夫に至るまで、ことごとく斬り捨て、わしは腹を掻き切って海に入り、竜神と化して天空を飛び、鉄火石を降らして大敵を追いかけるであろう」と怒り心頭に発し、長刀を突いて床板をふみ鳴らしつつ、船の後先を駆けまわってたっているようすは、あたかも多聞天《たもんてん》を思わせるばかりであった。敵の大軍の篝《かがり》火《び》が波上を照らすので、沖はまるで白昼のごとく明るく、船は矢のように走り、戌《いぬ》の刻（午後八時）ごろには蔚山に乗り入れた。「いま、明日陥る運命にあった城に真っ先に乗り入れたことは、あっぱれ大剛の猛将だ」と人びとはみな感心した。

偽策を見破る

清正が蔚山にこもったとき、ある日の明け方に敵は楯を焼いてみな退いた。城兵は競って追撃しようとした。清正は「追うな。彼らはわれわれを誘おうとしているのだ」といって、城に登ってながめていた。はたせるかな夕暮れごろになると、樹の陰や崖の間に伏していた兵がみな姿を現してきて、また前と同じように包囲した。兵士たちは「殿は何によって偽りの退散だとおわかりになったのですか」とたずねると、清正は「大軍が全部引いて行くにもかかわらず、後殿《しんがり》を務める一隊もない。これは本当に退くのではない。それにまた、楯に火をつけてわざと退くことをこちらに知らせている。これによって嘘だとわかったのだ」といった。

胆智

蔚山にこもったとき、明兵が前の山から三町余をへだてて、大銃《おおづつ》を外郭《そとぐるわ》に撃ち込んできた。弾丸が清正の兵に命中し、胴体は真っ二つに断たれてしまった。清正は士卒に騒がぬようにと制した。明兵はさらにもう一発放った。この弾丸は空中に飛んだ。清正は士卒に大いに騒がせて城中に引き入れさせた。明兵は城中が騒ぎたっているのをみるや、大銃を釣瓶《つるべ》撃ちに撃ってきたが、弾丸はみな空中に飛ぶばかり。軍中の者はみな清正の胆智に感服した。

反りのある刀

征韓の役で、清正の軍勢が敵を切りあぐねているとき、清正が馬上で「何人切り倒したか数えてみよ」といった。そのとき、まっすぐな刀ではあたりが弱く人は倒れない。適当に反《そ》っている刀は切れなくてもかならず倒れたということだ。

朝鮮両王子の書

清正は朝鮮の二人の王子を擒《とりこ》にして、彼らをよく処遇した。そのため、王子が朝鮮に帰る日に、清正の臣加藤右馬允《うまのすけ》に寄せた書に「其ノ慈悲ハ如シレ仏ノ。真個ノ日本中ノ好人也。又後日若シ対シ二日本及ビ計頭ニ一。復タ発シ二雑談ヲ一。少シク有ラバ二背負之意一。非ル二人情ニ一也。天地鬼神。共ニ罰セレ之ヲン矣（慈悲深さは仏のようである。日本一の立派な人物だ。もしまた、日本および清正に会えば、また親しく相談《あいだん》じよう。もし私に少しでも彼に背く気持ちが起こるようなら、それは人間として恥ずべきことだ。天地鬼神ともに私を罰するであろう）」などということばがあった。彼らに敬慕されたことはこのようであった。

小西行長との仲

清正は小西行長と仲が悪かった。秀吉が薨《こう》じて諸将はみな帰国したが、行長だけは帰れなかった。清正は諸将を励まして、かえって行長を迎えるように尽力した。行長は感泣して「まったくこのようなご好意にあずかるとは思いもかけなかった。貴殿の義に厚きことここまでとは思わなかった。なにとぞいままでの憾《うら》みをお忘れ下さい」といった。清正は笑って「わが国のためにしたことで、貴殿のためにしたことではない。また貴殿は石田三成とうまが合うお方で、拙者とはとうてい仲よくすることはできません」といわれた。

朝鮮陣武功の一つ

清正が朝鮮より帰り、ある日の夜話のときに「森本儀太夫・飯田角兵衛・庄林隼人らは、朝鮮在陣中に、何か武功につながる道筋だと会得したことがあったか」とたずねた。「特別にこれといって珍しいことはありませんでした。しかし三ヵ条だけ心得になるものがありました」といった。清正は「わしも三ヵ条ほどあった。それならば、それぞれ入札《いれふだ》に書いてみて相手の心得たる点を知ることにしよう」ということになり、主従四人がそれぞれ書きあったところ、みな一致していたという。その三ヵ条が何であるかは誰も知らない。ある人が「一つの山の谷間に芦《あし》の茂っているところがあった。その山上を通ると、敵三人がむこうの山上で、馬をきりきりと乗りまわしていた。さては、あれは合図ではなかろうかと芦のなかを探してみると、やはり伏兵がいた。そのことが三ヵ条の一つである。だが他の二ヵ条はわからない」といった。

清正を呪詛す

朝鮮の慶尚道《キョンサンド》・全羅道《チョルラド》などの水軍が毎年日を定めて、戦艦を集め、海に浮かべて海神を祀ることがあった。草で人型を造り、これを射て海に沈めるのである。相手国人はかたくこれを隠していたが、それは清正を呪詛《じゅそ》してのことである。俗にこれを〝肥後守調伏《ちょうぶく》〟という。その人型は清正をかたどってある。敵国で射を得意とする者であっても、みな恐怖してついに誰もあたらなかった。いつのころか一人だけが射あてたので、無双の射手《いて》よと高名をとったが、たちまち正気を失い飛び走ってしまった。その親戚の者が逆に清正を祀って、いろいろ罪をわびると、やっと正気にもどった。それ以後、人びとは恐れて、もしやあたりはしないかとおそれをなした。時代は下って、わが国の寛文《かんぶん》のなかごろに、例の祭りだというので、水営（海軍基地）の戦艦を海に浮かべたが、海上はたちまち風が吹き、波が荒れ、戦艦の多くは破損してしまった。これは清正の祟《たた》りだといってひじょうに恐れたという。明の万暦年間（一五七三―一六一九）以後の書物には、清正の名を記してあるものは数えきれないほどである。あるいは詩に作り、吟詠され、あるいは神として祀られている。

鬼上官

韓では清正のことを〝鬼上官〟と呼んで大いに恐れ、「鬼上官がきた」といえば戦わずに逃げてしまうようになった。今日に至るまで、小児が泣いているときに「鬼上官がくる」というと泣きやんでしまうとか。

家康への進言

慶長五年（一六〇〇）のこと、家康が会津にむかおうとして備えをきめていたとき、清正はたまたま伏見にいた。山岡道阿弥《どうあみ》をつかわして、「このたび関東にむかわれることはいかがでしょうか。なぜならば、内府（家康）のお立場として、みずから手を砕いて合戦なさることはないと存じます。拙者はいまさいわいにも兵を召し連れております。まず拙者および細川・福島・加藤・黒田・池田をつかわされるべきです。もしご心配に思われるのでしたら、隣国でもありますから、それに伊達を加えられたらよいでしょう。それでもなお気がかりなら、そのときこそご進発なされればよいと存じます。その理由は、石田および奉行どもは、上杉景勝を讒言して謀叛と称し、それを餌として内府公を釣りだして東国に下させ、その後でゆっくりと謀を起こそうということは、鏡に映すがごとく明らかです」といった。家康はその返答として「いろいろ貴殿のご厚意はこのうえなく満足に思う。しかしわしは弓矢執る武士の家に生まれ、このようなところを、人まかせにすれば、武門の名を汚すことになると考える。貴殿は武勇といい、智謀といい、天下に隠れなき者である。そのうえわしとは縁者の関係でもあるから、帝都の守護のために伏見に留めておきたいのだが、九州の諸大名の内心もまた気がかりだ。いそいで城に帰ってよくおはからいなさるように」ということであったので、熊本に帰城した。

家康に味方す

上方の軍が蜂起したとき、清正は老臣どもに、「このたびの挙が、もし秀頼公のご本心からでたことならば、戦の利害を考えるまでもなく、お味方をすることは当然のことだ。しかし幼君（秀頼）はそのようなお考えでもないのに、奉行らの浅はかな謀に与《くみ》するわけにはいかない。この戦では、上方が敗けることは必定《ひつじょう》である。しかるに、かれらの方に与してともに滅びるようなことがあれば、秀頼公の御ために誰がいったいはかり考える者がいよう。秀頼公の御ためにも内府方に属して、石田以下の兇徒を撃ち滅ぼし、乱を治めなければならぬ」といったので、老臣たちはみなこの考えに服従した。こういうわけで、この趣旨を関東に注進すると、家康はひじょうに喜んで書を賜り、「近国の賊城を攻め取れ」ということになった。

関ガ原の役で、加藤嘉明・黒田長政・細川忠興の三人が家康のそばにいて、福島正則の兵が敵に追いたてられて無様《ぶざま》なありさまになるのをみて、嘉明が「見苦しき福島勢の姿よ」といった。長政も「なんという見苦しき姿だ。拙者とは不和の仲ではあるが、加藤肥後守清正などは、あんなに見苦しく追いたてられはしないであろうに」といったそうである。

宇土攻め

清正が宇土《うと》城を攻めたとき、陣の前を密行する者がいた。彼を捕らえて糺問しても白状しない。清正が、その男を捕らえた場所に行ってみさせると、そこには竹杖がある。それを割らせると、なかには、宇土の城代小西隼人から八代《やつしろ》の城代小西若狭方に後詰《ごづめ》を頼む書状があった。清正はただちに村里の者を一人召し寄せて、人質をださせ、「そちは宇土よりきたといって、八代に行き、この書状を若狭にみせ、そして返事を取ってこい」と命じた。やがてその村人は八代に行きその書状をだした。若狭がこれをみると隼人の書に間違いないので、日をきめて後詰をする由を書いてその村人に渡した。清正はこの返書をみて使者にたった村人を褒め、後詰の日を予定して隊長谷村左近に武者奉行相見《あいみ》六左衛門を添《そ》え、千余人の兵を八代の道筋にむけたが、小川町口で後詰の兵と行き会ったので、烈しく鉄砲を撃ちかけた。後詰の兵は思いもかけぬことなので散々に撃たれ、八代へ引き返してしまった。この役で清正は「敵は誰一人でて戦おうという者はいまい。ただ南条玄琢《げんたく》一人は出戦するであろう。おのおのはそこを狙って打ち取れ」と命じた。はたして伯耆守元包《もとかね》入道玄琢が出戦してきた。

関ガ原の敗兵

この役で、一人の兵卒が城に入ろうとしていた。彼を捕らえて糺問してみると、関ガ原の敗兵であった。母を助けるために忍んできたのだという。清正はこれを聞いて「母を助けるために忍んできたというのは、もっともなことだ。その孝心に免じて助命してやる。早く城に入って母と会うがよい」といって縄を解いて許し、城に入れてやった。その者が関ガ原の敗戦のありさまを語ると、この城兵一同落胆し、ついに清正に降参した。清正は約束通り、籠城の士に食禄を与えたので、士はみな恩に感じ、先鋒となることを願いでた。

立花宗茂降る

清正は柳川にむかった。立花宗茂が降って、従者四、五人で清正の陣にやってきた。そのとき陣営が焼亡した。清正は「おそらく城中の兵士は不安に思って動揺するであろうから、心を落ち着かせるために、貴殿の従者に命じて、焼亡の旨を申しつかわされるように」というと、宗茂は「もっともなことです」といって、すぐにその旨を伝えた。城中はやはり動揺していたが、この由を聞いてすぐに静まった。人びとはみな彼の智に感服した。

清正は宗茂を優遇し、高瀬に家を建てて、宗茂をそこに置いた。そのうえ郎従百人ほども一ヵ所に住まいを作り、柳川町と名づけて、このうえなき友誼をもって待遇した。人びとはその義の厚きにいたく感服した。

天下の治乱と人ごころ

関ガ原の後、家康は「石田の乱は〝雨降って地固まる〟ということだ。静かにおさまるであろう」といったので、諸大名はみなこれを祝った。清正は「おっしゃる通り、悪逆の者どもは誅せられ、泰平になりますことは必定です。しかし天下の治乱を天気にたとえてみますと、晴れわたった快晴と思っていても、にわかに雲がでてきて、雨を降らすこともあります。まことに測《はか》りがたきは人の心でございます」というと、たいそう感心された。

前田利家を惜しむ

この役の後、清正は人に語っていった。「前田利家は晩年になって、少々学問の志があった。そのことは、日ごろから思いあたることが多かった。そのなかでも、太閤の亡《な》くなられた後に、宇喜多秀家・浅野幸長と拙者を招いて、いろいろ語られたときに、『論語』の〝託《シ》レ孤《ヲ》寄《スル》レ命《ヲ》〟（先君の頼みを受けて幼君を守《も》り立て、国政を取り治めること）の章を語りだされたが、そのころは拙者はいまよりもいっそう読み書きにうとかったから、なんとも思わなかったし、したがってその意味をたずねもしなかった。だが近年になって浅野幸長と藤原惺窩《せいか》先生について朝夕『論語』をみると、実にいまの世にぴったりあたっており、この語を大切にしなければ、人びとはおそらく不義に陥ってしまうであろう。利家はもともと不学であり、儒仏王覇《じゆぶつおうは》の議論となると、疑わしい点がいろいろあったと、いつだったか人が語っていたが、拙者は愚かなりにつらつら考えてみると、利家がいまも生きていれば学問の功《こう》験《けん》もあっただろうにと思う。なんとも惜しいかぎりだ」といって深く追慕された。

猿真似

清正が聖経《せいけい》（聖人の書き残した四書五経の類）に志して、いつも『論語』を読んでおり、いつも朱墨で点などを入れておられた。ところがひじょうに利巧でよく馴れている猿がおり、いつも傍を離れなかった。そして日ごろ清正のそのようすをみていたので、清正が厠《かわや》にたった後、この猿が『論語』に朱筆で散々に書き散らしてしまった。清正はこれをみて「お前も聖人の道に志があるのか」といってにっこり笑ったそうだ。

豊臣への精忠

関ガ原の役の後、秀頼が家康と対面するとき、大野道犬《どうけん》らの老臣は、それに反対の由を申し上げた。清正は「道犬老の申されることではあるが、このたび秀頼公がご上京なさらなければ、世の中では心の弱い君と申して、ご威光を失ってしまうでありましょう。参内のことはお止めになって、豊国社ご参詣ということに事よせて、日帰りの船を仕立てられてご上京なさるのなら、拙者は終始御輿につき添い、また二条城においても、万一の謀計などがあれば、幾万人の兵がいようとも、片端から蹴殺して、ふたたびこの城にお連れ申します。お考え直し下さいませ」といったので、一決した。さて清正は五百余人をひきい、浅野幸長とともに伏見から歩行《かち》で陪従《べいじゅう》した。五百の兵のうち三百は伏見に隠して置き、その他を京中を徘徊させ、急変が起こったときの合図を申しあわせておき、清正にしたがって入城した者は兵卒の者は一人もなく、みなひとかどの士ばかりで、それが足軽・中間《ちゅうげん》の役を務めた。このとき家康の二子義直《よしなお》と頼宣《よりのぶ》が迎えとして途中までこられたが、日傘を差しかけたのを清正が見咎《とが》めて、その日傘を取り除かせた。このごろ徳川家の威勢に対して、誰がいったいこのようなことを申しでる者がいよう。清正が、秀吉の旧恩を忘れなかったためにしたことだと人びとはみな感心した。

やがて首尾よく対面がすみ、帰城してから、清正は懐中から一つの短刀をだして、それを押し戴き笑っていった。「今日、二条城において、拙者らの刀剣をお預け下されいと頼まれたので、否も応もなく先方に手渡しました。秀頼公のお側を離れずに輔佐して、万一不慮の事があったとしても、この刀で働くために用意したものです。まずはめでたくお城に還御《かんぎょ》されたことは、拙者にとって大慶至極でした」といって退出した。母公をはじめ一座の男女は、感涙を流して褒めたたえた。この日、家康は清正に刀を賜ったが、そのとき清正は虚空《こくう》に目をむけながらこれを戴いた。その翌日、家康が板倉勝重を召して「昨日、清正が虚空に目をやったが、その方角を察するに、愛宕山《あたご》にあたる。なにか宿願したことがあったと思うが、内々に探ってみよ」といわれたので、勝重は手をまわしてたずねさせた。すると、このたび秀頼が二条城で災害のないようにと、十七日間、愛宕山で護摩《ごま》をたいて祈願したとのことであった。家康は特にその精忠に感動された。

長雪隠

清正が熊本城にいたとき、ある夜のことであったが、雪隠《せっちん》（厠）に行った。小姓どもが二、三人付き添って行き、手水場《ちょうずば》で控えていた。清正はいつも雪隠に行くときは歯の高い足駄をはいて入っていたが、今夜はしきりに足駄をとんとんとふみ鳴らしているので、小姓どもは何事だろうと不思議に思っていた。そこに清正が「忘れていたことがあったが、それを思いだした。いそいで庄林隼人を呼びにやれ」といった。そこで庄林に使者をたてると、もうすでに夜半をすぎていたことでもあり、庄林もこの間から風邪をひいていて寝込んでいたが、使者とともに連れだって乱髪のまま登城した。清正はもともと痔病で長雪隠であったため、まだ雪隠からでてきていないところに、「庄林ただいま参上いたしました」といった。清正は雪隠のなかから「そちを呼びだしたのはほかでもない。その方の家来で年のころ二十歳ぐらいで、いつも茜染《あかねぞめ》の袖なしの単羽織《ひとえばおり》を着ている者がいる。彼の名は何という」とたずねると、庄林は「彼は出来助《できすけ》と申しまして、実に頭のまわる者ですから、草履取りに召し使っております。なかなかよく働く者でございます」といった。清正は「実はそのことだが、いつぞや川尻《かわしり》で能があったとき、わしもみに行ったのだが、そちも供をさせたな。たまたまわしは出来助が小便をするところをみたのだが、肌には鎖帷子《くさりかたびら》を着、脚絆《きゃはん》の代わりに臑当《すねあて》をつけていた。いまは天下がやっと治《おさ》まり、人びとはみな武装らしきものはしなくなった。兵具の用意などもいい加減になっているときに、下郎《しもべ》としては珍しい心がけの者と思ったので、たずねてみようと思っているうちに、物に紛《まぎ》れてのびのびになってしまっていたが、今夜ここで能の足をふんでいて、あの川尻のことを思いだした。ちょっとでも引き延ばしておくべきではない。彼に褒美を与えてこそ武備の道も達すると思う。つらつら考えてみるに、人の死生・世の治乱・身の盛衰・天地の変などは予測のつかないものだ。このように思っているうちにわしが死ぬか、そちが死ぬかすれば、どちらか一つが欠けても、このことは無になってしまう。それは残念なことだとふと思ったので、深更ではあったがその方を呼び寄せたのだ。今夜は大儀であった。早々に帰って出来助にこのことを聞かせ、そのうえで相応に取りたててやれ。しかし傍輩たちの妬《ねた》みもあることだから、あまり高い禄はよくない。またその方の家内の者も、何事が起こったのかと心配しているであろうから、早々に酒を熱くして飲んで帰れ」とねんごろにいわれ、麦の干塩《ひしお》を肴にして酒を賜ったので、庄林はただただ主の恩に感激して思わず涙を流し「殿におかれましてもまずお休み下さい」といったので、清正も寝所に入った。庄林は近習の者にむかって、「殿は長雪隠であられるから、風邪を召されないように気をつけて下されよ」といって家に帰り、出来助を呼びだして、清正の恩命のほどをくわしく伝え、そのうえ六十石に取りたてて近習役にしたので、出来助はそのありがたさが骨髄にしみて、これからますます忠勤を励み、たびたび比類なき働きをしたということである。

刀を離さず

清正の妻は家康の養女であった。この妻はすでに男女の子を産んだが、清正は奥に入ってもつねに用心して、ちょっとの間も刀を放さず膝の元に置いていたので、みなそれを不審に思っていた。あるとき五条の局《つぼね》という老女が、「表にいらっしゃるときにこそお腰の物も必要でしょうが、奥にお入りになったときは、なんのご用心も要《い》らぬことですのに、このようなお気づかいはどういうわけでしょうか」というと、清正は笑って「女の知ったことではない。表ではわが身に代わり、命に代わってくれる家来がたくさんおり、昼夜怠りなく守護する者がいるから、たとい裸体でいたとしても、それほど恥をかくことはあるまい。ところが奥は女ばかりだから、このように用心するわけだ」といわれた。このことを伝え聞いた士どもは、主の厚い信頼をありがたいことだと思った。

清正は剛の者を家臣に得ようと思い、一生の間、目利き《めき》（人物鑑定）に心がけて、人相をみることまで学んだが、どうもその術をうまく会得できなかった。しかしただ律義者のなかに武辺者が多いといわれた。

とぼけぶり

清正から追われた浪人が谷出羽守衛友《もりとも》に頼んで、清正に詫言《わびごと》を申し入れるというので、そのとき細川忠興も立ち会った。挨拶が終わってから衛友が、その浪人の罪を赦免するようにと申し出ると、清正は「あのような馬鹿者は、そのままに捨て置かれるように」と少々ことばを荒らげていった。衛友は短気な性質であったので、ひじょうに怒って、するすると清正の傍に寄って、膝を押さえ、脇差に手をかけて「拙者を誰だと思って、そのような悪言をいわれたのか」といったとき、清正は知らぬふりをして「また羽州（衛友）の悪い癖がでた。越州（忠興）も少々意見なさるがよい」と静かにいった。また清正の家臣久三郎という者が、あるとき清正の側に忍び寄って、いきなり組みつき、清正を九尺ほど投げた。清正は仰向けに倒れて「わしの内冑を見すまして、久三郎めばかふざけをすることよ」といって笑われたそうだ。

足軽

清正の家臣南条元包の足軽九郎治という者が清正の足軽と喧嘩して、二人を縛って伏せ、散々に打擲《ちょうちゃく》した。清正は怒って、元包に、お前の足軽を殺せと命じたが、元包はその命を受けなかった。清正は元包に「その方の足軽を召し連れてこい」というので元包は同道してきた。清正はひじょうに怒り「わしの下知に背くとはどういうことか」といわれた。元包は「たとい下郎の足軽でも、武勇の者を召し抱え、君のお役に立つようにと思っておりますのに、一人のために二人が打擲されたことを不憫《ふびん》に思われて、私の足軽だけを殺せとのご下知こそ理解できぬことです」といったので、清正はたちまち機嫌を直し、足軽をみて「奴の目つきをみると、役にたつ者だということがわかる。十分に目をかけて召し使えよ」といって、落着した。

主人の命

清正はかつて老臣三人を召して「誰それは子供ではあるが、赦《ゆる》しがたき非義がある。日暮れ後にひそかに誅伐せよ」と命じた。三人の老臣は集まって「この程度のことは他の誰かに命じられても事はすむ。われらに仰せつけられるほどのことではない。しかし仰せをうけてしまった以上はやむをえぬ」といいながら、その子供を誅伐した。しばらく時がたって、清正は秋の月がくっきりとみえる夜に舞を舞わせた。そのとき藤原仲光が「わしの幼子を殺せ」と主満仲が命じたとき、ひそかに自分の子を殺して君の子を助け、後に満仲の勘気をいなだめるところを舞うのをみて、たいそう感心しながら「ああ、あわれなことだなあ。古人はこのようなこともあったのだ。主人の命にも、聞くべきことと、そうでないものとがあるわけだな」と独言《ひとりごと》をいって歎息した。このことを老臣が伝え聞いて恥じ入り「いつぞやの仰せは深いお考えがあってのことであったのに、われわれにはそれがわからなかった。残念なことだ」とみな後悔したそうだ。

家人の無礼

北畠信雄《のぶかつ》が京で猿楽《さるがく》を催したとき、諸大名が見物に行かれた。金吾《きんご》秀秋《ひであき》（小早川秀秋）も見物に行かれたが、戸口に二本の棒を横たえて、左右から人の出入りを改めていた。秀秋はこのとき十四歳で、秀吉の猶子（養子）であったので、従士までもその威を笠にきて「金吾様のおいで」といって、改めもうけずにどんどん入って行った。入り口の左の方には清正の家臣が十人ほどいた。それが「金吾とは何者だ」と突っかかっていうと、秀秋の近習は、棒を取りだして清正の家臣を三人も打擲した。これから騒動が起こり、秀秋が帰邸してのち両家の士が伏見から馳せつけて、たがいに槍や刀を抜いて警固にあたった。秀秋の老臣が秀秋にむかって、「打擲された三人は、きっと清正から処分されることでしょう。ですからこちらの者も切腹させるべきです。引き延ばして時がたってから自決するようなことになれば、このうえない恥辱になりましょう」といった。秀秋はこれを聞いて「清正がどのように申そうとも、もともと先方の無礼によって起こったことであるから、われらの家来を死なすには及ばぬ。お前たちも心配しなくともよい」といわれたが、老臣どもは清正は剛勇の人であるから、かならず大事に至るであろうと、大いに恐れていた。また打擲した者もすでに沐浴して礼服に改め、清正の使者がくればただちに自決する覚悟で待っていた。まもなく清正自身がやってきたので、秀秋はさぞかし争論になるだろうと、しばらく思案してから対面したところが、思いがけず清正は温和に「今日のわが家人《けにん》の失礼をつい先ほど耳にいたし、三里の行程を参上いたしましたので遅れてしまいました。拙者の家人どもが無礼を働いたかどにより、ご近習の人びとのお手により斬戮《ざんりく》に処せられてしかるべきところを、特別の宥免によって打擲で事がすみましたことは、拙者にとっては喜びに堪えません。拙者も彼らを懲悪の意味で処分しようかとも存じましたが、そのようなことをすれば、こちらのご近習の人も、また閉門にでもなってはと思いまして罪を許し、本国に帰らせ閉門を申しつけました。打擲した人をけっして罰するようなことをなさいませんように」と詫《わ》びたので、秀秋も思いがけない挨拶に心が解けて、「わかった、わかった」と会釈した。清正もたいそう喜んだ。「さて三里の道をいそいで参上しましたので喉《のど》がかわきました。ご酒《しゅ》を一盃賜りたいのですが」といったので、やがて酒がだされた。清正は「その打擲した人びとをお召し下さい」といって席に招き、酒を酌み交わし、交歓のひとときをすごしてから帰られた。

武道の本意

清正がある日、茶会を催そうと思って、名物の茶碗をだして置いてあるのを、小姓たちが集まってみていたが、そのとき一人の若輩者が過《あやま》って割ってしまった。秘蔵しておられる名器であったから、みなはひじょうに驚いたが、さすが武功名高き者たちの子らであったから「このことについてはけっして科人《とがにん》の名をだすまい。ご詮義がきびしく、どうしても科人をだされるようなら、一同でその科をこうむることにしよう」と申し合わせた。清正はこのことを知らずに「誰がこの茶碗を割ったのか」とたずねられると、誰一人として申し出る者はない。清正は立腹して茶碗を惜しんでいるのではない。その者たちが切腹でも申しつけられるのであろうかと、命を惜しんで隠しているなと思われたので、その日の当番の小姓どもを残らず呼びだし、「お前たちは若年とはいいながら、臆病このうえなき者たちだ。武勇の誉《ほまれ》高き父たちの名を汚すとは残念至極だ。割った者はきっと一人であろう。その者が申し出てこないとは怪《け》しからぬ」といった。すると加藤平三郎という十四歳になる者が進みでて「お茶碗を割った者は、私めだったにせよ、他の者であったにせよ、ともかく一人でございますが、土器一つのために武士の命をお引き替えになるようなことがあってはなりません。それで、当人を隠すことを申し合わせておりますから、たとい一命を召されましても、誰だということを申し出るわけには参りません。それなのに、親たちの武勇戦功のことまでもちだされました以上は、なおのこと申し上げられません」といった。相手は若輩の者、しかもここまで理の通ったことを堂々といってのけたので、清正は「こしゃくな小悴《こせがれ》よ」といい捨てて席をたたれたという。清正は世に知られた猛将であるが、武道の本意を完全にわきまえておられたからこそである。

泰勝院を創立

清正は肥後白川《しらかわ》に一寺を創立して、泰勝院と名づけた。門前の道一里の間はまっすぐにし、道幅は二十間、両側に桜を植えられた。木と木との間も二十間ある。道幅といい、木と木の間といい、度がすぎていると人びとはいったが、桜が成木になってからは、その道は五、六間ほどにしかみえず、桜の枝も繁って、その間隔もそれほどひろくみえなくなった。栗はまた寺の後ろには栗の木を植えさせた。後世になって、他の木は薪として伐《き》ればよい。栗は実を取って暮らしの足《た》しになるから、伐り絶やしてしまうことはあるまいとの配慮からであった。

母の追善

清正は老母の追善として、京中の大寺で法華万部の供養を執行した。そして毎日二度ずつ出座して拝礼した。人びとはみなその孝心に感心した。その後、武蔵国池上の本門寺《ほんもんじ》を修造して母の冥福を祈られた。

奉公を望む浪人

加藤家に奉公を望んできた浪人が三人いた。一人は仙石《せんごく》角右衛門という。他の二人の名はわからない。仙石は立身することを望んでいた。他の一人は、かつてたびたび役にたった者であったから、いまはもう年老いてなんの望みもなく、ただ少々の扶持をうけて心安く一生を送りたいとのことである。もう一人は若い者であった。いかにも役にたちそうなようすだと諸人は見立てた。三人ともに家老庄林隼人を通じ、それぞれの意志を清正の耳に入れたが、清正はこれを聞いて「仙石は立身の望みだという。これは侍の本意であるから召し抱えよう。また年寄浪人は数度役にたったということはわしもよく知っている。しかし今生《こんじょう》の望みもなく、後生《ごしょう》安楽を願うだけで、ゆっくり茶を飲みながら、当家を死所ときめたということはひどく寛《くつろ》いだ者だ。人は死ぬまで望みをもつ者がたのもしいのだ。なんの望みもない者は抱え置く必要はないわけだが、若者へのみせしめのために抱えて置こう。またもう一人のことについてだが、その方の申すことにはちと合点が行かぬ。と申すのは、役にたつように諸人が見立てたから抱え置くというのであれば、わが家中の者どもはみな役にたたぬ者と見立てたことになる。それならば、当家の若者どもはその方を恨むであろう。わしは、わが家中の若者はみな役にたつ者だと思っている。若いときに役にたち、いまは年老いて衰えてしまった者でも高禄を与えて処遇しているのは、若者たちがそれをみたり聞いたりして、武道に励む気を起こさせるためである。家老という大事な立場にあるその方などの一言は大事なのだ。よく分別せよ」といわれたので、隼人は感服した。

金の熨斗付きの刀

清正の士が、あるとき敵城に乗り入るにあたって、金の熨斗《のし》付《つ》きの大小（金の延べ板を刀の鞘につけたもの）を差して塀を越えようとすると、後ろから尻を押し上げる者がいる。自分を押し上げてくれるのだと思って乗り上がってからみると、熨斗付きの鞘を切りまわして、金を取られてしまったのである。人はみな「油断したからだ」と取り沙汰した。清正はこれを聞いて「城乗り入れだけを念頭において、後ろをふり返ってみなかったのは勇士だ。ただし金の熨斗付きを差して城乗り入れをしたのは若輩者のせいだ。戦場ではそのような美麗なものは用いないことを知らなかったとみえる。だが末たのもしき若者だ」といわれた。

またある戦のとき、野営で昼弁当を食べるのに、ある小姓は腰に兵糧をつけておらず、その伯父が焼き飯を彼に与えた。清正はこれをみて「少年の華奢風流も時によりけりだ。陣中で兵糧をもたないというのは武備に怠っている。その過ちの償《つぐな》いとして馬を取り上げよ」といって乗馬を取り上げ、その伯父も、若者に気をつけて教えてやるべきところ、それを怠ったのは武備に励まなかったことになるとの科《とが》で、甥と同様に馬を取り上げられた。

武功の順位

清正が宇多尾《うたお》の城を攻めたとき、武功の順位をわけて、庄林隼人が一番、森本儀太夫を二番ときめられた。そのとき儀太夫が立腹して「庄林は首の一つも取っておらず、拙者は二つも取った。それなのに合点のいかぬおはからいだ」とつぶやき「このようなみる目のない主人に仕えてもなんの役にもたたぬ」といまにも席をたとうとした。それを清正がみて「庄林は首一つも取ってはいないが、わしの槍先を助けてそれを自分の功としない。その方は首を二つも取ったが、わしがその首をちゃんとみた後に捨てた。つまりこれは、自分の功をたてることばかり考えて、忠を第二にしている。このゆえに、庄林を第一にして、そちを第二といったのだ」といわれたので、儀太夫はその義理に服した。

武備の心配り

加藤家では、足軽の者は具足を着ずに、冑だけをかぶっている。その冑の脇立《わきたて》（兜の両側に立てる立物《たてもの》）に、長さ二尺に白練《しろねり》（絹）一幅の小しないを両方に二本たてる。清正は「他家では、具足を着させて、冑はかぶらない。あるいは張抜《はりぬき》（はりこ）の笠をかぶらせているようだ。体に革具足を着ていても、頭《かしら》に冑をかぶらなければ、耐えられないものだ。冑を着れば、具足は着なくても耐えやすいものだ」といった。

清正は自分をはじめ家中の侍に至るまで、鞍の後輪《しずわ》に米を五合ずつ筋かいに入れ、また一尺ほどの小筒に火薬を添えてもたせられた。

本多正信の忠告

家康は、本多正信と清正とが親しく交際していることを聞き、正信を召して「そちが思いついたこととして、清正にいろいろ意見をしてみてくれ」といわれた。正信は畏《かしこま》って、ある日、清正の邸にきて「拙者は貴殿と親しくしているので、いつか折をみて申しのべたいと思っていたことがあります」といった。清正は「それはそれはなによりも過分なこと。どのようなことでも、お気づかいなくおっしゃって下さい」といった。正信は「申しのべたいことは三ヵ条ですが、第一には、ただいまは以前とはちがって、中国・西国の諸大名が大坂に着岸されれば、そのまままっすぐ駿河（家康の居所）・江戸（二代将軍秀忠の居所）に参られますのに、貴殿は、まず大坂表にご逗留なさって、以前の通り、秀頼公のご機嫌をうかがわれ、その後でなければ駿河・江戸にはお越しにならない。第二には、この節は世上も静かになっておりますので、諸大名はみな、参勤のときに召し連れられる家来の数も減少しておりますのに、貴殿は依然として多人数召し連れられて、実に目立ってみえます。第三には、この節は諸大名方のなかで、貴殿のように鬚《ひげ》の多い方はありません。殿中惣出仕のご列座のときなどは、特に目立ちますので、できましたらお剃《そ》り落としになられてはと存じます」というと、清正はこれを聞いて「貴殿のおっしゃる通り、拙者もすでに気づいていることであります。さぞかし人びとが取り沙汰しておりますことをお聞きになって、日ごろの誼《よしみ》によっておっしゃって下さるのでしょう。過分に存じます。しかしその三ヵ条とも、おっしゃるようにいたしましょうとは申し上げにくいのです。そのわけは貴殿もご存じの通り、拙者は太閤の御時に肥後の国半分を賜っておりましたところ、去る慶長五年（関ガ原の役）より以後は、小西行長の跡をも賜り、肥後国の国主となりましたことは、ひとえに徳川家のご厚恩と申すべきです。しかしながら、どのような大身になりましても、大坂着岸のときは、これまで秀頼公のご機嫌をうかがっておりましたのを、いまさらやめて大坂を素通りするということは、武士の本意に背くと思われますので、やめるわけには参りません。次に、参勤のときに家来を減少するようにとのことは、拙者の経済からも、家中のためにも、そのようにしたいとは存じますが、西国の大名どもは、何かのご用があるときは召し寄せるから、それまでは国元で休息しているようにとでも仰せられているのならともかく、このように参勤交代を仰せつけられているのですから、ご存じの通り、拙者の領地肥後国は海陸はるか離れておりますので、国元の兵は急用のときにはすぐには参れません。ですから少しでも手元におります兵で、相応のご奉公をいたそうと心がけておりますので、人数を減少させることはできかねます。次に、拙者の顔に生えているむだ鬚を剃り落として、さっぱりすれば気持ちがよかろうとは、拙者とて朝夕思わぬわけではありませんが、若いころ、この鬚面に頰当《ほおあて》をして冑の緒をぐっとしめたときの気分のよさは、いまもって忘れることができません。どのように世が治まっても、これまた剃り落とすわけには参らぬのです。貴殿がおっしゃることを、一つも聞き入れぬとは怪しからんとお考えかもしれませんが、どうかお聞きわけになって下さい」といわれた。正信もあきれはてて帰り、かくかくかようと報告すると、家康は「なるほど清正といわれるほどの者よな」とだけいわれて、笑われたということだ。

家中に申し渡す七ヵ条

清正が家中に申し渡した七ヵ条は左のごときものである。

「大身小身にかかわらず覚悟しなければならぬこと。

第一、奉公の道を油断してはならない。朝寅の刻（午前四時）に起きて、兵法を学び飯を食い、弓を射、鉄砲を撃ち、馬に乗ること。武士の嗜みよき者には特に加増する。

第二、楽しむために外出するときは鷹野・鹿狩り・相撲、このようなことで楽しむこと。

第三、衣類は質素にすべきである。衣類に金銀を費やしておいて、貧しいと申すことは、あやまりである。また普段は身分相応に武具を嗜む人を扶持しているのであって、軍用のときは金銀を惜しみなくつかうこと。

第四、日ごろ傍輩とつき合う場合は、客一人と亭主以外が集まって話をしてはならない。食は黒米飯のこと。ただし武芸修行のときは多人数で出会うこと。

りである。

第五、軍礼の法は侍の知らねばならぬことである。要《い》らざることに華麗を好む者はあやまりである。

第六、乱舞（能の演技の間に行う舞）は禁止する。太刀を手にすれば自然と人を斬りたくなる。そういうわけで何事も心ひとつの置きどころから生ずるのであるから、武芸の他に乱舞の稽古をする輩は切腹を命ずる。

第七、学問には精をだすこと。兵書を読み、忠孝を心がけること。詩・連句・歌を詠《よ》むことは禁止する。心に華奢風流のごとき弱々しい好みが生ずれば、まるで女のようになってしまうものだ。武士の家に生まれたからには、太刀・刀を取って死ぬ道こそが本意である。つねづね武士道を磨かなければ潔《いさぎよ》い死に方はできにくいものであるから、よくよく心を武に励ますことが肝要である。

右の条々を昼夜守ること。もし右の箇条を守れないと思う輩がいれば暇をだす。すみやかに調査して、男の道を歩みがたい者には印をつけて追放すること。右はすべて正真正銘のことである。以上」

清正は日ごろ、洗濯した衣類だけを着、障子はところどころ破れた部分だけを張り替えられた。このように倹約家ではあったが、武衛《ぶえい》殿が浪人していたときに、施し米を庄林隼人に頼んだので、庄林が「米三百俵をお与えになりましては」というと、清正は「玄米二千俵を与えよう」といわれた。

老農夫を戒む

清正はかつてみずから百姓を指揮して、溝や濠を修理したことがあった。ちょうど午の刻(正午)になったので、みな昼食についた。そのなかに老農が昼食の菜に燔鰯《やきいわし》を食ってした。清正はこれをみて「お前は年はいくつになる」とたずねたところ、「六十有余です」と答えた。清正は「もはや六十にもなれば、普通ならば公役には家僕をだして、自分は安楽に暮らしているのに、土民の身分でありながら、日ごろ魚肉を食っている。このように飲食に奢《おご》っているから一生苦労するのだ。いってみれば、これは、口の奢りのために体を苦しめているようなものではないか。慎めよ」と戒められた。

天下の仕置き

清正はいった。「わしに天下の仕置きを申しつけられたなら、第一の仕置きがある。それは天下の金を全部集めて、その三分の二を海に入れて金を世上から減少させることだ。そうなったら仕置きがよくなるだろう」と。

清正の槍の鞘は熊の毛である。瘧《おこり》にかかった者があれば、その毛を一本抜いて飲ませると、たちまち治ってしまうという。

偃　武

家康はもっぱら武器を納めて用いず、学問を修め、諸大名が武事を講ずることも喜ばなかった。清正は「わしは深く徳川公の恩を受けている。ましてや公の養女を妻にしている身だ。どうして異心などあろうか。しかし秀頼公は大坂にいらっしゃるし、自分は九州にいる。二人が結託せぬかと世人は疑懼《ぎく》していよう。徳川公もすでに老いた。わしがその気持ちを安んじさせなければなるまい」といった。そして歌妓阿国《おくに》という者を国に召し、見物席をつくって、家中の者にも庶民にも自由に観覧させた。また七日間というもの人びとに踏歌《とうか》（足を踏みならして歌いながら舞うこと）を許した。家中と庶民とは、それぞれ隊にわかれて芝居もした。清正もみずからその場に臨んで見物して楽しんだ。またしばしば散楽を催してこれをみた。つまり偃武《えんぶ》の心を態度に示して家康の心を安んじたのである。

飯田覚兵衛

飯田覚兵衛直景《なおかげ》は武功の士である。覚兵衛は〝角〟という字を用いたが、秀吉が〝覚〟の字に替えさせられたほどの者である。その直景が「拙者は一生、主計頭《かずえのかみ》清正にだまされた。はじめて戦にでて功名したとき、朋輩の多くは鉄砲にあたって死んだ。実に危険なことだ、もうこれっきりで武士の勤めはすまいと思って帰るや、主計頭は時をおかず『今日のそちの働きの神妙さ、ことばに尽くしがたい』といって刀を賜った。このようにして毎度その場を離れては武士勤めを後悔していたが、主計頭はまた時をおかず、すぐに陣羽織だ、感状だと与えてくれ、人びともみな羨《うらや》んで褒めたてたから、ついついそれにひかれてやめるわけにいかず、麾《はた》（采配）をとって侍大将といわれるようになったが、考えてみるとこれは、みな主計頭にだまされて本心を失ってしまったのだ」といった。加藤氏が滅びた後は京に引きこもり、ふたたびどこにも仕えずにいるときに語ったそうである。

木村又蔵

清正の臣木村又蔵は、腕力の強さが絶倫であった。大坂の輔臣が、秀頼のために一人の勇夫を選んで、又蔵をその師にしようと考えた。その他の人びとも又蔵を推挙した。又蔵はこれを聞いて「私は普段から誓っておりまして、二君には仕えません。征韓のとき母と別れました。そのとき、母にこの意中を告げ、それで安心してもらいました。いま私は殿に死におくれ、そして大坂で暮らしをたてるとなれば、これは二君に仕えることになります」といって切腹して死んだ。この話を聞いたものは又蔵の志を憐み、同時にまた清正が立派な士を養ったことを感嘆し褒めた。

清正の遺命

秀頼は暗弱な人間であったから、天下の兵馬は、おのずから納まるべきところに納まったのである。清正はあらかじめそのことを知っていて、熊本に大きな屋敷をかまえた。それは千人を容《い》れ得るひろさである。臨終のとき、子の忠広に遺命として、秀頼をその屋敷に迎え取るようにといった。大坂の役で秀頼は自尽（自殺）した。しかし、ひょっとすると大坂城が落ちた日に、忠広がひそかに秀頼を迎えて、船内に隠して連れ帰ったのだともいわれるようになった。

良材を隠す

加藤が滅びてからは、熊本は細川氏の居城となった。ある年、城壁が風雨のために破壊した。そこで柱を代えようとすると、その柱の裏にひそかに記された文字があった。「柱にする良材はなかなか得がたいものである。城外の沢のなかに沈めてある。後世柱を代える場合は、それを取って用いるように」とあった。人をつかわしてその沢を探すと、その通り材木が山積みされていた。彼の遠謀深慮はかくのごときものであった。

築城作事に精通す

清正は士民をいとしみ、大いに恵み深い政治を行った。また築城の術にも精通し、水利をよく考えだした。作事があるたびに馬にまたがって、その現場に行き、鞭《むち》をあげて指揮をした。その計画した溝渠や堤防は、百世までももちこたえられるものであった。民は彼の人柄になつき、その勇智に服していた。死後に祠《ほこら》を建てて祀《まつ》ったという。江戸城本丸の富士見櫓の石垣は、将軍家光の好みで、清正がつくった熊本城の石垣を模したものだそうである。

真田幸村

安房守昌幸《まさゆき》の次子。源五郎と名乗り、のち左衛門佐《すけ》と改める。慶長五年（一六〇〇）高野山九度山《くどさん》に蟄居し、号を好白《こうはく》という。慶長二十年（一六一五）五月七日戦死。年四十九。

兄は東軍、弟は西軍

天正十三年（一五八五）、徳川の兵が上田城を攻めた。幸村は時をはかって、林の間からでて横あいから撃った。鳥井元忠らはこれに狼狽して逃げ去ってしまった。幸村はさらに追撃し、ようすをみながら追撃をおさえ、徐々に兵を返した。そのとき幸村は戯れに小鼓を打ち、〝高砂〟の謡《うたい》を謡いながら城中に入っていった。これをみて人びとはかれの豪気に感心してしまった。これは十九歳のときのことである。

慶長五年七月の会津の役（家康が、会津の上杉景勝を討つために出陣した役）で、幸村は父の昌幸、兄の信幸《のぶゆき》とともに兵をひきいて下野《しもつけ》の犬伏まできていた。そのとき石田三成が大坂に兵を起こし、昌幸に書を送って、上方に味方することを勧めてきた。昌幸は二人の子を招いて、このことを告げると、信幸は東軍に味方しようと主張し、幸村は西軍に味方するといって、意見があわなかった。そこで信幸は「それならば、父上と幸村は西軍に味方されるとよいでしょう。拙者は東軍に味方します。万一、西軍が不利に終わりましたら、西軍に味方した人びとはかならず殺されることでしょう。そのときには、拙者は死力を尽くして父上と弟の危難を救い、真田の家が滅びないように尽力しましょう」といった。すると幸村は「もし不利になりましたら、父上とともに同じ戦場の土になる覚悟ゆえ、どうして助けて戴くようなことがありましょう。家康が先兵をだして上田を攻めてきたとき、上杉景勝が加勢してくれました。そのとき秀吉公が和平を調《ととの》えられ、真田の武名を世に揚げることのできたのを考えると、豊臣家のご恩はけっして浅いものではありません。ですから、この場合、上方（豊臣家）に味方することこそ当然のことです。およそ、家が滅びるとき、人が死ぬときがきましたら、潔く身を失ってこそ勇士の本意と申すべきです。身を汚してまでも生きながらえて、家の滅びないようにしようなどということがあってはなりません」と争論になった。信幸は怒り「お前のいまのことばは無礼だぞ」といって、いまにも斬りかかってきそうな見幕《けんまく》であったので、幸村は、「いやいや、ただいまここで首を刎ねられるのはお許し下さい。この幸村は、豊臣家のために身を失おうとの決意なのです」というと、昌幸がこの二人の話を聞き、「兄弟のいい分はそれぞれ理がある。太閤の薨後にこのようなことが起こったのは、きっと秀頼公のためにする忠義ではあるまいと信幸は思ったのであろう。しかし幸村のいうことはわしと同意見だから、わしとともに引き返すがよい。信幸はいまから自分の思う通りに進め」といって別れた。

焼き打ち退却

徳川秀忠は兵をひきいて、昌幸を上田に攻めた。ちょうどそのとき、家康から、上方が蜂起したので、上田をそのままにして、早々に関ガ原にむかうようにとの報が届いた。秀忠は「これはどうすべきか」とたずねると、本多刑部《ぎょうぶ》左衛門が「敵に京都を取られれば、西国はみな敵方についてしまいます。大切なときですから、いそいで参らぬわけにもいきますまい。しかし、今むかっている敵に対して、一度もはなばなしい攻撃をしかけずに引き返すということは、戦の法にもないことですから、せめてこの辺を焼き打ちにし、それを機に引き取りましょう」といった。そしてその辺の民家に火をかけて「本多刑部、本多刑部」と連呼しながら分捕りをほしいままにし、焼き打ちをした。このとき上田の城では昌幸が碁を打っており、幸村はそれを見物していたのだが、そこへ「敵が三、四里の近くまで攻め寄せて、本多刑部を名乗って焼き打ちをしております」といって、つぎからつぎと早馬が急を告げてきた。昌幸は幸村に「ようすをみて参れ」といって相変わらず碁を打ちつづけていた。幸村は早々に乗りだしていったが、しばらくして帰ってきて、「敵は引きました」といったので、昌幸は「引いたか。そうか、引いたか、引いたか」といって、ついにその碁をやめずに最後まで打ちつづけた。家臣どもは幸村に対して「どうして引くとおわかりになったのですか」とたずねると、幸村は「それは、ここは焼き打ちをするような場合ではない。それなのに焼き打ちするということは、引き返すきっかけのためだ」といったそうだ。

九度山脱出

(昌幸・幸村は関ガ原の役後、高野山九度山《くどさん》に幽居した。いま真田庵と称して、その跡がある)慶長の末年に秀頼が浪人を集めて、兵を起こそうとしているとの噂があった。そのとき、幸村が大坂に上ろうと支度をしているとの由が紀伊国に伝えられたので、浅野但馬守長晟《ながあきら》が橋本峠の付近の百姓どもに「世上の騒がしいときでもあるから、幸村が大坂に入ってたてこもるということもあろう。油断せぬように」と下知した。また高野山門主からも九度山の付近へ警戒方を申し付けられた。幸村は早くもそのようすを察知したので、「父安房守昌幸の法要である」といって、高野山から僧を招き、七日間の仏事を執り行うということをいふらし、橋本峠・下橋辺りの庄屋・年寄・百姓らを招き集めてもてなした。すると数百人もの人びとが幸村の屋敷にやってきて、上戸も下戸も飯を食ったり、酒を飲んだりして一日中すごし、前後不覚に寝込んでしまった。そこで、特に遠方の庄屋どもが乗ってきた馬などもあったので、それに荷をつけたり、妻子を乗り物に乗せたりして、上下百人あまりの者が銃を執って列の前後を守り、紀ノ川を渡り、橋本峠の橋谷へ進み、さらに木の目峠(いま紀見峠という。ここが和歌山県と大阪府との県境になる)を越えて河内《かわち》に入り、大坂を目指して進んだ。道筋の百姓どもは残らず九度山に集まっていて、酔いにまかせて寝込んでいるから何も知らずにいる。また村々に残っていた小百姓どもは、庄屋たちが幸村に招かれて行ったことを知っているので、きっとなにかわけのあることであろう。もし悪いことが起こったなら、庄屋様方がそのままにはしておかれまいなどと思って、その行列を止めもしなかった。もっとも槍や長刀の鞘を払って百余人もの武士が通りすぎて行くのを、百姓の力では止めることなどとうていできもしなかったのである。しばらくして寝込んでいた者たちが起き上がってみると、真田の家には人っ子一人もおらず、雑具までも取り払われて、掃除もしてあった。「さては出し抜かれたぞ。追いかけて止めなければ後難は遁れられない」と、走りでてはみたが、昨夜、通りすぎた幸村であるから、追いつくはずもなかった。それぞれが家に帰って聞いてみると、「真田殿か誰殿かはわからないが、馬に荷をつけ、乗り物に女子供らを乗せ、弓や銃をもたせ、槍長刀《やりなぎなた》を鞘からだして、百余人の勢で通りすぎた」という。庄屋たちは仕方なく、ありのままにこのことを申しでた。浅野長晟ははたと手をうって、「そうか。真田ほどの者を、百姓に止めろと命ずることの方がよっぽどおかしいのだ」といって、その後は何事もいってこなかったそうだ。

山伏の名刀

大野治長《はるなが》宅へ伝心月叟《でんしんげつそう》という山伏《やまぶし》がやってきて案内をもとめた。取り次ぎにでた者が、「どちらからいらしたのですか」と問うと、月叟は手をあわせて「大峯の山伏でございます。ご祈禱の巻数をさし上げるために拝謁をお願いしたいのです」といった。それを聞いた取り次ぎの者は「殿はただいまご登城でご不在です。こちらへお通り下さい」といって番所の脇に呼び入れ「ご帰宅になったとき、そこで拝謁なさるとよいでしょう」といって待たせた。そこに若侍十人ほどが集まっていて刀脇差の目利き《めき》（鑑定）をはじめた。一人の若侍が月叟にむかって「貴殿の刀脇差をみせて下さい」というと、月叟は「山伏の刀脇差はただ犬を喝《おど》すためのもので、お目にかけるほどのものではありませんが、それではおなぐさみに」といってさしだした。若侍はさっと抜いてみると、姿・形は申すまでもなく、刃の匂いといい光といい、なんともいえぬ。「さてさてまことに見事なもの」と誉めた。ほかの若者も「山伏はよい刀を差しておられる。ついでのことに脇差もおみせ下さい」といって抜いてみると、その見事なことはことばもないほどであった。「それならば中子《なかご》（柄《つか》のなかに入っている部分）もみたいものだ」といって銘をみると、脇差は貞宗、刀は正宗とある。これをみて一同は不思議に思い、「ただ者ではない」といっているところへ治長が城から帰ってきた。「玄関で拝謁されるように」という。取り次ぎの者が連れてでるのを治長がみて「これはこれは」とばかりいうと、月叟の前にでて、手をついて畏《かしこ》まり「近いうちにお越しになるであろうとはうけたまわっておりましたが、お早ばやとおいでになりまして、こんなに嬉しいことはございません。早く秀頼公のお耳に入れましょう」といって、使者に書をもたせて城に遣《や》り、月叟を書院に招いてたいそう馳走をした。城からは速見《はやみ》甲斐守時之が使いとしてやってき、「遠方よりさっそく馳せ参られしこと、たいへんご満足に思っていらっしゃいます」といって、旅宿は不自由であろうとのことで黄金三百枚・銀三十貫を賜るということであった。治長の宅の玄関の者は、このときはじめて「この人は真田幸村だな」と気づいたという。その後、幸村が彼らに会ったとき、「刀の目利きの腕は上がったか」とたずねたので、みな赤面したそうだ。

冬の陣軍議

慶長十九年（一六一四）十月の大坂冬の役の軍議のとき、幸村は「関東の兵はまだ半分も上《のぼ》ってきていないので、畿内の関東勢はいたって無勢《ぶぜい》です。ゆえに、太閤が明智をご誅伐なさった吉例（天正十年）によって、山崎表へ兵をだされ、天王山（京都と大阪の境にある）にふたたび御旗をたてられ、森と拙者に先鋒を仰せつけ下さい。また長曾（宗）我部（元親）と後藤（又兵衛基次）は大和口から攻め入り、宇治・勢田の橋を切り落とし、石部《いしべ》を境に陣を張って、伏見の城を攻め落とし、進んで京都を焼き払って、まず畿内西国の往来を塞《ふさ》げば、日本全国の諸侍は、味方しようとの志のある者はもちろんのこと、その他どちらとも決心のつかない者たちも、ことごとく馳せ参じることは疑いありません」と道理を尽くして申しでたので、一座の面々はみな同意した。ただ一人大野治長が「真田殿のおっしゃることは、いかにもごもっともなことですが、この城は日本第一の名城です。たとい日本全国が攻め寄せてきたとしても、五年や十年の兵糧はたくさんあり、容易に落ちるようなことはないと存じます。このような名城に全員でたてこもれば、太閤のご厚恩をうけた者どもはしだいしだいに馳せ集まってくることでしょう。ともかく、城から打ってでられるというのはよくないと存じます」といい、また「源頼政・木曾義仲など、いずれも宇治・勢田の橋を前にして戦いましたが、みな不利になり、大不吉の例となりました。それでも勝つというわけあいがあるのでしたらうけたまわりましょう」といった。幸村は「拙者が山崎の例をだしたのは、小をもって大にむかうということをいいたかったからです。また頼政・義仲の敗軍はいわれた通りだが、いまその例をだす必要はない。いま拙者が宇治・勢田を前にしてといったのは、戦の利というものは、機先を制するということが根本です。それを申したまでのこと。籠城は、しっかりした後詰《ごづめ》（援軍）がなければ敵に気を呑まれてしまい、士卒は退屈し、おのずから気力は衰えてしまい、降参したり裏切り者もでてくるものです。この節、日本全国の大軍勢を引きうけて、わずか二里にも足らぬこの城に命をかけてたてこもろうとしても、誰が馳せ参じてきましょうや。それにまた、一戦もせずにはじめからむざむざと籠城することは、まことに腑甲斐《ふがい》なきことと存じます」とかさねていったので、関東からの間者小幡《おばた》勘兵衛景憲《かげのり》が、承久《じょうきゅう》の乱（承久三年＝一二二一。政権回復をねらった後鳥羽院が、北条義時の反撃にあって敗れた乱）のときの新田義貞・楠木正成の故事を引きあいにだして、彼らが宇治・勢田で敗れたことをいいたて、幸村の意見を押さえた。治長と渡辺糺《ただす》らは、この景憲のことばを信じて幸村の意見を用いなかった。「後日また軍議をするとして、本日はこれにて」ということで、みな退出した。幸村は、後藤基次とともに「秀頼公のご運も、もはやこれまで」と討ち死にの覚悟をきめたという。

この役で馬労淵《ばくろうぶち》・穢多崎《えたさき》・福島に砦《とりで》を設け、兵をだして守らせておくという議論がでた。幸村・森勝永《かつなが》・後藤基次・明石全登《あかしてるずみ》らはこの意見に同意しなかった。その理由は「兵を数ヵ所に分置すると、城兵が少なくなるであろう。そのうえ、砦を一ヵ所でも敵に取られれば、それが城兵の弱気になる原因になるであろう」といったが、その意見は取り上げられなかった。そしてついに三ヵ所に砦をかまえたが、徐々に敵に取られ、城兵は臆しはじめた。老功の予想した通りであった。

家康要撃成らず

慶長十九年十一月十五日、家康は「木津《きつ》（京都府の南部）は北に木津川（淀川に合流する）という大河があるとしても、東は伊賀路につづき、西はひろびろと大坂に通じており、要害の地とはいえない」といって湯漬けを食って「旗馬と惣勢は後から参れ」と命じて、ほんの小勢で奈良へいそいだ。

木津から二十町（二キロ余）ほど離れたとき、左右の藪陰から銃声一発、響いたと同時に、一群の伏兵がたちあがり、先を遮ろうとして鬨《とき》の声をあげた。この辺に伏兵が置かれているとは思いも寄らず、供の人びとはびっくり仰天したが、中坊某《なかのぼうなにがし》が味方の近くに馬を乗りだして「われわれは、大坂への加勢として籠城するためにいそいでいる者だ」と呼びかけると、彼らのなかからも一人進みでて「大御所（家康）は、表向きは、木津へ着陣なさると披露しておいて、ひそかに今夜中に奈良まで参られるだろうと、真田殿のはからいで、ここにこうして待ちうけていたのである。まこと味方に加勢というならば、そちらの大将みずからここにきて名乗るがよい」といった。

そのとき安藤帯刀直次《たてわきなおつぐ》が馬を乗りだし、「拙者は木村長門（重成）の親縁の者で、一族を誘ってこの人数で籠城に行く者だ」というと、伏兵の大将らしい二人が、なにか相談するようなようすで道を開いたのを幸いに、供をしていた人びとは味方のなかを押し通って行った。このことば争いの間に、四、五騎つき添った乗り物が行きすぎたところに、またまた大勢追いかけてきて、鉄砲を撃ちかけてきた。安藤直次らは、こうなっては仕方なく、輿《こし》を引き返して、大勢のなかへ打って入った。味方（大坂方の伏兵）は大勢で、敵（家康方）は三分の一の小勢であったが、いずれも勇猛の者たちで、必死に戦ったために、味方は数十人が切り倒された。そのとき後から馳せ参った供の者どもが、おいおいやってきて大勢になったので、味方はついに敗走してしまい、敵は無事に奈良へ行ったという。この戦の最中に廓山・了的という二人の僧がもってきた黒本尊という仏像の化身が、黒装束の法師武者として姿を現し、家康を助けた。その夜仏龕《ぶつがん》（仏像を納めておく厨子《ずし》）を開いてみると、その像に銃痕が三つあり、またその足には泥がついていたということがその宗門にいい伝えられているが、それはこの戦いのときのことである。

家康の誘いを拒絶

この役で、幸村は天王寺口の出城を守った。前田利常《としつね》の軍勢がここをしきりに攻めたてた。士卒は勇みに勇んで、「ここを突いてでましょう」と願いでたが、幸村はそれを制して許さず、門を閉じ、柱に寄りかかって、黙然とまるで眠っているようであったが、前田勢がまさに城中に乗り入ろうとするときになって、幸村は大きく叫んで士卒を励まし、「敵をみな殺しにして、武名をあげるのはこの一挙にあるぞ」といって、弓銃をいっせいに放ち、刀・槍ともに刃を並べて討たせた。前田勢の死傷者は千余にも及んだ。幸村はこの小さな出城にいて、敵を四方にうけながらも恐れるようすもない。そのため、敵はみだりに攻められなかったそうだ。真田隠岐守信尹《のぶただ》は、幸村の叔父にあたる。かれが家康の内意をもって幸村のもとにき、「その方の軍略は抜群である。その方の武名は天下にとどろいている。秀頼公のお供をしていろいろお世話申してくれるなら、信濃国三万石をつかわそうとのことだが、どうだろう」といった。幸村は「まず一族（叔父・甥）の誼《よしみ》をもって、こうしておいで下さったこと、まことにかたじけなく存じます。しかし拙者は、去る慶長五年（一六〇〇）の関ガ原の役において家康公の御敵となり、その後、落ちぶれて高野山に登り、一人の下僕の情によって命をつないで参りました。ところが秀頼公より召しだされ、領地は賜っておりませんが、過分の兵を預けられ、担当の場所を与えられ、大将の号までも許されました。これは知行よりもありがたいことです。したがって、約束を破ってお味方に参ることはできません」といった。信尹は「武士というものは忠義によって身をたてるもの。約束を破るということは人の道ではない。しかしわしもこのように申し伝えて、その方をお味方に誘うということは、わしとしては大御所様への忠なのだ」といってたち帰り、そのいきさつを申しのべたところ、家康は「そういうことであれば、いたし方ない。まことに惜しい武人だ。どうにかして命を助けたいと思ってのことだ。ふたたび参って、信濃一国をつかわすから味方に参らぬかとたずねて参れ」との命をうけて、信尹はふたたび幸村に対面して右の旨をのべた。

すると、幸村はこれを聞いて「なんとありがたいことでしょう。拙者のような不肖の士に一国を賜ろうとは。生前の名誉はことばに尽くしがたきほどです。しかし、いったん約束を結んだことの責任は重いと存じますので、信濃一国は申すまでもなく、日本国中の半分を賜るとしても、気持ちを変えることはできません。またとくにこの戦は勝利を得られる戦ではありませんので、拙者ははじめから討ち死にを覚悟しております。さてもし御和睦ということにでもなれば、拙者は叔父上のご扶持をこうむりましょう。ただいつまでも戦がつづいております間は、気持ちを変えることはできません。秀頼公のお味方をいたします。もはや二度と対面はいたしますまい。もうけっしておいで下さいませんように」というと信尹も、「このうえはなんともいたしようもない。これが今生《こんじょう》の別れだ」といって落涙してたち帰り、この旨を家康に伝えると、家康は「なんとあわれな、心にしみる心根か。まさに日本一の勇士だ。父安房守（昌幸）にも劣らぬ男だ」といって称美せられたという。

旧友との酒宴

東西両軍の和平が成立したとき、幸村は徳川忠直の使番《つかいばん》 原隼人佐貞胤《はらはやとのすけさだたね》と旧友であったので、彼を招いていろいろ饗応した。数献《すうこん》の後に、幸村は小鼓を取りだして打ち、乱舞（能と能との間に演じられる舞）をし、子息の大助（幸昌）には曲舞《くせまい》（幸若舞《こうわかまい》の一種）を二、三番舞わせた。その後、茶をたててねんごろに語らい、また書院にでて幸村がいうには、「このたび討ち死にすべき身であったが、思いもかけない御和睦によって今日まで生きながらえ、ふたたびお目にかかれたことは喜びにたえない。拙者は不肖の身ではあるが、一方の大将をお引きうけしたということは今生の名誉で、まことに死後の思い出となると存ずる。しかし、この御和睦も一時的なものであるから、ついにはまたご合戦になると存ずる。われわれ父子は、おそらくこの一、二年のうちに討ち死にすると覚悟をきめている。これは最後の晴れの場だ。あれをご覧下されい。床に飾ってあるあの鹿の抱き角を打った冑《かぶと》は、真田家に伝えられている物として、父安房守から譲りうけたもの。これを着て討ち死にする所存でいる。もしこの冑をつけた首をご覧になったら、幸村の首だと思って一片のご回向《えこう》をして下されい。君のため国のために討ち死にするのは武士の習いではあるが、倅《せがれ》大助はこれぞと思う働きもせず、一生、浪人として十五、六歳になるやならずで、拙者と同じ戦場の苔に埋もれるかと思うと、それがあわれでなり申さぬ」といって涙にくれたので、貞胤も涙を流して「ああ、武士ほど定めなき運命にもてあそばれる者はござらぬ。戦場にむかう身にとっては、どちらが先かはわからぬもの。かならずかならず、冥途《めいど》でまたお会いしましょう」と語りあった。

それから白河毛の太くたくましい馬に、六文銭を金で摺りだした白鞍を置かせて引きだし、それに幸村はひらりと乗り、五、六度乗って静かに乗り納めながら「もしふたたび合戦ともなれば、城はこわされてしまう。そうなれば平場での合戦となるであろう。拙者、天王寺表へ乗りだして、東軍の大軍に駆けあわせ、この馬の息のつづくかぎりは戦って、拙者も討ち死にするつもりでおりますゆえ、ひとしお大切に秘蔵している次第」といって馬から降りて、また酒宴になった。「これは今生の別れだろう」といって、また盃をさし、数盃の興をかさねた後、夜中になってから別れた。はたして翌年、例の冑をかぶって、その馬に乗って討ち死にした。

夜討ちの争論

慶長二十年（一六一五）、東西の和睦はすでに破れ、関東の大軍が伏見までできたとの風聞が届いたので、秀頼は諸将を集めて軍議を開いた。そこで幸村は「家康の戦の方法は、いつも勢いに乗って攻めてくるとうけたまわっておりますが、まことにその通りです。そのわけは、ただいま伏見に着陣して軍兵の疲れもとらずに、そのまま茶臼山《ちゃうすやま》まで押し寄せてきているということは、あまりにも勢いに乗りすぎているのではありますまいか。伏見から大和路へ押しだしてくるには、その行程十三里（五十二キロ）です。ますます疲れていることでしょう。そこから考えてみますと、明夜は東国勢はどんなことがあっても冑を枕にしてひと眠りするでしょう。これこそ夜討ちの絶好の機会にあたっていると存じます。拙者がむかって行き、一挙に勝敗を決しましょう」というと、後藤基次が進みでて「いかにもその謀はよろしいと思います。しかし、真田殿を夜討ちの大将とするのは、万に一つも討ち死になさるようなときは、諸人は落胆するでありましょう。そもそもこのたび、諸国の浪人どもが馳せ集まってきているのは、ひとえに真田殿一人を目当てにやってきているのです。そういうわけですから、夜討ちはこの基次に仰せ下さい」という。幸村は「とにかく拙者がむかいましょう」というと、基次は「後の合戦が大事ですから、ぜひとも真田殿はお残り下さい」とたがいに争論して結論がでず、この案は決着がつかぬままに中止になってしまった。

伊達の騎馬鉄砲

慶長二十年五月五日の朝、幸村の斥候《ものみ》が馳せ帰ってきて、「旗が三、四本、兵が二、三万ほど国府越からこちらにやって参りました」と告げた。これは伊達政宗であった。士卒は、それではさっそく軍勢を押しだされるであろうと思って、勇むようすであった。ところが幸村は、障子に寄りかかって片膝をたてていたが、おもむろにそれに答えて「そうであろうな」とだけいい、ほかのことは何もいわなかった。午の刻（正午）ごろになってまた斥候が帰ってき、「今朝のとは旗の色が違いますが二、三本と、人数二万ほどが、松かげではっきりとはみえませんでしたが、竜田越を押し下りました」と告げた。これは徳川忠輝である。幸村は寝たふりをしていたが、目を開き「よしよし、いくらでも越させるがよい。一ヵ所に集めておいて打ち破ったらさぞかし痛快であろうよ」といっていっこうに取りあわぬようすなので、一同のはやりたつ気持ちも静まった。夕食をすませた後、「この陣所は戦には不便だ。さあ敵の近くまで寄ろう」といって、一万五千余の兵が列を乱さず、騎士・歩卒の順序を整えて押しだせば、たとい敵が十倍あっても、恐れることはないと思われた。その夜、道明寺表に陣を取った。営法軍令は実に厳粛なものであった。

翌六日の朝、野村の辺に進出した。渡辺糺《ただす》は幸村に先だって水野勝成《かつなり》と戦った。糺は勝成に切りかかって押し返すこと五、六十歩。勝成もまた盛り返して糺を撃ち返し、たがいに力闘三度にも及んだ。糺は深手を負ったので、兵を脇に引いて備えをたて直し、幸村に使いをだした。「ただいまの切戦で傷を負いましたので、また戦うことができません。これでは貴殿の兵の運用の妨げになろうかと存じ、脇に引き、そこで側面を衝《つ》くかまえで控えておりまず。これはなお、貴殿のお手伝いにもなるかと存じます」というと、幸村は「お働きのごようすはまことにお見事でした。これから先は拙者がお引きうけ申す」と返事をしておいて軍を進めると、政宗の兵がかかってきた。野村の地形は、前後が岡である。岡の上は平らで、中間の十町（一キロ余）ほどが低くなっており、道の左右は畑がつづいている。幸村の先鋒が岡の上に半分ほど押し上がったところを、政宗の騎馬鉄砲八百挺がいっせいに撃ちたてた。この騎馬鉄砲というのは、伊達家の二男三男で血気さかんの者を選び、駿足の馬をとくに選びだして乗せ、陸奥《ヽヽ》でも諸所の戦にあたって、馬上から鉄砲をただ一発ときめて撃つと、あたらぬ弾丸はまれであったほどだ。撃ちたてられて敵の備えが乱れたところをめがけて、鉄砲の煙の下からすかさず乗り込んで蹴散らすと、その馬蹄に蹂躙《じゅうりん》されて、敵は敗走しないということはなかった。このとき騎馬の鉄砲隊が、先鋒からさらに一、二町も前に進んで連発すると、弾丸の飛ぶこと雹《ひょう》のごとく、火薬の光は電《いなずま》によく似、煙はたちまち雲霧となって一寸先もみえなくなってしまった。岡の上に押し登った幸村の兵の多くは死傷したが、幸村は鉄砲の煙のなかから駆けてきて、「ここをふみこらえよ。この大事の場をたとい片足でも退くようなことがあれば、全軍まるつぶれだぞ」と下知する声が響きわたった。むらむらと繋っている松原を楯《たて》にして、槍の柄を握りながら、地にはいつくばって、後に退く者はなかった。

陣頭の大号令

はじめ合戦をしようとするとき、幸村は命令して兵に冑をかぶらせず、槍ももたせず、ただ馬のそば近くに付き添うようにさせ、下知を下すときを待たせた。敵との間が十町ほどになったところで、幸村は使番《つかいばん》（伝令）をだして「冑をかぶれ」と命じた。ここで諸士は下僕にもたせてある冑をかぶり、緒をしっかとしめたので新たな勇気が加わり、兵の気分はますますさかんになる。敵との間が二町ほどになったであろうと思われるころ、幸村はまた使番をだして「槍を取れ」と命じた。ここで手に手に槍を取り、鋒先を敵にさしむけると、面々は、いかなる強敵でも打ちくだかずにはおかぬと、新たに気魄《きはく》が満ちてきたようである。鉄砲に撃たれて斃《たお》れても、一歩もひかないのは、冑をかぶり、槍を取ったときの気勢がいかにさかんであったかがわかる。政宗の騎馬鉄砲の士が馬を乗り入れようとして駆け寄せたけれども、気勢をそがれたとみえて砲声も絶え絶えになり、煙も薄くなってきたので、幸村は頃合いを見計らって大声をあげた。兵は「かかれ」ということばを聞くや否や、みな起きあがってすぐに突いてかかり、政宗の先鋒を七、八町も追い崩した。この勢いに乗じて総軍が競ってかかり、追い払った。勝成は政宗をけしかけて戦わせようとしたが、政宗は「わが軍はすでに疲れ果てている。合戦はなにも今日にかぎったわけのものではない」といって聞き入れない。勝成は「小敵を目前にして、忠輝・政宗ともあろう者が縮みあがっているとは恥ではないか」と忠輝を諫めたが、忠輝もそれができず、また勝成も兵が少ないので、一人で戦うこともできずに引いてしまった。未の刻（午後二時）まで幸村は合戦をしつづけたが、それからは軍勢を徐々に引いた。そのようすは粛然としており、追い討ちでもしようものなら、かえってこちらが挫かれそうな勢いであった。東軍の者は感歎しない者はなかった。

金瓢の馬印

七日、秀頼が出馬しようとして、太閤の遺物である旗や馬印を陣列して楼門まででて、先鋒の注進を待っていたが、大野治長は茶臼山に行き、幸村に会って軍略を問うた。幸村は「こうなれば、秀頼公に少しでも早くご出馬を勧められる方がよい。ご出馬になれば、惣軍の勇気も百倍するでありましょう。また明石全登を間道からひそかに寄手の後にまわし、家康の本陣を不意に襲わせれば、こちらの勝利は間違いありません」といった。治長はこの謀に同意して、明石の方にその旨を申し送り、明石の寄手が後陣に近づくころを見計らって、天王寺口でも戦の手筈《てはず》をあわすようにと申しあわせ、治長はそれから、この計略を秀頼に伝えるために城に帰った。このとき、秀頼の馬印、金の瓢簞《ひょうたん》がでるということで、東軍に、さてこそ秀頼の出馬だ、真田幸村が先鋒になって切りかかってくるという噂が伝わるや否や、関東の大軍は、なにがなにやらわからぬうちに崩れかかり、諸軍みな逃げだして、誰も追いもせぬのに総崩れになってしまった。

このとき両将軍の本陣が大崩れになり、家康もたびたび「腹を切ろう」とのようすであったが、近臣の大久保彦左衛門忠教《ただたか》らがとめた。のちのちまで、家康の武辺の物語があるときは、忠教は「この大崩れのとき、すんでのことにお腹を召されようとされたのをたびたびお諫め申して、お腹を召されぬようにし、ついには天下の御主とおなし申した」と申していたそうだ。またある夜話のとき、みなが「すぐれたご軍略ゆえ、たちまちご運が開けました」というと、家康は「真田がきびしく突きかかってきたので、旗・馬印を隠してみえないようにしておいたのだが、本陣の場所をよく知っていて、たびたびつけまわしてきた。七日の四ツ時（午前十時）ころには負けたと弱音をはくと、伝長老（金地院崇伝《こんちいんすうでん》）が、合戦はお勝ちでございます。攻め方がとんとよくなってまいりましたといって、一人いきりたって気勢をあげていた」といわれたということである。

首実検

幸村の首実検にでたとき、家康は「左衛門（幸村）にあやかれよ」といわれて、かれの頭髪を抜いて武将の面々にとらせたそうだ。幸村は戦死したが、家臣の一人も降参した者はなかった。日ごろ士を養っている態度もよかったからだと、人びとはみな感歎せぬ者はなかった。

くじさだめ

幸村はかつていった。「わが家で軍議をしているとき、もし二つの議論があって、どちらとも決めかねるときは、一座の諸士にむかって、『これは大切なことなので惣大将にうかがいます』といって二つの意見を書きつけて、ひそかに部屋に入り、一徳斎の像に香華や灯火を備えて、その書を捧げ、謹んで礼拝し、くじを引いて、くじ次第でこの二つの意見のどちらかを決めるのである。こういう方法をとれば、拙者も疑いなく、またこの意見をだした者も、大将のえこひいきでないことがわかるし、また諸卒は、当家祖神のご示教であると思って勇むであろう。しかし何事もくじ次第というわけではない。十分に詮議を尽くし、そのうえで運を神にうかがうというわけである。すべて物事は、人間の意志を用いずに、たとえばくじのような、ある物によって事を決めると、たとい失敗があっても、それはその特定の人の責任にならずにすむという徳がある。時代と人間との変わりはあっても、良将の心は同じだということを信ずるべきである。これはこの節、禄と名誉だけをもとめるような俗っぽい学者にはわからぬことだ」と。

その家臣観

幸村は人に語っていった。「家臣ほど油断のできぬものはない。親子兄弟の間でも偽りが多い。あるいは利に迷うこともある。そして家人《けにん》は血をわけたわけでもない。ただ恩義に感じ、またはそのうえの威権を恐れて、下知にしたがって命も捨てるのであるから、よくその心を配って相手の気持ちを察しなければならない。むかしから今日に至るまでいろいろ考えてみると、一つ一つくわしくはいい表せないが、昨日まで忠義の士と思っていた者でも、主人の好みが変われば、たちまち態度が変わって、主人のご機嫌にあうようにして、自分がよい目にあうようにと努めることになる。そのなかで、たまたまことの忠義者がいて主人に諫言することでもあると、大きな恥ずかしめにあい、それはまた妻子にまで及んで困ったことになり、家名をも汚すことになれば、ほどほどの忠義者は、後のことを考えて、そのときそのときに変わるものである。また忠臣でも、いったん恥をうけると、主人を恨み憤って邪《よこしま》になるものも、ときおりあるものだ。そのわけは、少しでも諫言すれば主人の機嫌が悪くなり、すべてつぎつぎと変わってしまうのならなんともいたし方のないことだから、恥をうけてわが家名を落とすよりは、ほどよき程度にしておいて、そのときそのときにうまく生きる方法を考えた方がよいという考えで、勤めをいい加減に心得るものである。また傍輩のことから、主人にも恨みをもつようになり、巧みに主人の機嫌にあうようにふるまい、悪いことを勧めて、主人に悪名を与え、傍輩にも恥をかかせるようにもっていき、一方、自分の身の置きどころは安全なところにつくっておいて、ちょうどよい時機に身を引き、主人や傍輩の困ったようすをみて笑いものにするという者もいる。なにしろたのもしく思っていても、油断すべきではない。つねに真実ということを基準にして物事の理非を考え、悪い道に引き入れず、また悪いことをせぬように気をつけるべきである。少々の相談でも、自分の身の楽しみになることをいうときは、それがどういう楽しみなのかを十分考えて、自分の気持ちに叶うようにして身をたてようとするものである。内緒ごとをみすかされて、注意人物扱いされることは残念なことではないか。誠をもって、国のため、君のために尽くす者は、実は万人に一人もいないものだ。重い位にある者も、こういう機微をよく弁《わきま》えて、君をもお諫め申したいものだ」と。

徳川光圀《みつくに》が「幸村が神祖（家康）に敵対して、つねに村正の刀をもっていた。村正は徳川家にとっては不吉な刀であるから、呪い殺すという意味だと聞いている。武士たる者、このようにつねに心を尽くしてこそ、まことの人臣というべきだ」と称賛された。

徳川家康

贈大納言広忠《ひろただ》の子。岡崎より起こり全国を平定し、征夷大将軍になる。のち従一位。太政大臣。元和二年（一六一六）四月十七日没。年七十五。正一位東照宮の神号を贈られた。

幼少時代

家康は幼名を竹千代という。六歳のとき、今川義元の駿府に人質として送られる途中、尾張熱田において織田家の手によって捕らえられたが、そのおり、熱田の町人が、黒鶫《くろつぐみ》という小鳥がよく物真似をするので、それを献上したところが、近臣の者はみな、その声を聞いて感心した。しかし竹千代は「珍しい小鳥でうれしいけれども、ともかくその鳥はお返しするからもち帰って下さい」ということであった。近臣が、その町人の帰ったあとで「どうしてお返しになったのですか」と聞くと、「そのことだが、この鳥はきっと自分の声をもっていないのだろう。人も小器用な者は大きな智恵はないものだ。このように自分の智恵のないものは、大将たる者の玩《もてあそ》ぶものではない」と答えた。聞いていたものはみな感歎した。

家康が十歳のとき、中間《ちゅうげん》の肩に乗って、安倍河原《あべがわら》（安倍川は、静岡市の東を通って駿河湾に注ぐ。家康は今川家の人質として八歳から十五歳まで駿府にいた）での端午《たんご》の石合戦を見物に行った。一方は三百人ほど、また他方は百五十人ほどである。見物衆はこのようすをみて、人の少ない方はかならず負けると思い、多勢の方に行かぬ者はなかった。そうこうしているうちに、家康を肩に乗せている中間も多勢の方に行こうとする。そのとき「どうして私をみんなの行く方に連れて行くのだ。いま打ち合えば、かならず人の少ない方が勝つ。さあ少ない方へ行ってみよう」という。供の者は腹を立てて「わからぬことをおっしゃるものだ」といって、無理に多勢の方に行って足をとめた。案の定、打ち合いとなると、人の少ない方の後から大勢が駆けつけて、新手を入れ替えて打ったので、多勢の方が負けて散々に逃げ乱れた。見物の者も、われ先にと逃げる。家康はこれをみて「ほら、いわぬことではない」といって、その中間の頭をぴたぴたとたたいて笑った。今川義元がこれを聞き「将門《しょうもん》に将《しょう》あり（大将をだす家柄に、まさしく大将となるべき人物がいた）」といって大いに喜び、ますますその将来に望みをかけた。

元　服

家康が十五歳になり駿府で元服し、蔵人元信《くらんどもとのぶ》と改めた。今川義元は「今年から岡崎城（徳川家の祖松平氏の本城）にお移りになり、家中領分諸事の仕置きをなさい」という。家康は「幼少のときより今日まで、いろいろお世話に相成り、またまた岡崎城に帰参するようにとのこと。一方《ひとかた》ならぬご厚恩でございます。お指図通り岡崎に帰りますが、まだ若年の身ですので、二の丸におりまして、本丸にはいままで通り山田新左衛門をそのまま置かれまして、諸事意見を聞きたいと思います」というと、義元はひじょうに感心して老臣にむかい「元信はとても若輩とはいえぬ。生来分別厚き人物である。成長すればどのような人になるのかはかりしれない。氏直（義元の子）のためにはよき味方だと思うと、わしも満足だ。亡父広忠がご存命なら、さぞ喜ばれるだろうに」といって涙を浮かべたという。上杉輝虎が、越後にいてこれを聞き、群臣にむかって「元信は今年十五にして、このような智恵があるということは、文字通り〝後生可《シ》レ畏《ル》〟だ。将来、稀代の良将となるであろう」といってひじょうに感歎した。

大高城兵糧入れ

今川義元が大高城（名古屋の南）に鵜殿《うどの》三郎長持《ながもち》を籠《こ》めて置き、織田信長の押さえにした。信長は丹家《たんげ》善照寺《ぜんしようじ》中島・鷲津《わしづ》・丸根《まるね》・寺部《てらべ》・挙母《ころも》・広瀬などに連珠砦《れんじゆさい》（連珠のように適当に間隔をおいて、連絡できるように築いた砦）を築いて大高城の糧道を絶った。義元は家康のもとに使いをだして、大高城に兵糧を運び入れるように命じた。家康はそれを引きうけてさっそく出発したが、酒井忠次・石川数正《かずまさ》らは「信長の準備が十分に整っているなかを押し切って、兵糧を入れられることなど思いも寄らぬことです」といったが、それを聞き入れず「わしには計略がある」といって、まず兵をわけて松平左馬助親俊《さまのすけちかとし》・酒井与四郎忠親《ただちか》・石川与四郎ら四千ほどを永禄二年（一五五九）九月の夜半に大高・鷲津・丸根を横にみて、寺部の砦に押し寄せるように下知した。家康は八百ほどの兵をひきいて兵糧米を馬につけ、大高城から十町ほど脇に控えた。先陣が寺部に押し寄せ、城中が騒いでいるところを、一の木戸口を打ち破って火をかけ、また梅坪に押し寄せて三の丸まで攻め入り、火を放って焼きたてた。その焔が天を照らし、鬨の声が響き渡って聞こえると、丸根・鷲津からこちらをみて「三河の敵が、はるばるとこちらの城を踏み越えて攻め入ったようすをみると、いかにもわけがありそうだ。城の者どもが早く後詰《ごづめ》をしろ」といって寺部・梅坪に馳せむかった。その間に家康は麾《さい》を取り、米を背負わせた馬千二百疋を連れて、無事に大高城に運び入れさせた。丸根・鷲津に残った者たちはこれをみたが、後巻《うしろまき》(城を囲んでいる敵を、さらに後ろから取り巻くこと)にされたので、どうしようもなかった。家康はやがて軍兵をまとめて岡崎に引き返した。人びとはみな、その謀略に感服した。

籠城覚悟

三年、今川義元は大兵をひきいて、尾張に攻め込み、大高・星崎などの城を攻め落とし、家康に大高城を守らせた。ところが翌日、義元は戦死した。そのため今川のもっていた諸城はほとんどがら明きとなって退き、なかでも大高城は敵中なので、近くに相談すべき味方もいない。老臣らは引き返すようにといったが、家康は「義元の討ち死にも、また味方諸城が空《から》っぽになって退くのも当然のことだ。しかし義元の存生中《ぞんじょう》は、わしがこの城を預かり守っていたということは、みなが知っていることだ。それならば、早々に城を明けて退けと連絡してきてしかるべきなのに、それがないということは、相手方の手落ちといわねばならぬ。いずれにしても、はっきりとした情報を聞かずに、世間の噂だけによって、この城を明け退くことは思いも寄らぬことだ」といわれた。「それならば、山田新左衛門方に使いをつかわされてご相談なさるのがよいでしょう」というと、「なるほど、その通りだ」といって使いをだした。そのとき伯父の水野下野守《しもつけのかみ》信元は織田方の者で、日ごろ家康とは疎遠であったが、近日中に大高城を攻め取るという内談を聞いて、家康が義を守って孤城を守っているその志に感じ、急飛脚をとばして、早々に引き退くようにと告げてきた。しかし家康は少しもおどろかず、それまで二の丸にいたのだが、信元の使いがきてから後は本丸に入り、敵が押し寄せてくれば籠城する覚悟でいた。そのようなところに、山田方から引き退くようにとの返事がきたので、城を明け退いた。信長はこのことを聞いて感歎した。

一ノ宮の後詰

七年、今川氏真《うじざね》が二万余の兵の将として本多百助・信俊を一ノ宮の城（愛知県北西部）に囲み攻めた。そのうち八千をわけて、武田信虎を大将として後巻の防《ふせ》ぎにした。家康はこれを聞いて、早くも腰をあげて一騎駆けで馳せむかうようにみえたが、「敵を味方と比べると十倍もありましょう。特に信虎は有名な勇将です」と老臣が諫めたが、「それはその通りであろう。しかし人は、貴賤を問わず信と義の二つによって身をたてるのが習いである。敵の城を攻め落とし、そのまま壊れ崩れるにまかせておくのならそうであろうが、すでに味方を入れて置き、いまさらとなって敵が大軍だからといっておどろくにあたろうか。主の大事は従者が助け、従者の危難は主が助けるというのが、弓矢執る者の道である。いまは後詰に負けて屍を戦場にさらすようなことになっても、それも運の尽きというものだ」といわれたので、これを聞いていた人びとは「ああ、まことにたのもしき大将よ。この殿のためには、命を捨てることも少しも惜しくない」といって勇んで進んだ。この勢いに乗じて、二千ほどの兵で後詰にむかい、信虎が八千の兵で控えているところを余所《よそ》にみて、まっすぐに城際に押しつけた。城中一同このうえもなく喜んだ。氏真が、それでは四方を取り囲んで、一人も残すことなく討ち取ろうと評定している間に、家康ははやくも信俊を召し具して城をでて引き返した。信俊は今日の戦は身命をかけて励まねばならぬと、手の者四百余を信虎の軍に駆けあわせ、打ち破って勝利を得た。酒井忠次・石川数正・牧野康成《やすしげ》は後殿《しんがり》となった。もし追いかければ、たちまち切り崩されそうなようすにみえたので、氏真は進むことができず、そのためにこちらの者は無事に帰陣した。この役を当時の人びとは一ノ宮の後詰といって大いに歎称した。

元亀《げんき》二年（一五七一）、織田信長がこちらに使いをよこして「浜松城は武田の所領州郡に接近しているので、できれば三河の吉田（いまの豊橋）までふくめて、浜松には老臣を差し置いてほしい」との由をいってきた。「どのようにでも御意次第にいたしますが、まず今日一日ぐらいはここにおることになりましょう」といってその使いを返し「浜松の城をたち退《の》くぐらいなら、刀を踏み折って、武士を捨てるなら話は別だが、武士として身をたてるかぎり、遠州のうちを一歩たりともたち退くことはしない」といわれた。

味方ガ原の戦

味方ガ原の役（元亀三年＝一五七二。五月、武田信玄が信長・家康の連合軍を破った戦）でこちらの軍が敗れ、家康は敵兵に追いつめられ、左右にしたがう将卒はことごとく命を賭して戦った。夏目次郎左衛門吉信《よしのぶ》は家康の馬の轡《くつわ》を取って押しとどめ、ついに力戦して敵を防いだが、戦死をとげた。吉信は三河の豪族である。浄土真宗の乱で額田《ぬかた》郡野羽《のば》の要害をかまえて、深溝の松平主殿助《とのものすけ》伊忠《これただ》とたびたび戦った。ある日、伊忠が吉信の隙をうかがって急に押し寄せると、吉信は負けて針崎《はりざき》の寺中に遁れ、蔵のなかにこもっているのを、伊忠はきびしく取り囲んで、この旨を岡崎に注進し、下知を待って罰しようとしていた。家康は伊忠の心づかいを賞し、かついうには「吉信が蔵に遁れ入ったのを誅するのは、籠《かご》のなかの鳥を殺すのと同じだ。そのまま助命するがよい」と。それを聞いて伊忠は、あまりに寛容すぎるとは思ったが、すでに申しだされてしまった以上は、どうすることもできず、囲を解いて引き返した。吉信は意外の助命を辱《はずかし》く思い、岡崎の方を伏し拝んで「このような恩愛深き主君に弓を引いたとは、われながら、いかなる心であったろう。いまさら悔いても仕方のないこと」と涙を流し、その後は、毎日、自分の持仏堂《じぶつどう》に入り、仏にむかって「ああ、今後なんとしてでも主君の役に立ち、この身を果たしますように」と高声にいうのがつねであった。このように忠死をとげ、その厚恩に報いたのであった。

この役で家康は敗北し、やっとのことで浜松の城に入ったが、鳥居元忠《とりいもとただ》に下知して、玄黙《げんもく》口《ぐち》の門を開いて引きあげてくる兵を収容した。「たとい敵が追ってきても、わしがたてこもっている城には、たやすく打ち入ることはできはしない。門を閉じずに篝火《かがりび》を諸所にたけ」と命じた。侍女の久野《ひさの》が湯漬け飯を差し上げると三度も替え「わしは疲れた」といって、枕を傾けて高鼾《たかいびき》で眠ってしまった。敵将山県昌景《やまがたまさかげ》が城近くまで攻め寄せてきて、「門の扉を閉める暇もなかったとみえる。どうして攻め入ろうか」という。馬場信房がこれを聞いて「負けて引き返せば、門を閉じて掛け橋をも引いてしまうべきところなのに、そうはせずに篝火をたいて白昼のようにしている。もしかするとなにか計略があるのかもしれぬ。軽々しく攻めるべきではない。徳川は海道一の弓取りだ。よく見届けてからがよい」といってぐずぐずしているところへ、元忠らをはじめ百余人が突いてでたので、甲斐の兵は危ういところを引き退いて行き、ついに攻めかかってはこなかった。

この役がおわって、馬場信房は武田晴信（信玄）の前にでて、「この節、日本には、徳川家康と上杉輝虎に勝る大将はないように思います。そのわけは、このたびの味方ガ原の戦場で、三河の者が討ち死にしたのをみますと、下郎・人夫までも勝負をしていない者はありません」といった。晴信は「なんでそういうのか」とたずねると、「三河勢の死骸は味方（武田勢）の方に倒れているのは俯《うつぶ》しており、浜松の方に倒れているのはみな、あおむけになっております。先年、今川氏真を攻められたとき、遠州一円を徳川家の支配となさり、かたき和親を結んでおられれば、今年あたりは早くも中国・九州の果てまでも御手に入っておりましたでしょうに。これだけが後悔の種と存じます」といって退いた。

少年刺客

元亀のころ、武田晴信の勢力がやや強大になったので、織田・徳川を滅ぼして旗を中原《ちゅうげん》にたてようとしていた。しかし家康と信長が組むと大望の妨げになると思い、ひそかに家臣某《なにがし》の子で美童の者を選び、謀《はかりごと》をいい含めて、咎《とが》あるように偽《いつわ》って彼を追放した。童子は三河に行って城下に居住し、伝手《つて》をもとめて家康に仕えるようになった。そして勤仕《ごんじ》した。ある日のこと、黄昏《たそがれ》に家康が柱に寄りかかってうたた寝をしていた。その童子は「好機到来」と喜び、刀をもってひそかにようすをうかがっていた。そのとき、側に安置してあった黒本尊が急に倒れ、壇上の器物が一度に転《まろ》び落ちた。その音に目覚めて左右をみると、その童子が自分をうかがい、まさに、撃とうとしている。家康は声をあげて咎めると、近臣はおどろいて走り寄り、彼を捕らえて糺問したので、童子はくわしく事の次第を白状し、罰をうけて死のうと覚悟した。城に詰めている常番《じょうばん》の者も、このことを聞いてしだいにやってきた。家康は「少年の身で、主君のために命をも惜しまず、単身敵中に入ってくるとは神妙なことだ」といって、その罪を許し追放した。童子は甲州に帰り、晴信にそのことを告げると、晴信は怒って彼を殺した。その後、近臣がひそかに聞いた。「先ごろ、あの童子を助けて返されたのは、ひじょうに不審に思います。どのようなお考えでしょうか」と。家康は「わしは、彼が若年でいながらその志の剛強なことに、実に感心したのだ。すでに擒《とりこ》になっている者を殺すのは、鳥の卵を砕《くだ》くよりたやすいことだ。しかし、わしを殺そうとすることを怨まず、その忠義の方を取るのが、将たる者のすることではなかろうかな」といわれたので、侍臣は感服した。

籠城は橋々

元亀四年（一五七三）正月、武田晴信は野田城（愛知県）を攻めた。城将菅沼《すがぬま》新八郎定盈《さだみつ》はこのことを注進した。家康は「やがてわしが援兵をだすまでは、味方の諸城は堅くもちこたえよ。すべて籠城は橋々」といって、すぐに軍を笠頭山《かさのかしらやま》まで進めた。後に本多豊後守広孝が「橋々とおっしゃったのはどのような意味でしょうか」とたずねると、「まず籠城の心得は、門を堅め、弓や鉄砲を配り、敵を城門の橋まで思うように引き寄せておいて、急に撃ちかけ射かけて、敵の陣伍が乱れるありさまをみすまして門から打ってで、深追いせずに軽く引き取れば、城は支えよいものである。しかし籠城といえば、まず橋を引いて自分から居すくまるので、兵力はふるわず、ついには攻め落とされる」といわれた。後年、伏見籠城のとき、大坂勢が攻め寄せると、城中の松の丸の橋を引いたということを聞き、「籠城にあたっては、橋のないところへも橋をかけるべきなのに、いままでせっかくかけてきた橋を引くぐらいなら、城は支えきれぬ」といわれたが、はたして四、五日後には落城という注進があった。

信玄の死

元亀四年四月、武田晴信が死んだ。家康はこれを聞いて「近ごろ惜しきことだ。信玄のように弓矢を巧みに取りまわした大将は、古今に珍しいことだ。わしは若年のときから、信玄のように弓矢を取り習おうと思って、万事に気をつけたことが多かった。それゆえ信玄は、わしにとっては弓矢の師匠である。この節は敵対している仲なので、弔《とむらい》の使いこそやらないが、隣国の名将の病死を喜ぶ気持ちはない。わしの心底はこのようなものだから、家中の下々までも、そのように心得よ。たとい敵でも、名高い武将の死去を聞いて、悲しみ悼《いた》むのは武士の心だ。そのうえ、隣国に剛敵があると、こちらは武道を励み嗜むようになり、また国の仕置きに関しても、敵国の外聞をはばかって、自然に政道にもたがわず、家法も正しくなるという道理であるから、つまりは味方が長久に家を守ることのできる基というものだ。さてまた、隣国にこのような剛敵がなければ、味方は弓矢の嗜みも薄く、上下ともにうぬぼれて、恥を恐れることがないので、ついには励むことを忘れ、年を追って鋒先《ほこさき》が弱くなるものであるから、信玄のような敵将が死んだのは、少しも喜ぶことではない」といわれたので、家中にもそのことが伝えられ、下は上を学ぶものであるから、一同たいへんに晴信の死を惜しんだ。

長篠の戦

長篠の役（長篠は豊橋市の北東にあたる。天正三年五月、信長・家康の連合軍が武田勝頼を破った役）で、家康は小栗《おぐり》大六重常を岐阜につかわし、織田信長に援兵を請うこと二度に及んだ。しかし武田晴信が没したということがすでに知れ渡っていたので、勝頼（晴信の子）の愚昧な家来たちが主に背き恨みをふくんで、自然に滅びるのも近いであろうと考え、信長は援兵の申し入れを承諾しなかった。家康はかさねて使いをだすとき、申しふくめて「わしは先年、信長と講和をむすんで、たがいに援助しあうことを約束した。佐々木義賢《よしかた》退治以来、わしは数度にわたって助けてやり、信長に大功をとげさせている。信長がこの期に及んで違約して加勢しないのなら、わしは勝頼と和解してその先鋒となり、尾張を攻め取って、遠江を勝頼に授け、わしは尾張を治めよう。そちはひそかに矢部善七郎にこの旨を告げよ」といわれた。重常は岐阜に行ってまた援兵を乞うたが、信長は許さない。そこで右の密旨を矢部に語ると、信長はひじょうにおどろいてやっと援兵をだした。

この役で、家康は敵陣をみていった。「敵が一手になって無理に押し切りかかってくれば、わが勢は弱気だから一崩《ひとくず》れに崩れるであろう。そうすると大軍の騒動は敗北の基で、たち直ることはできぬ。ところが、敵のようすをみてみると、まともな陣立てだから、一、二という風に手をわけて小勢を多勢とみせかけている。これでは入れ替わり入れ替わりに攻めてくるはずだ。そうすると、柵で支えて鉄砲を撃てば味方の勝利は疑いない」といったが、やはりその通りであった。

この役で、勝頼は鳥居強右衛門《すねえもん》勝商《かつあき》を殺した。これに対して家康はいった。「勝頼は大将の器《うつわ》ではない。なぜなら、勇士の使い方を知らぬ。鳥居のような剛の者は、敵であっても命を助けて、その志を感賞してやるべきなのだ。これは、味方に忠義ということがどういうものかを教える一助になるのだ。自分の主君に対して忠義を尽くす士を憎いといって、磔《はりつけ》にかけるということがあるか。いまにみていよ。勝頼が武運尽きて滅亡するときは、譜代恩顧の士も心変わりして敵となるであろうから。あさましいことだ」と心から軽蔑されたが、はたしてそのことば通りになった。

武田氏の滅亡

永禄八年、高天神《たかてんじん》が落城し首実検という段取りになったとき、十五、六歳で薄化粧をし、歯を染め髪を撫でつけて結んだ首があった。それは男とも女とも見分けがたかった。家康は「この首の眼を開いてみよ。黒眼がはっきりしていれば男の首だ」といった。そこで開いてみると、黒眼がはっきりみえたので、男の首とわかった。後に聞くと栗田刑部《ぎようぶ》が寵愛した小姓で、時田仙千代という者であったという。

織田信長は武田を滅ぼし、勝頼の首をみて「お前の父信玄は非義不道（信玄が父信虎を駿河に追放して自立したことを指す）であったために、天罰遁《のが》れがたく、いまこの態《ざま》だ。また信玄は一度は京都に赴こうとしたと聞いている。されば、お前の首を京に送り、女子供の見せ物にしてくれるわ」と罵《ののし》って、首を家康の陣に送った。家康は床几《しようぎ》に腰かけていたが、勝頼の首と聞いて床几を下り、「ともかくそれ相当の供養をしたうえで据えよ」といって、その首にむかい、慇懃《いんぎん》なようすで「こうなられたのも、すべて貴殿の御若気のためです」と礼儀正しくいわれた。これを伝え聞いた甲斐・信濃の武士たちが、徳川家に心を寄せる原因となった。

信長が甲斐を平らげ、晴信の館をみようとして馬で乗り入れたが、馬が進まぬので引き返した。家康がしばらくして甲斐を治めたとき、晴信の館の跡を一覧するにあたって、館の門外で馬から下りられたという。

信長はすでに武田氏を滅ぼし、ことごとくその残党を退治した。だが、家康はそれをあわれに思い、信長に隠れて甲州の士を多く遠州の領内に入れ、置扶持（生活維持のため特に与える扶持米）を与えた。そのため、三河の譜代の者と同様に役にたつ働きをした。

家康がかつて晴信と戦ったとき、広瀬郷《ごう》左衛門景房《かげふさ》が家康の陣近くに馳せてきて、まっすぐに乗り通ったが、麾下《きか》の士はこの様《さま》をみて、「武田の士広瀬郷左衛門だ」といって、鉄砲で撃とうとした。家康はこれを聞いて「彼のような豪雄の士は撃たぬものだ。もし甲州を滅ぼせば、あの男はきっとわしのところへくるであろう」といって止めた。武田滅亡の後、やはり景房は家康の家臣となった。

武田が滅びたので、家康はやがて武田衆を召し抱えていわれたのには「勝頼は信玄の子に生まれられたが、信玄にとっては敵の子として生まれられたことになる。わしは他人だが、信玄の軍法を信じてわが家の法としたので、わしこそ信玄の子のようなものだ。おのおのはわしを信玄の子と思って奉公せよ。わしもまたおのおのを大切にして召し使おう」と。その後も武田衆に会うたびに、信玄を尊敬された。

家康は甲斐を治め、勝頼父子の屍を埋めたところに一寺を建立して景徳院と号し、田地を寄付して、小宮山内膳友信の弟が僧であったので、彼にいろいろ世話するように命じられた。また信長が焼いた恵林寺《えりんじ》（夢窓国師開基）をも再建した。

織田信雄を支援す

羽柴秀吉がすでに主信長の仇明智光秀を討って、その武名は天下に知れ渡った。織田信雄《のぶかつ》（信長の二男）は主家筋であるから、表面的には崇敬しているようにみえたが、内心では信雄を顛覆しようという計策をめぐらし、信雄の家の長である津川玄蕃《げんば》をはじめ三人の老臣どもを、裏切り者として誅戮《ちゆうりく》させ、やがて、信雄は姦臣の言を信じて、立派な老臣を誅したということを名目にして、信雄のいる尾張に兵を進めようとしているとの由を聞き、信雄はひじょうに恐れて、信長旧恩の人びとに援兵を乞うた。だが、時世の流れにしたがう習いのため、誰も秀吉の威勢を恐れ、信雄に同意する者は一人もなかった。かくして家康のもとにかさねて使者をつかわし「いまはもはや徳川殿以外に頼りにする者はない。できれば父信長との旧好を思われ、見捨てずにこのたびの危急を救って下され。信雄の進退まさにきわまれりというありさまです」といって寄こしたので、家康はたいへんあわれに思い、「秀吉はいまその権といい名声といい、まことに盛んではあるが、もとをただせば、松下之綱《ゆきつな》の奴隷《どれい》であったのを信長の抜擢によっていまのような身になったのだ。それなのに、旧恩を忘れて、正しい旧主の子孫をやっつけようと謀るのは、恩に背くことになり、義理を欠くことになる。

また信長の恩顧をうけた者どもも、いまさら信雄を見放して秀吉に荷担するのは、時の流れにしたがう習わしとはいいながら、信義のない輩だ。わしは、信長ご在世中は、堅く約束しあったこともあるから、いまその子が困っているのをみて救わないというのでは、武士たる者の本意ではない」といって、使者にむかい「使命の趣はうけたまわった。秀吉が攻め寄ると聞けばいつでも、すみやかに手勢を召し連れてお味方に参る所存。拙者さえお味方に参れば、秀吉いかに大軍であろうとも、少しも恐れる必要はありません。一切ご心配ご無用に」といった。使者がその旨復命すると、信雄はもちろん、その家の子郎等どもまでたのもしく思ったという。

長湫《ながくて》の戦

長湫の戦（長湫は名古屋市の東方にある。天正十二年＝一五八四。四月、信雄と家康の連合軍が秀吉軍を破った）のとき、池田信輝《のぶてる》は犬山城を襲って取った。家康はこれを聞いてさっそく馬を進めたが、信輝はさっさと引き去ってしまっていて一人も残っていない。ただ四方に放火の煙があるだけである。家康が村長を呼んでようすをたずねると、池田父子は急に犬山を取って、今朝巳《み》の刻（午前十時）に二、三万ほどの兵で十方にわかれて、あちらこちらに放火し、すぐに引きあげたとのことである。そこに織田信雄がきあわせ「一足遅れたばっかりに、信輝を討ちもらしてしまいまことに残念」といったので、家康は「犬山を急に取ったというのはどうも腑におちぬ。犬山はもともと信輝の旧領であるから、おそらく郷民が内通したのであろうと考えられる。さらに、いまの村長のことばから察するに、しめしあわせたものに違いない。なぜなら、信輝の兵二、三万というのは多すぎる。このように急にくるのなら、多くても五、六千、または四、五千程度だ。それを、いかにも多勢のようにいうのは、こちらをおびやかす謀であろう。信輝が村長にいいふくめていわせたのだ。郷民が内通するときは、軍利を得る場合が多い。また忍者を入れるにも便利だ。犬山・小牧辺の庄官から人質をとり、それによって内応の線を断たせて戦をすれば、味方の勝利は間違いない」といった。信雄はこれに感服し、すぐに庄官や村長らの妻子を人質に取ったため、これより後は郷民どもの内応は断たれ、信輝は手だてを失ってしまった。

この役で、徳川・織田家の兵が、敵の二重堀《ふたえぼり》に攻めかかろうとしているのをみて、敵陣は色めきたったので、そのことを秀吉に告げた者がいる。そのとき秀吉は碁を打っていたが「二重堀が破られれば兵をだせ。すぐに知らせよ」といって、もとのように碁を打っていた。一方また家康の本陣へもこのことを注進したので「敵がもし後詰にでるようならば、こちらからも攻めかかろう。そうでなければ、強いて戦ってはならぬ」といわれ、日中になって両陣ともに引きあげた後に、筑紫《つくし》の陣（文禄元年＝一五九二。征明のため筑紫名護屋に本陣を進めた）のとき、秀吉はこのことをいいだし、「先年小牧のときなど、攻めかかってこられなかったな」というと、家康は「そのとき家臣どもが、みな戦をするように勧めましたが、拙者は小牧から兵をこちらに引きつけて撃とうと思っていましたので、かからなかったのです」といわれると、秀吉も手を打って感歎し「わしも、二重堀が破られれば、小松寺から大勢をくりだして戦えば、かならず勝つものと思った」といわれた。「まことに敵も味方も、ともに良将。軍機を熟察されたことが、期せずして符合したわけだ」と森右近大夫忠政《ただまさ》が人に語ったということだ。

たがいに敵将を誉む

この役で、秀吉は敗北したことを聞き、人数をだしたが、すでに家康は小幡《おばた》へ人数を引きあげた後で、残念であったといわれた。その夜は竜泉寺山に着陣である。そこへ秀次と堀秀政がやってきて、合戦のようすをいろいろと語ると秀吉は、「勝入《しょうにゅう》、武蔵守《むさしのかみ》は、わしの注意をないがしろにして、敵を軽くあなどって仕損じたのだ」といわれ、腹をたてられて、翌日未明に小幡を囲んで、一大合戦をしようとの評議であり、十日の朝、斥候《ものみ》をだすと家康ははやくも夜のうちに、本多忠勝を後殿《しんがり》にして、小牧へ兵を引きあげたとのことである。それを聞いて秀吉は「なんと、花も実もある名将であろう。黐《とりもち》でも網でも取れぬ家康だ。わしも家康を相手にしているうちに、万事功者になったわい」といわれ、兵を楽田《がくでん》に引き入れた。秀吉は帰陣してから諸将にむかい「長湫で家康の働きぶりをみたが、敵にしても味方にしても、あれほどの名将は、これから先も日本にはでてこないであろう。このたびは勝利を失ったが、海道一の家康を将来長袴で上洛させるようにしよう」といわれた。家康も帰城の後、「秀吉のような名将は、いまでは唐《もろこし》にもいないであろう」と誉められたという。

長湫合戦の回顧

後年、小田原の役の前、家康は老臣を召して「長湫《ながくて》の一戦のとき、昼の戦にはわれらが勝ち、小牧の要害に入っていた。秀吉は二重堀の陣場から、一戦の覚悟で馳せつけてきたけれども日暮れになったので、小牧の城攻めは明日のことになった。その夜は竜泉寺川原に野陣を張っていたわけだが、夜討ちをしかけるようにとそちたちが勧めたが、わしはそれを聞き入れず、その夜のうちに小牧の陣所へ引きあげた。その夜しかければ、勝つこと間違いないと思ったのか」とのおたずねであった。本多忠勝は「井伊・榊原は昼の一戦に会いましたが、拙者は小牧のお留守役をしておりましたから、一戦に会っておりませんので、ひとしお夜討ちしたいと思いました。秀吉を打ちとめるということまでは考えておりませんでした」といった。井伊直政・榊原康政も同じことをいった。「いかにもその通りであろう。あのとき夜討ちをかければかならず勝つとは思った。だが、秀吉を打ちもらすようなことがあっては散々であるから、聞き入れなかったのだ。そのわけは、秀吉はひとたび天下統一の大功をたてようと望んだ人だ。それなのに、長湫は十万の兵、こちらは信雄の兵をあわせてもようやく三万にはならぬ。この劣勢をもって大軍と戦うだけでも武人の名誉だ。しかも昼の一戦に勝ったとあっては、これだけでもう十分だ。さらに夜襲に勝って、しかも秀吉を打ちもらしでもしようものなら、秀吉は負けたことを憤り、天下を取ることよりもまず徳川家を潰すことが先決だと考えだせば、無益のことだと考えたわけだ。秀吉には、そのような考えがあるから、このたびは北条を押し倒し、それから進んで奥羽まで手に入れて、天下統一の功をたてようと考えているようだ」といわれたので、これを聞いていずれも感服した。

高井助次郎は、もとは今川家の家臣であった。この役で、誰も彼もが功名手柄をたてたなかにあって、助次郎一人は、これぞという相手にも会わずに家康の前にでた。「このたびは、みなそれぞれよき相手に会わぬ者はおりませんのに、拙者一人は相手に恵まれず面目次第もありません」と涙を流しながらいうと、家康は「その方は、このたびよき相手に会わずに面目ないと申しておるが、その心中はよくわかる。しかしながら、その方のことは、よき相手に会わなくとも、相手に会った者よりもわしは秘蔵の者と思っている。そのわけは、古主に対して、心をこめてくわしく報告してくれたことで、そのように主人への報告をする者は世に少なくなっている。首をどれだけ取ったよりも殊勝なことだ」といわれたので、助次郎は面目をほどこし、諸人も、高井助次郎は志の深い人間だと取り沙汰したという。

蟹江の戦

蟹江《かにえ》（名古屋市と桑名市との中間にある町）の役で、家康は滝川一益《たきがわかずます》が蟹江城の沖に到着したと聞いて、すぐに出馬した。このとき執筆《しゅひつ》の尊通が諸軍への触状《ふれじょう》を認めて「可二出《シ》馬《ス》一」という旨を書いた。家康は「このようなときは、たった一字のことで人の疑いを起こすものだ。〝可〟の字では文意に緊迫感がない。〝出馬する者也〟と決定的な文字を書け」と命じて、井伊直政・成瀬正成《まさなり》と君臣わずか三騎で出馬した。

この役で家康は、敵の加勢が船で多く入ってきたのをみて、「かまわぬ。いくらでも入れさせよ」といわれた。酒井忠次がきて、「どうして加勢が入るのをおとめにならないのですか」と聞くと、「その方はどう思うか」とたずねられた。忠次は「実はそのことでございます。もともと堅固なところへさらに大勢が入りますと、ますます攻めにくくなると思います。殿はいかがお考えでしょうか」といった。家康は「大将は謀をいわぬものだ」といってなにもいわれない。その後、援兵が乗ってきた船を追い払って糧道を断った。そのため、日々、糧が少なくなり、遠巻きにしていたので敵はくたびれはて、ついに前田与十郎を斬って降参を願いで、城を明け渡した。

信玄流軍法を採用

家康は長湫で大捷《たいしょう》を得たので、また近年中に秀吉と大合戦をしなくてはならぬだろうと、世上ではもっぱらの噂であった。家臣はなおのこと、その覚悟でいた。そんなところに、老臣石川伯耆守《ほうきのかみ》数正が出奔して秀吉に属した。これによって家中の者がみな思うには「数正は老臣のなかでも、酒井忠次といつも先手をたがいに務めて武功も勝れ、徳川家にこの人ありと思われていた者。敵方に降参しては、味方の軍略が敵方に筒抜けになり、今後は秀吉との一戦は、何事もむずかしくなるであろう」と心配した。しかし家康はなんとも思わず、いつもよりも一段と機嫌がよかったので、一同不審に思った。そうこうしているところへ、甲斐の郡代鳥居元忠に命じて、信玄時代にだした軍法の書き付けや、そのほか武器・兵具を国中に触れて取り集め、浜松に運び入れるようにということになった。その奉行としては成瀬吉右衛門正一《まさかず》・岡部次郎右衛門正綱《まさつな》の両人で、惣元締は井伊直政・榊原康政・本多忠勝の三人がたちあって、吟味した。また直政につけた武田衆に、信玄時代のことはなんでも申しのべるようにとのことで、徳川家の軍法を信玄流にせられた。このことについては、十一月上旬に、今後は家の軍法を信玄流に直すという由を、下々まで触れられた。

上洛

長湫の役の後に、織田信雄は家康になんの相談もなく、秀吉と和睦した。秀吉は使を家康につかわして、「尾張の内府（信雄）は無事に和睦をなされたから、貴殿もそうなさるように」との由をいってきた。これに対して家康は「ごもっともなことです。内府からお頼みがあったからこそ、貴殿と敵対したわけで、内府さえ和睦なさるということであれば、拙者に異存はありません」と答えられたので、「その儀ならばご同慶の至り。それならば特にご昵《じっ》懇《こん》に願うため、拙者の妹を進ぜましょう」といって、まもなく秀吉の妹が入輿した。「こうなっては上京しないわけにはいかぬので、上京しよう」と家康がいうと、酒井忠次は「ご上京とは必要もないお考えです。どうか思いとまって下さいますように。そのために敵対の仲となっても仕方のないことです」としきりにいったので、諸将も「左衛門尉《さえもんのじょう》が申し上げたごとく、たとい断絶の間柄となられても、ご上京の件は思いとまって下さるように」としきりにいうので、家康は、「忠次をはじめとして、一同なんでそのようなことを申すのか。わし一人が腹を切って万民を助ける所存だ。わしが上京しなかったら、かならず断絶の仲になってしまうであろう。そうなれば、百万騎で押し寄せてきても、一《ひと》合戦で討ち果たすこともできようが、戦の習いとしてはそうばかりではないのだ。わし一人の覚悟によって、民百姓諸侍らを山野で殺せば、その亡霊の思惑も恐ろしい。わし一人が腹を切れば、諸人の命を助けることができる」といわれたので、忠次は「そのようにご決意になられたのなら、それはごもっともなことです。ご上京なさって下さい」といったが、これは、さすがに老臣のご返事に似つかわしいと話しあった。

秀吉は家康の上京を聞いてひじょうに喜び、「もしご心配であれば、母を岡崎に人質としてつかわします」といって老母の政所《まんどころ》を岡崎まで下された。「それには及びません。かたじけないことです」といって、その老母を井伊直政と大久保忠世《ただよ》に預け「もしわしが腹を切るようなことになれば政所を殺せ。しかし、わしが腹を切ったとしても、その侍女どもは助けて帰せ。家康は女ばらを殺して、腹を切ったとなれば、異国までの外聞もよろしくない。また末世までも伝わるであろう。いざというときは、政所だけを殺して、女どもには手をつけるな」といって上京されたが、しかし何事もなくご馳走してもらって帰国したので、上下の者たちは「めでたいことだ」といって喜んだ。政所も喜んで帰京した。

小田原攻め

家康は、小田原から帰って本多正信にむかって「北条も世が末になったな。まもなく滅びてしまうであろう。松田と陸奥守の二人のようすをみて、そう思った」といわれた。その後、北条氏敗亡のようすをみると、松田の裏切りはもちろんのこと、陸奥守氏輝《うじてる》（氏政《うじまさ》の弟）も、氏政の死後は子の氏直《うじなお》を軽視して、国政を恣《ほしいまま》にするであろうとの推察は違わず、その通りになったという。

天正十八年の春、家康は三男長丸（秀忠の幼名）を京に上らせて、はじめて秀吉に見参《げんざん》させた。秀吉は大いに喜び、長丸の手を引いて、奥に連れて行って、いろいろもてなし、大政所《おおまんどころ》（老母）はみずから髪を結い直してやり、衣服を改めさせて、金作《こがねづく》りの太刀を身につけてやり、長丸はふたたび表方に連れて行かれて、供をしていた井伊直政らにむかい「家康公は幸運なお人で、よい男子を多くもたれたものだな。長丸は、とてもおとなしそうで、よい生立《おいたち》である。ただ髪の結い方や衣服の装《よそお》いがいかにも田舎びているので、いま都風に改めて帰すのである。幼い子供を遠くに置き、家康公もさぞかし心配しながら待っておられることであろう。はやくお供をして帰れ」といって、直政をはじめ、供をしてきた人びとにいろいろと物を与えて帰らせられた。家康は、このたびの小田原征討のことが起こったので、長丸を人質のつもりで上京させたのであったが、秀吉がすぐに帰らせたのは、やがて小田原へ出馬するときに、家康の領内の諸城を借りようという下心からの謀略であろうと見通したので、本多正信を召して「いずれもその用意をせよ」といわれて、三河から東の諸城に修理を加えられ、道橋も修理を加えられたが、三日ほどすると、京から秀吉の自筆で書翰《しょかん》をもって城々を借りたいと請うてきたので、みな家康の先見のはやさに感心した。

この役で、家康は小宮山又七郎昌親《まさちか》を長柄《ながえ》奉行（槍部隊の部隊長）に命じ「その方はまだ若いが、この大役を申しつけるのは、ほかでもない。その方の兄の内膳が武田勝頼の側近くに奉公したとき、傍輩の讒言《ざんげん》によって勘当され、蟄居《ちっきょ》の身となりながらも、勝頼最期の場所にたずねていって勘当を赦され、最後の供をした武士の手本である。その内膳には子供がいなかったので、跡を弔う者もなくなってしまうのはかわいそうなことだとして、弟であるその方を呼びだして一家をたてさせたのである。このたびこのような大役を申しつけるのも、兄の内膳に対してのことだ。この旨をよく心得て、自分の名誉だと思わずに、兄の内膳のおかげだと思えよ」といわれた。

この役で、秀吉は三枚橋の城（沼津城）に二、三日軍を滞留するであろうという噂があった。井伊直政・本多忠勝・榊原康政が家康に「三枚橋は殿のご領地です。秀吉の関東下行は稀《まれ》なことですから、この地で饗応をなさらぬわけにはいきますまい。しかし、まだ何も殿より仰せだされないのはどういうわけでしょう」というと、家康は聞いて「わしはもともと饗応しようと思わないわけではない。しかし思うところがあって、これを命じていないのだ。わしがよくよく秀吉の人となりをみてみるに、秀吉は尋常の人ではない。かつ、すぐれた才敏をもって天下を治めている。だから彼は才のある者と思えば、何事にも妨《さまた》げになる。彼がこの男は万事に鈍であると思えば、かならずよいことが多いであろう。だから、そのことを命じないのだ」といって、ついに饗応のことはなかった。

この役で、宮城野口《みやぎのぐち》・竹浦口《たけうらぐち》を攻めたとき、前々より先鋒は家康、第二陣は秀次ときめられていたが、秀次は先鋒を凌《しの》いで前に進もうとする。そこで村越茂助直吉《もすけなおよし》を秀次の方につかわしていうには「先陣を打ちたいと思われることは、若いお気持ちとしてはもっともなことです。まことに神妙な御事であります。拙者が陣頭を開いてお通しいたします。その後に、拙者もそのあなた様の武勇にあやかって勝利を得ようと思います。ただし敵はよく知ってい る土地での戦、これに比して味方は他人の土地へ攻め込んでの戦で、地の利に暗うございます。そのうえ今日はすでに日暮れになりましたし、山下に陣取るのは、兵法の忌《い》むところです。今夜はまずここに駐屯し、明朝先陣を打たれればよろしいでしょう」というと、秀次は感心し、同時にまた恥じて、その夜は箱根山の中腹に陣を取り、終夜篝《かがり》をたいて夜を明かしたという。

この役で秀吉は十四、五騎ほどで宿営したことがある。井伊直政・榊原康政はひそかに家康に「まさに絶好の機会です。いま押し寄せて討ち取られれば、天下は殿のご掌握なさるところとなります」と勧めた。家康は「もっともなことだが、秀吉の小田原への出陣は、ひとえにわしを頼りにしてのことだ。飼鳥《かいどり》の頭《かしら》をむしるようなむごいことはしないものだ。武勇武辺というものは、その身に生まれつき備わっている幸運には、とうてい及ばぬものだ。秀吉は天下を治めるという幸運がもともとなければ、今日のごとき天下人の地位には登れない。そのようなことをするのは、敵を恐れるあまり、無理強いに相手を捻《ね》じ伏せようとするあせりのようなものだ。待っていれば、そんな無理をしなくとも、自然に時機はくる。まだはやすぎる」といわれた。

十文字の持ち槍

この役のとき家康は、織田信雄を同道して秀吉の陣に見舞いに行き、相談が終わってから両人はまた同道して退出のとき、廊下のようなところを通ったが、秀吉は後から十文字の抜身《ぬきみ》の槍をひらめかせて、「家康、家康」と呼ぶので、右の手にもっていた刀を左の手にもち替えて、少しもあわてるようすもなく中座されたので、秀吉は大いに笑いながら、槍の柄をぐるりと振りかえて、石突《いしづき》の方を家康の手もとへさしだし、「この槍はわしの秘蔵の持ち槍であるが、その方に贈ろう」といわれるので、家康も深くお礼をいわれたが、秀吉の近習の侍がその槍の鞘をもってき、穂先にさし入れて玄関にもちだし、家康の供に渡したという。このとき信雄は、恐れをなしたのであろうか、家康を跡に置いて足ばやに退出してしまった。秀吉をはじめ誰もが信雄のふるまいにあきれはて、いろいろとよからぬ取り沙汰をした。家康はこの槍を、後に持ち槍として秘蔵した。

手綱さばきの極意

この役で家康は、先鋒として惣《そう》の原《はら》を押し通った。また丹羽《にわ》長重《ながしげ》・長谷川秀一《ひでかず》・堀秀政は日金越《ひかねごえ》を小田原に押し寄せ、尾根近い道筋を通ろうとして谷際を見下ろすと、家康の旗や馬印が目に入ったので、みな集まって見物した。ところが、谷川に細い橋がかかっており、徳川の兵がこの橋に行きかかって、馬では渡ることができず、橋の上下をみな歩いて渡った。家康も馬で橋詰に着いたが、山の上から丹羽・長谷川・堀の三将がはるかにみつけて「家康公は有名な馬の上手だ。細橋を渡すところを見物せよ」といってみていると、橋詰で馬から下り、その馬は橋より十間ほど上の方を舎人《とねり》（馬の口取り）四、五人に引き渡し、家康は徒《かち》の者に背負われて橋を渡られた。三将の兵たちは「家康公は馬の名人だが、あの橋を越すことができず、人に背負われて渡られた」といっせいに笑いこけたが、三将は家康のやり方にひどく感心して「家康公はあれほどまでに馬の名人とは知らなかった。馬上の功者は危ないことはしないものだ。特にご陣前のこととて、身を慎み、危ないことはなさらぬ。これまことに近代の功者と申すべきだ」といって感称したという。

家康は年寄ってなおのこと、若いころから、少しでも、馬が歩きにくそうなところではかならず馬から下りて歩いた。ある日、近習にむかって「わしが道の悪いところで馬から下りるのは、大坪派の極意の一つなのだ。すべて少しでも危ないと思うところでは、馬には乗らぬものである。しかし乗り替えの馬を率《ひか》す身分の者は別だが、ただ一頭の馬で乗り歩く小身侍などは、十分に馬の足をかばってやることが大切だ。馬に乗るといえば、ただ乗ることばかりを考えて、少しもいたわる気持ちもなく、そのため馬の足を乗り損じ、ここはどうしても馬に乗らねばならぬというところに行って、乗れなくなってしまうようでは散々の態《てい》たらくだ。よく心得ておけよ」といわれた。

家康が京都の藤の森の邸にいたとき、厩《うまや》がこわれても修復しなかった。加々《かが》爪隼人《つめはいと》政尚《まさなお》が、家康にむかって「御厩が破損いたしました。諸大名は馬のために蚊帳《かや》を釣ったり、蒲団をかけたりして愛しております。殿の御厩には、戸口に藁莚《わらむしろ》を釣り、いつも餌《え》水《みず》をやっていらっしゃり、まことに粗末な御事です」というと、家康は「武士の馬は、川にたっているところをもっぱらとし、外見を飾るものではない。わしが藁莚をかけ餌水をやる馬と、他家のように蚊帳を釣り蒲団を着させて、いかにも大事そうに扱っているのとでは、どちらがよく険難なところを登り、激流を渡り、極寒甚暑に耐え得るか、考えてみよ。そちは、馬を養うのに上方風を習うのか。無駄なことだ」と堅く制せられたということである。

江戸入城

天正十八年七月、小田原の城が落城したので、秀吉はこのたびの家康の勧賞として、北条氏が領していた関東八ヵ国を駿河・遠江・三河・甲斐・信濃の五ヵ国に替えて与えられた。そうなった以上、家康は新しい領地へ移ることをいそぎ、同八月朔日にははやくも江戸の城に移られ、また下々に至るまで八、九の両月のうちに大部分は移転がすんだので、大坂の秀吉へ使をつかわし、五ヵ国を引き渡すことを伝えると、秀吉はひじょうにおどろき、浅野長政にむかって「三・遠・甲・信の四国は、いそいでいるなら、まあ、いま味方に引き渡しても順当であろうが、駿河はもともと家康の居城だ。それまでもさっさと引き払ってしまうとは、いくらはやいといっても限度のあること、どうしてこのようにてきぱきと事を進めるのであろうか。何事も家康のふるまいは凡慮では想像できぬことだ」といわれたという。

秀吉は北条氏のかつての領国を家康に与えた後、家康にむかって「井伊・本多・榊原の三人へもさぞかし知行を加増されるであろうが、どのようなところを、どの程度つかわされるおつもりか」と聞いた。家康は「かねてより十万石ずつ与えようと思っていましたが、六万石ずつにいたしますと答えられたので、秀吉の方からは、案の定「十万石ずつつかわされるように」といってよこされた。これは三人の気持ちを引きつけたいと思われてのことであった。

出陣の順序

十九年、奥州九戸《くのへ》（岩手県）で一揆が起こったとき、家康は武州岩附《いわつき》（埼玉県岩槻）の城まで出陣した。井伊直政を召されて、「その方は、軍装整い次第出陣し、蒲生《がもう》・浅野に力を貸し、九戸の軍事を計れ」と命じた。このことをうけたまわるや、本多正信は家康の前にでて「直政は当家の大切な執権ですから、このたびの討ち手は、まず彼よりも下の者をつかわされ、それがもし叶わないときこそ、直政をつかわされるのが妥当ではありますまいか」といった。家康は「そのようなことは思慮のない者がすることだ。わしの婿《むこ》である北条氏直などがすることだ。なぜならば、最初に軽い者をつかわして埒《らち》が明かないといって、また重い者をつかわせば、はじめに行った者は面目を失い、討ち死にするほかはない。そうすれば、理由もなく家臣を殺すことになり、まことに惜しいことではないか」といわれた。

後年、筒井伊賀守定次《さだつぐ》に罪があって所領を没収されたとき、その居城伊賀上野《うえの》の城をうけ取るために、本多中務大輔《なかつかさのたいふ》忠勝・松平摂津守忠政をはじめ数人をつかわされた。そのときの命に「伊賀守はいま江戸におり、上野の城は家人《けにん》らだけが守っているから、このように多人数をつかわすには及ばないが、事のはじめにきびしく断じたことでもあり、いまさら手軽くするのもおかしい。物にたとえれば、膝を隠す程度の浅い川を徒歩《かち》渡りするのに、高尻《たかじり》をかかげて渡るのはあまりに用心しすぎるが、溺れる心配はない」といわれたという。

秀秋の本領安堵

征韓の役で、秀吉は小早川秀秋が軽々しいふるまいをしたとのことで、慶長三年（一五九八）三月に越前への転封を命じた。秀秋はひじょうに怒った。家康はしきりにことばを尽くして諫めたが、秀秋は石田三成の讒言《ざんげん》によると思いこんだため、家康に対して「拙者は命あるかぎり、越前に入国などとは思いも寄らぬことだ」といったが、家康があまりに誠意をこめて意見されるので、「それならば、洛中殿中を問わず、治部少輔《じぶしょう》（石田三成）をみつけ次第成敗したうえでよく考えてみる」といい放って、いっこうに聞きわけそうもないので、家康は秀秋の家老杉原下野守・山口玄蕃允《げんばのすけ》の両人にひそかに内談し「お家の士を少々越前に下らせて、宿屋に置かれるように。それはまず、太閤の命をうけたようにみせかけ、太閤に一応のご満足をいただくための手段だ」といって、秀秋には内緒にして外様《とざま》の侍を少々越前にやった。そのうえで家康は、前田利家を誘ったが同意しないので、仕方なく家康一人で、毎日登城した。秀吉は「内府（家康）はこのごろ特に奉公ぶりが熱心だ」といわれたので、そのことばを種にして「秀秋公の朝鮮での行動を軽々しくお思いになって、お国替えを仰せられましたが、できますれば、本国筑前にお帰りになられることをお願い申し上げたく存じますが、殿下のご機嫌を損じはせぬかと恐れるあまり、申し上げることもできません」といわれた。その後もますますつづけて登城したので、秀吉は心地よげに、「また一段と奉公ぶりがあがったな」と誉められた。家康は「どうか秀秋公の御事お願い申し上げたいのですが、いいだしたらご機嫌いかがであろうかと、それが心配で申し上げることもできません」とひたすら同じことをいわれたので、秀吉はひどくうれしそうなようすで「その方がそれほどまでに思うのなら、そなた次第だ」といわれた。家康は感涙を流して喜び、「まことにありがたき上意をうけたまわりました」といって殿中を下がり、そのまままっすぐ秀秋の屋形に入られ、杉原・山口の両家老にむかって「越前にだした御家人をさっそく呼び戻して、ご本国筑前に下されるように」といわれた。さて秀秋とともに六月二日、登城した。秀吉は対面して、機嫌よく秀秋へ朝鮮での苦労の褒美として貞宗の刀・吉光の脇差・大般若捨子の壺二つ・茶道具・鷹二羽・黄金千枚を授けた。家康へは光忠の刀・金子三百枚を授け、種々ご馳走がでて、両将は屋形に帰られた。秀秋は長崎伊豆守を家康方につかわして、「このたびは、お取りもちによって本国に帰国できるようになり、そのうえいろいろお心を配って戴きました。いずれしかるべき時を得てお礼申し上げます」と申し入れてこられた。

ときのこえ

慶長四年（一五九九）三月、家康は伏見から大坂に着き、前田利家の病を見舞って、その夜は藤堂高虎《とうどうたかとら》の中の島の宿営に泊まった。この夜、石田方から夜襲があるだろうという者があったので、家康もきびしく用心していると、暁に及んで寝所の近くでとき、の声が聞こえた。近臣はおどろいてこのことを告げると、家康は「こちらの間諜を数十人姦雄（石田三成）らの家に付けてある。彼らがいまもなおここに帰ってこないところをみると、あの声は敵ではあるまい。ここは船着場だから、船頭や商人らの罵《のの》っている声であろう。もう夜が明けたのだ」といって戸を開いてみると、はたしてすでに夜は明けており、とき、の声と思ったのは、やはり商人たちの声であった。

城攻め問答

この年、島津氏の臣伊集院《いじゅういん》源治郎忠実《ただざね》が忠恒《ただつね》に背いた。忠恒が使いを家康につかわして領内の地図を献じた。家康はその使者を召して「兵はどれぐらいか」とたずねると、「八千人ほどです」と答える。「今年の田畑の収穫は味方が取ったか」「半分は取り、残りの半分は敵に取られました」「百姓はたてこもっているのか、いないのか」「百姓ばらまで相手についてたてこもっております」「他領から米塩を運送するのか」「四方は取り切っておりますから通路はありません」「それならば、かならず来春は落城するであろう。いそいで攻撃に入り、そのために人を損ずるようなことはしない方がよい。忠恒は若気にまかせて攻めてみても、伊集院にはかならず制せられてしまうであろう」といわれた。やはりその通りに、翌年三月には落城した。

伏見で諸大名が一つになって徳川邸にとりかかるとの噂で、京・伏見は騒然としていた。

家康はこれを聞くと、門前に大竹で菱垣《ひしがき》を結ばせ、虎口《こぐち》をつくり、長柄鉄砲も門を開いて玄関で準備をしていた。新庄駿河守がやってきて「ご準備の最中ですから、ご門を閉められる方がよろしいと思います」というと、「門を閉じて準備をしていると、敵は侮《あなど》る。すべてむきだしにして、戦の用意は玄関でする方がよい」といわれたということである。

関東出陣の真意

会津の役（慶長五年）で、家康はひそかに本多正信・井伊直政・榊原康政・本多忠勝を召して「このたびの景勝の謀反は、一人のことではない。関西の諸大名は多く彼に徒党しているであろう。その魁首《かいしゅ》は石田・増田《ました》だと思われる。わしが関東に下れば、上方が蜂起することは間違いない。だからわしは関東に下るのに、ゆっくりと江戸城に遅滞して、関西の形勢をうかがうつもりだ。その方たちもこのことをよく聞きおくように」といわれた。四人は一同に「そのようなお考えでしたら、毛利・宇喜多らを将として、島津・立花以下を会津に下らせ、殿は大坂にいらっしゃって、秀頼公を守護すると触れだされる方がよいと思います。関東へ下られれば、関西の連中はいよいよ旗をあげることでしょう」といった。家康は「その方たちが申すことはたいへん間違っている。なぜなら、彼らを将として会津へ下せば、かならず景勝に味方して江戸を攻めることになろう。そのときになってわしが関東へ下ろうとすれば、石田の党類はわれ勝ちにとわしの追撃にでるであろう。そうなれば、わが軍は敗北し、江戸は敵の手中に落ちる。関東はわしの基盤だ。わしが関東におれば、たとい全国の諸大名がみなわしに背いたとしても、わが一家の兵で奮戦すればなにもむずかしいことはない。わしはここ数年間、この考えをもっているので、日ごろわしに志のある輩とか、あるいは勇ありて義を守る諸将士を、貴賤を問わずこの東征に従軍させたのだ。この輩は、たとい上方が大騒乱となっても、みなわしの麾下《きか》に属すであろう。だからわしは、上方が乱れるかもしれぬと知っていても、これにかまわず東国へむけて出陣するわけだ」といわれたので、みないたく感服した。

この役で家康は、石部《いしべ》から水口《みなくち》を夜通しで越すとき「供の惣勢の者は、刀の下緒《さげお》に火を括《くく》りつけて通れ」と命じた。翌日、水口では、前夜通った徳川家の鉄砲の数は、おびただしいものであったという噂がたった。

鷹のへおいじり

この役で家康が東下し、駿河に逗留していて、朝夕、ただ鷹のことにかかりきりで、軍陣の用意などはしなかった。本多忠勝はこのことを諫めようと思って御前へでていくと、そのときも鷹匠を集めて縄のへお（鷹の脚に結びつける紐）などの吟味をしていた。家康は忠勝をみて「中務《なかつかさ》、なんだ」といわれた。そのとき忠勝は「少々申し上げたいことがあって、参りました。お人払いを」という。家康は奥の間に入った。忠勝は「ただいまは、上杉景勝をお攻めになるために、ここまでいらっしゃったわけです。しかるにその支度はなさらずに、朝夕、鷹のことばかりにかかりきっておられ、いたずらにここにご逗留なさっているうちに、きっと上方では乱を起こす者もあるでしょう。そうなればいかがなされるご所存ですか」といった。家康は「わしのここでのふるまいは、うつけ（たわけ）にみえるか」といわれる。忠勝は「ただただお家の滅亡だと存じます」という。そのとき家康は手で忠勝の口を押さえ「だまれ、だまれ。このようにしなければ、天下は取れぬのだ。そのわけは、このようにして会津攻めに時間をかけ、うつけを尽くさなければ、上方では乱を起こさない。こうしているうちに、上方では謀反を起こすであろう。そうなれば、ここからすぐに引き返して、上方の謀反人どもを打ちしたがえるためだ。さすれば天下はわが物よ。そうすると、その方も国持ち大名になる」といわれた。忠勝は「そうなりましたら、一段とめでたいことでございます」といって退出した。はたしてそのことばの通りになった。後に忠勝は、このことを村上左衛門に語って「前々から仰せられていたことは、まるでさすのみこ（よくあたる陰陽師《おんみょうじ》）のようだ。しかし拙者に国を下さるとの仰せだけは違っていた」といって腹をたてたという。

関ガ原の戦

家康が関ガ原に進発するとき、石川日向守《ひゅうがのかみ》家政（家成の誤りか）は「今年は、今日が西塞《にしふさがり》です。できましたら、ほかの日を選んでご進発なさるがよろしゅうございます」といった。家康は「西塞ならば、わしが行って開こう」といって出馬した。その後、大坂の役で、大和の暗がり峠を越そうとしたとき、みなは「むかしから暗がり峠を越えて合戦に勝った例《ためし》はありません。不吉な例です」といったが、家康はそれを聞いて、暗がりまで押させて、それからは横畷道《よこなわてみち》を押させた。敵の緩急によって臨機応変に処置する様は、ほぼこのようなものであった。

家康は小山《おやま》への道すがら、近臣にむかって「わしは麾《さい》（采配）を忘れた。あそこの竹林に入って、串《くし》になるような小竹を切ってこい」と命じたので切ってきて差しだした。家康は帖紙《たとうがみ》を取りだしてそれを鞍の前輪《まえわ》にあてて切り裂いて竹に結びつけ、二振り三振りして「上杉を切り崩すのはこれで十分」といわれた。後にまた上方に引き返すときも、その竹林をみて「上方の敵を破るには、麾も必要ない」といって捨てた。そのとき、東西に大敵が起こったので、人心はなにかと恐れおののいているようすなので、このようなことをいって、人心を鎮められたのである。

関ガ原の役で家康は、西軍の諸将が、東軍を堅城のもとに疲れさせようとしていることを探知して「敵がもしでてこなければ、大垣に押さえを置き、すぐに大坂城を攻める」といわせたところ、大垣の諸将はこれを聞いて、議を決して城をでて戦った。

慶長五年九月十四日、家康は南宮山《なんぐうざん》の敵を巡視したとき、本多忠勝は轡《くつわ》に寄って「筑前中納言小早川秀秋はお味方しようとて、黒田長政を使としてすでに人質を取り替わしました」といった。「どうして秀秋が寝返ったのか。それならば戦はすでに勝った」と高らかにいわれたので、諸人はこれを聞いて、喜び勇むことこのうえもない。戦に及んで小西助右衛門正重《まさしげ》・西尾伊兵衛正義《まさよし》の両人を、秀秋が陣取っている松尾山につかわして、かの陣のようすをうかがわせたが、帰ってきて「秀秋はやはり寝返るようすです」と高声でいった。そのとき「このようなことは、小さな声でいうべきだぞ。もし秀秋がたしかに裏切らなかった場合は、気落ちするものだ」といわれた。

十五日の申《さる》の刻（午後四時）から大雨が降りだし、まるで車軸を流すほどになったので、飯を炊《た》くこともできず、本陣から使番が馳せまわって諸軍に触れさせられたのは「このようなときは飢えが迫るから、生米を食うものだ。そうすれば胃腸を害するであろう。だから米をよく水に浸《ひた》して置き、戌《いぬ》の刻（午後八時）になってから食え」と諭《さと》されたので、みなすみずみまで心配りが行き届くことに感じ入った。

この役で、坂崎出羽守成正《なりまさ》が家康にむかって、「私は粉骨砕身ご奉公いたします」というと、「それはそれはご念の入ったご挨拶」といった。近臣が「あまりにていねいすぎるように思います」というと、「あのような者には、このようにいっておくのがよいのだ」といわれた。

この役で、家康は勝山へ陣替えのとき、石田の臣島左近友之《ともゆき》が、味方の陣をくり返しくり返し、陣を取った山の下まで追ってくるのを、家康はみて「旗を全部伏せよ」と下知すると、追ってきた敵陣は敗れて引き返した。後で聞くと、このとき下から見上げると、麾下の軍が一度にどっと山から押し寄せて切りかかるようにみえたとのことである。

この役で、西軍はことごとく敗れ去ったが、家康は「勝って冑の緒をしめよとはこのことである」といって、冑をかぶって諸勢に対面した。このとき岡江雪《こうせつ》が「早く勝鬨《かちどき》の儀式を行われますように」というのを聞いて、家康は「諸将の武功によって、このように敵を打ち破ったが、諸将の妻子はいま、大坂に人質となって敵中にいる。これを無事に帰らせなければ、わしはまだ安心できぬのだ。どうして勝鬨の式を行うことができようぞ」というと、聞いていた人びとはますます感服した。井伊直政・本多忠勝をはじめしきりに請うので、吉良《きら》（儀式典礼をつかさどる高家《こうけ》吉良氏）の礼式で勝鬨の式を行った。

平塚越中守

平塚越中守は、因幡《いなば》守為広《ためひろ》の弟で大剛の人であったが、かつて浪人をしていたところ、家康が召し抱えるといって、いろいろ招いたが、「内府（家康）はけちな人で、口先ばかりは懇《ねんごろ》だが知行を吝《おし》んで取りたてることをしない」といって行かなかった。そしてやがて、石田三成に仕えて奉行となった。家康はこれを聞いて腹をたてた。関ガ原の役で上方が敗れると、越中守を生け捕りにして引きたててきたので、家康は彼をみて「わしを嫌って三成に仕え、いまこのような姿になったとは、さてさて見事なことよ」と、散々に嘲弄された。越中守は眼に角をたてて「武人が戦場に臨んで生け捕りになることは、むかしから珍しいことではない。そういわれるご当人こそ、幼少のときに今川家の人質となり、また戸田《とだ》に捕らえられて織田家に引き渡され、尾張の天王坊に三年もの間、押しこめられて憂き目をみられながら、自分が生け捕られたことを棚にあげて、人のことをとやかくと批判するとは滑稽千万。そのうえ、たびたび起請文《きしょうもん》を書いては約を破り、特に太閤のご遺言に背いて秀頼公をないがいろにすることこそ武士の恥である。拙者はそのような人間を主人にはしない。早々に首を斬られよ」といって、口をきわめて罵詈雑言《ばりぞうごん》した。家康はひじょうに怒り「なんと憎い奴だ。いま首を刎《は》ねてしまえばひと思いだ。むしろ生かしておいて、永く苦労をさせろ。縄を解いて追い払え」といって追放した。その後、本田八弥が「かねがね殿は、あの越中守をお憎みのうえ、さらに御前で悪口を吐《は》いたのですから、多分ご成敗なさると思っておりましたところ、お助けになったのはどうしてですか」といった。家康は「平塚は無類の剛の者で、また道理に敏《と》く、弁舌のたつ武士である。だから生かしておいて、今後、秀忠をはじめ子供にでも使わせるによい者だ。それで助けたのだ」といわれた。

小幡信世

小幡助六信世《のぶよ》は石田三成の重臣である。関ガ原の役で忠戦し、敗北したとき三成を見失い、諸所をたずねたがわからず、江州《ごうしゅう》石山のあたりに遁れて行った。郷民に信世を知っている者がいて、生け捕って大津の陣に献ずると、家康はすぐに召して三成の行方をたずねた。信世は少しも臆することなく、「私は三成の譜代の臣です。三成の居所はよく知っておりますが申し上げられません。胸中なにとぞご賢察下さい。私自身の苦難を遁れようとして、主人の在り場所を申し上げるという不義不道がありましょうか。たといこの骨肉を砕かれても白状はいたしません」といった。家康はこれを聞いて「まことに忠と義と二つながら相備えた侍だ。そちはおそらく、三成の行方を知っているのではない。もし知っているならば、三成の生死のほどをしかと見届けずにいぬ気性だ。また万一、在所を知っていたとしても、そちは白状はしないだろう。およそ将たる者が、そちのような忠臣を拷問すれば、いささかも勇士の志を汲まぬことになる」といって、縄を解いて赦した。信世はその場をたち去ったが、近所の寺院に入って自害した。家康はそれを聞いて惜しんだ。

車善七郎

車《くるま》善七郎は、佐竹義宣《よしのぶ》の家臣で丹波守の子である。丹波守は関ガ原のとき西国に味方したことによって殺された。善七郎はこのことを深く恨み、父の仇である家康を討とうと心がけていたが、どういうつてであったか、植木職人となって江戸城の庭に入り込み、狙っているおりもおり、家康が庭へでてきたところを、善七郎は天の助けとばかり喜んで、もっていた木鋏《きばさみ》をおっ取り直し、顔を目がけて打ちつけると、三尺ほどへだてて土にたった。近臣の者は大いにおどろき「さては狼藉者め、引き下ろして打ち殺せ」といって騒ぎたったのを家康は制して「みなの者、何を申すか。その者はなんの野心があってわしに害を加えようとしようぞ。ただ力を入れて枝を切ろうとして、鋏を取り落としてしまったのだ。過失というものだ。いまは天下の草創のときであり、人心はなにかにつけて危懼《きぐ》の念をもっている。もし一人の罪なき者を罰すれば、人心はかならず離れて行くであろう。けっして彼を罰してはならぬ。さぞおどろいたであろう。酒を飲ませて休ませてやれ」といって奥に入った。近臣は、それならばと、何事もなく終わった。

善七郎はきわめて危険な場面を免れ、その場を下がってよくよく考えてみると「家康は聡明な人だから、おれが害心をもっていることを知らぬはずはない。ちゃんと知っていながら、一度は免《ゆる》したのであろう。いずれにしても家康は、不倶戴天《ふぐたいてん》の仇だ。どうしても本意をとげよう」といろいろ心を砕いたが「このたび仕損じたのは、あまりにいそぎすぎて、少し距離がありすぎての失敗だった。次には無二無三に飛びかかって、引っ組んで首を打ち取ろう」と、日々、庭作りに入って十分に内部に通じたし、またそのころはまだ城には人もまばらであったから、ひそかに夜にまぎれてどこからか庭先に忍び込み、立石のかげに身を潜めて、雪隠《せっちん》に入ろうとするところを待ちかまえていた。案の定、亥《い》の刻（午後十時）ごろになると、寝所の方から手燭をきらめかしてやってこられた。善七郎は「ここだ」と思ったが、あまりにも灯火《ともしび》が明るく、扈従《こじゅう》の人も多かったので、さすがの大剛の者も、少し気おくれがし、「これが仕損じたら一大事だ」とためらっているうちに、家康は何事もなく厠《かわや》に入られ、近臣を呼んで「今宵は庭のあたりの虫の声が絶えて聞こえぬのはおかしい。燭火をかかげてみてみろ」といわれるので、われもわれもと庭に飛び下りて、あちらこちらをみてまわると、善七郎はもはや遁れることもできず、せめて一太刀だけでも恨みをはらそうと、厠にむかって跳《おど》りでるところを、人びとは「曲者《くせもの》だ」といっていっせいに駆け集まり、手取り足取りでついに搦《から》め取り、家康の前に引き据えた。

家康はそれをみて、小姓にその名をたずねさせたところ、善七郎、いまになって隠すには及ばぬと思い、ありのままを白状し、「武運が尽きてしまった以上は、少しもはやく殺して予譲《よじょう》（中国の晋《しん》の忠臣）が、主君の敵趙《ちょう》襄子《じょうし》を狙ったのにもはるかにまさっている。襄子は予譲を助けてやった。ましてわしが、これを許してやらぬはずはない。もしわしがこの孝子を殺せば、天下に孝の道を絶つことになる。お前はかならず命を全うして武名を起こせ。ただし、わしを父の仇と思いこんでいる以上は、わしに仕えよといってみても承知しないであろうから、かつての主君であるから、佐竹のもとに勤仕《ごんし》せよ」といわれると、善七郎はそれもいっこうに承知せず「私は父の仇とともに同じ天を戴いて、どこで武名をたてられましょうや。たとい死を免されても、自刃して死にます」といった。家康はひじょうに怒り「いまや、天上、天下にわしの命《めい》を拒む者は一人もおらぬぞ。お前がもしわしの命に逆らって死ぬというなら、お前の親族を全部市中で斬り捨てるぞ」といわれたので、善七郎は「父の仇を打てなかったばかりか、母まで殺させるようなことになったら、なんと不孝なことか。このうえは上意に背きません。ただし、いまのいままで害を加えようと謀った身で、命を助けて下さるというご恩をこうむって人と交わるということは、いかに厚顔無恥の者といえども、忍びざることであります。これからは、人界を辞して、天寿を終わりたいと思います」と覚悟をきめていったので、家康はますますその志をあわれに思い、やがて役人に命じて、物乞いの徒の首領として、飢寒を免れるようにしてやった。その子孫は、いまに至るまで車善七としてつづいているのである。

西軍武将の処置

この役が終わって後、本多正信は家康にむかって「直江兼続（上杉景勝の臣）はこの乱の張本人ですから誅罰されるべきです」というと、家康は「もっともな申し分ではあるが、直江にかぎらず毛利・島津をはじめその他の諸大名の老臣たちは、石田三成に頼まれて、主人に勧めて兵を起こさせたのである。だから、いま直江を誅すれば、諸家の老臣たちもかならず危懼の念を抱いて、それぞれの国にたてこもってしまうであろう。そうなると、ふたたび大乱になってしまうであろう。だから直江を赦すことにするので、早々に上京するよう申しつかわせ」といわれた。正信は大いに感服した。はたせるかな諸家の老臣たちいずれも安堵したのである。

この役が終わり、土方《ひじかた》勘兵衛雄久《かつひさ》と大野修理亮《しゅりのすけ》治長《はるなが》の二人に本領安堵を申しつけられた。この二人は、先年、家康が伏見から大坂城に移ったとき、五奉行の指図をうけて家康を殺害しようと謀った者どもである。ある者は「このたびお味方になってご奉公だてをするにしても、その罪科は重く、一命をお助けになるだけでも大きなお慈悲ですのに、本領安堵を仰せつけられることはありますまい」といった。家康はそれを聞いて「その方の申すことには一理あるが、その両人の者は、五奉行の指図をうけて、家康さえ殺せば秀頼のためになるとばかり、一筋に思ったからで、わしにとっては敵であるが、秀頼にとっては忠義の者である。特にこのたびの一乱において、大野修理は安中《あんなか》からでてきて浅野幸長《よしなが》の手に属して、岐阜の城を攻め、関ガ原の合戦のときには、石田にむかって人より先に矢の一筋も射かけたいというので、浅野に断《ことわ》りをいい、先手の福島正則の備えを借りて、みずから河内《かわち》七郎右衛門を討ち取った。土方勘兵衛も早々に水戸からでてきてわしの使いとして北国に行き、前田利家とはかって万事味方が勝つように取り計らったことは、並みの働きではない。ふかく悔いて旧悪を捨てるだけでさえ善だというのだから、その後の働きぶりはいっそう評価してやらねばならぬ。以前は、大坂城中において、わしを討とうとしたのも、秀頼のためになることだとばかり思い違いをしたことであるから、旧悪のことをとやかくもちだすべきではない。ま、いずれにしてもこのたびの恩賞に漏れるべき理由はないのだ」といわれた。

天下一統

関ガ原の一戦で、天下は統一され、家康の威徳を仰がない者はいなくなった。それなのに数年たってもまだ将軍宣下の沙汰がなかったので、朝廷からも、もうそろそろその時機であろうなどとお気持ちをお示しになったり、大名のなかからもときどき、そのことをいいだす者もあったようである。そのころ藤堂高虎・金地院《こんち いん》崇伝《すうでん》が、話のときになんとなくこのことをいいだして「世の中では、はやく将軍宣下のお慶びを申し上げたいものだなどと申しております」というと、家康は「そのようなことはいそがぬことだ。いまは天下の制度をたてて万民を撫育し、安泰にすることこそ急務なのだ。まして諸大名も国替えなどで忙しいのに、わし一人が自分の私事を謀っている暇はない」と心にもかけていないようすなので、両人もこの謙虚さに深く感じ入って退出したということである。

この役の後、山岡道阿弥《どうあみ》・前羽半入《まえばはんにゅう》などが、家康のご機嫌うかがいにでて閑談したとき「天下を統治なさる御身としては、なににつけても世に稀なことをなさっておかれれば、永く御名も残るはずであります。そのため太閤におかせられても、大仏を建立されました」というと、家康は「おのおのが申す通り大仏は末の世までも残り、秀吉の名も伝わるであろう。それならばわしは、自分だけの名を残すことは考えないで、ただ天下のためになることを工夫して、後嗣《あとつぎ》に残すほかはない。これは大仏をいくつ建立するよりもまさっているであろう」といわれたので、二人はふかく恥じ入り感服した。

慶長八年十一月、秀忠が上杉景勝の家に行った。これは関ガ原の役以後、降参した諸大名が、これから先はいったいどうなることやらと、薄氷をふむ思いをしたということを家康が聞いて、動揺する心を鎮めるために、内意によって行ったのである。はたして、「謀反の張本人だった上杉ですらこのようなら、安心だ」といって、諸大名はみな疑いを晴らし、世上はますます静まった。

大坂冬の陣

大坂の役で、秀忠が軍法書をつくって、それを本多正純を使として家康の披見に入れたところ、それをみて「将軍（秀忠）はなるほどこの通りでよい。だがわしは、年若のころからいつの戦のときでも、軍法書というものをだしたことはない。そのわけは、軍法書の通りにして、悪い結果がでたときには叱《しか》るわけにもいかず、また軍法書に背いてよい結果になったとしても、それを咎めては、その法がたたぬ。だから、そのとき次第で、臨機応変に、その場その場で解決してきたのだ」といわれたという。

この役で、家康は板倉勝重を召して「このたび従軍の諸軍三十万の人びとに、毎日千五百石ずつ糧米《ろうまい》を与え、遠国《おんごく》の者には二倍を給し、また銀をも与えよ」といって、加賀・仙台などへは秀忠から銀三百枚、家康からは二百枚、あわせて五百枚、森美作守《みまさかのかみ》忠政には二百枚に百枚、あわせて三百枚である。そのころ、俸米を賜る者の人数を水増しして、俸米を多くうけ取る者があって、上《かみ》を欺く罪少なからずというので、きびしく糺明しようと申したところ「節倹《せっけん》も時によりけりだ。城中へ寄手が攻め寄せるときにも、その数がどれほど多いかは、俸米の多きによることであるから、どれほどでも多く与える方がよいのだ」といわれた。また上京のとき熱田の橋の左右に垣を結《ゆ》わせて、諸軍が水に落ちないようにさせられたことがある。これもまた味方が多勢であることを敵に知らせるための処置であった。

この役で、日向《ひゅうが》半兵衛政成を召して「城中にはどのような者がこもっているのか」とたずねた。政成は「役にたつような者はなく、浪人ばかりがこもっておりますので、竹流《たけながし》（竹筒に金銀を鋳込み必要に応じて切って貨幣として使ったもの）をうけ取れば、早々にたち退くでしょう」といった。家康はこれを聞いてひじょうに怒った。そしてまた後に呼ばれたので、手討ちにでもなるのかと思って、脇差を脱して恐れ入ったようすででて行くと「心配するな。早く参れ」といって側に召し、ひそかに「その方が申したことばが、もし城中へ聞こえでもすれば、相手は用心してしまい、人質をとって守りを固めるなどすれば、竹流を取ってたち退こうと思っている浪人どもが、よんどころなく城中の守備に固まっていたりすれば、合戦もしにくくなるので、それで叱ったのだ。つまり、むかし長篠の役のときに、信長が酒井忠次を叱られた気持ちだ」といわれた。

三通の偽書

大坂冬の陣で和睦になったことは、家康がかねて真田幸村・長曾（宗）我部盛親《もりちか》・毛利勝《かつ》永《なが》三人の判形《はんぎょう》（華押《かおう》）をよく写して置き、祐筆《ゆうひつ》の手跡まで似せさせて、家康から右の三人の者へ内密の書状をつかわし、承諾したような文体で書状を認《したた》めさせた。その文体は、真田の書状には「お味方いたします以上は、知行二十万石、どこの国でも望み次第に下さるとの由、かたじけないことです。秀頼のことは、どのような形で差しだすにしても、いとやすきことです。細かいことは、いずれとも相談をいたし、またこちらより申し上げます」と書いた文であったという。

長曾我部の書状には「お味方いたしますことについては、本国土佐を下さるとのことで、浅からぬお心です。相談のうえ、追って申し上げます」と書き、毛利の書状にも「豊前国を返して下さるとのこと、特別のご高恩です。相談いたしましてしかとお請《う》け申し上げる所存」と書かせて、判形も手跡もまったく本物そっくりに認めさせ、京極若狭守忠高の母に、一位殿を添えて、右の書状をもたせ「秀頼公と母公（淀君）だけにおみせしろ」といい「三人の者どもへ書状をつかわしましたら、このような返事がありました。このような書状は御母子様にお目にかける筋のものではありませんが、そうしなければ、秀頼公を諸牢人どもがひっ捕らえて当方へ差しだしましょうし、そうなれば双方のためによくありません。よくご相談下さり、秀頼公も大坂でご自由におわしませば、拙者はすでに年寄りですので、はやく駿府へ帰りたいと思っております。将軍（秀忠）は年も若く、わが子（千姫・秀頼の妻）のことは心配しないが、拙者はひとしお孫娘（千姫）をかわいそうに思いますので、ぜひともご和談になさいますように」と、いろいろことをわけて申し入れられたので、右の三人の書状をみて、淀君はことのほかおどろかれた。秀頼は書によく通じていたので、三人の者の自筆も祐筆の手跡も知っておられた。判形はなおよく似せてあるので、疑いなしと思われて、熟慮することもなく、母夫人（淀君）の意にしたがって和睦したのである。このような密事であったから、和睦の件は大野治長《はるなが》も、木村重成らもまったく知らないことであったという。

淀君を動かす

家康は「大坂は名城であるが、長陣ではかならず過《あやま》ちがあるであろう」と思って、まず調停をかけておいて、二度目に攻め落とそうと謀った。まず縁者の線をたどり、京極忠高の母を調停人ときめた。そのとき寄手は、多くの坑夫を入れて、城を掘り崩させようとのことで、坑夫を集めようとした。「さらば近国の坑夫を呼べ」ということになって、丹波にいる坑夫を板倉勝重に呼び寄せさせようと、若い出頭の衆が申したので、勝重は「丹波の坑夫は、城などを掘り崩す術《すべ》は知るはずもない。甲州の坑夫でなくてはできまい」といって、近くの丹波の坑夫を呼ばずに、遠くの甲州から呼び寄せて坑夫にたずねると「ここよりもむずかしい堀でも、たやすいことです。ましてこれくらいの城を掘り崩そうというのは、ごく簡単なことです」と答えた。「山の岸などはそうであろうが、堀が深くて水がたくさんある堀は、そうはいくまい」というと、坑夫は「板で箱をつくり、堀の底へそれを入れれば通ることもできますし、その箱のこしらえ方については特別の方法があります」という「それならば作り方を差図しろ」といって、檜《ひのき》の板を取り寄せ、方々から大工を駆り集めて箱をこしらえ、山のように積み上げた。

そのときになって、京極忠高の母を城内につかわした。家康は「拙者の場合、そんな気はないけれども、秀忠は気の強い人間で、ぜひとも城を掘り崩して、秀頼を滅ぼそうと、はるばる甲州から坑夫まで呼び集め、むかし武田信玄の時代に、たびたび掘り崩した功者にたずねたところ、簡単に掘り崩せると申したので、諸大名に申しつけてその用意をした。堀底でも潜《くぐ》れば潜れる方法があろうといって、いろいろの材木を集めさせて山のように積みかさねたのは嘘偽《うそいつわり》ではない。人をつかわしてみせてご覧なされ。拙者がいろいろ止めてはみたが、秀忠は承知しない。そうなれば、つまるところは秀頼を攻め滅ぼすということになろう。拙者、この年になって、ひとかたならぬ心配である。秀忠は秀頼にこそ申し分があるが、孫娘千姫にはなんの関係もなきこと。秀頼を滅ぼすときは、わが孫もともに滅びるであろう。この年まで生きながらえていて、孫が理由もなく滅んでいくのを目の前でみなければならぬとは、なんともいたし方なきことだと、ふかく歎き悲しんでいる」京極殿の母は秀頼の母公（淀君）にこのことを語られ、「秀忠は舅《しゅうと》であるから、少し気に入らぬことがあっても聟《むこ》分だということで堪忍して、秀忠と秀頼が仲直りをするようにし、拙者の死後も二人が談合されて、天下はいよいよ治まるように分別を働かせてほしい。秀頼も母公も、その考えであれば、拙者も京極殿の母と一つになって、ずいぶんと秀忠に意見を加え、孫を助けたいものだ」とことばを尽くしていわれた。その趣を京極の母は淀夫人に語ると、女のことであるから思慮が浅く、第一に秀頼を救おうとばかり考えて、調停に乗ったのである。そのため秀忠も、ついに和睦の方についた。

堀埋めの謀略

家康から京極の母に本多正信・板倉勝重を差し添えられて、秀忠へもいろいろ意見をされた。秀忠は「ともかくこのたび攻め滅ぼさなければなりませぬ」としきりにいわれたが、親からの意見であるから、その命に背くこともできぬので「和談いたします。しかし秀頼が拙者に楯《たて》つくので、父上のご意見によって和平はしても、なにかその証拠がなければ帰陣するわけにも参りませんし、秀頼もよく考えて、拙者も面目がたつようにさえなれば、ご意見にまかせて和平いたします」とのことであった。家康はこれを聞いて「秀忠はわしと違って、要《い》らざるところに意地を張る人間だ。それがことのほか大きな欠点だ。しかしそれを悪いと意見してみても、生まれつきのことであるから、いますぐ直ることではない。ああだこうだといっているうちに、また和談しないなどといいだしては、いままでやっとここまでこぎつけたのが無駄になる。このうえ、秀頼公にもわしの意見を申し上げよう」「秀忠は生まれつき意地の強い者であります。なんのかのといって、事が延びれば心配です。拙者が意見を申し上げたことも無になってしまいますので、このうえは秀頼公もお考えになり、今後は秀忠へ隔心なき証拠として、外曲輪《そとくるわ》の堀を埋め、ふたたびたがいに申し分ないようにお話し合いになって、外曲輪の堀だけをざっと埋められれば、これを機に早々に和平をなさいまして、秀頼公も、この間の籠城のご難儀を思われて、秀忠も急いで帰城し、拙者もはやく駿府に帰って鷹狩りなどもして、天下については安心して、老後を慰めたいものです」といろいろと手を尽くされ、その結果、ついに調停が成立し、外曲輪の堀一重を埋めることにきまり、たがいに誓詞《せいし》を取り交わし、家康は京へ上られた。

さて、その外曲輪の堀を埋める奉行には本多正純・成瀬正成・安藤直次・その他普請奉行ならびに物頭《ものがしら》（足軽・同心の長）のうちでも年功者を指名し、大坂方では外曲輪の堀だけだと思っているところへ、さらに二の丸にもとりかかって堀を埋めた。大坂の郎従がでてきて「これではご約談に相違します。この堀を埋められるのはいかがなものでしょうか」といったので、それを聞いた正純は「おことばごもっともです。物頭どもが聞き違えて埋めかけたことです。さっそく下知します」といって、その場をで、そのことを堅く申しつけると一同心得ましたと返答しておいて、正純が帰ると、すぐその後で「無礼者めが」など悪口をいいながら埋めたいように埋めてしまった。それを秀頼と淀夫人が悲しんで、阿玉《おたま》という女房頭《がしら》をつかわして、正純にこの趣をのべると、正純は生まれつき口の悪い人間で、阿玉に対しても、安藤直次の方は女房がものをいっても、家康に談判しなければならぬということになり、阿玉に大野治房《はるふさ》を添えて京に上らせた。本多正信も京にいたので、この趣を伝えると、正信は「拙者の悴上野介《せがれ》という戯気者《たわけもの》は下知する術《すべ》も知らず、残念なことです。すぐにこの由を家康公に披露いたします。しかし殿はここ二、三日少し風邪《かぜ》をわずらっていらっしゃり、薬など用いていらっしゃるので、平癒なさり次第、ご披露いたします」といったまま時がたった。その後また正信も、体調が悪いといって出仕しない。板倉勝重に催促すると「佐渡守（本多正信）の病が快気し次第、披露いたします」といって、またしばらくすぎてしまううちに、大坂の堀ははやくも本丸まで埋まってしまった。そのころになって大坂からの使の趣を披露したので、これを聞いて家康は「仰せごもっともです。なぜこのように埋めてしまったのか合点がいきませんが、さっそく佐渡守を差し下して下知させましょう。おのおの方は一足先に帰られよ」といって正信を大坂につかわした。正信が大坂に下ってみると、堀はことごとく本丸まで埋まっており、工事の者は一人もいない。正信は「ここまで堀を埋めぬようにとのお使いで参りましたが、無分別者どもがはやくも全部埋めてしまい、面目なき次第です。このうえは施す術《すべ》もありません。拙者の悴をはじめ不調法者どもは、さだめし殿のお叱りをこうむることでありましょう。ともかく拙者は帰ります」といって帰京した。その後、家康は「秀忠も、いよいよこれで和平することであろう」といって関東に下向した。かくして明年五月、ついに大坂を滅ぼしたのである。

右の役後、ある人が家康にむかって、その知恵に感心すると「これはわしの知恵ではない。太閤が教えて下さったものだ。これは太閤が大坂の城をつくられたとき、『この城を攻めるには力業《ちからわざ》では成功しまい。調停を使って、二度目でなければ攻略できまいと思われる城だ』と語られたことがあった。これは特にわしに教えられたのではない。世間の人で聞かぬ者はなかったのだが、これに心をとめなかっただけのことだ」といわれた。

大坂には停泊地なし

この役で、西国より島津その他が大坂方に味方して、兵糧が数千艘、馳せ上るとの噂があった。家康は使者を召して「大坂の木津と堺との間に、船を停泊させるところがあるかどうかみてこい」と命じた。使番の者が「承知いたしました」といってすぐその座をたとうとすると、家康は「どういう点をみてくるのか、わかっているのか」とたずねた。使番はその見方を答えることができず、家康はすっかり立腹して「その方などは何がわかって、そのまま行こうと思っているのか。船を停泊させるということについては、見方があるのだ。ただの浜に船はかけられぬものだ。入り江とかまたは入川などがなくては船はかけられぬ。いきなり浜に停泊したのでは、船はそのまま支えていることもできず、また乗るのにも不自由だ。こんなことを知らずに、何を目当てにしてみるつもりなのか」といって、右の趣を語って聞かせたうえでつかわした。使番は行って、木津から和泉の堺までの間には船をかけおくところがないことを報告した。家康は「それなら、たとい西国から島津以下がくるとしても、船をしばらくかけておくところがない」と判断された。

橋は焼かせよ

この役で、仙波と惣郭《そうくるわ》の橋を城兵がみずから焼いて、今橋と高麗橋《こうらいばし》だけが残った。石川主殿頭忠総《とのものかみただふさ》がこれを焼かせまいとして、高麗橋の詰で鉄砲を打って防いだが、城方からも同じように鉄砲を烈しく打ってきて、忠総の士卒のうち、疵をうける者が多くでたので、使番小栗又一忠政が馳せてきて注進に及んだ。このとき永井右近《うこん》大夫直勝が家康の側にいて「阿波勢が近くにおりますから、忠総に力をあわせて橋を救わせましょう」というと、家康は機嫌を悪くし「その方はあまりにも軍法を知らぬな。この橋はこちらから焼きたいと思っていたぐらいだ。もし焼いてしまえば、わけのわからぬ者は、もう城責めはしないのだと思い違いしてしまうだろう。だから放っておくのだ。城中から焼き落としてくれれば幸いなことだ。放っておけ。惣攻めのときに、橋の一筋が頼りになるものか」と怒りのあまりに、そばにあった長刀をつと取ってすっくとたたれたので、忠政も直勝も恐れ入って、その場を逃げ去った。「後になってまた敵が、この橋から夜討ちをかけてくるかもしれぬ、怠りなく守れ」と命じられたが、四、五日すぎて塙《ばん》団右衛門直之《なおゆき》が、この口から阿波の陣に夜討ちをしかけたということである。

家康は大坂から帰陣するとき、路次を心もとなく思って、まず船場《せんば》まで帰陣するということで、その後は玉造《たまつくり》へ、まわり路ではあるがそちらを通ると触れだされた。そうしておいてまた、船場道を行こうと触れ直して、小荷駄などは、この道筋を行かせるようにと命じた。そのため見物の輩は、あちこちに群集した。ところが実は、触れだしの道筋とは裏腹に、堀際をすぐに通って帰陣したので、諸人はこれに気づかなかった。本多正純はほとほと感心した。「わしは、もし甲州者などが籠城するのであれば、とてもこのようなたくらみはできなかった。そのようなときには、大和口へでも帰陣するほかないが、こういうことは世間の者が知らないことだ。これは、敵によってその場その場で方法を考える、いわゆる応変の術なのだ。しかし、かさねてこのような真似をして失敗をするなよ」といわれた。

この役で、家康は近習の者たちに不寝番《ねずのばん》を申しつけたいと思われたが、別にそのことも命じられず「今夜、あっちの方で鉄砲の音がしたが、お前たちは聞こえなかったか」と問い、「聞こえました」といった者は褒《ほ》めてやり「聞こえませんでした」といった者には「よく寝入っていたのだな」といわれたので、近習の者たちは、自然に不寝番をするようになったという。

この役で家康の旗本と、秀忠の兵とが平野で先後を争った。そのとき横田甚右衛門がきて、この由を申し上げた。家康は「こちらの兵は将軍(秀忠)を恐れているのか」と聞いた。横田は家康のことばの意味をよく心得て「御意のようです」と答えた。そのとき家康は

「わしの手兵は平野を右にみて押せ。将軍麾下《きか》の兵は平野を左にみて押すように」と下知したので、兵は二つにわかれて、争うことはなくなった。

この役で、天王寺口から城中に遁れ込む者が多かったので、追って引きとめようという者があったが「そのままにしておけ。そのような者はよい武士ではない。雑人《ぞうにん》どもを多く入城させれば、城中はますます混乱して制馭《せいぎょ》することができなくなろう。だからいくらでも遁れ入らせよ」といって放っておかれたということである。

城攻めの愚案

冬の役で、家康は茶臼山で老功の者の意見を聞こうとして、老人を呼び、老中と対談させて、それを障子をへだてて聞かれた。まず山名禅高《ぜんこう》が「両御所は、仙波からでられ、備前島から打ってかかられれば、城はすぐに落ちるでしょう」とここまごま順を追って意見をのべた。翌年、家康は「去年、山名が申した城攻めの考えは、大坂城中に人はいないとでも思ったもののようだ。禅高のようにすれば、城に押し寄せると同時に、上の方の者は鵄口《とびぐち》などで塀を登ろうとしたり、引き倒そうとするであろう。また中ほどの者は声だけで噪《さわ》ぐであろう。下の方の者は、この騒ぎを耳にして逃げてしまうであろう。そうなれば、城は落ちずに死人だけは大分でて、なんの益もない。城などは、そのように攻めても落ちるものではない。まったくわしなどの思いも浮かばぬ愚案だ。白鳥は嘴《くちばし》が丸くて人を突くものではないが、一人は取手になり、一人は嘴、一人は羽、一人は胴と、四人ほどかからなければ取れぬものだ。まして城などは、そんな粗雑な謀で落とそうとかかったとて、落ちるものではない」といわれた。

この役で家康は、松下浄慶を召して「大坂の賄《まかない》支度《したく》は、膳米五升・干鯛一枚・味噌鰹節・香物《こうのもの》少しなどを用意せよ。そのほかは何も要《い》らぬ」といわれた。そのため、厨《くりや》の入り用は長持一棹《さお》で事は足りたという。

寛大の処置

はじめ大坂の役が起こったとき、秀頼の頼みで、伊勢の禰宜《ねぎ》たちは人形を作って、家康を呪詛した。このことについて訴人があり、罰するようにと申しでたが、家康は「そのような禰宜山伏の類《たぐい》は、賄賂《まいない》で人に頼まれれば、このような所為《しょい》をするのは別に珍しくもない。こちらから賄賂を多く取らせて秀頼を呪詛させたら、またそのようにするものだ。そのような手口に振りまわされるようでは、天下の権を握ることはできぬぞ。みな命を助けて追放せよ」といって、四、五十人の禰宜どもはみな助かった。人びとはその寛大なことに感服した。

家康は大坂城にたてこもった浪人どもをみな免《ゆる》し、好きなように、どこの大名になりとも仕官してよい、諸家もまた召し抱えること自由と命じられたので、草庵などに隠れて時節をうかがっていた者たちも、寛大な処置に感じて、それぞれわが旧功をいいたてて、俸禄にありついたという。また落城の後、赤座《あかざ》内膳永成《ないぜんながなり》・伊藤丹後守長次《ながつぐ》・岩佐右近正寿をはじめ秀頼の小姓十余人ほどは、京都の妙心寺に逃げ込んで、海山和尚を使として「検使をお差しむけ下さらば腹を切ります」といってきたので、家康は「太閤以来の譜代の者が、秀頼の先途《せんど》を見届けたうえで腹を切ろうというのは、武士の本意である。しかし、このたび罰する者は、大野修理などの首謀の者か、あるいは関ガ原でいったんはその命を助けた者か、またはこのたび籠城した者は重科であるから免すべきではないが、そのほかは残らず免すので、思うままにどこへでもたち退くがよい」ということであったので、みなその恩恵に感じ、思い思いにでて行った。

信長の書状

家康が北条氏政と和睦して三枚橋《さんまいばし》で対面したとき、氏政は床几《しょうぎ》に腰をかけていた。家康は手を突き腰をかがめて挨拶をした。酒井忠次はこのようすをみて「口惜しいことです。北条は驕《おご》り高ぶった態度ですし、殿のご様子はあまりに相手を敬いすぎておられます。このようなことでは味方の者の弱みとなり、また人も帰服してこないものです」というと、家康は合掌して「許せ、許せ。この返事は後日、かならず……」といわれた。その後、織田信長から家康に、味方になるようにとの書状がきたのを披見して「日ごろ北条に慇懃な態度で帰服していたのは、これを取ろうと思ってしたことだ」といって、忠次の前にその書状を投げだされたとき、忠次はこれをみて感心した。これは、上杉・北条・織田といえばこのころの名将であったが、たがいに家康を味方に取り込みたいという競争心があった。これによって、家康が北条と和談と聞けば、さっそく信長から一味することを依頼してくるであろうと、はじめから考えていたためであるという。

家臣を労わる

家康は、かつて乾《いぬい》の城（犬居城）を攻めて三倉の砦《とりで》に引きあげるとき、敵はあちらこちらから鉄砲を撃ち、声をあげて攻めかかった。後殿《しんがり》の人びとが数名撃たれた。家康は三倉でこれを聞いてすぐ引き返したが、敵ははやくも引き取った後であった。玉井喜太郎が後殿をしていたが、股《もも》を鉄砲で撃たれ、跡を追って三倉にきたので、家康はそれをみて「手を負ったのか。後の方で鉄砲の音がしたので、不審に思っていたが、戦があったんだってな。さ、この馬に乗れ」といって馬から下りられた。人びとは士を労《いた》わる家康のようすに感激しない者はなかった。

領民のためを計る

ある年、岡崎が洪水で矢矧《やはぎ》（作）橋が流れたので、家康はさっそく橋をかけ直すように命じた。老臣は揃って「前々より考えておりましたが、このようなときに申し上げようと思い差し控えておりました。そもそもこの橋は、世間に稀な大橋ですから、おびただしく費用がかかります。そのうえいまは戦国の世のことでもあり、ご城下にこのような大河がありますことは、第一ご要害にもなりますし、またこのたび流れましたのを幸いに、今後、舟渡《ふなわた》しを仰せ付けられるのがよいと思います」とみな口を揃えていった。家康は「この橋は代々の記録にもあり、日本国中誰知らぬ者もないから、きっと異国にまでも伝えられていないことはあるまい。それなのに、費用がかかるといって、いまさら橋をやめて舟渡しにし、往還の旅人に難儀をかけることは、人の上にたつ君たる者の本意ではない。たといどれだけかかろうともいっこうにかまわぬ。早々に橋をかけ渡すように申しつけよ。またこの河を要害にするというのも、人により、時にもよるものだ。この節、わしはそんなことは考えていない。その点はみなもよく考えておくべきことだ。だから要害などをもとめる必要はない。ただ少しもはやくかけて、往還の煩《わずら》いにならぬよう申しつけよ」といわれた。

家康が駿河の田中に着いたとき、ちょうど天竜川の浮梁《うきはし》が落成したので、彦坂九兵衛光正《みつまさ》がそのことを告げた。家康がまだ渡らぬうちは、一般人の通行を禁じていると聞いたので、家康は「だいたい浮梁をかけるというのは、往還に便利なようにするためであり、わしが渡らないからといって、通行人を禁ずべきことではない。ただし大勢一度に渡れば橋が損ずることもあろうから、一騎ずつ通せ」といわれたという。

家康は、駿府城の泉水に阿（安）部川の水を引くようにと命じたので、奉行は水道を見立てて杭をたてておいた。家康はこれをみて気にくわない。「寺をつぶしてまで水を引いてはならぬ」といわれた。奉行の者は「ご用地のことですので、ほかの場所に代地を賜り、そこへ寺をお引かせになるのがよいと思います」といった。「用地と申しても物によりけりだ。泉水に水を引くというのは、単に慰みごとで私事にすぎない。わし一人が目を喜ばせるために、むかしからある寺を改め替えたりしてはならぬことだ。寺地を避けるように水道をかけるのなら、かけてもよい」といわれた。

家康が駿府にいたときのある日、鷹狩りにでて、老婆が小児を懐《ふところ》に抱いて泣いているのをみつけ、人にそのわけを聞かせた。その老婆は「昨夜、過《あやま》って火事をだしてしまい、家を焼きました。するとお代官様から、火の元不注意から火事をだしたことは大罪だといわれまして、三年間は在所に帰ることもできぬとのことで、所払いをされまして、夜のうちに散々な目にあって在所をたち退きましたが、どこへも行くあてがなく、このようにしておりました」という。その通りに告げると、家康は「その老婆を代官のところへ連れて行け。『誰も家を焼きたくて焼く者はいない。火事をだした者は追放されて他国をさすらわねばならぬという定めであれば、家康も近年二度までも城中から火をだしたが、自分はどこへも行かない』とよく申し聞かせて『この老婆は幸せ者で、わしの目にかかり、あわれに思うから、もとのように家をつくってやれ』とよく申し聞かせよ」といわれた。

矢の根は堅くせよ

武田氏が滅びると、甲州兵の多くはこちらに属した。ある人が「武田家では矢柄《やがら》（矢竹）に鏃《やのね》を緩く詰めました。そのわけは、人にあたったとき、肉のなかに鏃が残るためだ」といったので、家康はその話を聞いて「いったい士が戦に臨むのは、みな自分の主君のためだ。相手を射伏せれば、自分の軍が有利になるであろう。しかし後々まで人を苦しめるのは不仁といわねばならぬ。今日からわが家の士は、鏃を堅く詰めよ」といわれた。聞いていた者はみな感服した。

飢民なし

岡崎で、自分の子を養うことができぬ貧民がいた。家康は富民にそれを養わせて、奴婢《ぬひ》にさせた。その親戚に富む者があって、身請《みう》けしたいという者には、入目《いりめ》（費用）を五倍で身請けさせた。そのため、飢饉になっても餓死する民は一人もいなかった。

諫言を入れる

岡崎で、勅使・上使などがあるときの用意として、長さ三尺ほどの鯉《こい》を三匹養っていたのを、鈴木久三郎がその鯉のなかから一匹を取り上げて台所で料理を申しつけ、そのうえ信長から贈られた南部諸白《もろはく》一樽の口を切って、飲み食いして人にもふるまった。しばらくして家康が生簀《いけす》をみると、三匹の鯉のうち一匹がいない。生簀を預かっている坊主を呼んでたずねると、鈴木久三郎が取り上げて料理して自分も食い、人にもふるまったとのことであった。家康はひどく腹をたてて、台所方にもたずねてみると、いよいよ相違ないとのことなのでひじょうに機嫌を悪くし、「自分で手討ちにする」といって、長刀の鞘を脱して広縁にたち、久三郎を呼んだ。久三郎は覚悟しており、少しもひるむようすもなく「かしこまりました」といって路次口からでてきた。その距離二十間ほどもあるのに「鈴木の不届き者め、成敗する」とことばをかけると、久三郎は刀脇差を脱して五、六間も後ろへ投げ捨て、目に角《かど》をたてていった。「そもそも、魚鳥の命に人間を代えるということがあってよいものでしょうか。そんなお心では、天下の望みはかなわぬでありましょう。私めのことは、なさりたいようになさって下さい」といって大肌脱ぎになり、ずずっと側へ近寄るとき、家康は長刀を捨てて、そのまま奥に入り、よくよく久三郎の心中を量《はか》ると、最近、足軽で、一人は留場《とめば》（猟を禁じられている場所）で鳥を取り、もう一人は堀で網を打ち、そのためこの両人を押しこめにしておいたが、このことをいうためにわざと鯉を料理したのだなと思いつき、すぐに二人の足軽を赦すように命じ、また久三郎を召して「そちの志には満足した」というと、久三郎は涙を流して「さてさてありがたき上意でございます。もしこれが太平の世でありましたなら、ひそかに申し上げるべきことですが、いまは乱世ですので、このような形で申し上げました。乱世では、私めのような末々の士も、いささか勇気をだしてみることが殿のお為《ため》と存じまして、右のように申し上げました。けっして私めの威をふるおうとしてやりましたのではございません」といったという。

家康が浜松で本多正信と外臣三人を用事があるといって呼びだしたところ、一人が鼻紙袋をあけて、一通の書き付けを取りだし、封を切って差しだした。家康は「それは何だ」とたずねると、「拙者が内々存じておりますことを書きつけておきましたもので、はばかりながらご参考にもなるかと思いまして、上覧に入れます」という。「さてさて、それは奇特な心配りだ」と感心して「佐渡守（本多正信）は気兼ねなくそれを読んで聞かせよ」といわれたので「かしこまりました」と読みはじめた。すると、一ヵ条読み終わるごとに「もっともだ、もっともだ」といってうなずき、さて読み終わると「これにかぎらず、今後も気づいたことがあれば、遠慮なく申し聞かせよ」といわれたので、「お聞き届け下さいましてありがとうございます」といって退出した。家康は正信に「いま読んで聞かせたことをどう思うか」とたずねた。正信は「一ヵ条もお役にたつようなことはないように思います」というと、手をふって「いや、いや、これは彼の分別一杯で書きつけたものだから、それはそれでいいのだ。もっともわしの参考にすることは何もないが、思ったことを内々に書き付けに認めて懐中し、時機をみて、わしにみせようと思う志は、何にも譬《たと》えがたい。そのことが役にたてば用いればよし、役にたたなければ用いないまでのことだ。すべて自分では自分の欠点はわからぬものだ。しかし、小身者ならば朋友同志、切磋琢磨しあうという便があるから、過《あやま》ちを知りやすい。これが小身者の益だ。大身者はそれとは違って、朋友の交わりや切磋琢磨の機会もないので、自分の過ちを知ることができぬ。朝夕話をする伽《とぎ》の者は、いずれも臣下ばかりだから、何事もごもっともとしかいわぬ。だから少しの過ちは過ちとも思わず、思わぬから改めようという気もつかないですぎてしまうことがあるものだ。これはつまり、大身者の損というものだ。およそ人の上にたって諫を聞かぬ者で、国を失い、家を破らぬ者は古今ともないのだ」といわれた。正信は、後に子の上野介正純にこれを語って、落涙したということである。

家康が二条城にいたころ、落書《らくしょ》する者が多かった。所司代板倉勝重がこの犯人を捜索するようにいった。家康は「そのままにしておけ。どんなことを書いてあるのかみよう」といってこれをみて「今後も落書を禁じてはならぬ。はしたないものではあるが、わしの心得になることもあるから、そのままにしておけ。何度でもみよう」といわれたということだ。

一番槍以上

家康はいった。「主人の悪事をみて諫言をする家老は、戦場で一番槍を突いたのよりもはるかに立派な心根《こころね》であろう。そのわけは、敵にむかって武辺を働くのは、身命を惜しんではできぬことだ。しかし勝負は時の運次第であるから、人を討つこともあり、また人に討たれることもある。たとい討ち死にしても、名誉は子孫に残り、主人にも惜しまれる。死んでも本望だ。もし、幸運にも敵を討ったときは、もちろん孫まで繁昌する基となる。だから戦場の働きは、生きても死んでも損のないものである。

ところが、主人の悪事を強く諫言するというのは、十のうち九つまでは危うい勝負である。そのわけは、その主人が無分別で、悪事を好む以上は、〝金言耳に逆らう〟ということば通り、その家老にへだて心をもつようになり、近づけなくなる。そのようなときに諂《へつら》い追従《ついしょう》する者がでてきて、頭《かしら》だった馬鹿者がまたそれと申しあわせて、その家老を悪《あ》しざまにとりなして、なにか事に触れて讒言するようになる。それを真実だと思い、隔心の上にさらに御覚え悪くなる。そうなると、どんな者でも不満をもち、主君を見限り、疎む心ができて身構えてしまい、意見をすることをやめ、仮病《けびょう》を使って引っ込み、隠居願などする。十のうち

八、九まではそのようになる。しかし、主人が機嫌が悪いのにもかまわず、家中の長としての道を守り、主人の悪事をとめなければ、その責任は自分一身に帰するのだと考えて、自分の身を忘れて幾度も諫諍《かんそう》する家老は、ついには手討ちにあうか、押しこめられるかということになって、その身はだめになり、また妻子までも迷惑することは必定のことだ。こういうことから考えてみると、戦場の一番槍はかえってやりやすい道理なのだ」と。

家臣は至極の宝

秀吉はかつて家康にむかい「わしのもっている道具粟田口吉光《あわたぐちよしみつ》の銘のある物をはじめ、天下の宝というほどのものはほとんど集めた」といって指を折って数えたて、「さてご所持の道具、秘蔵の宝物は何か」とたずねられたので、「これといって名のある物はございません。ただし拙者を至極大切に思って、火のなか、水のなかへも飛び込み、自分の命を塵芥《ちりあくた》とも思わぬ士を五百騎ほどもっております。この五百騎を召し連れますと、日本六十余州に恐ろしき敵はありませんので、この士どもを至極の宝物と思って、平生、秘蔵しております」と答えられたので、秀吉は赤面して返答がなかった。

伏見の館に加藤清正・加藤嘉明《よしあき》・細川忠興・福島正則らがきて「ご一代のご武功をうけたまわりたいのですが」というと、家康は土岐《とき》山城守定政《さだまさ》を召して「語れ」といわれた。定政はその座にいる諸士の親の名をいちいちあげて、この者の親 某《なにがし》はどこの国でこのような働きをした。この者はあそこでこのようであったと、たちまち二百ほどの衆を残らず語ったので、「家康公ご自身の武功数知れぬうえに、このようなよき家臣たちを多くもたれたのだから、きっと天下の主になられるであろう」とみな思ったということである。

人を用いる道

家康はかつて、高木主水《もんど》清秀を使番とし、筧《かけい》助太夫正重を旗奉行にしようとした。本多正信は「清秀は厚禄ですから、御旗奉行になさり、正重は小禄ですから御使番になさるがよいでしょう」というと、家康は「禄の多い者を旗奉行とし、禄の少ない者を使番にするというのは、禄高によって人を用いるということで、人材を選んで用いるということではない。わしが思うには、正重は旗奉行、清秀は使番の才がある。それで彼らをそれぞれその職にあてようと思っているのだ。正重は禄が少ないというのであれば、増やしてやろう。才能の適不適を論ぜずに、禄高で軽重をいうのは人を使う道ではない」といわれたので、正信は心から感服した。

家康はあるときの話で「良将の人の用い方は、その者の長所を取ったものだ。たとえば、良医が薬を用いるようなもので、その能否を知って、それぞれに投薬した。だからよく病を治すことができた。それに引き替え凡庸な医者は、薬石の能否を知らずにみだりに投薬する。これは人を死なせる所以《ゆえん》である。宇喜多秀家が岡越前を用いずに長船《おさふね》紀伊を用いて国を失い、身を滅ぼし、天下の大刑罰をうけた。だから、明君の人の用い方は、一方に片寄らず、ただただ至公の心をもってすることだ」といわれた。

またいった。「人を用いるには、かならずその者の長所を取るべきである。たとえば耳目口鼻のようなもので、おのおの司《つかさど》るところがあって、それによって用をしている。鵜《う》は水に入ってこそ能があり、鷹は空を飛んでこそ能がある。人間というものは、それぞれすぐれたところがあり、すべての長所が一人に備わっていることをもとめてはならない」と。

またいった。「物頭・奉行並びに代官などは、そうたびたび役替えをしてはならない。そのわけは、組頭も組子もたがいに心を知らぬうちは主人の損が多い。代官も田地の質の上下をよく知ったり、民情を知ることができないからだ」と。

またいった。「人を用いる道において大切なことが二つある。一つは、賢を尊ぶことで、もう一つは能を使うことだ。生まれつき恭謹で忠正の心をもって主君に奉公し、物に接しても寛容温厚で、自分の才能を鼻にかけず、聡敏明快で事務に通達する者は、登用して禄高を増やしてやり、政事をまかすべきである。これが賢を尊ぶということだ。また卓絶した才能をもつ材芸の士がいるとする。行動はかならずしも立派でなくとも、それを抜擢して用をなさせるべきである。これは能を使うということだ。この二つのことをちゃんとやれば、まずまず人を失うことは少ない」と。本多正信は鷹匠から抜擢し、大久保長安は猿楽能《さるがくのう》から抜擢されたのも、この方法を用いられたのである。

本多忠勝はいった。「主公はご若年のときから、何事もはっきりとはおっしゃらなかったので、自然とそのいい方に、もどかしさを感じていた。拙者も、こうしていま年寄って自分の家来を使ってみて、そのことに思いあたる。上から下のことはよくみえるもので、よくみえるのにまかせて、善悪《よしあし》をいってしまえば、下の者はいっさい頭があがらない。主公はこれで、下に対してとやかく決定的なことをいうのをいとわれたのだと気づいた」と。

駿河で当直の士が、留守居を一人置いて、ほかの者はみな夜半すぎまで諸所を徘徊し、辻相撲などをみながら遊び歩いたことがあった。ある夜、家康がふと表にでられると、ただ一人が留守をしているのをみて、詮議して叱られそのうえで「お前はほかの連中がでて行ったのに一人残っているとは、さだめし臆病者か馬鹿者なのであろう」といわれたので、それ以後、一人二人ずつ跡に残ろうという者はなくなった。そのため人びとはでることができず、全員、番所に勤めることになった。

妓楼の対策

駿河では阿部川の妓楼が近くにあるので、麾下の若い人びとが遊蕩に流れるとの噂があった。そのころ町奉行彦坂九兵衛光政は、阿部川町を一、二里遠いところに移そうと思い、うかがいでると、家康はすぐに光政を呼んで「その阿部川町の町人どもを二、三里遠方に移せばどうなるか」とたずねられた。「それは商売上たいへん難儀いたしますでしょう」と答えたので、「その方は、阿部川町を遠いところに移したらよいとの旨を申しでたということだが、阿部川町にいる遊女どもは売り物ではないのか。売り物であるとすれば、品物という点ではみな同じこと、遠いところに追いやれば、渡世もしにくくなろうから、そのままにしておけ」といわれた。そのため阿部川町はしだいに繁昌し、麾下の者たちで勝手元（経済）不如意に陥る者が多くでたという噂があった。

その秋、光政を召して「この間町で踊りをする声が城内にも聞こえた。一覧したいから、その踊り連中を城内に入れよ。ただし帯や手拭などを新調するには及ばぬ。そのままでよい」といわれたので、駿河惣町を三つに割って踊りを差しだした。すると握り赤飯、酒などを賜って、三夜ぶっ通しで踊りが行われた。「阿部川町の踊りはいかがいたした」とのおたずねに対し、「遊女町ですから、申しつけませんでした」というので、「年をとると、女の踊りをこそみたいものだ。美しくもない男ばかりの踊りでは、おもしろくないな」といわれた。そこですぐに阿部川町へも踊りを申しつけ、一組の大踊りを用意し、惣遊女のなかで、そのころ人気の女たちの名前を書きつけて差しだすようにとのこと。踊り休みのときに、書き付けに書き載せられた遊女どもは、板縁の上にあげておくようにとのことであったので、一人ずつ御前に呼びだした。それぞれ名を名乗って帰るとき、次の間で菓子を片木に載せて賜った。そのとき福阿弥《ふくあみ》が小声で「もしかして、名指しでお召しのお呼びがかかることもあろうから、そのつもりでいるように」といい聞かせた。このことは方々に伝わり、御前にまかりでた遊女のうち誰がお目に留まって、召し呼ばれるか予測もできず、そのとき何を申し上げるかもしれぬとの心配で、家中の士の阿部川町通いはひたとやんでしまった。

世継ぎは竹千代

秀忠は嫡男竹千代を廃して、次子の国松を世継《よつ》ぎにしようという下心であった。家康はこのことを聞いて、ある日、「竹千代と国松に、ひさしく会っていないから、兄弟一緒に参るよう」とのことであった。やがて竹千代と国松が同道してでてくると、家康は「竹千代殿こちらへ、こちらへ」といって、座っていた上段に招いたので、竹千代は上段に上った。国松もつづいて上段に上ろうとしたとき、家康は「これこれ、もったいない。国松はあちらに行け」といって下座に着かせた。やがて餅がでると、「竹千代殿に差し上げよ」といい、次に「国へも食わせよ」といってそれぞれことばを改めた。また「竹千代殿の供の衆を呼べ」とのことで、次に供の人びとがでてくると「こちらに参られよ」と上段の際《きわ》まで召し寄せ、餅をつまんで「これを食べてみなされ」といい、次に「国の供の者どもを呼べ」とのことで、供の人びとがその座に入ろうとすると「これこれ、もったいない」といって、餅をつまんで次の間へぽいと投げだし「これを食え」といわれた。このようすを秀忠が聞いて、国松を後《あと》嗣《つぎ》にたてようとしたことを思いとどまったという。

国を治める道

家康はあるときの話に「国を治める道に三つある。一つは国を量《はか》り、二つは人を量り、三つに食を量ることだ。国の大小、地の遠近・田畑・山野・海川のようすをよく知って治めるのを国を量るというのである。人の衆寡を量り、暮らしに迷わぬように治めることが、人を量るということである。食の饒乏《じょうぼう》（豊かなことと乏《とぼ》しいこと）を量って、これを治めることを食を量るというのである。この三つを知らなければ、国を治めることはできない。だから民が多いときは新田を開かせ、山野海川での働きをさせるべきだ。そうすれば、国は富み民は集まる。民の少ないときは、新田を開かせてはならぬ。新田を開拓させるときは、本田はかならず不作となるものだ。民は国の基本であるから、よく国を治める者は民を多く育て、農工商の釣りあいを得てはじめて、世はうまく治まる。世が衰えるようになると、君は君たるべきの道を失い、栄華を好み、居宅・衣類・器物の道楽に金銀を費やす。これによって、工と商にたずさわる者は実入りがよくなり、暮らしむきもよくなる。そうなると百姓は士に取り組むという根本の百姓道を捨てて、遊民が日に日に多くなり、国は日ごとに窮し、亡命の徒が集まって盗みをするようになる。これを〝不戦の乱国（戦乱によらずして国の乱れること）〟という。

足利四代目義持《よしもち》のとき、天下太平の時期が長くつづき、懦弱《だじゃく》に流れ奢侈にひたり、群臣の家で酒盛りが盛行して遊楽にふけり、政《まつりごと》に心を配ることなく、臣下は権力をもっぱらにして賄賂は横行し、正しい者は排斥されて讒諛《ざんゆ》（讒言して人に取り入ること）する者は志を得て出世するという風で、風俗は日々に俗悪卑陋《ひろう》となり、六代目義教《よしのり》（義持の弟）になると天下は大いに乱れた。前に義教に道を知らせ、一家一門の欲を押さえて、公室を強くするように計り、姦邪は退け、正直を進めてさえいれば、かならず国家は興るはずなのに、悲しいかな、かえって北条義時の失敗のあとをふたたびふみ、威権は下に移り、いわゆる下剋上の様相を呈して、収拾しがたきものとなった。七代目義勝《よしかつ》・八代目義政に至っては名だけの将軍で、どうすることもできない。だからよく国を治める者は、士農工商の釣りあいをよくして、万民にそれぞれ自分のたずさわる職業を通して安住させるのである。これは永く国家を保つ根本である」といわれた。

またいった。「およそ政をするのにかならず一定の法がある。法は曲尺《かねじゃく》のようなもので、六尺の畳は全国どこでも同じだ。これを一定の法というのである。凡庸な主人や暗君は、つねに邪臣に惑わされて旧法を変更し、そのために失敗に帰さなかったためしはない。たとえば、六尺の曲尺をやめて七尺の畳をつくるようなものだ。どこへ行っても適用することはない。新法の害はまた同じことだ。祖宗の創業というものは、その国家のために十分に熟慮したものである。そのうえ日夜心身を労して、子孫のために万世不易《ふえき》の法を立てたのである。ところが後嗣《あとつぎ》は、その法を守ることができず、思うままに変更して、それで国家を誤らない者は稀だ。だから、子孫はよく祖宗創業の艱難辛苦を忘れずに、祖宗の心を自分の心とし、すでにできあがっている憲《のり》を守ることによって国家を治めることを忠厚というのである。人の上にたつほどの者はみな、人の正邪を見分けなければならぬ。表面だけを飾ってみても、人びとはついてこない。民が味方になってこない者は姦人だ。財を集め、人を苦しめるのは禍《わざわい》のもととなる。財を散らして人を集めるのが長久たるの基だ。たとえば、慈悲というものは草木の根のようなもので、人の和は華実のようなものだ。よくその根を養えば、おのずからかならず華実は美しい。国を治める者は、よくこの意を解して、祖宗の成法を守り、奢《おご》ることなく、慈悲を万事の根本とすべきである」と。

蔵米の貯蔵

家康は関東に入国して以来、諸国の米を江戸へ運送させた。役人たちは相談して「ご収納は多すぎましたので、腐り米が多くなり、そのうえ諸国のご代官も、ご当地まで廻米するための出費がおびただしゅうございますから、お蔵の棟数を減らせば、多分のご徳用になるでしょう」と申しでると、家康はひじょうに機嫌を悪くして「蔵数が多いために、腐敗耗失《こうしつ》する米がかなりあるだろうということは、前々からわかっていることだ。万一、遠国の米穀を当地に運送できかねるときは、当地の米の値段は高値になり、諸国から入り込んできた江戸の人びとは食物に難儀するであろうから、必要なときのためを考えて蔵米を多く貯蔵しておかせるのだ。そういう非常の場合を考えない者ども——とにもかくにも天下の勘定頭（会計係の親玉）ともいわれる者が、ただわしという一個の主君の損得を問題にして、そのようなことを申してでてくるとは、なんたることか」といわれて叱られた。

善政を継ぐ

またいった。「明君良将というのは、人のすることのよいところを取り用いて国を治めた。むかし源頼朝は藤原泰衡《やすひら》を討って陸奥を平らげ、その跡の仕置きをしたが、そのとき秀衡《ひでひら》（泰衡の父）の仕置きのようにと書いて諸所に高札をたてたため、奥州はすぐに治まった。その高札は、いまでも奥州にはときおり残っており、わしもかつてみたことがある。頼朝のような人は、よく人のよいところを用いたというべきだ」といわれた。そういうわけだからであろうか、家康もまた甲斐を領するようになると、武田氏の法を用い、関東を治めるようになると、北条の旧法にしたがった。そのためすみやかに平治したわけだ。ただ年貢を取ることだけは三河の例によって軽く取ったので、民はますますその徳に服した。

家康はかつて秀忠にいった。「わしは天下を治めるのに三河の旧法を用いた。税の取りたては軽くした。これは民が服する根本だ。後世、子孫もよくこの法を遵守せよ。しかし後世太平がひさしくつづき、上は侈《おご》り、下は諂《へつら》い、給与がうまくいかなくなると、郡司（郡政の長）はかならず郡吏を責めて百姓から税を多く取りたてるようになろう。こうなると、郡吏はみだりに徴税の額をふやして、むやみやたらに取るようになり、百姓は困窮し、かならず上を怨むようになる。執政者がこのような人間を役人に任用し、俸禄を増やせば国家はしだいに衰えて行くことになる。百年の後に至って禍乱が起こるのは、かならず百姓が上から心を離すのが原因である。物にすぐれている主君は別として、いったい中級以下の主君（執政者）となると、重臣の補翼のしぶりが大切だ。水はよく舟を浮かべもするが、水はまたよく舟を覆す。慎まなければならない」と。

臣下の道

秀忠がかつて使いを駿府にだしたことがある。家康は「その方は将軍（秀忠）のお目に叶って、いろいろの用事も心やすく申しつけられる立場の者とみえる。そうだからこそ、このたびの用事もその方をよこしたのであろう。身分の上下を問わず、主人に気に入られるように奉公を勤めるということは、なかなかできにくいものなのに、そちは結構なことだ。それについても、その方らの覚悟が大切だぞ。いまとなっては、近習から外様《とざま》に至るまで、大勢の諸将どもは、将軍の情を感じてありがたきことよと喜ぶようにせねばならぬが、それを、恩をうけていながら恩とも思わず、恨みをふくんだり不満を抱かせるようにするのも、その方らの心次第である。この点はよくよく分別しなければならない。第一に、主人の覚えがよいと、自然と心に奢《おご》りがでてくるというのは、古今を問わず人間一般の情である。奢りはきりがなくつくものであるから、自分の心では奢りだと思わぬことでも、他人の目にははやくもそうみえるものだ。奢りがつくとかならず怠るようになる。怠りからすべての悪事がでてくるものだと考えて、前々から用心し、主君に気に入られ、親密になればなるほど、ますます慎み用心して、同僚との交わりもえこひいきをせぬように、またなにかにつけてその者の人柄や心の配りようを十分見届け、将軍のためを第一に考えてよく奉公し、後には頭奉行人などにもなりそうな者ならば、自分としっくりあわぬ者でもうまく使いこなして目をかけてやり、奉公しやすいようにするのがよいぞ。まして自分と仲のよい者はいうまでもない。だが、軽薄者と実義な者を十分に見知っておくことが大切だ。

第二には、自分ひとりがでしゃばって、一人で何事も片づけたようにするのは大きな欠点である。そのような気持ちの者は、どれほど才智発明でも、そのときはうまく捌《さば》くようにみえても、結局は失敗してしまい、なんの役にもたたぬ器量だということになる。このわけは駕籠《かご》に乗って行く場合に、力も身長も恰好《かっこう》もそろった六尺《ろくしゃく》（駕籠舁《かごかき》）で、前後二人でかつぎ、そのほか副肩《そえかた》といって、前後に手を副《そ》えて力をつける者がおり、そのうえさらに替肩《かえかた》といって幾人も前後にたち副《そ》って、はじめて難所や長旅も安心して乗れるのである。どのように力が強くても、一人ではかつげないし、たといかつげても、乗る者は安心できないし、脇からみていても危うい。それと同じで、天下国家を保つということは、たいへんな重荷で、その重荷を一人ではとてももちきれぬので、自分に劣らぬ相談相手を何人も選んで官禄を与えておき、その者どもとともに力をあわせてこそ、国家を保つことができるのに、他人を交えず一を交えず人を交えず一人で主君の相手になろうと思うのは、ひじょうに悪いことである。乗り物の前後によい六尺がたくさんつけば、どのような山坂も遠旅でも行けるように、天下を治めるにはよい家老たちが多く寄り集まり、行いの正しい奉行や諸役人を選んで、何事も腹を割って談合評定《ひょうじょう》して仕置きをすれば、世間は無事で何代でもつづく道理である。国家の宝は人のほかにはない。だからむかしから忠臣良士と呼ばれるほどの者は、自分一個の功をたてずに、傍輩のなかから賢良の士を見立てて何人も推薦し、主君の役にたつようにしていると思われる。このことをよくよく心得て、江戸に帰れば同役の者どもにも語って聞かせてやれ」といわれた。

家康はかつて井上主計頭正就《かずえのかみまさなり》にいった。「政にたずさわる重臣たちは、仲がよくなければならない。なぜなら、灌木が火を生じると、これによって山が焼ける。大臣が政を争えば、国はこのために滅びる。その方らはかならずつねにみずから慎み謙譲の心をもち、衆人と親しめ。もし政を専断して権をほしいままにするようなら、それはすなわち国の寇讐《こうしゅう》（あだがたき）である。その方らよろしく細川頼之《よりゆき》（室町幕府に背いた細川清氏《きようじ》を讃岐に滅ぼして四国を平定し、幕府の執事となって三代将軍義満の初政を助けたが、後に諸将に疎まれて辞任し讃岐へ帰った。やがて備後の守護として領国内を平定。翌年、山名氏清《うじきよ》を諸将とともに討って〈明徳《めいとく》の乱〉返り咲き、幕府の宿老となった）を見習うべきである」と。

初穂の礼儀

秀吉が、かつて伏見で家康と前田利家を饗応していった。「近いうちに聚楽第《じゆらくだい》に行ってともに遊覧し、帰路に徳川殿のところにたち寄ろう」と。家康は「聚楽ではたいへん結構な美食でしたから、拙者のところではただ茶だけにいたしましょう」といって、邸を掃き清め、庭に水を打つなどして、みずから茶壺の口を切り、茶を茶道の朱斎に命じて挽《ひ》かせた。その日になって家康は聚楽第をはやくたって帰られ、茶をみると量が減っている。朱斎を召してたずねると、「水野監物《けんもつ》忠元が飲みました」という。忠元は寵愛の美童である。家康は新たに小壺の口を切って茶を取りだし、休閑に命じて挽かせているとき、加々爪隼人政尚が「上様はもうすぐお成りになるというのに、いまになって挽きはじめたのでは間にあわないでしょう。はじめに挽いておいた茶を、少しではあっても、今日、上様に進めるぐらいの量はありましょう」といった。家康はこれを聞いて「なにを申すか隼人。そちはよくわしの口真似をする者なのに、こんなことを心得ていないのか。今日はたとい茶を挽かないで、太閤に茶を差しあげられず、そのためにご不興をこうむったとしても、すでに人が飲んだ残りをお進め申すことができるか。そちがそんな心根の人間なら、正しい奉公はできないぞ」と戒められた。

家康はすでに三公（太政大臣・左大臣・右大臣）に登られたが、今川義元の戦死の地桶狭間を通られるたびにかならず馬から下りられた。また武田晴信の娘賢性院《けんしょういん》とご対面のときは、いつも上段から下りられた。

太平に武を嗜む

家康はいった。「猟は武を嗜むためであって、行楽のためではない。また原野を跋渉《ばっしょう》して、民の苦労を知り、また民を恵むことの一端である。もし民をこき使い、農作業を妨げて作物を蹂躙《じゅうりん》すれば、これすなわち悩ませることである」。

家康が本多正純にいった。「狩りは大名のつねになすべき行事であって、禽獣《きんじゅう》を追ってただ楽しむためのものではない。天下無事のときにあたっては安逸に慣れてしまい、体がだらけてしまう。それでは、一朝事あればなんの役にもたたぬ。しかしもし事がなければ、人は田野を跋渉することができない。だから武を猟にことよせて、あるいは馬に乗り、あるいは徒歩《かち》で山坂を凌《しの》ぎ川水を渡り、自分で実際にその地を行く体験をしてみて、騎歩に馴らすのだ。これによって、士卒は行軍の労苦を習うし、隊伍を整えて進むことをも覚える。これもまた平和時の訓練の一つである」。

家康が駿府にいたとき、若い人びとが座敷で相撲を取っているところに急に行かれたので、みなおどろいて平伏した。家康は「相撲を取るのなら、畳の裏を返して取るがよい。福阿弥（茶道師匠）がみると、縁《へり》がすり減っておりますといって腹をたてるだろう」とだけいわれて、お叱りはなかった。このようすを聞いて諸番頭は、座敷で相撲を取ることは禁止した。

またいった。「室町末期のころ、武備を忘れて茶道にふけり、ついには大乱が起こった。しかしながら、天下が無事であると公家は武家の風を学び、武家は公家の風を学ぶものだ。こういう状態は、やがて危乱が起こる兆《きざし》だということを知らなければならない」。またいった。「乱世に武を嗜むのは珍しいことではない。たとえば鼠が人に捕らえられるのをいやがって、人に食いつくようなものだ。太平無事のときに武を嗜むのこそ、まことの武を好む人というべきである」と。

家康が二条城にいて、能楽を見物していたとき、何事かをこっそりと板倉勝重に申しつけられた。そのことを後に子の重宗がたずねると「ちょうどよい時分だから、旗竿にする竹を切らせよとの御意であった」と答えたという。

部下思い

小笠原兵部大輔《ひょうぶたいふ》秀政・その子の信濃守忠脩《ただのぶ》・大学頭《だいがくのかみ》忠政の三人が天王寺の戦でめざましい働きをして、秀政・忠脩は討ち死にし、忠政は深手を負ったので、家康は施薬院《せやくいん》宗伯・山岡五郎作景長に見舞わせ、二人の忠死を憐れまれ、また忠政の疵が平癒するように手当てをさせられた。その閏六月二十六日、二条城で舞楽《ぶがく》の催しがあって、諸大名にみせられたが、そのとき忠政の疵がまだ治っていないために遅参してしまった。すると舞楽開始の時間をしばらくみあわせて、忠政がでてくるのを待たれた。やがて忠政が出席すると、加藤左馬助嘉明らの諸将が座っているところまで出向いて行かれ、忠政の疵をみられて、「これはわしの鬼孫（孫にあたる荒武者）だ。父の兵部、兄の信濃も討ち死にし、この者も深手を負ってまだ治っていないために、このように遅参したのだ」といって、忠政がその座をたって拝覧所にでると同時に「舞楽をはじめよ」と命じられたという。

食事の大事

家康が駿府で軽い病にかかり、日ならずして快気したとき、侍医に「気分もよい。第一、食事がよく進んだ」といわれたので、侍医は「それは結構なことです。命は食にあると申しまして、なによりも喜ばしきことでございます」といった。それを聞いて家康は「その方はどのように心得ているのかな。たとえば今年生まれた子は、乳を飲ませるにしても、多すぎないように、足りなくないようにと親の心配りがなくてはならない。すべて人は、朝夕の飲む物・食う物が大事だぞという気持ちではないのかな」といわれた。すると侍医は「ごもっとも至極の上意でございます。命は食にあると申しますことばの意味を、いままでは間違って解釈しておりました。上意のように、食事の善悪、過不足という点に気づかず、食いさえすればよいと存じておりました。これはたいへんな心得違いでございました」といったという。

頼朝の心事

夜話のとき家康が、伽《とぎ》の者のなかから「源頼朝のことを名将のようにいっておりますが、平家追討のときに、名代《みょうだい》として上らせ、ことに軍忠のあった範頼《のりより》・義経両人の弟を殺しましたことは、よくないことのように思われます」というと、家康は「その方どもが考えていることは判官びいきというやつで、乳母《めのと》や母どもが寄り集まって茶飲み話をするようなもの。まったく役にたたぬ批判だ。頼朝は天下を取られた人である。すべて天下を支配する者は、後嗣にしようと思っている総領の子一人のほかは、二男三男といっても、ちやほやする必要はないし、ましてや兄弟などといって、ほかにたてておくべきではない。親族の誼《よしみ》で大身に取りたて、国郡の主としておくとはいっても、ほかの諸大名と少しも変わりはない。だからその面々はとくに身をへりくだり、一段と公儀を敬い、万事を慎まなければならないのに、そうではなくて親族面《づら》をしてわがままな行動をすれば、子供や弟であっても見のがしたり、聞きのがしにばかりしておいては、ほかの諸大名への仕置きもたたないので、えこひいきを離れ、それ相当の仕置きを申しつけるのも、天下を取る者の心得の一つである。ただし不行儀だとか無礼だとかいうことならば、流罪などでもことは済む。しかしすでに逆臣ということになっては、死罪にするほかはない。これは世の治乱を考えて、万民安堵の道を計るためである。単なる国持ち大名の心と、天下を取る者の心得とはおのずから違うのだ。けっして頼朝が悪いのではない」といわれた。
またいった。「頼朝が石橋山の合戦に敗れて朽木のなかに隠れたとき、梶原景時が頼朝に『天下をお取りになりましたら、私を執権にして下さい』というと『いかにもそういたそう。しかし私事を働いたときには、即刻、首を切るぞ』といわれたのは、さすがに大人物たるの器量だ」と。

川中島両雄批判

家康はかつて川中島の戦を評していった。「信玄が川を越えて越後への道を塞ごうとした謀はもっともであるが、川を渡りのぼるところをひろくくつろげて陣を取ったために、夜中に謙信が川を越してきたのを知らず、敵の備えを固めさせてしまって、その結果大利を得ることができなかった。謙信が川を渡りのぼるときに、旗本（本陣の兵）に、すぐ押しかけてこれを撃たせれば、西条山も近いことであるし、山にむかった兵は戦の音を聞いて、即刻、馳せつけたであろう。前後から挟み撃ちにすれば、夜中であっても、不意を突かれるわけだから、施すべき術《すべ》もなく、これを討ち取れたであろう。また謙信も、夜のうちに川をこえて信玄と合戦する気があれば、海津の近くまで出張って町口を心がけて待てばよい。信玄が海津の町から押しだすときに、馳せむかって町なかに追い入れ、これを撃てば利があるはずだ。両方とも敵を恐れて危ぶんだために、この方法を取らなかったのは、備え違いをしたのだと思う。どうだ」と広瀬三科《みしな》にたずねられた。二人は「ただいままでは、甲州でもこういう批判はいたしませんでした。はじめて合点がいきました」と深く感じ入った。安藤直次は「三将（信玄・謙信・家康）のお知恵を聞きました」といって喜んだという。

平家汁

前波半入《まえばはんにゅう》が伽《とぎ》で四方山《よもやま》話をしたとき、「ある田舎の庄屋が瞽者《こしゃ》に平家琵琶を語らせて、村全部の者に聞かせようとしたところ、村人たちは聞き違えて平家汁をふるまうと聞き、村人全部が集まって『これは珍しいことだ。平家というのは、どのようにして食うのだ』といろいろ相談した。ある人が『何某《なにがし》老人は、このような晴れがましい作法は心得ているから、いって聞いてみよう』といいだしてたずねていったところが、その老人は、『ふだんわしのことは耄碌爺《もうろくじじい》といって、いっこうにおかまい下さらなかったが、このことは心得ていますぞ。この汁をすする者は、新しい椀を用意して食うのがむかしからの習いだ』と教えた。みなはやっぱり『年の功だな』といって、新しい椀を懐《ふところ》に入れて庄屋の家に集まった。『いまに汁がでるだろう』と人びとが待ち遠しく思っていると、意外にも瞽者が一人でてきて、長ながと平家物語を語り、終わっても何もでるようすもないので、みながっかりして帰ったそうです。こういう食い違いの話もあるものでございますよ」と笑いながら話すと、家康は聞き終えて、すぐに宿老の人びとを前に呼びだし、半入に「いまの話をもう一度これらの者に語って聞かせよ」といって同じ話をさせたうえで「さて、何事も末の方になると、こんなに違ってくるものなのだ。そちたちがわしの命を下々にいい伝えるにあたっては、よく同僚と相談して、人びとに異議なきようにしなくてはならない。そうしなければ、そちたちが伝え違うのと、下々の聞き誤ることから、少しのことでも千里の違いになってしまう。これは十分心得ておくべきことである」と教え諭されたという。

法は峻急なるをよしとす

またいった。「法制をたてるには峻急な方がよい。たとえば、火が燃え上がるようなのはよく、水が静かに湛《たた》えているようなのは悪い。さかんな炎のなかは、人びとが恐れて近づかないから焼死する者もない。静かに湛えている流れは浅いか深いかがわからぬから、安心してしまって高をくくるので、溺死する者がいる。何事もはじめはきびしく命令して、後に徐々にゆるやかにすれば、下々はおそれ慎み、公法を侵さないから、おのずから刑法にかかる者はいない。ところがはじめ寛にして、後に厳にすれば、意外にも殺さなくてすむ者をも誅するようなことにもなるのだ」と。

新田談義

土井利勝が駿府に使いにきたとき、家康は夜話で「このごろ関東筋では新田《しんでん》を開墾しているか」とたずねられた。利勝は「はい、さようでございます。よい場所をみたてて絶えず開墾しております」というと、「新田二、三万石もできれば、どうだ」といわれた。利勝は「それは永代にわたってのご利益です」と答えると、また「古田二、三万石が荒蕪《こうぶ》に帰すれば、どうだ」といわれた。「これは大きな損失です」という。そこで家康は笑って、「そちたちは新田ができることばかりを喜んで、古田がだめになって行くのをなんとも思わぬか」といわれたので、「そうではございません。古田を荒蕪させず、新田も古田もたがいに妨げにならぬようにして開墾しております」と答えた。すると家康はかさねて、「そちたちのように老職を務めていれば、官事《まつりごと》に心を用いるのはもちろんだが、人には心得違いというものがないとはかぎらぬ。そういうときは誰でも、聞きのがし見のがしにして捨てておくことではない。その過誤の軽重によっては役儀を召し上げたり、あるいは遠慮閉門に申しつけねばならないわけだ。このようなときにその者が先非を悔いて善道に移るのならば、旧悪を許してまたもとのように召し使うべきだが、もし改めもせず、もと通りの不善な心のままであれば、その者に与えておいた領地は、みな古田の永き荒蕪というものだ」といわれたので、利勝は「思いもかけぬご賢慮をたまわりました」といって、江戸に帰ってからそのことを告げると、秀忠もひじょうに感心した。その後江戸で、二、三万石ほどの譜代大名一人、番頭《ばんがしら》一人そのほかにも不善の挙動があってお咎めを申しつけられ、改めてその子弟に旧領を賜ったということがあったが、これは家康のいわれた右の趣旨を堅く守って行われたのであろうと、人びとが噂したという。

大黒の極意

豊臣家の伽衆《とぎしゅうそ》曾呂利伴内《ろりばんない》がある日やってきて、いろいろの物語のなかで、「大黒と申神《さるかみ》を福の神として人びとがお祀りしているが、福の神のわけを知っている人はきわめて稀である」といった。家康はそれを聞いて、「大黒にどのようなわけがあるのか」とたずねた。曾呂利は「大黒の形は、眉を高く作り、その上に頭巾《ずきん》を着せます。これがほんとうの大黒の心です。そのわけは、眉を高くしてその上に頭巾をかぶせたのは、自分で上のことをみませんから、奢る心もなく、自分の分相応を守れば、自然と幸福がくるであろうということを形に顕わして作り、教えにしたものです」といった。家康が聞いて「もっともなことだ。そうであろう。むかしから五字七字ということがある。その五字は、〝うへなみそ（上をみるな）〟ということであり、七字というのは〝みのほどをしれ〟という七字である。この二つをよく守れば、貴賤を問わずに身を全うして、ついには幸いを得るということだ。さて大黒には、もう一段ほかの心がこもっている。これが大黒の極意だ。考えてみよ」といわれた。曾呂利はしばらく考えていたが「頭巾より上の道理は思いつきません」といった。家康は「大黒はいつも上をみないということであるが、大切なときには頭巾を脱いで、一度、上をみようという極意だ。たとえば、侍はつねに腰の刀を研ぎ磨《みが》いて刃《は》をつけておき、しかも鞘走らぬように差しているのは、必要なときに一度は抜こうがためである。およそ侍が命を大事にして自分の身を養生するのも、ひとたび時がくれば一命を捨てようということである。こういう目的もなしに、ただ養生しようという志からではない。腰の刀だって、一代の間まったく抜かないというのであれば、差している甲斐はない。大黒の頭巾というところにばかり心を留めて、抜くべきときを知らないのは〝琴柱《ことじ》に膠《にかわ》する（融通のきかぬこと）〟という諺《ことわざ》にもあるように、本意にはかなわぬことだ。ただ〝うへなみそ〟という狭い意味にとどまるべきでないことが、大黒の極意だ」といった。

小僧三ヵ条

家康は老臣との談話のとき、「おのおのは、小僧三ヵ条ということを知っているか」とたずねた。誰もが「聞いたことがありません」というと「それならば聞かせよう。ある山寺の僧が、村里から一人の弟子を取った。小僧として召し使っていると、その小僧があるとき親元に逃げ帰っていった。そして『私は、このように頭を丸めたからには、なんとか学問もし、ちゃんと出家得度《とくど》したいと思って、いままで随分と忍耐してみましたが、師匠の御坊があまりに無理なことばかりいって、折檻《せっかん》しますので、どうしても堪えられなくなって帰ってきました』という。親どもがそれを聞いて『それほど困ったというなら、どんなようすであったのか話してみろ』と問うた。すると小僧は『つねづねこれはもっともだと思うことは一つもありません。なかでも困ったことが三つあります。その第一は、師の坊の髪を剃《そ》るのを習えといって剃らせますが、私は習いはじめですから、ときどき剃刀の先が皮を破ることもあって血などがでると、きつく折檻されます。第二には、味噌を摺《す》るのに、その摺り方が悪いといって朝夕ぶたれます。第三には、用たしに雪隠《せっちん》に行けば、これまた雪隠に行くのが悪いといって折檻されます。このような次第では一生勤まるものでしょうか』といった。親どもはそれを聞いて『そのようなことでは、お前が居たたまれなくなったのももっともだ』といって腹をたて、すぐに寺にいって住持に会い、いろいろ不満を申しのべて小僧を引き取りたいといった。

師の坊はそれを聞いて、『およそ沙門《さもん》の勤めというものはむずかしいもので、本人はもちろんのこと、両親《ふたおや》までも、なんとか出家をさせたいと思ってさえ、素志をとげることは稀である。そなたなどは、小僧がいったことをほんとうだと思い込んで、とやかくいうような心では、出家はとげられそうにないから、お望み通り親元に返そう。しかし諸旦那方（檀家）への手前もあるから、右の三ヵ条について弁明をしておこう。まず味噌の摺り方が悪いというのはほかでもない。寺も在家も味噌はすりこ木で摺るものであるのに、小僧めは塗り杓子《しゃくし》の背で摺ったから、朝夕、拙僧が世話をやいて申しつけたが、いっこうに聞き入れず、このごろまでに杓子ばかり三本も摺り破ってしまった』といって、膳の脇から取りだしてこれをみせた。『次に雪隠へ行って用をたすのを叱ったとあるのは、これもわけがあることだ。おのおのも知っているように、毎年、代官衆が当村に参られたときは、当寺を宿所にされるのがきまりだから、雪隠が遠くては不自由であろうと、下《しも》の者に相談して、臨時に客殿の近くに新しく雪隠を作った。代官衆の饗応のために作ったのであるから、愚僧をはじめ誰もこの雪隠に行く者はいないのに、小僧め一人が専用のようにして使うので、たびたび申しつけたのだが、少しも聞き入れない。さてまた髪を剃ることも出家の勤めの一つであるから、どうしても剃り習うようにいったが、拙僧の頭を筆紙にみたてて練習のために剃らせたところ、やがて剃り習い、このごろは自分の頭を自分で剃るほどになったので、まして人の頭などは手際よく剃るようになったから、この間、拙僧の髪を剃らせると、わざとこのようにしたのだ』といって、頭巾を脱いだのをみると、何十ヵ所も疵があり、頭じゅう血留めをつけて疵薬を塗りつけてある。小僧の親がこれをみるや、横手を打ってひどくおどろき、困りきって詫言《わびごと》をいった。これを小僧三ヵ条といって、軽いことのようであるが、国持ち大名をはじめ、そのほか家老・用人頭・目付の役などを勤める面々は、この心づかいが大切だ。一方だけを用いて沙汰に及べば、大きな間違いが起こりがちなものだ」といわれた。

主を捨てる不届き者

徳川の家臣　某《なにがし》の臣が、ある戦で、よき大将の首を討ち取って持参した。その主人は若年のために功名をたてることもなかったが、その家来がよき首をとって武功をあらわしたので、みなこれを誉めた。家康はそれをみて少しも誉めなかった。「その方の主君は、何一つ首を取らなかったというが、どこにいたのか」とたずねると、その者は「存じません」と答えた。すると「まず自分の手柄をたてることよりも、その若輩の主君を見届けて、主人が手柄をあらわすように心がけるべきであるのに、そうはせず、その首一つばかりを持参して自分の主君を見捨てたとは、不届きである。その者は今後、召し使ってはならぬ。扶持を取り上げよ」といってその若主人に扶持を取り上げさせた。

豊年のしるし

家康が鷹狩りにでて、あるところで近臣にむかい「今年の麦は豊作のようだ。その証拠がわかるか」といわれたが、一同はわからぬ由を申し上げると「すべて、麦草が左に寄って生《は》えていればかならず凶作で、右に寄って生えていればかならず豊年なのだ。あの草をみてみよ。みんな右に寄っている。そのうえ、民百姓の幼い子供たちのようすをみると元気だ。これは母親の食物がよくて雑穀を食わずにすむから、乳がたくさんでるためだとわかる。また芋蔵《いもぐら》で、去年の芋が家々に積んであり、土をかけて保存しておき、それを民の糧としている。その芋蔵がまだ崩れていないところをみると、きっと食糧が尽きていないようである」といわれた。

またいった。「特別の人のほかは、三年たてば三つになると諺にいうが、もっともなことだ。人間は、老若ともに年相応の様《さま》でいるのがよいのだ」と。

大将の心得

またいった。「いまどきの人で諸人の頭《かしら》などをする者は、軍略をたてて床几に腰打ちかけ、采幣《さいはい》をもつ手さえ汚さずに、口の先だけで戦に勝てるものと心得ているのは、とんだ考え違いだ。一軍の大将たる者は、味方の諸人のぼんのくぼ（後頭部）をみていて、敵などに勝てるものではない」と。

またいった。「およそ奉行たる者は、賄賂に耽ることは悪いとはいいながら、あまりに物をうけ取らなければ、国じゅうの者は親しみ寄りつかなくなり、したがって善悪のほどがわからぬものだ。沙汰という文字は、沙（砂）に石が混じってみえないのを、水で洗えば石の大小もみなわかって、土は流れて行く。みえてこなければ洗うこともできない。このように、奉行人はあまり賢人ぶっていては沙汰もできず、物をせんさくする方法もない。この心得で、主君のために悪いことでなければ、少々の物はうけ取ってもかまわない」といわれた。このことが近国に伝わって「家康は文武両道の大将だ」といって感服したということである。

縄つき代官

またいった。「古い諺に、代官と徳川の首には縄がつくものだという。代官役をする者は、大名狂言の役者のようなもので、烏帽子《えぼし》直衣《ひたたれ》を着て、太郎冠者《かじゃ》・次郎冠者を召し連れ、いかにもまことの大名のようにみえるが、その狂言が終われば、もとの何右衛門・何兵衛にもどる。代官もまた同じことだ。お上から預かっているところは、あたかも自分の知行のように思って支配しているから、百姓どもは殿様といい、その女房を奥様とか御前様などと尊敬するので、自然に奢《おご》りの心がでて、家事万端大名風になって、預かっている年貢金などを使ってしまい、三年目の勘定のときには四年目のをやりくりし、先繰《せんぐり》して間にあわせている。そういうことだから、すぐには使い込みがばれないので油断していて、代官の総監査というときになって、相当高額の使い込みになっているのにおどろいて、親類縁者の助けをもとめたり、自分の財宝を売ったりしても間にあわぬ。そうなれば、代官の首に縄がつくものだ」といった。

二条のお屋敷

二条城の要害が粗末なため、ある者が「もう少し堅固になさるよう仰せつけられてはいかがでしょう」といった。家康は「いや、いや、二条の城は上京のときの暫時の居所だし、あのようなところは、万一、敵に取られても、取り返しやすいようにこしらえておくのが本意である。だから、堀や石垣もいままで通りでよい」といわれた。そういうわけで、そのころは二条城といわずに二条お屋敷といったという。

家康はいった。「将たる者は、つねに一年をすごすにあたって、正月元日の挨拶をうけるときから戦場と思え。戦の大事というのはこのことである。町人や百姓が世を渡るのも、正月の暁天から、その年の大晦日《おおつごもり》だと心得ることが、町人・百姓にとっての大事な生活のための軍略である」と。

飢饉の年の普請

ある年、諸国が飢饉となったとき、老臣の者が「倹約の件を仰せだされますか」というと、「このようなときに倹約を申しつけたら、ますます万民は餓死することになる。わしが思うには、日ごろ家を作りたいと思っている者は、武家・町人にかぎらず、この節、どのようにも望み通りに、華麗に作るようにと思う」といわれ、そのように触れだされた。そして「譜代の大身などは、その家作のようすを一覧せよ」と触れだされたので、かねてから望んでいた者は、「この折をはずしたら、もう思い通りの普請ができない」と、われもわれもと美麗を尽くしてたてた。町方の者もそれ相応に普請したので、貧民はその建築場稼《かせ》ぎで渡世しやすくなり、一人も餓死しなかったという。

人参と奉書紙

板坂卜斎《ぼくさい》が家康のそばに侍《はべ》っていたとき、家康は朝鮮人参《にんじん》の入っている壺を取り寄せられ「この人参をやる」といって両手に摘《つま》みあげられたが、そのとき卜斎は、違棚《ちがいだな》にある奉書紙を一枚とってきて、その人参を賜ろうとすると、「それはわしが諸大名へ書状をだすときに用いる紙で大切なものだ。そのような物を包むのに使うのではない。人参は大切だが、どれだけたくさんやっても、人の命を助けて、病を治す物であるから、お前たちにとっては、なくてはならないものだ。だからやるのだから、たった奉書一枚と思って簡単に使ってはならぬ。これは大きな出費だ。もとの通りにしておけ」といわれた。「さて羽織を脱いで参れ」といわれて、すぐに脱いだ羽織でそれをうけると、手渡しで人参を賜った。後に卜斎は人にむかって「あの奉書紙をもとのところに置くときの拙者の困りよう、不面目さというものはなかった」といったということだ。

冬の桃

信長はかつて十一月はじめに、みごとな桃を一籠《ひとかご》贈られたことがあった。みる者は珍しいといって賞した。ところが、家康はちらっとみただけで手にも取らない。人が怪しんでたずねると「わしも好まぬわけではない。しかしわしと信長とは身上《しんしょう》の上で、格別の差がある。小身のわしらが珍物を好めば、百害あって一利なしだ。およそ珍物を好めば、無駄なことに財を費やし、ついには大切な家人《けにん》までも養えなくなる。まことの志ある者が好んではならぬものは珍物である。わしはただ軍用に乏しくないようにと思うほかには、好むものはない。信長のごとき大身の身であればこそ、いろいろと珍物をもてあそばれるのだ。わしの身上では、まず珍物よりも軍用のことの方が大事だ」と笑って、「この桃は一同で観賞せよ」といって下げられた。武田晴信（信玄）がこれを聞いて、「家康は大きな立身を心がけて、身の養生をもっぱらにし、無用の物は食わぬ男とみた」といわれたという。

夏の麦飯

家康は、三河で毎年夏じゅうは麦飯であった。近臣がひそかに白米の飯を椀の底に入れ、その上に麦飯を少しだけおおってだすと、「そちたちはわしの心を知らないのだ。わしをけちだと思っているのか。いまは戦国のときで、戦道具の動かぬ年はない。士卒はつねに忙殺され、がたがたしていて寝食も安心してできない。そんなときに、わしだけなんで飽食することができよう」といわれ、また「わし一身の食事を倹約して、少しでもそれを軍用にあてようとしているのだ。百姓に苦労をさせて、自分だけが豊かであることはしない」といわれたので、聞く者はみな心から感じ入った。

奢侈を戒む

家康はいった。「平氏を亡ぼす者は平氏であり、鎌倉を亡ぼす者は鎌倉である。奢侈《しゃし》の弊害はこのようなものだから、戒めなければならない」と。ある日団扇《うちわ》を献上した者があって、その飾りは黄金でなされていた。家康はそれをみて、びっくりされたようすで、早々に深く隠すようにと命じ「天下の重宝である黄金をもって、このように飾るとはもってのほかだ」といわれた。またある者は、便器に蒔絵《まきえ》をしたものを献上したことがあったが、それもひじょうに怒られ、「このように穢《けが》らわしい器に珍しい技巧を尽くせば、常用の調度はどうしたらいいというのか」といって近臣に命じ、すみやかに打ち砕いてすてさせられた。また駿府で、近臣のなかに、身分に似合わぬほどの美麗な小袖を着ている者を見咎められて「わしのそばにいる者が、このような衣装を着れば、それが自然にほかへも伝わって、奢侈になる源となる。もってのほかのことだ」といって、その者に閉門を申しつけられたという。

家康は江戸から伏見に上られるにも、行列も質素で、槍二本・長刀一振・弓一張・挟み箱二つ。先に馬を引かせることもなく、徒衆《かちしゅう》もわずか三十人ほどであり、また伏見城にいて、下々の者へは、俸米はたくさん与え、千石より下の者は、かならずしも馬を飼わなくてよいし、人も多く抱えておくにも及ばぬといわれ、小身の者は町屋を借りて住ませられた。このように万事につけて倹約であったが、事によっては、いくらかの金銀を賜うというような場合、少しもけちなようすはなかった。また伏見城が焼けた後も、住む建物がないので旧材などを取り集めて、荒屋一棟だけをたてられたが、上方の者は倹約を宗《むね》とするということを知らずに、ただ集まっては「徳川殿のけちさ加減よ」といって笑い草にしたという。

家康は江戸に移ったばかりのころ、玄関の階《きざはし》は船板で、あまりに見苦しかったから、本多正信が「作りなおしましょう」といったところ「要《い》りもせぬのに立派に見得《みえ》を飾りすぎる」といって聞き入れなかった。その後江戸城を造営されたけれども、そこにも目立つほどの金具はなかった。

家康が駿府にいたとき、大奥に足袋箱というのが二つあった。一つには新しい足袋を入れ、一つには古足袋を入れる。その箱が一杯になると、これを全部取りださせて、その古足袋のなかで薄汚れたものを二、三足ほどずつはもとの箱に納めさせ、その残りは「すてよ」といわれた。そこで下々の女中衆は、その方をそれぞれ分けて自家用に使ったという。その箱に残しておいた足袋も、ふたたび用いられるわけではないが、古足袋だといって、残らず捨てるようにはいわれず、また単衣《かたびら》などは汗がつけば「洗わせよ」といわれて、洗濯した単衣があっても、それを着用されたことはなかった。

阿梶局《おかじのつぼね》があるとき、白い小袖に垢がついているのを侍女たちに命じて洗わせると、みな手や指を疵《きず》つけて血を流し、ひじょうに辛そうであった。「たくさんある御衣《おんぞ》のことですから、今後は洗わずに、新しいのだけをお召しになってはいかがでしょうか」とうかがうと、家康は「そちなどのような愚かな婦人にはわからぬ道理だが、話して聞かせよう。こちらにでてきて聞くがよい」といって、侍女たちをたくさん集めて「わしはつねに天道をおそれるということをもって、第一の慎みとしている。天道は第一に奢侈を憎む。そちたちは、わしの財用は駿河だけにあるのをみて、多いと思うのか」といわれると、みな「はい、さようでございます」という。「わしの宝蔵は当地にかぎらぬ。京・大坂・江戸にも金銀布帛《ふはく》の類は充満しているから、日ごとに新衣を調《ととの》えたとて、何も足らぬことはない。しかしこのように多く貯えておくのは、あるいは天下の人に施すか、または後世の子孫の末々まで積んでおいて、国用の不足がないようにするためであって、このために一枚の衣服でも無駄にはしないのだ」といわれたという。

経済政策

世人が、家康の倹素なことを知らずに、けちすぎて、ただ財宝を貯えてばかりいると評しているのを聞いて、家康が松平正綱にいわれた。「上府に金銀が集まるときは、世間には少なくなっているので、人びとはみな金銀を大切に思うゆえに、諸物価も自然と低下する道理である。金銀が世に多ければ物価は高くなって、世人は苦しむものだ」と。また駿府にいたとき、米価が騰貴すると聞けば、すみやかに蔵《くら》を開いて売り渡させ、低下したときには官金で買い入れて、蔵に納めさせた。こういう風であったから、米価は自然に安定して、暴利をむさぼる者はいなかった。これも世間のわけもわからぬ連中は、大きな立場からいろいろ考えておられることを知らずに、「上様はよく商いをなさるわい」といったということだ。

家康は軍事の暇には世を治める道を研究し、征韓の役で肥前那古耶《なごや》（名護屋）に駐屯して、はじめて儒者藤原惺窩《せいか》を知られた。江戸に帰られるにあたって、四書五経および武経七書を講義させて、日夜、顧問の役をさせられた。かつて儒者林羅山《はやしらざん》に『日本紀《にほんぎ》』を講義させられたとき、漢の景帝の詔《みことのり》に「黄金珠玉は貴いものではあるが、飢えたときに食うことはできない。凍《こご》えても着用することができない。しかるに農は、天下の大本であるから、努めて農桑の道に精進し、そして着たり食ったりできる物を得なければならぬ」という意味のところがあったが、家康はそこでしばらく講義をとめさせ、本多正信を召し「米穀を蓄えよ。そしてその旨を諸国にも命じよ」といわれたという。

『貞観政要』

またいった。「人倫の道が明らかでないと、おのずから世も乱れ、国も治らずして、騒乱のやむときがない。この道理を悟り知ろうとすれば、本を読むほかはない。本を刊行して世に伝えるのは仁政の第一である」といわれ、それ以後諸書刊行のご沙汰があったという。すなわち『貞観政要《じょうがんせいよう》』（唐《とう》の太宗《たいそう》と群臣との間に交わされた政治上の議論を集録した治道の書）を刻して、これを諸大名に授けられ、またみずからもつねにこれを座右に置いて朝夕、目を通されたという。

儒学奨励

またいった。「わしは儒生《じゆせい》に漢籍を読ませて聞いていると、およそ天下の主たらんと欲《ほっ》する者は、四書の理に通じなければならないことだ。もし全部を知ることができなければ、よくよく『孟子』の一書を味わい知るべきである」と。

またいった。「若い者どもに習わせたいのは四書五経だ。少しずつでも聞かせたいことである。義理を知れば、死を軽く思うようになろう。仏法を好んで悟った風をしただけでは、やすらかに死ぬことはできそうにない」と。

家康はある日、『論語』に「為《スニ》レ政《ヲ》以《テス》レ徳《ヲ》。譬《ヘバ》如《シ》下北辰《ノ》居《リ》二其《ノ》所《ニ》一而衆星共《スルガ》上レ之《ニ》」という意味を文章に書かせられたが、みなは「ただいまは、天下の静謐《せいひつ》なる様は、あの動かぬ北辰《ほくしん》（北斗七星）のようである。この光も永くつづくように」などと書いた。それをみて、「これはおもしろくない文章だ。北辰が動かずにいて衆星がこれに供《とも》するように、徳をもって天下を治めるというのだ。この徳ということについては、どんなことを書きたいと思うか」といわれた。

はじめ林羅山は、朱子学を京都で講義していた。そのころ宋学《そうがく》（程朱の学＝朱子学）がまだ行われておらず、研究家はみな古註を崇拝して、おのおのその家学を守り、新註を禁じてほしいと願いでていた。家康は「学問の道は博いことを尊ぶのだ。なんで漢唐時代の古註にこだわって新註を廃するのだ。要はすぐれた研究にしたがうべきである」といわれ、そこではじめて羅山が宋学を唱えたわけである。京都の学問は、これから後大きく変化した。

古記録の整備

家康は、院の御所をはじめ、公卿の家々に伝わる、わが国の古記録を全部新しく写そうとの決意で、内々に院へ奏聞されたので院から公卿へもその旨が諭され、五山僧徒のうちで能筆の者を選ばせ、卯《う》の刻《こく》（午前六時）から酉《とり》の刻《こく》（午後六時）まで、毎日、京の南禅寺に集まって書写させ、林羅山と金地院崇伝にこの総監督をさせられた。

家康は、この日本の記録ははじめから三通りを謄写させて、一部は内裡、一部は江戸、一部は駿河に置かれた。

家康は創業のはじめに心。本をもとめて、ひろく古書を購入した。鎌倉壮《しょう》（荘）厳院《ごんいん》は『保暦間記《ほうりやくかんき》』を献上し、伊豆般若院は『続日本紀《しょくにほんぎ》』を献上し、身延《みのぶ》久遠寺は『本朝文粋《ほんちょうもんずい》』を献上し、『律令』は日野家からで、『三代実録』は舟橋家からでて、まもなくわが国の古い文献がほぼ整備された。かつて『東鑑《あずまかがみ》』（吾妻鏡）、『源平盛衰記』をみて林羅山に命じ、その異同を校定させられた。書を好み、道を尊ばれたこの態度は、古今いまだかつてなかったことである。

外寇に備える

家康はいった。「およそ天下国家を取る者は、不慮のできごとに対して、かねてから備えておかなければならぬ。わしが岡崎の主であったとき、すぐに隣境に備えたし、三河一国の主であったときには、隣国に備えた。また関八州の主であったときは、諸道に備えた。天下の主になるに及んでは、外国に備えた。天下は太平に治まっているといっても、辺境の備えを弛《ゆる》めてはならない。もし外国に何事か起これば、すぐに良将を選んで九州を鎮めなければならぬ。弘安の役のときには蒙古《もうこ》がわが辺境を侵《おか》し、暴風にあって舟を顚覆し、全軍ことごとく沈没してしまった。しかし前もってわが方に十分の備えがあれば、どうしてわが国を襲うことができようか。秀吉のとき、朝鮮は太平の時代で、永い間、兵備は弛んでいた。だからこちらの兵は、長駆することができたし、朝鮮軍はまたこちらを防御することができなかった。だから、外国が太平であれば、わが国がこれを襲う。またわが国が太平無事であれば、外国がわが国を狙う。また国内の戦争は一国の成敗にすぎないが、外敵とあっては波及するところすこぶる大きい。それにまた戦艦なども出来がちがい、敵の大に対して、われの小では問題にならない。こちらの兵は強いといってみても、この大艦を防ぐことは容易でない。防御の術は、将軍が気をつけなければならないところだ」と。

廟所は質素に

家康は死に臨んで板倉重昌を召し「わしの死後は、将軍（秀忠）からわしの廟所（墓所）のことに関して申しつけられたら、始祖のことであるからといって、きっと立派にするよう申しつけられるであろうが、それは無用である。わしの子孫に至るまで、代々が始祖の廟に勝らぬようにという考えのためでもあるから、そのつもりで簡単な造作にしておけよ」と申しつけられた。

実戦の勇者

家康は年少のころから老年に及ばれるまで、大小の戦四十八度、敵陣に臨むときは、はじめのうちは采配で下知しておられるが、切迫したような場合は「かかれ、かかれ」といって拳で鞍の前輪を思い切り叩《たた》かれるので、指の節から血が流れ、治療したが、後にはこの指の節四つともにたこができ、老後にはそれがいっそう固くなって、まっすぐには延びないようになったという。

小田原の役で、家康が天正十八年（一五八九）三月二十八日の軍評定《いくさひょうじょう》の席でいわれたことは、少しも違わなかった。黒田孝高《よしたか》はそれを聞くと、一日に二度ずつ家康の陣所に行って雑談を聞いた。後に毛利氏の臣に語っていうには「家康公は頭の天辺《てっぺん》から爪先まで、弓矢についての金言を束《たば》ねて生まれてきたような大将である」と褒め「太閤はたいへん利発な大将であるが、弓矢のこととなると、家康公のいうのを待っているという風で、ことば数が少ない」といった。

蒲生氏郷《がもううじさと》が家康に戯れていった。「御事《おこと》（家康のこと）は不必要なことについては鈍で、必要なことには賢い人だ」と。

秀吉の名将論

秀吉の夜話のとき、近臣の者がいった。「家康ほどの馬鹿者はまたとあるまい」と。秀吉は「何を聞いてそのようにいうのか」とおたずねであった。「それは、家康は腹が大きくて上帯も下帯（褌《ふんどし》）もすることができず、女房や小姓らが一人二人ずつかかって結び、大小便も自分ひとりではしないとのこと。そのほかいろいろ数えたてますと、ぼんやりの鈍物というべき人です」といった。すると「利口者とはどのような者をいうのか。わしが知っている利口者というのは、第一、武辺は千万人よりも勝れていて、国郡を多くもち、金銀に不足のない者をいうのだ。お前たちが馬鹿者だと噂する家康は、日本中に肩を並べる武辺者はいない。そのうえ関東八ヵ国の大名だ。しかも金銀もわしよりも不足しない蓄えがあると聞いている。この三つが整えば、ほかのことは馬鹿でもかまわぬ。家康の作り馬鹿は、お前たちが真似をしてみても一生できぬことよ」といわれた。

ある日秀吉の前で、近習の人びとが「織田常真《じょうしん》（信雄《のぶかつ》）は諸事達人で、書道・和歌・猿楽などに至るまで、尋常ではありません。しかし家康のような無趣味な人間は十人とはおりません。まるで百姓を武士に仕たてたようなものです」というと、秀吉は「常真は不必要なことに達人で、家康は不必要なことに下手《へた》なのだ。それなのに、家康が劣っているというのはどういうわけだ。才が人より勝れており、勇は古《いにし》えの誰よりもすぎている。誰がいったいかれに匹敵できるというのだ。同日の論ではないのだ」といわれた。

秀吉が伏見城で古今の名将のことを評論したとき、（小早川）金吾秀秋が「むかしからいいはやしているように、源義経・楠木正成などこそが名将でしょう」というと、秀吉は「正成は自分の方に利がないことを知りながら、一命を抛《なげう》って湊川で討ち死にした。これは、忠臣とはいっても、自分の諫言を聞き入れられなかったことを恨んで死をいそいだようなものだ。また義経は、梶原の姦悪なことがわかっていれば、はやく斬り捨てておくべきところ、そのままにしておいて後害をこうむった。これは智ということはできない。いまの世では家康にすぎたる名将はいまい」といわれたという。

作り馬鹿

聚楽第で能楽があって、秀吉自身が能をされた。織田信雄・長益《ながます》（有楽斎《うらくさい》、信長の弟）などが当日の演者であり、信雄は竜田舞《たつたまい》（能で竜田明神の縁起と竜田山の紅葉の美を描いたもの）の名人であり、なかなか見事なこと言語に絶するほどであった。家康は船弁慶のときに義経になった。太った老人だから、どうもみっともない形で「義経らしいところは少しもない」とみなが笑い騒いだ。とくに斬りあいのようすの不調法なことは、腹をよじって笑った。加藤清正・黒田長政・浅野幸長・石田三成・島津義弘らは「さてさて常真は馬鹿者よ。見事に舞ったからとてなんの益があるのだ」といって嘲った。家康のことは「あの古狸が、作り馬鹿をして太閤様をなぶっている。あの姿をみろ。さてさて兵者《つわもの》（心臓男）よ。とにかくいけ好かぬ。恐ろしいことだ」とみな心中に舌を巻いたという。

みずからを責む

徳川頼宣《よりのぶ》がいった。「東照宮（家康）の御代は、諸大名やそのほかお旗本のなかで、東照宮のお為によくない物いいや挙動があるか、また歴々の者や軽い身分の者のうちでも、その心が邪《よこしま》でなく志も並すぐれている者が、たった一度の間違いやまた虚説、あるいはお取りあわせの相違などで、一生を棒にふった者の死後に、その沙汰があるか、または士の道にはずれた科人《とがにん》がでてきたか、あるいは神道者・儒者僧など、人を教導する輩に不相応な科人がでるか、また士農工商が困窮するか、あるいは、不孝者・徒党を組む者・盗火付《ぬすみひつけ》をする科人が多くでるか、右のうち一つでもでるときは、まるで年寄の衆の身からでたように、本多正信・安藤直次らは御前ではもちろん、陰《かげ》でもことのほか恐縮して、心の底から思い入ったようすで、あれやこれやと原因究明の評定がいろいろとあった。そのうえ御前ご自身（家康）も平生このようなことをお思いになって、諸事にご念をいれられたが、このようにいろいろな科人がでるというのは、お心配りが足りないからかと、たいへんお気になさるごようすをみては、地の底へもはいりたいと思うありさまで汗水になった。このようすを帯刀（安藤直次）は、普段たびたび、くどいと思うくらいに語って聞かせられた」と。

学術文庫版刊行にあたって

本書は幕末の館林藩士、岡谷繁実（一八三五―一九一九）が著した『名将言行録』を現代語訳したものである。原本は、一九八〇年に教育社から教育社新書〈原本現代訳〉（上・中・下）として出版された。三十三年前のことである。その後、一九九七年にニュートンプレスから、そのままの形で新装版が刊行された。このたび、この三分冊を一冊にまとめ、講談社学術文庫として生まれかわることになった。

原著者の岡谷繁実は、幕末・維新の動乱の中で『名将言行録』を書き上げた。そこには戦国武将から江戸時代中期の武士まで百九十二人を選び出し、多くの引用文献・参考文献に基づく彼らの逸話の数々を、漢文の素養を生かして格調の高い文章でつづられている。

本書の解題「『名将言行録』の世界」（北小路健著）にも記しているように、原著は明治二年（一八六九）に上梓された。その後、明治二十八年には増訂版、四十二年には大隈重信らの序文を添えた再版が出されている。当時の大物政治家伊藤博文や大隈重信らに読まれ、再版を推奨された著作なのである。

本書は『名将言行録』の中から戦国期の武将二十二人を選んで現代語訳をほどこした。採録した人物については、抄録でなく、全文を訳文として収録している。

岡谷繁実は、それぞれの武将がどのような時に、誰に、どのように語ったかという状況を重視して書いたと述べている。この著者の意向を尊重して、その姿勢も映し出せるようにし、訳出にあたっては著者自身が著した文章にできるだけ忠実に訳すことをこころがけた。もちろん、原著でなければ伝わってこない部分はあるが、この現代語訳によって多くの読者が『名将言行録』の世界に親しむきっかけとなればさいわいである。

武将ごとに多彩なエピソードが整理してある同書は、小説や映画・ドラマが作られる際に多くの影響を与えてきた。一方、歴史学の世界では、史料としての精度に欠けるとの評価を下されている。「歴史」と「歴史学」の違いを論じることが本稿の目的ではないので結論だけを述べると、『名将言行録』を介して見る両者の関係は対立でも上下でも無関係でもなく、お互いを補完しあっている構図ではないだろうか。

いつの世も、人は先人の足跡、生きざま、言葉に心を寄せ、自らの生き方と照らし合わせるものである。とりわけ、権力の拡大を目指し、命をかけて歴史の舞台に登場する多くの戦国武将たちの「美学」に心惹かれる人は多い。さらに、全国を制覇して権力の頂点に立つ直前に非業の最期を遂げた織田信長のような人物に心を奪われることもある。それは、自らの権力への欲望と重ね合わせたり、あるいは自分には実行できない「非情さ」と「はかなさ」に魅力を感ずるからなのかもしれない。

また、権力の象徴ともいえる城の姿に「美」を感じ、魅了される人も多い。そして、全国各地の城に関する出版物も多く見られるようになった。テレビに目を移せば、従来の時代劇は衰退する一方で、新しい視点を取り入れたドラマでは主人公や仲間たち、仇役、それをとりまく女性たちがさまざまな姿で登場し、ひとびとに親しまれている。

注目されたり、人気を得たりする武将にも、時代とともに変化が見られる。近年は、これまで大きく扱われてこなかった人物にも光が当てられることがある。直江兼続はその最たる例であろう。これはテレビ・ドラマや映画、小説などの影響が大きいことはいうまでもないが、その変遷はそれぞれの時代を象徴するかのようなうつろいである。

本書に収録した二十二人の戦国武将は三十三年前に選んだ人物たちだが、時代を超えて注目を浴び続ける英傑たちが多かったといえよう。しかし今、新たに二十二人を選ぶとすると、そうとう顔ぶれも変わってくるのではないだろうか。それは時代の変化のあらわれであるのと同時に、訳者自身の歴史認識の変化によるもののような気もする。

原本出版に際し、ともに現代語訳を進めながら私を指導してくれた父・北小路健も、今回の文庫化を泉下で喜んでくれるに違いない。父は、史料に基づいて記述してゆく岡谷繁実の姿勢、そして短い文章の中に武将たちの人物像が明快に記されている原著を高く評価していた。そしてなにより『名将言行録』が多くの読者に読まれ、その存在を知ってほしいと願っていた一人だった。

二〇一三年五月一日

中澤恵子

本書の原本は、一九八〇年四月、教育社より刊行されました。

北小路　健（きたこうじ　けん）

1913～1991。本名，渡部栄。東京文理科大学国語国文科卒業。国文学者，古文書学者。著書に『遊女』『木曽路 文献の旅』『古文書の面白さ』など。

中澤恵子（なかざわ　けいこ）

1945年生まれ。國學院大學大学院文学研究科博士課程修了。専攻は近現代史。編著書に『板木屋組合文書』『三枝俊徳日記』など。

講談社学術文庫

定価はカバーに表示してあります。

名将言行録《めいしょうげんこうろく》　現代語訳

岡谷繁実《おかのやしげざね》／北小路《きたこうじ》 健《けん》・中澤恵子《なかざわけいこ》 訳

2013年６月10日　第１刷発行
2024年10月３日　第９刷発行

発行者　篠木和久
発行所　株式会社講談社
　東京都文京区音羽 2-12-21 〒112-8001
　電話　編集（03）5395-3512
　　　　販売（03）5395-5817
　　　　業務（03）5395-3615
装　幀　蟹江征治
印　刷　株式会社広済堂ネクスト
製　本　株式会社若林製本工場
本文データ制作　講談社デジタル製作

ISBN978-4-06-292177-0

「講談社学術文庫」の刊行に当たって

これは、学術をポケットに入れることをモットーとして生まれた文庫である。学術は少年の心を養い、成年の心を満たす。その学術がポケットにはいる形で、万人のものになることは、生涯教育をうたう現代の理想である。

こうした考え方は、学術を巨大な城のように見る世間の常識に反するかもしれない。また、一部の人たちからは、学術の権威をおとすものと非難されるかもしれない。しかし、それはいずれも学術の新しい在り方を解しないものといわざるをえない。

学術は、まず魔術への挑戦から始まった。やがて、いわゆる常識をつぎつぎに改めていった。学術の権威は、幾百年、幾千年にわたる、苦しい戦いの成果である。こうしてきずきあげられた城が、一見して近づきがたいものにうつるのは、そのためである。しかし、学術の権威を、その形の上だけで判断してはならない。その生成のあとをかえりみれば、その根は常に人々の生活の中にあった。学術が大きな力たりうるのはそのためであって、生活をはなれた学術は、どこにもない。

開かれた社会といわれる現代にとって、これはまったく自明である。生活と学術との間に、もし距離があるとすれば、何をおいてもこれを埋めねばならない。もしこの距離が形の上の迷信からきているとすれば、その迷信をうち破らねばならぬ。

学術文庫は、内外の迷信を打破し、学術のために新しい天地をひらく意図をもって生まれた。文庫という小さい形と、学術という壮大な城とが、完全に両立するためには、なおいくらかの時を必要とするであろう。しかし、学術をポケットにした社会が、人間の生活にとってより豊かな社会であることは、たしかである。そうした社会の実現のために、文庫の世界に新しいジャンルを加えることができれば幸いである。

一九七六年六月　　　　　　　　野間省一

日本の歴史・地理

内藤湖南《こなん》著（解説・桑原武夫）
日本文化史研究（上）（下）

日本文化は、中国文化圏の中にあって、中国文化の強い影響を受けながらも、日本独自の文化を形成してきた。著者はそれを深い学識と日中の歴史事実とを通して解明した。卓見あふれる日本文化論の名著。

76・77

平泉《ひらいずみ》　澄《きよし》著
物語日本史（上）（中）（下）

著者が、一代の熱血と長年の学問・研究のすべてを傾けて、若き世代に贈る好著。真実の日本歴史とは何か、正しい日本人のあり方とは何かが平易に説かれ、人物中心の記述が歴史への興味をそそる。（全三巻）

348〜350

ニコライ著／中村健之介訳
ニコライの見た幕末日本

幕末・維新時代、わが国で布教につとめたロシアの宣教師ニコライの日本人論。歴史・宗教・風習を深くさぐり、鋭く分析して、日本人の精神の特質を見事に浮き彫りにした刮目すべき書である。本邦初訳。

393

下村寅太郎著
東郷平八郎

日本海海戦大勝という「世界史的驚異」を指揮した東郷平八郎とは何者か。秋山真之ら幕僚は卓抜な能力をどう発揮したか。哲学者の眼光をもって名将の本質を射抜き、日露海戦の精神史的意義を究明した刮目の名著。

563

若槻禮次郎《わかつきれいじろう》著（解説・伊藤　隆）
明治・大正・昭和政界秘史　古風庵回顧録

日本の議会政治隆盛期に、二度にわたり内閣総理大臣を務めた元宰相が語る回顧録。明治から昭和激動期まで中央政界にあった若槻が、親しかった政治家との交流や様々な抗争を冷徹な眼識で描く政界秘史。

619

和田英松著（校訂・所　功）
新訂**官職要解**《かんしょくようかい》

平安時代を中心に上代から中近世に至る我が国全官職の官名・職掌を漢籍や有職書によって説明するだけでなく、当時の日記・古文書・物語・和歌を縦横に駆使してその実態を具体的に例証した不朽の名著。

621

日本の歴史・地理

英国外交官の見た幕末維新 リーズデイル卿回想録
A・B・ミットフォード著／長岡祥三訳

激動の時代を見たイギリス人の貴重な回想録。アーネスト・サトウと共に江戸の寺で生活をしながら、数々の事件を体験したイギリス公使館員の記録。徳川幕府崩壊の過程を見すえ、様々な要人と交った冒険の物語。

1349

ザビエルの見た日本
ピーター・ミルワード著／松本たま訳

ザビエルの目に映った素晴しき日本と日本人。一五四九年ザビエルは「知識に飢えた異教徒の国」へ勇躍上陸し精力的に布教活動を行った。果して日本人はキリスト教を受け入れるのか。書簡で読むザビエルの心境。

1354

円仁《えんにん》 唐代中国への旅 『入唐求法巡礼行記』の研究
エドウィン・O・ライシャワー著／田村完誓訳

円仁の波瀾溢れる旅日記の価値と魅力を語る。九世紀唐代中国のさすらいと苦難と冒険の旅。世界三大旅行記の一つ『入唐求法巡礼行記』の内容を生き生きと描写し、歴史的意義と価値を論じるライシャワーの名著。

1379

愚管抄を読む 中世日本の歴史観
大隅和雄著（解説・五味文彦）

中世の僧慈円の主著に歴史思想の本質を問う。平清盛全盛の時代、比叡山に入り大僧正天台座主にまで昇りつめた慈円。摂関家出身で常に政治的立場をも意識せざるを得なかった慈円の目に映った歴史の道理とは？

1381

馬・船・常民 東西交流の日本列島史
網野善彦・森　浩一著（解説・岩田　昴）

日本列島の交流史を新視点から縦横に論じる。馬・海・女性という日本の歴史学から抜け落ちていた事柄を、考古学と日本中世史の権威が論じ合う。常識を打ち破り、日本の真の姿が立ち現われる刺激的な対論の書。

1400

葛城と古代国家 《付》河内王朝論批判
門脇禎二著

葛城の地に視点を据えたヤマト国家成立論。統一王朝大和朝廷はどのように形成されていったか。海外の新文化の流入路であり、大小多数の古墳が残る葛城——その支配の実態と大和との関係を系統的に解明する。

1429

海舟語録
勝　海舟著／江藤　淳・松浦　玲編
晩年の海舟が奔放自在に語った歴史的証言集。官を辞してなお、陰に陽に政治に関わった勝海舟。ざっくばらんな口調で語った政局評、人物評は、冷徹で手厳しい。海舟の慧眼と人柄を偲ばせる魅力溢れる談話集。
1677

大久保利通
佐々木　克《すぐる》監修
明治維新の立て役者、大久保の実像を語る証言集。明治四十三年十月から新聞に九十六回掲載、好評を博す。強い責任感、冷静沈着で果断な態度、巧みな交渉術など多様で豊かな人間像がゆかりの人々の肉声から蘇る。
1683

中世の非人と遊女
網野善彦著（解説・山本幸司）
専門の技能や芸能で天皇や寺社に奉仕した中世の職人の多様な姿と生命力をえがく。非人も清目を芸能とする職能民と指摘し、遊女、白拍子など遍歴し活躍した女性像を描いた網野史学の名著。
1694

日米戦争と戦後日本
五百旗頭《いおきべ》　真《まこと》著
日本の方向性はいかにして決定づけられたか。現代日本の原型は「戦後」にあるが、その大要は終戦前すでに定められていた。新生日本の針路を規定した米国の占領政策を軸に、開戦前夜から日本の自立までを追う。
1707

英国人写真家の見た明治日本　この世の楽園・日本
H・G・ポンティング著／長岡祥三訳
明治を愛した写真家の見聞録。写真百枚掲載。日本の美しい風景、精巧な工芸品、優雅な女性への愛情こもる叙述。浅間山噴火や富士登山の迫力満点の描写。スコット南極探検隊の様子を撮影した写真家の日本賛歌。
1710

関東軍　在満陸軍の独走
島田俊彦著（解説・戸部良一）
対中国政策の尖兵となった軍隊の実像に迫る。日露戦争直後から太平洋戦争終結までの四十年間、満州に駐屯した関東軍。時代を転換させた事件と多彩な人間群像を通して実証的に描き出す、その歴史と性格、実態。
1714

文化人類学・民俗学

年中行事覚書
柳田國男著（解説・田中宣一）
人々の生活と労働にリズムを与え、共同体内に連帯感を生み出す季節の行事。それらなつかしき習俗・行事の数々に民俗学の光をあて、隠れた意味や成り立ちを探る。日本農民の生活と信仰の核心に迫る名著。
124

妖怪談義
柳田國男著（解説・中島河太郎）
河童や山姥や天狗等、誰でも知っているのに、実はよく知らないこれらの妖怪たちを追究してゆくと、正史に現われない、国土にひそむ歴史の真実をかいまみることができる。日本民俗学の巨人による先駆的業績。
135

中国古代の民俗
白川　静著
未開拓の中国民俗学研究に正面から取り組んだ労作。著者独自の方法論により、従来知られなかった中国民族の生活と思惟、習俗の固有の姿を復元、日本古代の民俗的事実との比較研究にまで及ぶ画期的な書。
484

南方熊楠《みなかたくまぐす》
鶴見和子著（解説・谷川健一）
南方熊楠――この民俗学の世界的巨人は、永らく未到のままに聳え立ってきたが、本書の著者による満身の力をこめた独創的な研究により、ようやくその全体像を現わした。〈昭和54年度毎日出版文化賞受賞〉
528

魔の系譜
谷川健一著（解説・宮田　登）
正史の裏側から捉えた日本人の情念の歴史。死者の魔が生者を支配するという奇怪な歴史の底流に目を向け、呪術師や巫女の発生、呪詛や魔除けなどを通して、日本人特有の怨念を克明に描いた魔の伝承史。
661

塩の道
宮本常一著（解説・田村善次郎）
本書は生活学の先駆者として生涯を貫いた著者最晩年の貴重な話――「塩の道」「日本人と食べ物」「暮らしの形と美」の三点を収録。独自の史観が随所に読みとれ、宮本民俗学の体系を知る格好の手引書。
677

《講談社学術文庫　既刊より》

文化人類学・民俗学

仏教民俗学
山折哲雄著

日本の仏教と民俗は不即不離の関係にある。日本人の生活習慣や行事、民間信仰などを考察しながら、民衆に育まれてきた日本仏教の独自性と日本文化の特徴を説く。仏教と民俗の接点に日本人の心を見いだす書。

1085

民俗学の旅
宮本常一著（解説・神崎宣武）

著者の身内に深く刻まれた幼少時の生活体験と故郷の風光、そして柳田國男や渋沢敬三ら優れた師友の回想など生涯にわたり歩きつづけた一民俗学徒の実践的踏査の書。宮本民俗学を育んだ庶民文化探求の旅の記録。

1104

憑霊《ひょうれい》信仰論
小松和彦著（解説・佐々木宏幹）

日本人の心の奥底に潜む神と人と妖怪の宇宙。闇の歴史の中にうごめく妖怪や邪神たち。人間のもつ邪悪な精神領域へ踏みこみ、憑霊という宗教現象の概念と行為の体系を介して民衆の精神構造＝宇宙観を明示する。

1115

蛇　日本の蛇信仰
吉野裕子著（解説・村上光彦）

古代日本人の蛇への強烈な信仰を解き明かす。注連縄・鏡餅・案山子は蛇の象徴物。日本各地の祭祀と伝承に鋭利なメスを加え、洗練と象徴の中にその跡を隠し永続する蛇信仰の実態を、大胆かつ明晰に論証する。

1378

アマテラスの誕生
筑紫申真著（解説・青木周平）

皇祖神は持統天皇をモデルに創出された！　壬申の乱を契機に登場する伊勢神宮とアマテラス。天皇制の宗教的背景となる両者の生成過程を、民俗学と日本神話研究の成果を用いダイナミックに描き出す意欲作。

1545

境界の発生
赤坂憲雄著（解説・小松和彦）

現今、薄れつつある境界の意味を深く論究。生と死、昼と夜などを分かつ境はいまや曖昧模糊。浄土や地獄も消え、生の手応えも稀薄。文化や歴史の昏がりに埋もれた境界の風景を掘り起こし、その意味を探る。

1549

《講談社学術文庫　既刊より》

井波律子訳
三国志演義（一）～（四）
中国四大奇書の一冊。後漢王朝の崩壊後、群雄割拠の時代から魏、蜀、呉の三つ巴の戦いを活写する。時代背景や思想にも目配りのきいた、最高の訳文で、劉備、関羽、張飛、諸葛亮たちが活躍する物語世界に酔う。
2257～2260

田中貴子著
猫の古典文学誌 鈴の音が聞こえる
源氏物語から西鶴まで、猫の魅力、猫と共に生きる喜びをいきいきと描いた古典文学を平易な現代語に訳出し、猫と人のドラマを丹念に読み取る。貴重図版も満載。文庫版付録「漱石先生、猫見る会ぞなもし」収録。
2264

バルザック著／鹿島 茂訳・解説
ジャーナリストの生理学
今も昔もジャーナリズムは嘘と欺瞞だらけ。大文豪が新聞記者と批評家の本性を暴き、徹底的に攻撃する。バルザックは言う。「もしジャーナリズムが存在していないなら、まちがってもこれを発明してはならない」。
2273

金田一春彦著
童謡・唱歌の世界
「故郷」「朧月夜」「赤い靴」……。大正・昭和初期のラジオで、学校で、愛唱された「歌の世界」を、その歴史と人間模様をまじえて描き出す。思わず口ずさむ名曲の数々に、日本の音楽文化と言語文化を再発見。
2274

白倉敬彦著（解説・浅野秀剛）
春画の色恋 江戸のむつごと「四十八手」の世界
茶臼、後だき、足違、顔隠、両足上、馬上懸、君膝枕、障子越……。おかしくて少し切ない、遊戯と諧謔の世界。菱川師宣の「四十八手」を春画研究の第一人者が一手ずつ徹底解説。図版二五〇点で紐解く江戸の色恋。
2319

辻 惟雄著
若冲
若冲の魅力を世に知らしめた第一人者による解説で伝記、画歴から画論、若冲派まで。《動植綵絵》全三〇幅カラー掲載のほか、象と鯨図など図版一五〇点以上！ 判型こそ小さいが、これだけの本はどこにもない。
2323

文学・芸術

バッハ＝魂のエヴァンゲリスト
礒山 雅著
なぜ、心にこれほど深い慰めをもたらすのか。人生への力強い肯定を語るのか。三百年の時を超えて人々の魂に福音を与え続ける楽聖の生涯をたどり、その音楽の本質と魅力を解き明かした名著、待望の改訂新版！
1991

漢文法基礎 本当にわかる漢文入門
二畳庵主人・加地伸行著
訓読のコツとは。助字の「語感」をどう読み取り、文章の「骨格」をいかに発見するか。一九七〇年代より版を重ねながら受験生を支え続けてきた名著を修補改訂。中国古典を最高の友人にしたい人に贈る本格派入門書。
2018

楽しき熱帯
奥本大三郎著（解説・福岡伸一）
ギリシア神話の神々の名を冠した蝶が飛び交い、獰猛な肉食魚ピラーニャが蠢く緑の魔境アマゾンで、見た、採った、釣った、飲んだ、考えた！ 虫好き仏文学者ならではの、軽妙にして奥深い名紀行。
2041

寺山修司全歌集
寺山修司著（解説・塚本邦雄／穂村 弘）
短歌、俳句、詩、エッセイ、評論、演劇……。芸術のジャンルを軽々と飛び越えた鬼才。五七五七七の短歌の黄金律を、泥臭く、汗臭く、そして血腥い呪文へと変貌させる圧倒的な言語魔術に酔いしれる。
2070

風姿花伝 全訳注
市村 宏全訳注
「幽玄」「物学（物真似）」「花」など、能楽の神髄を語り、美を理論化した日本文化史における不朽の能楽書を、精緻な校訂を施した原文、詳細な語釈と平易な現代語訳で読解。世阿弥能楽論の逸品『花鏡』を併録。
2072

芭蕉全発句
山本健吉著（解説・尾形 仂）
俳諧を文学の高みへと昇華させた「俳聖」松尾芭蕉。その全発句九七三句に詳細な評釈を施し、巻末に三句索引と季語索引を付す。研究と実作の双方を見すえ、学者と表現者の感受性が結晶した珠玉の芭蕉全句集。
2096

宗教

ヨハネの黙示録
小河　陽訳（図版構成・石原綱成）

正体不明の預言者ヨハネが見た、神の審判による世界の終わりの幻。最後の裁きは究極の破滅か、永遠の救いか――？　新約聖書の中で異彩を放つ謎多き正典のすべてを、現代語訳と八十点余の図像で解き明かす。

2496

変成譜《へんじょうふ》　中世神仏習合の世界
山本ひろ子著

神仏習合の多彩な展開に、心身と世界の変革＝「変成（へんじょう）」という宗教運動を見出した、著者渾身の作。中世という激動の新世界、その遠大な闇と強烈な救済の光に、日本随一の宗教思想史研究者が迫る！

2520

往生要集　全現代語訳
源信著／川崎庸之・秋山　虔・土田直鎮訳

平安時代中期の僧・源信が末法の世に惑う人びとに往生の方法を説くため、念仏を唱えることの重要性と、「地獄」「極楽」の概念を平易に示した日本浄土教史上最重要の書。三人の碩学が現代語訳として甦らせた。

2523

差別の超克　原始仏教と法華経の人間観
植木雅俊著

女性は成仏できない（女人五障）、父・夫・子に従え（三従）とする仏教は、女性を蔑視しているのではないか？――古くて新しい批判に対し、サンスクリット、漢訳からの豊富な引用で真っ向から対峙する。

2530

観音さま
鎌田茂雄著

苦しみの中でその名を称えれば、病や厄災から救ってくれる……。インド、中国、日本で愛され続けてきた〈観音さま〉は、いつ、どこで生まれたのか。人はなぜ観音を信じるのか。「観音信仰」の真髄に迫る！

2531

完訳　ブッダチャリタ
梶山雄一／小林信彦／立川武蔵／御牧克己訳注（解説・馬場紀寿）

ゴータマ・ブッダの誕生から解脱、死と遺骨の分配まで――。2世紀のインド仏教文学最高傑作を、幻といわれた欠落後半部まで丁寧に回収。全二八章を揃え、可能な限り忠実に原典を再現した唯一の完全翻訳版！

2549